애 산

이 인

평 전

애산 이인 평전

초판 1쇄 발행 2021년 12월 15일

지은이 │ 김인식
펴낸이 │ 윤관백
펴낸곳 │ 도서출판 선인

등 록 │ 제5-77호(1998.11.4)
주 소 │ 서울시 마포구 마포대로 4다길 4(마포동 324-1) 곳마루 B/D 1층
전 화 │ 02) 718-6252 / 6257
팩 스 │ 02) 718-6253
E-mail │ sunin72@chol.com

정가 50,000원
ISBN 979-11-6068-635-7 93990

· 잘못된 책은 바꿔 드립니다.
· www.suninbook.com

* 이 저서는 2015년 대한민국 교육부와 한국학중앙연구원(한국학진흥사업단)의
  한국학총서사업의 지원을 받아 진행된 연구임(AKS-2015-KSS-1230009)

애산이인평전

김인식 지음

도서출판 **선인**

이인은 법학을 공부한 지 60년, 법조계에 몸을 바친 지 51년이 되는 해에, 자신이 '지나온 발자취'를 '반세기의 증언'이라 이름 붙여 회고하였다. 그는 "나 개인을 스스로가 선전함은 본래부터 꺼리는 성미인데 나의 지나온 발자취를 더듬어서 말을 하자니 적이 쑥스러운 일"이라는 겸사(謙辭)로 서두를 열었다.

> 일본에 가서 법학공부를 시작한 것이 벌써 60년 전이요 법조계에 몸을 바친 지가 올해로 51년 에누리 없는 반세기인지라 그동안 항일애국지사를 위하여 법정에 서던 일이며, 또는 교육 · 문화 · 사회 · 정치 등 각 분야를 통해서 노는 틈 없이 구치(驅馳)하던 일들을 생각하면, 그 보람이야 크든 작든간에 내 뜻, 내 신념대로 시종했으니 그 일들이 무의미하다고만은 생각하지 않는다.

이인은 인생을 회고하는 첫 문장을 겸허하게 시작하였지만, 그래도 "내 뜻, 내 신념대로 시종"한 인생에 깊은 자부심을 가졌다. 자신이 세운 '뜻'과 '신념'에 따라 '노는 틈' 없이 살았으므로, 만년에 이러한 자긍심이 가능하였으리라. 이인은 위의 회고에서, 그가 살아온 삶의 분야를 몇 가지로 예시하면서, 법학공부·법조계를 먼저 들어 "항일애국지사를 위하여 법정에 서던 일"을 첫 번째로 앞세웠다. 회고록을 쓰는 79세 만년의 인생에서, 법학을 공부하며 법조인으로 살아온 이력은 '60년간'·'51년간'을 차지하는 시간의 비중에서 단연 1순위였고, 그만큼 열정을 동반하였다는 의미였다.

이인이 회고록을 '반세기의 증언'으로 이름 붙인 이유는, 이를 집필할 무렵이 "법조계에 몸을 바친 지" "에누리 없는" 51년이 되었기 때문이다. '에누리' 운운함을 보더라도, 그는 민족 앞에 변호사로 나섰던 무렵을 삶의 기점으로 기산(起算)하였다. '반세기의 증언'이란 책 제목에는 이러한 뜻이 담겨 있었다.

이인은 법학·법조계에 이어, 교육·문화·사회·정치에 몸담았다고 말했다. 정치를 마지막에 배열한 이유는, 8·15해방 후 한국민주당을 창당하는 데에서 출발한 정치활동이 시간상으로도 마지막에 위치하였기 때문이다. 그는 식민지시기에 변호사의 소임과 겸행하였던 활동들을 '교육·문화·사회'로 압축하였지만, 변호사 활동 못지않게 민족의 백년대계를 위하여 헌신을 쏟아낸 분야였다.

이인은 『반세기의 증언』을 쓰는 목적을 다음과 같이 밝혔다.

> 특히 내 자신 세칭 조선어학회 사건에 관련되어 투옥됐던 일을 비롯해서 여러 동지들이 몸바친 민족운동이나 광복 뒤 정부수립 과정의 질서정립에 분주했던 일 따위는, 내가 아는 대로의 실상을 말해둠으로써 우리 앞길에 다소나마 보탬이 되지 않을까 한다.[1]

『반세기의 증언』은 ①자신을 비롯해서, 동지들이 몸바친 민족운동의 실상, ②정부수립 과정에서 '질서정립에 분주했던' 실상을 증언하는 데 목적을 두었는데, 많은 민족운동 가운데 '조선어학회 사건'을 꼭 집어서 첫 번째 예로 들었다. 조선어학회 사건은 가혹한 식민지지배 아래, 이인이 혹독한 옥고를 치렀던 '실상' 중의 '실상'이었다. 그는 조선어학회 사건을 겪으면서 민족의 고난에 온몸으로 동참하였다. 이 고초는 그가 한글을 비롯해 민족문화에 가졌던 관심과 사랑에서 말미암았으나, 옥고를 겪은 뒤 민족문화를 보전·발전시키려는 열정은 더욱 배가되었다. 그가 말년에 전 재산을 한글학회에 기증한 데에서 보듯이, 조선어학회를 물심양면으로 지원하였던 애정은 인생의 끝 무렵까지도 끝나지 않았다.

이인이 후세에 전하는 '실상'은 무덤덤한 역사 서술이 아니라, 자신이 살아온 한국근현대사의 현장에서 몸소 겪은 '증언'이므로, 그의 고뇌와 결단, 땀과 눈물이 배어 있는 생생한 1차 자료이다. 그러나 그가 증언하는 '실상'이 후세에도 살아 있는 역사로 남기 위해서는, 1인칭 서술이 아니라 3인칭의 시각에서 역사과학의 방법론으로 재구성되어야 한다. 『반세기의 증언』이 진솔한 내용으로 구성되었다 하더라도, 일제 식민지시기와 8·15해방 이후의 시기 사이에는 1인칭 서술자의 시점(視點)으로 일관하기 어려운 시대조건의 차이가 크게 개재한다.

일제라는 '비아'(非我)와 민족운동자라는 '아'(我)의 계선이 적대관계로 분명하게 2분화되는 식민지시기와 달리, 다양한 정치이념이 분출하면서 신국가건설의 노선도 다기(多岐)하였던 해방정국을, 이인의 정치노선에 따라 일원화된 잣대로 해석함은 편협한 시각이다. 그의 공적을 기준으로 삼아, 다른 정치노선에 섰던 이들의 과오를 단죄하는 포폄(褒貶)도 삼가야 한다. 한 개인의 올곧았던 인생이 한 시대의 전체상을 대변하기에는, 한국근현대사의 범주가 그리 단순하지도 좁지도 않았다. 이인도 한 시대를 살았던 민족지도자로서 시대의 맥락에서 재조명되어야 한다. 한 인물을 절대화하여, 이를 기준으로 한 시대를 해석함은, 특정 인물을 선양하는 기념사업회의 몫이지 역사과학의 방법론은 아니다.

인물사연구는 한 인물을 통하여 그가 살았던 시대사를 재조명하는 작업이지만, 그 인물도 시대사 안에서 해석되어야 연구의 객관성을 확보할 수 있다. 이런 의미에서 평전은 인물사를 통하여 시대사를 조명하는 작업이기도 하다. 따라서 평전은 한 인물을 '숭배'의 대상으로 미화하거나 흑백논리로 재단하는 논리에 빠지지 않고, 인물의 업적뿐만 아니라 실패와 좌절, 고난과 오점 등을 종합해서 다루어야 하는 과제도 염두에 두어야 한다.[2]

이를테면, 이인은 조선어학회 사건으로 옥고를 치르고 출옥한 뒤 양주에 은거·요양하였는데, 『반세기의 증언』에서는 이때 그가 민중무장봉기를 계획하였다고 회고하였다. 그러나 그가 은거·요양하던 동안 무장봉기를 구상하였다는 사실성의 여부는, 당시 시대상 속에서 객관화시켜 파악해야 한다.

8·15해방 직후 이인은 한국민주당의 창립 선언문마냥 조선건국준비위원회에 적대감을 표출하지는 않았지만, 건국준비위원회의 정·부위원장이었던 여운형·안재홍의 노선에 불만과 반감을 가지고 있었다. 건국준비위원회의 원류인 조선건국동맹이 일제 식민지시기 끝 무렵 '독립'(해방)과 '건국'을 동시에 준비한 국내 최대의 비밀결사체였다는 사실에, 그가 경쟁의식을 표출하였음은 부인할 수 없는 사실

이었다. 민중무장봉기를 계획하였다는 간결한 언급 속에는, 조선건국동맹을 다분 의식한 대립의식이 깔려 있었다.

이러한 이인의 내면 세계뿐만 아니라, 단순한 객관 사실도 실증하는 작업이 필요하다. 이인이 조선어학회 사건으로 투옥되어 있을 때 지인들에게 부탁하여, 자신이 써 놓은 원고·발표문과 항일투사를 무료 변론한 법정투쟁 수기(手記)들을 경기도 양주에 소개(疏開)·은닉하여 두었다. 그런데 안타깝게도 일부는 일제 관헌에게 압수당하고 나머지는 홍수로 유실(流失)되고 말았다.[3]

본론에서 서술하겠지만, 이인은 조선어학회 사건으로 옥고를 치른 이후, 아예 수첩을 사용하지 않았다. 『반세기의 증언』은 그가 기억에 의존하여 서술한 회고록이다. 간혹 오자가 발견되는 외에, 연대기상의 착오와 같은 단순 사실의 오류를 비롯해 수정할 곳들이 많다. 『반세기의 증언』을 참조하여 따라가면서, 연도와 단체명 등 세세한 고증 작업을 동반해야 한다. 이인의 기억에 착오한 대목 가운데 중요한 내용은 출처를 제시하면서 바로잡기도 하였으나, 출처를 밝히지 않은 곳이 더 많음을 밝혀둔다.

이 평전은 이인 자신이 회고한 바에 근거하여, 크게 두 개의 편으로 구성하였다. 제1편에서는 식민지시기의 민족변호사 활동을 비롯한 민족운동을, 제2편은 8·15해방 후 그의 정치활동을 건국운동과 민주화운동으로 나누어 서술하였다.

책의 서술 방식은, 이인의 회고에 의거하여 그의 삶의 영역을 범주화한 뒤 편년체로 기술함을 원칙으로 하였다. 한 사람의 삶의 영역을 공간화하여 횡으로 나눌 경우, 활동상을 시간의 순서대로 파악하기 어려운 단점이 있으므로, 본문의 끝에는 연표를 자세하게 작성하여 이인의 삶을 조견(早見)할 수 있도록 하였다.

이인의 생애를 책임감 있게 정리한 연보로는 『나라사랑 : 애산 이인 특집호』 제93집(외솔회, 1996년 가을호)의 「애산 이인 선생 해적이」가 최초였다. 그런데 이 「해적이」는 이인의 회고에 크게 의존하였고, 그가 살아온 시대상과 비교하는 고증 과정을 거치지 않았으므로 착오가 많았다. 이후 이인을 주제로 다룬 기획물이나 연구논문 · 소론들도 이 「해적이」를 참고하였으므로 같은 오류를 반복 재생산하였다. 『애산 여적』 제4집(애산학회, 2016. 10)에 수록된 「애산(愛山) 이인(李仁) 선생 연보」[4]는, 기존의 연보들을 크게 보완하여 정리하였다. 본서의 끝부분에 수록된 이인의 「해적이」에서 말년의 부분은, 이 연보를 많이 참조하였다.

이인이 관련된 사건들은 역사학의 방법론에 입각하여 객관의 시각에서 서술하고자 노력하였다. 그러나 그의 항일 변론과 인권 변론 활동들은 재판 기록과 변론 자료가 대부분 남아 있지 않고(물론 당시 신문에 재판 내용이 간략하게 보도된 경우는 이를 적극 활용하였다), 관련 인물과 법정 풍경의 실상 및 일화 등은 이인 자신만이 알고 있으므로 『반세기의 증언』에 크게 의존하여 재구성하였다. 이인이 민족운동자들을 변론하면서 접하였던 그들의 인물됨과 일화는, 일반 사료에서 보기 어려운 소중한 가치가 있다.

이 책에서 사용한 줄임표 중, ……는 『반세기의 증언』에서 그대로 인용하였고, …는 필자가 문장을 줄여서 인용하였다는 표시로 구분하였다. 『반세기의 증언』에서 이인의 말을 직접 인용하였을 경우에는, 문단의 줄을 바꾸어 인용문 처리한 곳에만 각주를 달아 출처를 밝혔다. 본문을 서술하는 과정에서 간략하게 이인의 글과 말을 인용하였을 시에는 큰따옴표(" ")를 사용하였으며, 필요한 경우 외에는 번거로움을 덜기 위해서 출처를 일일이 밝히지 않았다. 이인의 말과 글은, 이해를 돕기 위하여 한글에 한자어를 병기하였으나, 표기법·띄어쓰기 등은 원자료에 나온 그대로 인용하였다. 참고문헌도 한자를 사용하였을 경우는 그대로 표기하였다.

『반세기의 증언』은 한민족의 구성원을 일관되게 '국민'으로 표현하였다. 이인이 『반세기의 증언』을 집필하던 때는 군사정권 시기였던 만큼, 표현이 자유롭지 못하였으므로 이 단어를 사용하였으리라 생각하지만, 식민지시기에 '국민'은 '황국신민'으로 오해할 여지도 남는다. 이런 까닭에 논자에 따라서는 '국민'이란 용어 자체를 기피하는 사람도 있지만, 굳이 그렇지 않더라도 식민지시기에 한국인을 '국민'으로 지칭함이 적절하지 않음도 사실이다. 본문에서는 때에 따라 적절하게, 한국인·한국민·조선인·민중이라는 말을 섞어 사용하였다.

식민지시기의 한국을 표현하는 데에도 용어상의 어려움이 따른다. 식민지시기에 '조선'이 통용되었으므로, 당시를 '한국'이라 표현하면 어색한 느낌이 든다. 연구자에 따라서는 '식민지한국'보다는 '식민지조선'이라는 용어를 사용하기도 하므로, 일제 식민지시기를 서술할 때에는 문맥에 따라서는 '식민지조선'·'조선인'으로도 표현하였다.

일제의 관변 측 자료나 당시 신문들에는, 나이를 서양식에 따라 '만'(滿)으로 환산하는 경우가 많으나, 이 책에서는 태어난 해부터 한 살로 계산하였다. 사건의 흐름을 이해하는 데 도움을 주도록, 중요한 사건들은 연도를 밝혔다.

제1편

식민지시기의 민족변호사 활동

제1장

성장 과정
– 민족변호사가 되기까지

1. 소년 시절, 출생과 가풍

1) 조부·부친·숙부의 영향

애산(愛山) 이인(李仁)은 1896년 10월 26일(음력 9월 20일) 경상북도 대구부(大邱府) 사일동(射一洞 ; 현 중구 동성동)에서 경주이가(慶州 李家) 종영(宗榮)과 연일정가(延日鄭家) 복희(福姫) 사이에서 장남으로 태어났다. 자(字)는 자옥(子玉)이요, 호(號)는 애산(愛山)이다. 집안 어른이 이인의 자를 아들 '자'에 구슬 '옥'으로 지었음을 보면, 첫 아들이 태어남을 크게 반겼으며, 그가 어른들의 사랑을 듬뿍 받고 성장하였음을 알 수 있다.

이인은 네 살 때부터 업혀 다니면서 글을 배울 만큼 가족들의 사랑은 오롯하였다. 할아버지는 맏손자 이인을 귀여워하여 늘 데리고 잤으며, 이인은 할아버지의 영향을 받아 글 외우는 데 재주가 있어 고을 일대에서 '재동'이라고 불리며 칭찬을 한몸에 받았다.[1]

이인의 선조는 고려 중엽에 성리학(性理學)의 개척자로 불리는 이익제(李益齊)로서, 그의 집안은 이때부터 경주 내산면(內山面)에 세거(世居)하였다. 그가 태어나기 60여 년 전, 할아버지 이관준(李寬俊)은 식솔들을 이끌고 대구 인근의 달성군(達城郡, 현 대구광역시의 남서부에 위치) 효목동(孝睦洞)으로 이주하였다. 이인이 태어나기 바로 전해에, 일가는 다시 대구로 이사하였다. 이인은 대구에서 태어나 성장하였으며, 3·1민족운동을 겪은 뒤 26세 때인 1920년 11월 서울시 종로구 안국동으로 이사하였다. 대구는 그가 태어나서 유소년기를 거쳐 청년기를 보낸 고향이었다.

식민지시기 이인의 민족운동은 구한말 자강운동(自强運動)의 연장에 선 실력양성운동이었는데, 이러한 노선은 가풍에서 영향받은 바가 컸다. 할아버지·아버지·작은아버지 세 사람의 시대의식과 항일독립정신은, 이인의 성장 과정에 자연스럽게 녹아들었다.

할아버지 이관준(李寬俊)은 호를 만당(晚堂)·하당(荷堂)이라고 하였으며, 당시 영남에서 유학자로서 이름이 높았다. 그는 문장과 서예에도 능하여 영남 삼시선(嶺南三詩仙)의 한 사람으로 불리었다. 이인은 처음으로 한문을 배우기 시작한 5살 무렵을, "대구향교(鄕校)의 장재(掌財)로 계시던 조부의 훈육에 따라 그분이 관리하시던 동재서당에 다닌 것이다."라고 회고하였는데,[2] 조부는 이때 대구향교를 운영하는 위치에 있었다.

다 아는 바와 같이, 향교는 한국의 전근대 시기에 국가가 향촌(鄕村)에 설립하여 운영하던 중등교육기관이었다. 향교의 교육 공간으로는 명륜당(明倫堂)과 동재(東齋)·서재(西齋)가 있었다. 명륜당이 스승과 학생이 모여서 교육하는 곳이라면, 동재·서재는 학생들의 기숙사를 가리켰으며, 명륜당을 중심으로 동서 양쪽에 대칭으로 배치되었다. 조선시대에는 신분에 관계없이 양반은 물론 평민의 자제도 향교에 입학할 수 있었다. 그러나 조선후기에 들어서 건물의 공간을 사용하는 데에서 신분상의 구별이 생겨나, 양반의 자제들이 동재를, 평민들은 서재를 사용하게 되었다.

향교의 직제 가운데 장재가 무엇인지 분명히 알 수 없으나, 이인의 회고에서 '관리'라는 말에 착안한다면, 향교의 교육과 운영을 담당하는 교임(校任) 가운데 하나인 장의(掌儀)를 가리켰다고 보인다. 향교에서 장의는 대개 두 명으로 구성되었고, 각각 동재와 서재로 구별하여 호칭하기도 했는데, 이인의 조부는 동재의 '관리', 즉 금전의 출납 등 재정 관계의 운영을 담당하였으므로 '장재'로 회고하였으리라 생각한다.

대개 향교의 교임은 지방에서 스승이 될 만한 인격과 학식을 지닌 인물을 뽑았으므로, 이인의 조부는 이에 걸맞는 지방 유지였다. 조선 후기 들어와서 향교의 교육 기능은 쇠퇴하였고, 더욱이 1894년 갑오경장(甲午更張)이 단행됨에 따라, 향교는 더욱 피폐해 관학(官學)으로서의 교육 기능은 거의 상실하였다. 지방의 유림(儒林)들이 향교의 교육 기능을 되찾기 위한 자구책으로 서당을 설립한 이유였다.[3]

갑오경장 이후 조선정부가 신학제를 실시함에 따라, 대구향교도 교육 기능은 없어지고 서당 붐이 일어났다. 이 무렵 이인의 조부도 쇠퇴해 가는 향교의 교육 기능을 되살리기 위하여 서당처럼 아이들을 모아서 가르쳤다. 아마 조부가 대구향교의 동재라는 기숙사 공간에, 글방처럼 지역의 아이들을 모아 가르치면서 운영하였으므로, 이인이 이를 '동재서당'이라 회고한 듯하다.

이인이 태어나기 60여 년 전 일가가 달성으로 이사하였고, 태어나기 한 해 전에는 다시 대구로 옮겼으니, 그가 동재서당에 입학할 무렵은, 일가가 대구에 터를 잡은 지 몇 년 되지 않은 때였다. 그런데도 이인의 조부가 대구향교의 교임 자리를 맡았다 함은, 벌써 지역의 유지로 자리잡았다는 뜻이 된다.

일제가 1932년 복잡한 대구 시가지를 정리한다는 명목으로 대구향교를 지금의 자리로 이전한 이유는, 대구향교가 지역의 중심체가 되어, 독립운동을 확산하는 영향력을 우려한 때문이었다. 대구향교는 당시 지역사회의 공론을 생성하는 곳이었고, 이인의 조부는 여론 지도자(opinion leader)의 구실을 하면서, 지역민의 자제들에게 교육으로써 애국사상을 심는 계몽활동에 노력하였다.

이관준 → 이종영·이시영 형제 → 이인, 이 3대로 이어지는 가계(家系)와 가풍에서 추측하면, 이관준은 위정척사(衛正斥邪)를 주장하는 완고한 유생은 아니었던 듯하다. 그렇기에 그의 아들 종영이 1900년대의 후반 자강운동(自强運動)에 관심을 갖고 대한자강회(大韓自强會) 등의 사회단체에 참여할 수 있었다. 이인이 "조부의 훈육에 따라" '동재서당'에 다녔음을 보면, 그는 할아버지에게서 유학을 비롯해 품성과 도덕 교육을 받고 자랐다. '동재서당'의 교육 풍경이 그다지 딱딱하지 않았고, 또 내리사랑이라 하였듯이, 조부의 훈육도 엄격함보다는 장손 이인을 향한 인자함이 각별했으리라 생각한다.

학포(學圃)라 호(號)했던 부친 종영[4]도 한학에 조예가 깊었으며, 시문과 서예로 일가(一家)를 이루었다. 이관준이 전통 유학에 충실하였던 유학자였던 반면, 종영은 근대 문물과 지식을 수용한 개신유학자로서 개화지식인으로 변모한 자강운동론자였다. 자강운동이란 한 마디로 "한국민족이 주체가 되어 교육과 실업을 진흥함으로써 경제적·문화적 실력을 양성하고 나아가 부국강병을 달성하여 장차 국권회복의 토대를 마련하려는 운동"이었다.[5] 이인은 "부친께서는 후에 한성(漢城) 정계(政界)에서 독립운동 단체로 이름난 자강회(自强會)와 대한협회(大韓協會)의 중심인물로 활약"[6]하였다고 회고하였는데, 이들 단체의 성향을 통하여 이종영의 민족의식을 살펴본다.

을사늑약(乙巳勒約)이 체결되는 1905년 11월 무렵을 전후하여, 지방의 유생들과 평민들이 합세하여 의병항쟁을 전국에서 거세게 일으켰고, 이와는 조류를 달리하는 자강운동도 일어났다. 자강운동에는 서울을 비롯해 지방 도시의 자산가·지식인들이 뭉쳤으며, 개혁 성향의 유학자들도 가세하였다. 자강운동은 애국계몽운동·구국계몽운동이라고도 불리듯이, 교육과 언론으로 민중을 계몽함으로써 국권을 회복한다는 목적의식이 뚜렷하였다.

자강운동론자들은 사회진화론를 수용하여, 당시의 국제관계를 약육강식(弱肉强食)과 적자생존이 지배하는 시대라고 인식하여 부국강병(富國强兵)한 나라를 만들자고 주장한 데에서는 일치하였으나, 실천방법론을 둘러싸고 크게 두 갈래로 나뉘었다. 하나는 '선(先)실력양성 후(後)독립'론의 태도를 취하는 인사들로, 이들은 실력양성이 선행되어야 독립이 달성될 수 있다고 믿었다. 또 하나는 독립이 달성되어야만 실력양성이 가능하다고 주장하는 '선(先)독립'론이었다.

'선실력양성 후독립'론자들은 독립보다 실력양성을 앞세워 주장하였으므로, 서구식 자유·평등·민권 사상에 입각하여 근대시민국가를 세우려는 목표는 강하였지만, '후독립'의 사상으로 인해 일제 침략을 묵인하는 측면도 있었다. 이들 가운데 일부는 일본에 호감하는 태도를 가졌으며, 통감정치(統監政治)가 한국을 문명국으로 발전시키는 계기라고 주장하였다. 나아가 의병항쟁을 가리켜 나라를 망하게 하는 '비문명적인 폭력'이라고 비난하면서, 일본과 협력하는 길을 찾자고 주장하는 부류도 있었다.

이인의 부친이 활동하였던 대한자강회와 대한협회는 '선실력양성 후독립'론에 속한 계열이었다. 그가 처음 가담한 대한자강회의 전신은, 1905년 5월 24일 창립된 헌정연구회(憲政研究會)로, 윤효정(尹孝定)·이준(李儁)·양한묵(梁漢黙) 등이 중심 인물이었다. 이 단체는 「을사늑약」을 반대하는 반일(反日) 정치활동을 전개하면서, 정치개혁을 단행하여 국권을 상실하는 위기에서 벗어나자고 주장하였다. 이종영과 막역한 사이였던 이준은, 헌정연구회가 창립될 때에 부회장으로 선임되어 이 회의 활동을 주도하였다.

대한협회의 전신인 대한자강회는 헌정연구회를 이끌었던 윤효정을 비롯하여, 장의정(張志淵)·심의성(沈宜性)·임진수(林珍洙)·김상범(金相範) 등 5인을 발기인으로 하여 1906년 4월 설립되었다. 이 단체도 국권회복을 목표로 교육개발과 식산흥업(殖産興業)을 내걸고 반일투쟁을 전개하였다. 대한자강회는 전국에 25개의 지회를 두고, 기관지로 『대한자강회월보』(大韓自强會月報)를 간행하는 한편, 서울과 지방에서 강연회를 개최하는 등 활발하게 계몽운동을 전개함으로써 대중 기반도 갖추었다. 1907년 2월 국채보상운동이 전개되자, 대한자강회는 이에 적극 참여하기로 결의하였고, 일제가 헤이그밀사사건(1907. 6)을 계기로 고종 황제를 강제 퇴위시키려 하자, 이에 반대하여 대규모 반일 투쟁을 벌였다.

대한자강회가 현실 정치에 적극 참여하는 움직임을 보이자, 일제는 즉각 탄압에 나섰다. 일제는 고종을 강제 퇴위(1907. 7. 20 양위식을 거행)시키고 난 뒤, 한국민의 반발을 억누르기 위해 「보안법」(保安法, 1907. 7. 27) 등을 공포하였고, 대한자강회가 전개한 고종 양위(讓位) 반대 투쟁에 이 법을 적용하여 1907년 8월 대한자강회를 강제 해산시켰다.

대한자강회가 해산되자, 이 단체의 중심 인물들이[7] 천도교의 오세창(吳世昌) · 권동진(權東鎭) 등과 협력하여 1907년 11월 대한협회를 조직하였다. 대한협회는 교육보급 · 산업장려 · 민권보장 · 행정개선 등을 강령으로 내걸고, 대한자강회와 유사한 형태의 실력양성운동을 활발하게 전개하여 나갔다. 이러한 활동으로 전국에 70여 개소의 지회를 설립하였고, 본회(本會) · 지회(支會) · 분지회(分支會)의 회원 총수가 7,000여 명을 웃돌 정도로 민중들에게 지지를 받았다.

1907년 7월 일제는 이와 같은 민중계몽운동을 저지하기 위해 「신문지법」(7. 24)과 「보안법」을 공포하였고, 한국민의 언론 · 출판 · 집회 · 결사 활동은 크게 위축되었다. 또 일제는 「정미칠조약」(丁未七條約, 1907. 7. 24)에 이어, 8천 8백여 명밖에 남지 않은 대한제국의 군대마저 강제 해산(7. 31)함으로써 한국의 행정권과 군사권도 장악하였다.

이렇게 일제는 한국에 지배권을 강화하면서 합법단체까지 탄압하였고, 이 때문에 한국민의 합법 정치활동도 움츠러들었다. 합법 정치운동이 한계에 부딪치자, 대한협회는 통감부 체제 내에서 권력을 지향하는 운동과 실력양성론을 계승하는 운동으로 분열되었다. 전자의 부류는 일제의 '통감정치'가 문명(文明)을 지도한다고 긍정평가하면

서 이 안에서 의회정치 · 정당정치를 실현하는 데 목표를 두고 친일 색
채를 드러내었다.

대한협회는 창립 당시 주요 임원이 회장 남궁억, 부회장 오세창, 총
무 윤효정으로 구성되었다가, 1908년 7월 회장 남궁억이 사임하고, 대
한제국의 고위 관료 출신인 김가진(金嘉鎭)이 회장에 선임되면서 단
체의 성격이 크게 변하였다. 김가진은 1900년 이후 1907년까지 중추원
(中樞院) 의장, 의정부 찬정(議政府贊政), 농상공부대신, 법부대신, 충
청남도 관찰사 등의 요직을 거친 인사였다.[8]

대한협회의 일부 지도부는 실력양성이 이루어질 때까지 일본이 한
국을 지배함은 당연하다고 받아들였다. 이들은 일제의 '보호정치'를
인정하고, '보호정치' 아래 정책비판과 정권참여를 실현하는 데에서 더
나아가 정권장악을 목표로 하는 정당정치를 주장하면서, 이를 위한 정
당으로 대한협회를 내세웠다. 1909년 8월 대한협회의 지도부가 일진
회(一進會) · 서북학회(西北學會)와 3파 제휴를 시도하자, 장지연 · 여병
현 등 다수 회원들은 지도부를 규탄하면서 3파연합을 반대하였다.[9]

이인의 부친 이종영이 이준과 맺은 교분, 보성사(普成社) 등 천도교
계통에서 활동한 배경과 인맥은 대한자강회 · 대한협회 계열에 속하
여 활동하는 과정에서 형성되었다. 이종영이 이 단체들의 '중심 인물
로 활약'했다는 이인의 회고는, 이종영이 중앙 본회의 임원진으로 활
동하지는 않았으나,[10] 지회 활동을 중심으로 중앙의 본회에도 활발하
게 참여하였음을 가리켰다. 이종영이 중앙 본회의 주요 임원인 이준
과 혈육의 정에 가까운 동지애를 쌓았던 인맥도 여기서 말미암았다.

헤이그밀사 사건의 주역인 이준은 대한자강회 본회의 평의원(評議
員)을 맡아 활동하였다. 대한자강회는 17개월의 존속 기간(1906. 4. 4~

1907. 8. 21) 동안, 6개월을 단위로 하여 3기에 걸쳐 임원을 선정하였는
데, 독립협회에도 참여하여 이를 주도하였던 이준은 제3기의 평의원
으로 선임되어 활동하였다.[11] 이종영·이준의 교분은 두 사람이 대한
자강회에서 함께 활동하면서 쌓였다.

　이종영이 천도교와 유대 관계를 맺은 배경으로는, 권동진·오세창
등과 형성한 인맥을 추측할 수 있겠지만, 이후 이종영의 활동 공간이
되었던 보성사와 연관시켜 판단할 때 이종일(李鍾一)이 더욱 중요하
다. 이종영은 권동진·오세창보다는 이종일과 친분이 두터웠으리라
생각한다. 이종일은 대한자강회에 이어 대한협회에서 활동을 계속하
였고, 신민회(新民會)에도 가담하였던 인물이었다. 이준과 마찬가지
로 이종일 역시 독립협회 활동에 가담하였으며, 『뎨국신문』(帝國新
聞)의 사장으로서 대한자강회가 창립될 때부터 평의원으로 참여하여
활동하였다.[12]

　대한협회는 34개월의 존속 기간(1907. 11. 17~1910. 9. 12) 동안, 1년
을 임기로 하여 3기에 걸쳐 임원진을 구성했고, 그 간에 일부분의 임
원 교체가 수차례 있었다. 이종일은 제1기와 제2기에 평의원과 회보
(會報) 편집인을 겸했으며, 제2기에는 지방부장(地方部長)[13]으로 활
동하였다. 이렇게 이종일은 대한자강회에 이어 대한협회를 주도한
인물이었고,[14] 지방부장이라는 위치는 지회 소속의 회원들과 넓게 접
촉하였을 가능성을 보여준다. 아마 이때 이종일과 이종영의 교분도
형성되었다.

　더욱 중요한 바는, 대한협회에 참여한 인사들 가운데 신민회를 주
도한 인물로 36명이 확인되는데, 이종일은 그 중 한 사람이었다. 이들
36인은 합법단체인 대한협회와 비밀결사 신민회가 인맥상으로 밀접

한 관계에 있었음을 증명하는데,[15] 이종일은 이 연결고리의 한 사람이었다. 대한협회의 지도부 일부가 친일 성향으로 나아간 반면, 이들 36인은 대한협회 내의 항일·독립의 노선을 확인하는 증거가 된다. 1907년 4월 창립된 비빌결사 신민회는 민족자본을 육성하면서, 교육·문화사업을 추진하여 민중들의 민족의식을 고취시키는 일을 병행하였다. 이종일이 신민회에서 활동한 사실은, 대한협회의 지도부와는 다른 노선에 섰던 대한협회 임원이었음을 말해준다.

이종일의 활동상을 다소 길게 언급한 이유는, 이종일을 통하여 이종영의 성향을 짐작케 하는 단서가 되기 때문이다. 이종영이 이종일과 두터운 친분을 쌓았다면, 이종영은 대한자강회에서 활동한 이래 항일의식을 잃지 않고 대한협회에서도 같은 노선을 걸었다. 이종영은 '선실력양성 후독립론'의 노선을 걸었지만, 독립을 포기한 친일의 길로 나아가지 않았다. 이러한 맥락은 그의 동생 이시영과 아들 이인의 항일 활동으로 이어진다.

이종영과 이종일의 교분 못지 않게, 이종영과 이준의 친분도 유년기 이인의 민족의식을 형성하는 데 중요한 자극 요소가 되었다. 이종영은 대한자강회 활동을 계기로 이준(함경남도 북청 출신)을 알게 되었고, 두 사람은 동지애를 넘어 결의형제(結義兄弟)한 사이가 되었다.

이준이 독립협회에 가담하여 활동하였음은 앞서도 언급하였지만, 1904년 이후 그의 애국 활동은 반일투쟁으로 확대되었다. 러·일전쟁(1904. 2. 8~1905. 9. 5)에서 승기를 잡은 일제는, 1904년 6월 일본 공사(公使)를 통하여 한국 내의 황무지 개간권을 요구하는 등 각종 이권을 탈취하려는 야욕을 드러내었다. 이에 이준은 동년 7월 송수만(宋秀萬)·심상진(沈相震) 등과 함께 대한보안회(大韓保安會)를 조직하여 총무를 맡아서 반대투쟁을 벌였다. 또 이해 8월 일제가 송병준(宋秉畯) 등 친일 분자들을 중심으로 주구(走狗) 단체인 일진회를 조직하여 매국 활동을 사주하자, 이준은 동년 12월 윤하영(尹夏榮)·양한묵 등과 함께 공진회(共進會)를 결성하고 회장이 되어 일진회에 대항하여 투쟁하였다. 이 때문에 일제가 강압하여 황해도 황주(黃州) 철도(鐵島)로 6개월간 유배당하였다가, 이듬해 민영환(閔泳煥)·이용익(李容翊) 등이 주선하여 석방되었다. 이후에는 앞서 서술하였듯이, 헌정연구회와 대한자강회를 조직하여 활동하였다.

이용익(1854~1907. 2. 20)이 이준을 석방하라고 주선한 데에서 보듯이, 이용익과 이준 사이에도 일종의 동지애가 형성되어 있었다. 1902년 이용익은 탁지부대신(度支部大臣)에 올라 이준·민영환·이상재(李商在)·이동휘(李東輝) 등과 함께 비밀결사 개혁당(改革黨)을 조직하여 일본의 침략 야욕을 폭로하면서 항일투쟁을 전개한 경력을 이미 공유하였다. 이준은 함경북도 명천(明川) 출신인 이용익과 '함경도'가 동향(同鄕)이라는 연고도 강하였다.

이준의 반일·항일 활동과 민족의식은 결의형제한 이종영에게도 감명을 주어 공유하는 바였고, 이종영은 형제애를 약속한 결의(結義)로 이준 열사와 그의 가족들을 자신의 친족처럼 극진하게 보살폈다. 1907년 4월 이준 열사가 고종의 밀지를 받고 네덜란드 헤이그(Hague)에서 열리는 제2회 만국평화회의(萬國平和會義)에 출석하기 위하여 출국할 때, 이종영은 출국을 뒷바라지하였고, 이준은 '집안 뒷일'을 이종영에게 '당부'하였다.

이준 일행이 헤이그에 도착하였으나, 일제가 방해하여 회의에 참석하지 못하자, 이준은 통분함을 이기지 못하여 분사(憤死)하고 말았다

(1907. 7. 14). 이준이 순국하자, 이종영은 그의 가족들을 자신의 집안처럼 돌보았다. 이준의 항일민족의식 및 부친 이종영과 결의형제한 교분은 어린 이인에게도 깊은 교훈으로 적극전이(positive transfer)되었다.

이종영은 이준을 매개로 이용익이 운영하던 보성사의 경영에 참여하게 되었으며, 이종일과 맺은 인맥으로 이 활동이 지속되었으리라 생각한다. 이인은 이렇게 회고하였다.

> (자료 1-1-A)
> 부친께서는(이종영을 가리킴 : 인용자) … 한때는 보성소학(普成小學)과 보성사 보성관(普成館)의 교주(校主)대리로 이들 기관의 경영을 맡았다. 보성전문을 맡기는 이 학교를 경영하던 이용익의 손자 이종호(李鍾浩)가 한일합방 직전 중국으로 망명함에 따른 것인데 이 일로 여러 차례 고초를 겪으셨다.
> 누구나 잘 아는 대로 보성전문은 민족의식의 요람 중 하나요 보성사는 기미독립선언서를 찍어낸 인쇄소이고 보성관은 이들을 모두 거느리는 경영주체격인데 이곳이 바로 우리나라 독립사상의 한 진원지였다. 이 때문에 이들 단체는 일본 경무총감부(警務總監府)와 헌병대의 수색을 자주 받았고 보성관 지하실에서 그때의 신무기라 할 장총 45정이 적발되는 사건이 있고부터는 탄압이 가일층했었다. 이래서 부친께서는 1년에 한두 차례는 구금생활을 하시기 일쑤였다.[16)

(자료 1-1-A)에서 '한때'가 언제인지 정확하지 않다. '교주대리'라 함은 이용익의 손자 이종호가 경영난으로 교주의 소임을 다하지 못하였다는 뜻이다. 위의 회고에 따르면, 이종영이 보성전문의 경영에 관계한 때는 이종호가 망명하기 직전이었다.

이종호가 해외로 망명한 때는 일한병합(日韓倂合) 이후였다. 보성학원 등이 천도교에 인수된 때는 그 이후인 1910년 12월이었으며, 천도교에 인수된 뒤 보성학원 계열은 재정문제에서는 안정을 보였다. 그렇다면 이종영이 보성학원 계열에 관계하며 '심혈'을 기울인 때는, 보성학원이 설립되는 1905년 4월부터 천도교에 인수되는 1910년 10월 사이의 5년간이었다. 그리고 '교주대리'의 직을 수행하면서 사재까지 출연하며 보성학원의 경영에 힘쓴 때는, 이종영이 망명하기 전후 무렵부터 천도교가 보성학원 계열을 인수하기 전으로 추정된다.

이용익이 소학·중학·전문학교 과정의 보성소학·보성중학·보성전문으로 구성된 보성학원(普成學院)을 세운 때는 1905년이었고, 보성사·보성관을 설립한 때는 1906년이었다. 1907년 이용익이 사망하자 손자 이종호가 경영을 맡았으나, 일제에 국권을 빼앗기자 교주 이종호는 망명길에 올랐다. 이렇게 학교가 경영 위기에 빠지자, 1910년 12월 천도교의 교주(教主) 손병희(孫秉熙)가 학교를 인수하여 천도교 계통에서 운영하게 되었다.

보성전문학교가 출발한 뒤 일제는 학교에 온갖 압력을 가하였다. 1906년 12월에는 관립학교로 만들기 위해 학교에 압박을 가하였고, 이종호가 경영할 때에는 이종호가 안중근(安重根) 의사(義士)의 의거(1909. 10. 26)에 연루되었다는 죄명을 뒤집어씌워 탄압하였다. 이러한 탄압으로 경영난에 빠지자 경영권을 재력 있는 인사에게 넘길 수밖에 없었고, 손병희가 보성학원 계열을 인계하였다. 그러나 이때에는 이미 국권을 상실하였으므로, 학교를 운영하는 데에서 일제의 간섭과 탄압을 피할 수는 없었다,

보성사는 이종호가 경영하던 인쇄소였으며, 서적과 교과서를 간행하여 전국 학교에 무료로 배부함으로써 교육에 힘썼던 곳이다. 3·1 독립선언서를 인쇄한 곳이 보성사였음은 다 아는 바이지만, 이때 보

성사의 사장이 바로 이종일이었다.

보성관은 인쇄소 보성사와 함께 보성학원의 교재 출판을 위해 설립된 부속 기관이었으나, 신지식층을 겨냥한 애국계몽 서적들도 간행하였다. 보성관은 출판사 자체에 번역부(飜譯部)를 두고 전문 번역원(飜譯員)을 동원해, 단기간에 전문성을 갖춘 다양한 교재들을 번역하였다. 뒤에 서술하듯이, 이인이 읽었던 『월남망국사』(越南亡國史) 등의 책은 바로 이곳에서 펴냈다. 이러한 서적들은 소년기 이인의 정신세계에 매우 깊은 감명으로 녹아들었다. 그가 유년기에 『월남망국사』등의 책을 읽게 된 동기는, 당대 지식인들에게 이러한 종류의 책들이 필독서로 간주된 시대의 흐름도 컸지만, 부친이 보성학원 운영에 관계한 인연이 직접 작용하였다.

보성학원 계열이 한국의 근대문화에 기여한 공로에는 이종영의 헌신도 한몫을 담당하였다. 이인은 이를 가리켜 "부친께서는 보성학원이 경영난에 빠지자 경제적 뒷받침을 얻기 위해 우리의 특산물을 해외로 내보내는 무역업에도 손을 댔다. 이때 설립한 것이 한미흥업주식회사(韓美興業株式會社)"라고 회고하였다. 이종영은 보성학원을 살리기 위해 사업에 손을 대었고, 대구의 집마저 담보로 잡혔다. 이종영이 다달이 이자를 갚지 못하자, 채권자는 불한당 같은 장정들을 시켜서, 솥이고 재봉틀이며 닥치는 대로 들고 가버렸다. 가재도구마저 모조리 강제 집행당하였으므로 가산은 모두 탕진되었고, 인정사정없는 사집행(私執行)으로 가족들의 비참함은 이를 데가 없었다.

(자료 1−1−A)에 따르면, 일한병합 이후 일제의 경무총감부와 헌병대는 보성사·보성관을 자주 수색하였고, 여기에 관계하였던 이종영은 범행 사실도 없는데 1년에 한두 차례 강제 구금당하는 고초를 겪

었다. 이를 보면, 보성학원 계열이 천도교에 인수된 뒤에도, 이종영은 일정한 정도 학교 일에 관여하였던 듯하다. 이인은 당시를 다음과 같이 회고하였다.

> (자료 1 - 1 - B)
> 나는 어린 마음에도 집안을 뒤져 부친과 숙부를 잡아가는 것이 일인(日人)이요 집안살림마저 뺏어가는 것이 일인이라 생각하니 그 분함을 참을 길 없었고 일인이 밉기 그지없었으니 작은 힘이나마 민족운동에 바치리란 생각이 이때부터 싹텄던 것이다.
> 이처럼 우리 집안은 항거할래야 항거할 도리는 없고 온 집안에 수심(愁心)이 가득해 음식을 먹어도 살로 가지 않는 나날이 자그만치 내가 장성하기까지 20여 년인데…17)

이종영은 이러한 고초 속에서도 민족의 양심과 지조를 굽히지 않았다. 그는 자신을 다잡으며, 어린 이인에게도 교훈을 주기 위하여, 친필로 다음과 같은 글씨를 써서 집의 방 벽에 붙여 놓았다. 이인은 (자료 1 - 1 - B)의 인용문에 이어 다음과 같이 적었다.

> (자료 1 - 1 - C)
> … 이 무렵 우리 집 방벽에는 부친의 글씨로
> 　효행 이태리 삼걸사(效行 伊太利 三傑士)
> 　막작 연작자 일신안(莫作 燕雀子 一身安)
> 〈이탈리아 3걸사를 본받고 연작같이 한몸의 편안함을 꾀하지말라〉
> 이런 가훈이 적혀있었다. 나는 이 글 밑에서 「이태리삼걸사전(傳)」을 읽으며 나도 나라를 중흥하는 일에 힘쓰겠다는 결심을 했다.18)

1910년을 전후한 이때 그의 나이 15세 무렵이었다. 이인의 반일감정과 항일의식이 독립의식으로 발전하면서, 독서를 통하여 독립의 방도까지 궁리하는 청년기를 보냈음을 보여주는 단면이다.

이인에게 가장 크게 영향을 미쳤던 또 한 사람은 숙부 이시영이었다. 이인은 "이때 숙부 시영은 대구에 살았는데, 이분 역시 독립운동을 하다가 잡혀가기가 다반사여서 우리 집안은 반일과 독립사상이 가득했던 것이다."라고 회고하였는데, 항일독립 지사인 숙부가 그의 민족의식에 깊은 영향을 끼쳤음을 보여준다.

아호가 우제(又齊)인 숙부 이시영(1882. 1. 10~1919. 7. 9)은, 대한민국임시정부의 재무부장과 신생 대한민국의 초대 부통령을 지낸 성제(省齊) 이시영(李始榮, 1869. 12. 3~1953. 4. 17)과 함자(銜字)가 같으며, 아호에서도 '제'(齊)자를 공유하는 족친(族親) 사이였다. 성제 이시영은 서울 중구 저동(苧洞)에서 태어났으며, 관직에 나아가 평안도 관찰사를 지내기도 하였으나, 한성(漢城)재판소장과 고등법원 판사를 지내는(1908년) 등 주로 서울에서 재직하였다. 그래서 사람들은 서울에 살고 있는 성제를 북시영(北始榮), 대구에 사는 우제를 남시영(南始榮)으로 구별하여 불렀다고 한다.

이인은 14년 연상인 숙부 이시영을 "항일의식과 자주독립정신에 충만한 그는 언제나 이름과 정체를 숨기고 맹활약하는 복명(覆名)의 독립투사였다."[19)라고 표현하였다. 이 말 그대로 이시영은 이름을 감추고 독립운동에 동분서주하였는데, 만주의 신흥무관학교(新興武官學校)의 뒷바라지를 하는 등 주로 독립운동 자금을 조달하는 데 주력하였다. 이종영·이시영 두 형제는 항일독립의식을 실천으로 옮겼지만 방향은 달랐다. 형인 이종영이 계몽운동에 중심을 두었다면, 이시영은 비밀결사와 무력항쟁의 계열에서 활동하였다.

이시영은 1914년 베이징(北京)으로 망명한 뒤 상하이(上海)와 남북만주(滿洲) 등지를 왕래하며 항일 무력봉기를 꾀하는 운동에 투신하였고, 이를 위해 국내에 잠입하였다. 그는 1915년 음력 1월 윤상태(尹相泰)·박상진(朴尙鎭)·서상일(徐相日)·홍주일(洪宙一) 등과 함께 경상북도 달성군에서 시회(詩會)를 가장하여 비밀결사 조선국권회복단(朝鮮國權恢復團)을 조직하고 교통부장(交通部長)을 맡아 활동하였다. 이 단체는 대구를 중심으로 주로 경상우도(慶尙右道) 지역의 중산층 이상의 혁신 유림(儒林)들이 참여하여, 곡물상의 상업조직과 사립교육기관 등과 연계하면서 독립군을 지원하는 구국 경제 활동을 도모하였다.

이후 이시영은 만주·노령(露領)지방의 독립운동가들과 연계하여 투쟁하는 방안을 모색하였다. 그는 1916년 8월 대한광복회(大韓光復會)의 김진우(金鎭瑀)·김진만(金鎭萬)·최병규(崔丙圭) 등과 연결하여, 대구의 자산가 서우순(徐祐淳)에게서 군자금을 모집하던 중 일본 경찰에 체포되었고, 1917년 6월 대구복심(覆審)법원에서 실형을 언도 받아 옥고를 치렀다. 출옥한 뒤 1919년 3·1민족운동 때는 서울의 만세시위에 참여한 뒤, 지방의 유림(儒林)들을 상경하게 하여 독립선언서를 지방에 밀송하는 활동을 계속하였다. 이시영은 3·1민족운동이 한창이던 3월 중순경 운동을 확산시키기 위해 다시 만주의 지린성(吉林省) 류허현(柳河縣) 싼위안바오(三源堡)로 망명하였고, 이해 7월 이곳에서 병사하였다. 이는 뒤에 다시 보기로 한다. 대한민국정부는 이시영의 공훈을 기리어 1990년에 건국훈장(建國勳章) 애족장(愛族章, 1963년 대통령표창)을 추서(追敍)하였다.[20]

2) 서당교육, 처음 접한 신학문

이제 이인의 교육 과정을 통해 그의 성장기를 살펴본다. 이인이 처음 수학(修學)한 곳은, 대구향교의 장재인 할아버지가 관리하던 '동재서당'이었다, 그는 5세가 되는 1900년, 할아버지의 '훈육'에 따라 전통 교육 기관인 서당에서,『천자문』을 비롯하여 처음으로 한문과 한학(漢學)을 배우기 시작했다. 이인이 서당에 들어갈 무렵에는 사립학교 등 근대 교육기관도 이미 등장하였는데, 유교 전통이 강하였던 집안 분위기와 함께, 대구향교는 할아버지가 직접 관리하던 가숙(家塾)이었으므로 할아버지에게서 재래식 서당교육을 받게 되었다.

다 아는 바와 같이, 서당은 우리나라 전통시대에 향촌사회에 설립된 사립(사설)의 초등교육기관이었다. 이인은 "서당에서는 과거(科擧)보이기 위한 책만 붙들고 있는 것이 아니라"고 회고하였는데, 1894년 갑오경장(甲午更張) 때 과거제가 이미 폐지되었으므로, 서당교육에서도 과거를 치르기 위한 교육 내용과 방식에서 벗어나 시대의 추세에 부응하는 면들이 나타났다.

이인이 '동재서당'을 가리켜 "재래의 한문(漢文) 위주였던 서당"이라고 표현하였음을 보면, '동재서당'이 전통 서당의 교육내용을 완전히 벗어나지는 못하였다. 반면 그는 달동의숙(達東義塾)을 가리켜 "교육 방식은 아주 진취적이어서 마구잡이 외우는 음독(音讀)보다는 뜻을 이해하는 독해(解讀)에 힘썼고"라고 대비시켰다. 즉 '동재서당'은 신식학문도 가르치는 개량서당이 아니라, 유교 경전과 한문이 교육과정의 전부를 이룬 재래식 서당이었다.

이인은 자신의 한학 수준까지는 언급하지 않았으나, 동재서당에서

3년간『사략』(史略)·『통감』(通鑑)·『논어』·『맹자』와 시서(詩書)까지 배웠다고 회고하였다. 『사략』은『십팔사략』(十八史略)을 가리켰다. 『십팔사략』이라는 책 제목은 "18가지 역사책을 요약하였다"는 뜻인데, 사마천(司馬遷)의『사기』부터『송사』(宋史)까지 당시 중국에 존재했던 정사(正史) 18가지 책을 요약해서 알기 쉽게 편찬하였다. 이인이 어린 나이에 방대한 분량의『자치통감』(資治通鑑)을 읽기는 어려웠을 터이므로,「통감」은 간추려 엮은『통감절요』를 가리킨다고 보아야 옳다. 그는 동재서당에서 배우던 어릴 적 일화 하나를 다음과 같이 적었다.

(자료 1 - 1 - D)
　시작(詩作)은 의례 경쟁을 붙였다. 5언시(言詩), 7언시의 초·중·종장(終章)을 맞추어 내거나 시제(詩題)를 내놓고 경쟁을 시키는 것이다. 이때에 수작(秀作)은 관주(貫珠)라 해서 빨간 동그라미를, 가작(佳作)은 잘된 글귀 옆에다 먹으로 점점(點點)을 쳐주고, 태작(駄作)은 먹으로 ×표를 마구 그었다. 동심(童心)으로서야 관주를 받는 재미가 으뜸이지만 1등을 하면 추렴이 없으니 돈 안내고 공부하는 셈이었다.
　이때는 서울에서도 시계를 가진 이가 드물었다. 그러니 시골서당에 시계가 있을 리 없었다. 시계 없어도 하루 세 끼니를 찾는 일은 걱정이 없으나 시작경시(競試)에서 시간을 정해놓고 재간을 겨루는 데에 궁리가 필요했다. 그래서 꾀를 낸 것이 노끈을 천장에 매달아 놓고 불을 붙여 놓는 것이다. 노끈이 다 타면 시간인데 천장에 불이 안붙게 하기 위해서는 노끈에 머리카락을 이어가지고 머리카락 한끝을 천장에 매단다.
　시제를 놓고 여기저기서 끙끙소리가 들릴 즈음 되면 이 노끈 타들어 가는 것이 무척이나 원망스럽다. 하루는 담력있는 놈 하나가 훈장(訓長)의 눈을 피해 노끈에다 침을 발라 타올라가지 못하게 했는데 이 일은 지금 생각해도 웃음이 난다.[21]

딱딱한 환경 속에서도 아이들은 추억거리를 만들어내듯이, 노끈에 침을 바르는 발랄한 재치도 아이들다운 깜찍함이었다. 이인도 체벌을 가하는 엄격한 경사(經史) 교육보다는, 여느 아이와 마찬가지로 게임처럼 하는 '물렁물렁한' 시작(詩作)에 더 흥미를 느꼈다.

사실 (자료 1-1-D)은 노끈이 타들어가는 동안을 시험 시간으로 정한 전통서당의 교육방식을 그대로 재현하였을 뿐이다. '화승작'(火繩作)이라고 불렸던 일종의 놀이학습이었다. 조금 수준이 높은 학동(學童)들에게는 일정한 길이의 화승(불을 붙게 하는 노끈)에 불을 붙여서 달아 놓고, 이것이 다 타기 전에 글을 짓던 방식으로 글짓기 경쟁을 시켰다. 촛불을 켠 뒤 초가 타내려 가는 일정 부분에 금을 새겨 놓고, 그 시간 안에 시를 짓게 하는 각촉부시(刻燭賦詩)와 함께 글짓기를 겨루는 방식이었다.

이인에 따르면, "신교육 풍조가 우세해지자 재래의 한문(漢文)위주였던 서당은 폐지되고 달동심상소학교(達東尋常小學校)가 생겼다." 그는 8세에 이 학교의 1회생으로 들어갔다고 한다.[22] '동재서당'에서 한문을 수학한 지 3년여가 흐른 뒤였다. 그런데 이와 관련한 이인 자신의 기록과 기억에는, 연대상의 시차를 비롯하여 착오가 매우 많으므로, 당시의 역사사실과 비교하여 바로잡을 필요가 있다.

이인의 측근이 이인에게서 전문한 바에 따르면, 1903년 신석우(申錫雨, 조선일보사 사장을 역임)의 선친 신태휴(申泰休)가 경상도 관찰사로 대구에 와서 향교재산으로써 '1개소(個所)'의 달동심상소학교를 설립하였다.[23] 이 증언은 이인의 회고와 정황이 일치하지만, 신태휴가 경상북도 관찰사로 부임한 시기가 정확하지 않으며, 대구지역 내에서 '달동심상소학교'라는 교명은 발견되지 않는다.

육군법원장(陸軍法院長)으로 재직하던 신태휴가 경상북도 관찰사로 임명된 일자는 1906년 1월 18일이었고, 평안북도 관찰사로 임명된 날은 같은해 6월 29일이었다.[24] 그는 1906년 3월 부임하자마자, 고종황제의 「홍학조칙」(興學詔勅)에 뒤이어 「홍학훈령」(興學訓令)을 발포하고, 관할 41개 군(郡)에 '홍학교진교육'(興學校振教育)을 목적으로 근대학교 설립을 추진하였다. 그는 각 군의 향교에 공함(公函)을 발송하여 향교재산을 사립학교에 전용(轉用)하도록 독려하였고, 1906년 10월 체임(遞任)될 때까지 100여 개의 학교를 설립하는 성과를 거두었다.[25]

『매천야록』(梅泉野錄)에 따르면, 경상북도 관찰사 신태휴가 민간의 서숙(書塾)을 금지하여 신학교(新學校)를 개설(改設)하도록 하였고, 영을 어긴 사람에게는 벌을 가하였으므로 사민(士民)들이 분노하고 원망하였다.[26] 이러한 추세에 따라 대구향교 내의 '동재서당'도 문을 닫을 수밖에 없었고, 이인은 이 향교의 재산으로 운용되는 소학교 과정으로 전교했으리라 생각한다.

이인이 신태휴가 설립한 소학교에 입학하였다면, 이때는 1906년 3월에서 10월 사이로 그의 나이 11세 때였다. 그런데 대구지역 내에서 '달동심상소학교'라는 교명은 발견되지 않는다. 이인에 따르면, 이 학교는 8개월여 존속하다가 폐교되었으므로, 그는 뒤이어 '달동의숙'(達東義塾)에 들어갔다. 만약 달동심상소학교가 폐교되었다면, 미인가(未認可) 상태에서 학부(學部)에 등록신청도 하지 않은 채 학교를 운영하다가 폐교하였으므로 교명이 전하지 않을 가능성이 높은데, '심상소학교'라는 교명을 사용하였는지는 의문이 든다. 그렇다면 달동심상소학교는 고유명사라기보다는, 이인이 자신이 다녔던 초등과정을 이렇게 명명하였으리라 생각한다.

이인에 따르면, 그가 '달동심상소학교'로 기억하는 곳에 1회생으로 입학하여 신학문을 처음 접하였다. 이때 학생 수는 50명이었다가 점차 240명까지 늘어났는데, 8살 아이들이 더러 있었고,[27] 30살이 넘은 장년과도 함께 공부하였다. 신태휴가 발포한 「흥학훈령」의 "학도연령(年齡)은자(自)8세지(至)30세사(事)"[28]라고 규정한 바와 일치한다.

'달동심상소학교'는 개교한 직후였기 때문에 학급편제도 마련되어 있지 않았으므로, 우선 임시로 6개월 간의 기초 수업을 시킨 뒤 일제히 시험을 보아 성적순대로 2·3·4학년을 배정·편성하였다. 시험 결과는 이인이 두 번째로 성적이 좋아서, 입학한 지 6개월 만에 최고 학년인 4학년으로 진급하였다. 그는 자신의 성적이 좋았던 까닭을 "아마 나이든 이들은 머리가 굳어 신학문 체득이 어려웠던 데 있었던 것이 아닌가 판단된다."고 겸손하게 말했지만, 5살 때부터 한문 교육을 받았으므로, 3년 간의 학습효과가 누적된 결과였다. 이 학교에서는 신교육과 함께 전통 한학도 가르쳤는데, 이인은 『논어』·『맹자』와 『통감』(『통감절요』를 가리키는 듯)·시서(詩書) 등의 통독(通讀)이 뛰어나게 우수했으므로, 학교의 선생들은 그에게 '신동'(神童)이란 별호까지 붙여주었다고 한다.[29]

그런데 이인의 이러한 회고는, 당시 달성학교(達成學校)의 교육과정(教育課程)과 비교하면 의아한 점이 많다. 달성학교는 「중학교관제」(中學校官制, 1899년 4월 제정·공포)에 의거해 이른바 '달성의 유지군자(有志君子)'들이 1899년 7월 설립한 중학과정의 사립 학교로, 대구뿐 아니라 경상북도 지역을 포함하여 근대학교의 효시로 평가된다. 이 학교는 전체 8년의 수업연한(修業年限)을 심상과(尋常科)와 고등과(高等科)로 나누어 각각 4년으로 편성하였는데, 초등학교 과정인 심상과의 3·4학년에서『소학』(小學)을 배우는 수준이었다. 유교 경전들은 중학교의 과정인 고등과 1학년에서『대학』·『중용』(中庸)을, 2·3학년에서『논어』, 3·4학년에서『맹자』를 수료하였다.[30]

이를 기준으로 판단한다면, 이인은 달동의숙(達東義塾)에서 배운 내용까지 겹쳐 회고하였거나, 이후 중학과정의 교육내용까지도 심상과로 착오하였다. 그의 기억 속에는 유소년기 교육과정(過程)이 얽혀서 혼재되었으므로, 학교명과 연보상의 정확성을 찾기보다는 성장기의 내면세계를 파악하는 데 초점을 둘 필요가 있다.

이 학교의 교실 안은 전통서당과 풍경이 비슷하였지만, 교육 내용은 전혀 달랐다. 이때 배우기 시작한 신학문은 이인에게 하나의 문화충격(文化衝擊, culture shock)이었다. 그는 이를 계기로 새로운 문화에 적극 진입하였고 근대 지식인으로 탄생하는 전기를 마련하였다.

이인은 달동심상소학교에 재학하던 때의 일화로 두 가지를 회고하였다. 그가 이 학교에 입학하여 처음 배워 익힌 '신교육'은 책 읽는 자세였다. 모두가 서당에서 책 읽던 대로 어른은 좌우로, 어린이는 상하로 몸을 흔드는 버릇이 남아 있어, 선생은 학생들의 자세를 바로 잡느라 애를 썼다. 이인도 맨바닥에서만 책을 읽어 오다가, 난생 처음으로 걸상에 앉아서 책을 읽기 시작하였다. 걸상은 그가 신교육을 받으면서 첫 번째로 경험한 충격이었으나 쉽게 적응하였다.

이인은 이 학교에 다니던 중 부모의 허락도 없이 단발을 감행하였다. 아버지 이종영은 자강운동에 열성으로 참여한 개화지식인이었지만, 이때까지도 단발을 하지 않은 듯하다. 이인은 이때를 다음과 같이 회고하였다.

이 시절 어린 나이로 지금 생각해도 당돌했던 것은 치렁치렁 꼬아내렸던 내 뒷머리를 부모와는 상의도 없이 잘라버린 것이었다. 내 생각에 머리를 깎고다니는 사람들이 시원해 보이고 편해 보여서 나도 그리했을 뿐인데 조부와 부친의 진노가 얼마나 대단했던지 나는 사흘 동안 외가에 숨어 살아야 했다.[31]

충(忠)과 효(孝)를 나란히 첫째 덕목으로 삼는 조선사회에서, 머리털을 손상함은 상상도 못할 불효였다. 김홍집(金弘集) 내각이 "위생에 이롭고 작업에 편리"함을 구실 삼아 「단발령」(斷髮令, 1895. 11. 15)을 선포하자, 양반은 물론 일반 백성도 거세게 저항했던 이유였다. 이 무렵에는 신식학교를 가자면 먼저 단발을 해야만 했으므로, 유교 윤리가 골수에 뿌리박힌 사람들은 신교육 자체를 거부하였다. 때문에 머리터럭 자르는 일에 반발하여 아들을 신식학교에 보내지 않는 일도 많았다. 이보다 뒷날인 식민지시기의 예이지만, 대구의 갑부로 유명한 장길상(張吉相)의 아들 하나가 신교육을 받으려고 대구에서 상경하여 상투를 자르자, 이를 '불효'와 '난봉'으로 취급해 학비 조달을 중단해 버렸다는 일화가, 세간에 화젯거리가 된 적도 있었다.

이인이 단발을 결심한 동기는, 신식학교인 달동심상소학교의 교사들이 단발하였고, 학생들 가운데에서도 여러 명이 단발한 모습을 보면서 자연스레 생겼다. "머리를 깎고다니는 사람들이 시원해 보이고 편해 보여서 나도 그리했을 뿐"이라는 결단력에서, "5백년 굳어있던 누습(陋習)과 완고(頑固)"와 절연하는 어린 이인의 역사의식이 처음 드러났다.

이인이 부모의 허락도 없이 단발을 단행한 결단은, 불합리한 전통과 단절하여 근대로 나아가는 통과의례(通過儀禮)였다. 그가 회고한 바로 추산하면, 단발은 그의 나이 8세 때의 일이었다. 그러나 이인이 '총명'하였음을 전제하더라도, 8살에 단발을 결행했다 함은 무리한 가정이다. 그가 달동심상소학교에 재학 중 단발하였다면 11세 무렵이었다. 이때라면 조부와 부친의 '진노'를 예상할 만큼은 성장하였으므로, 내심 갈등을 거친 뒤 단발을 감행했으리 생각한다. 이인에게 단발은, 18세(1913년) 때 일본에 유학하기 위하여 부모와 상의도 없이 또 다시 무단으로 가출한 일만큼이나 인생사에서 중대 사건이었다.

　'걸상'과 '단발'은 이인이 신문화로 이동하는 과정을 보여주는 '사건' 이었지만, 이 학교의 생활은 8개월에 그쳤다. 이인에 따르면,[32] 그는 달동심상소학교를 채 마치기도 전에 달동의숙(達東義塾)에 들어가 학업을 이어갔다('입학'이라고 표현하지 않은 이유는 곧 설명하겠다). 당시 대한제국의 학부가 학제를 개편함에 따라, 사립이었던 달동심상소학교가 공립으로 바뀌었고, 이 과정에서 설립자가 공립제를 반대하는 바람에 전교생이 모두 퇴학하게 되어 어쩔 수 없이 학업을 중단해야 하는 사태가 벌어졌다. 이때 마침 한학자(漢學者)인 김수농(金睡濃)이 대구에 내려와 있었는데, 인재를 양성하려는 뜻을 가지고 달동의숙을 세웠다고 한다.

　8 · 15해방 후 이인이 한 잡지와 대담한 내용에 따르면, 김수농을 '김술옹'이라 지칭하면서 의병대장 신돌석의 참모(參謀)라고 소개한 뒤, 그가 "서울서 정당(政黨)단체에 가담해가지고 왕래를 하다가 중간에 뉘우친 점이 있어 인재를 배양해야겠다"는 결심으로 대구에 왔다고 이유를 말하였다.[33] 김수농은 처음에는 이인의 뒷집 자제의 독선생을 맡았다가, 이웃집의 이인까지 가르쳤고, 곧 이어 몇 명의 아동이 더

배우는 정도였다. 일제가 일한병합을 공포하는 전날 김수농이 홀연히 자취를 감춤으로써 문을 닫았음을 보면, 달동의숙은 체계와 규모를 갖춘 교육기관은 아니었고, 김수농이 뚜렷한 목적의식을 가지고 아이들을 몇 명 모아 전담해서 가르친 글방·가숙(家塾)이었다. 이인이 달성의숙의 학생수를 5~6명으로 말한 데에는 이러한 사정이 있었다.[34]

이인은 1962년 작성한 김수농의 「묘갈문」에서, 자신이 동몽(童蒙) 시절 김수농에게서 수학한 내용을 "…부급쇄도(負笈殺到)하는 원근(遠近)자질(子侄)에게 … 신구학(新舊學)을 두루 강론(講論)하시며 … 거금(距今)60여년전(前) 서재(書齋)에서 시서경학(詩書經學)과 그 이외에 오늘날의 중고등 내지 전문(專門)정도의 수물학지역공민(數物學地歷公民) 등의 과정(課程)이수와 근대군사교련(近代軍事敎鍊)까지…"라고 기술하였는데,[35] '부급쇄도'라는 과장법을 사용하면서도 '서재'라고 표현하였음을 보면, 달동의숙이 '교명'까지 내건 교육시설이 아니라 '가숙' 수준의 글방이었음이 다시 확인된다.

대구지역에서 '달동의숙'이라는 교명으로는, 정재학이 설립한 달동의숙이 전하는데[36] 명칭 이외의 자세한 내용은 알 수 없다. 정재학은 대구 지역의 지주 출신의 재산가로서 상공인으로 성장한 인물이었다. 그가 대한협회 대구지회(1908. 1 설립)의 회원으로 활동하였으므로, 같은 회원이었던 이인의 부친과 일찍부터 연고가 형성되어 이곳에서 수학할 개연성도 있으나, 정재학의 성향과 김수농의 연결고리를 찾기 어렵다.

신돌석의 의진에서 아장에 해당하는 인물로 김수농·김술옹과 동일인 또는 유사한 이름이 발견되지 않으므로 이명임을 가정할 수 있다. 그가 신돌석의 의병 진영과 관련이 있었고, 또 이인이 달동심상소학교를 8개월가량 다닌 뒤, 그가 달동의숙을 개설하였다면 1907년 이후였다. 이 시기는 신돌석(1878~1908. 12)의 활동 시기와도 거의 일치한다.

신돌석은 1896년 전기의병이 일어날 때 의병활동을 하였지만, 이때 그는 18세로 의진(義陣)을 결성할 의병장의 위치는 아직 아니었다. 그가 10년 뒤 다시 거의(擧義)하여 의병진을 구성한 전반기 활동은 1906년 4월부터 1907년 9월 사이, 활동 지역을 이동한 후반기는 1907년 9월부터 1908년 12월 사이였다.[37]

김수농이 언제 신돌석 의진을 떠나서 대구로 이전하였는지는 확실하지 않지만, 서울에서 정당·단체 등에도 가담했다면 1908년 이전이었으리라 생각한다. 이인이 달동의숙에서 4년간 수학하였고, 일한병합(1910. 8. 29일 공표) 전날 홀연히 사라졌다는 정황을 참작하면, 이인이 달동의숙에 들어간 시점은 1907년이었다. 이인은 이곳에서 전통한학과 신학문을 겸하여 학업을 계속하였다. 김수농은 의병항쟁에 참여하였던 인물이었으므로, 강한 반일정신과 독립정신이 교육의 기저였음은 쉽게 짐작할 수 있다.

달동의숙의 학생 수는 이인을 포함하여 5~6명 정도였지만 학구열은 뜨거웠다. 교육방식은 전통서당의 주입식·암기식에서 벗어나, 글의 줄거리를 그대로 외우게 하는 음독(音讀)보다는 글의 뜻을 이해하는 해독(解讀)에 힘썼다. 또 실물(實物)을 갖다 놓고 보여주면서 가르치는 실물교육을 행함으로써[38] 학생들의 이해력을 도왔다. 서당교육의 방식이 아직도 배여 있던 이인에게, 새로운 교수법은 또 하나의 신선한 문화충격이었다. 뒷날 그는 이러한 교육방식을 '아주 진취적'이었다고 회고하였다.

김수농은 3각대수(三角代數)를 풀 정도로 수학을 알았고, 각 분야의 학식도 해박하였으므로, 학생들은 그에게서 역사·지리·세계사·수학 등 다방면에 걸쳐 신학문을 배웠다. 이때 배운 신학문은 이인을 비롯한 학생들에게 신세계를 열어주었다. 달동의숙에서 만난 선배 한 사람이 이인에게 일본 유학의 동기를 심어주었음을 보더라도, 이인은 달동의숙에서 이전보다 넓고 새로운 세계를 보았다.

달동의숙에서는 하루에 가르치는 분량도 대단히 많았다. 학생들은 수업 시간에 배운 내용을 새벽·아침·점심·저녁·밤까지 하루 5회에 걸쳐 거듭 되풀이해서 읽고 뜻을 이해한 뒤, 책을 보지 않고서 학습한 내용을 분판(粉板)에 써야 했다. 만약 학생이 제대로 해득하지 못하고 쓰지 못하면, 식사도 하지 못하게 할 정도로 수업 분위기는 엄격하였다. 당시에는 학습이 부진한 학생들에게 보통 회초리질을 하였으나, 김수농은 이런 방법 대신에 꿇어앉히는 벌칙(罰則)으로 학생들 스스로 반성토록 하였다. 김수농은 대나무총〔竹銃〕을 만들어 총기 사용법을 가르치는 등 군사훈련도 시켰으며, 서울에서 병정을 초빙해 오기도 했다.

이인은 1910년 15살 때까지 4년 동안 달동의숙에서 사서오경(四書五經) 등을 수학하였으므로, "대개 한문은 주역(周易)을 빼놓고는 거지반 모두 읽었"다고 자부하였다. 달동의숙이 정식 교육기관은 아니었지만, 이곳에서 이인은 전통한학과 신학문을 배합하여 '중학과정'의 수준을 이수하였다.[39] 그는 시부표책(詩賦表策)이나 역사·지리·수학·작문·서한(書翰)까지도 능하게 되었다. 김수농은 일한병합 조약이 공포되기 하루 전날인 1910년 8월 28일 밤 돌연 행방을 감추었고, 이후 이인은 항상 이를 궁금하게 여겼다.

3) 세계 대세 배우러 일본 유학을 결심

달동의숙에서 익힌 신학문의 세계가 "지금 같은 환경을 벗어나 넓은 눈으로 세계 대세(大勢)를 배워보리란 욕심"을 자극하였다. 달동의숙에서 수학한 선배 중 한 사람이 일본에 유학 간 사례는, 이인의 성취욕을 더욱 충동하였다. 이인은 달동의숙 4년 차인 1910년 일본 유학을 처음 결심하였다. 그의 나이 불과 15세였다. 그는 3년여 동안 자신의 의중을 가족 누구에게도 일절 말하지 않고 심중에 묻어두었다가, 18세인 1913년에 유학을 결행하였다.

『반세기의 증언』에서 전혀 언급하지 않았고, 다른 회고에서도 정황만 말하였으므로 정확한 시기를 알 수 없지만, 1910년 무렵 이인에게 예기치 못하였던 불상사가 발생하였다. 참으로 어처구니없는 우발사였다. 평생 한쪽 다리를 절게 되는 뜻밖의 사고가 일어났고, 그는 일본 유학을 떠나기 전까지 집에서 요양을 해야만 했다.

이인은 1957년 한 잡지와 인터뷰하는 가운데, 대담 진행자가 "정말 선생님(이인을 가리킴 : 인용자) 그 다리는 어떡허다 그렇게 다치셨어요?"라고 묻자, 다음과 같이 답하였다.

(자료 1 - 1 - F)
　　응뎅이에 종기가 난 것을 집안 어른들이 침을 마친다고 나를 억지로 붙들고 그랬어요. 그런데 나는 아프다고 안맞겠다 막 몸을 흔들고 그랬는데 그만 응뎅이의 관절이 탈골이 돼 버렸어요.
　　조(趙, 방담 진행자이다 : 인용자)=아이구! 얼마나 심하게 붙들고 그랬기에 그렇게 됐어요 -
　　그렇게 돼 가지고 탈골된 뼈가 근골(筋骨)을 압박을 하니까 근골이 그만

발달을 못해가지고 자연히 다리를 절게 됐어요. 그래서 통 움직이지를 못하고 집에만 있다가 열일곱에 일본으로 건너 갔읍니다.[40]

위의 방담은 서두에서, 이인을 "온전치 못한 다리를 이끌고 이 나라 독립운동투사의 변론이라면 전국 어떤 곳이고 드나들지 않은 법정(法廷)이 없었다는 씨(氏)는 일평생을 그 항일투쟁변론으로 살아왔다."고 소개하였다. 그를 처음 보는 사람들에게는 '온전치 못한 다리'가 눈에 띄게 마련이었다.

식민지시기 이인이 민족변호사로서 평판을 얻기 시작하면서, 세간에는 그의 신체가 눈에 띄는 첫 번째 특징으로 비치었다. 1930년대 초 조선인 변호사들을 촌평(寸評)한 한 논자는, 이인을 논하면서 첫 문장을 "절름뱅이 변호사ー이군(李君)은 변호사로도 특징을 가진 인물이거니와 육체적으로도 다리저는 특징을 가저 변호사계(界)의 독특한 존재를 가젓다."[41]로 시작하였다. 요즈음은 모멸스런 언사이지만, 이인이 '민족변호사'라는 평판을 얻기 전, 그에게 첫 번째 세평(世評)이 '절름발이 변호사'였음을 짐작케 한다.

이인의 장애는 일상 생활에는 전혀 지장이 없었고, 그 자신도 일생 동안 이를 조금도 부끄럽게 여기지 않았다. 그의 만년(晩年)에 다음과 같은 일화가 전한다. 이인의 지기들 가운데 김두종(金斗鍾)·윤일선(尹日善)·이병도(李丙燾)·이희승(李熙昇) 등의 인사들은 모두 동갑내기로 1896년 병신생(丙申生)이었다. 이들은 만년에 동갑 모임을 만들어 우정을 나누었는데, 태어난 해가 병신년이어서 모임의 명칭을 '병신회'로 하였다. 이 모임의 회장을 선출하는 문제를 놓고 의견이 오가던 차에, 이인이 반 농담조로 "병신회 회장이야 당연히 내가 맡아야

지" 하고 나서자, 만장일치로 이인을 회장으로 선출했다고 한다.

이희승이 회고한 바는 다소 다르지만, 이인의 대범함을 읽을 수 있는 장면은 일치한다. 이희승은 이인의 사후 추모글에서, "친구들에게 퍽이나 관대"했던 예로 '병신구락부'를 언급하였다. 이희승은 이인과는 "상경(相敬)하는 사이가 아니고 벗을 하고 있었던 관계로" 이인에게 '병신구락부'의 회장을 권했다. 이인이 이희승에게 이유를 묻자, 이희승은 "자네야말로 명실상부한 병신이 아닌가"라고 농담을 걸었으나, 이인은 화를 내기는커녕 박장대소를 터트렸다. 이희승은 "평소 소아마비 때문에 늘 신체적 부자유를 느끼고 있던" 이인에게, 심했던 농담으로 미안한 마음이 들면서, 이를 받아들이는 이인의 "넓은 도량에 감동되지 않을 수 없었다."[42]

이인은 (자료 1-1-F)의 대담에서 자신이 달동의숙을 수학한 뒤 곧바로 일본으로 유학을 떠나지 못한 이유를 "내가 병이 나서 집에 들어박혀있었지요."라고 말한 뒤, (자료 1-F)와 같이 설명하였다. 반면 『반세기의 증언』에서는 자신의 신체 장애 문제를 전혀 언급조차 하지 않은 채, 달동의숙에서 학업한 내용을 자세하게 서술한 뒤 경북실업보습학교(慶北實業補習學校)에서 수학한 사실을 몇 단어로 기술하였다.

> (자료 1-1-G)
> 달동의숙4년과 경북실업보습학교 2년을 졸업한 나는 그때 부친께서 맡아하시던 보성전문(普成專門)에 진학할 수도 있었으나 그 정도의 신학문은 내가 다 섭렵했다고 자부하는 터였고 농중지조(籠中之鳥)를 벗어나지 않고는 큰 뜻을 이루지 못하리라 생각한 것이다.[43]

이인이 달동의숙을 4년 다닌 뒤 2년제의 경북실업보습학교에 입학하였다면, 이때 그의 나이 15세였고 17세에 졸업하였다. 그런데 그가 국내에서 이수한 최종 정규 학력인 경북실업보습학교를 더 이상 언급하지 않은 점이 의아하며, 학교명이 정확한지도 의문이다. 이인의 후학으로 최측근이 작성한 글에서는 "선생은 2년제의 대구실업고등학교를 입학졸업하고나서 병(病) 치료관계로 몇 해 쉬면서 독학을 해오시다가 다시 17세시(時)에 부모님 몰래 … 일본동경(東京)으로 건너갔다."고 서술하였는데,[44] 대구실업고등학교도 교명이 발견되지 않는다.

당시 실업학교와 보습학교는 학제상의 교육단계나 교육과정(課程)에서 매우 큰 차이가 있었으므로, 이인이 어느 쪽을 졸업하였는지 매우 중요하지만, 그 자신이 교육내용 등을 언급한 바가 없으므로 확인할 수 없다. 어느 쪽을 수료하였든, 입학한 시기가 이들 학교가 처음 설립된 1910년 이후였음은 확실하다.

1909년(융희 3년) 3월 26일 칙령(勅令) 제56호로 「실업학교령」(實業學校令)이 공포됨에 따라, 실업보습학교는 농업학교·상업학교·공업학교와 함께 실업학교의 범주에 포함되었다. 이후 대한제국 학부는 일본의 제도를 거의 그대로 수용하여, 1910년 4월 1일 「학부령」(學部令) 제1호로 「실업보습학교규정」을 공포하였다. 당시 일본의 실업보습학교는 심상소학(尋常小學)을 마친 아동을 대상으로 생업에 필요한 지식과 기능을 전수하는 데 있었고, '중등 또는 고등교육의 예비시설'이 아님을 못박았다. 「실업보습학교규정」도 이를 차용하여, "간이한 방법으로 실업에 종사하는 데 필요한 교육을 시행함을 목적"(제1조)으로, 수업연한 2년 이내로(2조) 실업보습학교를 개설하도록 규정하였다. 입학자격은 "토지의 정황 및 실업의 종류에 따라 적절히 이를 정"(4조)하였으며, 보통학교·실업학교 또는 기타의 학교에 부설할 수 있었다. 한마디로 실업보습학교는 보통학교 및 실업학교에 부설되고, 생업에 종사하는 데 필요한 교육내용, 즉 수신(修身)·국어 및 한문·일어·산술·실업에 관한 교과목을, 2년의 수업기한 내에 간단하고 쉬운 방법으로 실시하는 교육시설이었다. 실업보습학교는 1911년 8월 공포된「조선교육령」에 따라 명칭이 간이(簡易)실업학교로 바뀌었다. 1910년 현재 경상북도 지역 내에서,「실업학교령」에 따라 인가를 받은 실업보습학교로는 공립상주(尙州)실업보습학교가 유일하였다. 이 학교는 1910년 10월 수업연한을 2년으로 해서 농업을 교육할 목적으로 인가를 받았고, 뒤에 상주간이농업학교로 개명하였다.[45]

이인이 이상 설명한 실업보습학교를 나왔을 리는 없다. 1910년 무렵 그는 이미 초등과정을 마친 단계였으므로, 소학교 수준의 실업보습학교에 입학할 이유가 없었다. 오히려 중등교육과정에 해당하는 '대구실업고등학교'에 입학하였다는 측근의 증언이 사실에 가깝다.

당시 대구 지역에서 정규 중등교육과정의 실업학교로는 1910년 3월 1일 대구향교의 일각(一角)을 빌려 개교한 대구공립농림(農林)학교가 유일하였다. 이 학교는 실업학교의 범주에 속하였으므로 '대구실업학교'로도 불렸으므로,[46] '대구실업고등학교'가 대구공립농림학교일 가능성이 크다. 초등과정을 이미 이수한 이인에게 적합한 교육단계였다. 이전 '동재서당'이 소재하였던 대구 향교에서 개교[47]하였으므로 거리상의 편리함과 친숙함도 고려되었는지도 모른다. 이 학교는 개교 당시에는 수업연한 2년의 농과(農科)·임과(林科) 및 1년의 속성과가 있었는데,『황성신문』의 기사에서도 보았듯이 토지조사사업에 필요한 측량기사 양성을 목적으로 설립하였다.[48] 이인이 만약 대구공립농림학교를 졸업하였다면, 그다지 내세우고 싶지 않은 이력일 수도 있었다.

실업보습학교는 부설인 경우에도 '실업보습학교'라는 명칭을 붙였음을 보면, 대구농림학교에 보습학교가 부설되지는 않았고, 이인이 대구에서 학교를 다녔으므로 대구공립농림학교를 졸업하였다고 생각한다. 그가 일본에 유학하여 대학에 진학하였으므로, 국내에서 정규 과정의 중등학력을 이수하였음은 분명하다. (자료 1−1−G)에서 "보성전문에 진학할 수도 있었"다는 말도 이를 뒷받침한다.

이인에게 한쪽 다리를 절게 되는 사고가 일어남 시점이, 그가 대구공립농림학교에 입학하기 전후 어느 쪽인지는 확인할 수 없지만, 장애를 입은 뒤에 이 학교에서 수학하고 졸업하였다. 이인이 자신의 불행사를 극복하면서 일본 유학을 결행하는 과정에는, 국망을 당한 민족의 현실, 이에 동행하여 극도의 곤궁에 빠진 가족사(家族事)도 크게 영향을 미쳤다.

이인이 달동의숙에서 공부를 시작하기 전후의 시기에, 대한제국은 「한일신협약」(韓日新協約=「정미7조약」, 1907. 7. 24)과 군대 해산 조칙 (1907. 7. 31)으로 일제에게 행정권과 군사권을 차례로 빼앗겼다. 「을사늑약」(1905. 11. 17)으로 외교권을 박탈당한 이후, 대한제국은 가파르게 쇠망의 길을 내리달렸다. 1910년 8월 22일, 총리대신 이완용과 통감 데라우치 마사다케(寺內正毅) 사이에, 한국의 통치권을 일왕(日王)에게 '영구히' 양도하는 「일한병합조약」을 조인함으로써, 한국은 일본의 완전 식민지로 전락하였다. 이인은 어린 나이에 국망의 현실을 지켜보면서, 민족의 활로에 이바지할 방도를 여러 가지로 궁리한 끝에 "일본에 건너가서 학문을 더 해야겠다고 마음먹었다."

이 무렵 이인의 가족사도 고난의 연속이었다. 앞에서 이미 서술하였듯이, 보성학원 계열이 경영난에 빠지자, 이인의 부친 이종영은 이를 타개하기 위하여 사업에 손을 대었다가 가산을 탕진하고 말았다. 가족들의 고초는 말이 아니었고, 이종영·이시영 형제는 일제 관헌에 자주 구금되기도 하였다. 이인이 실업학교인 대구공립농림학교에 입학한 동기도 가족의 경제 상황과 상관이 있으리라 생각한다.

이인은 1910년을 전후한 15세 무렵 감수성 민감한 나이에, (자료 1-1-C)에 인용한 가훈 밑에서 『이태리건국삼걸전』을 읽으면서 생각하고 다짐하는 바가 많았다. 그의 독서는 폭을 더욱 넓혀, 『비율빈독립운동사』(比律賓獨立運動史)·『비스마르크전(傳)』·『월남망국사』(越南亡國史) 등과 중국의 대문호 량치차오(梁啓超)의 『음빙실문집』(飮氷室文集) 등을 독파해 나갔다.

이들 서적 가운데 『이태리건국삼걸전』은 4종류의 번역판이 나올 정도로 인기가 높았으며, 신채호(申采浩)가 역술(譯述)한 판본이 단연 많이 읽혔다. 1907년 간행된 이 책은 오늘날에도 한국 최초의 영웅소설로 높게 평가받지만, 이인도 "이들의 종횡무진한 활약상은 당시 우리나라의 여러 젊은이를 감분케 했던 것이다."라고 회고하였다. '감분'(感奮)은 바로 자신의 이야기이기도 하였다. 그는 "다른 나라의 망국사(亡國史)를 읽으면서는 우리 처지를 생각해서 울고, 국가중흥(國家中興)의 대업을 이룩한 영웅들의 전기를 읽으면서는 나도 저들처럼 하리라고 다짐했던 것이다."

이인의 독서 범위가 위인전을 넘어서, 난도(難度)가 높은 『음빙실문집』으로 나아갔음은, 어린 나이에 사고 수준도 꽤나 높고 깊었음을 말해준다. 량치차오가 한국의 근대지식인들에게 끼친 영향은 측량하기 어려울 만큼 실로 막대하였다. 구한말의 신문·잡지에 실린 외국인의 글 가운데 가장 많은 양을 차지한 사람이 량치차오였다. 그의 글은 신채호·박은식(朴殷植)·안창호(安昌浩) 등과 같은 민족지도자들 뿐만 아니라, 한국근현대를 이끌어간 각 분야의 쟁쟁한 지식인들의 시야를 넓히는 계기가 되었고, 자신의 분야에 입문하는 동기를 유발하였다. 이 점에서 이인도 한국근현대 지식인들과 동일한 성장 궤도를 걸어갔다.

이렇게 이인은 독서를 통하여 개인사·가정사·민족사가 처한 3중의 난경을 헤쳐나갈 방도를 모색하였다. 15세의 어린 나이였지만 『음빙실문집』까지 독파한 영민함은, 민족의식뿐만 아니라 민족의 흥망사를 국제관계라는 외연에서 바라보는 시야로 확장되었다. 그가 고민하면서 결론에 이른 구국의 길은 법률을 공부함이었고, 이를 위하여 일본 유학을 결의(決意)하였다. 〈자료 1-1-G〉에서 '농중지조' 운운한 이인의 회고를 고려하면, 그가 일본 유학을 최종 결심한 무렵은 대구공립농림학교를 졸업할 무렵인 1912년, 그의 나이 17세 때였다.

이인은 새장 안의 새에서 벗어나 더 넓은 세계로 나가기 위하여 일본어를 학습하기 시작하였다. 그는 『일어대해』(日語大海)란 책을 사서 '통독'한 뒤, 대구 내에 있는 일어강습소와 부기(簿記)강습소를 다녔다. 일본어는 일본 유학을 위해서는 당연히 습득해야 했지만, 왜 강습소까지 다니면서 부기를 공부했는지는 선뜻 이해하기 어렵다. 이인은 이 정도면 되었다고 판단하고 드디어 유학을 결행하였다. 이 모든 과정을 가족들에게는 비밀로 하였다.

이인은 막상 유학을 떠나려니 하니 마음에 걸리는 일이 한 두 가지가 아니었다. 집안 어른들에게 상의하지 않은 무례도 그렇거니와, 걱정을 끼쳐 드리자니 송구스러웠다. 당시는 과거(科擧)보러 가는 일이

외에는 시골에서 서울 갈 일조차 없는 때였으므로, 시골뜨기가 서울에 간다고만 해도 그 집에서는 곡소리가 들리던 무렵이었다. 무엇보다도 어머니의 염려가 큰 부담으로 다가왔다. 집안의 살림 형편으로는 학비를 마련하는 일도 도저히 어려웠다.

이래저래 뒤숭숭하였지만, 이인은 한번 정한 뜻을 실행도 않고 포기할 수는 없었으므로 마음을 다잡았다. 그는 부모 몰래 '벙어리 저금통'을 깨서 45원을 손에 쥐고 무단가출하여 일본으로 향했다. "나를 찾지 말아 주시오. 공부를 마친 뒤에 돌아올테니 안심하십시오"라는 내용의 쪽지를 남기고 집을 뛰쳐나왔다. 고향 땅을 벗어나기도, 기차를 타보기도 난생 처음이었다. 이인은 부산에서 부관(釜關)연락선(관부연락선이라고도 한다)을 타고 사흘 만에 도쿄(東京)에 도착하였다. 이때가 1913년, 그의 나이 18세였다.

2. 일본 유학과 귀국 후의 첫 사회생활

1) 고학으로 낮에는 메이지대학, 밤에는 니혼대학을

일본 유학을 떠나기 위해 무단가출한 이인의 복장은 검은 두루마기한복에 맥고모자(麥藁帽子) 차림이었다. 막상 이 차림새로 도쿄에 도착하니 어색하기 그지없었고, 드넓은 도쿄 한복판 거리에서 어디로 가야할지 막막하기만 했다. 거처부터 마련해야 했는데, 얄팍한 주머니 사정을 먼저 생각하다 보니 일단 제일 작아 보이는 하숙집을 찾아 들었다. 그가 일본에 도착했을 때, 일본어 발음은 시원찮았어도 그럭

저럭 의사를 소통할 정도는 되었고, 얼마 지나자 불편이 없이 지낼 만큼 발전했다.

이인은 대학 진학 준비를 위해 이곳저곳 뛰어다니며 정보를 구한 끝에, 먼저 세이소쿠 영어학교(正則英語學校)에 입학하였다. 이인은 '정규학교'인 '정칙중학교'로 기억하였으나 착오이다.[49] 세이소쿠 영어학교는 1896년 사이토 히데사부로(齋藤秀三郎)가 창설하였으며,[50] '정칙중학교'는 1889년에 도야마 마사카즈(外山正一) 등이 세운 학교[51]로 성격이 전혀 달랐다.

상급학교에 진학하기 위해서는 영어가 필수였기 때문에, 한국인 유학생들은 대부분 세이소쿠 영어학교에서 영어를 배웠다. 이인은 자신이 '정칙중학교'에 입학하였고, "일본 처음 온 학생은 거의 이학교에 다녔다."고 회고하였는데,[52] 그도 유학 전 국내에서 영어를 배운 적이 거의 없었으므로 세이소쿠 영어학교에 등록하였음은 분명하다. 그가 '정칙중학교'에 입학한 이유를 대학 시험준비를 하는 조선인 유학생이 많았고, 또 다른 학교에 비해 수업료도 훨씬 쌌기 때문이라고 회고하였는데, '정칙중학교'가 아니라 세이소쿠 영어학교에 해당하는 내용이다. 이인에 따르면, '정칙중학교'에 1년여 다니다가 후술할 야간대학에 입학하였는데, 그가 정규 중학과정인 '정칙중학교'를 졸업하지 않았음을 말해준다. 그는 이 무렵 대학 진학이 목적이었으므로 영어 학습은 필수 과정이었다.

이인은 세이소쿠 영어학교에 두 달치 수업료를 내고 나니 돈이 바닥나고 말았다. 그는 하숙집 주인에게 고향집에서 곧 돈이 온다는 핑계를 대면서 일단 몇 달을 버티었다. 집에 달랑 쪽지 하나를 남겨두고 무단가출하였으니, 돈을 부쳐 달라고 하소연할 염치가 없었고, 설사 집에서 돈을 부치려 하여도 그가 있는 곳조차 모르니 학비가 올 턱도 없었다.

이인은 생계와 학비를 위해서 일거리를 찾아야 했다. 그는 신문광고를 뒤적인 끝에, 도쿄 교외에 있는 공장을 찾아가 하루 품삯을 받는 판화공(版畫工)으로 일했다. 그런데 공장주는 조선인 유학생이라고 얕잡아보고 품삯을 착취하려는 심보였던지, 며칠이 지나도 약정한 일급(日給)을 주지 않았다. 이인은 며칠을 졸라서 반만을 겨우 받아내고는 박문관(博文館)⁵³⁾의 교정원(校正員)으로 들어갔다. 이곳에서는 원고의 장수를 세어서 봉급을 받는데 한달 벌이가 얼추 8엔 꼴은 되었다.

이인은 이때까지도 집을 나올 때 입었던 검은 두루마기 한복과 맥고모자 차림 그대로 버티었다. 새 옷을 살 돈도 없었지만, 비록 일본인들에게 학문을 배우지만 그들의 옷차림까지 따를 생각은 없다는 민족자존심에서 나온 배짱이었다. 그러나 직장이라고 출퇴근하다 보니, 조선인 복장을 못마땅해 하는 일본인의 눈총도 따가웠고, 또 한복이 일하는 데 불편하기도 해서 학생복을 한 벌 구해 입었다.

이인은 세이소쿠 영어학교를 다니던 중에, 입학시험을 준비하는 전문학원을 6개월 가량 다닌 뒤, 1914년 니혼대학(日本大學) 법과(法科) 야간부에 입학했다. 당시 이 학교는 각 대학의 저명한 교수들을 강사로 초빙하는 특강이 유명했는데, 이 특강에 끌려 일부러 야간부를 택하였다. 이인은 이것만으로는 법률 전문 지식을 공부하기에 부족하다 판단하고, 1916년에는 메이지대학(明治大學) 법과 2년에 편입해서 낮과 밤으로 두 대학을 한꺼번에 다녔다.

이인은 두 학교에 적을 두고 공부하다 보니, 박문관에서 교정 보는 일만으로는 학비를 충당하기 어려웠다. 그는 당시 법률 서적 출판으로 이름 있는 유비각(有斐閣)54)에서도 일거리를 얻어다 교정을 보면서 부족한 학비를 보충했다. 낮과 밤에 공부하면서 다시 밤늦게까지 일하였으니, 주경야독의 단계도 훨씬 넘어선 분투였다. 생계비와 학비 조달을 목적으로 교정 일을 보았기 때문에 원고를 정독하지 못하였더라도, 이름 있는 출판사에서 자신이 공부하는 법률 서적들을 교정 작업하는 일은, 일본의 동향과 근대 학문을 접하는 데에도 나름 도움이 되었으리라 생각한다.

이인은 일이 많아 밤늦도록 잔글씨와 씨름하면서 피곤이 쌓였으나, 두 군데에서 일하였으므로 한 동안 생활 걱정을 하지 않은 적도 있었다. 그렇다고 고학생(苦學生)의 돈벌이가 풍족할 리는 없었다. 그는 이따금씩 '일거리 흉년'이 들면 며칠씩 군고구마로 끼니를 이을 만큼 쪼들렸다. 처음에는 맛이 있던 군고구마도 일주일을 계속해서 먹으니 싫증이 났고, 배가 고파 기진맥진한데도 목으로 넘어가지 않은 적도 많았다. "시장이 반찬"이라는 말도 무색하였다.

이 당시 일본에 유학한 대다수 한국인 고학생들은 이렇게 눈물겹도록 악전고투하였다. 이인과 거의 비슷한 시기에 일본 유학 생활(1912~1916)을 하여, 와세다 대학 정경학부를 졸업한 장덕수(張德秀)의 전기는 고학생의 실상을 자세하게 서술하였다.

이 무렵 대학생 학비는 월 25원 정도가 있어야 했다. 수업료 4원 25전, 교통비 3원 내외, 하숙비 12원, 그밖에 책값, 단체활동비, 용돈까지를 충당하려면 최소한 25원은 마련되어야 하는 것이다.……(원문에 있는 줄임표임 : 인용자) 이러한 학비를 충당하기 위해 많은 유학생들이 아르바이트에 나섰다. 구두닦이, 창문닦이, 접시닦이, 정원소제, 우유배달, 신문배달 등 그 '업종'은

다양했다. 고국의 특산품인 고려인삼이나 김〔海苔〕 등을 본국에서 가져다가 행상하는 유학생도 있었다.[55]

이인은 약간의 여유가 생기자, 하숙 대신 자취를 하면서 돈을 주어 밥을 짓게 했다. 두 대학을 다니느라 생활비와 학비까지 벌어야 했으므로 시간을 쪼개 써야 했고, 돈보다 시간을 아껴야 했기 때문이다. 반찬은 간장과 고춧가루뿐이었으나, 그래도 군고구마에 비하면 꿀맛으로 느껴졌다.

이인은 대학에 입학하고 나서야 비로소 고향집에 편지를 보내 자신의 불효를 사죄했다. 어머니는 나무라는 대신 20엔을 송금해 주었다. 어려운 형편에 어떻게 이 돈을 마련하였을까 생각하니, 고마운 마음에도 눈물이 흐르면서 가슴이 먹먹하였다.

대학 3학년에 재학하던 1916년, 이인은 여름 방학을 이용해 잠시 귀국했다. 집을 나온 지 3년 만이었다. 그는 조국의 참담한 현실을 바라보면서, 먹는 데 쫓기고 교정 보는 일에 쫓기는 자신의 처지가 겹치어 더욱 안타깝기만 했다. 이럴수록 만난(萬難)을 무릅쓰고 공부를 열심히 해야겠다고 자신을 다잡고, 고등문관이나 변호사 시험에 합격해서 조국을 위해 일할 기반을 닦아야겠다고 뜻을 정했으나, 식민지 조선의 현실에서 이를 실현하는 일은 아득해 보였다.

이인이 일시 귀국하여 방학을 참담한 심정으로 보내던 무렵, 그의 인생사에 의미 있는 일이 하나 있었다. 부친은 21살이 된 그에게 아호(雅號)를 지어주며, "남아(男兒) 20이면 성년(成年)이다. 옛글에 인자(仁者)는 애산(愛山)이요 지자(智者)는 요수(樂水)라 했으니 호(號)를 애산이라 하라"고 의미까지 설명해 주었다. 『논어』 「옹야편」(翁也篇)

의 "지자요수(智者樂水), 인자요산(仁者樂山)"이라는 구절에서 따온 아호였다.

아버지가 아들에게 작호(作號)해 준 예는 전통시대에 흔한 일이었으나, 이인에게는 남다른 의미도 있었다. 이인은 이때를 이렇게 회고하였다.

> (자료 1-1-F)
> 그때 부친의 말씀은 산(山)을 사랑하되 경치가 절묘하고 풍악이 수려한 산만을 사랑할 것이 아니라 비록 험준하고 비록 볼품없는 산일지라도 골고루 사랑해야 한다고 이르셨다. 나는 이때 독립을 위해서 나 아닌 일부 사람이 아닌 국민 전체의 권익을 도모하리라고 마음 먹은 것이다.[56]

이인은 '절묘하고 수려한 산'을 '나'라는 사사로움 또 일부 특권층으로, '험준하고 볼품 없는 산'을 '국민 전체'로 대비시켰다. 그는 '애산'이란 아호를 '독립'과 '국민 전체의 권익'으로 해석하였다. 이인은 '애산'으로 살고자 하였다. '애산'은 항일민족변호사를 거쳐, 조국의 민주주의 발전을 위해 노력한 그의 삶을 일관한 아호였다.

이인은 짧았던 귀향을 마치고 일본으로 돌아왔지만, 고국의 참상이 자꾸 떠올라 공부에 몰두할 수 없었다. 식민지의 실상을 폭로해야 한다는 울분만이 머릿속에 가득 찼다. 어느 날 그는 도서관에 앉아서 평소의 생각을 긴 논문으로 작성하여, 「조선인의 고정(苦情)을 조야(朝野)에 호소한다」[57]는 제목을 붙여서, 당시 일본의 국수주의(國粹主義) 잡지인 『일대제국』(一大帝國)에 투고했다.[58] 이 글은 이인이 쓴 최초의 논설이었다. 비분강개한 심정에서 출발한 글의 목적은 "식민 정책의 성공을 자랑하며 데라우치 총독의 공로를 상찬하고 있는 제군

(일본인 : 필자)의 곡해를 바로 펴고, 또한 반도 통치의 진상을 가장 노골적으로 폭로하여, 조선인들의 고통을 정의와 공도(公道)를 목표로 삼는 천하의 유지에 호소하고 조선인사의 여론을 환기시키려 하는 것"에 있었다. 그는 "적어도 오장육부를 갖춘 인간이라면 반드시 조선에 있는 이주민과 관리들의 포악 잔인함에 분개하고 우리를 위해 한 줌 동정의 눈물을 흘리지 않을 수 없을 것"이라고 호소하였다.

이인은 이 논설에서 총독정치하 조선지배의 진상을 관청, 사법·경찰, 교육의 세 부분으로 나누어 예증하면서, 조선인 법조인의 수는 일본인에 비해 극히 적고, 재판은 난폭하여 권리보장을 기대할 수 없다; 경찰은 고문과 압박으로 인민에게 고통을 가한다; 인민과 관청 사이에는 신뢰가 전혀 없을 뿐더러 교섭 자체를 않고 있는 실정이다 등등 총독정치의 실상을 생생하게 적시하였다. 그리고 조선인의 비참한 실정을 가리켜 "벌레만도 못한 인간"·"그물에 걸린 고기"·"도살장에 끌려가는 소"와 같은 모습이라고 신랄하게 표현하였다.

이인이 회고한 바에 따르면, 이 글을 게재한 『일대제국』지의 해당 호는 판매금지를 당해 가두에서 모두 회수하는 소동이 일어났으므로, 필자인 그도 무사할 수 없었다. 그는 각오하고 있던 차에, 당장 도쿄의 경시청(警視廳)으로 출두하라는 통지가 왔다. 안 갈 수도 없어 제 발로 찾아갔더니, 일본 경찰은 이인을 한나절이나 기다리게 했다가 다음날 다시 오라고 하였다. 이튿날 다시 갔더니 점심을 굶긴 채 기다리게 하더니 다음날 또 다시 오라고 하였다. 일본 경찰은 이렇게 반복하기를 두 달 동안이나 하였다. 하루라도 학교에 빠지지 않으려는 이인의 의중을 낌새채고, 그를 달뜨게 하려는 수작이었다.

이인이 『일대제국』에 기고한 이후부터, 경시청 형사가 언제나 그의 뒤를 미행하며 동정을 살피었다. 피할 수도 없는 일인지라, 그 자를 못 본 체 모르는 체하고 지냈는데, 그쪽에서 먼저 지쳤는지, 하루는 이인에게 다가와서 "지금 무엇을 생각하고 있느냐"는 등 깐질깐질하게 괴롭혔다. 이인은 아무 대꾸도 하지 않으면서 끝까지 묵묵부답으로 일관했다. 이때 그는 배고픔에 시달리는 경제상의 곤궁함은 얼마든지 참고 견딜 수 있으나, 일제의 문초와 미행 등 정신상의 핍박과 괴로움은 참으로 견디기가 어렵구나 생각했다.

이인은 졸업을 앞두고 귀국하기 전 자신의 진로를 깊게 고민하였으나, 해답의 실마리는 의외로 간단하였다. 그는 귀국해서 무엇을 할까 골똘히 생각하던 중, 어떻게 해서든지 경제입신(經濟立身)을 해야겠다고 결론 내렸다. 유학 생활 동안 절감한 '경제적 핍박감'이 이러한 판단을 유도하였다. 이인은 경제야말로 인간생활의 기본이자 기초 조건이므로, 이것이 충족되지 않고서는 모든 가치가 그야말로 사상누각에 불과하다는 결론에 도달했다. 그는 당시를 이렇게 말하였다.

(자료 1 – 1 – G)
경제적으로 궁색해가지고는 인간의 활동 자체도 궁색해지기 마련이므로 먼저 경제적으로도 기반을 닦고 내 민족을 위한 활동분야를 넓히자는 심산이었다.[59]

이는 이후 이인의 신념이 되었고, 그가 실천한 모든 행동의 일관된 바탕이었다. 그는 귀국할 시기가 임박해지자, 도서관에 가서 국제경제를 다룬 서적을 이것저것 뒤지면서, 장래 꾸려나갈 사업을 계획하였다. 그러나 그는 생계를 위해 아르바이트 정도의 돈벌이를 한 외에는, 학교와 도서관만을 오가던 백면서생(白面書生)일 뿐이었다. 당장 사업자금을 마련할 방도도 없었으므로 많은 구상들은 생각만으로 끝나고 말았다.

이인은 1918년 니혼대학과 메이지대학 두 군데를 졸업한 뒤에도 법률 공부를 더 해야겠다는 생각으로, 니혼대학의 대학원 과정에 해당하는 2년 코스의 고등전공과(高等專攻科)에 들어갔으나, 졸업하지 못하고 귀국한 듯하다.[60] 이인이 1918년 두 대학을 졸업하고, 이해 9월에 귀국하였는데, 다시 고등전공과에 입학하여 2년 과정을 졸업함은 불가능하였다. 그가 두 대학을 졸업한 뒤 니혼대학의 고등전공과에 입학하였다면, 경제입신을 모색하는 전후 무렵으로 추정되는데, 아마 중퇴하였거나 학적을 둔 채 귀국하였으리라 생각한다. 그는 일본 유학을 마치자 귀국을 서둘렀고, 햇수로 6년 만인 1918년 9월 책을 꾸려 환향(還鄕)했다. 그의 나이 23살이었다.

이인이 법과 대학 두 곳을 이수하면서, 어떠한 내용을 공부하였는지 상세하게 기록한 바 없으므로, 그가 어떻게 법률가의 자질을 키워나갔는지는 확인하기 어렵다. 그의 회고에 의존하여 학력 등을 서술하였으나, 연도·일자상의 정확성을 비롯해 공백이 매우 많다. 이인보다 앞서 일본에 유학한 김병로(金炳魯)의 학적이, 이인과 니혼대학·메이지대학의 동문[61]이라는 경력을 같이 하면서도 분명한 점과는 대조된다.

대한민국 초대 대법원장을 지낸 김병로는, 이인에게 선배이자 항일민족변호사의 길을 동행한 동지였는데, 두 사람의 인연은 일본 유학시절부터 시작되었다. 김병로(1887. 12. 15~1964. 1. 13)는 이인보다 9살이나 연장이었지만, 만학이었던 탓에 학번으로 따지면 이인보다 3

년 선배였으며, 같은 대학 같은 과(科)를 다닌 동문의 인연으로 더욱 가깝게 지냈다. 후술하듯이, 김병로는 허헌(許憲)·이인과 함께 식민지시기 항일변호사 '3인'으로 불렸으며, 이인과 같은 사무실을 사용할 만큼 절친한 사이였다.

이인이 쌓은 인맥은 한국현대사의 주요 인물들을 망라하는데, 대부분 일본 유학 시절에 형성되었다. 그는 유학 시절 평생 함께할 동지이자 지기들을 만났고 혈육만큼이나 가까웠던 인사들도 많았다. 이들 가운데는 민족운동에 앞장서서 피고로 법정에 서게 되자, 이인이 변호를 맡았거나, 또 이인과 옥중동고(獄中同苦)한 이들도 여럿 있었다. 모두가 8·15해방 뒤 대한민국정부 수립을 위해 함께 힘썼고, 각 분야에서 크게 활약하며 대한한국을 이끌어간 지도자들이었다. 8·15해방 뒤 이인의 정치 노선과 활동에는 유학 시절 형성된 유대 관계가 크게 작용하였다. 이를 이해하기 위해서, 이때 형성된 교우(交友) 관계를 미리 설명해 둘 필요가 있다.

이인이 도쿄에서 유학하는 동안 하숙집은 대체로 와세다(早稻田)대학 근처에 잡았는데, 이 당시에는 이곳이 변두리여서 하숙비가 쌌으므로 조선인 유학생들이 많았다. 이때 그가 사귄 사람들은 김성수(金性洙)·안재홍(安在鴻)·장덕수·유억겸(俞億兼)·민천식(閔天植)·현상윤(玄相允)·이광수·신석우(申錫雨)·백남훈(白南薰)·최남선(崔南善)·서춘(徐椿)·홍성하(洪性夏)·윤창석(尹昌錫)·유래정(柳來楨)·신익희(申翼熙)·정노식(鄭魯湜)·변희용(卞熙瑢)·양원모(梁源模)·나용균(羅容均)·이종근(李琮根)·최승만(崔承萬)·송필만(宋必萬)·김연수(金秊洙)·주요한(朱耀翰)·최두선(崔斗善)·윤치영(尹致映)·오천석(吳天錫)·정종원(鄭宗源)·서민호

(徐珉濠) 등이었다. 이들은 해방 이후에도 이인과 자주 연락하며 자별하게 지냈다.

조선인 유학생들 중에는 만학도(晩學徒)가 많았는데, 이인보다 4~5세 또는 8~9세나 연장인 사람들도 있었다. 이인은 동갑내기뿐 아니라, 여러 살 위의 연배와도 가까이 사귀었고, 학구열이나 사상의 측면에서 조숙한 편에 들었다. 그가 다니던 메이지대학과 니혼대학에는 송진우(宋鎭禹)·이기원(李起元)·김상덕(金尙德)·이우식(李祐植)·이찬우(李燦雨)·함석은(咸錫殷)·김병로·이승우(李昇雨)·현준호(玄俊鎬) 등도 재학하였는데, 대부분 이인보다 몇 살씩 위였다. 이들 외에 이인과 교분이 두터웠던 조선인 유학생들은 대부분 와세다 대학에 적을 두고 있었다.

이인은 이들 유학생들의 '리더 격'으로 고하(古下) 송진우(1887. 5. 8~1945. 12. 30)를 들면서, 많은 유학생이 그에게서 자유독립 사상의 깨우침을 받았다고 회고했다. 송진우는 이인보다 9살이 위였고, 1915년 메이지대학 법과를 졸업한 학교 선배이기도 하였다. 그는 언제 보아도 포용력이 있고 은근한 정(情)이 많았으므로, 이인도 마음속으로 송진우를 걸물(傑物)이라 생각하였다. 유학을 마치고 귀국한 뒤, 이인이 송진우의 필화(筆禍) 사건를 두 번이나 변호하였으므로, 두 사람은 유학 시절 때보다 더욱 가깝게 지냈다.

이인이 유학 생활 중 교분을 쌓은 지인들 중에, "모가 날만큼 친하게" 지낸 사람은 김양수(金良洙)와 김도연(金度演) 두 사람이었다. 세 사람은 모두 동갑또래인지라 서로 격의 없이 친했으며, 또 조선어학회(朝鮮語學會) 사건으로 함께 옥고를 치르고 3년 만에 같이 풀려 나왔다. 이인은 이를 '기연'(奇緣)이라 생각하고 함께 연륜을 쌓아왔는데, 두 사람이 이인보다 앞서 타계하자 애석함이 참으로 깊었다.

이인이 유학 시절 교우한 사람들은 이름만 들어도 알 만큼, 모두가 한국근현대사에서 굵직한 족적을 남긴 인사들이었다. 이들 대부분은 해방 후 이인과 정치노선을 함께 하였으며, 혹간은 다른 노선을 걸었더라도 흉금을 털어놓는 사이였다. 이인이 변호사 활동으로 민족 앞에 나선 뒤부터 만년까지, 그의 삶을 말하면서 이들의 이름이 자주 등장하게 된다.

2) 귀국과 첫 사회 생활, 3·1민족운동의 교훈

이인은 귀국한 뒤 경제입신의 의지를 다지면서 교문 밖 사회에 첫발을 내디뎠다. 그가 처음 취업한 곳은, 서울 종로에 위치한 조선상업은행(朝鮮商業銀行)의 본점이었다. 대학졸업자에다가 일본 유학파라는 간판이 더하였으므로 취업은 어렵지 않았다. 첫 월급을 받고 나니 모두 합쳐 40엔이었다. 첫 직장이었던 상업은행 본점은 행원의 3분의 2가 일본인, 3분의 1이 조선인이었는데, 중견 간부 이상은 모두 일본인이었고, 조선인 행원은 상업학교 졸업생들뿐이었다. 당시에는 조선인 가운데 대학 졸업자가 흔치 않았던 세상이라, 이인의 봉급은 대학을 졸업했다 해서 수당까지 받은 액수였다. 40엔은 그만의 경제입신은 충분히 가능한 금액이었으나, 실수를 연발하는 그에게 은행업무는 도저히 체질에 맞지 않았다.

이인이 출근하여 처음 맡은 일은 위체(爲替)업무(지금의 환 업무)였다. 그의 실무 행정 능력은 상업학교 졸업생에도 훨씬 미치지 못하였으나, 일본인 행원들은 물론이고 조선인 행원들도 대학 졸업생인 그에게 실무를 가르쳐 주지 않았으므로, 업무에서 외톨박이 신세가 되었다.

이인은 며칠 만에 환(換) 업무를 면했고, 계산(計算) 업무를 새로 맡았는데, 계산하는 과목이 너무 많아 여간 고역이 아니었다. 주산 실력도 업무를 감당하기에는 턱없이 부족한 데다가, 이인의 성격이 한번 계산하고 끝난 항목들을 다시 맞추어 볼 만큼 깔끔하지를 못하였으므로 실수를 연발하였다.

이인은 은행에서 이따금 현송(現送, 현금수송) 업무도 담당하였는데, '자그만치 5만 엔'(이인의 봉급을 10년 모아도 채울 수 없는 거금) 또 '10만 엔에 이르는 금액'을 현송하는 과정에서도 '식은땀'을 흘려야 하는 실수로 인한 위기가 그치지를 않았다. 그는 은행원으로 근무하던 시절을 "이렇게 실패만 거듭해서가 아니라 나는 은행원이 자신의 평생 일이라고는 생각 않고 있었다."고 회고하였다.[62] 그러나 고정된 월급이 유용하게 쓰이기도 하였으니, '실패'한 첫 사회 생활이 모두 헛수고는 아니었다.

이인이 은행에 취업하였을 무렵, 숙부 이시영은 광복단 사건에 연루되어 체포되었다가 풀려난 뒤였으나 독립운동을 멈추지 않았다. 오히려 더욱 분주하게 만주의 류허현 싼위안바오와 국내를 잠행하면서 넘나들었다. 우리에게 중국 지명보다는 '삼원보'로 더 익숙한 이곳은, 1910년 일제에게 국권을 빼앗긴 뒤에 망명한 애국 지사들이 경학사(經學社)와 신흥강습소(新興講習所 ; 신흥무관학교의 전신)라는 군사교육 기관을 만들어 항쟁한 해외 항일무장투쟁의 거점이었다. 또 3·1민족운동 이후에는 남만주에 이주한 동포들이 한민족의 자치기관인 한족회(韓族會)를 설립한 곳이었다. 이시영은 국내와 만주를 연결하는 연락망의 구실을 담당하면서, 무력투쟁을 위한 군자금을 확보하는 임무를 주로 수행하였던 듯하다.[63]

이시영은 이인의 봉급날이 되면 어김없이 찾아와서 봉급의 반을 가져갔다. 이인에게는 아쉬운 돈이었으나, 숙부의 용처(用處)를 알았으므로 불평하지 않았다. 이인과 숙부의 관계는 봉급을 헌금하는 데에서 그치지 않았다.

이인은 미숙한 업무처리로 인한 좌천이었는지, 상업은행 본점에 근무한 지 몇 달 만에 평택지점으로 전근 발령을 받아 근무하던 중이었는데, 하루는 이시영이 평택까지 찾아왔다. 이시영은 이인에게 5만 분의 1짜리 경기도 지도를 주면서, 모처(某處)를 찾아가서 모 인사를 만나 군자금을 조달해 오라고 지시하였다. 이인은 이 말을 따라 경기도 안성(安城)에 소재한 모 부호의 집을 다녀오는데, 일본 경찰이 어떻게 알았는지 길목을 지키고 있었다. 이 일로 1주일 동안 갇혀 모진 고문을 당하였고, 경찰서에서 풀려나왔을 때는 귀가 들리지 않을 정도로 쇠약해서 한 달 동안 집에 누워 있어야만 했다.

이인은 일본 유학 시절 신문에 기고한 글 때문에, 경시청에 불려다니거나 미행을 당하는 고초를 겪었지만, 이렇게 모질게 직접 고문을 당하기는 처음이었다. 짧은 기간이었지만 그에게는 고문의 실상을 몸소 체험한 최초의 옥고였다. 이인은 심신을 추스르기 위해 누워 있는 동안, "이렇게 힘이 없어 가지고서야 무슨 투쟁을 할 수가 있을까"라는 자탄(自歎)만 되풀이할 뿐이었다. 그는 자신이 법률 공부를 결심하던 뜻을 새삼 떠올리면서, 처음 마음먹은 대로 법률가가 되어서 일제와 싸우는 도리밖에 없다고 결심하였다. 이것이 자신이 당한 바와 같은 일제의 무도(無道)한 짓을 막는 길이라고도 판단했다.

이인은 법률 공부를 계속하기 위해 다시 일본으로 건너가기로 결의(決意)하고, 자리를 떨쳐 일어나서 은행에 사표를 냈다. 이때가 1919년 2월로 3·1민족운동이 일어나기 한 달 전이었다. 이렇게 해서 은행원답지 않았던 은행원 시절이 끝났지만, 그가 일본으로 떠나기 전에 3·1민족운동이 일어났다.

『반세기의 증언』은 "기미(己未)독립운동은 하루아침에 일어나 갑자기 만세를 부른 것이 아니다. 독립지사들이 일제의 감시를 피해 다니며 경향 각지의 뜻있는 이들을 규합해서 일으킨 것이다."라고 평하였는데, 여기에는 이인 자신이 3·1민족운동에 참여한 경험도 반영되어 있었다. 이인은 국내에서 비밀리에 활동 중이던 숙부 이시영의 심부름을 전담함으로써 항쟁의 대열에 동참하였다. 그는 이시영과 동지들 사이의 연락을 대신하면서, 3월 1일의 시위와 관계된 계획을 주고받는 비밀 연락망을 수행하였는데, 손병희·한용운(韓龍雲)·남형우(南亨祐) 세 사람이 주된 인물이었다. 3월 1일의 거사 날이 다가오자, 이인은 이시영을 도와, 종묘(宗廟) 부근의 훈정동(薰井洞)에서 피곤한 줄도 모르고 밤새워 모필(毛筆) 글씨로 격문을 썼다.

이인은 이렇게 항쟁의 대열에 합류하였지만, 독립만세를 외치던 거센 물결과 감격 속에서도 커다란 실망감을 맛보았다. 학생들이 거리마다 뛰쳐나와 '대한독립만세'를 소리 높여 외쳤지만 이내 일본 경찰에게 끌려갔다. 그는 이 광경을 무기력하게 바라보면서, 가슴이 에이는 듯한 망국지한(亡國之恨)을 삼켜야만 했다.

이인은 3·1민족운동의 경과를 지켜보면서, 한민족에게 실력이 없음을 거듭 통감했고, 자신의 경험을 돌아보면서 더욱 절감하였다. 그는 당시 조선인들 사이의 막연한 기대와 헛된 희망을 반성하면서 깊게 성찰하였고, 민족의 힘이 없이 아무리 독립을 외쳐 본댔자 독립이 될 리가 없다는 결론을 내렸다. 그는 이때를 다음과 같이 회고하였다.

(자료 1-1-H)

그때 우리 국민들 사이에는 우리가 독립을 하자면 아무래도 미국과 일본이 한바탕 붙어야 된다, 일본이 미국에 한바탕 깨져야 우리가 산다는 막연한 희망과 기대가 있었다. 왜 그리 되느냐고 물으면 아무도 대답은 못하지만 안다는 사람일수록 그런 말을 수군댔다. 하긴 일본이 깨져 약화(弱化)되어야만 우리가 독립할 수 있다 함은 당연한 이치이고 몇 10년 뒤 그렇게 되기는 했으나 내 생각에는 일본을 깨기에 남의 힘을 기대한다는 것이 못마땅했다. 나라를 찾기 위해서는 막연한 기대보다 국민 하나하나가 실력을 길러야 하며 그 실력은 두뇌의 것과 경제적인 것이 합쳐야한다는 것이 내 지론이었던 것이다.[64]

이인의 부친이 한말 자강운동 계열의 '선(先)실력양성 후(後)독립'의 노선에서 활동하였듯이, 그도 이러한 노선을 계승한 실력양성론자였다. 이인이 지론으로 삼았던 '실력양성'이란, 민족구성원 개개인이 배양한 실력의 총체를 말하며 '두뇌'와 '경제'의 복합체였는데, 달리 표현하면 교육과 산업의 결합이었다. 이 점에서 그는 교육진흥과 식산흥업(殖産興業)을 주장하였던 부친의 자강운동을 계승하였다. 그가 변호사가 된 뒤에도 쉴 틈조차 없이 시간을 쪼개어, 교육에 관계되는 일이라면 마다하지 않고 뛰어드는 한편, 물산장려운동과 발명학회의 일에 적극 가담한 동기와 목적도 이러한 지론에서 출발하였다.

3·1민족운동이 수그러들 무렵, 이인은 평생 지론을 실행에 옮겼다. 그는 도쿄에서 함께 공부하던 친구들과 의논해서, 구(舊) 서울고등학교 앞의 2층집을 빌려 법학원(法學院)이라는 학교를 세우고 학생

들을 직접 가르쳤다. 그는 자신이 공부한 법학을 활용하여, 조선인 한 사람이라도 더 가르쳐 깨우쳐야겠다고 마음먹고, 법률 지식을 보급하여 민도(民度)를 향상시키는 교육계몽운동을 실천하였다.

한편 이인은 경제실력을 양성하려는 방편으로, 개간산업과 광산개발을 구상하고 이리저리 뛰어다녔다. 그는 은행원으로 평택지점에 근무할 때, 평택군 사성면(奢城面)에 소재한 개펄 1천여 정보를 눈여겨 두었는데, 우선 이를 개간해서 옥토로 만들려고 했다. 마침 출자주(出資主)를 만나 현지측량도 하고 숱한 경비를 들여 개간 허가를 신청했으나, 조선총독부가 허가를 내주지 않아 포기하였다. 또 경상남도 창녕(昌寧)의 금광을 채굴하려고 동분서주했으나, 역시 허가가 나오지 않아 이번에도 헛일이 되고 말았다. 조선총독부가 조선인에게 그런 허가를 쉽게 내줄 까닭이 없었을 뿐 아니라, 이인이 하려는 사업의 속뜻이 뻔하였으므로 더욱 만무하였다.

대구에 사는 이인의 부친은 결실도 없이 동분서주하는 이인이 안쓰러웠는지, 『동아일보』(東亞日報)가 곧 창간되는데 그렇게 떠돌아만 다니지 말고 신문 사업에 종사함이 어떠냐고 기별해왔다. 부친은 동아일보의 부산 지국장(支局長)[65] 자리를 만들 터이니 맡으라고 여러 번 타일렀고, 이인의 친구들도 이 일을 권유했다. 그러나 이인은 "아무리 신문에 종사한다 한들 월급장이이긴 매한가지인데 자립(自立)을 하겠다고 은행을 나온 내가 새삼 월급장이 노릇을 할게 무어냐"는 생각에 사양하였다.

이인은 동분서주하며 발품만 들었지 성사되는 일이 하나도 없자 실의에 빠져 있었는데, 3·1민족운동 직후 만주로 탈출했던 숙부 이시영이 1919년 7월 9일 별세하셨다는 비보가 만주에서 들려왔다. 그의 숙부가 3·1민족운동을 지하에서 도모하다가, 만주의 류허현 쌴위안바오로 다시 잠행한 때는 만세 시위가 터진 지 2주일쯤 지난 3월 중순께였는데, 몇 달 사이에 유명을 달리하고 말았다. 국권회복에 헌신하던 숙부가 38세의 한창 나이에 요절하였으니, 말 그대로 청천벽력 같은 일이었다.

이인은 곧 여장을 꾸려서 만주로 달려갔다. 쌴위안바오로 가는 길은 멀고도 험난하였으므로 주위 사람들이 모두 만류하였으나 발길을 재촉했다. 험한 여정에는 일제 경찰의 감시만이 동행하였다. 이인은 만주에 도착했으나, "독립이 되기 전에는 시신이나마 적(敵)치하의 조국에 돌아가지 않는다"는 숙부의 마지막 유언을 전해 들었다. 그는 숙부의 시신을 운구(運柩)하려고 왔으나, 불같은 유언을 전해듣고는 어찌할 수 없어, 펑톈(奉天)에서 거행된 추도식만 참석하고 허탈한 마음으로 돌아왔다.

이인은 숙부의 죽음으로 인한 슬픔을 뒤로 남겨 둔 채, 1919년 9월 다시 도쿄로 건너갔다. 은행을 그만둔 지 반년 동안 아무 일도 이루지 못하였다는 자괴감에 빠진 채, 법률 책을 한 보따리 싸들고 일본으로 떠나면서, 법정에 서서 일제와 싸우겠다는 불퇴전(不退轉)의 결의를 굳게 다졌다. 그러나 이인은 막상 일본에서 공부에 몰두하려 해도, 3·1민족운동 뒤 나라 안팎의 일을 살펴보니 초조한 마음만 들었다. 가슴에 맺힌 감회를 뱉어 놓지 않고는 공부하는 법 조문이 제대로 머리에 들어오지 않을 듯하였다. 그는 시험 준비가 급하여 글을 쓸 시간조차 없는 형편이었지만, 울분을 내뱉으면서 「일본은 조선에 대한 가혹(苛酷)한 식민정책(植民政策)을 양기(揚棄)하라」는 강경한 논조의 논설을 작성하였다.

이인은 이 글을『아사히』(朝日) 신문에 보냈고, 신문사는 연 이틀 1면에 게재하여 주었다. 당시 일본 내에서도 3·1민족운동의 충격이 컸으므로 총독정치를 비판하는 소리가 높았던 터였다. 이인은 이 같은 일본 내의 여론에 힘입어, 3·1민족운동이 일어나지 않을 수 없었던 배경을 설명하고, 총독정치가 각 분야에 걸쳐 조선인을 어떻게 차별대우하는지 실상을 낱낱이 들어 비판했다. 또 한민족이 우수한 민족임을 강조하면서 인간을 인간대접하지 않으면 3·1민족운동은 약과요, 실질상의 운동이 더 일어나리라 경고하였다. 이 글이 신문 지상에 발표되자, 이인은 1916년『일대제국』에 기고하였을 때와 마찬가지로 일본 경찰에 소환당했다. 그러나 이번의 경우에는 그들이 표방한 '문화정치'를 과시하려 함이었는지, 다행히 고문 따위는 없이 두어 번 정도 불러다 신문하는 정도에서 그쳤다.

정확한 시점은 확인할 수 없지만, 이인은 위의 논설을 발표한 이후 1920년을 전후하여 귀국하였다.『반세기의 증언』에 따르면, 이인은 2년을 준비한 뒤, 1921년 일본변호사(日本辯護士)시험에 응시했으나 낙방하였고, 1년이 지나서 1922년 두 번째로 응시하여 합격하였다. 그런데 "나는 시험이 임박한 철에는 동경(東京) 히비야(日比谷) 도서관에서, 서울에 나와 있을 때는 인사동(仁寺洞)에 있는 동성부립(東城府立)도서관[66]에 묻혀서 살았다."는 회고에는, 첫 번째 응시 이후 1923년 2월 사이에 한국과 일본을 왕래하였음을 시사하였다. 그는 이 때를 "나의 본격적인 법률공부는 이때부터라고 할 수가 있다."고 회고하였다.[67]

조선총독부 직원록에 따르면, 이인은 1920년부터 1922년에 조선총독부 직속 기관인 재판소에서 서기 겸 통역생으로 근무한 기록이 발

견되는데, '경성부립도서관'을 운운하는 그의 회고에는 이러한 속사
정이 내밀(內密)하였다. 그의 변호사시험 합격을 기사로 다룬 신문은,
그가 경성지방법원에서 근무하다가 변호사시험에 응시하였음을 보
도하였다. 이인이 처음 세간에 주목을 받은 신문 기사는 다음과 같다.

(자료 1 - 1 - I)
지금경성지방법원에셔셔기(書記)로근무하는리인(李仁)씨는원릭경북
(慶北)듸구(大邱)출싱으로일즉이 학업에 유의하야 씨일본동경으로 건너가
서 동륙년(1917년을 가리킴 : 인용자)에일본듸학(日本大學)법과(法科)를우
등(優等)으로졸업하고 동륙년에다시명치듸학(明治大學)법과와 동년가을에
일본듸학고등전공과(專攻科)를쏘한우등으로졸업한후   고국에도라와서어
데까지든지쳐음쯧을관텰하고져 동십년(1921년을 가리킴 : 인용자)에경성
디방법원에서   근무하며실지로법률을실습하다가금번동경에서거힝한변호
사(辯護士)시험에우등으로 합격이듼바불원간에경성시내에사무소를 열터
이라는데씨는본릭의협심(義俠心)이만흔터이라만약씨가기업하는날에는조
선법조계(法曹界)에 일듸이칙를발할터이라하야 일반의 긔딕와촉망이다듸
하다더라[68]

위의 기사에 의거해 판단하면, 이인은 1919년 일본으로 떠났으나
1920년을 전후하여 다시 귀국하였다. 그는 빠르면 1919년 후반, 늦어
도 1920년부터는 고향 근처인 대구지방법원 김천지청(金泉支廳)의
서기과(書記課)에서 서기 겸 통역생(通譯生)으로 근무하다가, 1921년
경성지방법원(경성복심법원)의 서기과로 전속하여 동일하게 서기 겸
통역생으로 재직하였다.[69] 그가 김천지청에서 경성지방법원(현 종로
구 공평동 소재)으로 전속한 이유는, 1920년 11월 집안이 대구에서 서
울 종로구 안국동(安國洞)으로 이사[70]한 때문이었다고 생각한다.

이인이 법원 서기 근무와 관련해 직접 언급한 바가 없으므로 정황으로 유추한다면, 경제상의 이유를 비롯해 일본에 머물 여건이 허락되지 못하였으므로, 변호사라는 자신의 목표와 일치하는 방향으로 생계의 방편을 찾아서 법원에 취직한 듯하다. 그는 1921년과 1922년 변호사시험에 응시하기 위하여 잠시 도일하였으며, 줄곧 국내에서 법원일을 감당하면서 시험 공부에 몰두하였다. 이인은 경성지방법원에 근무하면서 퇴근 후에는, 직장 부근에 위치한 경성부립도서관에 '묻혀서' 시험 공부에 몰두하였다. 그가 법원에 근무하는 동안 쌓았던 실무는, 자격증을 취득하는 시험 뿐만 아니라, 변호사와 변리사로서 활동하는 실전에도 크게 도움이 되었다.

제2장

민족변호사로서
법정투쟁을 전개

1. 민족변호사의 길

1) 법률을 공부한 목적의식

이인은 국내에서 햇수로 만 3년 동안 일본변호사시험을 준비하였다. 아무리 법률 실무라 하더라도 직장에 근무하면서 시험 공부를 겸해야 하는 고시생의 어려움은 짐작하기 어렵지 않다. 그는 자신이 법원에 근무한 사실은 언급하지 않은 채 당시를 이렇게 회고하였다.

> (자료 1 - 2 - A)
> 나는 시험준비를 위해 교우(交友)관계도 완전히 끊었고 입을 굳게 다물고 잠심(潛心)한 채 책과의 시름을 계속했다. 이렇게 하자니 엉덩이가 무너져나가는 것 같고 허리와 어깨가 아파왔다. 또 이가 빠지는 것 같은 고통을 견디다 못해 「이렇게 공부하면 무엇하나」하는 회의가 들어 책을 내동댕이 치기 한두번이 아니었으나 공부를 시작한 뜻을 생각해서 참고 견디었다.[1]

이인이 두 번째 응시한 1922년도 변호사시험에는, 일본 전국에서 4천여 명의 응시생이 모여들었지만 합격자는 불과 70명이었고, 이 가운데 조선사람으로서 합격한 사람은 그를 포함하여 10명이었다.[2] 이인은 시험에 합격한 이듬해인 1923년 2월 27일 일본변호사시험 합격증을 받고[3] 귀국하자마자 곧바로 언론의 주목을 받았다. 조선인으로서 일본변호사시험에 합격한 예가 지극히 희소한 데다가, 그는 최연소 변호사였으며, 더욱이 변리사 등록 자격증을 유일하게 취득한 조선인 최초의 변리사였다.[4] 식민지 조선사회에서 그에게 기대되는 바가 클 수밖에 없던 이유였다. 이때 그의 나이 28세였다. 변리사 자격은 그가 1932년 조선발명학회를 재발족시킨 뒤, 발명학회가 의뢰한 특허소속 업무를 추진하는 절대 자산이 되었다.

이인이 법률 공부를 마치고 변호사시험에 응시하는 시기에, 조선총독부가 재판소의 서기 출신들을 판검사에 특별 채용·임용하는 제도를 시행하였지만,[5] 그는 판검사가 아닌 변호사를 지향하였다. 이인보다 1·2년 뒤의 사례에 해당하지만, '3인'에 비견될 만한 민족변호사 이창휘(李昌輝)[6]의 실례를 참고한다면, 변호사로서 항일하려는 이인의 애초 목적의식이 재판소 서기직을 수행할 때에도 일관되었음을 확인하게 된다.

이창휘는 1924년 3월 22일 한영욱(韓永煜) 등 26명의 동기생들과 보성전문학교 법과를 졸업한 뒤, 5월 판임관견습(判任官見習, 서기보)으로 전주지방법원에 취직하였다. 그는 동직에 근무하면서 주경야독으로 법률 공부에 매진하여, 1924년 제3회 조선변호사시험에 최종 합격하였다. 이창휘는 두 번째 도전에서 27살의 나이로 합격하였다. 그는 이해 12월 전주지방법원 판임관견습을 의원면직(依願免職)하였고, 1925년 3월 13일에 경성지법검사국에 변호사 등록을 한 뒤 곧바로 변호사 개업을 하였다.

한영욱의 경우도, 졸업 후 대구지방법원 김천과 경주지청에서 서기로 근무하며 시험을 준비한 끝에, 약 5년 만인 1929년에 가서야 조선변호사시험에 합격하였음을 보면, 조선변호사시험에 합격하기는 매우 어려웠다. 더욱이 이인은 국내에서 실시되는 조선인 변호사시험보다도 어려운 일본변호사시험에 응시한 데에서, 그의 목적성은 분명하고도 단호하였다.

이인이 조선총독부 소속의 재판소에 근무한 사실은, 얼핏 보기에는 이인의 전체 삶과 어긋나는 선택이었다. 그러나 목적성과 현실의 행태 사이의 괴리는 이후의 행적에서 진실성을 판단해야 한다. (자료 1 - 1 - I)의 신문 기사가 예견한 대로, 민족의식에 기반을 둔 이인의 '의협심'은, 당시 민족현실이 그에게 '기대'하였던 바를 결코 저버리지 않았고, '법정'에서 항일을 실천하며 이 땅의 약자를 대변하는 '민족변호사'의 소임을 다하였다.

일본변호사시험이 조선인에게도 응시할 자격을 허락한 해는 1918년이었다. 조선인과 대만인에게 일본변호사시험 응시불허규정이 없어진 뒤, 조선인으로서 일본변호사시험에 처음으로 합격한 사람은 이승우(李昇雨)였다. 이인보다 앞서 변호사시험에 합격한 조선인은 이승우를 비롯하여 김용무(金用茂) 등 5명이었는데, 조선인으로서 법조계에 진출함이 그만큼 어려웠다는 실례였다. 이인은 일본변호사시험에 합격하였기 때문에, 시보(試補)[7]를 거치지 않고 즉시 변호사 개업을 할 수 있었다.

이인은 1923년 2월 27일 변호사시험의 합격증을 받자마자 곧바로 귀국하여, 이해 5월 경성에서 변호사와 변리사(辨理士)를 동시에 개업하였고, 7월에는 의열단(義烈團) 사건을 맡아 변호사로서 최초의 변론을 맡았다. 그는 28세로 한국인 가운데 최연소 변호사라는 기록을 남기면서, 법정에서 항일투쟁하겠다는 결의대로 일제의 무자비한 갈퀴에서 독립운동자와 가난한 민중들을 구출하는 길로 들어섰다.

이인은 『반세기의 증언』을 "왜, 나는 법률을 공부했나"로 시작하였다. 그 스스로 세간에서 가장 궁금해 하는 문제를 회고록의 첫 번째 장으로 삼았으므로, 그의 민족변호사 활동에 앞서 언제부터 왜 법률을 공부하려 결심하였는지를 먼저 언급하고자 한다. 이인의 말을 직접 확인해 본다.

> (자료 1 - 2 - B)
>
> 내가 법률을 공부하기로 마음먹기는 한마디로 억울한 국민을 구해보자는 의분(義憤)이 뭉쳐서였다. 그때만 해도 일부 식자층을 제외하고는 일반이 모두 몽매하여 일본이사청(理事廳)에 망국(亡國)의 한을 풀어달라고 탄원서를 넣을 정도였다. 이사청이란 것은 일본거류민의 권익을 옹호하기 위해 서울 부산 등 큰 도시에 설치한 일본기관인데, 우리나라를 먹어치우겠다는 기관에 그런 탄원서를 냈으니 우리 국민들이 비분강개하고 나라 잃은 설움을 안타까워 할 줄은 알았지 반항할 절차를 전혀 몰랐던 것이다. 나는 어려서부터 어떻게 하면 일제의 압박을 벗어볼까 생각하는 가운데 법률을 공부함이 그 한가지 길이라 생각했던 것이다.[8]

일제는 1905년(광무 9) 11월 「을사늑약」을 강요한 뒤, 12월 21일 일본 왕의 칙령으로 「통감부급이사청관제」(統監府及理事廳官制)를 공포하였다. 이 법령에 따라, 일제는 이듬해 2월 중앙에 통감부를, 개항지(開港地)를 중심으로 한 일본인 거주지에 이사청을 개청(開廳)함으로써 한국의 전역을 본격 침탈하는 작업에 들어갔다. 이사청은 통감부의 일선기관으로서, 일제가 한국 내의 각 지방에 설치한 통감부의 지방 기관이었으며, 소통감부(小統監府)이라 불릴 정도의 기능을 행사하였다. 1910년 8월 일제는 대한제국을 병합한 뒤, 9월 29일 통감부와 이사청을 폐지하고 「조선총독부관제」(朝鮮總督府官制)를 공포하여 10월 1일 시행하였는데, 이로써 이사청도 소멸되었다.

어린 나이의 이인은, 한국민이 일제의 통치기관인 이사청에 탄원서를 내어 호소하는 어처구니 없는 현실을 목도하였다. 그는 '반항할 절차'를 모르는 한국 민중들의 무지를 안타까워하면서, '반항할 절차'인 법률을 공부하기로 마음먹었다. 이사청이 존속하던 1906년 2월부터 1910년 9월 사이 이인의 나이는 고작 11~15세였다. 아버지와 숙부의 항일민족운동, 이로 인해 겪었던 일제의 탄압을 지켜보면서, 그는 이때부터 "작은 힘이나마 민족운동에 바치리란 생각"이 싹텄다. 그는 15세를 전후한 나이에, 일본에 유학하여 민중들에게 '반항하는 절차'를 일깨우기 위해 법률을 공부하기로 마음먹었다.

항일독립의식과 법률가(법조인) 사이의 관계는, 식민지시기 한국인 법률가(검사·판사·변호사 등)라면 누구나 진지하게 고민해야 할 문제였다. 일제 식민지지배 아래 조선인 법률가들은 극소수에 불과하였고, 극도로 어려운 시험을 통과해야만 했다. 이는 조선인이 식민지 사회의 상층부로, 더 나아가서는 특권층으로 진입하는 길이었으므로, 식민지 지배구조에 곧바로 편입·동화되어 친일로 이어지는 유혹도 도사리고 있었다.

한국인 법률가들이 자기 성찰의 과정에서, 수없이 반문(反問)하고 회의 또한 교차했겠지만, 이인에게 이러한 괴리감은 애당초 없었다.

민족의식이 강한 가풍에서, 그는 15세 전후에 자아와 민족을 일치시킨 정체성을 이미 확립하였다. 그에게는 법률 공부가 일제 지배 아래 기득권을 확보하려는 수단이 아니냐는 자기반성과 의구심은 일어나지 않았다.

첫째, 항일독립운동의 가풍은 이인이 특권화와 친일화의 길로 나아감을 애초 차단하였다. 둘째, 그에게 법은 애초 '반항하는 절차'·'항거하는 도리'로서 항일독립운동의 수단으로 각인되었다. 한마디로 그에게 법은 일제에 저항하는 수단이었다. 그래도 또 하나의 회의가 남는다. 일제의 법으로써 일제에 저항함은, 일제가 식민지조선에서도 법치(法治)를 실현하려는 동화주의(同化主義)의 발상 아닌가. 진정 일제의 법률로써 일제의 지배 체제에 항거할 수 있겠는가. 한인섭의 명쾌한 논지가 이에 답한다.

> … 뚜렷하게 항일의 행적을 걸은 일군의 변호사들이 있다. 독립운동 변론을 자신의 주업으로 삼았던 변호사들이다. 조선총독부 법정에서 일제의 지배에 항거한 인사들의 변론을 맡은 것은 어쩌면 모순적이 아닌가 하는 회의적 시각도 팽배해 있었다. 그러나 항일변호사로 자처한 변호사들은 바로 그 일제의 법률과 법논리로써 조선의 독립을 변론했던 것이다. 일제의 법률이라 해도 그 속에 내재한 또 하나의 가치, 즉 권력남용의 견제와 인권옹호라는 가치를 극대화시키고, 그 규범적 가치의 적극적 실현을 통해 우리 민족을 위한 적극적이고 투쟁적인 변론을 실천한 것이다.[9]

이인에게 법률을 공부하는 과제에는, 일본법에 내재한 법논리에 근거하여, 한국민의 인권과 독립운동의 행위를 방어해야 하는 난제가 놓여 있을 뿐이었다. 법정신과 법원리에 근거하여, 일본법의 절차와 집행의 맹점을 파고들어야 하는 항일변론의 본질이었다.

2) 민족변호사의 변호사도(辯護士道)

제2차 의열단 사건을 시작으로, 이인은 독립운동 사건은 물론 한국민의 인권과 관련된 사안들을 수없이 무료 변론하였다. 의열단 사건 이후 1920년대 중반부터 1930년대까지, 이인이 관여한 재판들 가운데에는 세상을 떠들썩하게 만든 굵직한 사건들이 숱하였다. 그 스스로 "사소한 민사사건은 빼고도 내가 맡은 사상사건은 족히 1천 건은 되리라고 생각"한다고 추산하였으니, 크고 작은 사건은 실로 부지기수(不知其數)였다. 이인은 자신의 항일변론 활동의 목적을 다음과 같이 설명하였다.

> (자료 1-2-C)
> 지금까지 1920년대의 여러 사건을 말하였거니와 이 때의 변론은 지금의 법이론(法理論)투쟁과는 성격이 약간 다르다. 때로는 피고인에게 불리할 줄, 번연히 알면서도 재판장에게 대들기도 하고 민족의식을 강조함으로써 재판장의 비위를 거슬리기도 하니, 이는 변론의 뜻이 개개인을 구제하자는 것만이 아니요, 작게는 방청객에게, 크게는 우리 국민의 독립정신을 일깨우자는 데 목적이 있었기 때문이다.
> 이러한 변론 취지는 법정에서는 독립지사들이 가장 깊이 이해하는 터였다. 그래서 이들은 재판장의 인정심문에서 직업을 물으면 서슴지 않고 『독립운동』이라고 답변하며 피고와 변호사가 한뜻으로 투쟁을 하니 전국민이 감화를 받기 한두 번이 아니었던 것이다.
> 따라서 법정에서 만나는 독립지사들과는 그 전에 일면식이 없을지라도 곧 동지애를 느끼게 마련이요, 변론은 당연히 무료로 했다.[10]

이인의 항일변론 활동은 독립운동자들의 형량을 낮추는 데 그치지 않았으며, 한국인의 인권을 보호하는 데에서 더 나아가 한국독립을 실현하는 데 목표가 있었다. 그에게 법정투쟁은 항일과 독립을 목표하는 민중계몽운동이었다. 그는 '동지애'로써 독립지사들을 변론하였다.

이인은 한국인 변호사 역사의 출발부터 민족운동을 목표하고 변호사직을 수행하였다고 평가하면서, 선배 변호사들과 자신을 '민족운동'이라는 동질성에서 일체화하였다. 그는 한국 변호사 제도의 출발점을 다음과 같이 회고하였다.

> (자료 1 − 2 − D)
> 우리나라의 변호사제도가 생기기는 구한말인 1905년(광무9년)인데 …
> 그때에도 변호사들은 우리 민족운동을 옹호하는 것으로 일을 삼았다.
> 그 중에서 알려진 일로는 평양 변호사 안병경(安秉璟)이 여순(旅順)에서 열린 안중근(安重根)의사 공판 때 비록 변론의 허가는 못 받았으나 안(安)의 사를 수차 면담(面談) 위로하고 또 6법전서를 차입하여 법정투쟁을 도운 것이요, 또 같은해에 열린 이완용(李完用) 암살 미수사건 공판에서 이면우(李冕宇) · 안병찬이 열렬하게 변론한 것이다.[11]

이렇게 이인의 변호사도(辯護士道)는 선배들의 전통을 계승하려는 역사의식을 기반으로 형성되었다. 그렇다고 이인이 식민지시기의 모든 조선인 변호사들을 합리화하지는 않았다. 그는 '일제의 사나운 눈총'을 받기 싫어 사상사건(思想事件)이면 아예 회피하는 이들이 많았고, 항일투쟁에는 한사코 꽁무니를 빼거나 이름만 걸어놓고 행동은 아니하던 이들도 있었으며, 비루하게 중추원참의(中樞院參議) 한 자리 얻어서 살아간 사람도 서넛 있었다고 솔직하게 인정하였다.

이인이 조선인 변호사들의 치부를 드러낸 이유는, 조선인 변호사들로 구성된 조선인변호사협회(朝鮮人辯護士協會)가 "좀더 과감하게 투쟁에 나섰더라면 우리의 역사가 조금은 달라지지 않았을까 하는 일말

(一抹)의 안타까움을 갖고" 있었기 때문이다. 그는 "약자를 모른다 하고 강자에게 빌붙는다면 이미 변호사 자격이 없는 사람이나 다름이 없다."고 단언하면서, 자신의 변호사도의 첫 번째를 다음과 같이 적었다.

> (자료 1 - 2 - E)
> 　모름지기 변호사란 돈맛을 알아서는 안된다는게 나의 신조이다. 억강부약(抑强扶弱)하는 것이 변호사의 성임(聖任)인데 약자에게 받아낼 만한 돈이 어디 있단 말인가. 나는 이제까지 변호사를 하여 돈많이 번 사람을 별로 보지 못하였고 혹시 돈을 좀 벌었다 하는 자 다른 사업으로 대개 허비가 되는 것을 보았다.12)

　오늘날의 세태에서 (자료 1 - 2 - E)는 공허한 도덕교과서의 내용으로 들리겠지만, 이인에게 식민지민족인 동포, 힘없는 민중들은 '성임'을 실행해야 할 '약자'였다. 그가 '억강부약'과 함께 중시한 신조는 '인권옹호'와 유열감(愉悅感)이었다.

> (자료 1 - 2 - F)
> 　… 변호사도의 첫째가 억강부약과 인권옹호임을 말하였다. 그러면 그 다음으로 꼽을 것은 무엇일까. 그것은 한마디로 말해서 유열감이다. 이 유열감이란 민사소송에서 승소판결을 받는 순간, 형사피고인이 무죄선고를 받는 순간의 형언키 어려운 희열이다. 이것은 결코 남에게 양도할 수도 없는 기분이요, 또 변호사가 아니면 맛볼 수조차 없는 감정이니 어떠한 보수보다 더 중한 것이다.
> 　나는 변호사를 개업하고자 하는 후배가 찾아오면 이 세 가지를 얘기한다. … 변호사만이 가질 수 있는 유열감이 어떠한 보수보다도 더 귀중한 줄을 깨닫지 못하고 보수에만 눈이 팔릴 양이면 결국은 양심을 속이게 된다.13)

이인이 억강부약 · 인권옹호보다 유열감을 더 길게 강조한 이유는, 변호사라는 직업이 사명감보다는 눈앞의 이익에 현혹되기 쉽기 때문이었다. 독립운동 · 민중생존권 · 인권옹호와 관련된 사건과 달리, 수임료를 받는 민사 · 형사 사건에서는 승소가 최대의 목적이므로 이들 사건에서 유열감을 더욱 강조하였다.

억강부약 · 인권옹호 · 유열감은 세 가지는 이인이 일생 일관되게 실천한 변호사도였다. 그는 "내가 변호사를 하면서 완전무결했다는 것은 아니나 적어도 정도(正道)를 걷느라 노력은 하였다."고 자평하였다. 그가 걸은 '정도'를 한마디로 어떻게 규정할 수 있을까. 이인은 당시 자신을 향한 세평(世評)을 다음과 같이 전하였다.

(자료 1 – 2 – G)
이때에 사상사건이 아니더라도 형사사건은 거의가 무료였다. 민사사건일지라도 가난한 사람에게는 돈을 받을 수가 없으니 그 중의 3분의 1이 또 무료이다. 그래서 무료변호사니 사상변호사니 하는 칭호가 생겼는데 그 가운데서도 허헌(許憲), 김병로 나 이렇게 셋을 '3인'(三人)이라 하여 사상변호사의 대표격으로 지칭했다. 허헌의 아호가 긍인(兢人, 또는 肯人)이요, 김병로가 가인(街人)인데 이인(李仁)의 어질인자(仁字)는 사람인자(人字)와 동음동의인지라 사람들이 그렇게 부른 것이다.[14]

허헌 · 김병로 · 이인 세 사람이 독립운동 사건을 가장 많이 맡아 변론하였으므로, 세상에서는 이들을 가리켜 '변협(辯協, 조선인변호사협회) 3인(三人)'이라 불렀다. '3인'이 무료변론을 많이 하였으므로, 이들에게 '무료변호사'라는 말이 따라붙음은 의당한 말이었다. 이인은 '일제의 악독함' 때문에 무료변론을 자청해서 뛰어다녔지만, 그렇다고 '무료변호사'로 이인의 변호 활동 전체를 범주화하기에는 적절하지 않다.

'3인'이 주로 변론했던 독립운동 사건들은 흔히 '사상사건'이라 불리었다. 1920년대 중반 이후 사회주의 색채가 가미된 각종 운동들이 폭발할 듯 증가했고, 항일변호사들은 이들 사건을 취급하는 데 주력하였다. 이 때문에 그들은 '사상변호사'라 불리었고, 가끔 '좌경변호사'라 불리기도 했다.[15] '사상'이라는 말은 '사상범'과 같이 신념이나 주의에 입각한 확신범을 가리켰지만, 당시로서는 '항일'이니 '민족'이니 하는 용어를 직접 사용할 수 없었으므로, '사상변호사'는 '3인'의 활동을 다소 희석시켜 표현한 용어였다. 또 '사상'이라는 용어가 사회·공산주의운동에 국한되어 사용되지는 않았으므로, 이 말로써 '3인'을 규정하기에는 미흡하다.

'3인'은 민족주의운동이든 사회주의운동이든 가리지 않고 항일독립운동을 변호하였고, 이것이 변호 활동의 커다란 목표였으므로 '항일변호사'라 칭할 만하지만, 이 또한 이들의 전모를 표현하기에는 부족하다. '3인'의 법정투쟁에는 인간 본래의 인권을 옹호하는 '인권옹호'도 매우 중요하였다. 이인 역시 노동자·농민·여성 등 힘없는 약자들을 변론하면서 일본 경찰의 인권 유린 문제를 법정에서 강하게 비판하였고, 피고의 처지인 약자들에게 재판 결과가 유리하게 나오도록 변론하는 인권변호사로서 크게 활약하였다.

그렇다면 이러한 모든 활동을 포괄하는 적절한 용어는 '항일인권변호사' 또는 '민족변호사'가 가장 타당하다고 생각한다. "해방 후 좌/우의 분열과 함께 '사상'이란 단어 자체가 꺼려지면서, 대체로 이들은 '민족변호사'라 지칭되고 있다."는 견해도 있다.[16] 이에 따르면, 허헌을 민족변호사로 규정함은 그의 민족주의 성향을 강조함으로써, 반공이데올로기의 시각에서 그를 공산주의자로 규정하려는 편협성을 극복하려는 의도가 담겼다. 허헌이 월북하였으므로, 분단주의 시각에서는 더욱 논쟁거리가 되기 때문이다.

그러나 식민지시기 '사상'은 기피 대상이 되는 용어가 아니었다. 더욱이 이 시기 '3인'은 이념상의 배타성을 전혀 갖지 않았으므로, 민족주의든 사회 · 공산주의든 모든 항일독립운동이 곧 민족운동이라 인식하고 변론하였다. 김병로 · 이인은 자신의 사상과 다른 공산주의자들까지도 마다하지 않고 변론하였으므로 '좌경(左傾)변호사'로 불리기도 했다.

한 논자는 1932년 왕성하게 활동하는 변호사들을 평하면서, 김병로 · 이인 두 변호사의 공통점으로 '사상사건'이 변호의 7 · 80%를 차지함을 다음과 같이 지적하였다. "군(君, 김병로를 가리킴 : 인용자)은 금일까지에 맡아본 사건이 약 5 · 6백건에 달하는데 그 7 · 8할은 사상사건이 점령하엿다.", "이군(이인을 가리킴 : 인용자)이 오늘까지 맡아본 사건은 6백건인데 8할은 사상사건이다." 이런 까닭에 이 논자는 김병로를 "조선좌경(左傾)변호사로 첫사람이 될 것이다."라 하였고, 이인을 가리켜 "공산당사건의 피고로 이군의 얼굴을 법정에서 보지않은 사람이 드물 것이다. 소장(少壯)변호사로 또는 좌경변호사로 사회운동이 죄가 아니된다고 열렬히 주장한 이는 이군일 것이다."라고 평하였다.[17)

'3인'은 민족운동자들의 운동논리를 대변하고 변호하기 위해, 재판정에서 검사 · 판사와 사상 논쟁하는 법정투쟁도 벌여야 했다. 해방 이후 이인은 식민지시기와는 달리 철저하게 반공(反共)주의 노선으로 일관하였지만, (자료 1-2-G)에서 보았듯이 '사상변호사'라는 세평(世評)을 수긍하였지 거부하지 않았다. '민족변호사'에서 '민족'은 민족주의라는 이데올로기의 측면이 아니라, 한민족 전체를 포괄하는 용어였다. '민족'은 일제 식민지지배 아래 한민족의 항일 · 독립 · 인권 등의 모든 측면을 포괄하는 최상위 범주였다. '3인'이 옹호하려던 인권도, 한민족 구성원 가운데 약한 처지에 있는 민중의 인권이었으므로, '민족변호사'가 이들의 변론 활동을 총괄할 적절한 용어라고 생각한다.

이인이 민족변호사로서 자신의 변호사도를 실천할 수 있었던 동력은, 다른 민족변호사들과 동지의 길을 함께 걸은 데에서도 크게 힘입었다. 허헌 · 김병로는 이인과 같은 길을 동행하였고, 조선인들로 구성된 조선인변호사협회도 이인이 변호사도를 실천하는 데 뒷심이 되었다.

'3인'은 조선인변호사협회의 회장에 번갈아 가며 취임하였는데, 이인은 허헌 · 김병로의 뒤를 이어 1928년 10월에 회장직을 맡아 협회의 발전을 도모하였다. 그가 회장으로 재직할 때의 굵직한 실적으로는, 원산부두총파업과 광주학생운동을 도운 일이었다. 허헌은 신간회가 주도한 민중대회 사건에 연루되어, 실형을 선고받고 1929년 12월부터 변호사 자격을 박탈당한 상태였다. 그는 출옥한 이후도 "조선은 쉬 독립된다"는 말을 퍼뜨렸다고 하여 다시 형을 받은 뒤, 8 · 15해방 때까지 변호사로서 복권되지 못하였다.

김병로는 이인에게는 도쿄 유학 시절부터 친숙한 사이로, 항일투쟁의 스승이자 법조계의 동지였다. 두 사람은 1932년부터 합동사무실을 사용하였는데, 1942년 11월 이인이 조선어학회 사건으로 구속되기까지 11년간을 밤낮으로 마주 대하며 가족들보다 더 많은 시간을 함께 보냈다. 양인이 이렇게 오랫동안 합동사무실을 지속함은, 민족독립이라는 대의(大義)에서 일치하였기에 가능하였지만, 금전 관계를 사사로이 따지지 않는 사람됨이 큰 요인으로 작용하였다. '11년'이란 세월의 무게는, 눈앞의 이해관계를 초월하여 견리사의(見利思義)한 두 인격의 무게에서 비롯되었다. 후술하듯이 8·15해방 뒤 대한민국정부 수립 당시, 이인이 김병로를 대법원장(大法院長)으로 힘써 추천하였음은 널리 알려진 일이다[제2편 − 제3장 − 3 − 2)를 참조].

3) 사회·공산주의운동도 민족의식으로 변론

이인은 사회·공산주의 계열의 항일운동도 적극 나서 변론하였다. 1926·1927년 두 차례에 걸쳐, 간도에서 조선인 공산주의자들과 농민들이 연합하여 일본 관공서 등을 습격한 간도(間島)공산당 사건을 비롯하여, ML당 사건(조선공산당 관련 사건), 경성제국대학 반제동맹(反帝同盟) 사건, 정평농민조합(定平農民組合) 사건 등의 굵직한 사건들에도 관여하였다.

이인은 결코 사회·공산주의자가 아니었고 민족주의자로 자부하였지만, 민족주의운동이나 사회·공산주의운동이 모두 조선독립을 공통의 목표로 삼았음을 인정하였다. 그는 식민지조선에 공산주의 사상과 운동이 유입된 배경을, 나름 객관성을 유지하면서 이해하는 시각을 보였다.

(자료 1 − 2 − H)
우리나라에 좌익사상이 들어온 것은 「러셔」(러시아를 가리킴 : 인용자)의 10월혁명 뒤의 일이니 민족해방을 위해 진력하던 많은 사람들이 제국주

의를 대신한 새로운 무엇이 있지 않나 기대한 것이 그 소지(素地)였다. 소련
자신도 약소민족의 편인 양으로 말을 하고, 「레닌」은 「코민테른」에서 『피압
박민족의 해방을 우선적으로 지지한다』고 하니, 여러 사람이 우리 독립과 해
방에 큰 도움이 있을까 생각을 한 것이다. 이리하여 1925년에 조선공산당이
발족하니 …18)

이인은 민족독립운동에 진력한 사람들이 공산주의 사상을 수용한
동기가, 민족의 독립과 해방에 있었다는 진정성을 인정하였다. 8·15
해방 직후부터 이인은 반공주의 노선을 걸었지만, 식민지시기는 물론
회고록을 집필하는 1970년대까지, 이들 사회·공산주의 민족운동자
들에게 적대감이 아니라 이해하는 심정을 표출하였다.

이인이 사회·공산주의운동 사건을 왜 적극 변호하였는지, 그에게
서 직접 들어본다. 아래 인용문에는 일제 식민지시기 사회·공산주의
운동을 바라보는 그의 인식과 평가가 담겨 있다.

(자료 1-2-I)

　결국 내가 변론하는 취지는 좌익사건이나 민족운동사건이나 그 취지가
같다. 내가 적극 변론하고 나섬은 일제 탄압에 시달리는 같은 동포를 구하자
함이요, 민족독립운동을 옹호하자 함이지, 공산주의운동을 돕자는 것이 아
니었던 것이다. 당시에는 공산주의자라 하더라도 좌익운동을 표방하지를 않
았다. 앞에 내세우기는 민족해방이니, 그 뒷속에서 딴 생각을 품은 경우가 아
니면 자기도 모르는 사이에 약간씩 물이 들어 있었을 뿐이었다. 더구나 「코
민테른」의 지시가 있었던 탓으로 민족진영과 한때나마 보조를 함께 했다.19)

이인은 『반세기의 증언』에서 사회주의·공산주의라는 말 대신에
'좌익'이란 단어를 붙여 '좌익사건'으로 표현하면서, 좌익 사건을 민족

운동 사건과 대칭시켰다. 위의 회고에 의거해 판단하면, 그가 좌익운동과 민족운동(민족주의운동)을 구별하였으나, 양자를 같은 취지로 변론한 이유로는 몇 가지가 있었다.

첫째, 사회·공산주의운동을 하는 사람도 일제 탄압에 시달리는 같은 동포이다, 둘째는 공산주의사회를 실현하려는 공산주의운동에 찬성하지 않지만, 사회·공산주의운동에 내포된 민족독립운동의 실천요소를 돕자는 뜻이었다. 셋째, 당시 공산주의자들도 민족해방을 먼저 앞세웠고 공산주의를 전면에 표방하지는 않았다. 넷째 코민테른이 민족진영과 연합을 지시하였다 등이었다.

결론을 말하면, 이인은 당시 극소수의 공산주의자를 제외한다면, 대다수의 사회·공산주의자들은 공산주의사상의 물을 조금 먹었을 뿐이므로, 사회·공산주의운동도 본질에서는 민족운동이었다고 인식했다. 그는 간도공산당 사건을 가리켜, "이런 관계는 …… 간도폭동(間島暴動)사건에서도 그러하다. 간도폭동 사건에서는 그곳의 우리 동포들이 국내와 연락하는데 일부 좌익과 선이 닿고 있었던 모양이나 본질적으로 민족운동사건이었던 게 분명하다."고 단언하였다.

이인은 일제 식민지시기 사회·공산주의운동이 민족독립을 앞세웠으며, 그래서 이를 민족독립운동의 하나로 이해하는 당시의 상황을 다음과 같이 증언하였다.

(자료 1 – 2 – J)
아무튼 민족운동이 앞서는 만큼 이들 사건을 맡기는 했는데 이런 관계는 당시 흔히 들을 수 있던 경부선(京釜線)의 비유로 설명이 된다.
우리가 경부선을 타고 가는데 부산까지를 1천 리로 잡고, 대구까지가 7백 리라면 우리는 대구 가는 승객이요, 공산주의자들은 부산까지 가겠다는 승

객과 같다. 기차를 같이 탔으니 그들과 동행(同行)임에는 틀림이 없으나 목
적지를 같게 할 수는 없는 것이다.

　　이 비유는 내가 갑자기 만들어낸 것이 아니요 당시에 드문드문 쓰던 말이
나, 나는 공산주의자들을 만나면 『부산까지 가지 말고 대구에서 함께 내리
세』하는 말을 곧잘 했다. 그때마다 그들은 『네, 그럽시다』하곤 했다. 이 말
은 민족주의로 전향하라는 뜻인데, 전향이란 말이 자주 쓰이던 시절의 이야
기다.[20]

　이인은 경부선 비유를 들어, 자신과 사회 · 공산주의자들 사이의 차
별성을 부각시키면서도, 사회 · 공산주의운동이 민족운동의 요소를
지녔음을 십분 인정하였다. 일제 식민지시기 그는 민족의 독립이라
는 최우선 과제 앞에 매우 열린 사고로 사회 · 공산주의운동을 인식하
였다. 그가 『반세기의 증언』을 집필하는 1970년대 초는 냉전과 반공
주의가 엄혹하던 시기였다. 더욱이 그는 5 · 16군사쿠데타의 주역들
이 장기집권하는 군사정권에 저항하면서 민주화운동에 적극 관여하
였다. 위와 같은 역사인식과 주장으로 인해 곤혹을 치를 수도 있었건
만, 그는 자신의 신념을 소신대로 피력하였다.

　이인은 자신이 기대했던 바와 달리, 사회 · 공산주의자들이 대구에
서 내리지 않고 부산까지 가기 위해 민족운동 전체에 커다란 해악을
끼쳤다고 판단하였다. 해방 직후 신국가를 건설하는 과정에서도, 이
인은 공산주의자들의 극좌 행동이 국가건설을 지연 · 방해한다고 개
탄하며 분개하였다. 8 · 15해방 후 그가 반공주의 노선을 걸었던 까닭
이다.

2. 민족독립을 향한 법정투쟁의 사례

1) 최초의 독립운동 변론, 제2차 의열단 사건으로 시작

1923년 5월 이인이 변호사 개업을 한 뒤, 변호를 담당한 첫 사건은 제2차 의열단(義烈團) 사건이었다. 이 사건은 당시 국내외의 이목을 집중시키며 크게 이슈가 되었고, 그가 변호사로서 처음 담당한 사상 사건이었던 만큼 말 그대로 심혈을 기울였다. 이인에게는 최초 변론 이라는 의미를 지니고 있었으므로, 몇 차례에 걸쳤던 의열단 사건의 개요를 먼저 서술한다.

의열단은 1919년 11월 만주 지린성(吉林省)에서 김원봉(金元鳳)이 주도하여 조직한 비밀 항일운동단체였다. 최초의 단원은 김원봉을 비롯하여 한봉근(韓鳳根)·한봉인(韓鳳仁)·김상윤(金相潤)·신철휴(申喆休)·배동선(裵東宣)·서상락(徐相洛) 등 13명으로 출발하였다. 의열단은 국내에 요원들을 파견해 밀양(密陽)경찰서 습격(1920. 11), 조선총독부 습격(1921. 9), 종로경찰서 습격(1923. 1), 국내 폭탄반입 의거(1923. 3 ; 일명 황옥경부 사건 또는 황옥 사건), 이중교(二重橋) 폭탄 투척 의거(1924. 1), 동양척식주식회사(東洋拓殖株式會社) 폭파 의거(1926. 12) 등 일련의 거사를 단행하였다. 이들 모두 큰 사건이었지만, 이 가운데 이인이 변론을 맡은 의열단의 의거는 당시 '제2차 의열단 사건' 또는 '황옥경부(黃鈺警部) 사건'으로 불렸다.

이 사건은 의열단원들이 국내에서 대규모 폭동을 일으키기로 계획하고, 폭탄을 국내로 반입하다가 적발된 사건이었는데, 경기도경찰부의 황옥 경부(지금의 경감 또는 경정 급에 해당함)와 내통됐다 해서 세상을 더욱 떠들썩하게 만들었다. 사건의 전말을 간단히 개략하면 다음과 같다.

의열단은 중국 상하이에 비밀 폭탄제조공장을 두고 고성능 폭탄을 대량으로 제조하였다. 이들은 신채호(申采浩)가 의열단의 독립운동 이념과 방략(方略)을 이론화해서 천명한 「조선혁명선언」(朝鮮革命宣言, 1923. 1) 및 「총독부관리에게」라는 글과 함께, 폭탄을 국내로 반입하기로 계획하였다. 마침 경기도경찰부의 황옥 경부가 종로경찰서 습격 사건을 조사하기 위해 중국 텐진(天津)에 왔다가 의열단에 가입하자, 단장 김원봉은 그를 이용해 국내에 대량의 무기를 반입하려고 하였다. 의열단원 권동산(權東山) · 김시현(金始顯) · 김재진(金在震) · 황옥 등은 김원봉에게서 권총 5정과 폭탄 36개(건물파괴용 대형 6개, 대인살상용 소형 30개)를 지급 받았고, 국내로 잠입하는 데에 성공하였다. 이들은 동년 3월 15일을 기하여 조선총독부 · 경찰서 · 재판소 · 동양척식회사 · 매일신보사 등을 동시에 폭파시키는 거사를 추진하였다. 그러나 김재진이 평안북도 경찰부 김덕기(金悳基) 경부에게 매수되어, 거사 계획을 밀고하는 바람에 실패하고 말았다. 1923년 3월 거사에 참여한 의열단원들이 검거되었고, 7월에 김시현 · 유석현(劉錫鉉) · 홍종우(洪鍾祐) · 유시태(柳時泰)와 황옥 등 12명이 공판을 받게 되자, 이인 · 김병로 등이 변론을 맡아 나섰다.

사상사건이 일어나면 으레 조선인변호사협회에서 변론을 자처하였는데, 의열단 사건도 조선인변호사협회에서 나섰고, 이인 · 허헌 · 김병로 · 김태영(金泰榮) 등이 공동변론하면서 사건을 갈라 맡았다. 이후 '3인'으로 불리게 되는 허헌 · 김병로 · 이인 세 사람의 최초의 합동 변론이었다. 이 중 허헌은 이인보다 12살, 김병로는 9살이 연장이

었다. 조선인변호사협 회원 중에서도 이인은 최연소 변호사였다.[21]

그때의 법정은 조선시대의 의금부(義禁府) 자리, 현재 서울특별시 종로구 공평동(公平洞, SC제일은행 본점 부근)에 있었다. 의열단 공판은 1923년 8월 7일 경성지방법원 제7호 법정에서 오전 8시에 개정되었다. "일즉이세상을놀래이든"[22] 사건이었던 만치 일간 신문이 이를 공지함으로써,[23] 12명의 피고인을 11명의 변호사[24]가 변호하고 나선 재판에 세간의 관심은 더욱 증폭되었다.

첫 공판은 김시현[25]부터 재판장의 신문이 시작되어, 황옥에 이어 유석현·이현준(李賢俊)·남영득(南寧得)·유시태·유병하(柳秉夏)가 답변하였다.[26] 익일 8월 8일 공판 제2일에는 홍종우·백영무(白英武)·조동근(趙東根)·조황(趙晃)·이경희(李慶熙)에게 재판장 신문이 진행되었다.[27] 8월 11일에는 간단한 증인신문을 거친 뒤, 검사의 논고(論告)와 구형(求刑)[28]이 이어졌다. 구형량은 김시현·황옥·유석현 각 10년, 남영득·유병하·유시태·홍종우 각 8년, 이현준 7년, 백영무 6년, 조황 5년, 조동근 3년, 이경희 1년 6개월이었다.

검사의 구형이 끝나자, 당시 신문의 공통된 표현대로 7인 변호사들의 '열렬한 변론'이 시작되었다. 이 변론에서 김병로는 김시현·황옥·조황·남영득을 변호하면서 무죄론을 주장하였다. 이어 청년 변호사 이인이 일어나 김시현·황옥을 변론하면서 "현딈세계딈세와 각국에류힝하는 각주의에딈하야 미우명빅하고도 텰뎌한언론을 열렬히 토한후 역시 무죄론을 주창"하였다. 『동아일보』는 이인의 변론을 "간단명료하고도 그요뎜을 잡아낸변론"이라고 평하여 보도하였다. 변론은 이어져 최진(崔鎭)이 감형론을 주장하였고, 끝으로 김용무가 김시현·황옥·남영득·이경희를 유창한 일본말로 변론하였다.[29]

뒷날 이인은 이 공동변론의 요체를 "우리들은 입을 모아 이들의 거사 계획은 사전에 발각되었으니 미수나 다름없는 것이요, 이런 사건에 중벌만으로 임해서는 더 큰 사건을 유발할 것이라고 주장했다."[30]라고 정리했다. 공동변론에서 주목할 바는, 일본인 변호사 후세 다쓰지가 이인에게 보낸 장문의 전보이다.

후세 다쓰지는 공판 첫 날에는 참석하였으나, 이후 공판에는 경상남도 김해의 형평사(衡平社) 김해분사 창립기념식과 강연 관계로 지방에 출장 중이어서 변론에 참석하지 못하게 되었다. 그는 당시 '청년 변호사'로 불리는 최연소 새내기 변호사에게 장문의 전보를 보내어 자신의 변론을 의뢰하였다. 후세는 이인과 메이지(明治) 대학 동문이기도 하였다.[31] 아마 그는 변론을 준비하는 과정에서, 이인의 열정과 능력을 다른 선배 변호사보다 높게 평가한 듯하다. 후세 다쓰지가 이인에게 보낸 변론 요지는 당시 신문에도 공개되었다.[32]

7인 변호사의 변론이 끝나자, 김시현을 필두로 황옥·유석현·이현준·남영득·유병하·유시태·홍종우·백영무·조황·조동근·이경희의 최후진술이 진행되었다. 황옥을 제외한 11인의 지사들은 모두 의연한 태도로 임하여 자신의 형량을 구걸하지 않았으며, 오로지 다른 동지들을 배려하여 자신들이 '직업적 독립운동가'이거나 군자금 강탈분자도 아님을 진술하였을 뿐이다.

이인은 법정에서 만난 의열단원들의 사람됨이 모두 의젓해서, 법정을 놀라게 한 모습을 다음과 같이 적었다.

(자료 1-2-K)
그 중에서 김시현, 유석현은 헌칠하게 잘 생긴 청년들인데 조금도 자기를 내세워 선전하려는 티가 없고 반면에 비굴한 내색도 없었다. 나는 이들을 보면서 저렇게 티 없는 청년이 관공서를 부수고 일인(日人)을 죽이는데 앞장서 온 사람들이라고 얼른 믿어지지가 않았다. 이에 비하면 홍종우는 힘이 장사요, 25관은 됨직한 위장부(偉丈夫)로 그 의젓한 품이 법정을 압도하는 듯했다. 이들은 모두가 재판장 앞에서 이론정연하게 거사하려던 본뜻을 밝히고 또박또박 할 말만을 간단히 하는 것이었다.[33]

　김시현·유석현 등 의열단원들과 달리, 황옥만은 자신이 거사에 가담하지 않았다고 극구 변명을 하였으나, 법정에서 그의 변명은 한마디도 인정되지 않았다. 제2차 의열단 사건이 일어났던 1923년 이후 일제 검경(檢警)의 수사와 재판이 진행될 때부터 비롯하여, 지금까지도 학계에서 논쟁이 되는 초점은 황옥이 일제의 경찰 즉 밀정이었느냐, 아니면 독립운동가 즉 의열단원이었느냐 하는 사실성에 집중되었다.

　영화 「밀정」(2016년 9월 7일 개봉. 김지운 감독 작품)은 김동진, 『1923 경성을 뒤흔든 사람들』(서해문집, 2010. 8)에서 모티브를 얻어 만든 작품으로, 『위의 책』에 근거하여 황옥을 독립운동가로 묘사하였다. 결론만 이야기하면, 독립운동사 전공자 가운데에서도 이 분야의 전문가들 다수는, 황옥을 일제의 밀정으로 판단하는데,[34] 이인의 의중과 동일하다.

　이인은 당시에도 제기되었던 황옥의 밀정 여부에는 자신의 생각을 내놓지 않았지만, 의연한 의열단원들과 달리 구차한 변명을 늘어놓는 태도가 못마땅했는지, "그때 황옥의 생각은 어떠했는지를 모르나 그 변명이 인정되지 않았기에 일경(日警)의 간부이면서 독립지사의 한 사람으로 기록이 됐고, 민족반역자로서 피할 길이 없었던 역사의 심판을 면한 것이다."고 씁쓸하게 회고하였다.

의열단 사건의 공판은 이듬해인 1924년 4월까지 끌었지만, 모두가 유죄판결을 받았다. 김시현의 12년을 필두로, 황옥이 10년의 중형을 받았고, 조동근의 1년 6개월이 가장 가벼운 형이었다. 황옥은 1925년 12월 가출옥하였고, 1928년 5월 재수감되었다가 1929년 2월 다시 가출옥하였다.

의열단 사건의 변론은 이인에게는 변호사로서 첫 재판이자 항일 변론의 시작이었으며, 민족변호사로 등장하는 출발점이었다. 또한 허헌·김병로가 재판에 합류함으로써 '3인'이 연대한 첫 공동변론이었다. 이렇게 항일변호사 집단이 형성되었다는 사실도 법률운동사에서 차지하는 의미가 매우 컸다.[35]

형량만으로 따진다면, 이인 등이 의열단 사건을 변론한 효과는 없었다. 그러나 그를 비롯한 변호인들은, 법정투쟁을 통한 독립운동의 자세로 변론에 임하였으므로 목적은 충분히 이루었다. 이인은 이때를 회고하면서, 자신이 어떠한 목적을 가지고 독립운동을 변론하였는지 다음과 같이 적었다.

(자료 1-2-L)
사실 우리의 변론내용은 피고들과 공명(共鳴)해서 우리가 독립을 하자는 한 방편으로 한 것이니 순수한 법이론으로는 어떨는지 모르나 변론 내용을 도하(都下) 신문이 대서특필해서 모든 사람에게 알리니 개개사건을 제쳐놓고라도 우리가 소기(所期)했던 목적은 달성이 되었다고 볼 수 있는 것이다. 그러하기에 우리는 유죄가 떨어질 줄 뻔히 알면서도 법정에 나가 힘써 말을 하고 그럴 때는 피고석에 앉은 애국지사와 우리들은 동지처럼 느껴졌던 것이다.[36]

위의 인용문은 당시 이인을 비롯한 민족변호사들의 목적의식을 분명하게 보여준다. 이인은 의열단 사건의 변론을 맡은 인연으로, 당시 거사에 참여하였던 유석현과 교분이 두터운 사이가 되었고, 뒷날 그와 유석현은 민족통일촉진회(民族統一促進會)의 회장과 최고위원을 각각 맡아 함께 일하기도 하였다.

의열단은 폭탄 반입 사건 이후에도 국내외에서 여러 차례 거사를 실행하였고, 이인도 여러 차례 이들을 변론하였다. 의열단은 1923년 12월 조선총독부 · 동양척식주식회사 · 조선은행 · 종로경찰서 등 일제 식민통치기관을 파괴하고, 일왕(日王)과 조선총독 등 일제의 요인들을 암살할 단원들을 선발하여 일본과 조선에 파견하였다. 문시환(文時煥)과 구여순(具汝淳)은 이른바 제3차 의열단 폭동 계획에 따라 국내로 잠입하였다.[37] 문시환은 1923년 12월 29일 종로경찰서에 구금되었고, 1924년 2월 28일 경성지방법원에서 소위 「대정(大正) 8년 제령(制令) 제7호」(정치에 관한 범죄처벌의 건) 위반으로 징역 2년형을 선고받았다.

이인이 변론한 이 사건의 전말은 이렇다. 사건에 관계된 독립지사는 10여 명이었는데, 이인은 문시환과 구여순 두 사람을 기억하여 재판 과정을 소개하였다. 이들은 중국에서 폭탄을 갖고 국내에 잠입하면서 만주 안둥현(安東縣)의 총영사(總領事) 김우영(金雨永)의 소개장 한 장씩을 받아가지고 왔는데, 일본인 경남(慶南)도지사와 경기도 고등경찰과장 아즈마 하루키(東春紀)에게 쓴 소개장이었다. 두 사람은 국내에 들어오자 아즈마를 찾아가 소개장을 전했고, 아즈마는 이들의 고향집 관할경찰서에 연락까지 취해주었다.

폭력을 의열투쟁의 수단으로 삼는 의열단원들이 일제 관료의 소개장을 소지하고 입국한 이유는, 거사의 시기를 포착하기 위한 위장(僞裝)이었고, 소개장은 이를 위한 방편이었다. 문시환은 그의 고향인 동래(東萊)로 내려가 그곳의 유지인 동래읍장(東萊邑長)을 만났고 그와 동행하여 동래경찰서장을 찾아갔다. 구여순도 전라도 보성(寶城)경찰서에 출두하여, 중국으로 망명하였다가 귀국한 데에는 별다른 뜻이 없다고 진술했다.

그런데 의열단의 거사 계획이 미와 와사부로(三輪和三郎, 1884~1945) 경부[38])에게 발각되어, 문시환을 비롯한 단원들이 모두 그에게 검거되었다. 거사 계획은 실행되지 않았으므로 세상에 그다지 알려지지 않았다. 황옥경부 사건을 조선인 변호사들과 공동 변론하였던 바와 달리, 이인은 혼자서 이 사건을 맡았다.

이인이 법원에 넘어온 서류를 보니, 두 사람이 자진해서 경찰에 출두했다는 기록을 빼먹었고, 이들을 면회하니 경찰에서는 자수조서(自首調書)를 꾸미지도 않았다고 말했다. 공판이 열리자, 이인은 이 점을 집중하여 따졌다. "형량(刑量)에 중대한 영향을 미칠 사실의 기록이 없으니 웬일인가. 피고들을 얽어매기 위해 그 기록을 일부러 빠뜨렸다면 직무유기가 아닌가. 법치국가를 자처하는 일본의 관헌이 이렇게 한다면 이로 인한 결과는 누가 책임지는가. 피고들을 받아들일 때는 언제이고 다시 잡아들임은 무엇인가." 재판부는 이러한 이인의 주장을 받아들여, 부산과 광주의 지방법원에 연락하여 위탁 신문을 시키자, 양쪽 경찰서장은 사실을 잡아떼었다.

이인은 이러한 상황을 이미 짐작하고 있었던 터라, 위탁 심문 결과를 전달받자 즉각 증인 두 사람을 신청했다. 한 사람은 문시환과 동행했던 동래읍장이요, 또 한 사람은 당시 진명여학교(進明女學校) 학생으로 구여순과 동행했던 여동생이었는데, 이들의 입을 통해 사실이 분명하게 입증되었다. 재판부는 아즈마와 미와를 불렀다. 미와 경부의 상관인 아즈마가 소개장을 받고 연락을 해주었다고 시인을 하자, 악독하기로 이름난 미와도 부인하지 못하고, 사실을 조사하지 않았음은 자기의 잘못이라고 시인하였다.

체면이 크게 깎인 일제 경찰은 간부회의를 열어 동래경찰서와 보성경찰서장을 해직함으로써 분풀이를 삼았다. 이인은 이때를 회고하여 "여하간 나는 저들의 법률로 저들을 골탕먹였으니 법률을 배운 뜻의 일단을 이룬 셈이 됐고 문시환 같은 좋은 친구를 얻어서 6·25때는 그의 힘으로 사지(死地)를 면했다."고 적었다(제2편-제5장-1을 참조). 이 공판은 이인이 일본법으로 법리를 따져 독립운동자의 인권을 보호한 첫 사례였다.

이인이 독립운동자의 인권을 보호한 실례로, 일제의 악랄한 고문의 참상을 법정에서 폭로한 '대구조선은행 금고폭파 미수 사건'을 소개한다.[39] 이인은 '일제의 악독함' 때문에 무료변론을 자청하였는데, '일제의 악독함'에 대항한 한국민의 끈질기고 용감한 저항을 보여주는 사례가 바로 이 사건이었다. 그의 회고와 당시 신문 기사[40]를 바탕으로 사건의 개요를 정리하면 다음과 같다.

상하이 대한민국임시정부의 서로군정서(西路軍政署) 출신인 최윤동(崔允東, 해방 후 제헌국회 의원)은, 임시정부의 독립자금을 확보하는 임무를 띠고 1922년 9월 입국하였다. 그는 경상북도 지역에서 이수영(李遂榮)·송두환(宋斗煥)·정동석(鄭東錫)·김봉규(金鳳奎)·정두규(鄭斗奎)·노기용(盧企容)·정두은(鄭斗殷) 등과 함께 부호들을 대상으로 군자금 모집 등의 항일활동을 벌이는 한편, 대구 조선은행의 금고를 깨뜨려 군자금을 확보하기로 했다. 이들은 대구 동화사(桐華寺)에 본거지를 두고 치밀하게 거사를 모의하였고, 계획에 따라 폭파용 전선(電線)을 10리가량이나 매설하는 등 준비를 착착 진척시켰으나, 거사 직전인 1923년 11월 27일 최윤동과 이수영이 권총 소지 혐의로 체포되어 발각되고 말았다.

이 사건의 특징은 경찰 취조의 단계부터 고문 사실이 피의자인 독립운동가들에게서 제기된 데 있었다. 1923년 12월 10일 정두규가 체포된 뒤, 사건이 대구지방법원 검사국으로 이첩되자, 정두규의 실형(實兄) 정두은은 1923년 12월 28일 대구지방검사국에 경찰관들의 고문 사실을 적시하여 고발장을 제출하였다.[41] 당시 일제 검경(檢警)이 독립운동자뿐만 아니라 형사 피의자들에게 악랄한 고문을 가함은 으레 수사 과정의 일부였지만, 이를 고발하여 저항함은 미증유한 일이었다. 당시 언론이 주목할 수밖에 없었던 이유였다.

정두은은 한 신문 보도의 부제에서 표현한 "어대까지해본다"는 각오를 실행하였다. 그는 고발장을 제출한 데 이어 1924년 1월 4일자로 일본의회에 「탄원서」를 제출하였고, 언론에도 기고하여 여론에 호소하였다. 「탄원서」 역시 한국어로 번역되어 전문이 신문에 게재되었다.[42] 「탄원서」는 조선총독의 문화정치가 형사 문제에는 적용되지 않는다는 수위에 그쳤지만, 기고문[43]은 '일시동인(一視同仁)의 칙어(勅語)' · '내지연장주의'(內地延長主義) · '조선총독의 문화정치' 등 일왕까지 에둘러 건드리면서 일제 지배를 두루 비판하였다. 경북경찰부는 정두은에게 곧바로 제재를 가하여 1월 7일 조사 차 구금하였다가 9일 방면하였으나, 한 시간도 채 못 되어 총포화약취체(取締)규칙과 제령(制令)위반으로 다시 구속함으로써,[44] 정두은도 피고인으로 법정에 섰다.

대구조선은행 금고폭파 미수 사건은 일제 검사가 예심(豫審)을 길게 끌어, 1924년 4월 9일에야 예심이 종결되었다. 공판도 수 차례 연기되다가 한여름인 7월 8일 대구지방법원에서 개정되었다. 대구지역의 변호사들을 중심으로 변호사가 구성되었고, 경성에서 이인도 내려와 합류하여 변호인의 수가 10여 명에 이르렀다. 공판이 열리자, 이인은 대구 지역의 변호사 4명과 함께 공동으로 변론을 맡았다.

공판 당일은 몹시 무더웠다. 30여 명의 피고인들이 입정(入廷)하고 나니 방청석에는 몇 명 앉을 자리만 남았으므로, 변호사들도 피고석에 바짝 붙어 앉을 수밖에 없었고, 그러자니 무더위는 한결 더했다. 공판이 진행되는 동안, 이인은 피고들을 한 사람 한 사람 살펴보았더니, 그들 손가락 사이가 모두 반질반질한데 마치 종기를 앓고 나서 딱지가 떨어진 자리처럼 보였고, 여름이라 얇은 옷으로 가린 목덜미에 구렁이가 지나간 자리처럼 반점이 보였다. 이인은 필경 고문을 받아 생긴 상처라고 확신하고, 목소리를 낮추어 가까이 앉은 피고에게 말을 했다. "아무래도 이상하오, 검사 앞에 진술한 내용 중에 애매한 점이 있으면 말을 하시오." 그러나 그 사람은 겁에 질린 얼굴을 하며 좀처럼 입을 열려고 하지 않았다. 이인이 애가 타서 "이것이 중대한 일이오. 말을 하시오." 하며 거듭 재촉하니까, 그제서야 그는 예심에서 몹쓸 짓을 당했다고 말했다.

이어지는 말은 이인을 더욱 놀라게 했다. 경찰이 밧줄로 묶어놓고 매질을 하며 양동이에 물을 담아 들씌웠는데, 목덜미에 구렁이 지나간 듯한 자국은 밧줄에 매달리고 매맞은 자리였다. 또 고등계 형사들이 대검(帶劍)으로 가슴팍을 무참하게 후벼댔으므로, 피고들은 "거의 죽다가 살아났다"고 하였다. 예심검사(豫審檢事)도 손가락 사이에 붓대롱을 끼워 넣고 조이는 고문을 하였으므로 흉터가 생겼다고 하였다. 검사가 이러한 고문을 하였으니, 경찰과 형사들이 얼마나 악독하게 고문하였는지 상상하고도 남음이 있었다. 경찰의 고문이 문제가 되었는데도, 일제 검사조차 아랑곳하지 않고 고문을 자행하였다. 일제 식민통치의 잔혹상을 보여주는 단적인 증거들이었다.

이인은 공판 도중에 불쑥 일어나 재판부에 심문 중지를 요구했다. 그는 "여기서 방대한 예심조서(豫審調書)가 나와 있으니 그 기록이 얼마나 진실한 것인지를 알고 싶다."고 주장했다. 그러나 재판장은 기록이 진실한지 아니한지는 심문을 계속하면 자연히 밝혀질 터이니, 심문을 속행하겠다고 우겼다. 이인은 물러서지 않고 계속해서 요구했다. "피고인들의 신변에 어떤 이상이 있었나를 먼저 알아보아야 한다. 피고들이 형언(形言) 못할 고문을 당한 것이 분명한즉 검진해 주기를 바란다. 피고들의 옷을 벗겨보면 당장에 알 수 있는 일이 아니겠오."

이인의 말이 떨어지기가 무섭게, 피고들 중 용기 있는 한 사람이 웃옷을 훌렁 벗어 버렸다. 그러자 피고들 모두가 앞다투어 옷을 벗어젖혔고, 재판장은 순식간에 나체로 가득 찼다. 비장한 용기에 벅찬 감동이 법정 안 사람들의 가슴을 메웠는데, 그들의 온몸은 상처 자리로 흉터투성이였다. 어떤 이는 채 아물지도 않은 상처에서 진물이 그냥 흐르고 있었다. 그들의 몸은 차마 눈을 뜨고 볼 수가 없었다. 검사가 예심을 끌어서 상처를 아물린 다음에야 공판을 열었는데도 이 지경이니, 처음 당했을 때의 참상(慘狀)은 어떠했을까. 이인은 가슴이 먹먹했다.

대구조선은행 금고폭파 미수 사건은 첫 공판에서 고문 사실이 언론에도 보도되었는데, 기사의 부제[45]만 보아도 고문의 참혹상을 알 수 있다. 일이 이렇게 되자, 검사는 얼굴이 창백하게 변하며 이인을 좀 보자고 하였다. 휴정(休廷) 시간에 검사는 이인에게 대뜸 "잘 부탁한다. 너그럽게 해주면 알아서 처리하겠다. 구형(求刑) 때 보면 그 뜻을 알 것이오."라고 하면서 넌지시 타협을 제시했다.

최종 공판에서 검사는 2~7년을 구형했는데, 그들이 내건 죄목(罪目)에 비하면 가벼운 구형량이었다. 이인은 조사 과정에서 가혹한 고문이 있었다는 사실을 들어 검사를 공박하였고, 당황한 검사는 구형량을 낮추었으므로 최윤동 등은 형량을 줄일 수 있었다. 1924년 11월 6일 최종 판결에서 검사의 구형량도 높지 않았고, 구형량이 징역 12년이었던 송두환이 징역 10개월의 판결을 받는 등 선고 형량은 적용 혐의에 비하여 훨씬 경미하였다.[46] 이인 등 변호사의 열렬함과 피고석에 선 독립운동가들의 용기가 이룬 결과였다.

2) 6·10학생만세운동 및 고려혁명당·형평사 사건 변론

이인은 1923년 5월 변호사와 변리사로 공개 활동을 시작하면서 "사건을 쫓아" 분망하였다. 제3차 의열단 사건을 변호한 이후 굵직한 사건만 들면, 1924년 여름 대구조선은행 금고폭파 미수 사건을 무료 변론하느라 땀 흘렸고, 이해에 창원소작쟁의(昌原小作爭議) 사건을 맡아 재판 없이 승소하여 민중의 생존권을 지켜냈다. 또 10월 10일 경성 복심법원에서 재개된 김정필 사건(당시 '벙어리 미녀재판'이라 불림)을 변론하여 사형을 무기징역으로 감형시켰다. 1925년 2월에도 이완용(李完用) 암살 미수 사건에 연루된 이동수(李東秀)를 변호하기 시작하여, 경성전기주식회사(京城電氣株式會社, 일명 경전) 노동자들의 파업을 변론하여 모두 무죄로 석방시키면서, 또 다시 민중의 인권을 보호하였다.

이인은 변호사 업무 이외에도 식민지조선의 현안들에 마주하면서 다방면으로 활동하였다. 1924년 6월 7일 개최된 언론집회압박탄핵회(言論集會壓迫彈劾會)에서 13명의 실행위원 가운데 한 사람으로 선출되어, 대회를 준비하던 중 동월 20일 종로경찰서에 연행되었다가 풀려나기도 하였다. 또한 교육 문제에도 관심을 기울여, 이해에 동덕여자고등보통학교(同德女子高等普通學校)의 학감(學監)이었던 이상수(李相壽)와 함께 경성실천여학교(京城實踐女學校)를 설립하였다.

1925년 봄에는 식민지 조선민족의 실상을 해외에 알릴 목적으로 수요구락부(水曜俱樂部)를 조직하고 초대 위원장이 되었다. 그리고 후술하듯이 이상재(李商在)·윤치호(尹致昊)의 뒤를 이어, 고학생(苦學生)들의 상조기관(相助機關)인 갈돕회의 총재를 맡았다. 1926년 6·10 만세운동이라는 대규모 학생항쟁이 일어나자, 이를 변호함도 이인의 소임이었다. 11월에 시작된 만세운동의 변호에 앞서, 7월에는 사이토오(齋藤實) 총독 암살 미수 사건의 주역 송학선(宋學先)을 변론하였다. 그야말로 숨쉴 사이도 없는 하루하루의 연속이었다. 그는 늦깎이 혼례를 치른 인륜지대사의 날을, 연도조차 잘못 기억하고 살 만큼 분망하였다.

(자료 1-2-M)

6·10만세사건 이듬해, 그러니까 1927년 5월에 나는 장가를 들었다. 이때 내 나이가 32살인데 그때로는 이만저만한 만혼(晚婚)이 아니다. 사건을

쫓아서 이리 뛰고 저리 뛰다보니 그리된 것인데 맞선이란 것도 없이 막내 숙부의 중매에 따른 것이다.

　　장가를 들어서 신혼가정을 꾸리고도 내가 바쁘기는 매일반이었다. 잇달아 일어난 사건 중에서 큰 것을 꼽자면 통영(統營)민중대회 사건과 고려혁명당(高麗革命黨)사건을 들 수가 있겠다.[47]

　(자료 1-2-M)에서 보듯이, 이인은 굵직한 민족운동 사건을 변론하느라 다사분주한 와중에 혼례식을 치렀기 때문인지, 연도와 전후 상황을 전혀 잘못 기록하였다. 이인 자신의 회고나 연보들도, 그의 혼인 연도와 일자를 잘못 기술하였으므로, 이를 보도한 당시 신문 기사의 원문을 소개한다.

　　(자료 1-2-N)
　　열렬한변론을 잘하기로 유명한변호사 리인(李仁)씨는 오늘날까지 독신으로지내든중 금번에 강원도부호요 전해동은행 두취(前海東銀行 頭取)이든 고고계하(故高啓河)씨의손녀 고경희(高慶熙)(一九)양과 백년가약을 맷게되여 이십오일 오전열시경에관수동(觀水洞)일백륙십번디 리씨자택에서혼례식(婚禮式)을거행 하리라는데 례식은순구식(純舊式)이오 신랑리인씨는 금년설흔한살 이라더라[48]

　(자료 1-2-N)에 따르면, 이인은 1926년 5월 25일 오전에 관수동 자신의 자택에서 전통예식으로 혼례를 올렸다. 당시 신문은 혼례식이 순구식이라 표현하였지만, 해질녘에 화촉을 밝히는 전통을 따르지 않고 오전 11시에 식이 진행되었다. 식장이 자택이었음을 보면, 소수의 친지와 지인들만이 참석한 검박한 혼례식이었다. 백년해로한 배우자 고경희는 해동은행장을 지낸 고계하(高啓河)의 손녀로 당시 19세였으니 띠동갑인 셈이었다. 그는 막내 숙부의 중매로 한참 연하의 신부

를 맞아 늦장가를 들었으나, 신혼의 즐거움은 뒤로 한 채 변론 활동으로 바쁘기는 매일반이었다.

자신의 혼인 연도도 착오할 만큼, 이인을 분망케 한 사건은 바로 6·10만세운동이었고, 1927년도에 일어난 통영민중대회 사건과 고려혁명당 사건이었다. 다 아는 바와 같이, 1926년 6월 10일 순종(純宗)의 인산일(因山日)에 제2의 3·1민족운동이라 할 만한 6·10학생만세운동이 일어났다. 이 운동은 처음에는 사회주의 계통의 권오설(權五卨)을 중심한 노공계(勞工系)와 연희전문(延禧專門) 학생 이병립(李炳立)이 주축으로 된 학생층이 연합하여 계획하였으나, 사회주의자들이 주도하는 거사 계획은 사전에 발각되었다. 그러나 학생 중심의 만세시위운동은 일본 경찰의 엄중한 경계 속에서도 착착 진행되었다.

6월 10일 순종의 대여(大轝)가 돈화문(敦化門) 앞을 출발하여 동묘(東廟) 부근까지 가는 사이, 학생들이 9개 처에서 독립만세를 외치며 격문을 살포하자, 민중들도 호응하였다. 서울의 시위 소식이 지방에도 전해지자, 지방의 학생들은 동맹휴학의 방식 등으로 일제에 항거하면서 항쟁은 전국으로 확대되었다.

일제는 군경을 동원하여 무차별 검거에 나섰고, 검거된 학생수가 서울에서 210여 명이나 되었고, 전국에서 1,000여 명이 되었다. 이들 중 106명이 취조를 받고, 53명이 수감되었다. 시위가 가라앉자 대부분은 석방되었으나, 11명의 학생은 6월 25일 「제령 제7호」와 「출판법」 위반 등의 죄목으로 기소되어, 그 해 11월 2일 경성지방법원에서 공판이 열렸다.

이인은 1926년 6월 10일 역사의 현장에서 이를 감격스럽게 지켜보았다. 순종의 인산에 참례(參禮)하기 위해, 서울에는 30만을 넘는 애도민(哀悼民)이 몰려들었고, 수만의 학생들은 연도에 늘어서서 순종의 상여가 지나기를 기다리고 있었다. 이인은 며칠 전부터 학생들의 움직임을 알고 있던 터라, 아침 일찍 창덕궁(昌德宮) 앞으로 나가보았다. 그곳은 애도 군중과 학생들로 인산인해를 이루었으며, 공기는 침통하기 그지없었다. 이윽고 인산 행렬이 관수교(觀水橋, 지금의 청계천 3가 네거리에 위치)에 이르자, '독립만세'의 함성이 터졌고 학생들이 뿌린 격문이 길가에 퍼졌다. 기마(騎馬) 경찰과 헌병들은 만세 부르는 학생들을 짓밟고 무자비하게 검거하였다.

관수동에 있던 이인의 사무실에도 만세 부르는 함성이 손에 잡힐 듯이 들려왔다. 오후 2시쯤 되었을 때, 학생 2명이 마당으로 뛰어 들어왔는데 모자를 벗어 던진 채 숨을 헐떡거렸다. 쫓겨온 학생들이 분명했으므로, 이인은 불문곡직하고 두 학생을 사무실로 들어오게 하였다. 우선 학생 신분을 감추려고 학생복 상의를 벗으라고 한 뒤, 벽에 걸렸던 자신의 상의를 가져다 한 학생에게 입혔다. 그러자 한 학생에게는 입힐 옷이 없었다. 이인은 당황한 가운데서도, 이만큼 더운 날씨면 상의를 벗고 있어도 이상할 리 없겠다는 생각이 순간 들었다. 그는 두 학생에게 누가 물으면 소송관계로 왔다고 말하라 일러둔 뒤, 소송 서류를 뒤적이는 척했다.

곧바로 형사 두 명이 살기등등하게 들이닥쳐, 학생들을 향해 누구냐고 물었다. 이인은 태연하게 "이 사람은 내일 재판할 소송관계로 온 사람이요. 저 사람은 소송관계로 심부름 온 사람"이라고 말했다. 형사들은 안방까지 뒤져 본 다음 "분명히 들어왔을 텐데, 이상하다"고 하면서 나가버렸다. 이 사이가 겨우 2~3분이었다. 한 순간 아차 잘못하여 두 학생이 일본 경찰에 잡혔다면, 유혈이 낭자하도록 몹쓸 짓을 당함은 뻔한 일이었다. 백 마디 변론에 앞서 순간의 둔지(鈍智)가 더 중했음을 느꼈던 순간이었다.

6·10학생만세운동의 주축은 중앙(中央)·휘문(徽文)·중동(中東)·양정(養正)·배재(培材)·보인(輔仁) 학교 등 사립 중학교 학생들이었다. 이들은 두려움 없이 일제에 항거하였고, 법정에 선 학생들도 만세를 부르면서 일제의 탄압정치를 성토하였다. 일제 판검사들은 당황하였고, 방청객들은 모두 그들의 기개에 감동하였다.

재판장 에토 이츠오(江藤逸夫)의 심문에 학생들은 시위를 일으킨 동기와 목적을 당당하게 진술하였다. 이병립(李炳立)은 "거사의 목적과 동기는 삼척동자도 다 알고 있는 사실인데 새삼 물어볼 것이 어디 있느냐?", 박하균(朴河均)은 "우리나라의 형편은 현명한 너희들이 더 잘 알 텐데 무엇을 알려고 하느냐?"고 따져 되물었다. 이천진(李天鎭)은 "호각으로 군호(軍號)를 삼아 일제히 거사하였다. 그런데 뜻대로 되지 않아 애석하다", 이선호(李先鎬)는 "자유를 절규하면 자유가 생긴다는 결심으로 거사에 임하였다", 유면희(柳冕熙)는 "오로지 기미년 경험으로 재기하려 하였다"고 거침없이 진술하였다.

이렇게 당당한 학생들의 항쟁에 국제사회도 반응하였다. 일본 신문들도 학생들이 체포되는 광경을 보도했고, 『뉴욕 타임스』(The New York Times)와 『런던 타임스』(The Times of London) 등 세계의 유수한 신문에서도 기사화하였다. 6·10학생만세운동이 일어난 뒤, 이인은 법정을 쫓아다니느라 하루도 쉴 틈 없는 나날을 보냈지만, 위의 언론 보도들에 힘을 입어 피곤한 줄 모르고 변론하였다. 그는 일본 경찰에 검거된 학생 중 2백여 명의 변론을 맡았고, 기소되어 공판에 회부된 학생들을 열렬하게 변호하였다. "주권을 잃은 백성은 옛 주인마저 잃었다. 어찌 한 방울 눈물이 없겠는가, 일본은 비분(悲憤)한 눈물마저 벌할 작정인가."[49]

이인은 학생들을 소요죄(騷擾罪)로 기소한 일본 검찰에 맞서, "학생들이 기물을 파괴한 일이 있는가. 방화한 일이 있는가. 질서를 어지럽힘이 없이 만세를 불렀을 따름이다. 오히려 사태를 이렇게 만든 것은 경찰, 헌병들 아닌가. 그들을 먼저 처벌해 마땅하다."고 주장했다. 그러나 그가 변론을 맡았던 학생들 가운데 집행유예를 받아 석방된 학생은 1명뿐이었고, 대부분은 단기나마 실형을 선고받았다. 일제 재판부에게는 만세 시위 자체보다도, 법정까지 와서 식민정책을 비판하는 학생들의 꿋꿋한 태도가 더 큰 충격이었다. 1927년 4월 경성복심(覆審)법원에서 10명의 학생이 징역 1년을, 1명이 징역 1년에 집행유예 3년을 받았다.

(자료 1-2-M)에 보았듯이, 6·10만세운동의 재판이 종결된 뒤, 이인은 1927년 9월 통영민중대회 사건을 변호한 데에 이어, 12월에는 김병로와 함께 고려혁명당 사건을 공동 변론하였다. 두 사건 모두 다 중대하였지만, 고려혁명당 사건으로 이인은 "쇠고랑을 찰 뻔"하였다.

1927년 말 신의주(新義州)법원에서 열린 고려혁명당 재판은, 식민지 법정에서 재판부와 변호인 사이에 팽팽한 긴장감을 보여주었던 대표 사례였다. 이 사건은 만주에서 활동하던 정의부(正義府), 국내에 다수 회원을 갖고 있던 천도교청년연합회(天道敎靑年聯合會), 형평사(衡平社)가 합쳐서 독립운동 단체를 이루었다가 적발되었다. 만주·국내에 걸쳐 검거된 사람들은 이동구(李東求)·박기돈(朴基敦)·송헌(宋憲)·유송삼(柳松三)·이동욱(李東郁)·서광훈(徐光勳)·장지필(張志弼) 등 15명이었다.

이인은 김병로와 함께 이 사건을 공동 변론하였다. 공판이 열리는 12월 9일, 만주 벌판의 된바람이 그대로 몰아치는 신의주의 기온은 영하 20도 이하의 혹한(酷寒)이었지만, 재판장에는 관련자들의 가족들이 몰려들어 방청석은 입추의 여지가 없었다. 개정 벽두부터 공판은 순조롭지 못했다.

재판장이 개정을 선언하고 인정신문(人定訊問)을 시작하자, 몇몇 피고들은 공소장(公訴狀)의 이름이 틀렸다고 입을 다물고 심문에 응하지 않았다. 당시 만주를 본거지로 하여 독립운동을 하던 독립지사들은 대개 변성명(變姓名)을 하였고, 어떤 이는 이름이 열도 넘었으므로 일제 검사는 어느 쪽이 본명(本名)인지 분별하기 어려웠다. 이 때문에 옥신각신 몇 마디 말이 오고가더니, 또 다른 피고가 재판장에게 "왜 해라를 하느냐"고 야단을 친 뒤, 입을 다물고 심문을 거부하였다. 독립지사들은 일제 법정에서도 기개를 잃지 않았다.

이인과 김병로는 법정에 선 독립지사들과 함께 들고일어났다. 두 변호인은 피고들의 진술 없이 단죄(斷罪)가 있을 수는 없다 ; 재판부는 지금 이 광경을 공판기록에 올릴 터이냐 아니 할 터이냐고 따졌다. 이렇게 한 고비를 넘겨 변론이 시작되었는데, 이제는 이인의 변론 내용 때문에 말썽이 났다.

이인이 김병로보다 먼저 변론하였는데, "일본은 동양평화를 위한다는 미명하에 한국을 합병하였으나 한국에 대한 식민정책은 양두구육에 흡사……"[50]라고 발언하였고, 그 순간 일본 검사가 벌떡 일어섰다. 모토시마(本島)라고 하는 이 차석 검사는 표독하기로 이름이 난 자였는데, 노기등등하여 변론이 지극히 불온하다고 문제를 삼고 나왔다. 다시 재판이 중지되자, 혼다 키미오(本多公男) 재판장은 이인의 변론을 중지시키고 김병로에게 다음 변론을 진행시켰다.

점심 후 공판이 재개되자 재판장은 이인을 불러서, '동양평화의 미명'이니 '양두구육'이니 한 말의 진의가 무엇이냐고 물었다. 이인의 심정이야 사실대로 말하고 싶었지만, 재판부와 검사 측에 정면으로 맞섰다가는 피고들에게 불이익이 갈 터이므로 둔사(遁辭)를 피웠다. "미명이니 구육이라고 평하는 자가 혹 있을지 모르나…… 이렇게 말하려던 차에 검사가 변론을 방해한 것"이라고 둘러대면서, 변론의 전체 뜻을 듣지 않고 몇몇 낱말만을 들어 불온하다고 따짐은 부당하다고 되받아 항의하였다.

재판장은 한참 동안 배석(陪席)판사와 귓속말을 주고받은 뒤, 이 문제는 이 정도로 한다고 말하면서 이인에게 다시 변론을 허락했다. 만일 재판장이 이인의 말을 재차 문제삼았다면, 꼼짝 못하고 궁지에 몰릴 뻔하였다. 이인이 계속 둔사를 피운다면 일제의 폭정(暴政)을 긍정하는 말이 될 뿐이고, 속마음대로 "평자(評者)의 말이 진실이라"고 말한다면, 어김없이 치안유지법(治安維持法) 위반으로 쇠고랑을 찰 수밖에 없는 일이었다.

1929년에 일어난 형평사(衡平社) 사건의 관련자는 무려 630명을 넘었다. 1920년대 말에 접어들면서 일제의 탄압은 극도에 이르러 수십 명씩 무더기로 검거하는 일이 다반사로 일어났지만, 형평사 사건처럼 대량으로 집단 검거한 예는 없었다.

형평사는 백정들의 해방운동 단체로서, '백정'이라는 특정 신분을 천시하는 계급사상을 타파할 목적으로 뭉친 단체였다. 일제는 백정들이 설정한 해방 투쟁의 목표가, 자신들이 아니라 조선인 동족이라 판단하고 단체가 출발할 때에는 방관하였으므로, 형평사는 다른 조선인 사회단체들과는 달리 매년 정기대회를 열 수 있었다. 그러나 형평사가 점차 사회·공산주의운동과도 연대하고 독립운동 단체들과도 손을 잡자, 일제는 형평사를 감시하기 시작하다가 이윽고 탄압을 강화하였다.

장지필이 지도하던 형평사는, 한국 사회 내의 신분차별에 저항하는 반봉건(反封建) 투쟁에서 더 나아가, 각종 사회운동에 가담하며 민족해방운동을 전개하였다. 앞에서 서술한 고려혁명당에도 장지필·서광훈(徐光勳)·조귀용(趙貴容)·오성환(吳成煥) 등 형평사의 간부들이 참가하였다. 형평사 사건은 고려혁명당 사건에 뒤이어 일어났는데, 1928년 광주경찰서가 총동원되어 전국 각지에서 형평사 사원들을 잡아들임으로써 탄압이 시작되었다. 이때 검거된 단원의 수는 유치장에 다 수용하지 못할 만큼 많았으므로, 검거된 사람들을 경찰서 뜰에 있는 나뭇가지에 엮어 수갑을 채워놓기도 했다. 이 때문에 손이 비틀려 평생 장애가 된 사람도 생겼고, 모진 매를 맞고 억울하게 죽음을 당한 이도 있었다.

형평사 사건의 공판은 해가 바뀌어, 1929년 6월 광주(光州)지방법원에서 열렸다. 서울에서는 이인·김병로·이창휘(李昌輝) 세 사람이 내려가서 광주의 서광설(徐光卨)·신순언(申淳彦) 등과 합세했다. 이인은 공판정에 들어서자 크게 놀라지 않을 수가 없었다. 피고의 숫자가 워낙 많다는 사실은 이미 알고 있었지만, 재판의 기록 뭉치가 그토록 엄청난 줄은 미처 예상하지 못하였다. 법대(法臺)에 쌓아 놓은 두툼한 기록 뭉치들은 마치 산성(山城)을 방불케 할 정도였다.

이때 피고인들 중 구속·기소된 사람은 40명이요, 나머지는 불구속이었다. 이렇게 많은 사람들의 기록을 일일이 등사할 수도 없는 일이었다. 이인을 비롯한 변호인들은, 불구속된 피고인들에게서 예심종결 결정서만을 얻어 가지고서 공판에 임할 수밖에 없었고, 개정 벽두부터 기록 뭉치를 하나씩 들고 매달려야 했다. 그 많은 피고인들을 불러 인정신문을 하는 동안에도, 변호인들은 판사 옆에 쌓아둔 기록을 뒤적이는 데에 집중하였다.

그런데 이인이 기록을 읽어보니 피고들의 조서가 모두 같은 날짜로 되어 있었다. 보통 형사기록이란 하루를 꼬박 일해야 50장 정도를 작성할 수 있었는데, 이 사건의 기록들은 내용을 아예 읽지 않고서 장수만을 세어 보아도, 많은 분량은 850장 정도였고 적은 분량도 450장씩이나 되었다. 더욱 해괴하기는, 기록 사이에 "이러이러한 구절은 이러하게 고칠 것"이라고 쓴 부전지(附箋紙)가 끼어 있었다. 상사(上司)가 기록을 작성하면서 담당 형사에게 지시한 메모 쪽지인데, 워낙 방대한 서류를 처리하다 보니 미처 빼서 없애지를 못했다.

변호인단은 심리가 끝나기를 기다릴 이유가 없다고 판단하고, 검진(檢眞)을 신청하면서 재판장에게 "이 사건은 광주 한 지방에만 국한된 것이 아니고 전국 방방곡곡에서 피고들을 검거했으니 멀리는 만주 간도에서까지 잡혀 온 사람도 있다. 그런데 조서가 모두 한날 한시에 작성이 됐다니 웬 말인가. 또한 사람이 하루에 조서 8백 50장을 작성했다니 경찰은 무슨 신통한 귀신의 힘이라도 빌었단 말인가." 하며 항의했다.

또 변호인단은 기록 사이에서 발견한 쪽지를 재판장에게 제출하면서, "이 쪽지는 무엇인가. 일본경찰은 피의자의 진술 내용도 부전지 한 장으로 이리 고치고 저리 고치고 할 수가 있는 모양이다. 이것 한 가지로도 수사기록이 날조임을 알 수가 있다. 재판부는 이 날조된 기록을 믿고 재판을 할 수가 있는가" 하고 따졌다.

판사들은 경찰 간부의 메모 쪽지를 보고는 다시 기록을 뒤적여 확인하였고 그들도 기가 막힌 표정이었다. 재판 결과의 귀추는 이미 이것만으로도 뻔했으니, 광주지방법원은 피고 전원에게 무죄 판결을 내렸다. 그때는 자백을 유일한 증거로 삼던 때라, 피고가 자백을 했다는 심문조서(審問調書)가 재판의 유일한 증거였으나, 그 소행조서(素行調書)가 날조로 판명이 되고 나니 재판부도 어찌할 도리가 없었다.

형평사 사건은 지나친 대량 검거가 도리어 역효과를 내고만 사건이었다. 검찰은 무죄 판결에 불복하여 어김없이 복심법원에 항소를 했다. 그러나 3개월 뒤에 열린 복심법원의 공판도 피고 전원의 무죄를 확인했고, 이인 등 변호인단은 한마디 변론도 할 필요가 없었다.

형평사 사건으로 기소된 많은 피고가 1·2심에서 모두 무죄 판결을 받고 풀려나던 일은 그지없이 통쾌한 일이었다. 당시 사람들은 이 유례없는 법정 승리를 가리켜 '유치장(留置場) 혁명'이라 불렀다. 마치 일제에게서 해방된 듯한 짧은 순간의 기쁨으로 울분의 일단을 풀어낸 느낌이었다. 조선총독부는 경찰의 졸속·졸렬한 수사로 크게 망신을 당하자, 전국의 경찰부장과 고등과장 회의를 소집하여 담당 책임자를 면직시킴으로써 화풀이를 하였다.

3) 광주학생운동과 민중대회 사건 변론

광주학생운동은 이인이 조선인변호사협회의 회장으로 있을 때 일어났다. 사건이 발생한 바로 다음날 조선인변호사협회는 진상부터 조사하기로 하고, 먼저 김병로·허헌·이창휘 등 3명을 광주로 급파하였다. 이인도 곧 뒤따라 내려가 현지에서 이들과 합류했다.

다 아는 바와 같이, 광주학생운동은 광주와 나주(羅州)를 오가는 통학 열차 안에서 일본인 남학생이 조선인 여학생의 머리채를 낚아채며 희롱하자, 격분한 조선인 남학생들이 일본인 남학생들과 충돌한 데에서 발단하였다. 이것이 광주 내 양국 학생들의 다툼으로 확산되었고, 전국의 조선인 학생들도 동조하여 궐기하였다.

양국 학생들이 크게 충돌한 11월 3일은 음력으로는 10월 3일로서, 한민족에게는 개천절(開天節)이었고, 일본인들에게는 그들의 4대 명절 가운데 하나인 명치절(明治節)이었다. 광주 학생들에게는 비밀독서회 성진회(醒進會)가 창립된 지 3주년 되는 기념일이기도 했다.

조선인 학생들은 명치절 행사를 강요받자, 심한 굴욕감을 느껴 신사참배(神社參拜)를 거부하면서 반일감정이 고조된 상태였다. 여기에 며칠 전 열차 내에서 발생한 학생 충돌 사건을, 일본인 학생들에게 유리하게 왜곡보도한 『광주일보』의 기사가 기름을 부어, 학생들은 광주일보사를 습격하기에 이르렀다. 이때 신사참배를 마치고 돌아오던 광주중학교(光州中學校)의 일본인 학생들이, 수 명의 광주고등보통학교(光州高等普通學校) 조선인 학생들을 뭇매질한 일이 발생하였다. 이를 계기로 광주 시내 곳곳에서는 조선인 학생들과 일본인 학생들 사이에 충돌과 구타가 연이어 일어났는데, 일본 경찰은 조선인 학생들만을 일방으로 잡아들였다.

이인 일행은 진상을 조사한 끝에, 일본 경찰들의 조치는 한마디로 적반하장(賊反荷杖)이라고 결론지었다. 사태의 원인이 일본인 학생들에게 있었고, 폭행도 그들이 먼저 했는데도, 책임을 모두 조선인 학생들에게 덮어씌웠으니 적반하장 외에 다른 표현을 찾기 어려웠다.

일본 경찰이 광주에서 검거한 조선인 학생 수만 3백여 명에 이르렀고, 이 중에는 일본인 학생들에게 머리채를 잡혔던 여학생 박기옥(朴己玉)과 장매성(張梅性) 등도 끼어 있었다. 이것만으로도 일제 경찰의 조치가 얼마나 편파성을 띠었는지를 단적으로 보여준다.

광주학생운동은 한·일 두 학생들 사이의 폭력 충돌이라는 단순한 사건에서 야기되었지만, 시위가 전국으로 확산되어 간 양상을 보면, 결코 일시의 우발사에서 비롯된 항쟁이 아니었다. 깊게 따져보면, 일제 식민지지배에 누적되었던 한민족의 분노가 폭발한 운동이었고, 한민족을 노예시하는 일제 통치의 가혹한 민족차별 정책이 근본 원인이었다. 좁게 보더라도, 광주학생운동은 광주 지역의 학생들 및 전국의 조선인 학생들이 꾸준하게 전개하였던 항일독립운동의 연장이었다.

광주학생운동은 1920년대에 들어 동맹휴학 등으로 일제에 저항한 학생들의 민족의식이, 광주고등보통학교를 중심으로 광주 내 조선인 학생들이 1926년부터 조직하여 운영하였던 비밀결사 성진회를 비롯한 독서회(讀書會) 등의 활동과 연결된 저항이었다. 광주 학생들이 전국 학생들에게 궐기를 촉구하자, 학생운동은 전국의 보통학교에서 전문학교에 이르기까지 확산되었다. 광주학생운동은 곧바로 항일민족운동으로 발전하였다. 일제 경찰은 광주 학생들의 시위를 가혹하게 탄압하였지만, 학교별로 항일시위는 11월 12일까지 계속되었고, 삽시간에 전국으로 번졌다. 이때에 연행된 학생은 전국에서 3만을 넘었다.

1929년 겨울 기소된 학생들의 공판이 다가오자, 이인·김병로·김용무·이창휘·강세형(姜世馨) 5인의 변호사가 무료변론을 자청하며 나섰고,[51] 이들은 공판에 입회하기 위해 1930년 2월 18일 경성을 출발하였다. 조선인변호사협회는 이들을 중심으로 권승렬(權承烈) 등을 가세시켜, 20여 명에 가까운 변호인단을 구성하여 준비에 만전을 기하였다.

이인은 광주에 도착하자마자, 학생들이 수감된 광주형무소 미결감으로 가서, 우선 주요 인물로 인정되는 21명의 학생들을 면회하였다. 당시 언론에는 '일일이' 면회하였다고 보도하였는데, 이인은 "공판에 넘어갈 학생이 1백 50명[52]이나 되므로 일일이 면회를 하기에는 시간이 너무 걸렸다. 그래서 나는 전례에 없는 집단면회를 신청했더니 형무관은 아무것도 모르고 이를 허가했다. 하긴 학생들의 범죄사실이라는 것이 모두 비슷한 것이므로 그 내용을 일괄해서 알아봄이 재빨랐다."고 회고하였다.[53] 그는 사건의 진상·경과와 학생들의 건강 상태를 세세하게 조사하였으나, 치안유지법 위반으로 기소된 4명의 학생은 그때까지 면회조차 허락되지 않았다.[54]

이인이 만난 학생들은 감옥에 갇힌 몸이면서도 마치 경기를 앞둔 운동선수처럼 의기(意氣)가 넘쳐났으며, 일제를 금방이라도 집어삼킬 듯한 기세였다. 그는 학생들의 말을 다 듣고 나오면서, 학생들에게 "이 정신, 이 기백을 길이길이 잊지 맙시다"라고 격려했다. 이인이 면회를 마치고 나와서 형무소 사무실로 들어가니까, 일본인 형무관(刑務官)이 이인을 쫓아와서 따져 물었다. "아까 이(李)선생이 이 정신을 잊지 맙시다 했는데 그게 무슨 뜻이오." 뻔한 뜻이었지만, 이인은 말 한마디로 일이 시끄럽게 되면 귀찮아서 얼른 받아 넘겼다. "우리 속담에, 호랑이에 물려가도 정신을 차리면 산다고 했소. 내가 한 말은 이 속담을 두고 한 말이오." 형무관은 이인의 답변에 긴가민가하는 표정이었으나, 다행히도 되묻지 않고 그대로 돌아섰다.

제1회 공판은[55] 1930년 2월 12일로, 광주지방법원 제1호 법정에서 피고인 학생 49명이 모두 출정하여 개정되었다. 모든 한국민의 관심이 집중된 터였으므로, 조선어 신문사는 특파원까지 파견하여 공판을 보도하였다. 재판정 구내는 아침부터 몰려든 방청객이 무려 5·6백 명에 이르러 희유의 대혼잡을 이루었고, 법정 내의 경계도 삼엄하였다.56) 광주경찰서는 공판 전날부터 광주 전 시가에 삼엄한 경계를 실시하였다.

　2월 19일 공판은 사실심리로 재개되었고, 이어 20일의 공판에서도 사실심리가 진행되었고 18명의 변호인이 출정하였다.57) 이 날 공판은 개정 벽두부터 49명의 피고 가운데 김상환(金相煥) 등 15명의 치안유지법(治安維持法) 위반 학생들의 분리심리(分離審理) 문제로 재판장과 변호인단 사이에 격론이 벌어졌다. 이들 15명은 보안법(保安法)에 해당하는 시위운동뿐 아니라 비밀결사 '독서회'에도 관련이 있다 하여 본건(本件)과 분리해서 예심을 진행하였다. 이러할 경우 이들 학생은 보안법과 치안유지법 위반이라는 2중재판을 받게 되므로, 이인·김병로·권승렬 등 변호인단은 부당함을 강경하게 지적·항의하면서 병합심리(倂合審理)를 요구하였다. 이 때문에 심리가 잠시 중단되는 파란이 일어났으나, 병합심리 요구는 끝내 거절되었다. 재판이 속개되어 진행되던 중, 이인은 다시 병합심리를 주장하였으나 재차 기각되었다.

　이후 공판은 속전속결로 진행되었다. 신문들의 부제에서도 보이듯이, 재판장은 사실심리를 "30분에 9명 1명에 3분"으로 "일사천리에 질풍신뢰적(疾風迅雷的)"으로 처리하였다. 한 언론은 이를 '스피드 공판 신기록'이라고 비아냥거렸다. 변호인단이 강하게 항의할 수밖에 없는 재판 분위기였다. 재판장은 강제심리를 진행하여, 학생들에게 '형사 피고'라는 명찰을 붙이어 형량을 미리 양정(量定)하는 태도를 취하고, 피고 학생들이 자유의사로 진술할 기회로 요청한 보충심문도 허락하지 않았다. 변호사 권승렬은 강하게 항의하였으나, 재판장이 불허하자 법정에서 퇴석하여 버렸고, 이인·김병로·이창휘 등 변호인단은 다시 강하게 항의하였다. 이어 이인이 학생들에게 유리한 증인으로 학교 선생 8명과 수 명을 증인신청하였으나 이 또한 기각되었다.

검사의 구형량은 김향남(金向南) 10개월이 최고였고, 나머지 학생들에게는 4~8개월이었다. 검사의 구형이 끝난 뒤 이창휘·이인·김병로의 순으로 변론이 시작되어, 학생들의 무죄를 주장하였다. 열렬한 변호는 밤9시까지 계속되었고, 다음날에도 이어졌다. 당시『조선일보』는 이들의 변론 요지를 다음과 같이 보도하였다.

(자료 1-2-O)
이번범죄구성의중요죄(重要罪)로하는 격문(檄文)내용이과연무엇이불온한가?그 내용에잇서서는일본무산정당(無産政黨)의 선거표어(選擧標語)보다 오히려내용이온순한데 무엇이불온이라지적하는가이와가티그격문이불온치 안흔이상출판법(出版法)도 보안법(保安法)도도모지걸리는것이업고자긔학교실습농장(實習農場)에들어간것이무엇으로가택침입죄(家宅侵入罪)에 해당할가?조선의 통치장래(統治將來)를 위하야이에단연히전부무죄판결을내리어금일조선의 인심을안정케하라[58]

당시 신문은 이인의 변론을 특히 주목하였는데, 한 신문은 그의 변론 광경을 "이인변호사의 무죄를 주창하면서 검사의론고를 반박하야 황황한 변론을아래렬변을토하니장내는 물로친듯이조용하엿다"고 보도하였다.[59] 일제 관헌은 이인 등이 무죄를 주장하는 논지를 다음과 같이 보고하였다.

본건은 교육제도의 결함, 일본인의 우월감, 당국의 사건 과대시 조선인의 경우 어린 학생의 통유성(通有性) 등에서 발단된 것으로서, 그 판결은 전조선 학생사건에 영향이 있으며 만약 유죄의 경우는 통치상 구제할 수 없는 화근을 남길 것임[60]

이인은 광주학생운동의 원인을 식민지 교육제도와 일본인의 민족차별의식 등과 연관시켜 변론하였다. 그를 비롯한 변호인단은 학생들의 무죄를 강력히 주장하였으나, 2월 26일 언도 공판에서 49명의 학생 전원에게 유죄가 선고되었다.[61] 김향남 · 조길룡(曺吉龍) 2인이 징역 8개월로 가장 높은 형을 받았으며, 나머지는 징역 6개월 · 징역 4개월 · 금고 4개월이 언도되었다. 다만 징역 · 금고를 막론하고 4개월 언도는 모두 5년간 집행유예가 되었다.[62]

일제는 이렇게 판결을 내리면서도, 한민족의 민족감정을 격발시키지 않을까 경계했다. 이들은 사건 기사는 단 1회만 신문 게재를 허가하고 이밖에는 일체의 보도를 금지시켰으므로, 일반 조선인들은 광주학생운동의 정확한 진상을 알지 못하였다. 그러나 광주를 기점으로 하여 학생 시위는 전국으로 확대되었다. 사태가 이에 이르자, 신간회(新幹會) 중앙 지도부는 진상 파악에 나서면서, 시위를 전국으로 확산시키기 위하여 민중대회를 개최하려던 직전 사전에 발각되었다. 이 사건이 공판에 회부되자, 이인 등이 자진 변론에 나섰다. 이인은 이전부터 신간회운동 관련자들을 변호하면서 신간회를 지원하던 터였다.

1927년 2월 창립된 신간회는 1931년 5월 해체되기까지, 무려 4만 여명의 회원을 확보한 식민지시기 국내 최대의 항일운동 단체로, 민족주의와 사회 · 공산주의 계열을 포함하여 모든 민족운동 세력을 망라하고 있었다. 광주학생운동의 소식을 접한 신간회는 학생들을 음으로 양으로 지원하는 한편, 학생 시위의 진상을 일반에게 공개하려고 여러 방향으로 노력하였다. 우선 연설회를 개최한다는 계획 아래, 시일과 장소를 정해 전단 수만 매를 서울시 안팎으로 뿌렸으나, 일본 경찰이 집회를 금지하였으므로 연설회는 열지 못하였다.

이에 신간회는 현지 경찰과 검찰이 광주학생운동 관련자들을 부당하게 조치한 사실과, 일본 경찰이 신간회가 개최하려는 연설회를 금지시킨 부당성에 항의하는 문서를 만들어 조선총독부에 제출하였다. 그리고 광주학생운동의 진상을 전국에 알리는 한편, 일제의 잔학상과 식민정책의 정체를 폭로·규탄하는 대회를 1929년 12월 13일 오후 2시 종로 네거리에서 열기로 추진하였다.

그러나 이 사실을 미리 탐지한 종로경찰서 고등계의 미와 와사부로 경부는 형사대를 이끌고 신간회 사무실을 포위한 뒤 관계자들을 마구잡이로 검거했다. 사무실에서 연설 원고를 검토하고 있던 조병옥(趙炳玉)·권동진(權東鎭)·주요한(朱耀翰) 등이 현장에서 잡혀갔고, 이후 허헌·홍명희(洪命熹)·김무삼(金武森)·한용운(韓龍雲) 등 44명이 검거되었다. 이른바 민중대회 사건(民衆大會事件)[63]이라 불리는 신간회 탄압이었다.

이로써 신간회 본부가 계획하여 추진하였던 민중대회는 실현되지 못하였고, 검거된 사람 가운데 김무삼이 인사동(仁寺洞)에서 조선극장 관람객들에게 골필(骨筆)로 쓴 성명서 뭉치를 던진 일이 행동으로 옮긴 전부였다. 김무삼은 당시 이인·이관용(李灌鎔)·이종린(李鍾麟)·홍명희 등과 함께 동인(同人)으로 발행하던 잡지 『중성』(衆聲)의 영업국장이었다.

민중대회 사건이 터졌을 무렵, 이인은 조선일보사의 운영자금 관계로 구속된 사람을 석방시키기 위해서 급히 진천(鎭川)으로 출장을 떠났으므로 서울을 잠시 비웠던 중이었다. 그가 출장을 다녀왔을 때는 일이 이미 크게 벌어지고 있었다. 사건의 뒷수습을 해야겠는데, 일제가 작정하고 억지를 부리며 달려드니 그야말로 속수무책이었다. 그를 비롯한 변호인단이 힘써 변호하였으나 모두 실형을 받고 말았다.

이인은 형무소로 민중대회 사건 관련 인사들을 찾아가 위로하면서 변론 준비도 하였는데, 하루는 면회 나온 홍명희가 두 손으로 얼굴을 가리면서 면회실로 들어왔다. 이인은 형무소에 수없이 면회를 가보았지만, 그런 모습으로 면회 나오는 사람은 홍명희가 처음이었으므로 "왜 그러냐"고 물었더니, 홍명희는 "여보 애산, 학생들 보기가 부끄러워 그러오. 우리가 무슨 일을 한 것도 없는데 변호가 무슨 변호요"라고 하였다. 이인은 "어디 일이란 것이 성공을 해야만 일인가. 그러기에 미수범(未遂犯)이란 말야. 일을 하고자 했던 그 정신은 학생들이 다 알고 있고 또 받아들일 걸세"라고 위로했다.

이 무렵 이인과 홍명희는 동인지를 낼 만큼 격의 없는 사이였다. 이인은 8·15해방 후 홍명희가 월북하였음을 아쉬워하면서, "벽초(碧初, 홍명희의 아호 : 인용자)는 원래 민족주의자였다. 해방이 되자 그가 저쪽으로 가게 된 것은 우리들의 실책이었다. 북으로 갈 위인이 아니었다."고 단언하였다. 또 홍명희 아들 홍기문(洪起文)을 언급하여, "그의 영식(令息) 홍기문이 역시 사회주의에 동조할 인물일지언정 공산주의를 할 위인이 아님을 나는 잘 안다."고 확신하였다.[64]

허헌·홍명희 등 민중대회 사건 관련 인사 6인의 제1회 공판은, 1929년 11월 구속된 이후 햇수로는 3년에 걸쳐 1년 반 동안 미결(未決)

로 있다가 1931년 4월 24일에야 시작되었다, 이들의 혐의는 보안법 위반이었고, 변호사는 이인 등 20명으로 구성되었다.[65] 민중대회 사건은 일제가 사전에 검속(檢束)하였으므로, 실제 행동으로 나아가지도 못하고 계획 단계에서 그치고 말았는데도, 일제는 관련자 20여 명에게 징역을 선고했다. 일제는 이를 기회로 삼아 신간회를 아예 해체시키려고 작정하였다. 허헌은 민중대회 사건으로 자신의 무기였던 변호사직을 박탈당하였고, 민족운동에도 적지 않은 손실로 남았다.

민중대회 사건 관련자인 허헌 등 6인은, 1930년 1월 「대정(大正) 8년 제령(制令) 제7호」(정치에 관한 범죄처벌의 건) 위반으로 경성지방법원에서 예심을 거쳤다. 동년 9월 6일 8·9개월 동안 심리가 진행된 끝에 예심이 종결되었고, 6인은 모두 보안법 위반으로 공판에 회부되었다.[66] 신간회 중앙집행위원장 허헌은 보안법 제7조와 형사령 제42조 위반 혐의로 징역 1년 6개월을, 홍명희·이관용·조병옥·이원혁(李源赫)은 같은 형량을, 김동준(金東駿)은 징역 1년 4개월을 언도받았다. 모두 검사가 구형한 형량과 동일하였다. 이들에게 적용된 보안법 제7조는 다음과 같다. "정치에 관하야 볼온(不穩)의 언론 급(及) 동작 우(又)는 타인을 선동 교사(敎唆) 혹은 사용(使用) 우는 타인의 행위에 간섭하야 치안을 방해하는 자는 20일 이상의 구류 10개월 이하의 금고 우는 2개년 이하의 징역에 처(處)함"[67] 6인은 1932년 1월 22일 모두 가출옥으로 석방되었다.

이인은 신간회와 근우회(槿友會)의 간부들도 변론하였다. 이 가운데 신간회의 서기장이었던 김항규(金恒奎)는 민중대회에서 연설하기로 예정된 11명의 연설자(허헌·홍명희·조병옥 등 11명) 중 1인이기도 하였다. 이인에 따르면, 그는 충청남도 홍성(洪城) 출신으로 치열한 민족주의자로서 사려 깊으면서 늘 과묵한 사람이었다.

민중대회 사건으로 신간회의 중앙집행위원장 허헌 등이 구속되자, 김병로가 신간회 중앙본부의 지도자로 부상하여 중앙집행위원장이 되었다. 김항규는 김병로 지도체제에서 1930년 11월 19일 새로 구성된 부서에서 서기장으로 선출되었다.[68] 그는 상경하여 신간회 본부에서 활동하던 중, 신간회 대전(大田)지회 회원 임석남(林錫南) 등 5인이 관련된 사건에 연루되어 종로 경찰서에 구금되었다가[69] 11월 28일 대전으로 압송되었다.[70] 김항규는 서울 신간회 본부에서 간부로 활동하던 중, 대전 신간회지회 사건으로 동년 8월 20일에도 구인되었다가 석방된 적이 있었다.[71] 이인은 그가 공판에 회부되자, 공주지방법원으로 내려가서 그를 변호했다.

> (자료 1 – 2 – Q)
> 신간회는 당초 총독의 양해가 있어 활동해 온 터요, 창립 목적이 민족의 당면이익 획득을 도모함인 줄은 모두가 알고 있는데, 이제 와서 이것만으로도 독립을 목적으로 하는 것이라 한다면 이는 삼단논법의 이론비약이다. 이 현령비현령(耳懸鈴鼻懸鈴)에도 분수가 있지 치안유지법을 이런 식으로 악용할 수가 있는가.[72]

이와 같은 이인의 변론은 주효하여 김항규 등 6명은 모두 무죄로 풀려났다. 이인은 근우회 사건에 관련됐던 허정숙(許貞琡)도 변론하였다.

4) 수원고농 사건과 변호사 정직, 마지막 변론 수양동우회 사건

이인의 항일 변론이 격해 가던 중, 호된 곤욕을 겪다가 끝내 변호사

정직 처분까지 이르게 한 사건이 이른바 수원고농(水原高農) 사건이었다.[73] 이 사건이 발생하기는 1928년 9월이었으나, 일제 재판부는 예심을 2년이 가까이 끌어, 변론은 1930년 5월에 진행되다.

오늘날 서울대학교 농업생명 과학대학의 전신이며, 당시 전문대학이었던 수원고등농림학교(水原高等農林學校, 이하 수원고농으로 줄임)는 항일투사의 양성소라 할 만큼 비밀결사의 전통을 연면히 이어온 학교였다. 1928년 6월 하순 수원고농 학생들은 학교 내의 비밀결사인 건아단(健兒團) 회원을 중심으로 조선개척사(朝鮮開拓社)를 비밀리에 조직하였다. 이후 이 비밀결사는 일제의 감시를 피하기 위해 정치성격의 문구를 빼기로 합의하고, 단명(團名)을 '농민을 흥기(興起)시키겠다'는 뜻의 흥농사(興農社)로 바꾸었다. 흥농사는 조선개척사의 합법 표면단체 구실을 담당하였고, 계림(鷄林)흥농사라고도 하였다.

한편 수원고농 학생들은 상록수운동을 통해 야학운동을 더욱 확대하면서, 농민들을 대상으로 문맹퇴치운동을 함께 벌여 나갔다. 제2차 수원고농 사건의 발단이 되었던 김성원(金聲遠, 6회 졸업생)은, 동교 졸업 후 김해공립농업학교(金海公立農業學校)에 교유(敎諭)로 부임하여 학생들에게 항일의식을 고취하는 교육을 실시하였다. 그는 출석을 부를 때에도 반드시 조선어 발음으로 호명할 만큼 민족의식이 철저하였다.

수원고농 사건은 이러한 학교 전통과 분위기에서 말미암았지만, 사건의 직접 발단은 학교 행사로 교내에서 열린 학예회가 계기가 되었다. 1928년 학생들은 자신들이 생산한 농산물 품평회를 겸한 학예회를 열었는데, 이때 출품한 습자(習字) 작품 중에 '민족'·'자유'·'독립' 등의 문자가 말썽이 되고 말았다.

일본 경찰은 학생들의 동태를 유심히 감시하고 있던 차에, 배후에 '불순 세력'이 반드시 있으리라 판단하고 집요하게 수사를 벌였다. 일경은 마침내 김해공립농업학교에 재직하는 김성원이 수원고농 재학생 우종휘(禹鍾徽) 등과 주고받은 서신을 단서로 포착하였고, 제2차 수원고농 사건이 발단하였다. 여기서 서신이란 우종휘가 김성원에게 보낸 편지였는데, 흥농사를 결성한다는 내용이었다. 수원경찰서는 이것을 빌미로 1928년 9월 1일 수원고농의 동료(東寮)를 급습·수색하여, 개척사 결성의 취지에 서명한 11명의 학생을 검거하였고, 9월 15일 경성지방법원 수원검사국으로 송치하였다. 학교 당국은 감금 중이던 학생 11명에게 9월 3일부로 퇴학 처분을 내렸다. '조선개척사 사건' 또는 '동료 사건'74)이라고도 불리는 제1차 수원고농항쟁이었다.

김성원은 당시 강원도 금강산 외금강(外金剛) 온정리(溫井里)에서 중등교원 강습을 받고 있던 중 체포되었다. 그는 1928년 9월 28일 부산지방법원에서 징역 2년을 언도받고 복역하다가, 이른바 일제의 대전감형(大典減刑)으로 1년 6개월만에 출옥하였다. 11명의 수원고농 학생들은 치안유지법과 보안법 위반으로 송치되어, 서대문형무소 미결감(未決監)에서 혹독한 고문 등의 고생을 견디면서 햇수로 3년 달수로 18개월이라는 오랜 예심을 거쳤다.

수원고농 사건의 변호는 이인을 비롯하여 김병로·신태악(辛泰嶽), 김용무 등이 담당하였다. 법정에 선 11명의 학생들은, 일제 정책이 일시 유화 분위기로 바뀐 상황 및 이인의 각별한 노력에 힘입어, 1930년 2월 20일 종결된 예심에서 9명에게는 치안유지법은 모두 증거 불충분으로 면소되었고, 김찬도(金燦道)·권영선(權永善) 2명만 기소되어 공판에 회부되었다.75) 이후 김찬도·권영선도 야학교(夜學

校) 아동의 불온한 작문을 전람하였다는 사실로, 보안법 위반만을 작용하여 징역 10월에 집행유예 3년을 언도받고 출감하였다.

3월 5일 경성지방법원에서 김찬도·김영선 2명이 보안법 위반 혐의로 회부된 공판이 열리자, 이인은 김병로와 자진하여 공동변론에 나섰고, 약 1시간 넘게 학생들의 무고함을 열렬하게 변론하였다. 그는 수원경찰서의 무정견한 검거를 여지없이 통매(痛罵)하는 한편, 특수한 환경에 처한 조선의 정세를 언급하면서, 조선개척사가 촌락의 농민에게 문맹퇴치운동을 전개한 바는 절대로 범죄구성(犯罪構成)이 될 수 없다고 역설하였다. 이인은 이 변론이 문제가 되어 정직 6개월을 당하였는데, 정직 이유서에 기재된 변론 내용은 다음과 같다.[76]

> (자료 1-2-R)
> 본건(本件) 보안법위반의사건은사안(事案)이극(極)히경미함으로비밀결사조선개척사(朝鮮開拓社)사건이업슬것가트면검사(檢事)는기소(起訴)함에지(至)하지안엇스리라사(思)한다 … 차(次)에(이하430자생략)(記者註=생략의부분은조선의정세등을술한 것) 특히본건과여(如)한사안은조선에서일상(日常)빈번히이러나는일이잇서 처벌한다하여도경찰범(警察犯)처벌규칙을적용할정도의것이다검사(檢事)의구형(求刑)1년6월은극(極)히가혹하다 …

정직이유서는 이인이 "(이러한 : 인용자)취지(趣旨)를술(述)하야써범죄를곡비(曲庇)하고피고모(某)의소위(所爲)를상양(賞揚)하는동시에정치에관(關)하야불온의언론을한것이다이상(以上)의소위는변호사의변론으로서심(甚)히불근신(不謹愼)하야기(其)품위급(及)신용을실추(失墜)한것이라할바"라고 지적하였다.

이인은 자신이 변호사 정직을 당한 변론의 요지를 다음과 같이 기록하였다.

　　동양의 평화를 위해서는 한·중·일 3국이 정립(鼎立)하여 상호간의 발달을 도모하고 나아가서는 인류문화복지에 공동참여한다는 것이 한일합방때 일본이 표방한 취지가 아니냐. 그런데 이제 와서 한민족을 노예시하고 차별하니 일본에 대한 감정이 악화함은 오히려 당연한 결과이다. 양부모(養父母)의 학대에 견디지 못할 지경이면 양자(養子)는 친부모를 그리워 할 것이요, 그리하여 친가(親家)의 옛일을 다시 생각함은 인지상정(人之常情)이다. 일본의 식민정책은 이와 같은 잘못을 저지르고 있는 것이 아니고 무엇이냐.[77]

　여기서 '양부모'는 일본을 가리켰고, '양자'는 조선인 학생들을, '친부모'·'친가'는 독립한 한국을 비유한 표현이었다. 친부모를 그리워하는 양자의 심리를 비유로 든 발언까지는 무난한 듯하였으나, 그는 계속하여 열띠게 변론하던 중 이내 문제의 발언이 시작되었다.

　　인간이란 원래 굶주리면 식물(食物)을 찾고 결박되었을 때는 자유와 독립, 해방을 요구하는 것이다. 이것이 바로 인간의 본능이니 학생들이 자유를 갈망하는 것은 이 본능에 의한 양심적 발로이고 역사적 필연이라 할 것이다.[78]

　이인이 이렇게 열변을 토하는 동안, 미우라(三浦)라는 입회 검사는 줄곧 그의 말을 받아썼다. 이인은 그 모습을 보면서 자신의 말이 그의 비위에 맞을 리야 없겠지 하고 생각하며 변론을 마쳤더니, 미우라는 벌떡 일어나서 변론이 불온하다고 서슬이 퍼렇게 말했다. 미우라는 이인에게 검사실까지 동행하라고 요구했다. 검사실에 들어서자, 미우라는 조서를 받겠다고 덤벼들면서 구속하겠다고 으름장을 놓았다. 금방 남을 변호하던 자신이 법정에서 돌아서 나오자, 입회 검사에게 이런 꼴을 당하며 구속당할 처지에 놓였다.

당시 입회 검사 미우라는 경성지방법원 검사국의 사상(思想) 전담으로, 이인의 변호가 형사 피고인의 신상(身上)을 위한 유익한 변호활동이 아니라, 암암리에 조선독립사상을 고취하는 불온한 변론이며 법정에서 독립사상을 선전하였다고 해석하였다. 그는 이를 상급자인 경성지방법원 검사정(檢事正)에게 보고하였고, 다시 법정 안에서 변론이 불온하였다는 이유를 붙여서 조선총독에게 보고한 끝에, 변호사직 정직이라는 강제처분이 떨어졌다.[79] 처분을 이끌어낸 검사정은 이 조처를 '후의(厚意)의 방침'이라고 너스레를 떨면서, "혹엇더한경우에는그보다도 더 중한처분도할수잇는것"이라고 엄포를 놓는 일도 잊지 않았다.[80]

이 무렵 이인의 변론은 날로 격렬해 갔는데 마침내 이러한 일이 벌어지고 말았다. 그는 사건에 쫓기며 법정에 서는 횟수가 늘수록, 또 일제의 처사를 보면 볼수록 속에 든 말을 다하지 못하여 울분만 쌓여갔다. 그러다 수원고농 사건의 법정에서 학생들을 변론하면서, 일본의 식민지지배를 비판하고 조선 독립운동의 당위성을 역설하기에 이르렀다. 이인은 피고를 곡비(曲庇)하고 정치에 관한 불온한 언론을 하였다는 이유로, 조선총독부 제령 제12호 변호사규칙 제26조와 제27조 위반이 적용되어 5월 5일부로 6개월간 정직 처분을 받았다.

법정에서 변론이 불온하다는 이유로 변호사가 징계 처분을 받기는, 1910년 조선에서 변호사 규칙이 공표된 이래 처음이었다. 이 즈음 일본에서도 후세 다쓰지가 도쿄공소원(東京控訴院)의 징계에 부쳐진 상태였다.[81] 이인은 다음날인 5월 6일 징계 결정서를 전달받고, 기자들에게 "압흐로 륙개월동안은산중에들어가 독서나하면서 좀더정신을 휴양할작뎡입니다"라고 심정을 말하였다.[82]

이인의 변론이 법정 문제가 되자, 조선인변호사협회(당시 회장 김용무)는 긴급 임시총회를 열어 대책을 강구하는 등 법조계는 분기(奮起)하였고, 일반 여론의 비판도 비등하였다. 일본인 변호사들 사이에서도 법정 변론까지 간섭함은 말도 되지 않는다는 여론이 일어났으나, 총독의 결재를 받은 정직처분을 되돌릴 수는 없었다. 세상 사람들이 말하던 '3인' 중에서, 허헌은 민중대회 사건으로 이미 실형을 선고받았고, 이제 이인마저 반 년 동안 법정에 설 자격을 잃었다. '2인'의 입이 막혀 버렸으니 민족운동에도 큰 손실이었다.

이인은 변호사를 개업한 이후 정신 없이 바쁜 세월을 보내다가, 오랜만에 한가한 나날을 보내게 되니, 한숨이 절로 나오고 허송세월을 하는 듯해서 답답하기만 했다. 그래도 "넘어진 김에 쉬어 간다"는 속담대로, 이 기회에 중국이나 한바퀴 돌아볼까 했더니, 주위에서 적극 만류하였다. 그의 지인들은 "중국에 가면 아무래도 망명 독립지사를 만나게 될 것이요, 그러면 겉치레 인사만하고 돌아올 수도 없는 일 아닌가. 자연 저들의 주목을 받게 되면 6개월 뒤에 법정에 와서 다시 설 수 있다고 기약할 수도 없는 일이다. 앞으로도 법정에서 할 말이 많은 사람이 자중해야 한다."고 충고하였다.

이인도 이 말에 수긍하여 중국행은 포기하고, 어차피 행장(行裝)을 꾸린 김에 방향을 일본으로 바꾸었다. 그는 학창 시절과 일본변호사 시험을 준비하는 동안, 6년여를 일본에 머물면서도 일본 국내를 여행한 적이 한번도 없었다. 이인은 일본의 여러 곳을 둘러본 다음에 한 달 만에 귀국하였다. 그는 일본 각지를 여행하면서 현재 조국의 처지를 생각하니, 방랑자 같은 처량한 감회(感懷)도 일어났고, 변론 말고도 자신이 할 일이 많다는 생각이 들어서 귀국을 서둘렀다. 그 할 일은 경제자립운동의 활성화였는데, 장을 바꾸어 서술하기로 한다.

이제 끝으로 이인에게 마지막 변론이 되는 안창호(安昌浩)와 수양동우회(修養同友會) 사건을 살펴본다. 이인이 안창호를 처음 만난 때는 1932년이었다. 안창호는 대한민국임시정부(이하 임시정부로 줄임)의 기틀을 잡아 놓았고, 임시정부와 조선 각 도의 연락체제인 연통제(聯通制)를 조직하였으며, 이후 주로 중국과 미국에서 독립운동을 하였다.

1932년 4월 29일 상하이 훙커우(虹口)공원에서 윤봉길 의사가 일제 수괴를 처단하는 의거를 거행하자, 이에 따른 후폭풍도 거셌다. 무엇보다도 임시정부를 비롯한 한인 독립운동가들은, 거의 불가침에 가까웠던 프랑스조계라는 근거지를 상실하고 사방으로 흩어졌다. 임시정부는 1940년 충칭(重慶)에 정착하기까지 8년에 걸치는 고된 이동 생활이 시작되었다. 윤봉길 의거 후 일제와 프랑스 경찰의 합동 수사가 곧바로 시작되었고, 상하이 내의 한국인 독립운동가는 물론 한국인 남자들조차 모두 피난해야 했다.

윤봉길 의거를 주도한 김구는 임시정부 요인들에게 피신을 연락했지만, 안창호는 연락을 받지 못하였다. 안창호는 4월 29일 상하이에서 교민단장(僑民團長) 이유필(李裕弼)을 방문하던 중, 불조계 프랑스 영사관 관헌에 체포되어 일본 영사관 경찰에 인도되었다. 안창호는 상하이 영사관 감옥에 투옥되었다가 6월 배편으로 서울로 압송되었고, 6월 8일부터 23년 전 한국을 탈출한 경위부터 시작하여 가혹한 수사를 받기 시작하였다.

이때에 서울에 있던 변호사들은 곤욕을 당하고 있는 안창호를 변호하겠다고 앞다투어 나섰다. 이인도 이들과 함께 면회를 갔으나, 안창호는 일언지하(一言之下)에 변호를 거절했다. "숙원(宿願)인 민족과업을 성취하지 못하고 적에게 사로잡힌 몸이 민족을 대할 면목조차 없다. 무슨 구구한 변론이 필요하겠느냐."며 극구 사양하였으므로, 모두 단념하고 돌아왔다. 그러다 한 열흘 가량 지나서, 이인은 안창호에게서 "잠깐 상의할 것이 있으니 면회오라"는 뜻밖의 전보를 받았다. 이인은 안창호에게 혹시 신환(身患)이라도 났을까 염려되어 급히 찾아갔더니, 안창호는 법정 변론은 필요 없으나 감옥의 안과 밖을 연락할 사람이 필요하므로 이인을 변호인으로 선임하겠다고 하였다. 옥중에서도 안창호를 심하게 감시하였으므로 일반인은 면회 한번 하기도 무척 어려웠지만, 변호인은 수시로 면회할 수 있었기 때문이다.

며칠 뒤 이인은 안창호의 건강을 살필 겸 다시 면회를 갔다. 안창호는 여전히 관련자들의 신변만을 걱정할 뿐 "내 건강은 개의치 말라"고 말하였다. 이인이 "식욕은 어떠시냐"고 묻자, 안창호는 "비록 구금된 몸이나마 오랜만의 고국(故國) 풍미(風味)가 그립소. 호박전 한 조각을 맛보았으면……" 하고 부탁하였다. 원한다면 값진 육미(肉味)를 차입하련만 하필이면 호박전일까, 이인은 곰곰 생각하고 나서야 그 뜻을 알았다. 호박은 제일 값싸고 흔해서 빈궁한 민중들의 살림에서 애용하는 식물이니, 옥에 갇힌 몸으로 내일의 운명을 예측하지 못할 지경에서 고국의 풍미를 그리워하는 심정에서 호박전을 찾았으리라. 이 뒤로 다른 변호사들도 선임계(選任屆)를 제출하였으므로 김병로·

김용무 등과 함께 변호인단을 구성하여 안창호를 변론하였다.

일제 검사는 윤봉길 의거와 관련해 안창호에게서 뚜렷한 혐의점이 없자, 대한민국임시정부·한국독립당(韓國獨立黨) 및 대일전선통일동맹(對日戰線統一同盟) 등을 조직하여 독립운동과 공화정(共和政) 운동을 전개한 사실을 들어 치안유지법 위반 혐의로 기소하였다. 안창호의 공판은 서대문경찰서 소속 경찰들이 법정 내외를 철통 경계하여, 1932년 12월 19일 경성지방법원에서 비공개로 개정되었고, 이인·김병로·신태악·김용무 등 6명의 변호사가 출정하였다.[83] 이 날 공판에서 검사는 징역 4년을 구형하였고, 12월 26일 경성지방법원에서 구형대로 징역 4년이 언도되었다.[84]

법정에 선 안창호는 의연하고 근엄하여 터럭만큼의 궁색함도 없었다. 그는 재판장이 묻는 말에 간략하게 대답할 뿐 구구하게 변해(辯解)하지 않았지만, 윤봉길 의거와 관련된 사실은 부인하였다. 재판장이 "이등박문(伊藤博文)이 피고에게 외국에 가서 시찰하기를 권한 일이 있다고 하는데 왜 거부하였소"라고 묻자, 안창호는 "이등(伊藤)은 일본인이 아니었소?"라고 한마디로 대답하였다. 이러한 안창호의 당당한 태도에, 일본인 재판관들도 "과연 안창호는 다르다", "국사적(國士的) 풍도(風度)가 있구나"라고 감탄하는 빛이 뚜렷하였다. 안창호는 형량이 언도되자, "4년 징역이 많은 것이 아니다"고 의연해 하면서 항소를 포기하였다. 그는 대전형무소로 이감되어 옥고를 치루던 중 지병이 악화되자, 1935년 2월 10일 2년 6개월만에 가출옥했다.

평안남도 강서(江西) 출신인 안창호는 가출옥하여 먼저 평양으로 향했다. 그가 2월 11일 평양역에 도착한다는 소식이 언론을 통하여 보도되자, 당일 4천 여명의 군중이 평양역으로 그를 맞으러 나갔다. 그는 군중들과 일일이 악수하다가 끝이 보이지 않자, 자동차 위로 올라가, 26년 만에 고향 땅을 밟은 소감을 말하였다. 국내에서 안창호의 명성을 알 수 있는 한 대목이다. 그는 향제(鄉第)인 강서에 들른 뒤, 경성으로 올라가 지병인 위장병과 치통을 치료한 후 전국 순회 길에 올랐고, 이후 평안남도 대동군(大同郡) 대보산(大寶山) 송태산장(松苔山莊)에서 은거하였다.

안창호가 중병을 무릅쓰고 국내 각처를 돌아다닌 이유는 민족의 실정을 파악하는 데 있었다. 조선총독부에서는 그가 국내를 순회함이 한국인들에게 민족의식을 전파하는 효과가 있음을 알고, 장차 무슨 사태가 야기될까 우려하여, 다시 해외로 나가기를 끈덕지게 권유하면서 여권까지 준비하였다. 안창호는 완강히 거부하였다. 이 무렵 이인이 삼각동(三角洞)여관에서 안창호를 만난 기회에 "나가라 한다지요" 하고 묻자, 안창호는 "본바닥에 있어야 일이 되네"라고 답했다.

안창호는 1937년 6월 수양동우회(修養同友會) 사건으로 다시 검거되었는데, 이 단체는 그가 미주(美洲)에서 조직했던 흥사단(興士團)의 국내 조직이었다. 이때는 중일전쟁(1937. 7. 7)이 일어나기 바로 직전이었다.

일제는 1936년 12월 12일 사상통제책의 일환으로, 치안유지법 위반자 가운데 집행유예나 형집행종료 또는 가출옥한 인사들을 '보호관찰'한다는 명목으로 독립운동가들을 감시하는 「조선사상범보호관찰령」(朝鮮思想犯保護觀察令)을 공포하였다. 일제는 이 법령에 근거하여, 그때까지 자신들이 합법하다고 용인하였던 온건한 단체들까지도 민족 색채를 문제삼아 탄압하기 시작하였다. 수양동우회 사건이 대표되는 예였다. 이광수에게서 보듯이, 이 시기의 수양동우회 사건 관련자들은 대부분이 일제에 열심히 충성을 바치고 있었으므로 굳이 이들을 처벌할 필요가 없었다. 또 수양동우회는 이름에서 보듯이, 인격수양을 표방한 친목단체였을 뿐 정치단체가 결코 아니었는데도, 일제는 1937년 6월부터 전국에 걸쳐 회원 1백 80여 명을 무더기로 잡아들이고 혹독한 고문을 자행하였다.

이때 수양동우회원 가운데 최윤호(崔允浩)·이기윤(李基潤) 등이 고문으로 옥사하였고, 김성업(金性業)은 장애인이 되었다. 안창호도 심한 고문을 받아 병세가 악화되자, 거주제한(居住制限)과 면회금지를 조건으로 달아 보석(保釋)되어, 경성제국대학 부속병원에서 치료를 받다가 1938년 3월 별세하고 말았다. 일제는 안창호가 서거한 뒤에도 삼엄한 경계를 펴고 장례식마저 금지하였으므로 조문객들이 얼씬도 못하였다. 이인은 변호인임을 주장하여 운구를 모시는 곳으로 겨우 달려갔으나, 몇몇 부인들만이 눈물짓고 있을 뿐이요, 망우리(忘憂里) 묘소로 모시는 모습은 그야말로 처량하기 그지없었다.

일제는 수양동우회 사건으로 검거한 이들 가운데 42명을 기소하였으나, 안창호가 순국하였으므로 실제 공판을 받기는 41명이었다. 예심이 1938년 8월에 끝나고, 1939년 12월 경성지방법원에서 공판이 열렸다. 이인은 김병로·김익진(金翼鎭)과 함께 관련자들을 변호하였고, 이들은 1심에서는 전원 무죄를 선고받았으나 검사는 곧바로 공소(控訴)하였다. 1940년 8월 경성복심법원에서 열린 2심에서는 이광수가 징역 5년으로 최고 많은 형량을 받았고, 최하 형량은 징역 2년에 집행유예 3년의 유죄를 각각 선고받았다. 변호인단은 즉시 항소하였고, 해를 바꾸어 1941년 1월 17일 경성고등법원에서 열린 상고심(上告審)에서는 전원에게 무죄 판결을 받아내었다. 끈질긴 법정투쟁 끝에 얻어낸 결과였다.

　그러나 수양동우회 사건에 관련된 사람들은, 실로 4년 5개월이란 기나긴 세월 동안 무고한 옥고를 치러야 했다. 일제는 이들이 무죄로 석방되었다 하더라도, 민족주의자들을 장기간 구금하고 고문하였으므로 독립운동을 막아보려는 소기의 목적은 달성한 셈이었다. 수양동우회 사건은 일제가 얼마나 억지로 민족지사들을 탄압하였지를 그대로 보여준다. 이때 고생한 인사들은 이광수·주요한(朱耀翰)·조병옥·이용설(李容卨)·장이욱(張利郁) 등이었다. 이인에게도 수양동우회 사건은 남다른 의미가 있었다. 이로써 그의 민족운동 변론은 마지막이 되었고, 이후 그 자신이 일제의 흉계에 걸려 옥고를 겪는 몸이 되었다.

제3장

민족독립을 위한
실력양성운동

이인은 1930년 5월 변호사직을 정직당하자 일본 여행을 떠났다. 그는 여행 도중 민족의 현재와 미래를 생각하면서 많은 구상을 하게 되었고, 이를 실천해야겠다는 다급함을 느껴 한 달여 만에 서둘러 귀국하였다. 이후 그는 머리 속의 생각들을 하나씩 실천에 옮겼는데, 이 중 하나가 물산장려(物産獎勵)운동이었다. 수원고농 사건으로 변호사직이 정직되기 한 달여 전인 1930년 4월, 이인은 조선물산장려회 회장에 취임하였다. 그는 법조 일에 쫓기느라 제대로 회장의 소임을 다하지도 못했는데, 설상가상으로 정직 처분을 받고 나니 이 일에 의무감이 커갔던 터였다. 그는 민족경제의 자활·자립을 위해 물산장려운동을 다시 일으키기로 작정하였다.

법률가인 이인이 조국의 경제문제를 해결하려는 민족운동을 적극 구상하며 실천한 계기는 무엇일까. 이제 그의 변호사로서의 모습 이외에, 실력양성운동을 민족운동으로 추진한 또 다른 진면목(眞面目)을 살펴볼 차례이다.

이인은 민족의 실력을 양성함이 독립에 이르는 길이라고 믿고 실천한 실력양성론자였다. 구한말 자강운동 이래 교육개발(진흥)과 식산흥업이 실력양성운동의 2대 구호가 되었듯이, '실력'의 범주에는 크게 문화를 동반하는 '교육'과 '경제'의 영역이 포함되었다. 이를 기반으로 해야만 진정한 정치독립을 달성할 수 있다는 신조가 실력양성론의 골자였다. 달리 표현하면, 교육입국·산업입국으로 정치독립을 이루자는 주장이었다.

이인은 한국민 개개인의 지력(智力)과 경제력을 결합·양성해야만, 민족의 지력과 부력이 향상되고, 이것이 뒷받침되어 독립의 기초가 생긴다고 확신하였다. 그는 이러한 신념 아래 교육·문화와 경제 방면의 실력 양성에 깊은 관심을 보였고 이들 사업에도 온힘을 쏟았다. 그의 실력양성운동은 교육(육영)사업, 경제자립운동, 민중생존권 보호 운동, 인권 옹호 운동, 언론을 통한 계몽운동, 민족문화 보전과 진흥 운동으로 나누어 볼 수 있다. 민족문화는 식민지 지식인들에게는 소홀히 할 수 없는 과제였으므로, 이인을 비롯한 실력양성론자들에게는 교육에 의당 문화가 포함되었다. 이인은 민족문화를 한민족의 정체성과 연관시켜 매우 중요하게 생각하였다.

1. 교육사업과 경제자립운동

1) 교육(육영)구국운동

이인은 민중을 계몽하여 실력을 양성하려면 무엇보다도 '조선인 본위(本位)'의 교육이 필요하다고 판단하였다. 일제 식민지 지배체제 안의 제도교육이 식민지교육으로 일관하자, 조선인 지식인과 학생들이 '조선인 본위의 교육'을 첫 번째 구호로 내걸고 저항하였음은 다 아는 일이다. 이러한 분위기에서 변호사 직함을 가지고 사회활동을 하던 이인도, 자연스레 교육사업에 관여하는 일이 많았다. 그는 식민지 제도교육의 개혁을 촉구하는 한편, 사회 유지들에게 기부금을 받아서 학교를 세웠으며, 때로는 자신이 직접 학교를 운용하기도 하였다. 새로 신설되는 조선인 교육기관의 설립 인허가를 받는 등 법의 절차를 밟아 처리하는 일들도, 그가 의당 감당한 일이었다.

1936년 잡지『비판』(批判)에 실린 이인의 인물평(人物評)에서는, 법조계 이외의 다방면에서 활동하는 그를 가리켜 '선의(善意)의 호사객(好事客)'이라고 표현하였다.[1] 이인 자신은 이 인물평을 "내 격에도 맞지 않은 권투협회 회장일까지 맡은지라 그런 말을 들을 만도 했던 것이다."라고 일단 수긍하면서, 다음과 같이 아쉬움도 표현하였다. "다만 지금 와서 생각하면 여기저기 많은 일에 관계했을 뿐 내 자신 학교 하나 뚜렷하게 세우지를 못하였으니 그저 부끄럽고 등에 땀이 날 지경이다." 교육사업에 열과 성을 다하였지만, 자신의 교육 이상을 실천할 학교를 직접 설립하지 못했다는 여한(餘恨)은, 이렇게 이인의 만년까지 남아 있었다. 그가 민족변호사로서 지닌 사명감과 함께, 교육사업에 얼마나 관심이 컸는지를 보여주는 단면이다.

이인이 최초로 실행한 교육사업은, 3 · 1민족운동 직후 법학원(法學院)이라는 강습소를 설립해 민중들을 계몽하려 한 일이었는데, 곧 일본 유학을 떠났으므로 오래 지속하지 못하였다. 1923년 5월 그는 변호사를 개업한 뒤, 교육(육영)사업에도 깊은 관심을 가지고 본격 실행에 옮겼고, 첫 교육사업은 경성실천여학교(京城實踐女學校)를 설립한 일이었다.

이인이 변호사를 개업한 이듬해인 1924년, 동덕여자고등보통학교(同德女子高等普通學校)의 학감(學監)이었던 이상수(李相壽)가 이인을 찾아와서, 여학교를 하나 창설하려 하는데 마땅한 장소가 없다며 고민을 털어놓았다. 이때 마침 태고사(太古寺) 자리에 있던 보성고보(普成高普)가 이전한 뒤 그 자리가 비어 있었다. 이인은 이 집을 월세 50원에 빌려서, 이상수와 함께 여학교를 공동 설립하고 경성실천여학교라 이름지었다.

경성실천여학교는 이인이 교육사업에 관여하고 처음으로 설립한 학교라는 의미를 지녔다. 이 당시는 한민족이 주권을 빼앗긴 이유는 실력이 없는 탓이라고 반성하고, 국권을 회복하기 위해서는 인재 양성이 시급하다고 자각하였으므로 교육열도 대단히 높았고, 수많은 사립학교가 전국에서 설립되었다. 이들 학교는 새로운 지식을 전달하는 데에서 더 나아가 민족운동의 근거지로 구실하였다. 사립학교생들은 3·1민족운동에 참여하여 만세 시위를 주도하였을 뿐 아니라, 일제의 식민주의 교육정책은 물론 식민지 지배정책에도 저항하였다. 이들은 항일동맹휴학(抗日同盟休學)을 전개하고 민족계몽운동을 지속해서 벌였고, 이는 1926년 6·10만세운동과 1929년 광주학생운동으로 폭발하였다.

학생들은 민중들을 선도하는 위치에 있었고, 항일학생운동은 학생들의 민족애에서 비롯된 행동이었으며 중심에는 사립학교가 있었다. 1930년 1월 15일 근우회(槿友會)가 주도하여 이화여자고등보통학교(梨花女子高等普通學校)를 비롯한 서울 시내의 여학교들이 연합 시위를 벌였다. '경성 제2차 만세 운동' 또는 '경성 여학생 운동'으로 불리는 이 시위에는, 동덕(同德)여고보·배화(培花)여고보·숙명(淑明)여고보·경성여자미술학교·경성여자상업학교·태화(泰和)여학교·경성보육(保育)학교 등과 함께 경성실천여학교도 참여하였다. 이인이 설립한 최초의 학교인 경성실천여학교도 이렇게 민족교육의 장으로 발전하였다.

1925년 5월 1일 경성부내 인력거 차부들이, 보통학교 입학을 거부당하는 자신들의 자녀들에게 보통학교 정도의 학과를 가르치기 위하여, 수송동(壽松洞)에 대동학원(大東學院)을 세우고 60여 명의 아동들을 교육하기 시작하였다. 교사들도 무보수로 헌신하였으나 경비 문제로 유지하기 힘들자, 차부들은 대동학원유지회(維持會)를 조직하고 방도를 모색하였다. 이 사정이 신문 보도를 통하여 세상에 알려지자,[2] 재경각전문학교학생극단(在京各專門學校學生劇團)이 대동학원 유지비를 위해 남도 각지를 순회 공연하는 등 여론도 반응하였다.[3] 이후에도 연주회 등을 통하여 대동학원 유지를 위한 사회의 성원은 계속되었다. 이러한 성원에 크게 힘입고, 유지회의 노력 및 인력거 차부들의 공동소비조합 활동으로 생긴 여분 등의 각종 소득이 더하여, 1926년 11월 대동학원의 운영은 교사(校舍)를 신축해야 할 만큼 호전되었다.[4]

이인은 아마 이 무렵을 전후하여 대동학원에 관여한 듯하다. 학생 수가 계속 늘어나자 교사는 더욱 비좁은 상황이 반복되었다. 1928년 어느 날 천도교의 오상준(吳尙俊) 장로가 이인을 찾아와서, 고창한(高昌漢)이라는 이에게 대동학원의 딱한 사정을 얘기해 놓았으니 한번 만나보라고 하였다. 고창한은 참빗 행상으로 자수성가한 1천 석 자산가였다. 이인이 계동에 있는 그의 집을 찾으니 정작 자신은 오두막이나 다름없는 곳에 살고 있었다. 그는 60세 정도[5] 되어 보였는데 상당히 기품이 넘쳤다. 이인이 찾아온 뜻을 말하자, 그는 오상준 장로에게서 다 들었다면서 선뜻 "내가 죽을 때 가져갈 것도 아니니 전 재산을 내놓겠소"라고 말하였다.

이때가 1928년 3월을 전후한 무렵이었다. 고창한은 10만 원을 기부하기로 약속한 뒤, 우선 학원 건축지로 자신의 주택을, 건축비로 2만 원을 제공하여 2층의 양옥교사 신축에 착수하였다. 이로써 대동학원은 100여 명을 수용하고 있는 보통과(普通科) 외에 공과(工科)와 상과(商科)를 신설할 계획도 갖게 되었다.[6] 이렇게 고창한의 도움을 받아 종로구 가회동(嘉會洞)에 교사를 신축하고, 대동학교(大東學校)로 교명을 정한 뒤 설립 인가를 신청하였다. 마침내 1928년 10월 13일 사립대동학교의 인가가 났고,[7] 인력거 차부의 자제들을 우선해서 입학시켰다.

대동학교는 날로 발전하여 1929년 3월에는 300여 명의 무산아동(無産兒童)을 교양하는 단계에 이르러, 다시 교사를 증수하고 운동장을 확장하는 학교 설비를 증설하여서 상과(商科)를 신설하려는 수준으로 발전하였다.[8] 1931년 7월 21일에는 계동에 소재한 계산(桂山)보통학교와 합동하면서 대동상업학교를 증설하여 대동학원(大東學院)으로 확장되었다. 이어 1932년 8월 현재에는 6년제의 보성(普成)보통학교(재적생 5백 명)와 2년제의 상업보습과인 대동상업전수학교(재적생 105명)의 체제를 갖추었다.[9] 학교가 발전하는 매 과정에서, 법률상의 모든 절차는 이인의 도움으로 이루어졌다.

이인은 경성실천여학교를 설립할 무렵을 전후하여, 궁중상궁(宮中尚宮)을 지냈던 최송설당(崔松雪堂)을 만날 기회가 있었다. 최송설당은 혈육도 없이 고독하게 지냈으나 상당한 재력가였다. 이인은 그녀에게 "한두 사람의 어머니가 되기보다는 몇 천 명 몇 만 명의 어머니가 되시오. 학교를 하나 해봄이 어떻소"라고 권하였다. 그러자 그녀는 선뜻 "현재 가진게 얼마 안되니 윤산(潤産)하면 그때 가서 하나 만들지요"라고 대답했다.

그 뒤 여러 해가 지난 1930년, 경상북도 김천(金泉)에 사는 고덕환(高德煥)·이한기(李漢基)가 이인을 찾아 최송설당이 보자 한다고 전하였다. 이인이 급히 찾아가니, 송설당은 1천 석 추수할 전답문서와 현금 10만 원이 든 예금통장을 내밀면서 "이거라도 가지고 학교를 해주시오"라고 부탁하였다. 당시 신문 보도에 따르면, 1930년 2월 75세의 최송설당은 경성부내 무교정(武橋町)에 거주하였는데, 출생지인 김천에 중등학교에 해당하는 고등보통학교 설립비로 30만 원의 거재(巨財)를 제공하고 재단법인을 수속 중이었다.[10] 그는 2월 23일자로 이를 공식화하는 성명도 발표하였으며, 김천고등보통학교 사무집행위원를 구성한 뒤[11] 3월 28일 설립 허가원을 제출하였다.[12]

이인은 송설당의 외뢰를 받고 1년 동안을 뛰어다녔는데도 학교의 설립인가가 나오지 않았다. 조선총독부는 실업학교가 아니면 인가를 해주지 않는다는 방침을 내세워 인문계 고등보통학교의 설립을 허가하지 않았다. 1910년 일한병합 후 일제는 조선인에게 보통교육과 실업교육을 위주로 교육정책을 실시했다. 보통교육에서는 식민지지배의 기초 수단이 되는 일본어를, 실업교육에서는 기술교육만을 시행하였다. 일제는 조선인의 고등지식이 향상한다면, 식민정책을 비판하고 독립사상을 주장하게 된다고 우려하였으므로, 조선인에게는 실업지식을 가르치는 실용주의 교육을 실시하고 있었다.

이인은 이러한 이유로 그냥 주저앉는다면, 거액을 희사한 분의 뜻을 저버리는 일이라고 생각하고, 언론계 쪽으로 힘을 쓰는 한편 박영효(朴泳孝)·이규완(李圭完) 등에게도 도움을 청하였다. 이리하여 1931년 2월 4일 먼저 재단법인으로 인가가 된 뒤,[13] 마침내 1931년 3월 17일 총독부 학무부에서 설립 허가를 받아내 4월 1일부로 인가가 났다.[14] 학교 측은 4월 21일 개교할 예정으로 만전을 기하였으나, 가교사(假校舍)가 불완전하다는 등 일제 당국이 심하게 간섭하여 5월 9일부터 개학하였다.[15] 이 학교가 김천고등보통학교(金泉高等普通學校)였다.

최송설당은 이인에게 교장을 맡아 달라고 권하였으나 마다하자, 중동학교(中東學校) 학감이던 안일영(安一英)을 초대 교장으로 초빙하였다. 안일영의 후임으로 정열모(鄭烈模)가 교장이 되었는데, 이후 정열모가 조선어학회 사건으로 이인과 함께 투옥이 되자, 조선총독부는 학교를 빼앗아 공립으로 만들었다. 김천고보는 해방이 되어서야 다시 사립으로 환원되었다.

1929년 이인은 대한제국에서 참정대신(參政大臣)을 지낸 한규설(韓圭卨)의 유언을 받들어 경성여자상업학교를 후원하였다. 한규설은 이토오(伊藤博文)의 협박 속에서도 「을사늑약」에 부서(副署)하기를 끝까지 거부했던 인물로, 이인은 그가 별세하기 전해인 1929년 부탁을 받고 법정 내외를 통하여 가사 정리를 도왔다.

한규설은 시끄럽던 재산 관계가 정리되자 노후가 편안하게 되었음을 기뻐하면서, 이인의 사무실에도 몇 차례 들러 유언의 서식을 묻곤 했다. 한규설의 재산은 1천여 석쯤 됐는데, 이인은 그 중 3분의 1은 부채 정리, 3분의 1은 가족생활비로 남기고, 나머지 3분의 1은 교육사업에 쓰라고 권유했다. 한규설은 이인의 말에 고개를 끄덕였다. 그는 교육에도 열성이 남달랐으므로 조선교육협회(朝鮮教育協會)를 창립

(1922년)하는 데에 앞장을 섰고, 수표동(水標洞)의 집 한 채를 회관으로 내놓았다. 또 전국기자대회(全國記者大會, 1925년)에도 2만 원 가량을 기부하였다. 이는 당시에도 세상에 널리 드러난 일이었다.

한규설은 이인에게 주권상실을 항상 죄스럽게 생각한다는 고백도 하였다. 이에 이인은 "조약 체결 때의 일을 한번 자세히 알려주셔야 하겠습니다. 그때 일이 복잡미묘하고 알려지지 않은 일도 많으니 후생(後生)을 위하여 밝혀두셔야 합니다. 틈나는 대로 그 전말을 적어 두시지요."라고 권하였고, 한규설은 짧게 대답하면서 수락하였다.

한규설이 타계하는 1930년의 정월 초이튿날, 이인은 아침 일찍 그를 찾아 뵙고 세배를 했다. 그는 이인에게 아침을 같이 들자 하더니 "언젠가 부탁하던 것 되었네" 하면서 문갑을 가리켰다. 그는 "내가 역부족(力不足)해서 부끄럽고 그 자들(을사5적을 가리킴 : 인용자) 때문에 천추의 한을 남겼으니 죄스러울 뿐일세."라며 탄식하였다. 75세 노경의 한스러운 술회는 이렇게 심통(心痛)하였다.

이인은 한규설의 유언에 따라, 유산 중의 상당한 재산을 경성여자상업학교에 희사하였다. 이 학교는 1926년 4월 1일 한규설의 아들 한양호(韓亮鎬)가 부친의 애국정신을 잇는 뜻에서, 자신의 능력을 개발하고 나아가 국가의 독립에 기여하는 여성인재를 육성할 목적으로 설립하였다. 당시 시천교(侍天敎)에서 운영하던 청석동(靑石洞, 지금의 서울시 종로구 견지동)의 동아학교 교사 일부를 빌려서 세웠는데, 이 학교가 지금의 서울여자상업고등학교와 문영(文英)여자고등학교의 전신이었다.

일제가 만주전쟁을 일으켜(1931. 9. 18) 식민지조선을 병참기지화하는 상황에서도, 이인은 교육사업에 관심을 놓지 않았다. 그는 1934

년에는 근화재단(槿花財團) 설립, 1935년에는 중앙보육학교(中央保育學校)를 인수하는 데 적극 참여하여,[16] 이들 학교의 기틀을 다지는 데 크게 공헌하였다.

차미리사(車美理士)는 근화여학교(槿花女學校)를 개교한 뒤, 재정난을 타개하기 10만 원의 거액을 모아 재단법인을 신청하였고, 1934년 2월 8월부로 안국동에 재단법인 근화학원 설립 인가를 받았고 학교명도 근화여자실업교로 개명하였다. 이인은 독고선(獨孤璇)과 함께 재단을 설립하는 데 적극 조력하여 설립자로 이름을 올렸다.[17] 그가 근화여자실업학교에 쏟은 노력의 정도는, 조선어학회 사건으로 옥고를 치르고 출옥한 뒤 자택에서 감시 상태로 요양할 때, 차미리사·송금선(宋今璇) 두 사람만이 그를 방문해 위문하였음을 보더라도 짐작할 수 있다.

1935년 이인은 중앙대학교를 인수하는 데에도 관여하였다. 1918년 10월 설립된 중앙보육학교는 자금을 비롯한 경영난으로 몇 차례가 경영주가 바뀌었다가, 1935년 4월 임영신이 경영권을 인수하고 교장에 취임하면서[18] 서대문의 피어선성경학원(彼魚善聖經學院)으로 이전하였다.[19] 이인은 임영신을 도와 중앙보육학교를 인수한 뒤[20] 조선어학회 사건으로 투옥되기 전까지 학교 운영에도 참여하면서, 동교가 해방 후 종합대학교인 중앙대학교로 발전하는 데 일조하였다. 중앙보육학교는 1935년 6월 1일자로 김상돈 외 4명이 설립자 변경인가를 신청하였고, 동년 12월 13일자(學制 148호)로 조선총독 우가키 가즈시게(宇垣一成)에게서 인가를 받았는데,[21] 이인은 이 과정에서도 법률자문을 하였으리라 생각한다.

이인은 이렇게 교육관계의 일이라면 사양하지 않고 앞장섰다. 그는 재정 기반이 없었으므로 직접 교육(육영)사업을 운영하지는 못하였으나, 민족의 백년지대계인 교육을 위해서 자신이 할 수 있는 일이라면 무엇이라도 하겠다는 각오로 관계하였다.

이인은 학교교육에 관심을 갖는 이외에, 교육사업의 일환으로 고학생을 후원하는 일에도 열성을 쏟았는데, 갈돕회(會)에 가장 많은 애정을 보이면서 만년까지 활동을 계속하였다. 갈돕회는 고학생(苦學生)들의 상조기관(相助機關)으로 "가로, 가로 돕는다"는 뜻을 담아 붙인 이름이었다.[22]

3·1민족운동 이후 민족교육운동은 더욱 고조되었고, 인간 본위 또 철저한 조선인 본위의 교육은 운동의 중심 목표였다. 이러한 분위기에서 전국에는 향학열(向學熱)이 크게 일어났고, 서울에는 각 지방의 유학생들이 몰려들었는데 대부분이 고학생이었다. 어떻게 해서든지 배워서 힘을 기르자는 이들의 뜻은 장하였으나, 형편이 여의치 못하니 학업을 중도에 포기하고 마는 학생들도 많았다. 고학생들의 어려움을 조금이라도 해결해 주고자, 사회의 저명인사들이 모여서 만든 장학 단체가 갈돕회였다.

갈돕회가 발족한 때는 3·1민족운동의 함성이 아직도 남아있던 1920년 6월이었고, 초대 총재에는 이상재(李商在), 2대 총재는 윤치호(尹致昊)가 추대되었다. 당시 조선사회를 대표하는 지도자 두 사람을 총재로 내세웠음을 보더라도, 갈돕회가 얼마나 커다란 의욕을 갖고 출발하였으며, 세간의 관심이 어떻게 상응하였는지를 쉽게 할 수 있다. 갈돕회도 이러한 기대에 부응하였다. 1921년 11월 열린 워싱턴회의에서, 민족의 독립을 진정하기 위한 민족대표 단체에는 갈돕회도 참여하였다.

갈돕회는 고학생들의 숙소 문제를 먼저 해결하기 위해, 이완용(李完

用)에게 교섭하여 집 한 채를 내놓게 했다. 매국(賣國)의 죄를 속죄하는 뜻에서, 여러 집 가운데 한 채를 내놓으라는 투였다. 다행히 이완용이 효자동(孝子洞) 70번지의 대지 211평23)의 집을 내놓았으므로, 셋방을 쫓겨다니며 여기저기 전전하던 고학생들은 이 집을 기숙사로 삼았다.

이인이 이상재·윤치호의 뒤를 이어 갈돕회 총재를 맡은 때는 1925년이었다. 그런데 이듬해인 1926년 이완용이 죽자, 그의 아들 이항구(李恒九)가 집을 내놓으라고 성화를 해대서 갈돕회는 한때 곤경에 처하였다. 당시 이항구는 상당한 유산을 상속했건만 망부(亡父)의 제청(祭廳)을 경매에 붙여 처분할 만큼 재물욕이 강하였고 인색한 인물이었으므로, 고학생을 후원하는 일 따위가 안중에 있을 리 없었다.

이항구에게 집을 돌려주면 당장 70여 명의 고학생이 길가에 나앉을 판이었으므로, 갈돕회는 그의 요구를 받아들일 처지가 전혀 아니었다. 갈돕회가 이항구의 독촉을 번번이 못들은 채 했더니, 얼마 뒤부터는 종로경찰서의 순사가 나타나 쫓아낸다고 으름장을 놓기 시작했다. 이항구가 자신의 권세를 믿고 종로경찰서 고등계에 청을 넣었음이 분명했다. 일이 이렇게 되자, 갈돕회는 이항구의 요구를 더욱 들어줄 수 없다는 생각에 배짱을 부리며 눌러앉으려 했는데, 하루는 고등계에서 이인을 호출하여, 학생 1명에 3원씩을 쳐줄테니 집을 비우라고 회유했다. 이인이 그게 무슨 말이냐고 버티자, 다시 1명에게 7원을 주겠다고 제안했으나, 이것도 거부했다.

그 뒤에도 고등계에서는 몇 차례 걸쳐서 이인을 오라 가라 했다. 이인은 절충을 거듭한 끝에 2,500원을 받고 집을 내주기로 합의하였다. 당시 시세의 반값이요, 당초 이항구가 제시했던 금액보다는 10배가 넘는 액수였다. 이인은 여기에 자신의 돈 3천 원을 보태서 동숭동(東

崇洞) 190의 3에 기숙사를 새로 마련했다. 이 집은 대지 54평, 건물 21평의 목조와즙(木造瓦葺) 1층 주택으로,[24] 이제 당당하게 갈돕회의 건물이 되었다.

이 기숙사 건물은 1935년 12월 28일자로 보존등기(保存登記)가 되어 있는데, 이를 보면 이항구가 효자동 기숙사의 반환을 독촉하자, 10년 정도 버티다가 1936년 7월경 5,500원을 마련하여 구입한 듯하다. 이인은 건물을 구입한 후, 기숙사의 대지·건물의 소유권 이전등기를 불교단체인 재단법인 조선불교중앙선리태구원(禪理泰究院)의 명의로 해 놓았다. 아마 갈돕회가 법인으로 되기 쉽지 않았고, 갈돕회에 승려들이 많이 참여하였으므로, 자신이 신뢰하는 불교 단체의 명의로 갈돕회의 재산을 등기하였다고 생각한다. 기숙사 건물은 해방 이후인 1963년 9월 20일, 사단법인 갈돕회에 증여를 원인으로 소유권 이전등기를 완료하였다. 권리관계를 철저히 해 놓는 이인의 변호사다운 모습이었다.[25]

이인이 기숙사의 절반 값이 넘는 3천 원을 선뜻 내놓은 '통큰 기부'에서, 액수만큼이나 나라사랑과 젊은이를 향한 애정을 확인하게 된다. 그는 무료변론을 자청하여 민족에 봉사하면서도, 변호사의 수임료로 받은 자신의 수익을 젊은이들을 위해 기꺼이 희사하였다. 갈돕회는 고학생들의 숙소뿐 아니라, 학비를 장만하는 방도도 마련해야 했다. 고학생들은 만두를 손수 만들어 내다팔았는데, '갈돕만두'라고 이름 붙인 만두는 시중에서 인기가 매우 높았다. 갈돕만두는 고학생의 상징이나 다름없었으므로, 시민들도 고학도들을 돕기 위해서 앞장서서 사주었을 뿐 아니라, 일부 사람들은 겨울철 이부자리와 반찬거리도 부조했다. 당시 『조선일보』는 고학생들이 갈돕만두를 파는 정경을 다음과 같이 보도하였다.

> 엄동설한삼경야에 쥬린빈를움켜쥐고 덜덜썰리는목쇼릭를 가다듬어 아
> 모조록널니음셩이퍼져 누가만쥬를 차즌가ㅎ고한편으로는 귀를기우리며
> 『갈돕만쥬요호야호야-』ㅎ며 쇠약흔억기를 기우려질머진만쥬괴짝을 …
> 유일한학자로삼어 경셩시가를 방방곡곡이 방황ㅎ고다니는 그쳐량흔소릭
> 가 야반의적막을씌드리며 … 이것이경셩시닉 각학교에셔 형셜의공을닥고
> 잇는 고학생들이다[26]

이인은 평소 여성교육에도 관심이 컸으므로, 갈돕회의 활동이 궤도
에 오르자 이의 자매단체격인 여자고학생상조회(이하 상조회로 줄
임)를 후원하였다. 남자 고학생에게는 고학생갈돕회와 고학생구제회
가 있는데 여자 고학생을 위한 단체는 없는 현실에서, 1922년 3월 22일
경성에서 정종명(鄭鍾鳴) 등 20여 명이 상조회를 발기하였다. 4월 1일
창립총회를 개최한 이 단체는 "빈곤과고독에우는 녀자고학싱을 서로
도아주고 서로구제하고 서로동정한다"는 취지를 내걸고 출발하였다.[27]
일제 경찰은 "여성을 압박으로부터 해방하기 위하여 여자교육을 진흥
시키고 실력양성을 하기 위함"이 상조회의 목적이라고 파악하면서,
이 단체를 근우회(槿友會)의 전신으로 규정하였다.[28]

상조회는 이인을 비롯해 박흥식(朴興植)·송진우·이광수·윤치
호 등 인사가 제공한 기부금 등으로, 1932년 12월 60여 명을 수용할 수
있는 회관을 신축하였다.[29] 가장 중요한 집터〔敷地〕를 마련하는 데에
는 이인의 힘이 컸다. 1931년 상조회의 회관은 너무 낡아서 거의 거처
할 수 없는 지경이었다. 이해 6월 전의 어느 날, 이인은 조진태(趙鎭
泰)를 우연히 만난 자리에서 상조회 회관을 지을 계획을 말하였다. 조

진태는 이인이 은행원으로 재직할 때, 남양무역(南洋貿易)을 권유하기 위해 찾아갔던 재계(財界)의 명사(名士) 중 한 사람이었는데, 이인을 박대한 적이 있었다. 그는 이인에게 이야기를 듣고서는 "그 전일은 미안하게 됐다"고 사과하면서, "법정일도 바쁠텐데 육영사업까지 하자면 힘이 들겠다."고 위로하며 선선히 땅을 내 주었다.

조진태와 그의 아들이 희사한 회관 신축 기지(基地)는, 그들의 집 부근인 고양군(高陽郡) 숭인면(崇仁面) 신설리(新設里)에 소재한 땅이었다.[30] 이인에 따르면, 현 동대문 신설동 탑골승방 근처 2백 평 대지에 6천 원을 들여 회관을 지었고, 낮에는 부인들을 위한 강습소를, 밤에는 노동자들을 위한 야학을 차리게 했다.

이렇게 육영사업을 펼치는 중에도 갈돕회는 여러 차례 일제의 탄압을 받았다. 식민지시기 끝 무렵에는 조선인들이 만든 단체란 단체는 모조리 해체시켰으므로, 갈돕회도 어려움을 겪을 수밖에 없었다. 그래도 고학생들의 기숙사를 그만두라고는 하지 못하였던지, 조선말 이름은 안된다고 압력을 넣었으므로, 부득이 갈돕회라는 본래 이름을 바꾸어 '상조회'라고 임시로 개명하였다.

이인은 해방될 때까지 갈돕회 일을 맡아보았다. 그가 조선어학회 사건으로 구속되면서 갈돕회를 이끌 수는 없었으나, 옥중에서도 잊지 못하였던 사업 중의 하나였다. 해방이 되면서 갈돕회는 제 이름을 다시 찾았고, 사단법인으로 새로 발족하면서 이인의 손을 떠났다.

2) '신흥조선'을 위한 경제자립운동

이인은 법률 활동 이외에 교육(육영)사업을 실천하였으며, 더 나아가 물산장려운동 등 경제실력을 양성하는 일에도 앞장섰다. 그는 이러한 자신을 가리켜 "내가 사방으로 무슨 일에든 관계함은 내가 일을 즐기는 성격이거나 명예를 중히 여겨서가 아니요, 민족의 일원으로서 책무를 다한다는 신념 때문이다."라고 표현하였다.

1930년 5월 이인은 수원고등농림학교(水原高等農林學校) 사건을 변호하다가 6개월간 변호사를 정직당하자 일본 여행을 떠났다. 그는 일본 각지를 돌아보면서 발전한 일본과 낙후한 조선을 비교하게 되었고, 마음이 편치 않았던지 한 달여 만에 돌아왔다.

이인이 귀국을 서두른 데에는, 여행하면서 구상한 바를 실행해야 한다는 다급함도 있었다. 이전부터 계획하였던 경제실력을 양성하는 일이었다. 그는 조선물산장려회가 설립(1923년)된 이듬해인 1924년부터 이사로 참여하였고, 경성지회에서도 이사와 대의원으로 활동하였다.[31] 그러면서도 법조 일에 쫓겨 일다운 일도 못함을 아쉬워하던 터에, 변호사직을 갑자기 정직당하자 이 기회에 다시 마음을 다잡았다. 이인은 1920년대부터 줄기차게 진행해 온 물산장려운동을 민족운동으로 재추진하였다.

물산장려운동은 1922년 9월 평양(平壤)의 기독교신자들 사이에서 일어났으며, 토산품을 애용함으로써 민족의 자립자족(自立自足)을 도모하고, 산업을 크게 일으켜 민족독립의 기틀을 마련하자는 취지로 출발하였다. 이 운동은 평양·서울 등의 대도시에서 시작하여 전국 각지에서 호응을 얻어나갔다. 물산장려운동이 전국으로 급속히 확산되자, 한민족의 물산(物産)만을 쓰고 외국 상품은 쓰지 말자는 분위기도 고조되어서, 외래품 모자는 쑥 들어가고 조선인이 만든 말총모자가 대유행하였다. 조만식(曺晩植)의 본을 따른 짧은 두루마기도 세간의 패션이 되었다. 국산품을 쓰되 아껴 쓰자는 운동도 함께 번져갔다.

이인은 1931년 4월 28일 개최된 경성지회의 이사회에서 신임 이사장으로 선출되었으나, 5월 15일 사면원(辭免願)이 수리되었으며, 이후에도 물산장려회 본부의 이사직은 유지하였다.[32] 이인이 물산장려회 본부의 중심 인물로 활동하기는, 물산장려회가 창립 19주년을 맞이하는 1933년부터였다. 그는 유성준(俞星濬)·이종린(李鍾麟)의 뒤를 이어 물산장려회의 회장직으로 추대되었다.

1933년 4월 26일 물산장려회는 이사장 이종린이 주재하여 제3회 이사회를 열고, 제11회 정기대회 준비 문제 건(件)을 토의하였다. 이 날 회의에서는 이인·정세권(鄭世權) 등 5인의 준비위원을 선정하여 대회 준비를 일임하였으며, 종래의 이사장을 회장으로 개칭하는 건(件)을 대회에 건의하기로 결정하였다.[33] 동년 5월 17일 중앙기독교청년회관에서 개최된 제11회 정기대회에서는 헌칙(憲則) 개정과 임원 개선의 건을 상정하였는데, 이 날 이인이 회장으로 선임되었다.[34]

이인은 회장으로 선출된 뒤, 5월 22일 첫 이사회를 열어 각 부서를 결정하고 임원진을 쇄신하여 회세(會勢)를 확장하기로 다짐하였다.[35] 이러한 노력은 곧 가시화하여, 6월 말 물산장려회는 경성부내 낙원동(樂園洞)에 있던 사무실을 수표정(水標町)으로 이전하였고, 휴간 중이던 기관지를 『신흥』(新興)으로 개제(改題)하여 8월에 발간하기로 결정하였다.[36]

이인이 물산장려회의 회장에 선출되었을 때는, 창립 당시 전국화하였던 물산장려운동의 열기가 거의 식어 버린 상태였다. 그는 이 운동을 다시 일으키기로 작정하고 여러 가지로 궁리한 끝에, 일반 대중의 호응을 얻어야겠다고 판단하였다. 이를 위해 우선 회지(會誌)였던

『신조선』(新朝鮮)[37]을 대중잡지 체제로 개편하여 복간하기로 방침을 정하고, 제호(題號)를 『신흥조선』으로 바꾸었다. 또 기독교청년회관을 빌려 물산품평회(物産品評會)와 강연회 등을 열었다. 음력 정월 대보름날에는 대가장행렬(大假裝行列)도 벌였는데, 여기에 참가한 사람들은 국산품을 들고 행진하며 '물산장려'를 호소했다.

『신흥조선』은 이인을 편집 겸 발행인으로 삼아 1933년 10월 1일자로 창간호를 발행하였다. 이인은 "「신흥조선」의 권두사(卷頭辭)를 통하여 생산장려로 힘을 기르는 것만이 우리의 생명선임을 강조했다."고 회고하였는데, 그가 집필한 「창간사」(創刊辭)의 첫머리와 끝머리는 다음과 같다.

> (자료 1 - 3 - A)
> 현하(現下) 동서의 정형(情形)은 자못 혼란하고도 급박 긴장하여 마치 폭발 전의 분화구와 폭풍우 전의 흑운(黑雲)이 저미(低迷)한 것 같아 …
> 사람의 생활이 사회적인 동시에 민족적 국제적 관계를 가진 이상, 전세계적으로 모든 것이 바야흐로 역사적 전환기에 직면하였을 뿐 아니라, … 이에 우리는 경제적 자활을 도모하고 그 지침(指針)으로 자임(自任)하는 조선물산장려회는 그 종래의 『자활』(自活)·『장산』·『신조선』 등 회지의 뒤를 이어 『신흥조선』을 재출현(再出現)케 하여 대야장명(大夜將明)에 계일성(鷄一聲)의 임무를 다하자 함이니 …[38]

이인이 1942년 조선어학회 사건으로 피검되었을 때, 일본 경찰은 일곱 가지 죄목을 만들어 그를 신문하였는데, 그 중의 하나가 물산장려운동이었고, 『신흥조선』이라는 잡지의 제호를 가장 크게 트집잡았다. 일본 경찰은 '신흥조선'이라 함은, 주권을 잃은 조선을 다시 일으켜 독립을 하겠다는 말이 아니냐고 을러댔다.

물론 잡지의 제호를 『신흥조선』이라 한 속뜻이야 일본 경찰이 말하는 대로였으나, 이인은 다른 예를 들어 항변했다. 당시 호남은행(湖南銀行)과 동일은행(東一銀行)을 합쳐서 조흥은행(朝興銀行)이라 명명하였는데, 이인은 조선총독부의 정무총감(政務總監)이 지었다는 말을 들은 적이 있었다. 그는 생각이 여기에 미치자, 이 예를 들어서 '조흥'이나 '신흥조선'이나 매한가지 뜻이 아니냐고 일본 경찰에 들이댔다.

이인은 약 11개월 동안 물산장려회의 회장직을 수행하였다. 물산장려회는 1934년 4월 27일 개최된 제12회 정기총회에서 전임 회장이었던 이종린을 신임 회장으로 재선출하였고, 이인은 다시 이사직을 맡았다.[39] 물산장려회는 1937년 2월 조선총독부 명령으로 경성 조선물산장려회가 해산된 뒤 이어, 동년 4월 17일 평양 조선물산장려회도 강제 해산당함으로써[40] 사실상 해체되고 말았다.

이 무렵 이종린이 이인을 찾아와 물산장려회가 해산당한 전말을 말하였다. 이에 따르면, 종로경찰서 고등계주임 구로누마(黑沼)가 이종린을 불러서 갔더니 해산계(解散届)를 내라고 통보했다. 이종린은 해산을 하더라도 전국의 지회(支會) 대표들을 모아서 총회를 열어야 한다고 대답했으나, 구로누마는 그럴 필요 없다고 막무가내 억지를 부렸다.

이 무렵 일제는 중일전쟁(1937. 7)을 일으켜 아시아 전체를 석권할 듯 기세가 드높았지만, 식민지조선을 후방기지로 삼아 전시체제를 강화하였으므로 일체의 조선인 단체를 강제 해산시켰다. 심지어는 아낙네들의 친목계마저 하지 못하게 하였으니, 사람들끼리 만나려면 초상집이나 정거장에 가야 할 판이었다. 일제가 극도의 탄압을 자행하는 시국에, 해산 절차를 갖추어야 한다는 항변이 통할 리가 없었다. 민족의 자유자립(自由自立)과 독립의식을 고양해 온 물산장려운동은 이렇게 쓸쓸히 종언하였다.

이인은 물산장려회의 회장직을 물러났고, 이 단체가 해산된 뒤에도 국산품을 즐겨 쓰고 아껴 쓰자는 물산장려운동의 본뜻을 일관되게 실천하였다. "물건을 아껴 검소하게 살고 낭비를 않는다"는 신조는, 그의 삶을 일관한 물산장려운동의 정신이었고, 궁극목표는 자립경제의 독립국가를 건설하는 데에 있었다.

이인은 물산장려운동을 재추진하면서 과학기술을 개발하는 데에도 깊은 관심을 쏟았다. 그는 '물산장려'와 '발명'을 실력양성의 두 축이라고 생각했다. 전자가 '원대'한 계획이라면, 후자는 당장 '긴박'한 숙제였다.

이인은 자신이 조선발명학회를 이끌던 때를 "과학진흥을 위해 다니는 중"이라 표현하였는데, 그에게 발명은 실력양성(배양)의 한 방편이었고, 더 큰 범주의 과학기술의 진흥을 뜻하였다. 과학입국(科學立國)은 생산력의 발전을 통하여 경제(자립)입국으로 가는 지름길이었기 때문이다. 그는 교육입국, 경제(자립)입국, 과학입국의 실력양성론을 평생 신조로 실천하였다. 이 무렵 이인은 다음과 같은 생각을 하고 있었다.

(자료 1 - 3 - B)
　　물산장려가 원대한 실력배양의 길이듯이 또 하나 긴박한 실력배양의 길은 발명이다. 끊임없이 진보해 나아가는 인류생활에서 발명에 뒤떨어져서는 결국 피압박국가로 그치고 말 것이니 일본이 우리를 집어삼킨 것도 그들이 먼저 과학문명에 눈을 뜬 때문이 아닌가. 우리 민족이 살아나는 길은 발명을 장려함으로써 실력을 기르는 만전지책(萬全之策)이 있을 뿐이다.[41]

이인이 이런저런 구상에 잠겨 있던 1932년 10월 어느 날, 발명가 김용관(金容瓘)이 그를 찾아왔다. 김용관은 조선발명학회가 재정난으로 유야무야되고 말았는데, 무슨 방도가 없겠느냐고 물었다. 그는 계속하여, 발명학회를 처음 발족하기는 1924년이었으나, 그동안 회원들의 재력만으로는 역부족이어서 아무 사업에도 손을 대지 못했다고 말했다. 이어 발명가만으로는 사업이 어려우니, 사회의 명사들을 망라하여 학회를 재발족시킴이 어떻겠느냐고 제안하였다. 이인에게는 변리사 자격도 있으니, 발명가의 각종 특허출원(特許出願)에 편리를 줄 수 있도록 좀더 적극 참여해 달라고 각별하게 부탁하였다.

발명학회로서는 침체된 단체를 일으켜 안정화시키고 운영을 활성시키기 위해서는, 사회 저명 인사들의 참여가 요청되었다. 이인은 항일변호사로서 조선물산장려회 회장이자 당시 유일한 조선인 변리사였다. 김용관이 이인을 찾아가 도움을 요청한 이유였다. 김용관은 이전부터 조선인 발명가들의 특허출원 상담을 맡아왔는데, 수가 증가하기 시작하자 특허대리인으로서 이인의 전문지식과 명의가 필요했다. 이인 역시 평소 김용관과 같은 생각을 지녔으므로 흔쾌히 동의하였고, 발명학회를 재발족시키는 데 앞장섰으며, 1933년 1월부터는 발명학회에 의뢰된 특허 수속 업무를 맡아 처리하였다. 발명학회는 1933년 1월 들어 사무(事務)를 확장하여 부서를 설치하는 한편, 업무를 분담하여 특허 수속 사무는 변리사 이인이, 법리부(法理部)는 김용관, 출판부는 박길룡(朴吉龍), 영업부는 현득영(玄得榮)이 담당하기로 결정하였다.[42]

조선특허국의 조선인 특허와 실용신안(實用新案) 등록 건수는 1933년 총 20건이었으나, 이인이 이 업무를 담당한 후인 1935년에는 총 40

건으로 두 배나 증가하였다. 또 일본특허국에 등록된 조선인의 특허와 실용신안 등록 건수는, 1933년 19건에서 1935년 78건으로 무려 4배나 증가하였으므로, 1935년부터를 조선의 발명 붐 시기라고 할 정도였다.[43]

조선발명학회를 이야기할 때 김용관의 헌신은 빼놓을 수 없는 1순위이다. 그가 이인에게 저간의 사정을 설명하면서 도움을 요청한 발명학회는, 1924년 10월 1일에 창립된 한국 최초의 과학진흥단체였다. 이 단체가 출발하기는, 1923년 6월 1일 이준렬(李駿烈)·김용관·최의창(崔毅昌)·김안기(金安基) 등이 협의하여, '과학지식 보급과 공업기술 지도기관'으로 발명학회를 설립키로 의견을 모은 데에서 비롯되었다. 이들은 일제 당국에 허가원을 제출했으나, 상당한 기금이 없다는 이유로 기각되고 말았다.

김용관은 여기서 포기하지 않고, 이듬해 7월부터는 발품을 팔아 사회의 명망가를 일일이 찾아다니며 발명학회가 설립되어야 하는 취지[44]를 설명하였다. 이러한 노력 끝에 이종린·장두현(張斗鉉)·백남규(白南奎)·유성준·이승훈(李昇薰) 등 31명의 인사가 발기인에 참여하기로 승낙하였다. 마침내 조선발명학회는 1924년 10월 1일 창립총회를 열고, 이사장 성홍석(成洪錫), 상무이사 김용관, 이사 박길룡·현득영 등을 선출했다. 김용관은 조선공업협회 안에 사무실 자리를 얻고서, 자신이 모든 경비를 부담해가며 6개월을 쉬지 않고 노력하였으나, 더 이상 사회의 호응을 얻지 못하였으므로 '개소휴업'(開所休業)이랄까 사무실의 문을 닫다시피 하고 지냈다. 그와 같은 선구자의 외침에 1920년대 초 한국사회의 반응은 냉담했다.

김용관은 그래도 포기하지 않았고, 8년 뒤인 1932년 6월에는 제1회 이사회를 열어 박길룡을 이사장으로 선출하고, 자신이 전무이사로 선임되어 발명학회를 재발족시키려고 노력하였다.[45] 이인이 김용관이 자신을 찾아왔다고 회고한 '1932년 10월 어느 날'은 아마 이때를 전후한 시기라고 추정한다. 김용관이 이인을 찾아간 이유도, 민족변호사 이인이 항일 변호활동을 비롯해 수많은 사회 활동을 통해 구축한 명성과 지명도가 발명학회를 활성화하는 데 큰 힘이 되리라는 판단한 때문이었다.

이인은 김용관의 생각이 자신과 일치하였으므로 취지에 적극 찬성하였고, 말이 나온 지 불과 10일 만에 발명학회를 새로 발족시켰다. 이때 참여한 사람들은 김용관·김희명(金熺明) 등 발명가와 경성방직(京城紡織) 공장장 윤주복(尹柱福), 경성고등공업학교(京城高等工業學校) 교수 안동혁(安東赫) 등 기술자와 과학자를 망라했다. 이인이 발명학회에 관여하기 시작하면서 발명학회는 활기를 띠기 시작하였다.

1933년 2월 11일에는 기관지(제호는 이사들 간에 논의하기로 함)를 발행하기로 결의한 데 이어,[46] 동월 22일 이사회를 열어 기관지의 제호를 『과학조선』으로 결정하고, 변리사 이인을 고문으로 추대하였다.[47] 동년 6월 10일에는 드디어 『과학조선』 창간호가 간행되었다.[48] 이인도 창간호에 「발명은 고금문명의 기초」라는 단문(短文)을 게재하여, 발명의 정의로부터 시작하여, 발명을 통하여 조선을 갱생(更生)시키자고 호소하였다.

(자료 1-3-C)
발명이라함은 문자 그대로 「열리고 밝다」 「얻고 찾는다」의 의미로서 종래의 없는것이고 듯도보도못하든 안류생활에 긴밀히요구된 만반(萬般)사물과시설(施設)의 신규적(新規的)연구창작을 말하는것이며 기유(其有)를 일층 교치정화(巧緻精華)케하는 것이다.

한번도라보자! 우리 인류사회생활의요용(要用)되는 모든 시설기물(機物)이 발명의 소산이며 결정(結晶)이안임이 무엇임가 …

이와같은의미로 나는 「발명은 고금(古今)문명의기초이며 기조선(其祖先)이라고」하고싶다. 그러함으로 민족이나 국가의발달과 문화의 정도를 측정함에는 무엇보다 발명이 기준(其準)이되며 국력의빈부(貧富)와 생활의 유부족(裕不足)도 발명의유무다소(有無多少)에 전혀 달니엇다. …

발명이 많은 민족과 국가는 융흥(隆興)부유할것이며 발명이없는 민족과 국가는 패망빈핍(貧乏)할 것이다. … ××××(원문임 : 인용자)의 경지에 잇는 조선은 오즉 발명의 길에 정진하야 갱생(更生)을 찾아야할것이며 신역사(新歷史)의 창작(創作)주역이 되여야할것이다.[49]

이인은 위의 창간호부터 시작하여 1935년 제3권 제6호에 이르기까지, 『과학조선』에 무려 12편의 글을 기고하였다.[50] 그가 변리사로서 발명학회에 참여하는 실무와 함께, 식민지조선의 과학과 발명을 위하여 이론상의 관심도 얼마나 기울였는지를 확인하게 된다.

이렇게 발명학회가 활기를 띠는 가운데, 6월 20일 발명학회 제7회 이사회에서는, 이사장 박길룡의 사임을 수리하고, 고문인 이인을 이사장으로 추대하였고,[51] 이때부터 조선발명학회는 이름에 걸맞는 활동을 본격화하였다. 민족변호사로서 존경받는 그의 명성이 빛을 발휘하였다. 이인은 전문가들의 모임만으로는 일반 사회의 협조와 지원을 받기 어렵다는 난점을 보완하기 위해, 자매단체로 과학지식보급회(科學知識普及會)를 따로 설립하였다. 이는 후술하기로 한다.

그러나 이인의 명성도 당시 조선사회의 침체된 의식을 뛰어넘기는 어려웠다. 이 무렵 그는 발명가 한 사람이 금광으로 졸부가 되었다는 말을 듣고서, 그에게 발명장려금(發明獎勵金)을 요청하기 위하여, 김용관과 함께 공주(公州) 산골의 험한 길을 걸어서 찾아갔으나 허탕을

치고 말았다. 발명가가 발명의 시급성을 외면하는 현실의 절벽은 재정난으로 나타났고, 발명학회는 사명감과 당시 조선사회의 한계 사이에서 어려운 길을 걸어야만 했다.

이인은 과학의 중요성을 인식하지 못하는 조선사회의 현실에서, 과학하는 이들이 악전고투하던 사정을 안타깝게 추억하였다. "이때의 일로 잊혀지지 않는 일은 가난한 발명가의 죽음이었다. 이 사람은 아내의 치마를 20전에 전당 잡히고 그 돈으로 「알콜」을 사다가 실험을 하는데 「알콜」의 불이 잘못되어 타죽었다."

이인은 이러한 현실 속에서 과학의 발전을 위하여 노력하였고, 그가 발명학회에 관여하면서 남긴 업적은 오늘날에도 매우 중요한 의의를 지니고 있었다. 우선 『과학조선』을 창간·발행하여 각 지방마다 결성한 지회를 통해 보급하기 시작하였다. 『과학조선』은 조선발명학회의 기관지로서 1933년 6월 10일 발명학회 출판부에서 제1호를 창간하였다. 제1호의 내용은 과학 전반을 망라하는 종합잡지의 성격을 띠었고, 한국 역사상 최초의 과학종합잡지로 자리매김할 만하였다.

『과학조선』은 황폐하고 열악한 식민지의 상황에 굴복하지 않고, 과학진흥을 외치면서 민족의식도 함께 일깨우려는 목적의식에서 출발하였으므로, 잡지의 지면에는 과학지식의 보급 이외에 한민족이 갈망하는 자주독립의 정신이 깃들어 있었다. 조선발명학회와 과학지식보급회가 주도하는 운동에는, 과학입국은 물론 민족독립의 정신을 밑바닥에 깔았고 많은 민족지도자들이 참여하였다.

이인의 업적은 '과학데이(과학의 날)'을 제정한 데에서 더욱 돋보였다. 그가 이사장이 된 후 찰스 다윈(Charles Robert Darwin : 1809. 2. 12~1882. 4. 19)의 기일(忌日)인 4월 19일[52]을 택하여 다채로운 기념행사를 벌였다. 그 중에서도 과학영화 상영은 며칠 저녁을 계속하여 장안이 떠들썩할 만큼 큰 성과를 올렸고, 다시 이에 힘입어 '과학의 날'을 정해서 여러 가지 계몽행사를 진행하였다.

조선발명학회는 1934년 4월 19일 '과학데이'를 선포하고, 각종 행사를 마련하여 이를 전국에 홍보 · 실행함으로써 이름을 세상에 알렸다. 이보다 앞서 2월 28일, 발명학회는 종로기독교중앙청년회(YMCA) 회관에서 유지 10여 명이 모여 '과학주간실행회'를 열었다. 이인의 개회사로 시작한 이 회의는, "전사회적으로 자연과학 지식을 고취앙양(鼓揚)함을 목적으로 '과학주간'을 설정하기로 결의하였다. 이 날 이인을 비롯하여 윤치호 · 송진우 등 사회 저명 인사 38명을 '과학데이 실행위원'으로 선정하였다.[53]

'과학데이' 행사는 1934년 4월 19일부터 3일간에 걸쳐 열렸는데, 방송으로도 과학지식 보급을 알렸다.[54] 이 행사는 19일 저녁 종로 YMCA 회관에서, 이인이 사회를 보아 과학데이식(式)을 개회한 데에서 시작되었다. 식이 끝난 뒤에는 같은 장소에서 과학강연회를 개최하였는데, 900여 명의 청중이 모여드는 성황을 이루었다.[55]

이 날 외친 구호와 전단에는 "과학 조선의 기초를 굳게 닦자" · "과학 조선의 건설을 목표로!" · "한개의 시험관은 전세계를 뒤집는다" · "과학의 승리자는 모든 것의 승리자다" · "과학의 황무지인 조선을 개척하자" · "과학의 대중화 운동을 촉진하자" · "과학은 힘이다 배우고 옹호하자" 등의 문구들이 쓰여 있었다. 제1회 과학주간='과학데이'가 이렇게 잔치 분위기에서 성황을 이루었던 데에는『동아일보』·『조선일보』·『조선중앙일보』등 3대 신문이 적극 후원한 힘도 매우 컸다. 각 신문들은 기사로 크게 보도하는 한편 사설로도 지원하였고, 신문사가 직접 상당한 비용을 들여 화려한 포스터를 제작·배포함으로써 '과학데이'를 그야말로 전민족 차원의 행사로 확대시켰다.[56]

이러한 성과에 힘입어 조선발명학회에서는 같은 해인 7월 5일, 이인·이극로(李克魯)·유억겸(兪億兼) 등 과학지식보급회 발기인 28명이 참석하여 창립총회를 열었다. 이 날 규약을 통과시키고 임원을 선정하는 등, 각계의 지도급 인사를 망라하여 과학지식보급회를 정식으로 조직·발표했다. 임원진의 면모를 보면, 고문에 조만식·김정호(金正浩)·송진우·방응모(方應模)·여운형(呂運亨)·이상협(李相協)·이종린·김성수 등이었고, 회장에는 윤치호, 부회장에 이인을, 이사 17명 등 모두 67명을 임원으로 선정하였다.[57] 이들 모두 당시의 쟁쟁한 저명 인사들이었다. 이인이 이렇게 과학지식보급회에 사회유지들을 망라하는 한편, 윤치호를 회장으로 추대한 이유는 운영자금을 얻어내기 위함이었지만, 제대로 달성되지 않았고 1년 뒤에는 이인이 직접 회장직을 맡았다.

'과학데이'라고 이름붙인 '과학의 날'이 오면, 조선발명학회는 포스터를 만들어 시내 곳곳에 내붙였다. 대개는 현미경 등을 도안하였는데, 그 옆에는 "이것으로 민족이 부강한다"·"한 개의 시험관이 세계를 뒤집는다"는 등의 표어를 곁들였다. 해마다 4월 19일이 되면 진행한 과학주간의 행사는 거듭될수록 다채로웠고, 그때마다 3대 신문이 앞장서 홍보해 주었으므로, 서울 시민만이 아니라 전 한국인의 관심사로 자리잡게 되었다.

1936년 제3회 과학주간 행사에서는 과학강연회·발명가 표창식·과학영화 상영회·견학 등 기존에 실시했던 행사 이외에 자동차 기행렬(旗行列)을 성대하게 펼쳤다. 1935년부터 발명학회는 일반 사회의 관심을 끌기 위해 시가행진을 하기로 계획하였는데, 과학을 말하면서 원시(原始) 형태의 도보행진이 될 말이냐 해서 자동차 행진으로 결정하였다. 발명학회와 과학지식보급회의 공동사무실이 있는 종로네거리를 떠나 동대문→을지로→세종로를 한 바퀴 도는 데 동원된 차량은 50대가 넘었다. 당시로 보아서는 세인의 이목을 집중시킬 만한 대행렬이었다. 여기에 소년군악대를 앞세워 '과학의 노래'를 부르며 행진하였으므로 온 시내를 떠들썩하게 하였다.58)

발명학회는 과학주간을 이용하여, 견학단(見學團)을 조직해서 과학관(科學舘)·중앙시험소(中央試驗所)·공장 등을 집단 견학하였고, 서울·평양이 서로 연사를 교환하여 강연회도 개최하였다. 일제는 다른 집회는 모두 막았지만 '과학'을 이름으로 내건 이 행사들은 멋모르고 허가를 해주었으므로, 주최 측은 민중을 움직이고 고취하는 기회로 활용하였다. 이인은 자동차 행진에 참가하거나 견학단을 이끌고 다닐 때는, 무엇인가 희망이 솟는 듯하였고 가슴이 뿌듯했다.

『동아일보』는 물론, 당시의 각 언론기관은 과학주간의 행사를 여러 날에 걸쳐 크게 보도했고 과학기사로 지면을 메웠다. 이를테면 측우기를 발명한 세종대왕, 거북선을 발명한 이충무공(李忠武公)을 비롯해, 한국인의 손으로 만들어낸 금속활자·비차(飛車) 등을 소개하면서, 과학에 관심을 갖도록 고취하며 한민족의 자부심과 긍지도 함께 일깨웠다.

이인이 이끌었던 발명학회의 계몽활동이 성과를 거두었음은, 형무소에 갇혀 있는 사람들까지도 발명 특허(特許)의 출원 수속을 의뢰해오는 경우가 많았던 데에서도 확인된다. 그는 이들을 위해서 대구·평양·원산 등지의 형무소를 찾아다니면서 특허 일을 도왔다. 이때의 발명품 중, 신문지를 스폰지처럼 압축하여 신발창으로 쓰는 아이디어는 그에게 가장 깊은 인상으로 남았다.

1937년 중일전쟁을 도발한 일제는 전시체제에 돌입하면서 발명학회의 활동을 탄압하기 시작하였다. 1937년의 제4회 행사부터 기행렬·집회를 금지시킨 데 이어, 1938년 제5회 때는 선전탑을 세우는 이외의 옥외 행사는 일절 허가하지 않았다. 발명학회는 하는 수 없이 YMCA회관에서 과학강연회를 개최하는 데 만족하였다. 이 날 강연은 「과학전선에 선 우리」(연사 : 김용관) - 「우리의 살길」(안재홍) - 「세계과학계를 보고」(여운형) 등이었다. 강연회가 끝나자, 일제는 그동안 과학운동을 주도하였던 김용관을 이유도 없이 종로경찰서에 구속하였고,[59] 그의 투옥으로 과학지식보급회는 곧바로 해체되었으며 '과학데이'도 5회로 막을 내리고 말았다.[60]

일제는 과학보급회를 만들어 과학지식보급회를 강제로 흡수하였고, 이 단체는 일제의 침략전쟁에 협력하는 어용단체로 전락하였다. 이인은 이러한 분위기에서 1941년까지 근 10년 동안 조선발명학회의 일을 맡았다. 원익상(元翊常) 목사가 그의 후임을 물려받았지만, 일제의 발악으로 모든 단체들이 해산되는 상황에서 조선발명학회도 해산되었다.

8·15해방 뒤인 1957년 2월, 대한민국정부는 제19차 국무회의에서 '발명의 날'을 제정하였다. 이인은 조선발명학회를 주도했던 연고로 해서 이 일에 자문을 맡았고, 이병도(李丙燾) 등 사계의 권위자들과 의논한 끝에, 세종대왕이 측우기를 발명한 5월 19일을 택하여 발명의 날로 정하였다. 일제 식민지시기에는 이렇게 좋은 날이 있는 줄 알면서도 이 날로 '과학의 날'을 삼지 못하고, 남의 나라 사람인 찰스 다윈

이 태어난 날로 기념할 수밖에 없었음을 생각하면서, 이인은 남다른 감회에 젖었다.

3) 언론을 통한 항일과 민중계몽운동

이인이 신문에 기고한 글로 일경에 불려 다니며 곤혹을 치르기는, 1916년과 1919년 두 차례 있었으나 필화라 할 수는 없었다[제1편 - 제1장 - 2 - 1) · 2)를 참조]. 그가 정작 '필화'라 할 만한 곤경을 겪은 사건은, 국내에서 한참 활동하던 1931년이었다. 국내의 잡지에 기고한 글을 일제 관헌이 아니라, 동족인 조선인 유림(儒林)들이 드세게 문제를 삼아 뜻밖의 필화가 발생하였다.

이인의 글이 사회의 이슈로 떠오르게 된 계기는, 사위를 양자로 들이는 서양자(壻養子)제도와 동성혼인(同姓婚姻)의 문제에, 유생들은 물론 당시의 통념과도 전혀 배치되는 진보한 생각을 표현한 데에서 비롯되었다. 그는 자신의 논리를 전개하는 과정에서, 공자(孔子)를 지칭하는 고유명사를 모욕되게 표기하였고, 고루한 유생들을 가리켜 조롱하듯이 표현하였다. 이 필화는 일제의 탄압이 아니었으며, 국내 유림들이 민족변호사 이인을 공박하는 데 그치지 않고, 식민지 지배기구인 일제 검사국에 고소까지 한 사실이 더욱 씁쓸한 여운을 남겼다. 사건의 전말은 이러하였다.

이인이 변호사를 개업한 뒤, 그의 하루는 그야말로 눈코 뜰 사이 없이 바쁜 나날이었다. 자고 나면 사건이요, 또 자고 나면 사건이 터지는 사건의 연속이었다. 국권을 회복하겠다는 일념으로 법정에서 아무리 열변을 토하며 법정투쟁을 해도 끝이 없었으므로, 나라를 빼앗긴 근본문제가 해결이 되지 않고서는 방도가 없다는 생각이 들었다. 그는 이 당시의 심경을 다음과 같이 말했다.

（자료 1－3－D）
　내가 생각하기에 그 근본문제는 이조(李朝) 5백 년 동안 유학(儒學)만을 숭상한 것이다. 사대종속(事大從屬)과 번문욕례(煩文縟禮)를 일삼아 빈궁과 쇠퇴의 길로 시종한 탓이다. 실학(實學)이 아니라 형식론(形式論)에 불과한 정주학(程朱學)이나 도입하고 성리학(性理學)만 고조했으므로 우리 고유의 찬란한 문화와 강건활발한 정신을 말살시키고 만 것이다.[61]

　이인이 이런 생각에 골똘하던 차에, 마침 월간 종합잡지『신민』(新民)에서 원고를 청탁하여 1931년 1월에 발행되는 신년호에「도범방지법(盜犯防止法)기타－신법률만평(新法律漫評)」이라는 제목으로 기고하였다.[62] 글의 첫머리는 "대중에게 최후의발악(發惡)과도전적(挑戰的)태도이라는 비난을밧는 도범방지법을비롯하야 장수유한인(長袖有閑人)의 군걱정거리를 맨드러주게된 몃개의신법(新法)을 드러 거기에 몃마듸 우감적(偶感的)비판을가(加)하려는 것이 신민지(誌)의요구에의(依)하야 난필(亂筆)을드는소이(所以)이다."라고 시작하였다. 글의 제목대로「도범방지법」을 비롯해 몇 가지 신법률을 만평하려는 의도였지만, 첫머리부터 유림들을 지칭하여 '장수유한인의 군걱정거리'라는 표현으로 그들을 비웃었다. 이 글은 '1. 서양자제도'·'2. 동성혼인의가부(可否)'·'3. 은거법(隱居法)시비'·'4. 도난방지법의정체(正體)'로 구성되었는데, 유림들을 특히 자극한 주제는 서양자제도와 동성혼인 문제였다. 고루한 유림들이 이인의 논지 자체를 받아들일 수 없었던 데다가, 몇 개의 글귀가 그들을 분노케 했다. 일부를 소개하면 다음과 같다.

(자료 1-3-E)

ⓐ … 이조(李朝)에와서 서양자나 외손봉사(外孫奉祀)를 극단의치욕(恥辱)으로알고 쏘이것을금압(禁壓)하게되엿슴도 형식만숭봉(崇奉)하고 내용과실질의공허(空虛)됨을 쌔닷지못한 공부자(孔腐子)〔공자(孔子)〕의살인적(殺人的)여독(餘毒)임은 다시말할것도업고 독소(毒素)에감염된장수배(長袖輩)의 장죽타령(長竹打令)도한심(寒心)한노릇이다.

ⓑ …이상말한것가치 4촌(寸)5촌간의혼인은곳찬의(贊意)를표(表)하지못하겟스나 10여촌이상의원족(遠族)이고 생리적유전과건강(健康)체질에하등관계업는 혼인은 시대의요구일뿐아니라 우리생활에 가장적합한것이라고생각한다. 쌔에맛지안는구관(舊慣)과 공구(孔仇)〔구(丘)〕의편견(偏見)협사(俠思)로안출(案出)된 예법강륜(禮法綱倫)를본바든사회가 얼마나불합리부자연한생활(生活)을하게되며 그독소가 얼마나사회에유포되엿슴을생각할쌔 그죄악이 중대함을말하지아니할수업스며 전율(戰慄)치안을수업다.

(자료 1-3-E-ⓐ)는 남성 본위의 가족주의를, (자료 1-3-E-ⓑ)는 6촌 이상의 동성동본 혼인까지 금지하는 불합리한 제도를 각각 비판하면서 대안을 제시하였다. 군이 유학자가 아니더라도, 당시로서는 일반인의 통념으로도 용납하기 어려운 매우 진보성을 띤 주장이었다. 더욱이 이인은 자신의 논리를 전개하면서, 공자를 끌어들여 '공부자의 살인적 여독'·'공구의 편견협사'·'독소' 등 유림들의 고루함을 신랄하게 통매(痛罵)하였다. '장수유한인'·'장수배'라고 비웃는 듯한 표현도 유림들을 심하게 자극하였는데, 공자를 지칭하는 '공부자'(孔夫子)가 '썩을 부(腐)'자를 써서 '孔腐子'로 출간되었다.

이인에 따르면, 원고의 요지는 흐려진 국민정신(國民精神)과 쇠망으로 떨어진 제국정치(帝國政治)와 빈궁에 빠진 개인의 살림살이를 바로 잡으려면, 무기력한 사대주의(事大主義)와 무의지(無意志)한 노예근성을 씻어 없애고 신시대(新時代)의 신윤리(新倫理)를 창건해야 한다는 내용이었다. 식민지시기 실력양성론자들이 대개 그러하였듯이, 이인도 반(反)봉건 사상이 매우 강하였다. 그는 '신윤리'를 제안하면서, 크게는 조선왕조 5백 년을 부정평가하였고, 무엇보다도 성리학의 폐해를 지적하였으며, 나라가 망했는데도 양반 행세하려는 얼치기 유림들의 봉건 행태에 혐오감마저 느끼며 강하게 비난했다.

이인이 의도하였는지 모르지만, 공자의 본명을 표기할 때 '孔仇(丘)'라고 하여 '원수 구(仇)'자를 먼저 쓰고 괄호 안에 공자의 본 이름인 '언덕 구(丘)'를 부기하였다. 만약 '仇'자가 잡지사의 오류가 아닌 본래 원고라면, '孔腐子'라는 표기도 인쇄 과정에서 발생한 오자·오식(誤植)이라기보다는 애초 표현일 수도 있다. 이인은 "새로운 기풍과 새로운 윤리를 수립하자는 이론을 펴다 보니 이조 5백년의 유학을 나무라는데 그 대목에서 「孔夫子」가 「孔腐子」라 한 활자가 나오게 되었다. 유림 자신들도 편지같은 데서 자기를 내려 말할 때는 부유(腐儒)라고 쓰는 법이다."라고 회고하였는데,[63] '孔腐子'가 오자이거나 오식이라고 말하지는 않았다. 더욱이 '부유' 운운함을 보면, 애초 원고에 이리 표기하였을 가능성이 높다.

이인의 전체 논리를 당시 유학자들이 묵과하기 어려운 측면도 많았는데, 자신들이 성인(聖人)으로 추앙하는 공자까지 '孔腐子'·'孔仇'로 표기하였으니, 일부 유림들이 반발함은 나름 의당하였다. 또 잡지『신민』은 명칭에서도 보이듯이, 유도진흥회(儒道振興會)가 기관지로 발행하던『유도』의 후신으로 사회교화를 목적으로 창간(1925. 5. 10)된 잡지였으므로, 이들의 반발이 더욱 거칠었으리라 생각한다.

제일 먼저 전주향교(全州鄕校)에서 정구화(鄭求和) 등 34인이 연명하여 성토문을 발표한 데에서 출발하여, 성주(星州)향교·진주(晋州)향교 등에서 이인을 성토하는 글들이 이어졌다. 여기까지는 상식선에서 이해할 수 있는 행동의 범위였다. 그러다 급기야 문회서원장(文會書院長) 안승구(安承龜)라는 인사가 4월 25일자로, 자신을 고소인으로 삼아 이인 등을 공자명예훼손죄로 경성지방법원 검사국(檢事局)에 고발하는 추태까지 벌였다. 피고소인으로는 비단 이인뿐 아니라,『신민』의 편집 겸 발행인인 이각종(李覺鍾)은 물론, 조선총독부 경무국(警務局) 도서과(圖書課)의 '검열계원'(檢閱係員)까지도 포함시켰다.

이인을 고발한 이유는 "공자를 모욕하고 기(其)명예를훼손"함이 "사회의풍화(風化)를문란케하고 일본의 황도존중주의(皇道尊重主義)에기(基)한 법률의신성(神聖)을 모독"하였다는 데 있다면서 '황도'까지 들먹거렸다. 일제 검찰의 동정을 얻으려는 심사였다. 이각종은 이인의 글을 '출판발행'하여 동일한 죄를 지었고, 검열계원도 이를 통과시킴으로써 이인·이각종의 '악행위'(惡行爲)를 '방조'하여 동일한 죄를 지었고 또 '배임'(背任)했다는 혐의까지 포함하여 '형법(刑法)에 저촉'된다고 고발하였다.

그러나 경성지방법원 검사국은 명예훼손죄는 친고죄(親告罪)이므로, 고소인이 공자와는 하등 친족(親族)관계가 없다는 이유를 들어 불기소(不起訴) 처리하였다. 그러자 일부 유림 단체는 중국에 거주하는 공자의 사손(嗣孫) 명의로 고소장을 다시 제출하는 한편,[64] 전선유림연합회(全鮮儒林聯合會)라는 단체가 '반공사상근본퇴치'(反孔思想根本退治) 등을 강령으로 반공사상박멸운동(反孔思想撲滅運動)을 일으켰다. 이 운동은 여론의 주목도 받지 못하였으나, 이렇게 '반공사상'이라는 신조어가 생겨났고, 반작용으로 '반공사상근본퇴치'를 비판하는 움직임도 일어났다. 6월 3일 비판사는 '반공자(反孔子)사상배격'을 비판하는 좌담회를 개최하고자 하였으나, 경찰이 금지하여 유회되고 만찬회로 끝나고 말았다. 유림들은 이 자리에도 참석하여 난동을 부렸다.[65]

공자 사손 명의의 고소는 직계 자손이 아니라는 이유로 다시 일축당함으로써 사태는 일단락되었다. 이인에 따르면, 이 문제로 거의 2년 동안 실랑이를 벌였다. 심지어는 조선총독이 지나가는 수원역(水原驛) 앞에서, 유림 수십 명이 가마니를 깔고 나앉아서 이인을 책벌(責罰)하라고 소청(訴請)하는 민족주체성 없는 행동도 벌였다. 유림들은 이인을 국외 추방하라, 집의 전기와 수도를 끊어라, 절해고도(絕海孤島)로 보내라는 등 어처구니 없는 요구까지 하였다. 그야말로 '부유'들의 행동이었다.

이인이 설사 공자를 모욕하였다 하더라도, 이를 언론 기고문이나 성토문 등에 그치지 않고, 일제 검찰에 고소하는 일부 유림들의 완고함을 넘어서 반민족성을 드러낸 사건이었다. 일제 검찰도 이 일로 이인을 트집잡을 기회가 생겼지만 불기소 처리할 수밖에 없었다.

'공부자필화'의 말썽이 채 가시기도 전에, 이인은 1932년 벽두에 신문에 기고한 글로 인해 2개월 동안 불려다니며 문초를 받는 탄압을 받았다. 그는 1932년 신년을 맞아 『중앙일보』에 1월 1·2일 두 차례 걸쳐서 「회고와 전망」이라는 글을 게재하였다.[66] 일부 구절이 중략(中略) 처리되었고, 또 'ㅇㅇ'로 복자(伏字) 처리된 단어들이 꽤 있음을 볼 때 검열 과정에서 문제가 되었고, 발표 후에도 일제 경찰이나 검찰에게 시달릴 만한 글이었다.

이인은 "그 무렵 원고를 쓸 때는 방문을 닫아놓고 혼자 잠심(潛心)

하는 것이 버릇"이었으므로, "하루종일 문을 닫아 놓고 들어 앉았던 기억이 난다." · "지금 생각을 해봐도 꽤 강경한 말을 썼는데 자세한 글귀는 기억에 없다."고 회고하였는데, 글의 전체 논지는 식민지정책뿐만 아니라 일제의 정책 전반을 비판하였다. 또 '류탸오후사건'(柳條溝事件, 이른바 '9 · 18사건')이나 중일전쟁을 직접 지칭하는 단어는 사용하지 않았지만, 1931년 '9월 18일'의 날짜를 언급하면서 "필경만주전폭(滿洲全幅)은(中略 ; 원문임)방금도은은(殷殷)한 포성(砲聲)을보게되엿고 기(其)여파로 재만(在滿)조선동포의언어(言語)에절(絶)할무수한참화(慘禍)를보게되여…"라고, 중일전쟁이 조선민족의 고통을 가중시켰음을 지적하였다. 그는 만주지역 조선 동포의 참상에서 더 나아가, 일본의 금해금(金解禁)과 긴축정책이 1931년의 극도의 경제공황을 가져와, 조선인의 생활이 극도로 궁핍해져 유리도산솔가야도(遊離倒産率家夜逃)하는 참상을 거론하면서 일제 정책 자체도 건드렸다. 그러면서 "과거1년의우리생활전적(戰跡)을돌아보고 총감정(總戡定)을할쌔득실(得失)은무엇이며회오(悔悟)되는것이무엇이냐 정치적경제적국제적할것업시 영자(零字)가아니면 적자(赤字)로써 득실의결산(決算)을표시할수밧게업고…"라고 혹평하였다.

이상은 이인이 "지난 1년간에 우리 민족이 겪은 가지가지 수난을 피력"하였다고 회고한 대목에 해당하는 내용들이다. 그는 이어 자신이 핍박받은 구절의 대체를 "끝부분에 가서 『이같은 탄압이 지속되는 한 대중이 봉기하는 것은 당연한 귀추가 아닐까』한 것이 말썽이었다. 일경(日警)은 나를 부를 적마다 이 귀절이 무슨 뜻이냐, 이런 글을 쓰는 속셈이 무엇이냐고 추궁을 계속했던 것이다."라고 적었는데, 이에 따르면 일경이 문제시한 구절은 1일자에 게재된 글의 마지막 문장이었다. 이인은 일제의 정책 실패가 "짜라서 빈농무산(貧農無産)계급의생활을가일층(加一層)비참한 경지"로 몰아넣었음을 지적한 뒤 다음과 같이 썼다.

(자료 1-3-F)
 우리의모든운동과○○관계를보면○○의바람은 거도(巨濤)와가티부닷치여 모든방면에 창일팽만(漲溢澎滿)한기세는신간회해소(新幹會解消)를비롯하여 맹렬한추세(趨勢)를보이고 그운동의발발(勃發)이래로 지표상(地表上)으로만 극(極)히침냉정(沈冷靜)가티보이여 맛치바야흐로분기(奮起)할사 자일식(獅子一息)과가티보는사람으로하야곰 엄숙한기분을가지게하엿다

(자료 1-3-F)는 일제의 탄압으로 신간회해체를 비롯해, 겉으로는 민족운동이 침체한 듯 보이지만, 사실에서는 분기할 사자가 잠시 쉬는 기세여서 언제가는 크게 폭발하리라는 의미였다. 글의 말미에서는 "…대내적으로모든혼효(混淆)된전선(戰線)의통일과 민족적동향(動向)을일치케 할것이무엇보다도긴요(緊要)할것이며당면(當面)한 모든이익의절대도득(絶對圖得)에 최대의부단(不斷)한노력이잇서야할것이다"라고 한민족의 통일을 주문하였다. 이인은 신간회가 해체된 1931년을 보내고 1932년을 맞으면서, 일제의 탄압으로 신간회가 해체되었지만, 신간회와 같은 민족통일전선을 다시 결성하여 모든 당면이익을 획득하는 데 전력해야 한다고 민족운동의 방향성을 제시하였다.

 이인도 글 때문에 몇 차례에 걸쳐 고초를 겪었지만, 일제는 '문화정치'를 표방하며 한글 신문을 허용한 뒤에도 비일비재하게 언론을 탄압하였다. 일제가 조선인이 경영하고 한글로 발행하는 『동아일보』・『조선일보』・『시대일보』의 3개 민간지(民間紙)의 창간을 허가한 해

는 1920년이었다. 일제는 조선인의 불만을 한곳으로 분출시켜 통제하려는 의도였지만, 조선인은 신문이라는 합법 공간을 통하여 자신들의 의사를 표현하면서 민족의식과 항일독립의식을 집결시키고 고취시켜 나갔다. 당황한 일제는 언론과 출판에 검열을 강화하였고, 삭제·압수·과료처분·폐간·정간 등의 탄압책을 수시로 남발하면서 조선인의 눈과 귀를 가리려고 하였다.

　민족지사들은 일제의 언론 탄압에 대항하여 언론탄압 규탄 대회를 열기로 계획·진행시켰고, 변호사 이인이 선두에 섰다. 1924년 5월 김탁원(金鐸遠)이 경영하는 한성병원(漢城病院) 2층에, 이인을 비롯하여 유진태(俞鎭泰)·김한규(金漢奎)·서정희(徐廷禧) 등 30여 명이 모였다. 이들은 일제가 언론정책을 전환하도록 경고해야 한다는 데 의견일치를 보고, 규탄연설회를 갖기로 합의했다. 이후 이 모임이 발전하여, 6월 7일 수표교(水標橋)의 조선교육협회에서 언론집회압박탄핵회(言論集會壓迫彈劾會)를 개최하기에 이르렀다. 이 날 대회에는 경성 내 민족주의·사회주의 양 진영의 유력한 단체들이 대거 참가하였다. 여기에는 당시 최대의 민중 단체인 조선노농총동맹(朝鮮勞農總同盟)을 비롯해, 조선청년총동맹·신흥청년총동맹·무산자동맹회(無産者同盟會) 등의 사회주의 단체와『조선일보』·『시대일보』·『동아일보』·『개벽』(開闢)·『조선지광』(朝鮮之光) 등의 언론기관, 민우회(民友會)·조선교육협회·조선경제회 등의 문화운동 단체들이 포함되었다. 31개의 단체 대표 100여 명이 집합한 이 날 대회에서는, 항거 방법을 실행위원에게 일임하는 결의문을 채택한 뒤, 이인을 비롯해 안재홍 등 13명의 실행위원을 뽑았다.[67]

　이인 등 실행위원은 6월 20일에 언론탄압을 규탄하는 대회를 열기로 하고 준비하던 중, 하루 전인 19일 종로경찰서에서 치안방해라는 이유로 집회를 금지한다는 통고를 받았다. 실행위원들은 이를 무시하고, 6월 20일 당일 경운동(慶雲洞)의 천도교 회당에서 집회를 강행하려 나타났다가 대회장을 경계하던 경찰들에게 검속(檢束)되었다.[68] 집회금지 조치를 알지 못한 천여 명의 군중들도 6월 20일 천도교당 주위에 몰려들었고, 일제 경찰이 기마대까지 동원하여 강제 해산시킬 만큼[69] 대중들의 호응도 크게 뒤따랐다.

이인이 회고한 바에 따르면, 실행위원들 중 일부는 일을 서두르는 방안으로 당장 벽보를 써 붙이기로 하고, 한창 바쁘게 모필(毛筆)을 움직이고 있었는데 종로경찰서 형사들이 현장에 들이닥쳤다. 이인 등은 비밀리에 일을 진행시키려고 나름 보안을 유지했으나, 어느 틈에 일본 경찰에게 염탐되어 현장에 있던 사람들 모두 종로경찰서에 연행되었다.

때는 마침 여름철이었건만, 비좁은 감방 하나에 10여 명씩이나 가두었다. 이때 이인 옆에 앉았던 서정희가 "자네마저 여기 갇혀 있으면 뒤치닥거리는 누가 맡아 하겠는가. 혼자만이라도 여기서 빠져나갈 궁리를 하세. 우리가 모두 입을 모아 자네는 진단을 받으러 왔을 뿐이요 이 일을 모의한 일과는 관계가 없다고 할 것이니 자네는 시치미를 떼게."라고 제안하였다.

이 날 밤으로 철야 신문이 시작되자, 검거된 사람 모두가 한결같이 "이인은 이번 모의와 관계가 없다. 아무 것도 모른 채 병원에 왔다가 함께 검속된 것이다."라고 둘러대었다. 모두의 말이 일치하니, 일본 경찰도 어쩔 수 없었던지 날이 밝자 이인만 나가라고 하였다. 이인은 경찰서를 나오자마자 곧장 모리(森六治) 경찰서장 집으로 달려갔다.

이른 새벽이라 한참을 기다려서야 면회가 되었는데, 이인은 "도대체 이번 일은 무슨 죄에 해당하느냐. 당신네는 보안법위반이라고 생각하는 모양인데 설령 그렇다고 하자. 보안법은 미수범(未遂犯)을 처벌할 수 없는 것이 아닌가. 이것이 문화정책이라는 것이냐, 미수행위마저 처벌하겠다는 것이야말로 진짜 언론탄압이라고 해야 할 것이다." 라고 따졌다. 이인은 계속하여, 사회의 저명인사 30여 명이 갇혀 있으면 필시 신문에 알려질 터이요, 언론 탄압을 규탄하려다 곤욕을 당하였다면 신문들이 가만있겠느냐 하면서 경찰서장을 을러댔다. 모리경찰서장은 경찰서에 전화를 해서 전원 석방을 지시하였다.

언론탄압 규탄 대회는 수포로 돌아갔지만, 같은 취지로 만든 수요구락부(水曜俱樂部)는 꾸준히 활동하여 효과를 거두었다. 이 단체는 1926년 이인의 사무실에서 처음으로 거론되었고,[70] 수요구락부라는 이름은 "군자지교담약수"(君子之交淡若水)[71]라는 글귀에서 따왔다. 발의된 뒤에는 이인을 중심으로 한 몇몇 간사(幹事)들을 중심으로 운영된 듯하며, 1927년 3월 6일 경성시내 관수동(觀水洞)에 소재한 이인의 사무실에서 간사회를 열어 간사 12인을 증선하고, 4월 2일에 발회식(發會式)을 가졌다.[72] 이해 5월에는 사무실을 이인의 사무실에서 서소문정(西小門町)으로 이전하고, 이인은 이종린 등과 함께 5인의 상무간사 중 1인으로 선출되었다.[73] 이 단체는 겉으로는 담담한 친목을 표방하는 사교 단체로 출발하였으나, 한민족의 실상을 해외에 알리자는 취지에서 결성되었다.

당시 일제는 한민족과 한국인의 비참한 실정은 뒷전에 감추고, 총독정치를 '문화정치'·'선정'(善政) 따위의 용어로 미화하여 세계에 선전하면서, 또 한편으로는 한민족은 미개한 열등민족이므로, 일본이 이들을 다스리고 잘 지도해야 한다고 호도하는 데에도 열을 올렸다. 한국을 방문하는 외국인이 있으면, 일제는 이들에게 한국의 실상을 감추기 위해서 최고급인 조선호텔에 묵게 하였고, 교육시설이 좋다는 수송(壽松)보통학교를 보여주었을 뿐 한국의 뒷골목은 보지 못하게 하였다.

이렇게 외국인들이 한국 땅을 실제로 밟아보고도, 현실과 어긋난 그릇된 인식을 갖고 돌아갔으므로, 이인은 이를 우려한 인사들과 함께 수요구락부를 만들었다. 이 구락부는 이름을 따라 모임은 수요일에 가졌고, 이때마다 한국을 방문하는 외국인을 초청하여 연설회와 좌담(座談) 등을 열면서 은연 중에 한국의 실정을 외국에 알리려 노력하였다. 외국인을 맞을 때에는 힘써 한국을 자랑하고 한국문화의 우수성을 소개 · 선전하였다. 수요구락부는 방한한 외국인을 상대로 이러한 모임을 지속해서 개최하였으므로, 당시 언론에서는 수요구락부를 '국제사교기관'으로 표현하기도 하였다.[74]

수요구락부는 외국인뿐만 아니라, 외국에 나갔다 들어오는 국내의 인사들을 초청하여 강연회를 마련하고, 환송회 · 환영회를 열어 단합의 기회를 가졌다. 또 연말과 연시를 맞아서는 송년회나 신년회를 열어서 민족진영의 인사들 사이에 의미 깊은 교류를 도모했다. 교육진흥을 꾀하기 위해서 육영사업에 공이 큰 중동학교장(中東學校長) 최규동(崔奎東)과 근화여학교장(槿花女學校長) 차미리사(車美理士)를 초청해서 표창하고 위로연을 베풀기도 하였다. 그러나 수요구락부는 출범한 지 4년을 넘기지 못하였다. 일제가 민족의식이 강한 단체라고 지목하여, 까다롭게 간섭하고 탄압하였으므로 더 이상 활동을 지속할 수 없었다.

2. 민중생존권 확보와 인권 옹호 변론

1) 농민·노동자의 생존권 확보 변론

나체 공판(裸體公判)이 있던 1924년 바로 그해에, 이인은 창원소작쟁의(昌原小作爭議) 사건을 맡았다. 이 사건은 당시 악명 높은 동양척식주식회사(東洋拓殖株式會社, 일명 동척)의 일본인 마름이 창원 지방의 소작인 두 사람을 상대로 소작료 청구소송(小作料請求訴訟)을 제기한 데에서 시작되었다. 이때 동척에서는 논에 심는 봄보리까지 소작료를 받으면서 소출(所出)의 6할을 요구하였고, 이를 거부하는 소작인 중 가장 강경한 한두 사람을 골라 본보기로 고소하였다. 이에 소작인들의 불만이 마침내 폭발하여 곳곳에서 소작쟁의가 일어나서 진정될 기미가 보이지 않자, 동척은 경찰을 끌어들여 2백여 명을 잡아들였다. 사태가 이렇게 커지자, 당시 소작인들을 대변하고 있던 진해청년회(鎭海靑年會)는 이인에게 연락해 사정을 알리면서 도움을 요청하였다.

이인은 무료변론을 자청해 곧 진해로 내려가서 일단 사태를 파악했다. 이 소송 건은 소작인 두 사람을 합쳐 청구한 액수는 고작 14원에 불과했다. 그러나 만약 이 재판에서 동척이 승소한다면 창원을 비롯해서 진해·마산(馬山)·삼랑진(三浪津) 일대에서 동척의 땅을 빌려 농사짓는 5만여 소작인의 소작료 문제로 파급되기 때문에, 소송 사건의 결말은 이들 5만 명 소작인의 생명선과도 직결이 되는 중대사였다.

이인은 자신을 마중 나온 농민들의 모습을 떠올리면서 변론에 임했다. 그가 마산에 내리자, 역 앞은 그를 맞으려는 농민들로 가득하였다.

이 날 마침 보슬비가 내렸는데 농민들은 도롱이를 받쳐 입고 삽이나 괭이를 들고 있었다. 그는 농민들의 모습을 바라보자니, 얼마나 시달리고 의지할 데가 없었으면, 나 하나만을 믿고 이렇게 모였을까 생각하면서 눈물을 흘렸다.

이인은 곧바로 법원으로 향하였다. 그는 부산지방법원의 마산지원(馬山支院)이 있는 신마산(新馬山)까지 가기 위하여 구(舊)마산 역부터 10리 가량의 길을 걸었는데, 재판 결과를 보려고 따라온 농민들이 수백 명이었다. 길가에는 일본 경찰들이 이를 단속하기 위해 총부리를 겨누고 따라왔으므로, 분위기는 다소 긴장되고 살벌하기까지 했다. 이인 곁에 바싹 붙어서 호위하는 청년 회원 한 사람이, "여차직하면 불을 지르고 한판 벌이기로 결의가 돼서 석유를 2통이나 준비했다"고 귓속말로 알려 주었다. 법원에 당도했을 때는 군중이 더욱 몰려들어서 법원 건물 주변을 완전히 포위하였다. 기세에 놀란 일본인 마름은 벌벌 떨면서 그 자리에서 소(訴)를 취소해 버렸다. 이렇게 이 민사 사건은 단 한마디의 변론도 하지 않은 채 싱겁게 끝났다.

이인은 그 날 저녁 여관에 들었는데, 도지사와 군(郡)의 책임자가 찾아와서 소작인들을 대표하여 중재를 요청하였다 그는 처음에는 자신에게 그럴 권한이 없다고 잡아뗐으나, 파란을 일으켜봐야 소작인들에게 득이 되지 않겠다 판단하고 몇 가지 조건을 내걸었다. 첫째는 구속된 사람을 무조건 석방하고 나중에 이 일로 형사소추(刑事訴追)하지 말아라, 둘째는 말썽이 날 만한 소작료를 청구하지 말아라 등이었다. 첫 번째 조건은 악독한 동척의 수작을 미리 못박아 예방하자는 의도였다.

이튿날 구속되었던 2백여 명의 소작인 전원이 석방되자, 이인은 자신이 내건 첫 번째 조건이 이행되었음을 확인하고 마산을 떠났다. 그러나 간교한 일본 관헌이 이 일에 보복하지 않을 리 없었다. 일본 경찰은 3~4개월 가량 시간이 지난 뒤, 기다렸다는 듯이 진해청년회를 기습하여 회원 9명을 잡아갔는데, 등사판에 인쇄한 문서를 구실 삼아 출판법(出版法) 위반이란 혐의를 씌워 보복하였다.

이인은 민중들의 생존권 투쟁에도 발벗고 나서 변호하였다. 그가 관여했던 노동운동 변론으로 경성전기주식회사(京城電氣株式會社, 일명 경전) 노동자들의 파업이 있었다. 파업은 1925년 1월 27일 경전의 운전수·차장 대표 각 10명이 회합하여 요구조건 등을 협의하고, 회사가 불응할 시 동맹파업과 총사직을 결의하면서 시작되었다. 다음날인 28일 경전의 차장(車掌)·운전수 5백여 명의 대표 6명이 회사에 "1 현재의 승무원을 용원(傭員)으로 대우치를 말고 고원(雇員)으로 승격할 일"·"3. 출근시간을 8시간제로 하야 급료는 일급(日給)으로 변경할 일"을 비롯하여 "14. 승무원의 수양과 오락을 위하야 도서실, 오락장, 욕실, 숙박소 등을 설치하야 줄 일" 등 14건의 요구조건을 제출하고 맹파(盟罷, 동맹파업을 줄여서 이리 표현하였음)로 대항하기로 언명하였다. 파업에는 강성파뿐 아니라 온건파도 참여하여 전 종업원이 일치하였다.[75]

이 파업은 서울에서는 처음 보는 노동자의 집단행동이었다. 경전의 전차 종업원 5백여 명이 파업에 들어가자, 서울 시민의 유일한 발이나 다름없는 전차의 운행이 끊겼으므로 큰 혼란이 일어났다. 일제 경찰이 파업에 참여한 사람들을 엄단하겠다고 엄포를 놓았고, 경전 측은 처음에는 간부급들까지 직접 나서 전차의 핸들을 잡으며 버티었으나, 끝내는 노동자들의 요구를 들어주지 않을 수 없었다.

파업이 일단 수습되자, 일본 경찰이 보복하기 시작했다. 회사 내의 전구·전기갓 등 자질구레한 기구가 없어진 일을, 종업원의 짓이라고 꾸며내 노동자를 검거하기 시작하였다. 5백여 종업원 중 2백여 명을 잡아 가두었으므로 경찰서는 어디나 만원이었고, 이들 중 18명은 공판까지 넘어갔다. 이인이 변론을 맡고 보니, 경찰이 종업원들을 검거한 짓은 파업에 보복하는 탄압책이었다. 일제는 노동자들을 절도죄로 기소하였으나, 증거가 뚜렷하지 않았으므로 공판 결과 18명은 모두 실형을 면하고 석방되었다.

이 재판이 끝난 지 얼마 지난 어느 날 아침, 이인은 자신의 관수동(觀水洞) 사무실 앞으로 밀려드는 4~5백여 명의 행렬을 보고 깜짝 놀랐다. 이들은 경전 종업원들이었는데, 도시락을 싸들고 출근하는 길에 무료변론에 고맙다는 표시로, 이인의 사무실을 향하여 줄지어 행진하는 중이었다. 일본 경찰이 이를 보고 놀라서 출동했으나, 질서정연한 노동자들의 행진에는 할 말이 없었다.

경전 노동자들의 시위는 조직화된 노동운동의 힘을 느낄 수 있는 단면이었다. 경전 노동자들은 부당한 노동현실에 대항하는 파업을 벌인 뒤, 고마움을 표하는 집단 행진으로써 자신들의 단결력과 기세를 시위하였다. 이인은 사무실 앞에 나가, 대표들과 악수를 나누면서 답례하였다. 일제도 어찌할 수 없었던 성숙한 시위였다.

1920년대 들어 식민지조선에 일본인 자본가들이 활발하게 진출하였고, 극소수였지만 조선인 자본가도 형성됨으로써 근대식 산업과 공장이 들어섰다. 이에 따라 조선인 노동자의 수도 계속 증가하는 추세였지만, 이들의 노동조건은 그야말로 극악한 상태였다. 조선인 노동자들의 열악한 노동조건, 무엇보다도 일본인 노동자와 조선인 노동자

사이의 민족차별에 따른 부당한 대우는, 조선인 노동자들의 노동쟁의도 증가시켰다. 당시 시대의 한 조류로 파급한 사회주의 사상도 노동자들의 사회의식·민족의식을 크게 향상시켰고, 열악한 노동조건에 조직화된 힘으로 대항하는 투쟁의 수위를 높이는 데 막대한 영향을 미쳤다. 이러한 배경 하에서 일어난 노동쟁의 가운데, 가장 대규모로 조직화되었던 투쟁이 원산부두(元山埠頭)의 대파업이었다. 이인은 원산총파업이라 불리는 노동자들의 투쟁도 적극 변호하였다. 그가 식민지시기 노동운동을 어떻게 인식하였는지는 아래 인용문에 잘 나타나 있다.

(자료 1 - 3 - G)
3·1운동의 뒤를 받은 1920년대는 우리 사회에 여러 가지 새로운 기운이 일던 시절이다. 이 가운데서도 특이할 만한 것은 노동운동의 발흥이니 이때의 노동운동은 우리 노동자들이 인간답게 살고자 하는 몸부림이요, 항일독립에 직결되는 민족운동이었던 것이다. 그렇기 때문에 우리 법조인들은 적극적으로 쟁의에 간여했다. 그 중에 가장 규모가 컸던 것이 원산부두의 대(大)파업이요, 감명 깊기로는 경전파업이었다.[76]

이인은 회고록을 집필하는 1970년대까지도, 사회주의 사조의 영향을 받은 식민지시기 노동운동까지도 생존권 투쟁이자 항일민족운동으로 인정하는 폭넓은 사고를 유지하였다. 그가 식민지시기 노동자들의 생존권을 옹호하는 열띤 변론을 자청한 이유였다.

개항이 빨리 되었던 원산에는, 일찍부터 노동운동이 발달해서 원산노동연합회(元山勞動聯合會)가 결성(1921. 3. 15)되었다. 원산총파업이 일어날 무렵에는, 부도 노조를 중심으로 8개의 단위 노조를 가지고 있었고, 54개의 가맹단체에 조합원의 총수가 2천여 명에 이르렀다. 원산에서 식민지시기 노동운동의 상징으로 불리는 원산총파업이 일어났음은 우연이 아니었다.

원산총파업이 발단하는 때는 1928년 9월이었다.[77] 파업은 당초 영국계 라이징 선(Rising Sun) 석유회사에 딸린 시설인 문평유조소(文坪油槽所)의 석유 노조원들이, 일본인 지배인과 감독의 폭행을 견딜 수 없어 들고일어난 데에서 시작되었다. 일본인 감독 파면, 최저임금제 확립, 해고수당 제정, 작업 중 사망한 노동자의 가족에게 위자료 지급 등을 요구하면서, 노조원들이 파업을 일으키자, 회사 측은 당황하여 모든 요구조건을 들어주겠다고 약속하였다. 파업은 이렇게 일단 수습이 되는 듯하였다.

그러나 회사 측은 약속한 3개월이 지나도록 아무런 회답도 하지 않았을 뿐 아니라, 일체의 노동단체를 인정하지 않았으며 단체교섭권도 거부하는 태도로 나왔다. 이에 노동자들이 라이징선 회사로 가는 화물은 일절 취급하지 않기로 선언하자, 원산노동연합회 산하 1천 8백여 부두 노동자들이 연쇄 동조 파업을 일으켰고 원산부두는 마비상태에 빠져버렸다. 이것이 1929년 1월 14일의 일이었다. 원산 지역 내 모든 노동자들에게 누적된 불만은, 쟁의가 확대 · 파급된 근본 원인이었다.

원산부두 노동자들이 원산에 들어오는 전국 각지 모든 화물의 양륙(揚陸) · 선적(船積) · 운반(運搬)을 일체 거부하자, 설 대목을 앞둔 부두에는 화물이 산적하였다. 원산 항만 경제가 흔들리자 상가가 모두 철시하는 사태까지 벌어졌다.[78] 일제는 인천에서 노동자 2백여 명을 불러다가 노동을 대신케 하였는데, 낮에는 채찍으로 강제하여 일을 시켰고, 밤에는 달아나지 못하게 창고에 가두었다.

원산노동연합회는 서울의 조선인변호사협회에 파업의 전말을 보고하며 대책을 강구해 주기를 의뢰하였고, 변호사협회는 긴급 간부회의를 열어, 일단 이인을 파견하여 조사하기로 결정하였다. 이인은 2월 2일 밤 서둘러 서울을 출발하여 3일 아침 원산에 도착하였다. 각 신문사에서도 다투어 특파원을 파견하여 원산총파업의 실상을 보도하였다. 이인은 원산으로 향하던 중 기자들에게 "여하간문데는 원산에국한한문데가아니요조선덕이니만큼전조선법조계에호소하야여론을 환긔케 할것입니다"라고 각오를 피력하였는데,[79] 노동자들의 문제가 민족문제임을 인식한 발언이었다.

이인이 원산에 당도한 날은, 파업이 일어난 지 20여 일 지난 2월 3일 아침이었다. 부둣가에는 차가운 겨울바람이 몰아쳐 무척 스산하였다. 그는 원산에 도착하자마자 쉬지도 않고 분주히 움직였다. 먼저 공정한 여론을 들을 목적으로 각 신문 원산 지국을 방문한 뒤, 쟁의단의 총본부에 해당하는 원산노동연합회를 찾아가 위원장 김경식(金瓊植)[80]에게서 전후 경과를 자세히 들었다. 마침 그곳에는 50여 명의 파업단원들이 모여 있었다. 이인은 이들에게 다음과 같은 뜻으로 "열렬히 격려"하였다.

  (자료 1 - 3 - H)
  여러분의 텰가튼단결을통하야 싸우고잇는 금번쟁의에대하야 비상한 경의를가지고잇다(중략 : 원문임)법치국인이상여러분이 합법덕태도로만 어듸까지든지 자본가를대항하여 나간다면 경찰도무리한 간섭을하지못하리라[81]

변호사 이인은 노동자들에게 합법투쟁을 당부하였다. 그가 일제의 탄압 아래서 노동자들의 생존투쟁과 인권을 보호할 수 있는 범위였다. 이때의 정황인지는 확실하지 않지만, 이인은 자신이 노동자들에게 연설한 대목을 〈자료 1 – 3 – I〉과 같이 회고하였다. 노동자들은 장기전을 해서라도 이겨보겠다는 결심에 불탔고, 이에 대비해 원산역 앞에는 수십 부대의 만주좁쌀을 쌓아놓았다. 조선인 변호사들이[82] 왔다는 소식을 들은 노동자들은 크게 고무되었고, 변호사들에게 비상한 관심을 갖았다. 이에 답하여, 그는 좁쌀부대에 올라가 즉석에서 연설하였다.

> 〈자료 1 – 3 – I〉
> 인간이 산다는 것은 엄숙하고도 존귀한 것이다. 그러므로 그 누구도 우리의 생존권보위(保衛)를 침해할 수는 없다. …… 우리 노동자들의 요구는 가장 당연할 뿐 아니라 누구라도 이를 거부할 수 없는 일이요, 만일 이를 막기 위해 인권유린이 있을 경우 전체 변호사들은 이를 묵과하지 않겠다.[83]

이인이 노동자들을 격려한 현장에는 일본 경찰 몇 명이 경비를 나왔으나, 멀리서 바라만 보고 있었다. 노동자들이 단결해서 대담하게 항거에 나서면서, 장기전에 대비해 식량까지 준비하였고, 원산 근처의 농민들도 식량과 신탄(新炭)을 실어다 주며 노동자들을 격려하자, 일본 경찰도 섣불리 손을 댈 수가 없는 형세가 되었다.

이인은 원산노동연합회를 방문한 뒤, 가장 문제가 된 인천노동자의 숙박소인 구토목출장소(舊土木出張所)의 창고에 이르러 그들의 처참한 상황을 직접 시찰·확인하였다. 후술하듯이, 그의 분노는 이곳에서 절제하기 힘들 정도로 극에 달하였다. 이어 상업회의소(商業會議所)를 찾아가서 회두(會頭)에게 쟁의의 책임 소재를 격렬하게 따지면서, 모든 책임을 지고 사태를 해결하라고 요구하자, 분위기는 한때 험악해지기도 하였다. 이어 그는 원산경찰서로 경찰서장을 방문하여 불법감금 사실과 집회의 취체(取締) 및 경찰서에서 노동자를 모집·원조한 과정 등을 캐물으면서 장시간 담판한 후 4일 아침에 일단 귀경하였다. 이인이 분노하면서 전한 인천노동자들의 처참한 생활 광경은 다음과 같았다.

<blockquote>

(자료 1-3-J)

ⓐ 인천로동자의그처참한광경은이로형언할수업는터에더구나병상자(病傷者)가오륙명이나생겨 신음하는형상은완연한디옥생활이엇스며 창고마루바닥에거적을쌀아노코 잠을자니그비위생덕인것이야 말할것도업지오 그러고 특히로동자감금문데에대하야당국은구구한변명을하나외출(外出)을금하고다른사람들과의접견(接見)을엄금하야로동자의일체자유행동을구속하는 것이사실상 감금(監禁)이아니랄수업다(『동아일보』)

ⓑ 지금은엄동설한인 데 인천로동자의숙박소는 첫재널마루위임으로 방한설비가 극히불충분할쑨더러 잠자리와 덥는니불이 부족하며 쏘방이좁아서 아모리건강한 사람이라도 일주일만잇다면 큰병이들디경이엇습니다 먹는것을 즉접보지 못하엿스니 모르지만 거처가 저러할쌔에야 무엇이 변변 하겟슴니까 실로인도상 큰문데인줄압니다(『조선일보』)[84]

</blockquote>

이러한 노동자의 생활상은 흡사 남북전쟁 전의 미국 흑인노예들의 실태와 전혀 다르지 않았다. 숙사(宿舍)라고도 할 수 없는 참혹상을 보아도 파업이 일어난 사정을 충분히 알 수 있었다. 이인은 노동자들의 참상을 목도하고 분개하면서 여실하게 폭로하였고, 그의 말과 행동은 언론에 보도되어 전민족의 공분과 함께 후원을 불러왔다. 그는 원산에서 상경한 뒤 변호사협회에 보고하였고, 변호사협회는 5일 긴급회의를 열어 대책을 협의하였다.[85]

원산총파업이 일어나자, 일제는 노조의 장부를 압수하고 간부를 연행하는 등 강하게 탄압했다. 그러나 이러한 조치는 불길에 기름을 붓는 격으로 전국의 조선인들을 분노하게 만들 뿐이었다. 분개한 조선인들은 식량·의복·성금을 거두어 노동자들을 격려했고, 전국 곳곳에서 파업을 지원할 성금을 갹출하기 위하여 금주단연(禁酒斷煙) 운동이 일어났다. 이렇게 노동운동을 넘어서 한민족이 단결력을 내외에 과시하자, 해외에서도 이 소식을 알게 되었고, 일본의 고베(神戶)·오다루(小樽) 등지에서는 동조 파업이 일어났다. 중국과 프랑스의 노동자들은 원산 노동자들에게 격려 전보를 보내왔다.

이때 일본 경찰은 노조원들을 연행하여 고문을 가했는데, 그 중 한 사람이 매를 못 이겨 죽고 말았다. 분격한 노조원들 2백여 명은 그 노조원의 시신을 메고 시가행진을 벌이다가 일본 경찰과 충돌하여 난투극이 일어났다. 이 때문에 노조의 핵심 행동대원들이 모두 검거되었고 파업의 기세는 한풀 꺾이었다.

그러나 노동자들은 82일간이나 버티며 싸웠다. 4월 6일에 파업이 끝났을 때 노동자들은 기진맥진하여 꼼짝도 할 수 없었다. 일본 경찰은 노조위원장 김경식 등 간부 7명을 공판에 넘겼다. 이인과 김병로는 원산에 체류하는 동안, 줄곧 감시와 미행을 받아 행동이 여의치 않은 상황에서도 혼신을 다하여 변론하였지만, 3월 5일 함흥지방법원에서 진행된 공판에서는 18명의 피고 노동자들에게 최고 3년에서 최하 30원의 벌금이라는 유죄 판결이 나왔다.[86]

이 무렵 이인은 수원고농 사건도 변론하였는데, 3월 5일의 변론이 문제가 되어 5월 5일부로 변호사직을 6개월 동안 정직 당하였으므로 [(제2장-2-4)를 참조], 경성복심법원에서 진행된 2심은 변호사진이 교체된 상태에서 진행되었다. 5월 26일 공판에서 검사는 17명의 피고 노동자들에게, 최고 징역 3년이었던 피고에게는 5년을, 최하 형량을 8

개월로 양형하는 등, 1심에 비해 배에 가깝게 과중한 형량을 구형하였다.[87] 그러나 6월 2일 경성복심복원의 언도 공판에서는, 최고 징역 3년 최하 징역 6개월로 재판이 종결되었다.[88] 노동자들은 모두 3년~6월의 실형을 선고받았지만, 큰 시야에서 보면 이들의 파업투쟁이나, 이인·김병로를 비롯한 조선인 변호사들의 변론이 결코 헛수고는 아니었다. 이인은 원산총파업을 다음과 같이 평가하였다.

> (자료 1-3-K)
> 파업과 공판이 끝나고 보니 일은 모두 실패된 것만 같았다. 그러나 이 파업은 노동자와 민족의 의식을 일깨웠고 우리나라 노동운동사상 단체교섭권 획득을 위한 첫 번째 투쟁이란 점에서 큰 의미를 갖는 것이었다.[89]

원산총파업은 일본 고용주들에게도 큰 타격을 주었지만, 이인이 지적한 대로 노동자들의 사회의식과 민족의식을 크게 높였고, 일제 식민통치자들이 조선인 노동자계급을 새롭게 인식하는 계기가 되었다.

2) 인권옹호 변론

1924년 초가을[90] 이인은 특이한 사건을 변호하였다. 그가 하루는 사무실에서 기록을 뒤적거리고 있는데, 사무원이 느닷없이 "벙어리 재판을 다 보았다."고 말했다. 무슨 말이냐고 묻자, 사무원은 함경도 여인이 남편을 독살했다는 죄로 재판을 받고 있는 중인데, 사투리가 심해서 말을 알지 듣지 못할 지경이고, 일본말로 옮기는 통역도 시원찮아 '벙어리 재판'이나 다름없었다고 전했다. 이인은 그렇게 의사소통이 되지 않고서야 필경 억울한 꼴을 당하겠구나 하는 안타까운 생각이 들었다.

이인은 그날 법원에 들어가는 길에 '벙어리 재판'—이인의 표현이다—을 담당한 재판장실에 들렀다. 재판장도 마침 그 사건 기록을 보던 참이었으므로 기록을 잠깐 보여 달라 했다. 이인이 기록을 훑어보니, 함경북도 명천군(明川郡) 하가면(下加面) 지명동(池明洞)에 사는 김정필(金貞弼)이라는 여인이, 시집간 지 몇 달 만에 밥그릇에 독약을 넣어 남편을 독살했다는 내용이었다. 피고인은 청진(淸津)지방법원에서 사형을 선고받고서, 복심법원에 항소했는데 이미 사건 심리도 끝났고 선고 기일만 남긴 상태였다. 그런데 해당 사건의 서류에는 언뜻 보아도 이상한 점이 많았다. 우선 증인심문을 한 내용부터 엉성하였다.

이인은 이 사건을 맡기로 하고 변론재개(辯論再開)를 신청했다. 그가 법원을 나서는데 기자들이 모여들어 무슨 일이냐고 묻자 '벙어리 재판' 이야기를 했더니, 신문마다 대서특필해서 "김정필은 생사의 갈림길에서 과연 어떤 운명이 올 것이냐"는 투의 기사를 썼다. 또 '절세(絕世)의 미인(美人)'·'희대(稀代)의 미인' 따위로 과장 보도함으로써 '벙어리 재판'을 '미녀 재판'(美女裁判)으로 둔갑시켜 놓았다. 당시 한 일간지의 촉탁기자(囑託記者) 자격으로 있던 심천풍(沈天風, 본명 友愛)이라는 문인(文人)은 여러 날에 걸쳐 사건 내용을 자세히 보도하였는데, 그가 김정필을 미인으로 만든 장본인이었다.

김정필 사건이 언론에 처음 보도되기는 1924년 7월이었다. 『동아일보』에서는 기사 제목부터 '미인'이라는 단어를 사용하여 사건의 개요를 처음 보도한 뒤,[91] 김정필을 '절세 미녀'로 둔갑시켜 동정 섞인 보도를 이어갔다.[92] 재판부와 변호인에게도 김정필을 살려야 한다는 투서가 날아들었다.[93] 김정필의 이웃 사람 60여 명이 연명하여 "남편을 독살한 독부(毒婦)로 동정할 이유가 없다"는 진정서를 재판부에 제출하자,[94] 한 동리 사람을 자처하는 사람이 다시 재판장에게 동정을 호소하며 투서하였다.[95] 세상은 이렇게 두 갈래 의견으로 나뉘어 분분하였고, '절세 미녀'의 얼굴을 보려고 공판 일자만 기다리고 있을 만큼 이 사건은 뜨거운 관심거리였다.

변론재개 공판은 1924년 10월 10일 경성복심법원에서 열렸으나, 쇄도한 방청객으로 법원 일대가 대혼잡을 이루어 공판은 두 시간이나 늦게 시작되었다.[96] 이인에 따르면, 날이 밝자, 방청하려는 인파로 종로 일대는 그야말로 북새통을 이루었다. 법원 근처인 종로 네거리에는 사람들이 새까맣게 들어찼고, 근처 지붕마다 구경꾼이 빽빽이 매달렸다. 종로통(鍾路通)까지 인파가 넘쳐나 네거리 통행이 어려울 지경이었으니 그 수는 수천 명을 헤아렸다. 이 때문에 다른 법정은 당사자가 입장조차 하지 못해 모조리 휴정(休廷)하는 사태까지 벌어졌다.[97] 이처럼 많은 인파로 붐빈 이유는 서울뿐만 아니라 수원·조치원(鳥致院)·의정부(議政府)·파주(坡州)에서, 멀리는 대전에서도 단체로 몰려들었기 때문이다. 경찰은 이들을 정리하느라 진땀을 뺐고 전차는 발이 묶였다.

이렇게 많은 사람이 '절세의 미인'을 보기 위하여 모여들었는데, 막상 법정에 들어서는 김정필은 20세 안팎으로 몸매가 헌칠하기는 하였으나 미인이랄 데도 없는 수수한 생김새였다. 공판이 열리자, 죽은 남편의 형과 시어머니가 달려들어 피고를 때리고 욕설하는 바람에 법정 안에서 또 한차례의 소동이 일어났다.

이인은 변론에 나서 재판기록의 엉성함을 지적했다. 피고 김정필도 원심(原審) 때에는 남편 잃은 슬픔에 황망한 가운데 울기만 했던 태도를 바꾸어서, 공판 기록이 잘못되었다고 주장하였다. 그녀는 이 일은 시집에서 자기를 죽이려고 꾸며낸 일이며, 하늘만이라도 실상을 알아주면 죽어도 한이 없겠다고 울면서 하소연했다.

언도 공판은 10월 22일 진행되었다.[98] 법원은 방청하려는 인파를 피하기 위해 기일을 공표하지 않았으나 구경꾼은 여전했다. 재판부는 원심의 사형 언도를 뒤엎고 무기징역을 선고했다. 한 여인의 인권을 보호하려는 이인의 조리 있는 변론이, 사형에서 무기징역으로 감형을 가져왔다.

이인이 김정필을 변론한 공은 여기서 끝나지 않고 후일담(後日譚)을 남겼다. 재판이 끝나고 나서 10년쯤 지나, 당시 개벽사(開闢社)의 주간(主幹)을 지낸 차상찬(車相瓚)이 청진 출장을 다녀와서 전한 말이었다. 그가 청진에 출장을 가서 일본 여관에 들었더니, 술시중을 들던 일본 여인이 "서울에서 오셨으면 이인 변호사를 아십니까"라고 물었다. 안다고 하니까 "나는 일본 여자 행세를 하나 사실은 조선사람이요. 제 목숨을 살려준 이가 이(李)변호사입니다." 하면서, 서울에 갈 기회가 있으면 한번 찾아뵙겠다고 전해달라고 하였다. 이인은 차상찬의 이야기를 듣고, 그 여인이 김정필임을 알았다. 그녀는 몇 차례 은사감형(恩師減刑)을 받아 9년 만에 출옥했는데, 형무소에 있는 동안에 일본말을 배워서 일본 여자 행세를 하며 숨어지내고 있었다. 김정필은 그때까지도 이인의 은혜를 잊지 않고 있었다.

뒷날 이인은 이 사건을 다음과 같이 회고했다. "이 사건은 신문에 크게 보도됐던 탓도 있고 해서 많은 관심을 끌었으나 사건 자체로는 그리 큰 것이라 할 수는 없었다. 그러나 신문의 대서특필을 나무라기보다는 인권옹호사상을 계몽하는 데 큰 구실을 했다는 점에서 이 사건을 간과할 수가 없다."

이인이 6·10만세운동의 변론에 이어, 공판의 부당성에 항의하여 수감된 독립운동가의 처우를 개선하고 인권을 확보하는 한편, 조선인의 교육권을 확보하려고 노력한 대표 사례가 통영민중대회(統營民衆大會) 사건이었다. 당시 언론은 보통 '김기정(金淇正) 사건'이라 표현하였는데, 함경남도 제3회 기자대회(1927. 5. 5~5. 7)에서 '김기정 모족(侮族) 사건'이라고 규정[99]한 데에서 발단하여, 통영 지역의 민중대회로 확대되어 일제의 탄압으로 진전된 사건이었다.

통영사건의 발단은 당시 통영 출신의 경상남도 평의원(評議員)이었던 김기정이, 1926년 도평의회에서 발언한 망언에서 비롯되었다. 남해군(南海郡) 평의원 윤병호(尹炳浩)가 일면일교제(一面一校制)를 주장하자, 그는 이를 극력 반대하면서 "현재에잇는 학교만으로 넉넉할쑨 아니라 조선 안에서는 보통학교 교육이 필요치 안타보통학교를 맛치고나면여러가지로사상(思想)이 악화되야 위험함이 만흔즉보통학교는더는 필요가업다"고 망발한 데 이어, 평의회에서 조선인 통역을 철폐하자고도 주장하였다.[100] 예나 지금이나, 이러한 망발은 일본인뿐만 아니라 친일 조선인에게서도 뛰어나온다는 단적인 실례였다.

이 사실이 통영 시민들에게 알려지자, 1927년 3월 15일 통영 시민인 김원석(金元錫)의 이름으로 김기정 징토문(懲討文)이 살포되었고, 동월 17일 지역의 청년 유지들이 징토문 살포까지 포함하여 진상조사위원회를 조직하여 조사에 나섰다. 3월 22일 600여 명이 모인 '김기정대징토문(對懲討文)진상보고회'가 열렸고, 등서(謄書)하여 입수한 김기정 발언의 속기록을 낭독하자 회중은 분개하였으며, 이 자리에서 곧바로 '김기정징토시민대회'를 개최하여 집단행동을 표출하기 시작하였다. 이 대회에서 모든 통영 시민은 김기정과 절교한다, 죄상을 전 조선 민중에게 알리자, 공직에서 사퇴케 하자, 성토 강연회를 개최한다는 등 5개 항의 결의가 즉각 이루어졌다.[101]

통영 시민이 분격하는데도, 김기정은 3월 28일 적반하장격으로 오히려 선수를 쳐서 김원석·박봉삼(朴奉杉, 전도사) 등 5명을 명예훼손과 기물파손죄로 통영경찰서에 고발하였다.[102] 일제 경찰은 기다렸다는 듯이, 5명 외에 지역의 유지들까지 검거·구속하였다.

5월 9일 통영경찰서가 김기정 사건의 조사위원과 징토위원 11명을 구속하자,[103] 성토 대회를 금지시킨 일제 경찰을 향한 분노까지 겹쳐, 이중으로 분개한 군민 수천 명이 5월 13일 김기정의 집에 습격하여 투석하는 일이 일어났다. 통영 경찰은 인근 지역의 병력까지 동원하여 진압에 나섰고,[104] 14일 새벽까지 200여 명의 군민을 검거하였으며, 통영경찰서에는 기관총까지 설치하여 통영경찰서 앞은 신문보도 그대로 계엄상태였다.[105]

일본 경찰은 이 일에 소요죄(騷擾罪)를 들씌웠는데, 공판에 넘어간 사람은 김원석·박봉삼 등 12명이었고, 첫 공판은 9월 19일에 열렸다.[106] 이인은 공판에 앞서, "조선인의 교육을 부정함은 민족을 멸망시키자 함과 무엇이 다른가. 군민들의 의사에 반(反)한 의원 발언은 징토(懲討)받아 마땅하고 따라서 군민들의 의분(義憤)은 당연하다 할 것이다."는 요지의 변론을 준비하였다. 그는 단단히 준비를 하고 법정에 섰으나, 이시무라(石村)라는 재판장이 망발을 함으로써 재판은 엉뚱한 곳으로 흘러갔다.

재판장은 피고들에게 사실심리를 하던 중, 박봉삼의 심리가 끝나자

상식 밖의 돌출 행동을 하였다. 그는 돌연 피고들에게 "아무아무 말한 사실에 틀린 것이 없느냐"ㆍ"예심결정서의 사실을 승인하느냐"고 물어서, 틀리는 점이 있다고 답하면, 그 틀린 점만을 말하라고 다그쳤다. 이인은 보다 못해 재판장에게 "예심결정서를 일일이 읽어 피고들에게 조건조건히 물어 달라"고 요구하였다. 그러자 재판장은 "예심결정서를 한번 더 낭독할 터이니 잘 들어라"고 선언한 뒤, 서기를 시켜서 낭독케 하던 중에 다음날 개정하겠다는 한마디를 내뱉고는 횡하니 퇴장해버렸다.[107] 재판장의 어처구니 없는 행동에, 어안이 벙벙한 사람은 변호사 이인만이 아니었다. 이와기(岩城)라는 일본 검사도, 휴정한다는 말조차 없이 퇴정(退廷)해 버리는 재판장을 그저 멍하니 쳐다볼 뿐이었다.

이인은 법정에서 2층 판사실로 통하는 계단을 쏜살같이 올라갔다. 법모(法帽)가 뒤로 벗겨졌으나 수습할 겨를도 없었다. 이인이 판사실에 막 들어서려는 재판장을 붙들고서, "왜 재판을 하다 말고 이말 저말도 없이 나가버리느냐"고 따지자, 이시무라는 "지금 재판하지 않았느냐"며 기막힌 대답을 하였다. 언쟁은 판사실에 들어가서 계속됐다. 결국 1시간여 동안 격론을 벌인 끝에, 재판장은 미안하다고 사과하면서 점심 먹은 뒤 재판을 다시 열자고 했다.

10월 3일 마산지청에서 개정한 언도 공판에서, 재판장 이시무라는 김원석ㆍ박봉삼에게는 1년 3개월을, 다른 피고들에게는 최하 10개월의 징역을 선고하면서 생억지로 재판을 끝냈다.[108] 피고들은 대구복심법원에 항소해서, 1928년 4월 10일 공판이 개정되었다. 검사는 출판법 위반 및 명예훼손ㆍ상해(傷害)ㆍ협박ㆍ훼기(毁棄)죄를 적용하여 1심대로 형량을 구형하였으나, 이인 등 5명의 변호사는 열렬히 무죄를 주장하였다.[109] 5월 1일 언도공판에서는 김원석에게 징역 8개월의 실형이 언도되었고, 이외의 사람들에게는 집행유예가 선고되었다.[110] 통영민중대회 사건은 이인이 재판장의 횡포(橫暴)에 맞서 승소한 사례였다.

3. 민족문화 보전과 한글 수호 운동

1) 3'ㄹ'(말·글·얼)을 지키자

이인은 한글을 사랑하는 깊이도 남달랐다. 그는 조선어학회의 회원이 되어 한글 수호와 발전의 파수꾼으로 활동하다가 3년 간 옥고를 치르기도 하였다. 이제 제1편의 마지막 주제로, 이인이 민족문화를 보전하고 한글을 수호 · 발전시키려 애쓰다가, 혹심한 옥고를 치른 조선어학회 사건을 서술하기로 한다.

이인은 한글학자는 아니었으나, 일찍부터 조선어연구회(朝鮮語研究會)의 회원으로 활동하였다. 조선어연구회는 조선어학회의 전신으로, 1921년 12월 3일 장지영(張志暎) · 이병기(李秉岐) · 권덕규(權悳奎) 등 사립학교의 '조선어' 교원들이 중심이 되어 창립한 연구 단체였다. 이 연구회는 1927년 2월 10일 동인지로 『한글』을 창간했는데, 재정난으로 휴간되었다가 1932년 5월에 속간되어 현재까지 간행되고 있다.

1930년대 들어 일제가 한민족의 말과 글을 말살하려는 정책을 강화하자, 한글학자들은 사회 지도층 인사들의 도움을 받아, 1931년 1월 10일 조선어연구회의 명칭을 조선어학회로 개칭하여 재조직하였다. 이후 조선어학회는 '연구회'보다 향상된 '학회'의 이름으로, 한민족의 말과 글을 지키고 발전시키기 위하여 많은 사업을 추진하였다. 국내 사립교육기관에서 사용하는 한글 교재를 보급하는 일을 비롯하여, 회원들이 전국을 순회하면서 한글을 가르치는 대중교육 활동과 병행하여 한글맞춤법통일안도 완성·공표하였다(1933. 10. 29). 조선어학회는 이에 만족하지 않고 더 나아가 민족의 대사업인 조선어사전을 편찬하는 작업을 서둘렀다.

이인은 조선어학회에서 활동한 일이 계기가 되어 조선어학회 사건으로 혹독한 옥고를 치렀다. 그는 이를 가리켜 "내 자신이 이상하게 느낄 때가 있으면서도, 이는 결코 우연이 아니라고 생각한다."고 말하였다. 그가 "우연이 아니라"고 단언한 이유는, 한글을 비롯한 민족문화를 사랑하는 민족의식이 어릴 때부터 싹터서 발전하였기 때문이다.

이인은 1910년 무렵 15세의 나이에, 중국의 문호 량치차오(梁啓超)의 『음빙실문집』(飮氷室文集)과 『월남망국사』 등을 독파하였다[(제1편-제1장-1-3)을 참조]. 그는 이때의 독서가 민족의식을 형성하는 원형(原型)이 되었음을 다음과 같이 적었다.

> (자료 1-3-L)
> 내가 어릴 적에 중국의 문호 양계초가 저술한 음빙실문집 중에서 월남망국사를 읽고 우리 현실과 견주어 생각하며 밤새운 일은 이미 말하였거니와 그 책을 보니 「프랑스」는 월남을 침략한 후 「베트남」 말과 글을 말살하고 심지어는 「프랑스」 창씨(創氏)를 강요하여 월남 고유의 민족사상과 정신을 아예 없애려 하였다. 이에 승려들이 일어나 비밀리에 돌아다니며 「베트남」 말과 글을 전파하며 고유문화를 지키고 민족의식을 일깨우니 「프랑스」가 이를 심하게 탄압하였다.
> 그때는 월남이나, 우리나라뿐 아니라 서구, 중동 지역에서도 이웃 강대국

의 침략을 만나 멸망한 나라가 많은데 어디서나 애국지사들은 비밀리에 자기네 고유문화와 문자를 보존하고 보급시키는 일을 첫째로 삼으니 이로써 민족의식을 강고히 해 가면서 장래의 독립기초를 준비하였던 것이다.[111]

　어려서부터 한글에 소중함을 깨달은 이인은, 평소에 "우리말과 글을 지켜야 한다는 역사적인 현실을 인식하고 있는 터라 우리말의 법리(法理)와 철자법에 상당한 관심이 있었다." 그래서 조선어연구회가 한글맞춤법의 옳고 그름을 설문(設問)하는 경우에는 빠짐없이 성의껏 응답을 하였고, 아울러 자신의 의견도 개진하였더니, 이러한 노력이 쌓여서 1926년에는 자연스레 조선어연구회의 회원이 되었다.

　이인이 민족어의 중요성을 깨달은 때는 『음빙실문집』 등을 읽는 15세 즈음이었고, 민족어를 지키고 발전시키려는 정신이 전문학자와 동행하기 시작한 때는 맞춤법 설문에 응하는 1926년(31세)을 전후한 무렵이었다. 이후부터 그는 조선어연구회의 활발한 활동에 적극 동반하였다. 당시 조선어연구회는 말 · 글 · 얼은 '3(三)ㄹ'이니, '3ㄹ'을 없애버리고 나면 한민족이 영구히 사라진다고 만다'는 주의(主義) 아래, 민족의 말과 글을 보존하고 발전시키기 위하여 온갖 노력을 기울였다. 이 모든 성과들은 조선어연구회의 후신인 조선어학회의 사전 편찬 작업으로 귀결되었다.

　1935년경 이극로(李克魯)가 중심이 되어 조선어사전편찬회 후원회를 조직하자, 이인도 장현식(張鉉植) · 이우식(李祐植) · 임혁규(林爀圭) 등과 함께 참여하였다. 임혁규가 남긴 자료에 따르면, 이인은 1937년에 100원, 1938년에도 100원을 기금으로 납부하였다. 또 조선어학회 사건 예심종결 결정문에 따르면, 이인은 1939년과 1940년에 걸쳐 모두

200원을 사전편찬 기금으로 냈다.[112]

이인은 조선기념도서출판관(朝鮮紀念圖書出版舘)을 창설하는 데에도 앞장섰다. 이 단체는 이극로가 태국(泰國)을 다녀온 뒤, 주위의 지인들에게 여행담을 들려준 데에서 계기가 조성되었다. 그는 태국 사람들이 관혼상제의 큰 일이 있으면 이를 기념하기 위하여 문집(文集)을 제작·발간하여 부처님 앞에 헌본(憲本)하는 풍습을 본으로 들면서, 태국 문화가 진보하는 까닭이 여기 있다고 설명하였다.

이극로는 1935년 1월경 조선어학회 사무실에서 최현배(崔鉉培)·이희승(李熙昇)·이윤재(李允宰) 등에게 찬동을 얻었고, 3월에는 청진정(淸進町, 지금의 청진동) 이인의 집을 방문하여 협의한 끝에 조선어학회와 별개로 조선어 도서를 출판하는 단체를 만들기로 합의하였다.[113] 이인이 이 단체를 조선어학회 '자매기관'으로 기억한 데에는 이러한 이면이 있었기 때문이다. 창립 후 사무소도 조선어학회 건물을 사용하였다.

이극로·이인은 지인들을 중심으로 논의한 끝에, 1935년 3월 15일 조선기념도서출판관(이하 출판관으로 줄임)을 창립하였다. 이 단체는 이극로·이인·이희승 등 24인이 발기하였는데, 김성수·박흥식(朴興植)·방응모(方應模)·송진우·여운형·이종린·조만식·이윤재·정세권(鄭世權) 등에서 보듯이, 한글학자·사업가·민족운동가·교육가·언론인 등 각계 인사들을 망라하였다. 출판관의 취지는 허례허식을 폐지하고 절약한 비용을, 조선문화의 썩지 않는 자취가 될 도서출판에 제공하려는 목적의식에서 출발하였다.

이날 창립회는 발기인 등 20여 명이 참석하여 개최되었는데, 이극로가 취지를 설명한 데 이어 장정(章程)을 통과시키고 역원(役員)을 선거하였다. 관장에는 김성수(金性洙)를, 이사에는 김성수 · 이극로 등 5인을, 감사로는 조만식 · 이인 두 사람을 각각 선출하였다. 장정에 서는 출판관의 목적을 "조선문화의 향상을 위하야 유지(有志)의 기념 도서출판사업을 조성(助成)"하는 데 두었다. 또 추진 사업으로는 "(가) 혼인, 수연(壽宴), 위선(爲先)기타를 기념하려는 유지에게 도서를 소 개 출판하게 함" · "(나)기념출판물을 문화기관 기타에 기증함" · "(다) 상당(相當)한 도서의 간행급(及)부대사업(附帶事業)"을 행하기로 결 정하였다.114) 출판관은 이로써 사회 기풍을 바로잡는 한편, 민족문화 의 증진을 도모해야겠다는 목적의식도 충족하고자 하였다.

이인은 초대관장 김성수가 6개월 만에 사임하였으므로 후임을 맡 아 사업을 추진하였다. 그가 추진한 출판관의 제1호 사업은, 1938년 1 월 김윤경의 『조선문자급어학사』(朝鮮文字及語學史)를 출판한 일이 었다. 출판비로는 자신의 양친(兩親)의 회갑(回甲)을 위해 마련했던 축하 비용 1,200원을 충당했다. 이 책은 1,000부를 출판하여, 이 중 500 부를 국내와 일본의 각 도서관 및 지명 인사에게 무상으로 분배하였 다.115) 이인은 "허례를 삼가고, 이에 드는 과대한 비용을 아껴서 그 돈 으로 좋은 출판물을 간행"하자는 기념관의 취지를 몸소 실천하였다.

이어 출판관은 1938년 11월 노양근(盧良根)의 동화집 『날아다니는 사람』을 두 번째 기념도서로 펴냈다. 이 책은 황해도 해주군(海州郡) 금산면(金山面)에 거주하는 오세억(吳世億) · 이숙모(李淑謨) 부부가 1937년 12월 29일 혼인을 하면서, 기념으로 1938년 2월 출판비 400원을 제공하여 간행되었고, 5백 부를 출판하여 각 방면에 배부되었다.116) 출판관의 취지가 유지 인사들뿐 아니라 일반인에게도 주지되어 선양 된 사례였다.

중일전쟁(1937. 7. 7) 이후 일제는 대륙 침략을 본격화하면서, 이른바 '황국신민화'(皇國臣民化)의 구호 아래 한민족을 말살하려는 강력한 동화정책(同化政策)을 실시하였다. 여기에는 한국어를 비롯한 민족고유의 문화 전반이 포함되었으므로, 위기에 빠진 민족문화를 보존함은 민족 생존의 차원에서도 절박한 과제였다.

일제는 민족말살정책을 강화하기 위해, 1941년 3월 25일 「조선교육령」(朝鮮敎育令)을 재개정하여 소학교(小學校)를 국민학교(國民學校)로 개칭한 뒤, 같은달 31일에는 「국민학교규정」을 공포하여 조선어 학습을 폐지하였다. 1942년 4월에는 국민학교 방송을 개시하였는데, 국민학교를 상대로 수업시간에도 교수를 중지하고, 방송을 듣게 하거나 하나의 교재로 채용케 하였다. 끝내는 이해 10월 1일 조선어학회의 이윤재 · 김윤경 · 최현배 · 이희승 등 11명을 민족문화 자주운동과 민족정신을 고취한다 하여 함경남도 홍원(洪原) 경찰서에 체포하였다.[117] 이후 1943년 4월 1일까지 조선어학회의 핵심 회원 및 사전 편찬을 후원한 찬조 회원들을 대거 체포하기 시작하여, 33명을 검거하고 31명을 구속[118]하는 조선어학회 사건을 일으켰다.

시국이 이렇게 험악해 가던 1937년 5월 7일,[119] 이우식이 이인과 이극로 · 안호상(당시 보성전문학교 교수)[120] 3인을 경성부 본정(本町, 지금의 중구 충무로) 강호청이라는 뱀장어구이집으로 청하였다. 그가 세 사람을 청한 데에는 이유가 있었다. 이극로는 1936년부터 구상하던 계획을[121] 1937년 5월 들어 본격화하여, 이우식 · 안호상 등과 조선문화의 향상과 조선정신의 선양을 도모하는 학술 연구기관을 협의한 끝에, 이우식에게서 자금 10만 원을 제공받아 재단법인 조선양사원(朝鮮養士院)[122]을 설립하기로 합의한 상태였다.

이우식은 이인 등과 만난 자리에서, 조선총독부의 탄압이 날로 심해가서 학자들마저 숨구멍을 트지 못하고 있으니, 학자들을 먼저 살려야 하지 않겠느냐고 제안하면서, 학자들이 연구할 수 있는 소지(素地)를 마련해 주어야겠다고 진지하게 말했다. 이 날 변호사 이인을 만난 목적도 재단법인 문제를 협의하려는 데 있었다.

이우식은 일찍부터 조선어학회를 음으로 양으로 도와 왔고, 특히 대사전(大辭典) 편찬에 많은 재정지출을 해오고 있었다. 그는 "민족의식이 강렬한 학자일수록 생활이 참혹하다. 그런즉 이들을 한곳에 모아 공동연구도 하고 창작·저술도 하도록 하는 방편이 있었으면 한다."고 운을 떼었다. 그리고는 이를 위해서 1천 석쯤 되는 자신의 전 재산을 내놓겠으니 '양사관'을 만들자고 제안하였다. 그는 즉석에서 각서를 써서, 이인의 손에 쥐어주면서 "모든 것을 애산에게 일임하니 조속한 시일 안에 양사관을 설립해 주오" 하며 부탁했다.

경상남도 의령(宜寧) 출신인 이우식은 이인보다 5살 연장이었으나, 일본 유학 시절 세이소쿠 영어학교(正則英語學校)를 함께 다닌 사이였으며, 동양대학(東洋大學)을 마치고 귀국한 뒤에는 중외일보(中外日報)를 경영하기도 하였다. 그는 민족의식이 강하였을 뿐 아니라 과묵하고 실행력이 있는 사람으로, 어려운 학생들에게 숨어서 학자금(學資金)을 대주면서, 자신은 항상 근검 절약하며 평생 이름 내놓기를 원치 않았다.

조선양사원은 이렇게 이우식의 제안과 희사로 순조롭게 추진되는 듯했다. 종로의 화동(花洞)에 조선어학회 회관을 기증했던 정세권도, 가회동에 있는 큰 집 한 채를 내놓았다. 이어 대구에 거주하는 전참찬(前參贊) 곽종석(郭鍾錫)의 집안에서도 장서 1만 8천 권을 기증하겠다는 의사를 밝혀 왔다. 이로써 조선양사원을 설립할 기틀을 모두 갖추었으므로, 이인은 설립인가를 얻기 위해서 동분서주하였으나 끝내 허가를 얻지 못하였다. 이때는 일제가 조선인들이 조직한 단체를 모두 해산시키는 시국이었으므로, 조선양사원을 설립하도록 내버려 두지 않았다.

한편 1937년 12월 들어 이우식이 10만 원을 제공하는 데에도 재정상의 곤란이 생겼으므로, 이 계획은 일단 좌절되었다. 그는 1942년 1월까지 10만 원을 제공하겠다고 거듭 확약하였으나, 1941년 12월 태평양 전쟁이 발발하자, 시국의 추이를 관망하면서 다시 계획을 멈추었다. 전쟁의 광기가 식민지조선의 전역을 뒤덮는 전시체제에서, 일제가 조선양사원을 허가할 리 없었으므로 끝내 뜻을 이루지 못하고 말았으나, 1945년 8월 해방이 찾아왔다.

2) 조선어학회 사건, 생지옥이었던 함흥경찰서 유치장

조선어학회 회원들이 온갖 어려움을 이겨내며 사전 편찬 작업을 추진해 나가던 중 조선어학회 사건이 일어났다. 이 사건으로 조선어학회와 관련된 인사들이 구속되어 가혹한 고문을 동반한 옥고를 치렀으며, 민족의 숙원 사업인 사전 편찬 작업도 중단되고 말았다. 조선어학회 사건은 처음부터 일제가 날조한 조작극이었지만, 조선어학회의 활동뿐만 아니라 존립에도 치명상을 입힌 수난이었다. 이인도 이에 연루되어 혹독한 옥고를 치렀으므로, 조선어학회 사건의 산 증인으로 후세에 전하고픈 진실이 참으로 많았다. 그의 회고는 조선어학회 사건의 실상을 알려주는 원사료(原史料)이다.

1941년 10월 가을 바람이 쌀쌀한 아침이었다. 송진우가 청진동 이
인의 집에 들어서면서, 밑도 끝도 없이 불쑥 "이제는 동저고리 바람으
로 나왔네. 애산도 몸조심하소"라고 하였다. 1940년 8월 『동아일보』가
강제 폐간당한 뒤에도, 송진우는 잔무(殘務)를 처리하기 위해서 며칠
만큼씩 원남동(苑南洞) 자택에서 세종로(世宗路) 동아일보 사옥까지
왔다갔다 했다. 이 날도 회사로 가던 길에 이인에게 들렀다.

이인은 몸조심하라는 말은 이미 여러 군데서 들었던 바이나, '동저
고리'는 이해가 가지 않아서 "고하(古下, 송진우의 호 ; 인용자), 그게
무슨 말이요"라고 물었더니, 그는 "그것도 몰라, 호외(號外) 못보았소"
하였다. 호외라면 일본의 내각개조(內閣改組)밖에 없었다. 송진우는
넌지시 언사를 낮추어 "동조(東條)가 동저고리란 말이요" 하였다. 이
인은 그제서야 송진우의 말뜻을 알아차렸다.

당시 일본제국주의는 중일전쟁 이후 전시동원체제를 강화해 나가
면서 더욱 파쇼화하여 갔고, 군국주의자 도조 히데키(東條英機)가 내
각의 총리대신(總理大臣)이 된 사정도 이러한 정세의 반영이었다.
1941년 10월 도조 내각이 구성되자, 도조는 현역 군인으로서 총리가
되어 육군장관과 총리를 겸하였다. 그는 취임하자마자, 이해 12월 7일
진주만(眞珠灣, Pearl Harbor)의 미국 함대 기지를 기습 공격해 태평양
전쟁을 일으켰고, 개전 후 조선에서는 징병제와 학도병 지원제를 실
시한 인물이었다. 일본이 패전하자 A급 전쟁범죄자로 분류되어, 극동
국제군사재판에 회부되어 교수형을 당하였는데 전쟁범죄에 응당한
조치였다.

이러한 도조가 일본 내각의 수반이 되었으니, 식민정책도 불을 보
듯 뻔하였다. 송진우는 이러한 시국을 도조의 이름과 우리 속담에 빗

대어 말하였다. "이제는 동저고리 바람으로 나왔네."라는 말은, "급하면 두루마기도 안입고 동저고리 바람으로 뛰어나간다"는 뜻으로, 식민지조선의 정세도 이제 매우 다급하다는 비유였다.

송진우가 다녀간 며칠 후, 이번에는 이극로가 아침 일찍 문을 두드렸다. 이극로는 이인의 집에는 늘 찾아오는 손님이 많아 일부러 조용할 때 찾아왔다면서, "우리가 잠자코 있을 것이 아니라 서로 규합해서 그것들(일제를 가리킴 : 인용자)에게 건의하고 또 전세계에 광포호소(廣布呼訴)하면 어떠냐?"고 제안하였다.

송진우와 이인이 주고받은 대화에서 보듯이, 도조 내각이 들어선 이후 일제는 침략 전쟁을 가속화할 터이고, 이에 비례하여 한민족과 민족운동자들을 더욱 탄압하리라는 우려도 깊어갔다. 이러한 시국에서, 조선을 대륙침략의 병참기지로 삼은 일제가, 민족지사들이 건의한 몇 마디를 수용하여 조선 땅을 포기할 리 없었다. 이인은 이극로의 말이 하도 기가 막혀서, 그런 싱거운 소리를 입밖에 내면 남들이 미쳤다고 할거라고 핀잔을 주었다.

송진우와 이인이 예측한 대로, 도죠 전시내각의 단말마(斷末魔) 같은 행동은 심상치가 않았다. 일제는 1941년 12월 전선을 태평양까지 확대한 뒤, 다음해에는 조선어학회 사건을 날조하여 민족지사들을 탄압하였다. 이인과 여러 사람이 느꼈던 우려가 끝내 현실이 되었다.

조선어학회 사건은 엉뚱하게도 한 여학생의 일기 몇 줄에서 발단하였다. 1942년 여름 방학 직후의 일이었다. 함경남도 홍원군의 전진역(前津驛)에 철도 승객을 단속하러 나왔던 일본 형사가, 박병엽(朴炳燁)이란 청년을 불심검문(不審檢問)하였다. 당시 박병엽은 일제가 강요하는 국방복(國防服)을 입지 않았고 삭발(削髮)도 하지 않았는데,

형사는 이를 빌미로 박병엽을 홍원경찰서로 연행하였고 가택도 수색하였다. 이때 일경은 박병엽의 조카인 함흥영생여고보(咸興永生女高普) 학생 박영옥(朴英玉)의 일기장을 압수하였고, 이를 검열하던 중 2년 전의 일기에 "오늘 국어(國語)를 사용했다가 벌을 받았다"는 구절을 발견하고서 캐들어갔다.

일제는 1939년부터 '국어상용'(國語常用)이라 하여, 조선어 대신 일본어를 국어로 강요해 왔고, 1940년에는 창씨개명(創氏改名)을 실시하는 등 한민족 말살 정책에 광분하고 있었다. 이러한 상황에서, 일기장을 압수한 일본 경찰은 국어(일본어)를 썼다고 벌을 준 교사는 틀림없이 배일사상(排日思想)을 품었다고 판단하였다.

홍원경찰서는 박영옥의 담임교사를 비롯해 영생여고보를 두루 조사하였다. 그러나 그들이 예상했던 바와 달리, 이 학교에서는 '국어상용'을 철저히 실행하였고, 실상은 박영옥이 조선어를 사용하여 벌을 받았음을 알게 되었다. 박영옥이 일기장에 적은 '국어'는 일본어가 아니라 조선어였다. 일본 경찰에게는 그야말로 호재(好材)였다.

영생여고보는 학생들에게 '국어(일본어)상용'을 실행하였으므로 문제가 없었는데도, 일본 경찰은 일을 꾸미기로 작정하였으므로 물러서지 않았다. 이번에는 박영옥이 쓴 '국어'라는 말을 트집잡아서, 조선어를 '국어'라고 가르친 교사를 탐색한 끝에 정태진(鄭泰鎭)을 찾아냈다. 이때 정태진은 1년 전에 학교를 사직한 뒤, 서울에서 조선어학회의 일을 보고 있었다. 홍원경찰서는 형사들을 대거 상경시켜, 정태진을 연행하는 한편 조선어학회 사무실을 수색했다. 이들은 사무실 내의 모든 서류와 서적은 물론이요, 그간 애써 작성한 원고까지 압수하여 캐어보아도 꼬투리를 찾지 못하던 중, 이극로의 책상 앞에 있던 편지 한 통을 문제삼았다.

이 편지는 발해(渤海)의 고도(古都)였던 만주 동경성(東京省)에서 윤세복(尹世復)이 이극로에게 보내었는데, 그곳에서 작사했다는 단군성가(檀君聖歌)를 보내며 조선어학회에서 작곡을 주선해 달라고 의뢰하는 내용이었다. 윤세복은 단군을 받들어 민족혼을 고취하는 대종교(大倧敎)를 일으킨 독립지사였다. 일본 경찰은 편지를 빌미로 잡아서, 단군성가를 가지고 조선독립을 획책하려는 의도가 아니냐고 따져 들기 시작하였다. 마침내 이해 10월 1일에는 조선어학회의 회원 11명을 검거하여 홍원으로 압송하였다.

이 일이 일어난 직후인 11월 9일 최규동(崔奎東)의 환갑을 맞아, 이인을 비롯해 김성수·백관수(白寬洙)·송진우·현상윤·고희동(高羲東) 등 8·9인이 계동(桂洞)의 김성수 집에 모여 조촐한 축하연을 베풀었다. 최규동은 고사하였으나 김성수가 저녁을 마련하였고, 전시체제였기 때문에 물자가 워낙 귀한 터라, 몇 명이서 겨우 술 반 병씩을 휴대하고 기념품을 출연(出捐)하여 모였다. 모두가 비분강개하면서 우울한 심정을 술로 달래다보니, 축하연은 오전 2시를 넘어서야 끝났다.

이인이 귀가하여 잠자리에 든 지 2시간이 지났을까, 아직 날이 새기 전이라 밖은 어두컴컴한데, 돌연 문을 열라는 소리가 요란하게 들렸다. 현관에 나가보니 낯선 사람 4명이 다짜고짜로 들이닥쳤다. 이인은 그들의 거동이 심상치 아니하였으므로 형사대(刑事隊)임을 단박에 알아챘다. 형사들은 이인에게 빨리 옷을 입으라고 재촉하면서 구인장(拘引狀)을 끄집어 내보였는데, 얼핏 보니 함흥검사국(咸興檢事局) 검사 아오야나기(靑柳五郎)란 자가 발부하였다. 이인은 순간 조선어학회 사건임을 직감하였다.

이인이 형사대에게 이끌려 간 곳은 경기도경찰부 유치장이었다. 10분도 채 못되어서 김양수(金良洙)와 장현식의 목소리가 들려왔다. 이인은 조선어학회 사건이 틀림없구나 생각하던 중에, 돌연 누군가 "애산, 애산" 하고 그를 불렀다. 이인은 유치장의 규칙 따위는 따질 겨를도 없이 "누구냐"고 물었더니, "민세(안재홍의 아호)야, 무얼 그리 죽은 듯이 하고 있소" 하였다. 안재홍은 당번 순사가 잠깐 나간 틈에 소식을 통하였는데, 유치장을 둘러보니 수십 명이 한기(寒氣)를 이기지 못해 기를 펴지 못하고 있었다. 이때 윤병호(尹炳浩)·서승효(徐承孝)·이은상(李殷相)·정인섭(鄭寅燮) 등도 검거되어 같은 유치장에 갇혀 있었다. 이들은 여기서 나흘을 묵고 "함흥차사에게 끌려가는 심정으로 북행(北行)열차"를 탔다. 이인의 나이 47세였다.

일본 경찰은 조선어학회 회원들을 비웃 두름 엮듯이 한 줄에 묶어 경함열차(京咸列車)에 실었다. 그래도 안심이 안됐던지 한 사람에 형사가 2명씩이나 따라 붙었다. 열차에 탄 인사들이 모두 홍원으로 갔으나, 이인만은 함흥(咸興)에 내렸다. 나중에 일본 경찰들끼리 주고받는 이야기를 우연히 들었더니, 변호사인 이인을 다른 사람과 함께 두면 무슨 말썽을 빚어낼지 모른다고 판단했기에 따로 격리시킨 조치였다.

일본 경찰과 검찰들은 형사 피의자를 무조건 짐승 취급을 하였다. 그들은 특히 사상사건에 관련해서는 외국인의 이목을 두려워하여, 서울에서 훨씬 벗어난 함흥과 청진 방면의 감옥에 몰아넣고 가혹한 고문을 자행하였다. 이인이 감금된 함흥경찰서의 유치장은 여러 사건의 피의자들이 갇혔으므로, 재소자들이 다리 뻗을 틈새가 없어서 옆사람의 무릎 위에 서로 끼어 교대로 새우잠을 자야만 했다. 콩나물시루가 따로 없었다. 이렇게 유치장이 붐빈 이유는, 기독교인들이 신사

참배(神社參拜)를 거부한다 해서 대규모로 잡아들인 때문이었다. 유치장에는 백발 노인도 여럿 있었는데, 이들은 유도회(儒道會)가 독립자금을 비밀리에 모금한 사건이 함흥까지 파급되어 검거된 사람들이었다.

일본 경찰은 이인에게 크게 7가지 죄목을 씌웠다. 조선어학회 관계는 물론이요, 조선기념도서출판관·조선양사원·조선물산장려회·과학지식보급회 등을 집중해서 신문하였고, 심지어는 15년이나 지난 세계피압박민족대회까지 들추어내서 심하게 추궁했다.

1927년 2월 10~15일 사이에 벨기에(Belgium)의 수도 브뤼셀(Brussels)에서 세계피압박민족대회[123]가 개최되었고, 한국에서 공식 참가자는 이극로·황우일(黃祐日)·이의경(李儀景)·김법린(金法麟) 4인이었다. 김법린은 파리에 유학하고 있던 중 대회가 열리자, 재법한인회(在法韓人會, Verein Koreanischer in Frankreich)의 대표로 참석하였는데,[124] 이때 이인은 약간의 여비를 보태어 김법린에게 민족대표로 참석하도록 편지를 낸 적이 있었다.

세계피압박민족대회에 조선 대표단은 2월 9일자로 "일본 정부가 우리의 독립을 승인하지 않는 한 우리는 부득이 일본 제국주의에 대한 투쟁을 아주 강력하게 지속하지 않을 수 없다. 우리 민족을 일본의 억압에서 해방시키기 위하여 우리는 우리가 가진 모든 힘과 수단을 사용할 것이다."라는 내용의 「조선 대표단의 결의안」을 제출하였고, 이 결의안은 2월 14일 최종 회의에서 각 대표단의 결의안이 낭독될 때 발표되었다. 본회 첫날인 2월 10일, 김법린은 일본의 공산주의자 가타야마 센(片山潛)의 기조연설에 이어, 「한국에서의 일본제국주의 정책보고」라는 제목으로 연설하면서 강력하게 일제를 규탄했다. 김법린은

12월 9일부터 11일까지 3일 간 브뤼셀에서 개최된 '반제국주의 총회'에도, 최린과 함께 참석하여 식민지 조선의 실정을 보고하였다.[125] 김법린의 이러한 행동은 당시 언론에도 보도되었는데, 일제 경찰은 이러한 일까지 끄집어내면서 이인과 김법린 등을 연관시켜 고문하였다.

조선어학회 사건은 이윤재·한징(韓澄) 두 사람이 옥사한 데에서 보듯이, 잔혹한 고문은 이인에게도 예외가 없었다. 일본 경찰은 낮에는 가만 두었다가, 밤 11시가 되면 이인을 불러냈다. 그들은 조서를 받다가 조금만 말이 엇갈려도 무조건 달려들어 마구 때렸는데, 한번 맞고 나면 한 보름씩 말을 하지 못했다. 이때 이인은 앞니 두 개가 빠졌고, 나머지 어금니는 온통 욱신거리고 흔들렸다. 일본 경찰은 몽둥이건 죽도(竹刀)건 손에 잡히는 대로 잡아서 그것으로 후려갈겼으므로, 이인의 양쪽 귀는 다 찢기었다. 한번은 엄지손가락을 뒤로 젖히는 바람에, 엄지손가락과 검지손가락 사이가 쭉 찢어졌다. 이 고문으로 이인은 귀가 쪽박귀가 되었고, 손가락을 완전히 펴지 못하게 되었다.

어느 날은 형사가 "이극로와 함께 독립건의(建議)를 일본의회에 내기로 했다는데 사실이냐"고 내리족쳐 물었다. 이인은 그런 일이 없다고 단호히 부인했다. 앞에서 서술했듯이, 도조 히데키가 내각 총리대신이 된 후, 이극로가 이인을 찾아와 "전세계에 광포호소"하자는 투의 비슷한 말을 한 적이 있었는데, 이극로는 이를 수첩에 적어 놓았다. 이극로는 세세한 일까지 수첩에 적어두는 버릇이 있었는데, 이 때문에 지인들이 겪은 고초는 막심했다. 그는 안창호와 점심을 함께 먹은 일, 심지어는 김양수의 자제가 휘문학교(徽文學校) 강당에서 혼례를 올렸고, 식이 끝난 뒤 참석자 몇 사람과 점심 먹은 일까지도 기록하여 두었다.

일본 경찰은 이 수첩을 근거로 꼬치꼬치 캐물었다. 사실대로 "말한 것이 없다"고 대답하자, 굵직한 고무 호스로 난장질을 하고 몸을 묶어 비틀어댔다. 이극로의 수첩이 아니었더라도, 일본 경찰은 다른 꼬투리를 잡아 고문했겠지만, 이극로의 수첩은 함께 수감된 다른 인사들의 고초를 가중시켰다. 이인은 이때 일을 "도대체 무엇하러 수첩에 적는단 말인가. 나는 이 일로 한 열흘을 두고 닦달을 당하니 수첩이란 것은 지금도 지니지를 않는다."고, 다소 언짢게 회고하였다.

이인이 당한 고문은 여기서 그치지 않았다. 그때 당한 고문의 종류는 수없이 많았는데, 그 가운데 '아사가제'와 '비행기 태우기'는 참으로 견디기 어려웠다. '아사가제'는 두 다리를 뻗은 채 앉혀 놓고 목총(木銃)을 두 다리 사이에 넣어 비틀어대는 고문이었다. '비행기 태우기'는 사지를 묶은 사이로 목총을 가로질러 꿰 넣은 다음, 목총 양끝을 천장에 매달아 놓고 비틀고 저며들게 하는 고문이었다. 이 두 가지 중에서도 '아사가제'가 더 괴로웠는데, 불편한 그의 다리는 이 고문으로 더욱 상하여 평생 보행이 부자유스럽게 되었다. 조선어학회 사건으로 구속된 인사들 모두가, 이인과 마찬가지로 참으로 감내하기 어려운 고문을 당하였다.

유치장에서 내주는 음식도 고문의 고통만큼이나 참기 어려웠다. 음식이라고 해 봐야 콩깻묵 덩어리 한 조각이거나, 음식점에서 내버린 찌꺼기로 국을 끓여 배급하였다. 한번은 이인이 국물을 단숨에 마셨는데 웬 낚시가 목에 걸렸다. 의사가 달려와서 낚시를 빼내긴 했으나, 목이 퉁퉁 부어 올라 여러 날 동안 일절 먹지 못하는 고통을 겪었다. 옷을 갈아입지 못함도 고역 중의 고역이었다. 수감자들은 예심으로 넘어가기까지 1년 내내 한 벌 옷으로 비비대었으므로, 나중에는 속옷

이 삭아 갈가리 찢기어 나갔다. 유치장 안은 악취가 코를 찔렀고, 이와 빈대는 비로 쓸어낼 만큼 많았다.

함흥의 겨울은 지독하게 춥고 여름은 몹시 더웠으므로, 날씨 또한 견디기 어려운 고통이었다. 한겨울 추위가 한창일 때의 일이었다. 감방을 담당하는 순사도 추위를 견디기 어려웠든지, 저탄장에서 석탄을 훔쳐다가 난로에 불을 지폈다. 이인은 그들이 특별감시한다고 꼭 정면에 앉혀 놓았기 때문에 난로에서 가장 가까운 위치에 있었다. 순사가 석탄 불을 피우자, 이인은 몸을 좀 녹일 수 있겠구나 생각했는데, 그 뒤의 일을 전혀 기억하지 못할 만큼 가스에 중독되어 까무러치고 말았다.

그때 마침 유도회(儒道會) 사건으로 함흥에 와 있던 형사대가, 관련자들을 함흥경찰서에 맡겨놓고 수시로 유치장을 점검하였는데, 웬 사람이 죽어 있어서 자세히 보니 서울에서부터 낯을 아는 변호사 이인이었다. 이들이 서둘러 의사를 부르고 주사를 맞히고 해서, 이인은 몇 시간 만에 깨어났다. "까마귀도 고향 까마귀가 반갑다"는 옛 속담이 들어맞은 격이었다. 이인은 그들 덕에 목숨을 건지고 의식을 회복했지만, 고문으로 쇠약하였으므로 온몸이 못 견디게 아프고 머리 또한 천근같았다.

함흥경찰서의 유치장은 그야말로 생지옥이었는데, 일본 경찰은 이인을 예심에 회부하기까지 꼬박 1년 동안 붙잡아 두고 놓아주지를 않았다. 이인은 옥고가 심하고 괴로울수록, 고문을 당하면 당할수록 탈옥을 생각하였다. 경찰서의 유치장은 2중 벽으로 단단히 둘러쌓였고, 감시도 엄중하여 성공할 가망이 없을 줄 뻔히 알면서도 탈옥하고픈 생각이 떠나지를 않았다. 한편으로는 형량(刑量)이야 어떻든 이 생지옥만은 벗어나야겠다는 생각이 간절하였으므로, 담당 검사에게 빨리 형무소로 보내달라고 여러 차례 말하였다.

담당 검사는 함흥검사국의 차석인 아오야기 고로(靑柳五郞)였다. 이 자가 함경남도 경찰부와 홍원경찰서를 지휘하여 조선어학회 사건을 얽어 만든 장본인이었다. 그는 성격이 간교하고 까다로워서, 이것도 저것도 다 독립운동하려던 의도가 아니었냐고 다그치면서 사사건건 트집을 잡아 꼬치꼬치 캐물었다. 이인이 참다못해서 "그럼 밥 먹는 것도 독립운동이냐"고 쏘아 붙였더니, 그는 "밥 먹고 기운 차리면 독립운동하겠지"라고 능글스럽게 대답하였다. 이인은 "그런 날조가 어디 있느냐"고 대들고 싶었지만, 그들은 '날조'란 말만 나오면 펄펄 뛰는 줄을 익히 알고 있었으므로 "그런 비약논법(飛躍論法)이 어디 있느냐"고 따지는 데에서 그쳤다.

3) 함흥형무소와 공판, "사전 편찬이 왜 독립운동이냐"

이인은 이렇게 한겨울을 보내고 1943년 8월이 되었다. 유치장 안은 찌는 듯한 무더위로 숨이 콱콱 막힐 지경이었다. 그는 지칠 대로 지쳐서 정신마저 혼미한 상태였는데, 감방 담당 순사가 도시락을 끄르면서 호외 한 장을 꺼내들더니, 이탈리아에서 무솔리니(Mussolini)가 퇴진하고 바돌리오(Badoglio) 정권이 수립되었다고 말하였다. 순간 이인은 정신이 번쩍 들었다. 일본·독일·이탈리아 삼국동맹(三國同盟) 중 한 쪽이 무너졌음이 분명하다는 생각이 들었다. 이인은 누구에게 말을 걸어 물을 수도 없었으나 기뻐서 어쩔 줄을 몰라 했다. 그는 무엇인가 기맥(氣脈)이 잡히는 듯하자, 기진(氣盡)한 몸을 억지로 가다듬었다.

한 달 가량 지나서 9월 12일이 되니, 함경남도 경찰부의 형사부장 시바타 켄지(柴田健治)라는 자가 이인을 불러, "이제 그만 형무소에 가서 신세를 져라"고 하였다. 이렇게 이인은 검거된 지 10개월여 지난 1943년 9월에 와서야 예심에 회부되었는데, 홍원에 있던 인사들도 함흥경찰서로 와서 함께 미결감방(未決監房)으로 이감되었다. 함흥경찰서에서 만난 동지들도 모두 반죽음 상태이기는 마찬가지였다.

시바타는 부대 2개를 가리키며 이인에게 가져가라고 하였다. 이인의 가족들이 들여보낸 옷들이었다. 1년 가까이 햇볕 한번 쐬어보지 못하고 면회 한번 할 수 없었는데, 가족들이 차입한 옷들이 이렇게 쌓였건만, 일본 경찰은 이 옷들을 처박아두고 옷 한 벌 갈아입지 못하게 하였다. 두 부대나 되는 옷 보따리를 보니, 그들의 악독한 근성이 괘씸하여 분노가 치밀었지만, 어찌할 도리도 없었고 그저 난감할 뿐이었다. 이인은 고문을 당해 몸은 말 그대로 만신창이가 되었고, 콩나물시루 같은 유치장 안에서 1년 가까이 지내고 난 뒤끝이라 한 발짝도 내딛기가 어려웠다. 게다가 오른팔이 위로 추켜지지를 않았으므로, 형무소까지 옷 부대를 들고 갈 수도 없는 노릇이었다.

이인은 옷들을 가족에게 돌려보내 달라고 부탁했으나, 시바타는 기어이 가져가야 한다고 다그쳤다. 이인은 할 수 없이 경찰서 문에 쭈그리고 앉았다가, 무심코 "인력거나 하나 불러주었으면" 하고 내뱉었다. 이 말을 들은 시바타는 이인을 쏘아보더니, "건방지게 …… 역적 놈이 인력거를 불러?" 하면서 마구 발길질을 하면서 걷어찼다. 그 자는 김가 성을 가진 조선인이었는데, 이렇게 못되게 굴더니 8·15해방 후에는 맞아 죽고 말았다.

이때 홍원경찰서에 갇혀 있다가 함흥으로 이감되어온 이우식이, 옷

부대 하나를 들어주었으므로, 이인은 시바타의 발길질을 벗어났으나 도저히 걸을 수가 없어서, 할 수 없이 옷 부대를 땅바닥에 굴리면서 엉금엉금 기어갔다. 이렇게 형무소까지 1㎞를 가자니, 이인은 일행보다 뒤질 수밖에 없었다. 일행은 그들보다도 많은 호송 순사들에게 끌려 앞서갔고, 한 발짝도 떼기 어려운 이인의 뒤를 이우식이 따라왔다.

겨우 형무소에 이르러서 보니, 이인 일행을 호송한 순사는 이와타(岩田)라는 조선인이었다. 이인은 형무소까지 당도하여 안심이 되었고, 또 일전에 들은 이탈리아정변(政變)이 뇌리에 박혀 있던 터라, 이와타에게 은근히 말을 걸었다. "이탈리아가 항복했다는게 정말이요?" 이인은 같은 조선인이라 믿고 물었는데, 이와타는 이 말을 듣자 얼굴색이 표변하더니, "이 자식, 항복했으면 어떻고 안 했으면 어때, 아직도 정신을 못차렸구나. 너는 우리 동맹국이 항복한게 좋지 그렇지?" 하고 따져 물었다.

이와타는 형무소에 호송자 명단을 건네주고 나서는 작정한 듯 생트집을 부리기 시작했다. "한번 더 얘기해 봐라. 그래 동맹국이 무너지면 좋지?" 그는 이렇게 악을 쓰면서, 이인의 뺨을 연거푸 때리고도 속이 풀리지 않았는지 상부에 보고하여 사건을 만들 기세였다. 이인은 문드러진 치아가 다 빠져나가는 듯 아팠고, 생지옥을 벗어나서 '후유!' 하던 참에 일이 크게 번졌다고 생각했다. 마침 한 일본인이 사무실에서 나오다 이를 보고는, "그만 둬. 여긴 경찰서가 아냐" 하고 소리를 질렀다. 나중에 알고 보니, 이 자는 형무소 약제사였는데, 이인이 당하는 위기를 모면해 주었으니 고마울 뿐이었다.

형무소에서는 조선어학회 사건으로 구속한 인사들을 내란죄인(內亂罪人)이라고 해서 독방에 분리하여 구치시켰다. 일본 경찰들은 중죄인(重罪人)을 다루느라 한 짓이겠으나, 이인은 한숨이 절로 나왔다. 그래도 푸른 수의(囚衣)나마 1년 만에 처음으로 옷을 갈아입었으니, 우선은 살 듯하였다. 이인은 경찰서 유치장에서 악을 쓰고 긴장했던 심신이 확 풀렸고, 고문받은 여독(餘毒)으로 온몸이 쑤시지 않는 곳이 없었다. 그는 마침내 시름시름 앓기 시작했다.

이인이 형무소로 이송된 지 며칠 뒤에야 알았지만, 일제가 조선어학회 사건으로 검거하려 했던 인사들은 모두 33명이었다. 3·1민족운동이 일어났을 때의 민족지도자 33인에 맞추려는 일본 경찰의 속셈이 뻔히 보였다. 그러나 일본 경찰의 구속자 명단에 올랐던 인사들 가운데, 권덕규·안호상은 병원에 입원 중이라 검거를 면했고, 김종철(金鍾哲)·신윤국은 홍원까지 끌려왔다가 풀려났다. 결국 일본 경찰이 치안유지법 위반으로 구속한 사람은 29명이었으나, 이 중에서 장지영·정열모(鄭烈模)는 형무소까지 왔다가 예심에서 면소(免訴)되었고 정인섭·안재홍·서민호(徐珉濠)·서승효·권승욱(權承昱)·이석린(李錫麟)·김선기(金善琪)·이병기(李秉岐)·이강래(李康來)·김윤경·이만규(李萬珪)·이은상·윤병호 등 13명은 불기소(不起訴)되었다. 이렇게 하여 공판에 넘어간 사람은 옥사한 이윤재·한징을 빼고, 이인을 비롯해 최현배·정인승·이희승·이극로·김도연·김양수·정태진·이중화·김법린·장현식·이우식 등 11명이었다.

이인은 조선어학회 일로 검거된 후 10개월 동안을, 함흥경찰서 유치장에서 온갖 고문을 당하며 옥고를 치르다가, 함께 검거된 인사들과 형무소로 이감되었다. 형무소는 유치장에 비하면 조금은 숨통이 트였다. 이인은 이때의 심경과 일상을 다음과 같이 회고하였다.

(자료 1-3-M)

반 평(坪) 남짓한 독방이나마 발을 뻗을 수가 있고 고문도 없다. 고문이란 것은 막상 당할 때는 아픈 줄을 모르겠더니 형무소로 온 뒤로는 여기저기 온 몸이 아픈 데 투성이요. 며칠이 지나서는 얼굴마저 퉁퉁 붓는다. 자연 기력을 챙길 수가 없어 종일 누워서 시간을 보내자니 외롭기가 그지없다. 유일한 친구라는 것이 조석으로 추녀 끝에 날아드는 참새뿐이라 조그만 창 너머로 들리는 참새소리가 그토록 반갑던 것이다.[126]

형무소로 이감되었어도, 예심종결 전에는 면회가 되지 않기는 유치장과 마찬가지였다. 다만 책은 차입이 가능하여, 부친이 『노자도덕경』(老子道德經)과 한시(漢詩) 등을 넣어 주었으므로, 아픈 몸을 누인 채 책 읽는 일로 소일하였다. 형무소에서도 식사는 역시 썩은 콩깻묵 한 조각이요, 반찬은 시커먼 해초(海草) 한 점과 껍질뿐인 게딱지 한 조각이 전부였다.

당시 형무소의 규칙은 저녁 6시가 취침 시간이었다. 재소자를 배려하는 방침이라기보다는, 별로 먹이지도 않으니 잠이나 일찍 자라는 궁여지책(窮餘之策)이었다. 그러나 배가 고파서 잠은 제대로 오지 않고, 몸마저 성하지 못하니 그저 누워만 있는 옅은 잠에 불과하였다.

형무소 생활이 지나가는 가운데, 이윤재와 한징이 옥사한 일은 말로 표현할 수 없도록 애통하였다. 이윤재는 홍원경찰서에서 함흥형무소로 이송된 지 얼마 뒤, 추위와 악형을 견디지 못해 끝내 옥사하고 말았다. 1943년 12월 8일이었다. 한징 역시 함흥형무소에서 고초를 당하다가, 1944년 2월 22일 병보석으로 출감하는 길에 옥문 앞에서 운명했다.

일제는 조선어학회 사건 연루자들을 함흥형무소로 옮겨 놓았지만,

예심판사는 몇 달이 지나도록 기별조차 하지 않았다. 그는 해가 바뀌어 이른봄이 되어서야 처음으로 나타났다. 나카노 토라오(中野虎雄)라는 예심판사는 검사처럼 표독하지는 않았으나, 이인이 고문을 이기지 못해 진술한 내용을 번복하려 하면, "검찰에서 다 얘기 해 놓고 지금 와서 무슨 소리냐"는 말만 무조건 되풀이하였다. 그 자도 말이 통하지 않기는 검사나 매한가지였으나, 묻는 내용은 조선어학회 사건과 브뤼셀 세계약소민족대회에 국한되었고 다른 심문은 없었다.

경찰과 검찰은 복잡·방대하게 엮어 놓은 사건의 내용 중에서 이 두 대목만을 기소하였다. 그들은 처음부터 사건을 날조하여 민족주의자를 얽어다가 반죽음 상태로 만들어 놓았고, 이로써 소기의 목적은 이미 충분히 달성한 셈이었다. 재판에서 이길 수도 없는 사건을 굳이 열거하여 기소할 필요가 없었다.

예심이 시작될 무렵, 이인은 독방에서 2인 감방으로 옮겼는데, 처음에는 18살의 학생과 같은 방을 사용하였다. 이 모(李某)라고 하는 이 학생은, 이인도 변론한 적이 있었던 함흥독서회 사건으로 구속되어 벌써 1년을 넘게 형무소살이를 하였다. 그는 학생 50여 명과 함께 예심을 받고 있는 중이라고 하였는데, 이인이 변호사 아무개인 줄도 익히 알고 있었다. 그 학생은 숱한 고문을 당해 피골(皮骨)이 상접(相接)하도록 말랐고, 보행도 시원치 않아서 이인과 학생은 서로 부축해 주었으며, 밤에는 좁은 감방에서 꼭 붙어 자다시피 했다.

이인이 이 모 학생과 동방한 지 며칠이 지났는데, 하루는 그가 대변을 보면서 피가 섞여 나온다고 말했다. 이인은 학생의 용태가 퍽 위급하다고 생각하여, 왜 병보석(病保釋)을 신청하지 않았느냐고 묻자, 진작 신청했는데도 형무소 측은 차일피일 미루기만 하고 감감무소식이

라고 말했다, 결국 이 학생은 며칠 후 죽어나갔다. 이때 함흥형무소에
서만 하루에도 평균 10여 명이 죽어나간다는 풍문이 나돌았다. 다소
과장되었겠지만, 이 입소문에는 일제의 악독한 형정(刑政)과 고통받
는 조선인 재감자들의 실상이 그대로 담겨 있었다.

이인은 "죽지 않으면 살겠지" 하는 배짱도 생겼으나, 몸은 갈수록 쇠
약해서 1944년 여름에는 학질마저 걸렸다. 그는 예심판사 앞에 서기
만 하면 분이 치밀어 오른 탓에, 협심증이 나타나서 숨이 콱 막혀 버렸
는데, 이제 학질마저 걸리고 나자 오한과 발열을 견디기가 어려웠다.
이런 고초 속에서 예심은 1944년 9월 30일에야 끝났으니, 이인이 형무
소에 끌려온 뒤에도 꼬박 1년의 시간이 걸렸다. 그동안 조사라고는 요
식 행위로 몇 차례 하였을 뿐, 일제 재판부는 그냥 시간을 끌며 조선어
학회 사건 연루자들을 골탕먹이고 있었다.

조선어학회 사건의 예심이 끝났어도, 구속된 인사들의 처지는 전혀
나아지지 않았다. 이인은 병든 몸을 감방에 누인 채 하릴없이 시간 가
기만 기다릴 뿐이었다. 함흥형무소는 함흥 북쪽 변두리에 위치하였
는데 바로 반룡산(盤龍山) 발치에 있었다. 반룡산은 태조 이성계와 연
고가 깊은 땅으로, 이태조(李太祖)가 활을 쏘았다는 활터와, 말을 달
렸다는 치마대(馳馬臺)가 보였다. 이인은 유서 깊은 곳에 갇혀 있으면
서도, 착잡한 심정을 참으로 금할 길이 없었다.

1944년이 다 갈 무렵, 새벽 6시만 되면 어김없이 반룡산 쪽에서 처량
한 소리가 들려왔다. 이곳 사정을 잘 아는 간수의 말에 따르면, 중죄인
을 훈련시킨다고 하였다. 그 간수는 이때 함흥형무소의 재감자가 1천
3백여 명, 간수가 1백여 명이었는데, 형무소에서 중죄인을 특별훈련
하여 전쟁터에 보낸다는 흉흉한 말을 전하였다.

조선어학회 사건의 첫 공판은 예심이 끝나고도 또 두 달이 지나서 11월 말께야 열렸다. 이인은 공판이 있기 직전에 학질뿐 아니라, 폐침윤(肺侵潤)까지 발견되어 병보석으로 출감하였다. 이때 보석 허가를 받은 사람은 이우식·김도연·김양수·장현식 등이었는데, 이들 모두는 조선어학회 사건에 연루된 인사들 가운데서도 학자가 아니라는 공통점이 있었다. 악독한 일제가 병보석을 허가할 수밖에 없었던 사실이야말로, 그만큼 고문이 가혹하였으며, 사건 관련자들의 옥고 또한 심하였음을 반증하였다. 병보석으로 출소한 인사들은 이인과 마찬가지로 함흥도립병원(咸興道立病院)에 입원해 있었으나 서로 만날 길이 없었다.

　이 무렵에는 매일처럼 미군의 B29가 함흥의 상공을 낮게 떠다녔으므로 함흥 일대가 웅성거렸다. 이인이 입원한 병원에서도 환자를 대피시키느라고 야단이었으나 방공호가 모자랐다. 간호부(看護婦) 네 사람이 달려들어, 이인을 들것에 실은 다음 병원 앞마당에 내려놓고는, 머리를 숙이라고 하니 기가 막히기도 하고 우습기도 하였다. 이인이 병원에 입원한 뒤로는, 모친이 그곳까지 와서 병구완을 해주었는데, 경보가 울릴 적마다 들것을 떠멘 간호부를 따라 조바심하였다. 이인은 시키는 대로 머리를 숙이고 앉아 있노라면, 표나게 웃을 수는 없었지만 터져 나오는 웃음을 참을 수가 없었다.

　조선어학회 사건의 공판이 진행되는 도중에도 B29는 함흥 상공을 유유히 날아다녔다. 재판장 니시다(西田)는 비행기가 내는 폭음(爆音)을 들으면서도 공판을 계속했으나, 이럴 때면 으레 피고석을 향해 신경질을 부리고 공연한 호통을 쳤다. 이인을 비롯해 공판에 회부된 인사들은 모두 이구동성으로, "사전을 편찬하는 일이 어떻게 해서 독립운동이 되느냐"고 항변하였으나, 판사는 들은 체도 하지 않고 예정한 대로 심리만을 계속하였다. 공판 같지도 않은 공판은, 일제가 패배일로(敗北一路)의 전세 속에서 기를 쓰는 마지막 안간힘이었다.

이인은 공판이 진행되는 중에도 여전히 학질로 고생하였으므로, 판결을 얼마 앞두고 함흥도립병원에서 함흥 시내로 거주제한이 완화되었다. 그는 함흥도립병원에 입원한 상태에서 1944년 11월 첫 공판을 받았으나, 공판은 재판부가 짜 놓은 대로 진행되었다. 이때 서울에서 내려온 변호사는 한 명뿐이었고, 함흥의 변호사들이 변론을 맡고 나섰으나, 변론이 제대로 될 리가 없었다.

재판부는 오로지 예심종결 결정문을 그대로 밀어붙였다. 그들이 덧씌운 혐의의 골자는 다음과 같다. 최현배 · 이희승 · 정인승 · 이극로 · 정태진 등 한글학자들은 조선독립을 목적으로 조선어학회를 결사(結社)한 뒤 목적을 수행하려는 행위를 하였으며, 이중화 · 김법린은 이를 알면서도 동조 가담하였으므로 「치안유지법」을 위반하였다. 이인과 이우식 · 장현식 · 김도연 · 김양수 등 학자가 아닌 관련자들은 같은 목적사항(目的事項)을 실행하기 위하여 협의하였으며 선동하였다. 한 마디로 이인 등 재판에 회부된 인사들이 조선어학회에서 실행한 활동 전부는, 궁극목적인 조선독립을 실행하려는 기초 준비공작이었다는 판결이었다.

이렇게 미리 짜 놓은 공판이 5~6차례 되풀이된 끝에, 검사는 4~8년의 징역을 구형했고, 뒤이어 1945년 1월 16일 선고가 있었다. 일제는 관련 인사들을 이미 2년 이상이나 유치장 미결감방에 가둔 채 온갖 악형(惡刑)으로 고문해 놓고서, 재판은 2개월 미만의 속성으로 끝냈다. 선고 내용은 이극로 징역 6년, 최현배 징역 4년, 이희승 징역 2년 6월,

정인승·정태진 징역 2년, 이인과 김법린·이중화·이우식·김양수·김도연·장현식은 징역 2년에 집행유예 3년, 장현식에게는 무죄가 언도되었다.[127] 이때 재판장은 이인에게 대놓고 "당신에게 이 정도 판결은 약과다. 그동안 법정을 다니며 얼마나 귀찮게 굴었는지나 아느냐"라고 힐난했다. 법리가 아니라 마구잡이 감정으로 재판하였음을 재판장 자신의 입으로 입증한 셈이었다.

실형을 받은 5명 가운데 정태진을 제외한 나머지 네 사람은 서울고등법원에 항소하였다. 일제 식민지시기에도 재판은 3심이 원칙이었으나, 태평양전쟁의 끝 무렵에 들어서는 복심법원(覆審法院)을 거치지 않고 고등법원(高等法院)에 직접 상고하게 하였으므로, 조선어학회 사건은 서울고등법원으로 직접 올라왔다. 고등법원은 8월 13일 항소를 기각하였으나, 이틀 뒤의 8·15해방으로 조선어학회 사건은 자연히 해소되었고, 항소하였던 인사들도 모두 감옥을 나왔다.

한편 조선어학회 사건이 서울고등법원으로 올라온 일은, 불행 중에 다행스러운 점도 있었다. 일제가 이 사건을 조작한 뒤, 사전의 원고뭉치를 비롯해 조선어학회 관련 자료들을 증거물로 압수하였으므로, "사전 원고도 사람과 함께 홍원과 함흥으로 굴러다니며 감옥살이"를 겪었다.[128] 그런데 함흥법원에서 조선어학회 인사들이 판결에 불복하여 상고함에 따라, 큰 사전 원고를 비롯해 재판 증빙 자료들도 서울고등법원으로 이송되었다.

원고를 담은 상자들은 전쟁 말기의 경황없는 속에서, 경성역 조선통운(朝鮮通運) 운송부의 창고에 그대로 방치되어 있다가 1945년 9월 8일 우연히 발견되었다. 옥고에서 풀려난 조선어학회 학자들은 백방으로 큰 사전 원고의 행방을 수소문하던 중, 그야말로 천우신조로 원고가 든 상자를 되찾았다. 조선어학회는 이 원고들을 저본(底本)으로 삼아 수정·보완에 박차를 가하였고, 8·15해방 후 3번째 한글날인 1947년 10월 9일 마침내 감격스러운『조선말 큰 사전』1권을 발행하였다. 이어 1949년 5월 5일 같은 저자명과 서명으로 제2권을 발간하였다. 이후 6·25전쟁 등 우여곡절 끝에 제6권이 1957년 10월 9일에 발간됨에 따라, 제1·2권도 한글학회를 지은이로 하여『큰사전』으로 완간되었다.[129]

1947년 10월 9일 한글날을 기해『조선말 큰 사전』1권이 발행된 사실은, "우리나라 출판사상 초유의 대역사(大役事)"라 할 만한 '일대 사건'이었다. 햇수로는 11년, 날짜로 3,650일, 만 10년에 걸친 대역사였다. 1929년 10월 31일 조선어사전편찬위원회가 조직되어 작업에 들어간 지 실로 28년 만이었다.[130]『조선말 큰 사전』의 원고는 일제 식민지시기 조선어 말살 정책에 맞서, 한글을 보존·발전시키려던 한글학자들의 염원과 노력뿐만 아니라, 이인을 비롯한 민족지사들의 헌신이 고스란히 맺혀 있는 민족문화의 결정체였다.

8·15해방 직후인 1945년 9월 8일, 경성역에서 사전의 원고뭉치가 극처럼 발견된 연유도, 조선어학회 사건이 서울고등법원으로 이관됨에 따라 사건의 기록들이 서울로 이송되었기 때문이었다. 만약 이 원고 뭉치가 북한 땅 어디에서 분실되었더라면, 1929년부터 1942년까지 십수 년에 걸쳐 사전 편찬을 위해 기울였던 온갖 노력은 수포로 돌아갔고, 사전 사업은 다시 원점에서 시작해야만 했다. 그러나 다행스러움은 여기까지였다. 해방 후 이인은 검찰총장으로 재직할 때, 수만 페이지에 이르는 조선어학회 사건 관계의 기록물들을 챙겨서 금고 안에 잘 보관했으나, 불행하게도 6·25전쟁 때 모두 소실되고 말았다.

이인은 집행유예로 석방된 뒤 반생반사(半生半死) 상태로 서울에 돌아왔다. 반 폐인이 되어서 서울 집에 당도하였건만, 위문을 오는 사람도 거의 없었다. 다만 근화여학교 일을 함께 했던 차미리사·송금선 두 사람만이 찾아주었다. 다른 이들이 이인의 집 근처에 얼씬도 하지 못한 까닭은, 그의 집 둘레에는 사복형사가 쭉 깔려서 삼엄한 눈초리로 늘 감시한 탓이었다.

이인이 일제의 감시를 받으면서 심신을 추스르는 동안, 흉흉한 소문이 지인들을 통하여 들려왔다. 사실상 가택연금이나 다름없었으므로 외부인의 출입은 드물었지만, 풍문들은 다소 과장되면서 살벌한 분위기를 전하였다. 패망으로 치닫는 일제가 마지막 발악으로, 국내의 민족주의자들을 비롯하여 독립지사를 살해할 계획을 세웠다는 내용이었다. 이 무렵 민족지사들 다수가 은닉하였던 이유였다.

주위의 여러 사람들은 이인에게, 일제가 그를 '흑표4호'(黑票四號)로 지목하였으므로 언제 다시 붙들려 가서 처단될지 모른다고 귀띔해 주었다. 그는 출옥한 지 2주일쯤 지나 경기도 양주군(楊州郡) 은봉면(隱縫面) 덕정리(德亭里) 화천(華川)의 산기슭 아래 소재한 외딴 농막(農幕)으로 몸을 숨겼다. 이곳은 지인인 민영천(閔泳天)의 소유였는데,[131] 이인은 이곳에 묻혀 낮에는 햇볕을 쬐는 등 요양에 전념하였고, 때때로 가족들과 연락하면서 시국의 추이도 지켜보았다. 산촌의 맑은 공기 속에서 요양에 정성을 기울인 덕에 그의 건강은 조금씩 회복되었다.

제2편

8·15해방 후의 건국운동과
민주화운동

제1장

건국준비위원회에
대항한 정치세력화

1. 준비 없이 맞이한 8·15해방

　이인은 경기도 양주군(楊州郡)의 외딴 농막(農幕)에서 은신·요양하던 중 해방의 소식을 들었다.[1] 1945년 8월 15일 하오 1시 둘째 아들 춘(春)이 자전거를 타고 숨이 막히게 달려왔다. 그는 "아버지, 일제가 무조건 항복했습니다 이제 우리는 해방이 됐습니다. 여러분들이 아버지를 빨리 모시고 오랍니다." 하면서, 엉엉 목을 놓아 울었다. 이인은 이 말을 듣고서 "드디어 올 것이 왔다고 생각하나 우리의 준비가 너무나 안되었다 생각을 하니 정신이 아득했다."

　이인이 양주에 은신한 이유는 요양과 도피 때문만은 아니었다. 그가 조선어학회 사건으로 옥고를 치르고 출옥한 뒤, 들려오는 소문들은 일제의 패망이 목전에 다가왔음을 알려주고 있었다. 그는 몸을 회복하여 변동하는 시국에 대비해야 한다고 생각했고, 이러한 각오가 은신·요양한 주된 동기였다. 그는 매일 걸음걷기 연습으로 몸을 추스르며 소일하였으나, 시국의 추이를 지켜보면서, 민족의 독립과 건국2)의 방향도 구상하였다. 이인은 당시를 다음과 같이 회상하였다.

(자료 2-1-A)
　　낮으로는 틈틈이 걸음걷기 연습을 하는 것이 일과의 전부이나 머릿속은 어떻게 하면 자유와 독립을 회복할까 하는 생각으로 가득하니 회천경륜(回天經綸)이 뇌(腦)의 전면(全面)활동이다. 자력(自力)으로 무장궐기함이 좋을까, 또는 미·영의 승리를 기다려 그 여세를 이용할 것인가. 심지어는 국호 국기 국화(國花)까지도 구상하던 감방에서의 일이 다시 구체적으로 떠오른다.3)

　이인은 옥중에서도, 은신·요양하던 동안에도, 민족의 독립과 자유를 진전시킬 방략을 모색하는 데 온 정신을 집중하였다. 그러나 그가 예상하였던 바와 달리, 일제가 훨씬 빨리 항복하였으므로 자력 민중봉기는 실행도 못한 채 머릿속 계획에서 끝나고 말았다.

　이인은 일제가 항복하였다는 소식을 둘째아들에게서 전해 듣고, 이웃 청년 서형석(徐炯錫)에게 자전거를 몰도록 시켜, 자전거 뒤에 걸쳐 타고 곧장 서울로 향했다. 양주와 가까운 창동(倉洞) 부근에 이르니, 민중들이 외치는 '조선독립 만세' 소리가 우렁찼다. 주재소의 순사들은 다 도망가서 청년들이 점령한 상태였으며, '대한독립만세'라고 써 붙인 벽보가 마을의 여기저기에 나붙었다. 청년들은 이인을 붙들고 만세를 불렀다. 해방의 감격은 이렇게 전국으로 퍼져 갔다.

　이인은 집 문앞에 이르러, 가족들에게 동지들이 얼마나 모였냐고 급하게 물었더니, 조금 전까지 다수가 왔다 돌아갔다고 하였다. 그는 신속하게 정세를 파악하고 민족주의 진영의 지도자들과 연락을 취하기 위하여, 집에도 들어가지 않고 곧장 동아일보사를 찾아갔다. 민족주의 진영의 지도자로서 국내외 정세를 통찰하고 있을 송진우(宋鎭禹)를 만나기 위해서였다. 그러나 송진우는 그곳에 없었고, 김병로의 아들 김재중(金在中)에게서 "지금 정부조직(政府組織)한다고 총독부에 몰려갔다."는 이야기를 들었다.

김재중이 전한 풍문은 정확한 사실은 아니었지만, 여운형이 조선총독부에게서 정권을 인수하고 있다는 뜻으로, 이미 조선건국준비위원회(朝鮮建國準備委員會)가 출발하였음을 알려주었다. 이인은 정부조직이 쉽사리 될 일은 아니라고 생각하면서도, 그리 급작스럽게 서두를 필요가 있을까 하는 의문에, 원서동(苑西洞)의 송진우 집으로 자전거를 몰게 했다.

이인이 송진우의 집에 도착하니, 백관수(白寬洙)·김준연(金俊淵) 등을 비롯해 이미 30여 명의 인사들이 모여 있었다.[4] 이인에 따르면, 송진우는 이 자리에서, 8월 11일 경기도지사 이쿠타 세이사부로우(生田淸三郎)을 만난 일을 다음과 같이 설명하였다. 이쿠타는 남산(南山)에 있는 일본 요정으로 송진우를 초청하여, "아무래도 일본이 조선을 물러가게 될 것이니 그 뒤의 치안을 담당하여 달라."고 부탁하였다. 송진우는 이것이 고등정탐(高等偵探)이 아닌가 하는 생각과, 일제가 초토전술(焦土戰術)로 최후의 항전을 장담하였으므로, 그렇게 속히 될 일인가 하는 의심도 동시에 들었다. 설사 그렇다 하더라도 "일본이 물러가면 갔지, 우리가 일본으로부터 어떤 지시나 부탁을 받을 성질의 일이 아니요"라고 판단해서, 자신은 목하 치료 중이라고 핑계를 대어 거절하였다. 이쿠타는 다음날 또 다시 송진우를 만나서 같은 말로 간절하게 부탁하였으나, 송진우는 재차 단호하게 거절하였다. 송진우는 말을 이어갔다. 자신이 이쿠타의 제안을 거절하자, 이쿠타는 곧 여운형(呂運亨)을 만났고 여운형은 즉석에서 수락하였다. 이쿠타가 여운형에게 3·4일간 대기하라고 부탁하였으나, 여운형은 안재홍(安在鴻)·권태석(權泰錫)을 가담시켜 오늘 일제가 무조건항복한다는 방송을 하자마자 활동을 개시하였고, 건국준비위원회라는 간판을 달고 일제 관료와 접촉하면서 마치 일제에게서 정권이양(政權移讓)이나 받은 듯이 날뛰고 있다고 하였다. 송진우는 오늘도 자기가 여운형을 두 번이나 만났으나, 의견이 맞지를 않아 함께 일하자는 의논이 결렬되었다고 말하였다.

이상이 8월 15일 상경한 이인이, 치안유지권을 둘러싼 교섭과 관련하여 송진우에게서 들은 전말이었다. 한편 『고하송진우전기』에 따르면, 송진우는 이 자리에서 "미구에 연합군도 들어오고 해외에 있는 선배 동지들도 귀국하게 될 것이니 그 때까지 마음의 준비와 현상 유지를 하면서 기다립시다."라는 내용의 "정치적인 식견과 지론(持論)을 설명했다."[5] 그는 남한에 미군이 진주할 무렵에야 정치세력화의 움직임을 보였다.

해방정국을 증언하는 회고록들 일반이 그러하듯이, 이인의 회고록도 자신의 처지와 주관에서 해방정국을 증언하였으므로, 단순화를 비롯하여 사실 관계에서 착오가 많이 나타난다. 송진우와 이쿠타가 해방 직전에 실제 접촉하였는지 여부도 논의할 여지가 있지만, 이인의 회고와 송진우 전기 사이에도 중요한 차이가 드러난다. 세세한 차이는 차치하더라도, 뒷날 한국민주당(韓國民主黨)으로 합류하는 세력들 사이에도, 건국준비위원회에 대응하는 자세가 두 가지로 나뉘었다는 사실을 주목할 필요가 있다.

송진우를 비롯한 일부 세력은 애초 건국준비위원회에 참여하기를 거부하였다. 송진우는 여운형 등이 일제와 타협하여 권력을 이양받았다고 주장하면서, 이를 페탱(Henri Philippe Petain)이나 라우렐(Jose Paciano Laurel)에 빗대어 친일 행동이라고 비난하였다. 한편 이인을 비롯한 한 부류의 인사들은, 정치가 현실임을 지적하면서 건국준비위원회에 참여해야 한다는 논리를 폈다. 이인이 송진우가 정세에 어두웠다고 두 차례씩이나 지적한 이유는, 건국준비위원회를 애초 배격한 송진우와는 달리, 건국준비위원회에 참여하여야 한다는 현실론을 지니고 있었기 때문이다.

8월 15일 원서동 회합에서 송진우의 설명이 끝나자, 좌중에서는 송진우의 처사와 식견을 '힐난'하는 이견이 제기되었다. 이인이 가장 강하게 나섰다. 그는 송진우와 이쿠타, 송진우와 여운형 사이에 오고간 대화까지 다 듣고 나서, 송진우에게 "정보(情報)의 암담했음과 또 동지들과 한 마디 상의조차 없이 독단으로 이쿠타(生田)의 말을 거절(拒絕)했던 것이 실수라고 느낀 대로 얘기했다." 이인은 송진우의 현상유지책이 여운형·건국준비위원회가 독주하는 사태를 초래하였다고 지적하면서 대책을 세우자고 제안하였다. 김준연도 이인과 여운형·안재홍 사이의 친분을 거론하면서, 이인에게 절충을 시도해 보라고 종용하였다.[6]

이에 이인은 8월 15일 당일 저녁부터 여운형·안재홍을 찾아나선 끝에, 8월 16일 '아침 일찍이' 계동(桂洞)의 건국준비위원회 사무실에서 두 사람을 만날 수 있었다. 그는 "건준(建準)의 불순성과 최근우(崔謹愚) 권태석 이규갑(李奎甲) 등 몇 사람이 방문을 밀폐하고 국가초건(初建) 운운하는 부당성을 논박"한 뒤, 여운형·안재홍과 "각층 각계를 총 망라한 인사로써 일석(一席)논의하자는 합의"를 끌어낸 데 이어, 두 사람에게 송진우와 다시 한번 회합하기를 제의했다.[7]

한편 이인이 제안한 여운형과 송진우 양측의 회합이, 16일 또는 17일의 오후 2시에 이루어졌으나, 주견(主見)의 차이로 합의에 이르지 못하고 다시 결렬되었다. 여운형과 송진우의 단독회담이 결렬됨으로써 합작의 일치점을 찾지 못하자, 이인을 비롯한 민족주의 계열의 인사들은, 8월 17일 원서동 송진우의 집에 재차 모여 건국준비위원회 문제를 다시 협의하였다. 이들은 양인의 회담이 결렬된 책임을 여운형에게 돌리면서, 이인·백관수·김병로 3사람을 대표로 뽑아 여운형·안재홍과 '담판'하도록 위임하였다.

8월 17일 원서동 모임에서 이인·김병로·백관수 3인을 대표로 선정한 이유는, 이들이 건국준비위원회에 참여하여 이를 개조해야 한다는 태도를 견지한 데 있었다. 8월 18일 이른 아침 세 사람은 다시 건국준비위원회 사무실을 찾아 여운형·안재홍 등과 협의하였다. 양측은 논의한 끝에 건국준비위원회의 위원을 구성하여, 19일 오후 1시에 화신뉴스영화관에서 '위원회'를 소집하는 데 합의하고, 위원의 명단은 이인·백관수·김병로·유억겸(俞億兼) 3인에게 작성토록 일임하였다.

그러나 이러한 합의안은 '위원회'의 위원 명단을 최종 확정하는 과정에서 순조롭게 이행되지 못하였다. 명단이 민족주의 진영에 치우쳤다고 간주한 여운형이 먼저 제동을 걸었고, 건국준비위원회 내의 사회·공산주의자들은 더욱 강경하게 반대하였다. 초청 인사의 명단은 건국준비위원회 내에서 재논의되었고, 이는 여운형과 안재홍 사이의 갈등에서 더 나아가, 건국준비위원회의 내홍(內訌)으로 이어지는 원인이 되었다. 이인 등도 합의 사항이 변경된 결과를 두고, 여운형·안재홍이 자신들을 배신하였다고 판단하고 건국준비위원회에 적대감을 갖기 시작하였다. 양측은 8월 말경에도 한 차례 더 타협안을 마련하였으나, 이 무렵 미군이 남한에 진주함이 확실시된 정세에서 최종 무산되었다. 여운형은 건국준비위원회를 조선인민공화국으로 전환시켰고, 이인·김병로 등도 독자의 정치세력화를 모색하였다.

2. 최초의 정치세력화, 연합군 환영회

이인은 여운형과 송진우의 마지막 담판이 무위로 끝났음을 알면서도 건국준비위원회에 참여하려는 의지를 포기하지 않았다. 안재홍역시 이인 등을 참여시킴으로써 건국준비위원회 안에서 민족주의 세력을 확대하려는 노력을 지속하였다.[8] 이인은 그러면서도 여의치 않을 경우를 대비하여, 건국준비위원회와 대립할 민족주의 진영의 독자정치세력화도 모색하는 양 갈래 전술을 구사하였다. 이인의 독자 정치세력화는 해방정국에서 중요한 의미를 지니므로 좀더 살펴본다.

식민지시기 끝 무렵 지방으로 은둔하였거나 피신해 있던 민족주의진영의 인사들은, 해방을 맞아 서울로 집결하기 시작하였다. 서울 시내에 사람들이 모이는 장소가 몇 군데 있었는데, 원서동 송진우의 사랑방을 비롯해 청진동(淸進洞) 이인의 집도 이 중 하나였다. 이들은 건국준비위원회에 대항하여 사랑방에서 정치세력을 결집하는 활동을 개시하였다.

8월 15일 당일 이인은 양주에서 상경하여 송진우 등 동지를 만나랴,

여운형·안재홍을 찾아다니랴 매우 분망하였지만, 이 날 저녁부터 많은 인사들이 이인의 집에 모여들어 사랑방정치를 시작하였다. 식민지시기에도 이인의 사무실과 자택에는 민족진영의 많은 인사들이 모여들었고, 더욱이 이때는 이인이 은신하다가 상경한 직후였으므로 위문차 찾아오는 인사들도 많았다. 그의 사랑방은 자연스레 민족주의진영의 인사들이 모이는 집결처가 되었다.

해방의 날인 8월 15일 당일 저녁부터, 이인의 집에는 원세훈(元世勳)·조병옥(趙炳玉)·김약수(金若水)·함상훈(咸尙勳)·백관수 등의 인사들이 모여들었다. 이인은 이들과 함께 원로급을 이루어 정국을 주도하는 역을 자임하면서, 건국준비위원회에 참여하려고 시도하는 동시에 별도의 정당을 조직하려고 모색하였다.

이인이 회고한 바에 따르면, 그가 민족주의 진영의 조직화를 최초로 발론(發論)한 날과 장소는, 건국준비위원회가 조직되었음을 알고 난 뒤인 8월 15일 저녁 그의 사랑방이었다. 이인이 사랑방정치에서 제기한 첫 발상은 민족주의 진영의 조직화였고, 연합군 환영을 명분으로 내세웠다. 그는 "미군(美軍)이 곧 서울에 입성(入城)할 것인데 그냥 있을 수만은 없다. 연합군(聯合軍) 환영회를 조직하자."고 제안했다.[9] 동석했던 모든 사람들이 찬성하였고, 성급한 일부 소장파 인사들은 당장에 태극기와 연합4개국의 국기와 완장 만들기에 착수하는 한편, 각계에서 동지를 광범위하게 망라하기로 의견을 모았다.

8월 15일 당일에는 해방의 소식과 함께, 소련군이 서울에 입성한다는 소문이 퍼졌다. 15일 오후에는 서울역에 소련군이 도착한다는 유언이 돌아, 소련군을 환영하려는 수만 명의 서울 시민이 서울역으로 몰려가는 사태까지 벌어졌다. 바로 이 날 저녁 이인은 미군 환영회를 조직하자고 제안함으로써 정치세력화의 시동을 걸었다. 이인에게 연합군은 바로 미군이었다.

　이인은 신속하게 움직였다. 그는 미군 환영회를 발의한 지 이틀 후인 8월 17일 오후 1시에 1백여 명의 광범한 각계 인사들을 반도(半島)호텔로 초청하였다. 처음 발의 때와 다른 점은 환영의 범위를 연합군에서 충칭(重慶)의 대한민국임시정부(이하 임시정부로 줄임)까지 넓히어 '중경 임시정부 및 연합군 환영준비회'를 동시에 조직하였다. 이날 위원장에는 3·1민족운동 당시 33인의 한 사람이었던 원로 권동진(權東鎭)을 추대하였고, 부위원장에 이인이, 사무장에 조병옥을 선임하였다. 나머지 부서와 인선(人選)은 이인을 비롯해 서정희·정로식(鄭魯湜)·김약수(金若水)·김도연(金度演) 등 5인에게 일임했다. 그러나 권동진이 와병 중으로 전신불수(全身不隨) 상태였으므로, 이튿날 부위원장인 이인을 위원장으로 '개선'했다. 이 준비회에 참가한 인사들의 대부분은, 이후 한국민주당에도 참여하여 간부직을 수행하면서 중요한 활동을 하게 된다.

　'임시정부 급(及) 연합군환영준비회'가 본격 활동을 개시한 때는, 미군이 남한에 진주하는 사실이 국내에 보도된 9월 초였다. 동회(同會)는 9월 4일 회의 취지를 전단으로 발표하였다.

　　(자료 2-1-B)
　　임시정부 급 연합군환영준비회 취지(趣旨)
　　우리가 기다리고 바라던 날은 왔다. …
　　이 날을 맞기 위하여 30유여(有餘) 성상(星霜)을 갖은 고난을 겪으며 악전고투하다가 마침내 큰 뜻을 이루고 고국으로 돌아오는 우리의 선배들을 충심으로 환영하고 성의껏 위로하는 것은 우리의 순정의 발로이며 재내동포

(在內同胞)로서의 떳떳한 의무이다.

연합군은 막대한 희생으로 얻은 승리의 기쁨과 혜택을 홀로 취하지 않고 우리에게도 노나 주려는 민족해방의 은인이다. 우리가 이들에게 충심으로 감사하고 마음껏 환영하는 것은 인정(人情)이며 예의며 도리이다.

우리는 정치적 견해와 외교적 관계를 초월해서 다 같이 우선 마음껏 환영하고 위로하고 감사해야 할 것이다.

을유(乙酉) 8월 일

경성종로중앙기독교청년회관내(京城鍾路中央基督敎靑年會館內)

(반도호텔에서 25일 이래(移來)함)

임시정부 급 연합군환영준비회

이 전단은 이어서 동회의 위원 명단을 적었는데, 위원장은 권동진이었고, 부위원장은 김성수(金性洙)·허헌(許憲)·이인 3인이었다. 동환영회는 실행위원을 두고 부서까지 선정하였는데, 사무장(事務長)은 조병옥이었고, 총무부·접대부(接待部)·회계부·설비부(設備部)·선전부·정보부·경호부·교운부(交運部) 등의 부서를 두었다.[10]

'임시정부 급(及) 연합군환영준비회'는 9월 5일에 다시 급고(急告)를 전단으로 살포하였다.

(자료 2-1-C)

연합군 일부가 7일 입경(入京)할 예정이던 바 천후관계(天候關係)로 인하여 8일로 연기되었습니다. 연합군 일부 입경시 본 준비회는 우리시민 전체를 동원하여 가두환영할 행렬준비를 착착 진행중이던 바 잠시간이나마 아직 경찰력이 일본인의 장중(掌中)에 있는 것을 기화로 하여 피등(彼等)은 우리를 일본국민의 형식으로 가두환영행렬에 참가시키고자 탄압하고 있습니다. 친애하는 3천만동포여! 우리는 은인자중(隱忍自重)하여 근일중 우리 임시정부 급 연합군전체가 입경시에 우리 백의동포(白衣同胞)의 고결한 본질을 자유롭게 발휘하면서 성의껏 가두환영 행렬하기를 약속하고 8일에 연합군 일부 입경시에는 우리는 환영참가를 거부합시다.

을유(乙酉) 9월 일

우리독립만만세!

임시정부 급 연합군환영준비회[11]

이 전단은 연합군 즉 미군이 입경(入京)하는 날짜가, 일기(日氣) 관계로 7일에서 8일로 연기되었음 알리는 동시에, 아직도 국내에 남아 있는 일본 경찰이 연합군을 환영하는 한국민을 일본 군중으로 둔갑시키려 한다는 음모를 폭로하였다. 동 준비회는 9월 8일 연합군이 입경할 때, 일본 경찰이 조장하는 환영식에는 참가함을 거부할 터이니, '3천만 동포'도 이에 참가하지 말라고 강하게 권고하였다.

후술하듯이, 이인은 연합군환영준비회를 지도하면서 행사를 준비하던 중, 미군정청에서 10월 11일부로 대법관(大法官) 겸 조선특별범조사위원회(朝鮮特別犯調査委員會) 위원장으로 임명을 받았다. 이인은 미군정에 참여하는 일을 송진우와 의논하는 등 진로를 고심하였으나, 당장 10월 20일로 박두한 행사를 중도에 포기할 수는 없었다. 이 일이 소홀하게 끝난다면 연합군에 예의가 아니었으므로, 그는 임명사령(任命辭令)을 받았았으나 등청(登廳)하지 않은 채 연합군 환영 행사에 매진하였다.

환영회 당일 이인은 정시(定時)보다 빠른 시각인 오전 9시 30분 군정청 국기게양대에 태극기를 올렸다. 해방 뒤 조선총독부가 스스로 일장기를 내렸으나, 그 자리에 태극기를 올리기는 이 날 아침이 처음이었으므로, 감격은 어떤 말로도 표현할 수 없었다. 환영식에 참석한 수많은 사람들 모두 감격의 눈물을 흘릴 뿐이었다.

마침내 1945년 10월 20일 군정청 앞 광장에 환영식장이 마련되고, 경성 시민이 주최한 연합군 환영회가 개최되었다.[12] 식장 정면인 군정청 현관에는 태극기를 중심으로 연합국의 각 국기가 드리웠다. 시간이 박두하자, 여덟 사람이 펼쳐든 태극기와 연합국의 각 국기가 식장 앞에 들어섰고, 이어서 소년군이 군악에 맞추어 입장하였다. 식장에는 왼편부터 군정장관 아놀드(Archibold V. Arnold) 소장, 미군 사령관 하지(John Reed Hodge) 중장, 이승만·권동진·오세창(吳世昌) 등이 바른편 가슴에 붉은 백일홍 꽃송이를 꽂고 차례로 자리를 잡았다. 그 뒤로는 미군정의 고급 장교진이 앉았고, 뉴욕타임즈와 에이·피 통신사 등 외국 기자단과 영화반들까지 취재에 열기를 띠었다.

11시 정각보다 조금 늦게 11시 10분 오세창이 개회를 선언하면서, 웅장한 취주악에 맞추어 환영식은 막을 열었다. 현제명(玄濟明)이 지휘하는 고려교향관현악단이 모차르트가 작곡한 교향곡 연주를 끝내자, 이인이 등단하여 개회사를 한 다음, 전원 기립하여 애국가를 제창하였다. 이어서 화동(花童) 두 명이 꽃다발을 들고 나와, 하지 중장과 아놀드 소장에게 바친 뒤, 만장이 기립하여 미군 군악대와 고려교향악대가 연합국인 미국·영국·소련·중국의 국가를 차례로 연주하였다. 조병옥이 환영사를 한 후 환영가가 취주되었고, 환영에 답하여 하지 중장이 일어서 축사를 하던 도중 이승만을 '위대한 조선의 지도자'로 추거세우는 발언을 하면서, 슬쩍 자리를 비켜서며 이승만에게 등단을 청하였다. 이승만은 만장의 환호 속에 쌓여 모습을 나타내었다. 그는 "오냐 힘을 합치리라 한 깃발 아래로 목숨을 바치리라."고 군중 앞에 맹서하였다. 이승만의 인사말이 끝난 후 다시 하지 중장이 인사말을 마무리하였고, 아놀드 군정장관의 답사가 이어졌다. 인사말들이 끝나자, 권동진의 발성으로 '연합군 만세', '미합중국 만세', '대한독립 만세'를 우렁차게 외친 후, 소완규(蘇完奎)의 폐회사와 군악대의 취주로 환영식은 12시 25분에 끝났다.[13]

이인이 1945년 8월 17일 '임시정부 급(及) 연합군환영준비회'를 조직한 이래 2달여 지나서, 연합군 환영회는 대성황리에 마무리되었다. 이제는 충칭의 임시정부를 환영하는 일만이 남았으나, 임시정부는 아직 환국할 기미를 보이지 않았다. 그렇더라도 임시정부를 환영하는 준비는 계속되었다.

연합군 환영회가 10월 20일 낮 12시 20분경에 폐회하자, 곧바로 오후 2시부터 한국지사영접위원회(韓國志士迎接委員會)를 결성하는 모임이 진행되었다. 이 회는 이승만이 귀국함(10월 16일)을 계기로, 이후 환국할 임시정부의 수반들을 맞아들일 목적에서, 10월 20일 광화문통 국민대회준비위원회 강당에서 각계 명사 80여 명이 집합하여 조직하였다. 이승만은 일개 평민 자격으로 귀국하였다고 말하였지만, 앞으로 그가 벌일 국내 활동과 대외 외교 활동을 지원할 필요성은 당시 누구나 공감하고 있었다. 또 이승만에 준하여, 앞으로 귀국할 지도자들에게도 숙소 등 '특별한 주선'을 위시하여 영접을 목적으로 한 국지사영접위원회가 조직되었다. 동 위원회의 상무간사로는 김준연 · 장택상(張澤相) 등이, 위원으로는 송진우 · 조병옥 · 이인 · 장덕수 · 김병로 등 한국민주당의 주요 인사들이 중심을 이루었고, 이영(李英) · 최익한(崔益翰) 등[14] 장안파(長安派) 공산당도 피선되었다.

'임시정부 급 연합군환영준비회'의 본부는, 연합군 환영회를 개최한 지 40여 일 지난 12월 1일 오후 1시부터 서울운동장에서 임시정부 봉영회(臨時政府奉迎會)를 거행하였다. 이 날은 임시정부 요인 1진이 입국한 지 1주일이 지났고, 제2진이 귀국하기 하루 전 날이었다. 이인은 대법관직을 맡고 있었으나, 이제 와서 환영회의 일을 모른다고 할 수만은 없었으므로 위원장으로 참여하였다. 이를 준비하는 인사들도 이전 연합군환영회 때와 대체로 같았다.

이 날 참가 단체는 경성대학을 필두로 전문학교 · 중학교 · 소학교 등 100여 교와 기타 500여 단체에 달하였다. 식은 윤보선(尹潽善)의 사회로 개막하였고, 갈망하던 임시정부 간부가 환도하였으니 이 지도자의 명령에 절대 복종하자는 오세창의 개회사가 있은 뒤, 이인이 봉영문을 낭독하였으며, 권동진이 선창하여 만세삼창을 하였다. 이어 조선초등학교 생도를 선두로 기(旗)행렬에 들어갔다. 행렬은 안국정 네거리에 이르러, 조선생명보험회사 2층에서 축하를 받는 김구와 이승만 앞에서 '대한임시정부 만세'와 '김구 만세' · '이승만 만세'를 외친 뒤 경성역 앞에 도착하여 해산하였다.[15] 이 날 환영회는 10월 20일의 연합군 환영회보다 월등히 많은 시민들이 모여, 임시정부의 인사들에게 열광하며 환호를 보냈다. 이때까지도 이인은 임시정부 요인을 진심으로 환영하였다.

이렇게 이인은 해방 이틀 만에 100여 명을 시급히 규합하여, '연합군 환영준비회'와 '임시정부 환영준비회'를 동시에 조직하는 기동력을 발휘하였다. 이 준비회는 8 · 15해방 뒤 우익 세력이 최초로 결성한 정치조직이었으며, 뒤에 한국민주당으로 귀결되는 보수우익 정당의 첫걸음이었다. 건국준비위원회에서 소외되었다는 위기의식 및 건국준비위원회 안에 세를 뻗어야 한다는 현실의식이 정치세력화를 재촉하였다. 이 단체는 이름에서 볼 수 있듯이, 임시정부를 지지하는 명분을 앞세우면서 미군을 환영하는 행태로 건국준비위원회에 맞섰다. 이러한 명분과 행보는 해방 직후 모든 우익 계열이 질러나간 정치노선의 방향타가 되었다. 1945년 8월 말 미군이 남한에 진주한다는 사실이 확실하게 되자, 우익 계열은 일매지게 이를 환영하면서, 또한 임시정부를 지지한다고 천명하였다.

그러나 미국의 대한정책에 따라 임시정부는 망명정부로서 인정받지 못하였고, 임시정부의 요인들은 모두 개인자격으로 입국하였다. 이에 '임시정부 급 연합군환영준비회'는 미군정의 방침에 따라서 준비회의 명칭에서 '임시정부'를 '중경임시정부 영수'로 변경하였다.[16] 이 모임을 주도한 인사들은 임시정부를 정부로 추대한다는 논리를 서서히 철회하기 시작하였다. 한국민주당에 참여한 인사들이 조선인민공화국에 맞서 정국의 주도권을 장악하기 위해서는, 미군정의 대한정책과 방침에 순응하는 전략을 폈고, 이인도 예외는 아니었다.

3. 자다가 정당 조직을 발상하여 한국민주당을 창당

이인은 한국의 정당사에 김성수 · 송진우 등이 한국민주당을 발기 · 창당하였다고 쓰여 있음에 강한 불만을 느꼈다[(자료 2 − 1 − E)를 참조]. 그는 자신이 건국준비위원회에 대항할 새 정당을 결성하자고 처음으로 발상 · 제안하였으며, 이것이 모태가 되어 다른 정당을 흡수 · 통합하여 한국민주당이 창당되었다고 누누이 강조하였다.

이인이 회고한 바에 따르면, 8월 19일 밤 그는 이런저런 생각으로 도저히 잠을 이룰 수가 없어서, 함께 자던 조병옥 · 원세훈을 술 마시자고 깨워 일으켰다. 당시 그의 집에는 이들 외에도 곽상훈(郭尙勳) · 김약수·함상훈·박찬희(朴讚熙) 등 여러 인사들이 유숙(留宿)하였으므로, 집의 된장이 두 달 만에 바닥이 날 정도였다. 이들은 이곳에서 연합군 환영 준비 및 건국준비위원회에 대항책(對抗策)을 마련하느라 '망살'(忙殺)하면서 건국방략(建國方略)도 의논하였다.

이인은 조병옥·원세훈이 일어나 앉자, 잠 못 이루면서 곰곰이 생각했던 바를 꺼냈다. "건준(建準) 쪽에서 감히 그런 짓을 하는 것은 조직이 없는 우리를 소매 긴 친구라고 무시하기 때문이요. 그러니 우리 정당(政黨) 하나 만듭시다." 조병옥이 즉시 반문하였다. "국가도 정부도 없는데 정당이라니……" 이에 이인은 "임시정부가 목하 귀국준비라는 풍문이 있지 않소. 그것을 정부로 삼을 작정하고 정당을 만들어 단결력을 발휘해야지."[17)라고 답하였다.

'목하'·'풍문' 등은 막연한 기대감을 표현하는 말이었지만, 임시정부가 언젠가 귀국하는 사실만큼은 분명한 일이었다. 이인은 임시정부 급 연합군 환영회를 제안한 8월 15일이나, 동 준비회를 조직한 8월 17일에도 임시정부를 정부로 추대해야 한다는 전략을 제시하지 않았다. 그런데 하루 사이 건국준비위원회 측에 수모를 당한 후, 분한 심정에 잠을 이루지 못하면서 건국준비위원회에 맞서는 복안으로, 언제 귀국할지도 모르는 임시정부를 정부로 추대하자고 발상하였다. 조병옥이 "별안간, 맨손으로 어떻게 정당을……"이라 하면서 되묻자, "연합군 환영준비를 위해 모인 인사가 3~4백"이므로 "이것을 디딤돌 삼으면 단시일 내에 정당 발족이 가능"하다고 답하였다. 이렇게 이인이 구체안을 내놓자, 조병옥과 원세훈도 찬성하였다. 세 사람은 날이 밝기를 기다려 김병로·백관수를 청해서 논의하였고, 이들도 역시 대찬성이었다. 이 날부터 이인의 집은 정당을 발기하는 준비로 연일 많은 인사들이 회합하여 분주하였다.

이인이 8월 19일 밤 조병옥·원세훈에게 정당을 조직하자고 제안하기 전에, 원세훈은 측근들과 함께 이미 정당을 조직한 상태였다. 원세훈은 건국준비위원회가 독주함을 못마땅하게 여기고, 8월 18일 우익 진영으로서는 최초의 정당인 동시에 최초로 사회민주주의를 강령으로 내세운 고려민주당(高麗民主黨)을 결성해 놓았다.[18] 그는 8월 20일 당의 간판을 내린 뒤, 이인이 창당하려는 정당 모임에 합류하였다.

이인이 정당을 만들기로 결심한 무렵, 국내의 분위기는 매우 어수선하였다. 8월 말 들어서는 소련군이 남한까지 점령한다는 유언은 수그러들었고, 미군이 남한에 진주한다는 사실이 명백해졌다. 모든 정치세력은 이 긴박한 정세에 촉박하게 대처해야만 했다. 미군이 곧 입성(9월 9일 서울 진주)하는 정세는 좌익·우익 모두에게 행동을 서두르게 하였다. 좌익 세력들은 건국준비위원회를 정부화하여 9월 6일 조선인민공화국을 급조하였다. 우익 세력들도 이에 대항하여 같은 날짜에 한국민주당 합동 발기회를 개최하였다.

이인이 김병로·백관수와 함께 정당을 창당하기로 합의한 8월 20일은, 미군 B29가 서울 상공에 나타나 삐라를 뿌린 바로 그 날이었다. 세 사람이 창당을 서두르자, 이후 김약수 등 공산주의자 일부가 이 움직임에 합류하여, 8월 28일 발기인 대회를 갖고 조선민족당(朝鮮民族黨)을 발기하였다. 이 당은 건국준비위원회를 반대하는 우익 세력 가운데, 약간의 '진보적인 구성 요소'도 참가하여 '중경임시정부 절대 지지'를 당의 노선으로 결정하였다. 조선민족당은 발기에 참가할 인사들을 선정하는 기준을 "일제 시 항일운동에 참가한 경력이 있고, 투옥중이거나 석방된 후 일제에 협력하지 않은 인사"로 엄격하게 규정하였다.[19]

한편 이인·김병로·백관수 등의 계열과 별도로, 장덕수·허정(許政)을 중심으로 하는 세력들이, 8월 29일 창당준비위원회를 갖고 당명을 한국국민당으로 결정하였으나, '민족 세력의 대동단결'을 명분으로 다른 우익 정당과 통합하기로 합의한 끝에 발기총회를 미루었다.[20] 조선민족당과 한국국민당이 합쳐야 한다는 제안은 한국국민당쪽에서 먼저 나왔다. 8월 말경부터 시작된 우익 정당의 통합 움직임에, 송진우를 중심으로 하는 또 하나의 보수 세력이 참여하였다. 송진우는 8월 말까지 요지부동하다가 미군 진주가 확실시되자, 비로소 움직이기 시작하여 '국민대회준비회'라는 자신의 구도를 주변 인사에게 설득하며 협력을 요청하였다.

이렇게 민족주의를 자임하는 우익 정당·단체가 서로 앞서거니 뒤서거니 하면서 8월 말경 발기회를 가졌고, 자파(自派)가 중심이 되어 다른 정당을 흡수하려는 통합의 움직임도 시작되었다. 이후 한국국민당·조선민족당·국민대회준비회 등은 합동을 목표로 합당 대표를 선출하여 노력한 끝에 한국민주당을 창당하기에 이르렀다. 이러한 의미에서 한국민주당은 '타도 인민공화국'을 공동의 목적으로 연대한 최초의 우익 연합(통합) 정당이었다.

이인에 따르면, 8월 17일 밤 이인이 조병옥·원세훈에게 정당을 결성하자고 제안한 이후 한국민주당이 결당식을 갖기까지, '1개 월여'에 걸쳐 이인의 집에서 정당을 발기하는 회합을 연일 계속하면서 참가 인원도 많아졌다. 이에 이인의 집이 협착하였으므로, 마지막 회합은 계동의 한학수(韓學洙)의 집에서 두어 차례 발기인회를 가진 뒤, 9월 16일 한국민주당을 창당하기에 이르렀다.[21]

이인을 비롯하여, 우익 진영 내에서 여러 갈래의 정당을 통합하려고 노력하는 가운데, 마침내 9월 6일 경성부내 협성실업학교(協成實業學校) 강당에서 약 700여 명이 모여 한국민주당이라는 명칭으로 합동 발기회를 열었다. 이 날 발기회는 총무부(김병로)·계획부(장덕수)·조직부(김약수)·지방부(정로식)·재정부(박용희, 朴容喜)·선전부(함상훈)·정보부(박찬희)·조사부(이중화, 李重華)·심사부(김용무, 金用茂) 등의 부서를 정하고 각 부서의 역원을 선임하였다(괄호 안은 책임자). 이인은 백관수·원세훈·김도연·허정·백남훈(白南薰)·윤보선 등과 함께 15인으로 구성된 총무부의 역원으로 선임되었다.[22]

9월 6일 합동 발기회를 개최한 한국민주당은 인민공화국이 출현한 데 위기감을 느끼고, 창당도 하기 전인 9월 8일 발기인 6백여 명의 명의로 임시정부를 추대하는 결의와 인민공화국을 배격·규탄하는 성명을 전단으로 발표하였다.[23] 이 성명서는 "우리 독립운동의 결정체이오 현하 국제적으로 승인된 대한민국임시정부 외에 소위 정권을 참칭(僭稱)하는 일체(一切)의 단체 급(及) 그 행동은 그 어떤 종류를 불문하고 이것을 단호 배격함을 우(右) 결의함."에 이어, 과격한 용어를 사용하여 건국준비위원회 ─ 인민공화국 타도를 주장하였다.

송진우는 남한에 미군정이 실시되고 군정의 방침을 확인하자, 인민공화국 ─ 공산당에 대항하는 강력한 우익 정당의 필요성을 느꼈고, 국민대회준비회를 우익 정당들이 통합하는 움직임에 합류시켰다. 이로써 9월 16일 조선국민당·한국국민당 계열과 국민대회준비회가 통합하여 한국민주당을 창당하였다.

한국민주당은 9월 6일 발기회를 거행한 지 10일 만인 9월 16일, 서울 경운동(慶雲洞) 천도교대강당에서 당원 1,600명이 참집하여 결당식을 성대하게 거행하였고, 한국민주당을 창당한 주역들이 단상에 올라식을 주도하였다. 국기배례(國旗拜禮) · 애국가제창에 이어 백남훈이 개회사를 한 후, 김병로를 임시의장에 공천(公薦)하고 식을 진행하였다. 원세훈이 제의한 「우리 해외(海外) 임시정부 요인제공(要人諸公)과 태평양방면 육군 최고지휘관 겸 연합군총사령관 맥아더원수에 대한 감사결의안」을 만장일치로 가결한 뒤, 이인이 다음과 같은 긴급건의안을 제의하였다.

> (자료 2 - 1 - D)
> 1. 조선은 국제관계상 미소량군(美蘇兩軍)에게 남북으로 분단점령된 바 이것은 불편불행(不便不幸)한일이므로 미국군당국(美國軍當局)에 교섭하여 하루바삐 통일적 행정상태가 실현되도록 할 것
> 2. 현 행정기관에 임시적이나마 일본인 관리를 잔치(殘置)시킴은 불안과 침체(沈滯)를 초래하니 공정하고 유위(有爲)한 인물을 조선인 중에서 채용할 것

위의 긴급건의안만으로 유추하면, 당시 이인은 남북 분할점령이 초래할 여러 가지 문제들을 예견하면서 '통일적 행정'을 지향해야 할 당위성을 절감하였다. 또 일본인 관리를 배제함으로써 민심 수습 및 일제 잔재를 청산하려는 의지도 강하게 지니고 있었다. 이후 이승만정부의 초대 법무부장관으로서 반민족행위처벌법에 반대한 태도와는 매우 대조되는 정치노선이었다.

한국민주당 결당식은 이인이 제의한 긴급건의안을 상정하여 만장일치로 가결시켰다. 이 날 결당식은 당의 영수로 이승만 · 서재필(徐載弼) · 김구 · 이시영(李始榮) · 문창범(文昌範) · 권동진 · 오세창 등 7인을 추대하자고 제의 · 가결한 뒤, 대의원 300명을 선거한 다음 내빈 축사가 있은 후 '대한독립 만세'를 3창하고 폐회하였다.[24]

한국민주당은 집단지도체제로서 여러 계열을 균형 있게 배치하려 시도하였다. 이 과정에서 세간에 드러나지 않은 갈등도 있었으나, 재정 문제 등 여러 가지 이유로 인하여 국민대회 계열이 주도권을 장악하면서 9월 22일 중앙조직을 완성하였다. 이 날 한국민주당은 중앙집행위원을 열고 총무와 사무국, 11개의 부서, 중앙감찰위원 30명을 결정하였다. 수석총무로는 송진우, 총무로 백관수 · 원세훈 · 서상일(徐相日) · 조병옥 · 백남훈 · 김도연 · 허정 등이었다.[25] 이로써 한국민주당은 당수 없이 수석총무와 8인 총무제와 1국 11부의 체계를 갖추었는데, 이인은 당무부(黨務部) 부장(부원 9명)으로 선임되었다.[26]

이인은 처음에는 한국민주당의 총무로 내정되었으나, 총무직을 고사하고 당무부장을 자초하였는데, 이유를 다음과 같이 회고하였다. "이렇게 당무가 채 정돈이 안되고 있는데 하는 일 없으면서 당내의 지위만을 얻으려고 웅성대는 사람들도 있으니 내 마음에 들지를 않는다. 그래서 나는 7인총무 중 수석인 가인(김병로)에게 나는 총무를 면하고 당무부장으로 격하해 달라고 청했다."[27] 스스로 최고직보다는 실무직을 택하였다는 회고는, 엽관주의(獵官主義)에 빠져 있는 한국국민당계와 국민대회준비회 측을 향한 비판의식이 개재되어 있었다. 아래 회고는 한국민주당의 주도권 경쟁에서 자신이 소외되었던 이면을 보여준다.

(자료 2 – 1 – E)
여기에서 내가 말해두거니와 한국민주당을 고하(古下, 송진우의 아호 : 인용자)나 인촌(仁村 : 김성수의 아호 : 인용자) 등이 발기창당한 양으로 한국정당사에 쓰여 있는 것은 잘못이다. 이때는 자고 나면 정당이 하나씩 생기던 때이므로 당시의 사정을 알기에 많은 혼란이 있는 듯하다. 정당발기인만

하더라도 사전 상의 없이 아는 사람 이름을 나열했다가 항의를 받는 등 실제
의 혼란이 이루 말할 수가 없었다. 세간에서는 내가 한족당(韓族黨)을 만든
일이 있다고 아는 모양이나, 나는 한국민주당 이외에는 어떤 정당이건 창당
에 관계한 일이 없음을 분명히 밝혀둔다.[28]

한국민주당은 창당 선언문에서 '광복'이 임시정부를 비롯한 무수한
혁명동지들의 '혈한(血汗)의 결정'임을 상기하면서, "중경의 대한임시
정부를 광복 벽두의 우리 정부로서 맞이하려 한다."고 선언하였다.[29]
한국민주당은 당수 없이 총무제로 발족하면서도, 반(反)인민공화국
의 노선에서는 강한 일치감과 결속력을 보였다. 한국민주당을 주도
한 인사들에게서 보듯이, 자신의 정적을 좌익=공산당(공산주의)로 규
정하는 적대성과, 이러한 양분화는 한국민주당의 주류세력이 반공주
의에 뿌리를 두고 있었음을 보여준다. 건국준비위원회가 왜·어떠한
경로로 소련군의 지령을 받았는지는 규명할 필요도 없이, 무조건 그
렇게 단정하는 적대성이 한국민주당의 출발점이었다

한국민주당은 반건국준비위원회─반인민공화국이라는 기본 노선
에서, 겉으로는 임시정부 추대를 내걸었지만, '연합국 직접 상대'라는
애초 전략에 따라 재빠르게 미군정의 여당화(與黨化)를 추진하였다.
송진우·한국민주당은 인민공화국을 저지·제압하기 위하여 우선
미군정에 적극 접근하여 밀착하였으며, 또 한편으로는 '중경임정 절
대 지지'라는 카드를 적절히 활용하였다. 임시정부를 '절대 지지'하면
서 미군정의 권력에 편승하는 행태는 논리상으로 모순이었고, 임시정
부를 '정부'로 인정하지 않는 미국정부와 미군정의 대한정책에도 원
칙에서 어긋나는 일로 비치었다. 그러나 송진우·한국민주당의 이러

한 양수걸이는, 미군의 초기 점령정책과 정확하게 부합하는 현실주의 노선이었다.[30]

한국민주당은 당세를 확장하는 데 절대 필요한 물리력을 갖추기 위하여 무엇보다 경찰권을 장악하였다. 송진우는 미군정에게서 경무부장을 추천하라고 의뢰받자, 한국민주당의 총무 조병옥을 즉시 추천하였고, 미군정은 즉각 수용하였다. 당시 미군정 당국은 조병옥에게 한국민주당을 탈당하라고 요구하였지만, 조병옥은 이를 거부하여 총무직만을 사임하였다. 그는 한국민주당의 당원 자격을 유지한 채 경무부장에 취임하였다. 역시 한국민주당원 장택상은 수도 서울의 치안을 담당하는 수도경찰청장에 취임하였다.[31] 이들은 일제의 경찰 조직을 그대로 지속한 채 인민공화국 타도의 과제를 실행해 나갔다. 이 인도 예외는 아니었다.

제2장

미군정에 참여,
반공주의 노선에서 치안 유지

1. 대법관 겸 특별범죄심사위원장, 한복을 입고 특별범을 심사

한국민주당의 정치노선이 미군정의 여당화를 지향하였듯이, 이인
도 미군정의 요직에 적극 참여하였고, 좌익 계열을 '소탕'하는 물리력
의 한편을 담당하였다. 그는 자신이 미군정에 참여하게 된 계기를 다
음과 같이 회고하였다.

> (자료 2 - 2 - A)
> 하루는 소장(少壯)변호사 몇 명이 갑자기 찾아와서 이런 말을 한다.
> 『미군정에서 특별범죄심사위원회를 만들어 한국 내에 있는 전범(戰犯)을
> 처단할 작정을 했으나 마땅한 사람이 없고 법원도 재조직해야겠는데 이 일
> 도 어렵게 된 모양입니다. 특히 미군정에서는 일본인전범을 쥐잡듯이 할 수
> 있는 항일법조인을 물색한다고 하기에 우리는 선생님을 수석대법관 겸 심사
> 위원장으로 천거했습니다. 꼭 이 일을 맡아주셔야겠습니다.[1]

〈자료 2-2-A〉에서는 '하루'는 10월 10일이었는데, 이인은 한국민 주당의 살림과 연합군 환영회의 일로 너무 분망하여 새 일을 맡을 수 가 없다고 거절하였다. 이튿날인 10월 11일 미군정에서 다시 사람을 보내 이인을 오라고 했다. 이인이 군정청에 도착하자, 미국인 법무국 장(法務局長) 우달(Emery J. Woodall) 소좌(少佐)[2]가 미리 현관에 대 기하고 있다가, 불문곡직하고 자기 차에 타기를 권하였다. 이인은 언 어도 서로 통하지 않는지라, 무슨 영문인지도 모르는 채 차를 타고 법 원으로 갔다. 법원 정문에는 법원과 검찰의 일본인 우두머리 이하 1백 여 명이, 예복(禮服) 차림으로 정렬하여 이인을 마치 칙사 대접하듯 하였다. 미국인들은 그를 별실(別室)로 안내하였다. 그리고 법원 · 검 찰의 일본인 장급(長級) 이하 일반 직원(이 중에는 한국인도 몇 명 들 어 있었다)을 전부 파면하고 한국인으로 대체하는 임면식(任免式)을 전광석화처럼 거행하였다. 이인은 즉석에서 취임할 수 없다고 사의 (辭意)를 표명하였더니, 우달은 "당신들이 독립하는 데 교량(橋梁) 역 할하는 이 일을 마다하니 이해하기 어렵다"고 말하면서 설득하였다.

이 날이 10월 11일이었다. 이인은 우달에게 일단 사의를 표명하기 는 하였으나, 사안의 중대성에 비추어 쉽게 속단할 문제가 아니었다. 그는 우달을 만난 당일 11일부로 임명을 받았고, 언론에도 사령이 보 도되었지만 등청하지 않고 숙고를 거듭하였으며, 송진우와도 상의하 였다. 송진우는 나라가 독립이 되자면 사법부를 먼저 일으켜야 하니, 그 일을 맡으라고 '역권'(力勸)하였다.

이인은 며칠 간 더 고심한 끝에, 1개월 기한부로 법원 조직을 해주 기로 결심하고 대법관 겸 특범심사위원장(特犯審査委員長)을 수임 (受任)하였다. 그는 10월 22일부터 등청하였고, 처음 결심을 수정하여

1946년 5월 검사총장(檢事總長)에 취임하기까지 직무를 수행하였다. 조병옥은 송진우가 미군정에 추천하여 군정청 경무부장에 취임하였고, 이인은 소장 변호사가 추천하여 대법관에 취임하였다는 차이가 있으나, 두 사람이 미군정에 참여하는 데에는 송진우가 추천 · 권고하는 형식으로 관여하였다는 공통성이 있었다.

1945년 10월 11일 미군정은 「재조선미국육군사령부군정청(在朝鮮 美國陸軍司令部軍政廳) 임명사령 제12호」로 대법원장, 각급(各級) 법원의 판검사, 특별범조사위원을 임명하였다. 이때 조선대법원(朝鮮 大法院) 재판장(裁判長)에 김용무를, 대법원의 재판관에 이인을 비롯하여 서광설(徐光卨) · 이종성(李宗聖) · 심상직(沈相直) 4인을, 검사장(檢事長)에 김찬영(金瓚永), 검사에 민병성(閔炳晟)을 임명하였다. 동임명사령 제9조는 '특별범조사위원 임명'인데 (가)항은 "조선특별범조사위원회(朝鮮特別犯調査委員會)를 자(玆)에 창설(創設)함. 기(其) 직무는 경성의 재판소 내에서 개회하고 조선정부 법무국장이 위탁한 사건을 심문"하도록 규정하였다. 또 (나)항의 "대법원재판관, 경성공소원(京城控所院)판사 급(及) 경성지방재판소판사를 자(玆)에 가봉(加俸)없이 위원회의 직권상 회원으로 임명함."이라는 규정에 의거하여 위원회를 구성하였다. 이에 따라 특별범조사위원이 임명되었고, 이인이 위원장으로 지명되었다.[3]

이인이 법무국장 우달을 만난 10월 11일, 미군정은 이렇게 각급 법원의 재판권을 일본인에게서 한국인으로 위임하였다. 10월 15일 군정청은, 미군이 점령한 지역 내의 재판소 관리는, 미군이 점령을 시작한 후 6주간 내에 조선인의 손으로 완전히 돌아오게 되어 대법원(이전의 고등법원), 공소원(控所院, 이전의 복심원), 지방법원과 소년심판소

등에 전부 조선인이 임명되었다고 발표하였다. 또 이 날 군정청은 일본인 관리로서 가장 죄악을 많이 범한 자는 법무국 재판소와 형무소에 있던 분자들로서, 그들은 중요 서류를 소각하기도 하고 일본인 관리에게 공금을 불법 분배하기도 하였는데, 이에 연루된 일본인 관리는 전부 체포하였으며 횡령한 공금은 사실상 전부 회수되었다고 발표하였다.[4]

　군정청이 발표한 바에서, 조선특별범조사위원회의 임무가 드러난다. 한국에 잔류하는 일본인 관리로서 악질의 죄악을 범한 분자들이 중요 서류를 소각하고, 공금을 불법으로 횡령하는 등의 행위를 일삼고 있으므로, 동 위원회는 이러한 전범자들을 법에 의거하여 처리하는 임무를 맡았다. 군정청은 일제가 항복한 이후 한국 내 일본인 관리의 범죄가 급증하자, 이러한 전쟁범죄자를 처치하기 위하여 법원 내에 조선특별범조사위원회(Special Criminal Investigating Committee)[5]라는 특수기관을 설치하고, 대법원·경성공소원·경성지방재판소에서 각각 3인을 전문위원으로 임명하였으며, 이인에게 동 위원회의 위원장직을 맡겼다. 이인은 10월 11일부로 위원장으로 임명을 받았는데도 등청을 하지 않았으므로, 세간에서는 혹 정당 관계로 고사하지 않을까 추측하였지만, 10월 22일 '돌연' 등청하여 기자들에게 다음과 같은 담화를 발표하였다.

　　(자료 2 - 2 - B)
　　ⓞ자기(自己)는 지난22일 돌연 대법관과 형사특별검찰위원회 위원장의 임명을 밧엇으나 과분한 자리뿐만안이라 개인문제와 일신상문제로 취임을 주저하얏섯다 만은 나를 이자리에 임명한것은별(別)달은 의미가잇는것을알엇고시급(時急)이처치해야할 전쟁범죄자 문제가크므로 소승(小乘)을 벌이

고 대승적 입장에서 당돌히 취임을 결정하얏다. 여러분의 협력을 얻어서 나
의 임무를 다하란다. 또내가 관계하던 한국민주당과는 지난 18일부로 이탈
을 명백히하얏다. 정당이탈문제도 사실에잇서 될수업는 일이라고하나 정신
문제이니까 나만은 확언을 할자신이잇다. ⓑ또금반(今般)군정청에서 발표
한 법원인사문제가 세평(世評)이놉흔 모양인데 냉정한 비평을 한다면 적재
적소의 인선이 못된것은 유감된사실이다. 군정당국으로도 우리국내사정을
몰으는관계이고 측근자의 협력이 적은것이 원인일것이다. 그러나 각자의 양
심에맛기여 둘수밧게업는 문제이다. 과거에잇서 일본제국주의의 주구이엇
스며 부에 좃고 권력에좃고 하던 자는 큰반성이 필요하다.[6]

이인은 자신이 임명사령을 받고도 등청하지 않았던 개인문제를 소
승(小乘)으로, 전쟁범죄자 문제를 대승(大乘)으로 비유하면서 취임을
결정한 이유를 설명하였다. 그는 '개인문제'가 언론과 세간이 추측하
는 대로 한국민주당과 관련된 문제였음을 인정하면서, 자신이 10월
18일부로 한국민주당을 이탈하였음을 명백히 확언하였다. 공인으로
서 당파성을 띠지 않으려는 의당한 자세였고, 또 이를 자신하였지만,
정치노선에 따른 정치성향까지 버렸다는 뜻은 아니었다.

(자료 2-2-B-ⓑ)에서 보듯이, 이인은 미군정의 법원 인사 문제
를 언급하면서, 일제의 주구였던 자들이 많이 임명된 사실에 강한 불
만을 토로하였다. 그는 이러한 근본 원인은 군정 당국이 국내 사정을
알지 못한 데 있었으며, 사법 당국에 제대로 된 측근자가 없기 때문이
라고 '냉정한 비평'을 가하였다. 이승만정부에 법무부장관으로 입각
하였을 때와는 달리, 8·15해방 직후 그가 일제 잔재와 민족반역자 청
산 문제에는 강한 의지를 지니고 있었음을 보이는 대목이다.

(자료 2-2-B-ⓐ)에서 이인이 등청을 미룬 '일신상의 문제'는,
1945년 10월 20일에 개최된 연합군 환영회를 주도·주관한 일이었다.

앞에서 보았듯이, 그는 와병 중인 위원장 권동진의 직을 대행하는 부위원장의 위치에 있었으므로, 연합군 환영이라는 대사(大事)를 제쳐두고 곧바로 등청할 수 없었다. 그는 이 일을 성공리에 마무리하고, 한국민주당의 당적 문제를 결단한 끝에, 연합군 환영회가 끝난 지 이틀 후에 첫 등청을 하였다. 애초 작정하기는 "1개월 시한부로 당장 법원 재조직을 마치고 곧 물러날 심산"이었으나 "특별범죄심사에 쫓기다 보니 좀처럼 떠날 수가 없었다."[7]

10월 22일 이인이 대법관[8]으로 처음 등청하였더니, 다른 대법관들은 그때까지 취임을 거부하고 있었다. 이유는 미군정청의 법원 인사에 해당 법관들 뿐 아니라 다수의 법조인들이 불만을 지녔기 때문이었다. 이인이 등청하여 들으니, 미군정이 변호사회에 법관을 천거하라고 의뢰하자, 변호사회는 심상직을 대법원장으로 천거했는데, 미군정은 김용무를 대법원장으로 임명하였다. 김용무는 한국민주당의 문교부장으로서 정당의 요직에 있었고, 10월 5일 11인으로 구성된 군정장관의 고문관으로서 임명되어 이미 미군정에 관계하고 있었다. 법조계는 미군정이 김용무를 대법원장으로 인선한 데 모두 반대하였다. 이러한 분위기에서 이인이 22일 등청했을 때는, 김용무만이 16일에 취임하였고, 대법원은 전혀 구성하지 못한 실정이었다.

법조계에서 김용무를 반대하는 데에는 이유가 있었다. 미군정이 10월 11일자로 법원 인사를 단행하기 하루 전인 10월 10일, 경성변호사회는 정당 관계인을 사법 요직에 임용함을 배격한다는 건의서를 미군정 당국에 제출하였다. 동 변호사회는 10월 9일 임시총회를 열어 만장일치로 건의 사항을 결의하고, 10일자로 경성변호사회장 이홍종(李弘鍾)의 명의로 이를 군정장관 아놀드(Archibold V. Arnold)에게 제출하였다. 건의서의 취지는 "정당요인(政黨要人)이라고 지칭되는 자를 판검사 기타 사법요직에 취임케 함을 배격함"이었는데, '건의이유'(建議理由)는 "정당관계자를 임용할 때는 사법독립의 원칙은 곧 파괴되어 민중의 사법 신뢰심은 극히 박약케 되는 동시에 사법권의 위신은 이를 보지(保持)키 어렵게 되리라고 확신한다."는 데 요점이 있었다.[9] 상식인이라면 누구나 수긍할 매우 타당성을 지닌 건의였다.

대법원장으로 임명된 김용무가, 10월 16일 사법권의 독립을 위해 한국민주당을 탈당하는 데에서 더 나아가 '절연'(絕緣)까지 운운한 단호한 성명을 발표[10]한 이유도 이러한 건의를 의식하였기 때문이다. 이인 역시 처음 등청하면서 기자회견을 통하여, 한국민주당을 이탈하였음을 명백히 한 이유이기도 하였다.

김용무가 한국민주당을 탈당한다는 성명서를 발표하는 등 사태를 진화하려고 시도하였지만, 반발은 진정될 기미를 보이지 않았다. 신임 판검사가 임명된 지 20여 일이 지나도록 이들 가운데 반 이상이 등청하지 않았고, 그렇다고 미군정은 후임을 발령(發令)할 의사도 없었다. 대법원을 한국인의 법원으로 새롭게 발족시키려는 미군정의 의욕은 처음부터 차질을 빚었고, 계속되는 미군정의 실책으로 법원 안팎은 매우 어수선하였다.

이인은 대법관으로 임명된 이들을 개별로 설득하였는데, 이종성은 등청하겠다고 승낙하였으나, 서광설·심상직은 끝내 거부하였다. 이인은 할 수 없이 이상기(李相基)를 미군정에 추천하여 관철시켰다.[11] 미군정은 11월 19일 「재조선미국육군사령부 군정청 임명사령 제36호」로 이상기를 대법원의 대법관으로 임명하였고, 대구지방법원을 비롯한 각 지방법원에도 재판장과 검사장을 임명함으로써 법원의 체제를

정비하려 시도하였다.[12]

미군정이 사법권을 조선인에 맡긴 10월 이래 11월까지 약 두 달 동안, 법원 내는 매우 혼란스러웠고, 밖에서는 이러한 혼란에 비판이 이어졌다. 미군정은 원칙 없는 인사를 남발하였고, 조선인으로 사법권을 확립하겠다는 명분만 내세우면서 지나치게 간섭을 일삼았다. 사법계는 불평으로 가득 차 업무 진행이 좌절된 상태에 빠졌고, 게다가 명령 계통도 통일되어 있지 않아 일대 혼돈 상태였다. 이러한 상황을 이인은 다음과 같이 지적하였다.

> (자료 2-2-C)
> 일은하라면서 방도 주지안코 안질자리도주지 안으니 일을할야도 할 도리가업다 그리고 인사 발령에 잇서서도 똑갓흔 인사인데도 불구하고 엇던것은 수석(首席) 판사이고 엇던것은 소장이고 엇던것은 조사관 이라고 하야 그 한계가 알수업다 먼저 는 특별형사검찰위원이라 발표하고 이번에는 특별검찰조사위원이라고 발표가 되니 엇던것이 확실한것인지 분간을 할수업서 위신이 스지안는다.
> 그리고명령계통이분명치안어MP는 MP대로CIC는 CIC대로 경무국수사계는 수사계대로 각각 일을 해노니 통일된 사법의 권한이 어데 속한것인지를 물을일이외다…[13]

(자료 2-2-C)에서 이인은 인사 발령의 문제, 명령 계통의 불명확함 등을 비롯해 사법권의 난맥상을 지적하였지만, 여기에는 법무국 내에 설치한 특별범죄수사위원회의 혼란상도 포함되어 있었다. '위신'이 서지 않는다고 개탄한 이유였다. 이인에 따르면, 1945년 11월 말경이 되어서야 법원을 정비하는 일이 어느 정도 궤도에 올랐고, 전범자 처리를 위한 특별범죄심사위원회도 12월 들어 기능을 발휘하기 시작했다.

10월 11일 조선특별범조사위원회가 출발하였지만 제 기능을 발휘하지 못하고 유명무실하자, 미군정은 12월 5일 군정청 법무국장 매트 테일러(M.Taylor) 소좌는, 전 일본인 관리가 공금을 부당하게 사용한 사건을 조사하기 위하여 법무국 내에 특별범죄수사위원회를 새로 설치하였음을 발표하였다. 위원장은 레이프 힐 대위이며, 조선인 위원으로는 대법관 이인과 조선특별검찰청장(朝鮮特別檢察廳長) 전규홍(全奎弘) 박사였다. 테일러가 발표한 바에 따르면, 지금까지 조사한 결과는 전(前) 일본인 관리의 공금횡령 사건이 30여 건이나 되고, 동 위원회가 기소하면 서울지방법원에서 판결하기로 결정하였다.[14]

조선특별범조사위원회는 특별범죄심사위원회에서 출발하여 하는 일 없이 부진하다가 특별형사검찰위원회 · 특별검찰조사위원회 · 특별검찰부 · 특별검사단 등 중구난방으로 불리다가, 특별범죄수사위원회로 신설되어 12월 11일 특별범죄심사위원회(特別犯罪審査委員會)로 최종 통일되었다. 위원회 아래에는 사무부를 두고, 수사 검사진을 배치하는 한편 사무상의 한계도 명확히 하였다.[15]

10월 11일자로 조선특별범조사위원회가 출발할 때에는 위원회를 구성하면서, 대법원에서 이인(위원장) · 서광설 · 심상직 3인을, 경성공소원와 경성지방재판소에서 각각 3인씩을 임명하였다. 또 공금을 횡령한 일본인 관리를 소추(訴追)할 특별검찰부(特別檢察部)는 부장 전규홍, 검사 이태희(李太熙) · 김점석(金占碩) · 조재천(曺在千) · 김병완(金炳玩)으로 구성하였다. 그런데 서광설 · 심상직이 끝내 대법관 임명을 수용하지 않았으므로, 특별범죄심사위원회는 이인을 위원장으로 유지하면서, 대법원에서 임명한 위원을 이종성과 이상기로 교대하였다.[16]

신설되는 형식으로 재출발한 특별범죄심사위원회는 곧바로 업무에 착수하였다. 동 위원회의 특별검찰은 조선총독부 전 회계과장과 출납계장이 6,400만 원을 횡령한 사실을 적발하고, 12월 17일 이들을 검거·구속하였다. 일제가 항복하자, 이 두 명은 공금 6,400만 원을 38도선 이북에 있는 일본인 관리에게 지불할 특별위로금이라는 명목으로, 9월 초에 안전은행(安田銀行)을 통하여 일본에 송금하였다. 이후 이들은 아무 일도 없는 듯이 경성에 체류하면서, 기회를 보아 일본으로 비밀리에 탈출하려는 직전에 적발되어 체포되었다.[17]

특별범죄심사위원회는 애초 전범자 처벌을 목적으로 출발하였으나 점차 기능은 축소되었고, 그나마 미군정의 의욕도 확고하지 않아 활동 자체가 지지부진하였다.[18] 이인이 위원회에서 활동을 개시하려 하니, 최고 전범자로 특별범인 조선총독이나 정무총감을 비롯하여 국장·법원장(法院長)·지사(知事) 등 거물급은 이미 도망쳐 버렸다. 남은 자들은 송사리뿐이었으며, 고작해야 국장급 2명, 경찰부장 3~4명, 판검사 수 명이 굵은 축에 들었다. 특히 우두머리 검사급인 경성검사장(京城檢事長) 미우라 후지로(三浦藤郎)와 대전검사장(大田檢事長) 사카미(酒見) 2명은 자살해 버렸다. 이 중 미우라는 이인이 수원고농 사건을 변론할 때 입회 검사였는데, 이인의 변론이 불온하다고 트집을 잡아서 1930년 5월 끝내 6개월 정직 처분을 받게 했던 자이다. 이렇게 하여 위원회에 회부된 전범은 불과 3백여 명이요, 이 가운데 3분의 1가량이 일본인이었고, 3분의 2가량이 친일파 한국인이었다. 구속 사건은 1백여 명뿐이었고 나머지는 입건(立件)하는 정도에 그쳤다.

이인이 담당한 첫 사건은 이왕직장관(李王職長官) 장헌식(張憲植)과 그 밑의 직원들이었다. 장헌식은 일한병합(日韓倂合) 후인 1910년 평안남도 참여관(參與官)으로 일제 지배체제에서 관직 생활을 시작한 뒤, 1919년 8월 충청북도 도지사, 1924년 12월 전라남도 도지사에 임명되어 전라남도 농회의 회장을 겸하는 등 고위직을 지냈다. 1926년 8월 이후 관계(官界)를 떠나는 동시에, 조선총독의 자문기구인 중추원(中樞院)의 칙임관(勅任官) 대우인 참의(參議)에 임명된 뒤, 1944년 8월에 여섯 번째 재임하면서 8·15해방이 될 때까지 모두 7차례 연임했다. 그는 1938년 7월 국민정신총동원조선연맹(國民精神總動員朝鮮聯盟)의 발기인으로 참여한 뒤, 1939년 4월 평의원을 맡았다. 1941년 5월에는 국민정신총동원연맹을 확대 개편한 국민총력조선연맹(國民總力朝鮮聯盟)의 평의원을 맡았다. 같은 해 9월 조선임전보국단(朝鮮臨戰報國團)이 조직될 때 경성 지역 발기인 등으로 참여하였으며, 해방 직전인 1945년 5월 이왕직 장관에 임명되었다. 장헌식이 받은 상훈으로는 1912년 8월 한국병합 기념장, 1915년 11월 다이쇼(大正) 천황 즉위 기념 대례(大禮) 기념장, 1920년 7월 훈2등 서보장(瑞寶章), 1928년 11월 쇼와(昭和) 천황 즉위 기념 대례 기념장 등이었다.[19)]

이왕직 사건은 이왕직의 전 일본인 회계과장 사이토 지로(齋藤治郎, 검거 당시 62세)가, 재산 목록 등 중요 문서를 모두 불태워버리고 공금을 가로채 도망가려다 붙들린 사건이었다. 사이토는 1908년 조선에 건너와 당시 궁내부(宮內府)에 취직한 이래 30여 년 회계 사무를 보았던 자였다. 8·15해방 이틀 뒤인 8월 17일, 그는 이왕직의 재산 목록 20책을 소각하였다. 이어 차관 고지마 타카노부(兒島高信)의 명령으로 이왕직에 남아있던 현금 6백 17만 2,112원 중에서 5백 5십만 원을, 8월 21일에 제국은행을 통해서 도쿄의 이왕직 사무관 야마시타 헤이이치(山下平一)에게 보내었으므로, 이왕직의 재산은 텅 비고 말았다. 그는 이외에 특별친용금 41,000원도 소비한 혐의로 체포되어 특별위원회에 기소되었고, 12월 28일 대법원 제1법정에서 제1회 심리를 개시하였다.[20] 이 날 장헌식도 심리를 받았는데, 그는 사이토 등이 이왕직의 재산 목록을 소각하고 공금을 횡령할 당시 장관으로서 이왕직의 최고 책임자로 있었으므로 구속하여 조사를 해야했지만, 77세의 고령이라는 사정이 고려되어 불구속으로 조사를 받았다.[21]

장헌식의 첫 공판이 열리는 날, 이인은 일부러 한복을 입고 재판장석에 앉았다. 아직 정부가 수립되지 않았으므로 법원 체계도 잡히지 않아 법복(法服)이 따로 있지도 않았고, 그동안 한복이 천대받았으니 나라를 도로 찾은 오늘에 햇볕을 보이자는 생각이었다. 이인이 장헌식에게 훈장(勳章)이나 위기(位記)가 있느냐고 물었더니, 장헌식은 훈일등(勳一等) 종2품(從二品)이라고 답했다. 이인은 그가 이왕직의 예식과장(禮式課長)을 지내는 등 오랫동안 구황실(舊皇室)에게서 많은 은총을 받았을 텐데, 특히 융희황제(隆熙皇帝)가 즉위하고, 왕세자(王世子) 영친왕(英親王)이 동궁(東宮)으로 책봉(册封) 받을 때에 모두 은전(恩典)을 베풀었는데, 이 일들을 기억하느냐고 물었다. 장헌식은 전연 기억이 나지 않는다고 발뺌하였다.

이인은 장헌식의 머리가 친일파로 굳어버려 일본인이 다 되어 버렸다고 판단하여 법정구속(法廷拘束)하였으므로, 장헌식은 당일로 서대문 감옥에 수감되었다. 당시 신문 보도에 따르더라도, 장헌식이 법정에서 진술하는 태도는, 심문하는 위원들에게 불쾌감을 주었을 뿐아니라, 방청하는 대중을 더욱 분노케 하였다. 그는 노령임을 감안하여 불구속으로 조사를 받았으나, 오히려 과거 일제하에서 고관대작을 지냈는데 설사 어찌할 수 있겠느냐는 불순한 자세였으며, 조금도 뉘우침이 없었다.[22] 이후 장헌식이 구인 상태에서 사실심리를 받던 도

중, 양심상 잘못되었음을 깨닫고 과거의 태도를 청산하겠다고 반성하는 모습을 보이자, 담임 판사는 1월 14일 보석 출감을 허가하였다.[23]

전 경성형무소장 와타나베 유타카(渡邊豊), 전 조선총독부 법무국장 하야타 후쿠조(早田福藏) 등을 수괴로 한 12명의 공문서훼기(毀棄)·배임·업무횡령 사건은, 1946년 1월 23일 오전 11시 반부터 대법원 법정에서 제1회 심리를 개시하였다. 심리는 이인이 특별범죄심사위원장으로 주심을 맡았고, 위원 이종성·이상기 등이 배석하였다. 피고는 와타나베 이하 동 형무소 과장급 등 12명이었으나, 이미 일본으로 탈출한 자도 있었다. 이 사건은 전 법무국장과 전 경성형무소장이 공모하여, 8월 17일 형무소 구내에서 중요 서류를 소각한 외에 도합 30만여 원의 공금을 횡령한 외에, 백미·농우 등을 무상분배하고 서적·양잿물 등의 비품을 매각 또는 무단 소비한 내용이었다. 사건의 장본인 하야타는 이미 일본으로 도주하여 궐석 상태로 공판이 진행되자 심리에 많은 지장을 주었으므로, 위원회에서는 군정청에 이 자를 소환하여 달라고 교섭하면서 공판을 진행하였다.[24]

전 조선총독부 경무국 위생과장 아베 이즈미(阿部泉)의 공문서훼기와 업무횡령 사건도, 특별범죄심사위원회의 심리를 끝마치고 법무국장의 손을 거쳐 서울지방법원으로 이관되었다. 이 사건의 제1회 공판은 1월 23일 시작되었다.[25] 특별범죄심사위원회에서 조사한 총독부의 국장으로는 체신국장 이토 타이키치(伊藤泰吉), 재무국장 미쓰다(水田) 등이 모두 공금횡령죄로 재판을 받았다. 선고된 형량 중 징역 2년이 가장 중형(重刑)이었고 나머지 사람들은 대개 집행유예로 풀려났다.[26]

이렇게 형량을 낮게 선고한 이유는, 특별재판이 열리기 전 이인을 비롯한 범죄심사위원들 사이에 어떤 '국제적 감정'이나 '적극적 사감(私感)'을 갖지 말고 가장 공명정대(公明正大)한 심판을 하자고 다짐하였기 때문이다. 심사위원들은 만일 자신들이 일본인 특별범들에게 보복을 일삼았다는 말을 듣게 되면, 독립에도 좋지 않은 영향을 미칠 터이므로, 사법부가 앞장을 서서 미군이 특별범죄심사위원회에 신뢰감과 존경심을 갖도록 하자고 상의하였다. 심사위원들이 오로지 법리와 공평무사한 심정으로 재판을 해야겠다고 결심한 이면에는, 수백만을 헤아리는 재일 동포들을 헤아렸기 때문이다. 일본인 전범을 앞에 놓고서, 학병(學兵)·징용(徵用) 등으로 강제 납치되어간 동포들의 안전을 염두에 두지 않을 수 없었다. 이인은 일본인 피고인들에게 존댓말을 사용함으로써 다른 사람들에게 본을 보였고, 피고들에게 큰소리 한번 치지 않았다.

그러나 앞에서도 이미 언급하였듯이, 특별범죄심사위원회의 활동은 미군정의 미온한 방침으로 인해, 애초 많은 한계를 갖고 출발하였으므로 성과를 거두기는 어려웠다. 이왕직 장관 장헌식과 회계과장 사이토의 공문서 소각과 공금횡령 사건은, 장본인 고지마가 도주한 채로 심리를 진행한 끝에 1946년 1월 5일로써 심사가 끝났다. 법정에선 일본인 피고들은 대부분 8·15해방 이후 조선이 독립된 뒤에야 이왕직이 없어짐을 자각하였다고 진술하였다. 이 사건은 법무국을 거쳐 다시 지방법원으로 회부되었다.[27]

미군정은 전범을 처리한다는 명분으로 특별범죄심사위원회를 설치하였으나, 사실은 별다른 실속이 없는 조처였다. 미군들은 애초 처벌받아야 할 거물급 일본인들을 대부분 도망시켰고, 유죄 판결을 받아서 형무소에 갇혀 있던 송사리들마저 살금살금 빼돌리기가 일쑤였다. 또 재판장이 특별검찰부를 지휘하도록 한 규정도 재판 법리상으로 보아 문제점이 많았다.

이왕직 차관 고지마는 공금 5백 5십만 원을 도쿄로 부치고, 25만 원으로 이왕직 직원과 사복을 채운 후 일본으로 달아났다. 법무국장 하야타도 고지마와 와타나베 외 7명 등과 공모하여 공금을 소비하고, 8월 17일에 공문서 110여 책을 소각하고 일본으로 달아났다. 이들을 체포하지 못한 상태에서 사건을 조사하는 문제점을 지적하는 여론이 자연 높아갈 수밖에 없었다. 이에 특별범죄심사위원회는 1946년 1월 21일 군정청 법무국장에 공문서를 띄워, 이자들을 빨리 일본에서 체포·소환하여 사실심리에 지장이 없도록 해 달라고 건의하였다. 위원회는 중대 사건의 임무를 놓쳐버리고 부하 졸개들만을 심사함은, 아무런 의미도 없을 뿐 아니라 사실심리를 진행할 수도 없으며, 한국민에게 면목이 없다는 이유 등을 제시하였으나,[28] 이러한 건의가 수용될 리 없었다.

특별범죄심사위원회가 이왕직 사건 등 일본인 관리 등의 특별범죄심리를 마치고 사건을 공판에 회부하자, 미군정은 1946년 2월 7일 군정청법령 법령 제46호로 「법무국특별범조사위원회 및 특별검찰청 폐지」를 공포하였다.[29] 이렇게 특별범죄심사위원회는 애초 출발할 때의 소임을 다하지 못하고 문을 닫았다.[30]

2. 검사총장 취임과 조선정판사 위조지폐 사건

이인이 검사총장(檢事總長)에 취임한 날은 1946년 5월 16일이었다.

그가 검사총장직을 왜 수락하였고, 자신의 임무를 어떻게 수행하였는지는, 5월 16일 바로 전날 남한 사회를 떠들썩하게 했던 사건이 그대로 보여준다.

5월 15일은 조선정판사(朝鮮精版社) 위조지폐(僞造紙幣) 사건의 전모가 발표된 날이었다. 발표 내용은 뒤에 다시 서술하겠지만, 핵심은 조선공산당이 위조지폐를 찍어내 사회를 혼란시켰다는 한마디로 요약된다. 이 사건은 미군정이 조선공산당 계열을 탄압하는 신호탄이었으므로, 이인이 검사총장에 임명되었음은 미군정이 시행하는 반공정책의 최전선에 섰음을 뜻하였다. 그는 미군정의 정책이 자신의 정치노선과 일치하였으므로 검사총장직을 수락하였고 최대한 수행하였다.

이인이 검사총장에 취임한 이유, 활동 내용을 그의 정치노선의 맥락에서 파악하기 위해서는, 전후의 시대 상황을 먼저 이해할 필요가 있다. 1945년 12월 모스크바에서 개최된 미국·영국·소련 3국의 외상(外相) 회의에서 「모스크바 삼상회의 결정서」가 공표되었다(1945. 12. 28). 이에 의거해 한국문제를 해결하기 위하여, 1946년 3월 20일 제1차 미소공동위원회(앞으로 미소공위로 줄임)가 서울에서 개회하였다. 미소공위는 '민주임시정부 수립'이라는 한민족의 중망(衆望)을 안고 출발하였지만, 5월 1일 공동성명 제7호를 마지막으로 제출하고, 5월 6일 기약 없이 휴회를 선언하였다.

제1차 미소공위가 결렬되자, 미군정은 대한정책의 부분 전환을 시도하였다. 미군정은 초기에는 이승만·한국민주당 계열의 우익 세력을 거의 일방으로 지원하였으나, 제1차 미소공위가 무기휴회된 뒤에는 중간파를 후원하는 방향으로 돌아섰다. 여기에는 한국의 공산화를 방지하려는 미국의 근본 정책에서 출발하여, 미소공위를 다시 재개시키려는 현실 전략이 깔려 있었다. 미군정은 중간 세력을 만들어 이들을 중심으로 남한 내의 개혁을 주도하고, 이들이 공산주의자와 결탁하는 가능성을 차단하려 하였다. 이 시기는 바로 좌우합작운동이 일어나던 시기와 일치하였다.

좌우합작운동이 시작되는 1946년 5월부터, 미군정은 조선공산당의 활동을 탄압하기 시작하였다. 이 신호탄이 조선정판사 위조지폐 사건이었다. 미군정은 지금까지 용인하였던 공산당의 활동을 강력하게 제재하였다. 바로 이 시기에 이인은 검사총장으로 취침하였고, 좌익 계열의 치안 유린 행위를 진압하면서 국내 질서를 안정시키려 노력하였다.

그럼 이인이 검사총장에 취임하는 과정을 살펴본다. 1946년 5월 들어 군정장관 러취(Archer L. Lerch) 소장은 이인을 불러서 "검찰을 맡아달라"고 부탁하자, 이인은 독립정부 수립을 위해 진심갈력(盡心竭力)하는 길이라 판단하였으므로 즉시 수락하였다. 이로써 남한의 치안권은 사실상 한국민주당 계열의 인사인 조병옥(경무부장)과 이인(검사총장) 두 사람이 전권을 장악하였다. 여기에 가장 중요한 수도 서울의 치안을 관장하는 장택상(수도경찰청장)의 경찰력도 포함되었다.

이인이 검사총장에 취임할 무렵, 전국의 검사 수는 140명 정도로 오늘날의 10분의 1에도 미치지 못하였고(전국의 검사는 1945년 말까지 총 102명, 1946년 말까지는 135명이 임명되었다), 검사총장에 직속된 대검 소속 검사는 불과 2~2명이었다.[31] 그렇더라도 식민지시기부터 오늘날까지 검찰권은 경찰력 위에 군림하는 위상을 지녔고, 후술하듯이 미군정은 자신들에게 종속된 이인과 검찰 조직에 상당한 실행력을 부여하였다.

이인은 경찰의 수장격인 조병옥 · 장택상과 함께 남한 내에서 좌익 계열을 소탕하는 세 축이었다. 반건국준비위원회─반인민공화국 노선을 반공주의의 가치로 공유하는, 이인─조병옥─장택상 3인의 협조 체제는, 남한 내의 좌익 계열을 탄압하려는 미군정의 반공주의 노선과도 철저하게 합일하였다. 이인은 자신이 검사총장으로 재직하는 동안을 "유석(維石) 조병옥, 창랑(倉浪) 장택상 양씨(兩氏)와 함께 생명의 갖은 위험을 무릅쓰고 건국(建國)의 3초석(礎石)으로서 분망한 나날을 보냈다. 그때는 타공(打共)의 일선에서 물불을 가리지 않을 때였다."고 회고하였는데,[32] 이 한 대목에 그가 검사총장이 된 목적과 활동상이 모두 담겨 있다.

이인은 「해방전후 편편록」에서는 자신이 검사총장으로 재임하던 시절을 회고하는 내용의 소제목을 '기관총 앞세우고 좌익계 일망타진', 『반세기의 증언』에서는 '기관총 들고 좌익소탕'으로 표현하였다. 해방정국기 특수성을 고려하더라도, 그는 검찰에게 기관총까지 무장시킨 채, '좌익'들을 '일망타진'하여 '소탕'하려 하였다. 이인 · 조병옥 · 장택상 세 사람에게는 자신들의 정치노선을 실현하기 위하여, 미군정 권력의 요직이 강력하게 요청되는 수단이었고, 이들은 '타공'이라면 물불을 가리지 않고 선봉에 섰다. 1960 · 1970년대의 냉전체제와 반공주의를 감안하더라도, 이 무렵을 회고하는 이인의 과격한 표현들은 시대 분위기라기보다는 신념의 발로에 가까웠다.

(자료 1─2─J)의 경부선 철도 비유에서 보듯이, 식민지시기 이인은 민족주의자였고 결코 사회주의자가 아니었지만, 사회 · 공산주의자들도 무료변론하면서 사회 · 공산주의운동 역시 독립운동으로 인식

한 민족변호사였다. 이인의 막내 동생으로 공산주의자였던 이철(李澈)의 절친 김성칠(金聖七)은 일기에서, 민족변호사 이인의 면모를 다음과 같이 남겼다.

> 그 어렵던 일제시대를 깨끗이 살아나온, 우리의 존경할 만한 분이다. 그는 그 당시 변호사로 있으면서 사상(思想)사건이라면 한푼 보수를 받지 않고 자진해서 맡고 자기비용을 써가며 정성껏 보아주었다. 그때 그는 민족주의사건이고 공산주의사건이고를 구별하지 않았다. 그가 한쪽 발을 이끌고 부자유한 몸으로 천리길을 멀다 않고 다니면서 지방의 학생사건에 이르기까지 도맡아서 지성으로 보아주는 그 풍모(風貌)는 성스럽기조차 하였다. 이러한 그의 태도가 일제(日帝)의 눈에 거슬리지 않을 리 없어서 마침내 그는 어학회(語學會)사건에 연좌(連坐)하여 함흥감옥에 갇히었었다.

그러나 김성칠은 8 · 15해방 뒤의 이인을 '완고'한 반공주의자로 평하였다. 1950년 7월 20일 김성칠은, 이철을 중매 설 목적으로 혼주(婚主)가 될 이인을 방문하였다. 이때 이인은 이철과 의절한 상태였다. 이 자리에서 이인은 김성칠에게 동생 이철을 가리켜 "그놈은 인간이 아니랍니다."라고 시작하여, 공산당을 비난하는 '장광설'을 늘어놓았다. 김성칠은 이를 "공산당은 파괴를 일삼는 강도집단일뿐 아니라 살부회(殺父會)를 조직하는, 이 하늘 아래 용납할 수 없는 궁흉극악한 도배라는 것"이라고 요약하였다. 김성칠은 이 날 이인의 모습을 "공산당에 대한 혐오감이 머리끝까지 사무친 이분"이라고 기술하였다. 김성칠은 일기에 자신이 전해들은, 검찰총장 시절 이인이 가정에서는 "철이 우리 집안을 망치는 놈이다."라고 울부짖었고, 기자들 앞에서는 "철같은 놈은 잡아 죽일 수밖에 없다"고 성언(聲言)하였다는 일화도 남겼다. 이철의 행동은 이인에게 '눈의 가시'였고, 더욱이 이인은 이철

이 자신의 아들딸들을 붉게 물들인다고 노발대발하였다.[33]

이인이 왜 이렇게 열렬한 반공주의자로 변신하였는지, 동기가 가족사에서 연유하는지는 확언하기 어렵다. 김성칠의 일기는 이인이 이 무렵 어떠한 사상을 지니고 있었는지를 여실히 보여주는 일화이자 증거일 뿐이다.

미군정은 1946년 5월 16일 사법부의 인사를 단행하여 이인을 대법원 검사총장으로 임명하였다.[34] 이인은 임명사령의 직권개시일보다 앞당겨 5월 16일 검사총장에 취임하여 사실상 공식업무를 실행하였는데, 5월 16일은 조선정판사 사건으로 긴박한 상황이 반영된 날짜였다. 그는 5월 16일 당일 검사총장에 취임하기 앞서, 검찰의 소임과 치안질서 유지를 위한 당부, 관공리의 기강 확립 등을 비롯하여 검사총장직을 수행함으로써 건국에 이바지하려는 자신의 소신을 다음과 같이 피력하였다.

(자료 2-2-D)

(1)[35] 검찰의윤리화[36]를 강조하여 민중을지도유액하는동시에 민중생활을명랑윤택케할것 (2) 검찰이국가기구인이상 홀로초연자립치 못할것임으로 오즉국시국책에 순응충실할것 (3) 불편부당의태도로가장엄정공명을기하여 오즉신국가건설과 민중의권익을다할것 (4) 검찰사법경찰은 비록직분이 다르나 건국정신에 비추어 화합일치하여 긴밀한 연락제휴를하여 마찰상극을 피할것 (5) 사상, 언론, 출판, 집회의자유를존중한다 그러나 자유란일정한한게와 상당한책임이 있어야 된다 만일 이것을버서나 건국을방해하거나 안녕질서를 교란하는행위는 단호배제할것 (6) 현단게에서 아직 잔재법들의 일부를운용함은 유감이나 우리법전(法典) 편성까지는 건국정신에합치되도록 널리해석활용할것 (7) 일반관공리와 공공단체등직원의강기가대단히 해이(解弛)되여있음에비추어 이것을단호숙청할것을 통감하는바인데 만일이에저촉되는때에는 조금도용서없이단연규탄할것으로 건국에이바지할가한다.[37]

위의 취임사에는 '신국가건설'이라는 용어를 포함하여, 건국정신 2회, '건국을 방해' · '건국에 이바지'와 같이 '건국'이라는 용어가 2회 사용되는 등, 건국과 관련된 말이 모두 5회나 등장하였다. 이인은 우리가 통상 '해방정국기'라고 표현하는 이 시기를 '건국'의 시기 즉 건국기로 규정하였으며, 그에게 건국의 핵심은 독립정부를 수립하는 일이었다. 위의 인용문에서, 그가 검찰의 수장으로서 독립정부를 수립하는 책무를 어떻게 인식하였는지를 확인할 수 있다.

이인의 취임사는 앞 부분부터 4개 항에 걸쳐 검찰의 직무와 자세를 언급하였지만, 이들 모두 사실상 건국정신과 관계되어 있었다. 이인은 법조인으로서 현재 일제 식민지시기의 법들이 잔재함을 인정하면서, 이들을 건국정신에 합치되도록 운용하겠다는 다짐도 잊지 않았다. 끝으로 관리들의 기강 해이와 부정부패는 민중들과 괴리를 가져옴을 잘 알고 있었기에, 이를 용납하지 않겠다는 의지도 강하게 표현하였다.

(자료 2-2-D)에서 '반공' · '타공' 등의 용어는 사용하지 않았고, 또 (5)는 일반 원칙론이었다 하더라도, 이 시기 미군정의 정책 방향과 이인의 정치노선을 고려한다면 좌익 계열의 치안 교란을 겨냥하였음은 자명하다. (2)는 검찰이 국가기구임을 전제로 국시(國是) · 국책(國策)에 순응하라고 업무 방침을 표명하였으나, 이 시기 남한 내에서 국가기구는 미군정이었으므로 국시 · 국책은 의당 미군정의 정책을 가리켰다. 여기서 중요한 점은, 이인이 충칭임시정부를 '정부'로 추대하려던 이전의 노선을 완전히 철회하였다는 사실이다. 그는 미군정이라는 국가기구 안에서, 이를 매개로 자신의 정치노선인 반공주의 건국을 위하여 검찰권을 강력하게 행사하였다.

이인이 검사총장으로 취임한 직후, 처음 담당한 사건은 의당 조선
정판사 위조지폐 사건이었다. 그가 취임하기 하루 전에, 경찰 제1관구
(管區) 경찰청장 장택상이 발표한 바에 따르면, 이 사건은 1,200만 원
이상의 위조지폐로써 남한 일대를 교란한 중대 범죄였다. 경찰이 지
폐위조단 일당을 체포한 결과, 지폐 위조에는 모두 16명의 인물이 관
련되었는데, 조선공산당 간부 2명, 조선정판사에 근무하는 조선공산
당원 14명이었다. 지폐위조단의 근거지는 조선공산당 기관지 『해방
일보』(解放日報)를 인쇄하는 조선정판사의 소재지(所在地) 근택(近
澤)빌딩이었고, 바로 이곳에서 지폐를 위조하였다. 사건에 연루된 조
선공산당 간부 2명은, 조선공산당 중앙집행위원이자 조선공산당 총
무부장 겸 재정부장이었던 이관술(李觀述, 당40세)과 조선공산당 중
앙집행위원이자 해방일보사장이었던 권오직(權五稷, 당45세)이었
다. 이들은 미리 피신하여 체포하지 못하였고 체포영장이 발부된 상
태였다. 체포된 조선정판사 사원 14명은 사장 박낙종(朴洛鍾, 당47세)
을 비롯해 서무과장 송언필(宋彦弼, 당46세), 기술과장 김창선(金昌
善, 당36세)과 평판기술공(平版技術工) 정명환(鄭明煥, 당30세) 등이
었다.[38]

조선공산당이 위조지폐를 찍어낸 이유는, 재정난을 타개하기 위하
여 당 자금과 선전운동비를 만드는 한편, 남한의 경제를 교란시키려
는 데 있었다. 조선공산당은 일제가 조선은행권을 인쇄하던 근택빌
딩에 지폐 원판이 있다는 사실을 알고, 당원인 박낙종을 내세워 근택
빌딩을 접수하여 조선정판사로 개칭한 뒤 위조지폐 발행 장소로 사용
하였다. 박낙종은 이 공장에서 전부터 근무하는 공산당원 김창선에
게 이관술과 권오직의 지령을 전하였다. 이어 그는 1945년 10월 20일

하오 6시 경 근택빌딩 조선정판사 사장실에서 박낙종, 서무과장 송언필, 재무과장 박정상(朴鼎相), 기술과장 김창선, 평판기술공 정명환, 창고계 주임 박상근(朴相根) 등과 비밀히 집합하여, 지폐를 위조 발행하여 이것을 공산당에게 제공하기로 결의하였다. 그 날 하오 7시경 공장 직공들이 일을 마치고 돌아간 틈을 이용하여 다음날 오전 4시까지, 김창선이 평판과장으로 있을 즈음 절취하여 보관하였던 100원 권 원판(징크판) 4매 두 벌로써 먼저 200만 원을 박아내기 시작하였다. 이어 1946년 3월 25일까지 전후 6회에 걸쳐서 전부 100원 권으로 위조지폐 1,200만 원을 위조한 뒤, 이관술에게 제공하여 공산당의 활동비로 사용하게 하였다.[39]

출처 불명의 위조지폐가 대량 나돌아 서울을 비롯한 각처에서 경제를 혼란시키자, 경찰은 수사에 착수하였다. 경찰은 김창선이 지폐원판 1매를 서울오프셋인쇄소 윤석현(尹奭鉉)에게 보관시켰음을 탐지하고 범인체포에 나섰으며, 1946년 5월 4일과 5일 중부경찰서(당시 본정경찰서) 형사대가 이재원 등 일당 7명을 체포하였다. 이들이 자백하여 다시 5월 7일 공산당원 16명 중 간부 2명을 제외한 14명을 체포하였다.

이관술은 7월 6일 체포되었고,[40] 7월 9일 경찰은 권오직을 아직 체포하지 못한 채 박낙종 등 12명을 경성지방법원 검사국으로 송국하였다.[41] 조선정판사 사건이 검사국으로 송치되자, 사안이 중요한 만큼 이인과 서울지검(地檢) 검사장 김용찬(金溶燦), 담당검사 조재천 3인은 매일 구수회의(鳩首會議)를 열어가며, 여러 날에 걸쳐 수사기록을 검토하고 또 재수사하느라 고심했다.

이 동안에 담당 검사인 조재천 · 김홍섭 두 검사는 말할 나위도 없고, 이인 앞으로 쏟아져 들어온 협박 편지가 한 달여에 8천 통이나 쌓였다. 하나같이 "사지를 찢어 죽인다"·"가족을 몰살하겠다"는 내용이었다. 발신인(發信人)의 가명(假名)을 지어내다 못해 이인(李仁)이란 이름까지 동원하여, 이인이 이인을 죽이겠다는 웃지 못할 일도 일어났다. 이인은 처음에는 협박 편지 수십 장을 뜯어보았으나, 내용이 천편일률이었으므로 더 이상 보지도 않고 쌓아 두었더니, 미군 감찰부장이 와서 보고는 입을 딱 벌렸다. 미군들도 처음에는 편지 내용을 번역해서 보고를 하다가 나중에는 손을 들어 버렸다.

이인에게는 협박 투서뿐 아니라, 남창동(南倉洞)에 소재한 그의 관사에 협박 낙서도 한창이나 기승을 부렸다. 하룻밤을 자고 나면 백묵으로 쓴 낙서로 벽돌담이 하얗게 되었는데, 모두가 "죽여버리겠다"는 내용이었다. 상황이 이렇다 보니, 주위 사람들이 그에게 침소라도 옮기는 게 좋겠다고 강권하였다. 그는 이에 못 이겨 휴식 겸 3·4일 밤을 성북동(城北洞)의 친구 집에서 지내기도 했으나, 조국에 목숨을 바쳤다고 생각했으므로 더 이상 피하지 않았다.

이인은 조선어학회 사건으로 죽다가 살아났고 이미 50 평생 인생을 다 살았으니, 해방 후는 다시 산다는 신념을 가지고 살았다. 그는 기왕 다시 살아난 몸, 진충보국(盡忠報國)한다는 일념(一念)으로 반공(反共)의 최전선을 지휘하는 장수로 활약하였다. 그는 조선정판사 사건을 "공산당이 1천 3백만 원의 위폐(僞幣)를 찍어냈다가, 관련자 16명 중 14명이 일망타진된 사건"이라고 규정하였는데,[42] 공산당을 '일망타진'한 첫 사례였다.

3. 좌익계 주요 인물을 소탕

조선정판사 사건이 좌익 계열을 탄압하는 신호탄이었듯이, 사건의 전모가 언론에 발표되자마자, 좌익 계열도 미군정과 유화하였던 이전의 태도를 바꾸어 저항하기 시작하였다. 조선정판사 사건이 발표되자, 조선공산당은 기관지 『해방일보』를 비롯해 좌익 계열의 신문을 총동원하여, 사건 자체가 완전히 허위 날조되었다고 주장하였다. 이들은 이 사건을 미군정이나 우익 언론들이 주장하던 '조선공산당 위폐사건'이 아니라, '조선정판사 사건'이라고 지칭하면서 저항하였다.

이에 미군정은 5월 18일 조선공산당 본부를 수색하고, 공산당 기관지 『해방일보』를 강제 정간 처분하였다. 7월 9일에는 전국농민조합총연맹(1945. 12. 8 결성)의 사무실을 습격한 데 이어, 8월 16일 조선노동조합전국평의회(朝鮮勞動組合全國評議會, 1945. 11. 5 결성)의 서울본부를 급습하였다. 9월 7일에는 박헌영(朴憲永)·이강국(李康國)·이주하(李舟河) 등 조선공산당 간부들을 전국에 지명수배하였다. 이보다 하루 앞서 군정을 비방하였다는 이유로, 좌익 계열의 3대 신문으로 불리는 『조선인민보』·『중앙신문』·『현대일보』를 폐쇄시키고, 신문사 간부와 기자 다수를 급습하여 검거하였으며, 신문은 모두 간행 정지 처리하였다. 후술하듯이 이인에 따르면, 이들 신문의 폐간은 그가 미군정에 강력하게 요구한 조처였다. 이러한 일련의 탄압은 조선공산당을 불법화하려는 의도에서 추진되었으므로, 조선공산당을 지하로 몰아 넣어 더욱 좌경화하도록 만들었다.

조선공산당은 공개 활동이 불가능하게 되자, 미군정을 합법정부로 인정하던 지금까지의 협조노선을 철회하였다. 이들은 대중투쟁을 기반으로 미군정의 정체를 직접 폭로·비판하면서, 탄압에는 실력으로 대응하는 「신전술」(新戰術, 1946. 7. 26)을 발표하여 투쟁노선을 전면 전환하였다. 「신전술」은 '정당방위(正當防衛)의 역공세(逆攻勢)'라는 구호를 내걸고, "테러는 테러로, 피는 피로써 갚자"는 폭력 지향의 전술로 미군정에 대항하였다.

이후 미군정과 조선공산당의 적대 관계는 더욱 고조되었다. 미군정 당국이 공산당 자체를 불법화하는 강력한 조처를 취하면서 탄압의 강도를 높이자, 조선공산당은 지하로 잠입하여 무력 저항을 계획하였고, 양자가 충돌한 정점이 대구 10월 사건이었다. 한때는 '대구폭동'이라고 불리어 오다가, 일정한 재평가가 이루어진 뒤 '대구 10월 항쟁'·'10월 인민항쟁' 등으로 지칭되는 이 사건은, 오늘날도 양극단의 생각이 존재한다.

1946년 10월 1일 대구에서 미군정의 식량 정책에 항의하는 시위가 일어났고, 시위가 점차 격렬해지자, 경찰이 시위 군중에게 총격을 가하여 2명의 사망자가 발생함으로써 저항이 시작되었다. 이후 시위는 걷잡을 수 없이 확대되었다. 미군정이 대구에 계엄령을 내리고 장갑차까지 동원하여 진압하자, 대구 지역의 시위는 진압되는 듯하였지만, 시위는 주변 지역으로 확산되었고, 12월 중순까지는 남한의 전 지역으로 확산되었다. 시위가 확산됨에 따라, 시위대가 내세우는 요구도 식량 문제 해결과 임금 인상 등 미군정의 경제정책에 반발하는 수준을 넘어섰다. 시위에 조선공산당이 개입하면서, 친일파 청산과 행정·치안에 민중이 참여하는 인민위원회를 설치하라는 정치 구호까지 등장하였다. 1946년 9월의 총파업, 10월 2일 철도 노동자들의 총파업에서 발단한 10월 대구 사건은, 미군정과 친일 세력들을 향한 대중들의 불만을 이용한 조선공산당의 대중투쟁이었다.

시위가 남한 전역으로 확산되는 추세를 보이자, 미군정은 경찰력만으로 진압이 불가능하였으므로 민족청년단·서북청년회·백의사(白衣社) 등의 극우 단체까지 동원하였다. 미군정 당국은 공산당의 행동을 더욱 강력하게 조처하였고, 공산당도 지하로 잠입하여 파괴 공작을 벌임으로써 남한의 치안은 혼란상 자체였다. 남한의 거의 전역을 휩쓴 대구 10월 사건과 관련하여, 『반세기의 증언』은 아주 짤막한 언급으로 끝났다.

(자료 2-2-E)
이 사건(조선정판사 위조지폐 사건을 가리킴 : 인용자)으로 미군의 대공유화(對共宥和)정책은 주춤했지만 좌익계열의 준동은 한층 치열하여, 그해 10월 1일에는 서울 대구 등지에서 대거 난동이 나서 대규모 살상파괴가 있었다. 당시의 국내치안은 극도로 문란하니, 아침 서대문에서 멀쩡하던 사람이 저녁 동대문 밖에서 죽어 있기가 일쑤이니, 공산당의 발호 때문이다. 이들을 단속해야겠는데 미군사령관 「하지」가 오히려 그들을 엄호하는 듯한 처사를 하므로 경찰도 적극적으로 움직이지를 못한다. 그러나 검찰은 준(準)사법기관이므로 「하지」 장군도 적극 간섭을 못할 터인즉 좌익을 뿌리 뽑으려면 검찰이 적극적으로 나서야 한다는 결론이다.[43]

이인은 대구 10월 사건을 한마디로 '난동'·'대규모 살상 파괴'로 규정하였고, 국내 치안 문제를 언급하면서 이를 '공산당의 발호'로 책임을 돌렸다. 그가 보기에는 미군 사령관 하지(John Reed Hodge)조차도 좌익에 소극 대처하며 좌익 세력들을 '엄호'하는 듯하였고, 좌익 탄압 정책을 이미 행동으로 옮겼지만 미진할 뿐이었다. 이인은 하지보다도 극단한 반공주의자로서, 좌익 자체를 '발본색원'(拔本塞源)하기 위해 미군정보다도 더 적극 나섰다. 그에게는 '준사법기관'이라는 검찰의 공권력이 있었다.

1946년 7월 어느 날, 이인은 검찰이 나서면 하지 사령관도 간섭하지 못하리라 생각하고, "여차한 경우에는 직(職)을 도(賭)하더라도 결행할 심산으로" 대검찰청 서기국장(書記局長)을 불러 좌익 계열을 일제 내사(內査)하라고 지시했다. 먼저 해방 직후부터 지금까지 국내의 좌익계에서 발행한 신문 잡지를 모조리 수집케 한 후, 치안 문란으로 범죄를 구성할 만한 기사를 발췌케 하였더니 양이 방대하였을 뿐 아니라, 좌익계의 주요 인물 80여 명이 모두 관련되어 있었다. 이인은 이들 자료를 다시 서울고검(高檢)의 검사 이호(李澔)에게 정리케 하였더니, 범죄 건수가 1백 건을 넘었다.

이인은 자신이 최종 정리한 자료들을 군정장관(軍政長官) 러취(Archer L. Lerch)에게 제시하면서, 관련자를 일제 검거하고 신문과 잡지를 일제 폐간하라고 요구했다. 러취는 한참 생각하더니 "잘 알았소. 그러나 사태가 중대하니 하지 장군과 상의하도록 하시오." 하고는 곧 하지에게 연락했다.

이튿날 이인은 사법부 통역관과 미군 사법부장 코넬리(John W. Connelley) 중령[44]을 대동하고, 오전 10시 반에 미군 사령부인 반도(半島)호텔 회의실로 갔다. 넓은 회의실에는 미군 장령(將領) 30여 명이 원진(圓陣)으로 늘어앉았는데, 하지 중장을 비롯한 각 군사령관, G-2(미군정 정보참모부) 책임자, 법무관, 헌병사령관 등을 모두 망라하였다. 하지 중장은 이인에게 제안의 대요를 설명하라 하였고, 이인은 다음과 같이 강조하였다.

(자료 2-2-F)

현하(現下)의 치안확보와 국내안정은 한국의 독립정부수립과 불가분의
관계가 있으므로 치안교란의 근원을 뿌리뽑아야 한다. 좌익은 고의로 파괴
와 살상에 전념하여 분규혼란만 나날이 더해가니 이를 일소해 버려야 한다.

이인의 말이 끝나자, 미군들은 질문을 연발하였는데, 공산당이라
하더라도 주의(主義)와 사상(思想)은 자유이니 일제 단속은 불가(不
可)하다는 논조가 대부분이었다. 이인은 이를 반론하면서 다시 역설
했다.

(자료 2-2-G)

자유가 민주주의의 요체(要諦)이나 국헌(國憲)과 치안을 문란케 하고 국
가를 파괴하는 행동은 허용치를 않는다. 자유는 민족·국가 위에 군림하는
절대가 아니요. 국가민족을 위하여 상당 제약되는 것이다.

군인들로 구성된 미군정이었다 하더라도, 자유민주주의 국가의 미
군정은 조선정판사 사건 이전까지는 조선공산당에게 합법의 영역에
서 활동을 일정하게 보장하였다. 조선공산당을 제재하는 방향으로
선회한 뒤에도, 주의와 사상의 자유를 내세우며 일제 단속에는 반대
하였다. 오히려 식민지 지배를 겪으면서 사상변호사·좌경변호사로
불리었던 이인의 반공주의가, 군인들의 사고보다도 더 철저하였음을
새삼 확인하게 된다.

1946년 8월 말경으로 추측되는 이 날 회의는, 장장 5시간을 끌어 하
오 6시를 경과하여도 쉽게 결론이 나지 않았다. 이인은 이때를 "군정
있은 후 처음인 장시간논의이다."라고 회고할 만큼, 그가 미군정에 관

계한 동안, 미군정의 책임자들과 가장 치열한 논쟁을 벌였던 순간이었다. 회의는 끝날 기미를 보이지 않은 채 미군들과 지루한 문답이 계속되었고, 나중에는 미군들끼리 토론을 되풀이하였다. 이인은 견디다 못하여 소리쳤다. 그는 구미(歐美)의 법 체계까지 들먹이면서 미군들을 설득하였다.

(자료 2 - 2 - F)

일국의 치안은 혹자는 경찰의 전관(專管)인 듯 생각할지 모르나 경찰은 아무리 노력하여 사건을 검찰에 송청(送廳)하더라도 기소 불기소는 검찰이 자유로 재량하기에 있고, 아무리 사법부란 법원이 있어도 검찰이 법원에 공소를 제기하지 아니하는 한 법원은 공소를 간섭 못할 것이오. 다만 구미 일부에서 검찰의 불기소 결정이 부당하여 관계자의 항고가 있을 때 법원이 재정(裁定)함은 별문제일 뿐인데 이것도 이 나라에서는 아직 이런 제도가 없소. 이렇고 보면 치안의 최고책임자는 경찰이 아니고 검찰이오. 이것은 미국 영국을 위시한 구미의 공통되는 일이오.

이인의 말이 끝나자, 하지는 미군 법무관(法務官) 및 헌병 관계관(關係官)과 상의하고는, 이인의 주장에 수긍하는 듯 고개를 끄덕였다. 이인은 분위기를 감지하고 힘을 얻어 최후로 미군들을 설득하였다. 이번에는 현실론에 입각하여 논리를 폈다.

(자료 2 - 2 - G)

범죄수사는 내 직책이오. 내 제안은 범죄를 미연에 방지하자는 게 아니라, 이미 이루어진 범죄를 단속하자는 것이요. 주의·사상이 자유라고 하나, 이미 행동으로 나타난 범죄의 수사는 당연히 해야 하오. 범죄 수사는 검찰에 일임하시오.

이인은 말을 마치고, 하지 중장을 향해서 엉뚱한 질문을 던졌다. "장군은 내가 과도정부에서 무엇 하는 사람인지 아시오?" 하지는 당황한 듯 잠시 생각하는 듯하더니 "그것은 당신 자신이 잘 알 것이오."라며 웃으면서 대답하였다. 이인이 다시 하지에게 말하였다. "그렇다면 이 문제는 내가 책임지겠소." 이 말에 통역관은 코넬리 중령과 몇 마디 주고받더니, "그러면 사직한다는 말이냐"고 물으며 당황하였다. 이인은 만약 사직이라고 해석한다면 사직해도 좋다는 심산으로, 통역관에게 자신의 말을 어떻게 해석하든, 말한 그대로만 통역하라고 했다. 이인의 말에, 하지는 한동안 침묵하더니 입을 열었다. "그러면 이 문제에 있어 경찰은 어떻게 할 작정이오?" 이인은 "검찰 혼자 힘으로 결행하겠소."라고 답하였다. 당시 미군정 법무부와 수도경찰청 사이에 공을 다투는 듯한 인상이 있었으므로, 이인은 잡음을 막기 위해 검찰 단독으로 이 일을 처리할 심산이었다.

하지는 보좌관들과 상의를 하더니 "이 일에 내가 도와드릴 게 있는데 어떠시오." 하면서, 미군 헌병 24명과 기관총 4정을 지원해 주겠다고 하였다. 이인은 자신이 경찰의 도움을 받지 않겠다고 하니, 하지가 불안을 느꼈다고 짐작하였다. 그는 처음에는 전쟁을 하려는 바도 아닌데, 기관총과 헌병이 무슨 소용이 있겠냐고 생각하였다. 그래도 하지 사령관이 계속 권하자 더 이상 마다할 수가 없었으나, 한 가지 못을 박을 필요가 있어 하지에게 "그러면 기관총의 사용과 미군헌병의 지휘는 누가 합니까?"라고 물었다. 하지는 "검찰총장이 지휘권을 갖게 하지요."[45]라고 웃으면서 답하였다. 아무리 점령지역이고 군정이라 하더라도, 검사총장이 군대를 지휘함은 이인으로서도 처음 듣는 일이었다. 회의는 이로써 끝났고, 검사총장이 군대를 지휘하는 전대미문

(前代未聞)의 사태가 생겨났다. 이렇게 이인의 반공주의는 하지를 압도할 만큼 강고하였다.

장시간의 회의가 끝난 뒤, 이미 밤이 어두워갔으나, 검찰청에는 이인이 지시한 바에 따라 3청(三廳)의 검사들이 대기하고 있었고, 그는 즉각 행동을 개시하도록 명령했다. 이인은 자신이 일을 서두른 까닭을 "반도호텔 회의장에「버치」미군중위가 빈번히 왕래하는 것을 보았기 때문이다. 이 자는 주로 좌익과 연락이 많고 특히 중간분자(中間分子)와 접촉이 잦은 자이므로 혹시 이 문제를 좌익에 연락하지나 않나 염려되었고 또 그 밖에 미군 중에도 좌익과 통하는 자가 없지 않았기 때문에 그들의 길을 막기 위해서다."라고 회고하였다.

버치(L. Bertsch) 중위는 하지 사령관의 정치고문으로서, 하지의 명을 받아 좌우합작을 중재하는 임무를 부여받았다. 그가 알선·주선하여 1946년 5월 25일, 우익 측에서 김규식(金奎植)·원세훈(元世勳)이 좌익 측의 여운형(呂運亨), 보좌역인 황진남(黃鎭南)과 만났음은, 좌우합작운동과 관련하여 널리 알려진 이야기이다. 이인은 건국준비위원회에 참여하기를 철회한 이후부터 이미 반공주의로 선회하였으므로, 중간파와 좌우합작운동을 탐탁스럽게 생각하지 않았다. 그는 버치 중위를 불신하였을 뿐 아니라, 중간파를 '중간분자'로 표현하는 등 이들에게도 대립 감정을 강하게 지니고 있었다.

무엇보다도 이인의 회고에서, 이 시기 그의 정치노선을 분명하게 확인하게 된다. 하지의 정치고문인 버치 중위가 좌익 또는 중간파와 내통하여, 회의 결과를 비롯하여 최고 기밀 사항들을 누설한다고 의심할 정도로, 이인은 철저한 반공주의자였다. 이런 시각에서 미군 사령관 하지조차도 좌익을 경계하는 자세가 약한 자로 보였으며, 더욱이 버치는 좌익과 내통하여 미군정의 1급 기밀까지 누설하는 자로 비치었다.

검찰에서는 신언한(申彦瀚) · 이호 · 이병용(李炳瑢) · 박종근(朴宗根) 등 검사 8 · 9명이 4대로 나뉘어 행동을 개시하였고, 미군 헌병 24명과 기관총대(機關銃隊)에 연락하여 출동시켰다. 이인은 이때를 "기관총 4좌가 앞서고 미헌병이 전시(戰時)의 2소대나 되는 24명이 앞서거니 뒤서거니 하면서 검찰의 트럭 2대와 검사의 자동차를 호위하는 거창한 행렬이다."고 회고하였다. 민족 자존심이 강한 이인에게도, 미군의 힘을 빌려 좌익을 소탕하는 임무는 감격스러운 일이었다.

그러나 이인은 하지 중장의 '강권'(强勸)으로 본의 아니게 미군 헌병의 조력을 받기는 하였으나, 가택수사에는 결코 미군이 개입하지 못하도록 했다. 좌익 소탕만은 자신의 힘으로 하겠다는 의지였다. 이 날 밤 심야까지 검찰은 미리 점 찍어 놓은 시내의 좌익 세력의 거점, 비밀 집회처, 언론기관을 모조리 수색하여 증거물을 트럭 2대 가득히 압수했다. 이인은 돌아온 즉시로 3청의 검사 전원과 함께, 밤을 꼬박 새워 증거물을 조사 · 분석 · 평가하여 이튿날까지는 대강의 작업을 끝냈다.

날이 밝자, 이인은 하지 사령관을 찾아가서 용의자 80명의 명단을 제시하였다. 그는 자신이 이들을 검거할 테니, 자신의 소관 밖인 좌익 언론기관을 총폐쇄(總閉鎖)하고 폐간(閉刊)하는 일은 하지의 재단으로 결행하라고 제의했다. 하지는 명단을 보고 나서 "다른 사람은 다 좋소, 그러나 박헌영만은 좀 생각할 시간을 주시오." 하였다. 이에 이인은 서울지검 검사장 김용찬과 고검검사장 정문모(鄭文謨)에게 경찰을 개입시키지 말고, 검찰 자력으로 박헌영을 제외한 용의자 전원을 총검거하라고 지시하였다.

치밀한 계획과 세밀한 내사가 이미 완료된 상태였으므로 검거는 무난하게 수행되었고, 마침내 공판까지 이르게 되었다. 그러나 하지 장군에게서 아무 연락이 없었다. 이인은 하지가 박헌영을 놓아 보내지 않았나 의심하기도 했으나, 수족(手足)을 잃은 박헌영이 이제 맥을 추지 못하리라 생각하고 기다렸다. 4·5일이 지나 하지에게 연락을 하니, 그제서야 박헌영을 검거해도 좋다고 허락하였다.

이인이 예상했던 대로, 박헌영은 이미 종적을 감추어 행방이 묘연했고, 경찰까지 동원해 쫓았으나 끝내 오리무중이었다. 방립상복(方笠喪服) 차림이나 노동자·지게꾼으로 가장하여 다닌다는 풍문이 들릴 뿐이었다. 결국 박헌영은 놓쳐버렸으나, 이때 이주하·김광수(金光洙) 등을 체포했다. 다시 4·5일이 지나 하지 장군은 좌익 계열의 언론기관을 폐간하고 기관 폐쇄를 명령했다.[46] 이인은 이러한 자신의 조처를 가리켜 "좌익의 준동은 숨을 죽이고 말았다."고 평가하였다. 마침내 그가 바라던 좌익 계열 소탕이 이렇게 이루어졌다. 이때부터 약 1개월 뒤 이인은 경복궁 미군 클럽에서 하지를 만났는데, 하지는 이인의 손을 잡고 '땡큐'를 연발하며 반색했다.

1946년 9월 6일 오후 4시 군정청 공보부는, 좌익 계열의 3개 신문을 정간 처분하였다는 특별발표를 하였다. 미군정은 이렇게 좌익계 언론 기관을 폐쇄하고 간부들을 검거한 다음날인 9월 7일, 조선공산당 책임비서 박헌영을 비롯하여 민주주의민족전선 서기국장 이강국과 조선공산당 중앙위원회 서기국장 이주하 등 주요 간부들에게 체포령을 내렸다.[47]

검거는 신속하게 이루어졌다. 공개리에 체포령을 내린 지 하루 만인 9월 8일, 이주하와 민주주의민족전선 부의장 홍남표(洪南杓) 등을 검거하였고,[48) 이주하는 13일에 검사국으로 송국되었다.[49) 그러나 이강국은 월북하였음이 9월 18일 평양방송으로 확인되었고, 그는 이 방송을 통하여 38이남에 다시 해방이 와야 된다는 연제로 강연하였다고 보도되었다.[50)

이인은 좌익 계열을 소탕하는 데에서, 미군정이 행정 조치만을 취하도록 하고 직접 개입하지 않기를 요구하였는데, 그의 반공주의가 일체의 정치성을 배제할 만큼 매우 강고하였음을 말해 준다. 이 점에서 그의 자유민주주의 신념은 철저한 반공주의를 동반한 한국 보수주의의 전형이었다.

제3장

이승만의 정치노선에서
정부수립에 참여

1. 이승만의 정치노선에 '장자방'으로 합류

이인은 충칭(重慶) 대한민국임시정부(앞으로 충칭임시정부 또는 임시정부로 줄임)를 정부로 추대한다는 명분을 내세워 한국민주당을 창당하는 데 앞장섰으나, 한국민주당은 임시정부추대론을 중도에 폐기하였다. 이인이 이승만(李承晚)정부 초대 내각의 법무장관으로 취임한 데에서 보듯이, 그는 한국민주당과 마찬가지로 대한민국정부 수립 때까지 이승만과 정치노선을 함께 하였다. 이 시기 그의 정치노선을 이해하기 위해서는 이승만의 귀국과 정치활동을 이해해야 한다.

충칭임시정부의 주미외교위원부 위원장 이승만이, 도쿄(東京)를 경유해 귀국한 날은 1945년 10월 16일이었다. 미국에 있던 이승만이, 거리상 미국보다 훨씬 가까운 중국의 충칭에 있는 임시정부의 주석 김구(11월 23일 귀국)보다 한 달 이상 빨리 귀국하였다. 태평양 방면

미국 육군부대 총사령관 맥아더(Douglas MacArthur)가 후원한 덕분이었다. 미국은 해외에 있는 한국의 독립운동 세력들 가운데 제일 먼저 이승만을 귀국시켰다. 이승만의 철저한 반공(反共)주의와 반소(反蘇)주의가, 미국무부와 미군정에게는 신뢰의 기반으로 작용하였기 때문이다. 귀국 당시 이승만(1875년생)의 나이는 71살이었다.

이승만은 귀국한 뒤에도 정당을 결성하지 않았다. 그는 자신을 중심으로 정치세력을 결집시킬 목적에서, 10월 23일 정당·사회단체의 대표들로 구성된 독립촉성중앙협의회(獨立促成中央協議會, 앞으로 중앙협의회)를 결성하였다. 그러나 모든 정파를 아울러 자신의 정치 기반을 확보하려는 이승만의 의도는 뜻대로 실현되지 않았다. 중앙협의회의 균열은 '친일파'를 배제하는 이념과 노선상의 문제에서 싹텄지만, 독선과 독단에 치우치는 이승만 개인의 성향에도 커다란 원인이 있었다.

중앙협의회 내의 친일파 배제 문제를 둘러싸고, 이승만은 곧바로 조선공산당의 박헌영(朴憲永)과 부딪혔다. '선(先) 친일파 제거, 후(後) 통일'을 요구하는 목소리에, 이승만은 '선 통일, 후 친일파 제거'로 맞서면서 친일파를 감쌌다. 이승만은 '무조건 단결'을 외치며 친일파 배제를 반대하였으며, 그가 한국민주당에 편중하는 일 처리 방식과 태도도 오히려 단결을 해쳤다. 조선공산당이 중앙협의회에서 탈퇴하면서, 이 단체는 우익 세력만의 결속체로 전락하였다.

귀국할 무렵의 이승만은 공산당과도 협력할 뜻을 내비쳤으나, 12월 17일 그는 서울중앙방송을 통하여 유명한 「공산당에 대한 나의 입장」이라는 성명서를 발표(대변인이 대독)하고, 조선공산당과 완전한 절연을 선언하였다. 이승만은 공산주의까지 포용하려던 이전의 태도를 바꾸어, 극렬한 어투로 공산당을 비난하며 결별하였다. 이로써 이승만의 좌우합작 노선도 사실상 폐기되었다.

이후 「모스크바 삼상회의 결정」(「삼상회의 결정」으로 줄임)을 둘러싸고 남한의 정국은 「삼상회의 결정」을 지지하는 노선과 반탁노선으로 양분된 채 격렬한 좌우대립으로 치달았으며, 이는 제1차 미소공동위원회(이하 미소공위로 줄임)를 결렬시키는 원인으로 작용하였다. 1946년 5월 제1차 미소공위가 결렬된 뒤, 남한 내에서는 미소의 협조가 깨졌다고 생각하고, 「삼상회의 결정」의 방식이 아니라 남한만의 단독정부 수립을 추진하는 노선이 등장하였다. 이를 단독정부(單獨政府)수립노선, 줄여서 단정노선(單政路線)이라고도 부른다. 이의 발단은 1946년 6월 3일 이승만이 연설한 유명한 '정읍발언'이었다.

철저한 반소·반공주의자인 이승만은, 제1차 미소공위가 성과 없이 무기 휴회로 끝나버리자, 평소 구상하던 단독정부수립론을 공개해서 발언했다. 그의 단정노선에 적극 호응하는 동조 세력은 한국민주당이었다. 1946년 10월 좌우합작운동이 실패할 조짐이 보이자, 이승만은 다시 단독정부 문제를 거론했다. 이러한 이승만의 정치노선은 1947년 10월 제2차 미소공위마저 실패로 끝난 뒤 실행된 미국 정책의 방향을 훨씬 앞지르고 있었다.

이인은 바로 이승만과 한국민주당의 노선에서 단독정부수립을 추진하였다. 한국민주당의 주류 계열이 그러하였듯이, 이인도 좌우합작을 추진하는 중간좌파는 물론 중간우파까지도 달가워하지 않았다. 그가 이승만의 정치노선과 궤도를 같이 하였음은, 8·15해방 직후 한국민주당을 창당하면서 명분으로 내걸었던 임시정부의 법통성 및 이에 근거한 임시정부추대론을 철회하였음을 뜻하였다. 이는 정치노선을 크게 바꾸었음을 말하는데, 『반세기의 증언』 등 회고록에서는 이 문제를 전혀 언급하지 않았다.

한국민이 해방을 맞이한 지 1년여 지났고, 이인이 검사총장에 취임한 지 3개월여 되는 1946년 8월 하순을, 이인은 다음과 같이 회고하였다.

(자료 2 − 3 − A)

1945년('1946년'의 오자인 듯 : 인용자) 9월 하순께 내가 검찰총장에 취임하여 삼개월이나 됐을 때다. 해방이 된 지 일년이 지났으나 혼란은 여전하고 독립정부가 설 전망도 종잡을 수가 없었다. 좌우의 대립은 물론이고 우남(이승만), 백범(김구), 우사(김규식) 등 영도자의 사이가 벌어진데다가 미군정과의 불협화음 또한 적지 않았다.[1]

이인이 자신과 이승만의 인연을 회고하기 시작하면서, 1946년 9월 하순의 혼란상을 언급한 데에는 이유가 있었다. 그는 자신이 이승만의 정치노선에 동행한 동기가 좌우대립, 3영수(이승만 · 김구 · 김규식)의 불화, 이승만 · 김구와 미군정의 불협화음이라는 혼란상을 극복하고, 독립정부를 세우려는 데에서 출발하였음을 강조하고자 하였다. 그가 이승만과 각별한 인연을 맺고 정치노선을 동행한 무렵은 1946년 8월 하순이었으나, 정치 인연은 이승만이 귀국한 이후부터 시작되었다.

이승만이 주도하는 중앙협의회 내에서 조선공산당의 반발이 커지고, 우익 내부에서도 갈등이 깊어가자, 1945년 12월 초 하지 사령관이 직접 나서 중앙협의회를 성사시키려 하였다. 이는 이승만의 지도력이 시험대에 올랐음을 뜻하였다. 이 무렵 이승만은 하지에게서, 조선공산당을 포함하여 민족통일전선을 결성하라고 압박을 받고 있었다.

그는 이 문제를 해결하기 위하여, 한국민주당 계열의 인사들과 빈번하게 접촉하면서 의견을 구하였다. 이인도 이 가운데 한 사람이었다.

1945년 12월 들어 이승만은 이인에게, 대법원장 김용무(金用茂)와 함께 다녀가라는 기별을 보냈다.[2] 이인이 이승만의 숙소인 돈암장(敦岩莊)으로 갔더니, 김성수(金性洙)와 장택상(張澤相)이 먼저 와 있었는데, 이승만은 꽤 흥분하는 태도였다. 이승만은 격분하여 "아무리 좌우합작을 하려고 노력은 하나 일이 될 것 같지가 않소. 박헌영의 고집이 저런데다가 민족진영의 협조마저 시원치가 않으니, 나는 차라리 모든 것 다 걷어치우고 미국으로 돌아갈까 하오."라고 말했다. 이승만이 격하게 말하자, 김성수가 만류하고 나섰다. 이인은 이 시기의 분위기를 "이때는 온 국민이 좌우합작에 의한 독립정부수립을 염원했고 미군정부에서도 좌우합작을 추진하고 있었다."고 표현하였는데,[3] 당시 중앙협의회에 기대하는 중망(衆望)과 미군정의 정책을 반영한 말이었다. 중앙협의회가 수월하게 진척되지 않자, 이승만은 이인을 비롯하여 한국민주당 계열의 인사들에게 이 문제를 거론하면서 고충을 토로하였다.

이인은 '좌우합작' 즉 민족통일전선 문제에 자신의 생각을 말할 기회라고 판단하고, 되지도 않을 '좌우합작'을 포기하라고 충고하였다. "좌우합작을 그만 두시면 어떻습니까. 설령 공산당과 합작이 된다 하더라도 선생님이 그들에게 업히게 될 뿐이오. 저자들의 배짱은 한강물 중도에 내려놓자는 것인데 그때 가서는 오히려 돌아설 수 없는 곤경에 처하실 것 아니겠습니까." 그러자 이승만이 반론하였고, 김성수·장택상도 이인의 말이 당치 않으며, '좌우합작'은 시급히 추진해야 한다는 뜻으로 이인을 공박했다.

이인은 도둑놈 하나를 열 사람이 못 막는다고, 배신과 기만을 일삼는 공산주의자인데 민족진영이 아무리 단단히 준비한들 소용이 없다고 주장하였다. 그는 자신의 견해가 정확한 판단임을 재차 강조하고 물러나왔다. 이인은 애초부터 좌우합작 자체가 불가능하다고 생각하였으므로, 중앙협의회의 성공 가능성도 없다고 판단하여 이승만에게 좌우합작을 포기하라고 조언하였다. 일체의 정치상의 동기나 고려 없이 좌우합작을 수긍치 않는 그의 반공주의는, 미군정이나 이승만을 앞설 정도였다.

이인이 이승만에게서 참모 역을 담당해 달라는 친서를 받은 때는, 1946년 8월 하순경인 어느 날이었다. 주한 미24군단 사령부의 정보참모부(G-2라 불림)에 근무하면서 이승만과 연락을 맡고 있던 장석윤(張錫潤)이, 검찰청으로 이인을 직접 찾아와 이승만의 장문(長文) 친서(親書) 한 통을 전했다.[4] 내용은 "바쁜 줄은 아나, 가급적이면 나를 도와줄 수가 없겠느냐"는 요지였다. 이승만은 자신이 귀국한 후에 수많은 인사를 접촉했으나 환멸을 느꼈을 뿐, 대단히 고독하다는 심정을 토로하였다. 장석윤은 이인이 편지 읽기를 기다리면서 "오늘이라도 한번 만나보시면 어떻겠습니까?"라고 권하였다.

이인에게 이승만의 친서는 뜻밖이었다. 아마 자신이 검사총장으로 재직하고 있으므로, 내외 정세(內外情勢)와 각종 정보에 통하고 있음을 감안해서 친서를 보내었으리라고 짐작할 뿐이었다. 사흘 뒤 이인은 돈암장으로 이승만을 방문하였고, 국내외 정세를 얘기한 끝에 앞으로는 1주일에 3회씩 만나기로 약속하였다. 이렇게 하여 이인과 이승만의 접촉은 대한민국정부가 수립될 때까지 계속되었는데, 이후 연락은 장석윤이 도맡아 2·3일에 한번씩 이인에게 와서 정보교환을 했다.

미군정이 1946년 5월 이후 김규식·여운형의 좌우합작운동을 지지한 사실은, 이승만의 단독정부수립운동에 제동을 걸었다는 뜻이었으므로, 이 시기 단독정부수립노선은 아직 설 자리를 마련하지 못하였다. 이승만은 미국정부와 국제연합을 상대로 자신의 노선을 설득시키고자, 맥아더의 도움을 받아 1946년 12월 미국으로 건너가서, 1947년 4월까지 활동하다가 귀국 길에 올라 4월 21일 입국하였다.

이승만이 1946년 12월 도미(渡美) 외교를 시도한 이유는 크게 세 가지였다. 첫째는 하지·미군정과 관계를 끊고 정치 무대의 전면으로 복귀한다 ; 둘째는 자신의 단독정부수립노선을 전면화·본격화한다 ; 셋째는 직접 대미 선전 활동을 함으로써 「삼상회의 결정」을 폐기하고 남한 단독정부수립안을 선전하여 국면 전환을 꾀하려는 데 있었다.[5]

이승만은 1946년 12월 8일 워싱턴에 도착하자, 하지(John Reed Hodge) 사령관을 공격하는 일에 착수하였다. 먼저 이승만과 임병직(林炳稷)은 맥아더와 국무부를 상대로, 하지가 남조선과도입법의원(南朝鮮過渡立法議院)을 구성하면서 45명의 관선의원(官選議員) 가운데 공산주의자를 포함시켰으니 이를 철회하게 해 달라고 호소했다. 이승만은 극우·반공의 성향을 지닌 미국 정치인·종교계 인사·신문기자들을 자신의 선전 활동에 동원했고, 맥아더와 하지를 대비시키면서 하지와 미 국무부의 '일부 관리'를 공산주의자로 몰아세웠다. 이승만은 하지가 좌익을 '편애'하고 남한 우익을 탄압하는 반면에 맥아더는 남한 우익을 선호하고, 미군정이 군사독재를 실시하는 반면에 맥아더의 대일 정책은 민주적이라고 주장했다. 그러나 이승만의 대미 외교와 로비는 미 행정부 내 대한정책 관련자들에게는 아무런 효과가 없었다. 국무부는 그의 주장을 무시했고, 접견 요청조차 응하지 않았다.[6]

이승만의 방미를 주선한 하지는 이승만의 행동에 분개하였다. 그는 이승만이 자신을 공산주의자라고 선전포고한 직후, 자신의 정치고문인 굿펠로우(Preston M. Goodfellow)에게 보낸 편지에서 이승만을 가리켜 "그 늙은 개자식(the old s.o.b)이 나에게 한 배신 행위는 삭이기 힘들고 비통한 경험"이었다고 쓸 정도로 이승만에게 격분하였다. 하지는 자신이 이승만의 도미를 주선했는데, 이승만이 도미한 뒤에야 이승만의 목적이, 자신이 이승만에게 가졌던 신임을 무너뜨리고 남한에 단독정부를 수립하려는 데 있었음을 알았다. 1947년에 미군정이 김규식과 서재필(徐載弼)을 남한 내의 최고 지도자로 내세우려고 시도한 데에는, 1947년 초반에 하지가 이승만에게 배신감을 느꼈던 개인 감정도 크게 작용하였다. 하지는 이승만의 공격을 방어하기 위해, 1947년 초에 워싱턴을 방문했다. 이 기간 중 하지는 이승만에 필적할 재미 한인 지도자를 물색했는데, 그 후보자가 바로 서재필이었다. 1947년 2월 27일 하지는 워싱턴에서 서재필을 최고의정관(最高議政官)으로 임명하면서, 자신과 함께 귀국한다고 발표했다.[7]

이인은 이승만의 방미 외교를 다음과 같이 평가하였다.

(자료 2-3-B)
이래서 우남은 방미여행을 떠났다. 처음부터 크게 기대하지도 않았던 여행에 무슨 큰 성과가 있을 턱이 없다. 그래도 속모르는 국민대중은 우남의 눈부신 외교활동으로 우리 독립에 거대한 수확을 얻었거니만 생각을 하니 김포에서 돈암장에 이르는 길목은 환영인파로 가득했다. 백범을 비롯한 임정 요인들도 거의 다 출영했다. 이것이 바로 우남이 차지한 방미여행의 성과라고 볼 수가 있었다.
반면, 「하지」 중장은 우남이 미국정부의 국장 한 사람도 만나지 못했으면서 자기에 대한 악선전만 하고 왔다고 격노하고 있었다. 미군정과 우남, 우남과 백범 사이는 틈이 벌어진 채였던 것이다.[8]

이인에 따르면, 이승만과 하지 사이의 감정 대립을 해소하기 위하여 자신이 노력하였고, 1947년 6월경 그가 발휘한 기지로, 두 사람 사이의 불목한 관계는 마침내 원상을 회복하였다.[9] 이승만이 미국을 다녀와서 10여 일이 지났을 때의 일이었다. 장석윤이 이인을 찾아와서, 이승만을 향한 하지 장군의 증오가 대단하다고 크게 걱정하면서, 반면에 하지가 김규식에게 갖는 신임도(新任度)는 날로 높아간다고 말했다. 이인은 이틀 뒤 이승만을 만나서 당분간 침묵하면서 국내정세를 정관(正觀)하라고 권하였다. 그는 1개월여 동안 이승만이 신문에 발표하는 담화문(談話文)도 사전에 읽고 수정하였으며, 장석윤에게는 미군 사령부 상하(上下)의 언동을 세밀히 살피도록 부탁했다.

이렇게 한달 동안을 무사하게 지내는가 했는데, 이승만은 다시 하지를 비난하기 시작하여 양측의 갈등은 더욱 깊어갔다. 이 무렵 하지가 이승만을 국외추방(國外追放)하기로 결정하였다는 말이 나돌았다. 이승만은 이러한 풍문을 듣고서도 한층 더 하지를 비난했고, 아무리 군정인들 이유 없이 국민을 국외추방한다니 말도 되지 않는다고 호언(豪言)까지 하였다. 그러나 이인이 보기에 이승만의 태도는 허세(虛勢)일 뿐이었다. 하지가 국내질서와 인심을 교란한다는 이유를 들어 이승만을 추방하기로 내정(內定)했다 함은, 일부 식자(識者)들간에는 이미 다 알려진 터였다.

장석윤이 이인에게 이런 분위기를 이야기하면서 무슨 묘책이 없느냐고 물었고, 이인은 궁리한 끝에 어차피 이승만이 추방을 당하고 말바에야 극한의 수단을 한번 써봄직도 하다는 결론에 도달했다. 그는 양극대좌(兩極對坐)를 한번 시키면, 아무리 정적(政敵)이라도 한 편이 형식상으로나마 굴복하는 듯이 보일 터이므로, 궁구막추(窮狗莫

追)하리라는 생각이 갑자기 들었다.

　이인은 정례(定例)대로 이틀만에 찾아온 장석윤에게 자신의 계책을 말했다. 그가 생각한 '묘책'(妙策)은, 이승만의 운전사에게 차량 고장을 가장하여 하지가 집무하는 반도호텔에 멈춰 서게 함으로써, 마치 이승만이 하지를 방문한 듯이 꾸미는 일이었다. 이인은 자신의 차를 안내하듯 앞세워, 종로 5가를 지나 을지로 5가를 통과해서, 반도호텔 길이 거의 다 된 구리개 네거리에서 자신의 차를 뒤로 뺐다.[10] 이승만의 승용차가 앞서 갔고 이내 반도호텔 앞에 도착했다. 이승만의 차는 이인이 시킨 대로 현관으로 머리를 들이밀며 정차했다. 마치 브레이크가 고장 난 형국이었다. 이인은 이승만의 차가 반도호텔 현관 앞으로 꺾이는 모습을 보고 곧장 대검찰청으로 차를 몰았다.

　장석윤은 이인이 대검으로 온 뒤, 반도호텔에서 일어난 일의 전말을 들려주었다. 하지에게도 이승만의 내방은 의외의 갑작스러운 사태였고, 또 서로 주고 받을 말도 없었으므로, 두 사람은 날씨 얘기와 금강산 얘기를 나누었을 뿐 이승만은 잠시 후에 일어났다. 장석윤은 이승만이 하지와 면담했을 때는, 표면상 하등 불유쾌한 표정이 없었다고 이인에게 전하였다. 다음날 이인이 이승만을 방문하자, 이승만은 하지가 보냈다는 케이크를 손수 잘라 접시에 담아 내놓으면서, "이 총장(이인을 가리킴 : 인용자)은 금세(今世)의 자방(子方)[11]이야."라고 추겨세웠다. 이인은 이때의 일을 "이 뒤로 「하지」의 부관(副官)은 자주 우남을 찾았고 두 사람 사이가 소통이 되매, 의견도 접근하기에 이르렀다."고 만족하게 자평하였다.

　이인이 이승만의 '장자방'이 되어 두 사람 사이의 불목을 해소하고 이승만의 국외추방을 막았다는 회고는, 객관 자료로 증명할 수는 없지만, 이 시기 이인의 정치노선을 단적으로 보여준다. 그는 일찍부터 좌우합작운동과 미소공위가 실패하리라 예견하였으므로, 철저한 반소·반공주의자 이승만과 동행하여 일찍부터 남한단독정부수립 노선을 추진하였다.

2. 건국의 기초 작업, 건국 인재 추천과 5·10총선거 관리

이인은 검사총장의 직무로 바쁜 중에도, 이승만과 주 3회 정례 면담은 빠뜨리지 않았다. 이승만이 미국을 다녀와 얼마 되지 않았을 1947년 봄 무렵, 이승만은 이인에게 국내 각 분야의 주요 인물을 조사해 주면 장래의 국면(局面)에 대비하겠노라고 취지를 설명하면서 일을 부탁하였다.[12] 이인은 조희순(曺喜淳) 등의 도움을 받아서 입법·사법·행정·산업·경제·군사·교육·문화·사회·실업·기술 등 여러 분야에 걸친 인물 조사를 남몰래 서둘렀다. 그러나 막상 착수해 보니, 사람마다 그의 정신과 양심·능력·인품·성격의 바탕 및 학식·경험·특징 등을 알아내야 하는 일들이 생각보다 수월하지 않았다. 1개월쯤 지나서 이승만이 이인에게 진척도를 확인하자, 이인은 "일제에 등용된 인물은 우리 건국정신과 거리가 먼지라 되도록 파묻힌 새 인물을 발굴하자니 시간이 소요됩니다."라고 답하였다. 이인은 이승만을 보좌하여 건국사업에 참여할 인물로 반(反)민족분자와 친일파를 배제하고자 하였고, 이승만은 일단 긍정하는 모습을 보였다.

그 후 약 1개월여에 지나서, 조희순이 꽤 많은 대소(大小) 인물의 명단을 가져왔다. 이인은 이를 자신이 조사한 명단과 합쳐서, 자유민주

(自由民主)를 토대로 하여 민족정기(民族正氣)·사회정의·균등사
회를 구현하는 데 적합한 인물을 선정하였다. 그는 구미(歐美) 선진국
과 전진(前進)하는 후진제국(後進諸國)의 정치이념과 제도에, 우리의
실정과 특수관계를 고려한 국시국책(國是國策) 및 정부수립 등 건국
방략의 전문(前文)을 덧붙여 이승만에게 제출했더니, 일간 조용할 때
자세히 보겠다고 했다.[13]

다시 1개월이 지나서, 이인이 정례 면담 차 이승만의 거처 겸 집무
소인 이화장(梨花莊)에 갔는데, 응접실에는 선객(先客)이 있다 하여
이승만의 침실로 안내를 받았다. 그는 우연히 책상 위의 노트를 보게
되었는데, 누가 작성하였지는 모르겠으나 국내의 인물조사록이었다.
얼핏 보기에 대부분의 인물이 일제 때 등용되었던 사람들이었다. 이
인은 이승만이 인물록[14] 작성을 다른 사람에게도 부탁하였음을 비로
소 알았다. 그는 평소에도 이승만이 용의주도하다고 느꼈으나, 인물
록을 부탁 받은 사람이 자기 혼자로만 알고 있었던 터에 이승만의 심
사(心思)가 음흉함을 엿본 듯했다. 이 뒤로 인물록과 관련하여 이승만
은 다시 말이 없었고, 이인도 더 이상 물어 보지 아니했다.

이 무렵은 1947년 8월경으로 추정되는데, 이인은 이승만의 음흉함
을 간파하였으면서도 이승만과 관계를 청산하지 않았고 오히려 더욱
밀착하였다. 정례 면담은 대한민국정부가 수립될 때까지 계속되었
다. 이인의 친(親)이승만 행보는, 그가 이승만에게 인물록을 제출한
지 얼마 뒤 고문단(顧問團)을 구성하라고 적극 권유한 데에서 더욱 드
러난다. 이인은 이승만에게 '건국기초 공작'을 수행하기 위해, 7·8명
의 인물로 경제·재정·산업·외교·군사·정보 방면 등의 고문을 두
고, 이화장에서 가까운 일정 장소에 모이게 하여 이들의 의견을 종합

분석함이 시급하다고 조언하였다. 이승만은 이인의 제안에 동의하면서, 모일 장소는 자기가 물색할 테니, 고문될 만한 사람을 천거하라고 부탁했다. 1주일쯤 지나서, 이승만은 고문들이 모일 장소는 이화장 뒷문 맞은편 집 2층에 말해서 승낙을 받았다고 하였다.

이인은 이승만에게 지금 가장 급하기로는 대외(對外) 문제, 특히 미국과 소련의 관계를 알아서 참으로 국토분단을 할 작정인지를 파악해야 한다고 제안하였다. 그는 이를 위해서는 먼저 미국 측을 내탐(內探)할 필요가 있는데, 미국인을 다루는 데는 신흥우(申興雨)만한 인물이 없음을 설명하면서 추천하였다. 이 무렵은 제2차 미소공위가 정돈상태에 빠질 때였다. 이인은 이승만에게 미소공위의 두 축인 미국과 소련, 특히 미국 측이 남조선단독조치로 나아갈지를 확인해야 한다고 조언하면서 신흥우를 추천하였으나, 이승만은 의외로 강하게 거부하였다.

사실 인물록과 고문단에 포함된 인물들은 정부수립 이전에는 이승만의 참모 구실을 하면서, 이승만을 중심으로 신정부가 구성된다면 곧바로 내각의 기초를 구성할 사람들이었다. 이인이 국토분단을 운운하면서 신흥우를 천거한 데에서, 그가 제2차 미소공위의 파열과 이후 전개될 미국의 단독정부수립 정책을 예견하였음을 볼 수 있다. 이를 보면, 그는 일찍부터 단독정부수립을 주장하였던 이승만의 정치노선이 정국의 주도권을 장악하리라고 판단하였다. 이인은 이승만의 단독정부노선에 동조하였고, 이것이 이승만에게 의혹을 가지면서도 대한민국정부수립까지 이승만과 노선을 함께 한 이유였다.

제2차 미소공위가 정돈 상태에 빠지자, 이승만은 더욱 단독정부수립을 서둘렀다. 1947년 가을 이인이 이승만과 정례 면담을 끝내고 나오려는데, 이승만이 "다음 올 때는 헌법 문제를 준비해주오"라고 지시했다.[15] 이인은 이승만의 부탁에 따라 비교헌법론(比較憲法論)을 강의하였고, 내각책임제와 양원제가 한국 실정에 적합하다고 강조하였다. 그는 상원(上院)이 민주후퇴(民主後退)요 옥상가옥(屋上加屋)이라는 비판을 받기도 하나, 법률안과 예산안을 상원에 다시 부의(附議)함은, 하원의 경솔과 다수당의 횡포를 막고 일층 신중을 가하자는 데 뜻이 있다고 설명했다. 또 내각책임제를 실시해도 대통령은 서명(署名) 거부 등으로 자신의 의도와 목적을 달성할 수 있다고 설명했다.[16] 이에 이승만은 내각책임제에는 가부(可否)를 말하지 않았으나, "상원은 새 헌법에 꼭 설치하도록 하오"라고 당부하면서 이인의 손을 잡고 부탁하였다. 그러나 제헌국회에서 이승만은 대통령중심제를 고집하여 결국 뜻대로 관철시켰다. 이인은 이때도 이승만의 고집을 피부로 느꼈다고 회고하였으나, 이승만의 '장자방' 역을 여전히 자담하였다.

1947년 5월 개최된 제2차 미소공위는, 제1차 때와 같은 이유로 7월 들어 난항을 겪기 시작하다가 10월 들어 끝내 최종 결렬되었다. 이에 미국은 한국의 독립문제를 유엔으로 이관시켰고, 우여곡절 끝에 유엔 소총회(Little Assembly of the United Nations)는 1948년 2월 26일 유엔한국임시위원단(United Nations Temporary Commission on Korea, 약칭 UNTCOK)이 임무를 수행할 수 있는 가능 지역에서 총선거를 실시하자는 미국의 안을 31대 2(기권 11)로 가결하였다. 이른바 '가능 지역 총선거안'으로 남한만의 단독선거였다.

1946년 6월 이래 남한단독정부수립을 일관되게 주장한 이승만과 한국민주당은 이러한 정세를 환호하였다. 이승만·한국민주당 계열이 남한단독정부수립을 본격 추진하자, 김구(金九)는 김규식(金奎植)

과 노선을 같이 하면서, 북한의 김일성(金日成)·김두봉(金枓奉)에게 남북요인(要人)회담을 제의하여 남북협상을 추진하였다.

이인은 좌우합작이란 애초 불가능하다고 단정하여 배격하여 왔으므로 남북협상노선에 기대조차 하지 않았다. 그가 "조속한 독립정부 수립이 전국민의 여망(輿望)"[17]이라고 강조한 노선은, 이승만과 한국민주당이 일관되게 주장한 남한단독정부수립이었다. 제2차 미소공위가 결렬되자, 이인은 국내외 정세가 남한 단독선거로 최종 기울었다고 판단하고, 이승만에게 선거에 적극 참여하라고 건의했다. 그는 현재 한국은 돈도 조직도 권력도 없고 부지깽이 하나 없으므로 자주독립할 희망이 박약하니, 어떻게 해서든지 독립만 하면 되므로 과정에 너무 구애할 필요가 없다고 생각하였다. 그는 청태조(清太祖) 누르하치(努爾哈赤)가 본래 녹림(綠林) 출신이나 부패 쇠약한 명(明) 나라를 멸망시키고 청조(淸朝)를 세우자, 후세의 사가(史家)들이 청의 혁명(革命)을 합리화한 예를 들어 이승만에게 조언하였다.

이인은 미군정 아래에서 아무런 힘이 없는 현재의 한국민은, 미군정에 협력함으로써 미군정의 권력을 이용하여 독립정부를 수립해야 한다고 생각하였다. 그가 검찰총장직을 수행하는 이유이자, 임시정부법통론을 내세우면서 미군정에 비협조하며 불화·대립하는 충칭 임시정부와 결별한 이유이기도 하였다.

5·10총선거를 앞두고 미군정의 검찰총장으로서 치안유지는 최대 급무였다. 이인은 경찰의 총수인 경무부장 조병옥(趙炳玉)과 5·10선거에 임하는 치안 대책을 논의하면서, 자신의 방안을 다음과 같이 제시하였다.

(자료 2 - 3 - C)

　즉 우리 겨레가 40년 만에 독립정부를 세우는데 신탁통치반대 때의 예로
보더라도 민중은 결코 좌익을 등장시키지 않을 것이다. 다만 만일에 대비하
여 민중이 자발적으로 좌익 등장을 경계하는 분위기를 조성할 것이요 강압
은 없어야 한다, 유석(維石, 조병옥의 아호)의 의중에 있는 어떤 당만의 다수
당선은 없어야 한다, 어디까지나 민중의 건국양심(建國良心)과 그 자율성에
일임해야 한다는 것이다.[18]

　이인은 5·10총선거를 40년 만에 독립정부를 세우는 과정으로 높게
의미를 부여하였고, 민중의 건국양심과 자발성에 따라 실시되어야 한
다는 방침을 정하였지만, 여기에는 두 가지 원칙이 깔려 있었다. 첫째
는 좌익을 배제해야 하는데, 중간파도 이 범주에 속하였다. 그가 '분위
기를 조성'한다는 말은 민족진영이라 자칭하는 우익 진영의 후보 난
립을 조정하는 방안 및 향보단(鄕保團)을 조직하는 일 등이었다. 두
번째는 조병옥이 소속되어 있는 한국민주당이 다수 당선되는 일을 막
아야 한다는 뜻이었다. 이인은 남한단독정부수립이라는 정치노선에
서는 한국민주당과 일치하였으나, 정치권력을 장악하는 현실에서는
이승만의 참모로서 한국민주당의 권력화를 경계하였다.

　이인은 5·10총선거의 진행 과정과 결과를, "검찰은 전국적으로 선
거사찰망(査察網)을 펴고 가장 자유로운 분위기로 유도하니 공명정
대한 선거를 이룩할 수가 있었던 것이다."[19]라고 만족하게 회고하였
다. 치안과 선거 분위기의 공정성에 책임을 지녔던 검찰총장으로서
자기 임무를 완수하였다는 자평이면서, 동시에 5·10선거가 좌익·중
간파를 억제하고, 한국민주당의 최대 당선을 저지하려던 자신의 의도
가 달성된 이면의 총평이기도 하였다.

5·10총선거는 후보가 난립하였는데, 중간파와 한국독립당 계열이 일부 출마하면서 단일화를 꾀하자, 우익 세력들은 이를 경계하면서 서로 성명을 발표하여 민족진영의 단일화를 촉구하였다. 한국민주당을 비롯하여 독립촉성국민회 등이 후보 난립을 염려하는 성명·담화를 발표하는 가운데, 4월 26일 이승만도 입후보 난립 사태를 우려하면서 우익 진영의 후보 단일화를 촉구하였다.[20] 이승만은 좌익 단일화(중간파도 좌익의 범주에 넣었다)와 우익 진영의 후보 난립이라는 이분법으로 경계심을 선동하였다.

조선공산당 계열의 좌익이 불참하고, 중간파와 한국독립당 계열의 일부 우익이 5·10총선거에 참여하면서 단일화를 이루는 추세가 나타나자, 이인도 불안감을 떨칠 수 없었다. "사실은 선거 과정에서 좌익이 단일후보를 내세운 반면 우익에서는 난립이 돼서 좌익이 진출할 염려가 있었다."는 그의 회고는 이를 반영한다. 이인은 우익 진영의 후보가 난립하자, 이승만에게 건의해서 이를 조정하도록 했고, 이승만은 각 도에 9명의 특사를 파송하여 우익의 단일후보를 조정했는데, 원주(原州)와 여주(驪州)가 단일후보 조정이 되지 않자, 이승만은 입후보자들을 직접 서울로 불러 지명하기도 했다.[21] 26년여의 시간이 흐른 뒤의 회고담에서도, 중간파·한국독립당을 좌익에 포함시키는 이인의 논리와 언어는, 1948년 4월 이승만의 성명과 문맥이 완전히 일치하였다.

마침내 1948년 5월 10일 제헌국회를 구성하기 위하여, 남한에서 첫 국회의원 선거를 실시하였다. 좀더 정확하게 말하면, 제주도에서 4·3항쟁이 일어나고 있어 제주도의 2개 구를 제외한 총선거였지만, 한국역사에서 처음으로 민중들이 참정권을 갖고 실시한 총선거였다.

이인은 5 · 10선거가 '공명정대'하게 실시되었다고 자평하였지만, 5 · 10선거는 형식과 내용에서도 완전하지 못하였다. 전국에 걸쳐 공산주의 세력이 선거를 방해하는 책동을 일으키는 상황에서, 유엔임시위원단 35명의 인원으로 남한 전체의 투표소 13,272개를 공정하게 감독함은 애초 불가능하였다. 미군의 무장력에 의존할 수밖에 없었고, 투표소 곳곳을 국방경비대 · 경찰 · 우익청년단이 감시하였다. 투표소 안에 경찰이 들어간 경우도 있었다.

선거가 끝나고 3일 뒤인 5월 13일, 유엔임시위원단은 선거 결과에 효력을 유보하는 제59호 성명을 발표하였다. "금번 선거는 일부세력이 불참하였고 향보단이 투표소를 감시한다는 명목하에 자유 분위기를 파괴하였으므로 본 선거 효과에 대하여서는 보류한다."는 내용이었다. 미군정의 경무부가 선거를 파탄내려는 공산주의 세력들의 테러에 대비하기 위하여, 경찰 보조기관으로 지역마다 지역 주민들을 중심으로 만든 향보단이 선거에 개입했음을 지적한 대목이었다. 위의 발표가 물의를 일으키자, 미국의 의사를 다시 강하게 반영하여, 6월 25일 유엔임시위원단은 "자유의사가 유효하게 반영되었다"고 공식 발표하였다.[22]

이인의 회고담에 의거해 그에 국한하여 5 · 10총선거를 평가하더라도, 검찰총장이 공권력을 이용하여 선거에 개입하였다. 그는 중간파를 좌익으로 간주하여 당선을 방지하려 하였으며, 같은 노선의 정적인 한국민주당의 당선도 억제하려 시도하였다. 또 이승만이라는 특정 정치인에게 우익 후보의 단일화를 조정하라고 촉구함이, 공직자로서 정치중립성을 엄정하게 유지하였는지는 되짚어야 할 지점이다.

3. 내각 구성에 조언 및 대법원장 천거

1) 대한민국 초대 내각 구성에 조언

5·10총선거 후 20여 일이 지난 5월 31일 오전 10시, 국회의사당에서는 선거에서 당선된 국회의원 198명이 참석하여 제1차 국회를 개회하였다. 제헌의원 가운데 최고령자인 이승만을 임시의장에 추대하여 진행된 오전 회의에서는 무기명투표로 의장단을 구성하였다. 의장선거에서는 이승만이 188표의 몰표를 얻어 의장에 무난하게 당선되었고, 부의장 2인은 각각 재선거 끝에 신익희(申翼熙) 116표, 김동원(金東元) 101표로 당선되었다. 오전 회의는 의장단을 구성함으로써 마쳤고, 오후에는 초대 국회의장 이승만이 개회사를 시작하여 개원식을 갖고, 의원 전원이 선언문을 낭독하였다.

5·10총선거가 끝난 뒤, 이승만과 이인 두 사람의 주3회 정례 면담은 자연스레 없어졌다. 그때의 일반 여론은 초대 대통령으로 이승만을 거의 유일하게 지목하였던 만큼 이화장의 분위기도 매우 바빴다. 제헌국회가 개원하여 의장단 선출이 끝나고, 국회가 헌법을 제정하느라고 한창 바쁘던 7월 10일경의 일이었다.[23] 3·1민족운동 당시 33인 중의 한 사람이었던 오세창(吳世昌)의 손자 사위이며 『조선일보』의 기자였던 박윤석(朴尹錫)이, 김형원(金炯元)과 함께 아침 일찍 이인을 찾아왔다. 이들은 "이번에 정부가 수립되면 대통령은 의당 이(李)박사가 될 터인데 부통령은 오세창, 국무총리는 이범석(李範奭)을 밀어주시오."라고 부탁했다. 이인은 자신이 정부조직하는 일에는 아무런 관련이 없다고만 대답하였지만, 내심으로는 오세창을 부통령으로

선출했으면 하는 생각을 진작부터 갖고 있었다.

　일제의 침략을 당한 이래 국내의 애국지사들은 망명인사에 비할 수 없을 만큼 희생이 컸다. 이인은 독립을 하는 마당에, 정·부통령과 국무총리를 모조리 해외 인사(海外人士)가 차지한다면, 이는 매우 부당하다고 생각하던 터였다. 그러나 그가 파악한 국회 안의 분위기는, 그의 바람과는 달리 해외 인사에게로 기울고 있었다.

　제헌국회는 헌법을 제정하는 데 전념하여 7월 17일 헌법을 공포하였고, 헌법이 공포된 지 3일 후인 7월 20일, 제33차 본회의에서 대통령을 선출하도록 규정한 헌법에 의거하여, 국회에서 간접선거로 초대 대통령과 부통령 선거를 실시하였다. 오전에 실시된 대통령 선거에서는 예상했던 대로, 이승만이 재석의원 196명 가운데 180명의 지지를 받아, 13표에 그친 김구를 압도하고 대한민국의 초대 대통령에 당선되었다. 오후 2시에 실시된 부통령 선거에서는 임시정부의 원로인 이시영(李始榮)이 제2차 투표에서 133표로 선출되었다.[24]

　이인은 이승만에게 인물록을 제출한 바도 있었으므로, 이승만이 이를 참작하여 국내 인사를 중용하기를 기대하였다. 이승만은 초대 내각을 조직하는 일에 착수하였으나, 국무총리 지명을 놓고 1주일을 끌었다. 그는 조각 구상을 극비리에 부쳤으므로, 7월 26일까지 국무총리 후보로 각종 소문과 하마평이 무성하였다. 마침내 7월 27일 소위 '초당파적 의외의 인물'로 평가 받는 조선민주당의 부당수 이윤영(李允榮)을 지명하여 국회에 승인을 요청하였으나, 제35차 국회의 본회는 이를 59대 132표의 절대다수로 부결시켰다.[25] 이로써 당시 언론의 평가대로 "이(李)대통령의 조각공작 제1보는 완전히 실패하였다"[26]

　한국민주당은 당의 위원장 김성수가 국무총리에 지명되기를 기대했으나, 이승만이 뜻밖에 이윤영을 국무총리로 지명하자, 자기 당의 출신인 이윤영을 거부하였다. 이윤영이 인준을 거부당한 사태는, 이 승만과 한국민주당이 충돌한 최초의 사건으로, 한국민주당이 원내에 서 차지하는 비중을 실감케 하였다.

이윤영 인준안이 부결된 다음날, 이인은 검찰청에서 이 소식을 들었다. 오후 3시경이 되어 이승만의 비서 윤석오(尹錫五)가 이인의 집 무실로 찾아와, "국무총리를 어떻게 했으면 좋겠느냐"고 물었다. 이인은 심사숙고한 끝에, 윤석오에게 "가서 이범석이라 하시오. 자세한 말은 직접 가서 하리다."라고 말하였다. 이인은 이때까지 이범석과는 공식석상에서만 더러 만났을 뿐 개인 자리로 만난 적은 전혀 없었다. 다만 이범석이 조선민족청년단(朝鮮民族靑年團)을 조직한 외에는, 어느 정당이나 사회단체에서도 거론하지 않은 새 인물이었다는 점만을 감안하여 추천하였다.

다음날인 7월 29일 이인은 이화장으로 가서 이범석을 다시 추천하였고, 8월 2일 하오에 이범석은 국무총리로 인준이 되었다. 이인은 자신이 국회에서 경상도 국회의원들을 중심으로 득표 공작을 해보겠다고 제안하면서, 이승만에게 언론 플레이를 하는 방식도 제시하였다. 이승만은 이인의 말대로 따랐고, 국회의 동향은 이인이 제의한 대로 움직였다. 7월 30일 이화장은 이범석 내정설을 유포시켰고, 이 날 국회 제36차 회의에 이승만 대통령이 이범석의 인준을 요청하리라는 관측이 흘러나왔다. 총리 인선을 둘러싼 구구한 소문이 파다하던 7월 31일, 이승만은 이화장의 기자회견 석상에서 "앞서 내정설이 전해지든 이범석씨의 승인을 명(明)월요일 국회에 요청할 것인가"라는 기자의 질문에, "여론상에 이범석씨의 명망이 가장 높으므로 나는 민의를 따

러 작정할 것이다"라고 답함으로써, 이범석을 지명하여 국회에 승인을 요청하겠다는 의사를 시사하였다.[27]

8월 2일 상오 10시 25분에 국회는 제37차 본회의를 개최하였고, 대통령 이승만이 직접 참석하여 "국무총리 문제로 정부조직이 일주일이나 지연되었다. … 지금 미군정 당국은 정권이양을 표명하고 있는데 8월 15일은 목첩지간(目捷之間)에 박두하고 있다. 따라서 나는 가장 인망이 높은 이범석을 국무총리로 지명하니 별로 토의말고 승인하여 주기를 바라는 바이다."라고 호소하였다. 이 날 본회의는 즉석에서 이범석 인준 건에 들어가, 재적의 원수 197명에 가(可) 110표, 부(否) 84표, 기권 2표로 승인한 뒤 11시 45분에 산회하였다.[28] 한국민주당이 이윤영을 부결시키는 데 앞장섰지만, 광복군 참모장을 지낸 이범석을 부결시키기에는 부담이 컸으므로 적극 반대하는 태도를 보이지는 않았다.

이범석의 인준안이 국회를 통과하던 8월 2일 밤, 이인은 검찰의 일이 밀려 밤늦게까지 사무실에서 집무하다가 집에 돌아와 곧 잠이 들었다. 아침에 기침을 하니, 그의 자식들이 어젯밤 라디오에서 아버지가 법무장관(法務長官)으로 임명되었음을 발표하였다고 전하였다. 8월 2일에 인선된 각료는, 이인을 비롯하여 재무장관 김도연(金度演), 농림(農林)장관 조봉암(曹奉岩), 교통장관 민희식(閔熙植) 등 4부(部) 장관뿐이었다.

국무총리가 임명되자, 이승만은 조각을 서둘렀다. 8월 2일에 국무총리 인준을 마친 이범석은, 동일 하오 8시에 조각 본부 이화장으로 이승만 대통령을 방문하고, 동 9시40분까지 재무·법무·농림·교통 등 4부 장관의 인선을 마쳤고, 이화장은 9시 40분에 이를 발표하였다.[29] 이인은 8월 3일 자식들에게서 이 소식을 전해 들었다.

8월 3일 하오 5시 45분 이화장은 내무장관 윤치영(尹致映), 사회(社會)장관 전진한(錢鎭漢), 문교(文敎)장관 안호상(安浩相)의 3부 장관을 발표하였다.[30) 이승만은 4일에도 상오 10시 20분부터 조각 본부 이화장에서 이범석과 인선을 협의하였다. 하오 1시 10분까지 약 3시간에 걸쳐서 잔여 4부 장관 및 총리 직속인 4처장(處長)을 숙의한 끝에, 동일 오후 1시 20분 4장관 2처장을 발표하였다. 이 날 인선된 각료는 상공장관 임영신(任永信), 국방장관(겸직) 이범석, 체신장관 윤석구(尹錫龜), 외무장관 장택상(張澤相), 공보처장 김동성(金東成), 법제처장 유진오(俞鎭午)였고, 2석은 아직 공석이었다.[31)

8월 5일 상오 10시 15분부터 대통령 이승만을 비롯해, 이범석 국무총리 이하 11장관 및 4처장(이시영 부통령은 결석)이 참석하여 중앙청 대통령실에서 제1차 국무원회의를 개최하였고 2시간여에 걸쳐 진행되었다. 이승만정부는 오후 정각 3시 대통령·국무총리를 비롯한 각료 전원이 정식으로 국회를 방문하여, 조각 완료 보고 겸 취임 인사를 하였다.[32) 이로써 8월 5일부로 대한민국 행정부의 초대 내각이 일단락되었고, 이인은 8월 2일부로 대한민국 행정부의 초대 법무장관으로서 업무를 수행하기 시작하였다.

2) 김병로를 대법원장으로 추천[33)

이인이 법무장관으로 재직하는 시기의 활동을 서술하기 앞서, 그가 초대 대법원장으로 가인(街人) 김병로(金炳魯)를 천거하였음을 먼저 기술하고자 한다. 김병로는 이승만이 독선·독단에서 더 나아가 독재로 향하던 시절, 의연하게 사법권의 독립을 지켜낸 공적을 높이 평가

받고 있다. 친(親)이승만 계열이었던 이인이, 자신과 정치노선이 달랐던 김병로를 추천한 동기가 여기까지 예견한 데에서 비롯하지는 않았겠지만, 김병로는 사법부 수장으로서 사법권의 독립을 지켜냄으로써 대한민국 민주화의 보루가 되었다.

이승만은 대통령이 되자, 자신을 지지하였던 한국민주당의 인사들조차 경계하여 배제하였는데, 반대편의 정치노선에 서 있던 김병로를 대법원장에 지명한 사실은 매우 이례의 인사(人事)였다. 이러한 의외의 인선(人選)에는 이인의 힘이 크게 작용하였다. 이인에 따르면, 대한민국 초대 내각의 조각이 마무리 단계에 들어서던 1948년 8월 3일 저녁, 이승만의 최측근으로서 초대 내무장관에 임명된 윤치영이 이인을 찾아와서 노진설(盧鎭卨)의 집을 물었다. 이인은 윤치영이 왜 노진설을 찾는지 짐작이 갔다.

노진설은 미군정에서 서울공소원(控訴院 : 고등법원) 판사를 거쳐, 1946년 대법원 대법관이 된 법률가였다. 1948년 3월 미군정청 군정장관 딘(W. F. Dean) 소장은 그를 중앙선거위원회 위원장에 임명하여, 5·10총선거의 관리를 맡기기도 하였다. 이어 노진설은 1948년 6월에는 헌법기초 전문위원으로 선임되어 제헌헌법을 제정하는 과정에도 참여하였다.

이인은 노진설의 경력으로 미루어 이승만의 의중을 짐작하고도 남음이 있었다. 이튿날 이인은 아침 일찍 이화장에 가서 조각 문제를 말하던 중 대법원장 문제를 언급하였다. 그는 "인사(人事)가 곧 최고정치(最高政治)인데"라고 운을 떼면서, 노진설을 대법원장으로 지명하는 인사를 재고하라고 요청하였다. 노진설은 평안남도 용강(龍岡) 출신으로 해방 이후 월남하였고, 미군정 때 이인 자신이 공소원 판사로 천거했던 인물이었다. 그런데도 이인이 제동을 건 이유는, 법원 안에는 연공(年功)이 있는 터이므로, 아무리 새 정부를 이룩하는 마당이라 해도 정평(定評)에 따른 순서를 건너뜀은 정도(正道)가 아니라고 생각하였기 때문이다.

이인이 반대 의견을 내자, 이승만은 그러면 누구로 했으면 좋겠느냐고 물었다. 이인이 김병로를 추천하자, 이승만은 "김병로는 김규식(金奎植) 사람인데……"라고 반응하면서 선뜻 마음이 내키지 않는 눈치였다. 김병로는 1946년 12월 김규식과 함께 민중동맹(民衆同盟)을 결성한 뒤, 좌우합작운동에 적극 참여하기 시작하였다. 1947년 12월 6일 좌우합작위원회(左右合作委員會)가 자진 해체하기 전, 그는 1947년 10월 1일 민족자주연맹(民族自主聯盟) 준비위원회를 발족(위원장으로 김규식을 추대)하고 30명으로 구성된 준비위원으로 활동하여, 1947년 12월 20일에는 민족자주연맹을 출범시키는 데 일조하였다. 이렇게 김병로는 대한민국정부가 수립되기 전 중간우파의 김규식과 정치노선을 함께 하였다.[34] 일찍부터 단독정부수립노선을 추진하였던 이승만으로서는, 자신과는 정치노선이 전혀 다른 김규식 편의 인물이 달가울 리 없었다.

이인은 계속해서 이승만에게 김병로만한 대법원장 감이 없음을 설득하면서, 김병로가 아니면 자신도 법무장관을 그만두겠다며 법무장관직을 걸고서 강청하였다. 이인의 이러한 행동이, 김병로와 이인 사이에 정치노선을 초월할 만큼의 친분 관계에서 비롯되었음은 재언할 필요도 없다. 엄혹한 식민지시기 김병로·이인 두 사람은 '3인'으로 불렸던 민족변호사로서 동지 관계였으며, 10여 년이 넘는 세월 동안 함께 합동법률사무소를 운영하면서도 금전 문제로 다툼이 전혀 없었던 이해타산을 초월한 친우였다. 두 사람은 눈빛만 모아도 서로의 의중을 짐작하는 사이였다[제1편 - 제2장 - 1 - 3)을 참조].

이인이 김병로를 대법원장으로서 최상의 적임자라고 판단하여 추천한 데에는, 사감(私感)을 떠나서 나름 이유가 있었다. 우선 노진설보다 12살 연상인 김병로가 법조계에서 쌓은 연공은, 사심과 편견 없는 세인들에게 이미 공인된 정평이었다. 이인은 자신이 법무장관의 직책을 수행하는 효율성도 함께 고려하였다. 그는 할 일이 많은 건국 초기였으므로, 법원과 법무부가 서로 호흡이 맞아야 건국의 기초 작업이 순조로이 진행될 수 있다는 효율성도 고려하였다. 이 점에서 김병로는 기맥(氣脈)을 통할 수 있는 적임자였다. 이인은 강경하게 진언(進言)하였지만, 이승만은 마뜩하지 않은지 "쓸 데 없이……. 괜한 객기(客氣)요."라고 퉁명스럽게 답하였다.

8월 5일의 내각 회의는 공식상의 첫 각의(閣議)였는데, 이 자리에서 대법원장 인선(人選) 문제가 거론됐다. 이 날 회의에서는 시정방침(施政方針)과 구미 특사(歐美特使) 파견 및 대법원장 인사(人事) 등의 문제를 둘러싸고 약 2시간 반에 걸쳐서 토의하였다. 시정방침 문제는 별 이견 없이 국무총리가 대통령의 의사를 존중하여 국회에서 연설하기로 하였고, 구미 외교 특사의 정사(正使)에는 조병옥(趙炳玉), 부사(副使)에는 김활란(金活蘭)을 파견하기로 결정하였다. 대법원장 인선 문제는 난상 토론 끝에, 결국 현(現) 사법부장 김병로를 결정하고 헌법 규정에 의거하여 국회에 승인을 요청하였다. 이어 동일 오후 3시에 전 각료가 국회에서 인사하였다.[35]

8월 5일 제1차 국무회의가 열릴 때는, 8월 15일에 정부수립선포식을 갖기로 이미 결정된 상태였다. 5·10선거로 입법부가 구성되었고 행정부도 조각이 완료되었으므로, 사법부를 빨리 구성해야만 예정대로 식을 거행할 수 있었다. 대법원장의 임명권자인 대통령 이승만이, 국무회의 석상에서 대법원장 인선 문제를 먼저 제기하고 서광설(徐光卨)을 거론한 이유였다. 그가 각의에서 서광설을 공식 거론한 데에도 이면의 사정이 있었다.

8월 3일 법제처장으로 기용된 유진오가 회고한 바에 따르면, 이 날 유진오가 이승만을 방문한 자리에서, 이승만은 유진오에게 서광설이 대법원장으로 적합한지를 물었다. 서광설은 유진오의 보성전문학교의 동료인 서재원(徐載元)의 아버지였고, 유진오 자신도 존경하는 사람이었다. 유진오는 즉각 "공평무사한 점잖은 분입니다. 정치적 추진력이라 할까 그런 것은 잘 모르겠습니다만."이라고 대답했다. 이승만은 흡족해 하면서 "그러면 됐어. 대법원장이 공평무사하면 됐지 추진력은 있어 무엇하나" 하고는, 곧 비서관을 불러 대기하던 기자들에게 발표하라고 지시했다. 유진오는 "잠깐" 하고 말을 끼었다. "헌법에 대법원장은 국무회의 의결을 거쳐서 임명하도록 되어 있습니다. 조각이 이제 끝나서 국무회의가 곧 열릴 것이니까 이왕이면 헌법 절차를 밟아서 하시는 것이 좋을 것입니다."라고 조언하였고, 이승만은 응락했다.[36)]

이승만은 서광설의 추진력 부족이, 자신이 권력을 행사하는 데에는 오히려 순작용하리라 판단하고 서광설로 결심을 굳힌 뒤, 8월 5일 내각 회의에서 서광설을 대법원장으로 거론하였는데, 당장 반대의견에 부딪혔다. 먼저 외무장관인 장택상이 벌떡 일어나며 반대하였다. 그는 서광설이 일제 식민지시기 판사를 지낸 친일파였음을 지적하면서 극구 반대 의견을 내었다.

이인도 이 기회를 놓치지 않고 김병로를 들고 나왔다. 이인은 이승만의 결심을 이미 알고 있는 터였으므로, 이승만은 쳐다보지 않은 채 국무총리 이범석을 향해 말했다. 국무총리가 찬성한 데 이어, 외무장관 장택상과 재무장관 김도연 등이 합세하였다. 국무회의 분위기가 이렇게 되자, 이승만도 동의하고 말았다. 국무회의가 끝나자, 이인은 곧 김병로에게 연락하여, 지금 국회에 대법원장 임명동의 요청이 갈 예정이라 알렸다.

이인이 증언한 바에 따르면, 이 날 오전 11시 이승만의 거처인 이화장에서도 김병로에게 "대법원장에 임명되었으니 빨리 들라."는 전보를 띄웠다.[37] 국회도 이 날 대통령에게서 대법원장을 인준해 달라는 요청을 받았고, 김병로 임명동의안은 반대표를 압도하고 가결되었다. 8월 5일 오전 10시에 개의(開議)한 국회 제40차 본회의는 반민족행위를 처벌하는 특별법을 기초할 특별기초위원회를 조직하기로 가결한 후, 오후 2시에 재개(再開)하여 대법원장 김병로 인준 건을 상정하였다. 동 3시 40분 국무위원들이 입장하여 참석 하에 대법원장 인준 여부를 무기명으로 투표한 결과, 재석 의원 157인 중 가 117, 부 31, 포기 3, 무효 6으로 인준 가결되었다.[38]

이인과 함께 '3인'의 한 사람인 항일민족변호사 김병로가, 독립된 조국의 초대 대법원장이라는 중책을 맡게 된 데에는, 이렇게 이인의 힘이 크게 작용하였다.[39] 이보다 앞서 8월 4일 제39차 국회 본회의는, 초대 국회의장 이승만이 대통령에 취임함으로써 그간 결원 중에 있던 국회의장을 선출한 결과, 부의장인 신익희를 의장으로 선출한 뒤, 곧바로 신익희의 후임 부의장으로 김약수(金若水)를 선출하였다.[40] 이제 대법원장에 김병로가 결정됨으로써, 대통령 이승만, 국회의장 신익희와 함께 신생 대한민국정부의 3부 수뇌가 확정되었고, 마침내 8월 15일 대한민국정부수립선포식만을 기다리게 되었다. 3부의 장(長)을 비롯해 입법부의 부의장 김약수행정부의 부통령 이시영, 국무총리 이범석은 모두 항일독립운동가들이었다.

제4장

제1공화국 초기,
이승만의 막료 활동

1. 대한민국 초대 내각의 각료

1) 신정책 제안과 국무회의에서 소신 발언

내각 구성이 완료되자 시급한 현안들을 처리하기 위하여, 8월 6일 오전 제2차 국무회의가 열렸다. 이 날 회의에서는 미군정에게서 행정권 이양, 행정 각부의 기구 개편 등 당면 문제 등을 토의하였고, 신정부가 수립됨을 계기로 일반 국민의 민심안정과 협조를 요망하는 성명서를 채택하였다.[1]

국무회의 첫 날 이인은 대법원장으로 김병로를 추천하여 관철시킨 뒤, 정부의 정책 방향을 제시해야 한다고 주장하였다. 그는 신정부가 수립되었으니 정부 차원에서 신정책을 제시할 필요가 있다고 생각하였다. 국시(國是, national policy, government policy)는 헌법으로 천명하였고, 민중들은 의당 정부 정책을 궁금해할 터이므로, 정부는 국시에 뒤따르는 정책 방향을 밝혀야 마땅하였다. 각의가 날마다 인사 문제만 거론할 수 없기에, 그는 두 번째 국무회의에 참석하기에 앞서 이 문제를 구상하였다. 이 날 각의도 정책을 전연 거론하지 않자, 이인은 정부의 정책 방향을 제시할 필요성을 다음과 같이 제기하였다. 그에 따르면, 이것이 각의에서 정부의 시정방침과 관련한 첫 발언이었다.

> (자료 2 - 4 - A)
> 다른 국가에서는 대통령된 사람이 입후보할 때 시정(施政)방침을 국민 앞에 제시하여 국민의 심판을 받는 것이 상례(常例)인데 선생님(이대통령을 말함)은 이렇다 할 정견 발표 없이 국회에서 선출되었기 때문에 정책을 국민 앞에 제시한 적이 없습니다. 지금까지 단편적인 소신 표명은 있었으나 구체적인 방안제시는 없었던 것입니다. 그런 만큼 정부수립을 계기로 하여 정부로서의 노정표(路程表)를 국민 앞에 제시하여야 합니다.[2]

이인이 발언을 마치자, 바로 옆에 앉아 있던 국무총리 이범석과 대통령 이승만도 찬성하면서 이를 이인에게 일임했다. 한 나라의 정책이라면 정치·경제·재정·외교·국방·문화·교육 각 방면에 걸쳐서 광범위하므로, 그의 소관인 '법무'에만 국한할 수는 없었다. 더구나 대통령이 직접 맡긴 일이므로, 이인은 기획처장(企劃處長) 이순탁(李順鐸)[3]과 상의하여 작업을 시작했다. 이인은 밤을 새워가면서 신정책 구상에 몰두하였는데, 이순탁이 가져온 내용을 보니 경제정책에 한정된 4개 항만으로 되어 있었다. 이인은 여기에 국방·외교 등을 첨부해서 다음의 8개 항으로 정리했다.

(자료 2−4−B)

① 대외적으로 반공(反共)민주국가와 우호친선(友好親善)을 증진한다.

② 산업경제와 재정금융을 민주화한다.

③ 민족정기(民族正氣)를 바탕 삼아 교육문화를 민주화하며 의무교육을 시급히 시행한다. 실업(實業)교육에 중점을 두어 과학과 기술의 진흥정책(振興政策)을 실시한다.

④ 사회보장정책을 구체적으로 강구하며 실업자 구제대책을 강력히 추진하여 복지사회를 건설한다.

⑤ 징병제도를 실시하여 국방에 만전(萬全)을 기한다.

⑥ 법률을 정비쇄신(整備刷新)하여 독립국가의 위신과 체통을 세운다.

⑦ 우리의 생활에서 왜색(倭色)을 일소하고 우리의 고유문화(固有文化)를 지킨다.

⑧ 지하자원을 개발하고 물가와 통화(通貨)의 안정을 기(期)한다.[4]

위의 정책안은 각의에 부의되었는데, 징병제도와 의무교육 문제는 시기상조라는 논의가 더러 있었으나 그대로 통과되었다. 8개의 정책 대강 가운데 국내 정책보다 대외 정책을 첫 번째로 앞세웠음이 눈에 띄는데, 반공이 정책 방향의 첫 단어라는 데에서 국내 정치와 밀접한 관련이 있었다. 반공국가와 교류한다는 명목은, 대내 정책도 반공주의임을 전제한 외교 방향이었다. 이인은 자신의 국정 철학의 기조인 반공주의를 국시로 내세웠다. 이순탁은 경제와 관련된 4개 항만을 정리하였으므로, ①항은 이인 자신의 반공주의 신념에 기초한 첫 모토였다.

이 8개 항은 정책의 큰 강령에 해당하므로, ②항의 '민주화'라는 말의 실체를 확인할 수 없지만, 산업경제와 재정경제의 민주화와 함께 교육문화의 민주화도 내걸었는데, 정치의 민주화를 언급하지 않았음이 눈에 띈다. ①항에 '반공민주국가'라는 용어를 보면, 이인에게 반공은 민주주의와 동일시되는 주의였으므로, 반공주의의 시각에서 대한민국정부의 수립을 정치민주주의의 정립으로 인식하였으므로 정치민주화를 제기하지 않았으리라 생각한다.

③항에서 교육 앞에 민족정기를 선행시킨 논리는, 항일운동시기 때부터 민족문화를 중시하였던 이인의 일관된 자세였으며, 이 점에서 그는 보수주의자의 전형이었다. 제도교육으로서 의무교육의 시급성을 강조하면서, 실업 교육(과학·기술)에 중점을 두는 방침도 그의 지론이었다. 사회보장제도·복지사회라는 목표의식까지 포함하여, 이 시기의 지식인이라면 누구나 공감하였던 시대의식이자 당면 과제였다.

⑥항의 법치주의의 정립은 법률가로서 당연한 착안이지만, 신정부 수립 후에 당연히 요청되는 과제였다. 미군정기 그가 검사총장직을 수락하여 수행한 이유였으며, 대한민국의 초대 법무부장관으로 취임한 목적이었다. ⑦항에서 '왜색'이라는 표현이 정책 용어로 타당한가 하는 문제가 제기될 수도 있겠지만, 이인의 반일(反日) 성향에서 비롯된 이 용어를 초대 내각이 공유하는 분위기였다. ③항과 ⑦항은 서로 연관된 문제의식으로, 일제 잔재를 청산하고 민족문화를 발전시킨다는 구상도, 그가 식민지시기부터 실천하였던 역사의식이자 지론이었다. ⑧항의 경제개발을 위해서 지하자원을 개발함은 당연지사였고, 해방 후 물가를 안정시킴도 상식에 속하는 시급한 과제였다.

이상에서 살펴본 8개 항의 정책 방향은 큰 틀에서 보면, 신국가 수립 후 시급한 과제들이었고, 이인의 지론이 반영된 구상들이었다. 그러나 반공을 민주주의와 동일시하면서, 반공을 전면에 내세움은 그에게 아직 통일이라는 문제의식이 부재하였음을 보인다. 나아가 반공으로 민주주의를 상쇄시키며 유보시키는 구도는, 이승만정부의 출범에서 비(非)민주주의 요소를 묵인·방임한 결과를 낳았다.

이인에 따르면, 정부수립 후 각의 석상에서 다른 각료들이 이승만을 '대통령' 또는 '대통령 각하'라고 호칭함과 달리, 그는 이전처럼 '선생님'이란 칭호로 대통령을 불렀다. 이인이 언젠가 개인 일로 이승만 대통령을 만난 자리에서, "아무래도 각하라는 존경어(尊敬語)보다는 친근미가 더 많은 선생님이라고 앞으로도 계속 부르겠다"고 질문하자, 이승만은 "아무렇게나 하구료"라고 대답했다.

사석도 아닌, 국무회의라는 공석에서 대통령을 '선생님'이라 칭함은 상식으로 보더라도 예가 아님을, 이인이 몰랐을 리 없었을 터이다. 그가 굳이 '선생님'이라 호칭하였음은, 아마 '각하'라는 말이 가진 권위주의가 내키지 않았기 때문이라고 생각한다. 한편으로는 공석에서도, 대통령을 가리켜 '선생님'이라 감연(敢然)히 호칭하고, 또 이를 허락할 만큼 두 사람은 '친근'한 관계였다.

대한민국정부가 수립되는 전후 시기에, 이인은 이승만의 지근거리에 있는 최측근 중 한 사람이었다. 그는 (자료 2-4-B)의 ⑦에서 보았듯이, 일제 잔재를 청산하는 데 적극성을 보였다. 그러나 후술하듯이, 이인은 법무부장관을 사임하고 국회의원에 당선된 뒤, 반민족행위특별조사위원회(반민특위)의 위원장으로 활동하면서 반민특위를 무력화시키는 데 오히려 앞장섰다. 이러한 모순된 행동은 그가 친이승만 노선의 정치인이었다는 사실로써만 설명이 가능하다. 이와 관련하여 이인이 언제부터 어떠한 동기로 반이승만 노선으로 돌아서는가를 주목해야 한다.

대한민국정부가 수립된 직후에는 각의가 매일 열리다시피 했다.[5] 신정부가 갓 출발하였으므로 각종 행정조직과 법령 등 정비해야 할 일은 그야말로 산적하였다. 이 당시 대통령 이승만은 각의가 열리면 20~30분 간 자기 할 말만 하고 으레 자리를 떴고, 국무총리 이범석이 회의를 주재함이 통례가 되었다.

이인에 따르면, 이때 「정부조직법」상에서 국무위원의 서열은 대통령 – 국무총리 – 외무부장관 – 내무부장관 – 재무부장관 – 법무부장관의 순이었다. 그런데 국무총리 이범석은 국방부장관을 겸임하였으므로 창군(創軍) 업무로 몹시 분망하였고, 내무 부장관 윤치영도 내무 인사(內務人事)와 행정 및 경찰 정비 일이 바쁘다고 해서 대통령을 뒤따라 자리를 자주 비웠다. 사정이 이런지라, 국무총리 이범석은 이인에게 의장 대행을 맡기곤 하였다.

초대 각료들은 정부가 발족한 초기였던 탓에 행정이나 법률 관계에 어두운 면이 다소 있었다. 법무부는 타 부처에 비해 정비가 잘 된 편이라서, 이인의 소관 사무는 다른 각료들 중에서도 덜 바쁜 축에 속하여서 이듬해 3월까지 거의 각의를 주재하였다. 또 각의에서 논의하는 안건은 대부분 법제와 법령에 관계되었으므로, 이인은 그리 서투르지 않게 일을 처리하였다. 그러나 의안을 정리하고 의견을 조정하는 데에는 상당한 시간이 걸리기 마련이었다. 설렁탕으로 저녁 요기를 하고서 밤 11시까지 각의를 진행함이 보통이었고, 때로는 자정 넘어서 산회할 때도 있었다.

정부가 출범한 지 한 달여 지나서 한국과 미국 사이의 외교 문제로 비화될 수도 있는 사고가 발생하였다. 9월 14일 내판역(內板驛)[6]에서 일어난, 특급열차 해방자호(解放者號)의 충돌 사건이 그것이었다. 목포를 떠나 서울로 향하여 달리던 호남선 열차 해방자호 특급 34열차가, 기관차 고장으로 정차 중이던 제2열차에 추돌(追突)하여 191명의

사상자가 발생한 대참사였다. 여기에는 한국에서 임무를 마치고 귀환 중이던 미군도 다수 있었다.[7]

제2열차 뒤에는 미군용 객차 3량이 딸렸는데, 이것이 일제히 대파되어 특히 미군에서 사상자가 많았다. 이 열차 충돌 사건은 또 다른 객차 4량이 탈선한 까닭에 사상자가 크게 발생하였다. 사고 발생 이후에도 사망자는 계속 늘어났다. 미군 조사단이 10월 12일 발표한 바에 따르면, 미군 36명이 사망하고 66명이 부상하였으며, 한국인은 80명이 사망하고 60명이 부상하였다.[8] 수도경찰청의 수사 결과에 따르면, 이 사고는 남조선노동당이 9월 21일 파리에서 개막될 UN총회를 앞두고 계획한 사건이었다. 남조선노동당은 9월 초순경 철도파괴를 기도하는 일환으로, 남한에서 중요 여객(旅客)과 미국인 수송열차로서 가장 우수한 해방자호 등을 파괴하여 남한의 교통질서를 교란함으로써, 남한의 외교정책에 불리하게 세계 여론을 조성할 목적에서 철도 종업원을 동원하여 일으킨 음모였다.[9]

사건이 발생하자, 법무장관 이인은 현지 책임자와 철도국 책임자들을 최고형으로 다스리겠다고 언명했다. 사고가 일어난 다음날 이승만 대통령, 윤치영 내무장관, 장택상 외무장관 등이, 각각 무초(John Joseph Muccio) 미국 대사와 주한 미군 사령관(Commanding General, USAFIK) 콜터(John B. Coulter) 소장을 찾아가, 미군인 사망에 조의와 유감의 뜻을 전달하는 등 사건을 수습하기 위하여 노력하였다. 이와 함께 사건에 책임을 지고, 취임한 지 한 달여밖에 되지 않은 민희식 초대 교통부장관이 사표를 제출하였고, 후임으로는 허정(許政)이 취임했다.[10] 내판역 열차사건은 10월 16일 중앙청 광장에서, 대통령을 비롯하여 국회의장과 신임 허정 장관 등 각 장관, 국회의원과 내빈 다수

참석한 가운데 '미군인 희생자 국민조위회(弔慰會)'가 거행됨으로써 외교상으로도 마무리되었다.[11]

허정은 교통부장관으로 취임한 뒤, 노후 시설을 대체하고 철도원들의 처우 개선이 시급하다는 판단 아래, 11월 초순에는 철도 요금 인상안을 각의에 올렸다. 그러나 이인이 생각하기에, 정부를 수립한 지 얼마 되지 않아 공공요금을 인상한다면 일반 민심에 미치는 영향이 적지 않을 터이고, 연쇄 작용으로 물가가 따라 오름은 누가 보아도 뻔한 이치였다. 그는 각의 석상에서, 교통부가 제기하는 철도 요금 인상안은 서민 생활을 파탄낼 터이므로 고려할 문제라고 강하게 이견을 주장하였다. 그러자 듣고만 있던 대통령이 "그렇지만 법무장관은 법률만 얘기해요."라고 발언에 제동을 걸었다. 이 말에 이인은 참을 수가 없어서 다시 다음과 같이 발언하였다.

(자료 2 - 4 - C)
  이것은 국무회의입니다. 국정전반을 논의하자는 것입니다. 정 그러시면 무엇하러 저희들을 모이라 하셨읍니까. 관계장관만 불러서 하실 것이지……. 인상안(案)은 불가합니다. 통화가치가 떨어지고 정책수행은 제대로 안될 것이 당연한데 그렇게 되면 국민과의 약속이 다릅니다.[12]

이인은 이때 이미 독선의 길로 향하던 이승만의 고집을 보았다고 회고하였으나, 철도 요금 인상안은 결국은 보류되었다. 그는 당시의 정황을 다음과 같이 회고하였다.

(자료 2 - 4 - D)
  생각해보면 벌써 이때부터 맞대놓고 얘기하기가 어려운 분위기가 정부안에 있었다. 여러가지로 따져보아도 대통령으로 취임한 뒤의 이박사는 완전히 독단적인 처사에 흐르고 유아독존적(唯我獨尊的)인 자세를 보여 나 스스로가 일에 흥미를 잃을 때가 많았다.[13]

이승만의 최측근이었던 이인은 정부수립 직후부터 이승만의 독선과 독단의 성향을 확인하였지만, 이러한 분위기는 이후 반(反)이승만 노선에 서게 되는 국무위원들 모두가 경험한 바였다. 당시 재무장관이던 김도연은 자신이 국무위원으로 재임하던 시절을 다음과 같이 회고하였다.

> 이대통령이 국무회의석상에서 사회(司會)하는방식은 어떤의제(議題)를 중심으로 해서 각(各)국무위원들로부터 자유로운 입장에서 의견을 청취하다 자기의뜻에 맞지 않으면 토론을 중지시키면서 그이론이 타당하지 않다고 주의(注意)하는 것이다. 그러면 자기의 의견을 굽히고 이대통령의뜻에 찬성해야지 그렇지않고서 끝까지 자기의견을 주장하다가는 이대통령의 비위를 상하게되고 그러면 그국무위원은 단단한 각오를 가져야되며 마침내는 상신(上申)한 결재서류도 제대로 나오지 않아 그자리를 떠나게 되는것이다. 그러자니 지당장관(至當長官)이 생기고 아첨군이 나오는 것이다.
> 완고한 이대통령의 고집은 누구도 꺾을수없어 이론적타당성을들어 이야기한다면 「법이 사람을 위해서 있는것이지 사람이 법을 위해서 존재하는것이냐」하고 그이론을 막아버린다. 마치 5, 26정치파동이 일어났을때 「헌법에 국회의원을 소환하지 못한다는 조문이 없음으로 소환할수도있다」고 억설을 부린 것은 그 좋은예(例)이다.[14]

김도연은 자신이 추진하던 홍삼공사(紅蔘公司) 설립이, 이승만이 거부하여 좌절된 때를 가리켜, "지금 생각하면 그때부터 이대통령의 전단(專斷)은 각부장관이 독자적인 입장에서 정책수행을 못하게 함으로써 행정의 무력화를 초래했다고 본다."고 결론지었다.[15]

6·25전쟁이 일어나기도 전에, 이승만정부의 내각은 '지당장관'과 '아첨꾼' 이외의 소신 있는 정치인과 관료들은 이미 들어설 자리가 없는 실정이었다. 이인은 이를 좀더 일찍 감지하였기에 초대 내각을 벗어나려 하였다. 이 무렵인 1948년 10월 30일, 5·10총선거에서 서울 동대문 갑구(甲區)의 국회의원으로 선출된 초대 국회의장 이승만이 대통령으로 취임하게 됨에 따라, 결원 중에 있던 동대문 갑구의 국회의원 보궐선거가 실시되었다.[16] 10월 15일자로 후보 등록이 마감된 동 보궐선거는, 5·10총선거를 반대하고 제1차 남북협상에 참가하였던 조소앙(趙素昻)도 후보 신청을 하여 관심을 끄는 가운데 모두 19명이 입후보하였다.[17]

이인이 국무회의 석상에서 이승만의 독단을 확인하면서 정부 일에 흥미를 잃어가던 이때, 동대문 갑구에 보궐선거가 실시될 예정임을 알고서 이승만 대통령에게 출마 의사를 밝혔다. 그러자 이승만은 건국 초의 다사다난한 이때, 장관으로 전념하여 자기를 보좌해 달라고 간청하면서 동대문 갑구의 입후보자는 이미 내정되었다고 말했다. 이로써 이 문제는 유야무야되고 말았다. 동대문 갑구의 보궐선거가 끝난 뒤인 11월 하순 들어, 이인은 이승만에게 다시 "장관을 사직하고 야(野)에서 선생님을 원조하겠습니다." · "각외(閣外)에서라도 도와 드리기는 마찬가지 아닙니까"라고 말하면서 완곡하게 사의를 표명하였으나, 이승만은 흥분하면서 '뿌루퉁'한 모습을 보였으므로 사의를 반려할 수밖에 없었다. 이 무렵 그가 이승만의 독단을 확인하였으면서도 사의를 보류함은 아직 이승만과 결별하지 않았음을 말한다. 그는 여전히 친(親)이승만계의 정치인이었다. 그가 야당의 길을 결단하는 데에는 좀더 시일이 지나서 6·25전쟁이 끝난 이후였다.

2) 법전 편찬 사업과 대일 배상 청구

　이인은 대한민국정부수립 이듬해인 1949년 6월까지 약 10개월 간 법무장관으로 재임하였다. 이 기간 동안 그가 무엇보다도 역점을 둔 바는　법전편찬위원회(法典編纂委員會) · 대일배상청구위원회(對日賠償請求委員會) · 유휴노동력활용대책위원회(遊休勞動力活用對策委員會)의 세 가지 사업이었다.

　정부수립 직후 초대 내각에서는 여러 가지 시정방침을 의결하였는데, 그 중에 하나가 법률과 법제정비(法制整備)였다. 이에 따라 대법원장 김병로와 법무장관 이인이 주도하여, 9월 15일 대통령령으로 법전편찬위원회를 신설하고, 김병로가 위원장을, 이인이 부위원장을 각각 맡아 활동을 시작하였다.[18] 이때는 헌법을 제외한 나머지 법들이 채 정비되지 않아 일제의 법령과 미군정 법령에 의지할 수밖에 없었으므로 주권국가로서 체면이 서지 않는 실정이었다. 법전편찬사업은 그야말로 시급한 과제였다.

　법전편찬위원회는 이러한 시대의식에서 출발하였고, 무엇보다도 법체계에서 35년간의 일제 식민지통치가 남긴 폐해를 청산해야 했다. 이인은 이러한 과제를 가리켜 다소 강한 어조로 "이 때는 왜색(倭色)법률을 일소(一掃)하는 일이 시급하므로"[19]라고 표현하였다. 법률에서 일제 잔재를 청산하고 독립국가로서의 법령을 정비함은 주권국가로서 체면을 세우는 일이었으므로, 이인은 법률가로서 막중한 책임감을 느꼈다. 일본식 법령을 일소하는 작업에는 판검사 · 변호사 · 법학교수 등 재조(在朝) · 재야(在野) 법조인을 중심으로 종교인 · 교육인을 포함하여 80여 명의 위원으로 법전편찬위원회를 구성하여 추진되었다.

법전편찬위원회의 주된 사업은 국회에서 이미 제정한 「헌법」 외에, 민법·형법·상법·민사소송법·형사소송법 등의 기본법 5법과 부속 법전을 정비하는 일이었다. 방대하고 복잡한 이 작업은 준비하는 데에도 많은 시간이 소요되었다. 이듬해에야 겨우 본격 작업에 착수하여 초안(草案)을 입안(立案)하고 심리(審理)하는 궤도에 겨우 들어갔는데 6·25가 터졌다. 이인은 피난 보따리보다는 법전 관계 서류를 먼저 챙겨서 남하하도록 지시했고, 피난지에서도 초안을 검토하는 작업을 매일 계속하였다. 이러한 강행군은 법조인의 사명감이 아니라면 도저히 감당할 수 없는 일이었지만, 피난지라는 여건에서 작업은 의욕과 노력만큼 진척을 보기 어려웠으므로, 서울을 수복한 후에야 본격 추진될 수 있었다.

1954년 9월에 대법관이 되어 1955년 3월에 법전편찬위원회 위원으로 위촉되었던[20] 고재호(高在鎬)가 회고한 바는 저간의 사정을 보여준다.

> 나는 대법관이 된 뒤에 위원이 되어 그 전부터 준비해 온 민법·형법·상법·민사소송법·형사소송법의 초안을 완성하는 작업에 가담하게 되었는데, 그 때 비로소 위 5법의 초안이 거의 위원장인 대법원장의 손에서 정리되었음을 알고 감탄했던 것이다. 조문마다 위원장의 손끝이 안 닿은 데가 없다 해도 과언이 아니다. 참으로 그 분의 큰 공적이었다.
> 그 후 박차를 가해 매주 한 번씩 대법관들이 대법원장실에 모여 마지막으로 축조심의를 했는데, 이인(李仁) 선생은 법무부장관을 그만둔 지 오래였지만, 그대로 부위원장으로 열심히 그 자리에 나오곤 했다.[21]

고재호는 김병로의 공적을 주로 언급하였으나, 이인 또한 이 일에 심혈을 기울였음도 잊지 않고 기술하였다. 고재호도 지적하였듯이, 이인은 법무장관직에서 물러난 뒤에도 법전 편찬 작업에는 계속 참여하여 13년이나 법전편찬위원회에 관여하였다. 김병로가 대법원장직을 정년한 뒤에는, 이인이 위원장직을 이어 맡았다. 동 위원회는 5법과 부속 법전의 초안을 순차로 완성하여 국회에 넘겼고, 민법 가운데 친족법 일부에 약간 수정이 있었을 뿐 거의 모두가 원안대로 통과되었다. 이 일을 완료하기까지 대법관들의 노고가 적지 않았으며, 이인 스스로도 만족하는 바가 남달랐다.

　대일배상청구도 이인이 일찍부터 생각해온 신정부의 핵심 과제였다.[22] 그는 정부가 수립되자, 곧바로 이승만 대통령에게 이를 건의하여 이듬해 1월 법무부에 대일배상청구위원회를 구성했다. 동 위원회의 위원장은 법무부 차관을 임명하여 관장케 하고, 각부의 미국인 고문도 참석하게 했다. 35년간 일제의 잔혹한 식민지 지배와 수탈을 고려할 때, 일본에 청구할 배상 금액은 엄청난 액수였다. 위원회에서 대강 추려보아도 각종 예금·보험·채권 등을 비롯해, 일본 회사의 주권(株券), 조선은행이 훔쳐간 금괴, 일본에 있는 부동산 등 확실한 건(件)만 80억 달러를 넘었다. 여기에 구한말 이래 뺏어간 국보와 문화재, 또소위 대동아전쟁(大東亞戰爭)을 수행한다고 강제 징발(徵發)한 각종재산, 학병(學兵)·징병(徵兵)·징용(徵用)으로 끌려간 전사상자(戰死傷者)들에 지불할 보상까지 합치면, 액수는 천문학 단위의 숫자라할 만했다. 이 모든 건들을 일시에 처리하기는 불가능하였으므로, 이인은 손쉬운 일부터 착수하기로 작정하고 궁리한 끝에, 가장 쉽게 찾을 수 있는 대상이 선박임에 착안했다.

　이때 맥아더 사령부의 포고는, 8·15해방 당시 한국 내의 항구에 있던 선박은 한국에 귀속하도록 규정하였는데, 선복량(船腹量)은 1백20여 만 톤에 이르렀다. 일제가 패전할 무렵, 많은 일본 선박이 도피하기 위해 한국 내에 정박해 있었고, 선적(船籍)도 한국으로 옮겼으므로 신생 대한민국으로 귀속될 선박이 많았다. 이를테면 조선우선(朝鮮郵船) · 일본우선(日本郵船) · 산하(山下) · 삼릉(三菱) · 삼정(三井) · 대판상선(大阪商船) 등 유수한 선박 회사의 선적부(船籍簿)가 한국 내의 등기소에 등기되어 있었다. 그러나 일본인들은 한국 내에 있던 배는 일본으로 빼돌리고, 일본 내에 있던 한국선적선(韓國船籍船)은 모양을 바꾸어 감추고 돌려줄 생각을 하지 않았으므로, 선박 문제는 손쉬운 반면, 또한 가장 다급한 문제이기도 했다.

대일배상청구위원회에서는 우선 법무부 법률조사국장 홍진기(洪璡基)와 상공회의소(商工會議所)에서 추천한 김용주(金龍周)를 조사 대표로 일본에 파견했다. 1개월 남짓 일본에 머물렀던 두 사람은 선박을 찾을 수는 있겠으나 비용이 필요하다고 보고했다. 보고의 요지는 이러했다. 문서상으로는 한국 재산이지만, 이 배들을 한 군데에 매어 두지도 않았고, 또 바다에 나가 있는 배들도 있으므로 실제로 찾기는 어려웠다. 다만 선박의 외형은 바꾸었더라도 엔진 자체를 속일 수는 없으므로, 한국 선적부를 근거로 찾아낼 수 있고, 돈을 조금 들이면 선박의 출처를 알아내서 끌어올 수도 있다는 내용이었다.

이인은 이승만 대통령을 만나 "비용을 내서라도 배를 찾아옵시다"라고 건의했으나, 이승만은 "내것을 내가 찾는데 무슨 비용이오" 하며 힘쓸 생각을 하지 않았다. 대통령이 무관심한 중에도, 이인은 선박 찾는 일을 거듭 추진하였고, 국보와 문화재 등의 조사 방안을 강구하였으나, 도중에 법무부장관을 물러났으므로 일을 끝막음하지 못한 애석함이 크게 남았다. 이 무렵 일본 공업의 부흥을 위하여, 전승한 연합국들이 대일배상을 포기하여야 한다는 주장이 미국의 일부 정치가들에게서 나오자, 이인은 사표를 제출하기 4일 전인 5월 27일, 공보처를 통하여 다음과 같이 반박하였다.

(자료 2-4-E)
미국의 일부에서일본공업부흥(日本工業復興)을위해서 전승연합제국(諸國)의 대일배상을 포기한다는설(說)이 전(傳)해지고있으나 이것은인류의 정의감에비추어지극(至極)히 부당한주장일것이다 우리한민족(韓民族)으로말하더라도 일본의제국주의완성(完成)과 태평양전쟁수행을위하야가진악착한 수단으로한민족의 전재산(全財産)을착취(搾取)강탈당하여 그숫자는계수(計數)치못할거액 일것이고이로말미아마한민족은 목하(目下)경제적곤핍(困乏)에 빠저있을뿐아니라 … 한민족은 물심양면으로가진압박을 당하면서도대일(對日)항쟁을지속하였으므로 비록선전(宣戰)은 않하였을망정전승국(戰勝國)에지나지않는 노력을했고 …정의평형(平衡)관념으로 보더라도일본은배상(賠償)의무를 이행하여야하고전승국은 이를반드시취득(取得)하여야만 정의감이확립될것이다 그럼에도불구하고일개국(一個國)의 단독의사(單獨意思)로써이를포기 한다는것은독선적이고 그결과는일본이재무장(再武裝)으로말미암아 그들의제국주의의 재(再)대두와 세계평화의교란을재래(齎來)하는외(外)에는하등효과가없을것이다[23]

이인은 한국이 일제 침략으로 입은 피해는 수치로 계산할 수 없으며, 또 연합국의 일원으로 끊임없이 항쟁한 전승국이었음을 근거로, 전승연합 제국이 대일배상을 포기함은 인류 정의감에 비추어 부당하며, 일본의 재무장을 초래하여 곧바로 세계평화를 교란하리라고 경고하였다.

이인이 심혈을 기울였던 또 하나의 사안은, 형무행정(刑務行政)과 관계되는 유휴노동력활용대책위원회였다. 후술하듯이 대한민국정부수립과 동시에 대사령(大赦令)이 실시됨으로써 전국의 형무소는 한동안 텅텅 비었으나, 어느새 다시 차기 시작했다. 이인은 텅 비었던 형무소의 수감자(收監者)가 점차 늘어나는 데에 대응한 대책을 마련해서 이승만 대통령에게 건의 사항으로 제출했다. 이를 한마디로 요약하면, 재소자(在所者)를 사회의 유휴노동력으로 간주·활용하기 위하여, 이들에게 기술을 가르쳐 교화·갱생시키자는 내용이었다. 이인이 변호사 생활을 통하여 경험한 바에 의거하면, 대개 범죄인들은 두뇌가 비상하고 어딘가 모르게 우수한 점이 있었다. 만약 수감자 중에서 여러 가지 재주를 발굴하고 배양한다면 국가로서는 인재를 얻는 길이 되고, 그들 개인으로서는 남은 형기 중에서 자활(自活)·갱생할 방도를 습득하는 일석이조였다. 구태여 이런 취지를 제쳐놓더라도, 나라의 방대한 예산을 써 가면서 소중한 인적 자원을 방치한다면 너무도 아까운 일이었다.

이인은 1949년 초에 마침내 유휴노동력활용대책위원회를 발족하고, 법무장관인 자신이 위원장을 맡았고, 각부 차관과 치안국장을 위원으로 임명하였다. 이 당시에도 전국 19개 형무소들은 산업 관계 장비와 시설을 그런 대로 구비하였으므로, 정부에서 사용하는 각종 서류와 발간물을 찍어내고, 경찰·철도·체신 공무원의 피복을 만들어낼 만하였으며, 각 관서의 책상과 의자를 만들고 수리할 수도 있는 여건은 어느 정도 갖춘 상태였다. 만약 이대로 실행이 된다면, 정부는 예산을 절약하는 한편, 형무소 안의 재주를 놀리지 않고 활용할 수 있으니 그야말로 일석이조라 할만했다.

이러한 점들을 고려하여, 이인은 우선 정부에서 여러 가지 일거리를 형무소에 주도록 방침을 결정하였다. 이 방안은 위원회에 상정이 되어 각부의 위원들이 모두 찬성하여 만장일치로 가결되었고, 국무총리를 비롯한 각료들은 아주 명안이라고 적극 찬성하는 반응을 보였다. 그러나 막상 이 방안을 시행하자 주문이 하나도 들어오지 않았다. 위원회에 나와서는 좋다 해놓고, 내무·교통·체신 어느 부에서도 피복 한 벌 맡기는 부처가 없으니, 서울만 해도 380여 대나 되는 재봉틀이 모두 유휴 상태였다.

이인이 생각하기에는, 국가의 기밀 서류를 형무소 안에서 인쇄하면 특히 기밀이 누설됨을 방지하는 이점이 있을 터이고, 각종 용지를 인쇄하면 자료의 소모나 도난을 방지하는 이점에 더하여, 노동임금이 일반 사회보다 30분의 1로 절감하는 효과도 따랐다. 그런데도 정부 부처부터, 재소자들의 기술이나 형무소 내에서 제작하는 능력을 믿으려고 하지 않았다. 자신의 구상이 현실의 벽에 막히자, 답답한 마음 한구석에는 재소자의 기술을 믿지 못하겠다는 이유는 그저 한낱 핑계일 뿐이라는 생각이 들었다. 혹 정부 부처가 납품 상인들과 결탁하였기 때문은 아닐까 하는 의심도 생겼으나, 법무부 혼자만으로는 어쩔 수가 없는 일이었다. 최소한 3·4백 억 원의 예산은 절감할 수 있으리라고 기대했던 일이, 결국 실패로 돌아가 버렸다. 이인은 법무부장관을 퇴임한 후에도, 이때 좀더 과감하게 실행하지 못하였다는 유감을 못내 떨치지 못하였다.

2. 반공국가 구축을 위한 제안과 정책

1) 대사령 실시[24)

대한민국정부수립선포식은 예정대로 해방 3주년을 기념하는 1948

년 8월 15일에 거행되었다. 요즈음 1948년 8월 15일을 두고서 '정부수립'이냐 '건국'이냐의 문제를 둘러싸고 양자택일을 요구하는 듯한 논쟁이 벌어지고 있지만, 해방정국에서 정부수립과 건국은 대립하는 개념이 아니었다. 당시 1948년 8월 15일의 행사는 '대한민국정부수립국민축하(선포)식'으로 지칭되었다. 1948년 7월 14일 대한민국정부수립국민축하준비위원회가 발기하였고, 동월 20일 기구를 확충·강화하였다.[25] 7월 24일 정부통령 취임식이 거행되었고, 마침내 8월 15일 '대한민국정부수립국민축하식'이 거행되었다. 당시 언론은 1948년 8월 15일을 '대한민국수립과 해방3주년'이라고 표현하였고, 동 기념식을 '대한민국정부수립선포 겸 광복3주년기념식'이라고 명명하였다.[26]

대한민국정부수립을 국내외에 선포하는 대한민국정부수립국민축하식에는 대한민국의 3부(府) 요인인 이승만·신익희·김병로를 비롯하여, 주(駐)일본 연합군 총사령관 맥아더(Douglas MacArthur) 원수가 일본에서 방한하여 축사를 하였고,[27] 주한 미군 사령관 하지(John Reed Hodge) 중장도 '대한민국정부수립 국민축하식 축사'를 낭독하였다. 하지의 축사는 열렬한 박수갈채를 받았는데, 그는 축사의 끝 무렵에서 "재조선 미국군정부는 오늘밤 자정으로 폐지되고 한국주둔미군사령부 민사처(民事處)가 생김니다. 이 민사처는 대한정부에 정권이양을 마추며 과도기 내 군정잔무(殘務)를 해갈 것입니다."라고 선언하였다.[28]

하지가 축사 끝머리에서 언급하였듯이, 이제 대한민국정부가 정식 출범하였으므로, 미군정을 접수하여 모든 국가권력을 대한민국정부에 이양함은 주권국가 대한민국에 가장 시급한 당면과제였다. 대한민국정부의 접수위원은 이인과 윤치영이었고, 법무부가 제1착으로 접수를 끝냈다. 미군 사법부장 코넬리(John W. Connelley) 중령은 김병로와 애산에게 기념품을 증정하면서 그동안의 노고를 위로했다. 법무부의 일이란 크게 보아 검찰과 형정(刑政)의 두 부분으로 구성되는데, 형정은 그다지 복잡하지 않고, 검찰은 이인이 이미 손질하고 다듬어 온 터였으므로 미흡한 점이 별로 없었다.

정식국가가 들어섰으므로, 행정권 이양은 인수인계의 형식을 갖추어 거행하고 현황과 미결을 따져 도장을 받아야 원칙이었다. 그러나 행정권이 미군에서 대한민국정부로 이양되는 과도기에, 책임 소재도 분명하지 않은 국면이 많았다. 미결 부분은 도의·정치상의 책임에 속하는 문제였을 뿐, 정식 인수인계만을 바랄 수도 없는 상황이었다. 우여곡절 끝에 내무부도 접수를 마치니 10월 초였다.

이인은 법무장관으로 취임하자 대통령에게 대사령(大赦令)을 진언(進言)했다. 그는 8월 5일 제1차 국무회의 석상에서 대사령 문제를 제기하였고, 논의한 끝에 근간 대사령을 발포(發布)하기로 결정하였다.[29] 이인은 미군정기 검찰총장으로 재직할 때부터, 독립이 되면 기쁨을 형무소 안까지 골고루 나누어야 한다는 생각에서 은전(恩典)을 입을 사람을 미리 조사해 두었다. 그는 이 자료를 갖고서, 각의에서 "독립국가의 국민 된 기쁨을 한결 더하기 위해서 형무소 문을 동서남북으로 활짝 열어야겠습니다. 비록 수의(囚衣)를 입고 있을 망정 그들도 독립의 기쁨에 눈물을 흘리고 있을 것입니다."라는 요지로 대사령을 제안했다. 이승만 대통령은 이 제안에, 많은 죄수를 한꺼번에 내보내었을 때의 치안 문제를 우려하며 난색을 보였으나, 이인은 자신이 책임을 지겠다고 장담하면서 미리 준비한 서류에 재가를 받았다.

이인은 8월 15일 정부수립선포식을 기하여, 신정부 축하 선물로 재감자(在監者)를 특사할 수 있도록, 법무부장관에 취임하자마자 「사면법」 초안을 작성하기 시작하였다.[30] 그는 8월 11일 제6차 국무회의에서는 특사령(特赦令) 초안을 통과시키면서, 다음날인 16일 국회에 상정하기로 결정하였다.[31] 8월 20일 제1회 45차 국회 본회의는 독회를 생략한 채, 축자 설명으로 정부가 제안한 전문(全文) 27조의 「사면법」을 일사천리로 통과시켰다.[32] 이로써 「사면법」은 대통령의 서명과 공포만 남겨두었다.

이인은 국문회의 석상에서 큰 소리를 치고 「사면법」을 제정하였지만, 수많은 재소자를 한목에 내보내자니 고심되는 바가 한두 가지가 아니었다. 이들이 재범(再犯)해서 형무소에 돌아온다면, 대사면은 의미가 없게 된다. 그는 궁리한 끝에 몇 가지 방도를 생각해냈다. 우선 각 지방 검사장(檢事長)과 형여자(刑餘者) 선도기관인 사법보호회(司法保護會)에 지시하여, 출소자에게 직업을 알선할 수 있도록 채비하라고 시달했다. 형무소에는 재소자들을 일시에 모두 내보내지 말고, 동향인(同鄕人)끼리 동행시키도록 지시했다. 또 각 지방에 대사면의 취지를 통지하여 형여자를 냉대하는 폐풍이 없도록 하고, 가족이 없는 출소자는 일가에서 서로 교대로 재워주도록 하며, 경찰과 군·읍·면에서는 정거장으로 이들을 마중나가는 등의 배려를 베풀도록 조처했다. 법무부도 출소자들을 위한 대책을 따로 마련하였는데, 예비비 중에서 일부를 얻어 1인당 2백 원씩을 지급하였다. 방직 회사의 협조도 얻어 새 옷을 지급하고, 철도 무임승차권과 주먹밥을 따로 제공함으로써, 2백 원을 그대로 갖고 귀가할 수 있도록 배려했다.

이인은 9월 20일 전국 형무소장(刑務所長) 회의를 소집하여 다음과 같이 지시했다.

(자료 2-4-F)

재소자들이 독립의 감격을 모르고 옥문을 나선다면 대사(大赦)의 의미가
없다. 옥문을 나서는 사람은 반나절을 울고 나가도록 하라. 슬픔의 눈물이
아니라 기쁨의 울음이다. 독립된 마당에 새로운 결심이 서도록 직원과 손을
맞붙들고 울어야 한다.[33]

국회를 통과한 「사면법」에 의거하여, 9월 27일 오전 10시 대통령은
대사령에 서명하였다. 이에 따라 일반사면은 대통령령 6호, 감형은 7
호, 복권은 8호로 각각 실시되어, 9월 28일 오전 0시부로 발효되었으
나, 27일 오후 3시부터 재소자들이 출감하기 시작하였다. 대사령에서
일반사면에 해당되는 인원은 19개 형무소 수감자 약 1만 8천 명 중에
서 3분지 1 정도인 5,700여 명과 경찰 유치인 중 5천 명이었다. 내란(內
亂) · 외환(外患) · 안녕질서 · 아편연(阿片煙) · 방화(放火) · 통화위
조 · 강간 · 살인 동치사상(同致死傷) · 강도 동치사상에 해당하는 범
죄자들이었다. 사면을 받지 못한 자들은 각각 1등씩 감형되었다. 이
인이 지시한 바에 따라, 사법 당국은 대사령으로 방면되는 자에게 사
법보호회(司法保護會)에서 여비와 무료 승차권을 발부하여 각기 고
향에 돌려보내도록 조치하였으며, 그들의 석방 후의 행동을 엄중 감
시하라고 관하에 통첩하였다. 또 각 가정으로 돌아가는 자 외에는 적
당한 직업과 생계를 알선하여 주기로 하였다.[34]

대사령이 실시된 1948년 9월 27일, 전국의 형무소에서는 감격과 환
희의 울음소리가 진동하였다. "반나절을 울고 나가도록 하라."는 이인
의 말대로 기쁨의 눈물이었다. 이인은 정부수립의 기쁨을 재소자들
과도 공유하고자 하였으며, 이들이 출소한 이후에 사회에서 건전하게
자립할 수 있도록 세심하게 지시하였다. 한편 그는 전국 경찰을 통하

여 출소자의 동태를 엄중히 살펴서 보고하도록 지시했는데, 놀랍게도 출소자 중의 재범이 6개월 동안 21명에 지나지 않았다. 독립의 기쁨을 공유한 대사령의 결과는 형무소 안까지 감화시키는 기적을 일으켰다.

이인은 재소자들에게 '독립의 기쁨'을 부여하면서도 멸공통일의 의무까지 부과하였다. 그가 9월 27일 발표한 다음 담화는, 그의 대한민국 건국이념이 반공주의에 근거하였고, 대사면도 이를 위한 방책이었음을 보여준다.

(자료 2 - 4 - G)
　금반 대통령의 사면령 공포에 의하여 27일 정부는 서울형무소를 비롯한 남한의 19개 형무소, 6개소 소년원 재소자 중 폭동·살인·방화 등 범죄자를 제외한 5,700여 명을 석방하고 나머지 재소자는 형기의 절반 내지 4분지 1을 감형하고, 또 경찰 유치인의 대부분을 석방하였을 뿐 아니라 … 이 조치의 목적은 36년 몽매간에 그리워하던 조국을 회복하고 대한민국 통일정부를 수립한 기쁨을 나누며 일시의 과오로 형벌에 처하고 있는 자라도 다같이 충량한 애국자가 되게 함에 있으니, 이번 파격의 은전을 입은 자는 마땅히 분골쇄신하여 통일독립을 방해하는 이북 괴뢰정권과 민족의 비원인 38선을 격파함에 협심육력(協心戮力)하여 국은(國恩)에 보답하기를 마음 굳세게 맹세함이 있음을 바란다.[35]

대통령 이승만도 같은 날에 대사령 공포와 관련한 담화를 발표하였는데, 논지는 비슷하면서도 어조는 확연히 달랐다.

(자료 2 - 4 - H)
　이번 대사령은 … 40년전에 잃었던 나라를 우선 이남에서라도 다시 찾아 정권을 회복하고 우리 정권으로 이북을 마저 통일하려는 것을 경축하는 본의에서 사전(赦典)을 내려서 영어(囹圄)중에 있는 동포라도 다같이 이를 경축하

자는것이다 … 석방된 동포들은 지금부터 대한민국의 새정부와 새국법에의
하여 전 민족이 같이 자유발전의복리를 누리자는목적을 깊이명심하여 선량
한 국민이되어 건국초기에 각각 다소라도 공헌이 있기를 도모할진댄 국민전
체의 행복일뿐 아니라 석방받는 각개인에게 행복이될것을믿으며 간절히치
하하는바이다[36]

(자료 2−4−G)의 어조는 (자료 2−4−H)에 비하여 매우 강경한 편
이며, '치하'라기보다는 훈도 · 경고하는 듯한 메시지에 가깝다. 이승
만은 '선량한 국민'의 지향성을 "자유발전의 복리"라는 인류사회의 보
편이상에 두었다면, 이인은 '충량한 애국자'의 본분을 "이북 괴뢰정권
과 38선을 격파함"에 두었다. 이인의 담화는 기쁨보다는 의무감을 강
조하였다. 그는 대한민국을 '대한민국 통일정부'로, 북한을 이를 방해
하는 '괴뢰정권'으로 규정하여 북진통일의 지향성을 드러냈다. 서울
형무소 수감자 중 옥문 밖을 제1착으로 내딛은 한 출감자(당시 19세,
절도죄로 복역 중)는 대통령의 담화에, 출감의 기쁨과 함께 "금후는 신
명을바쳐 새나라건설의 한역군으로최선을다할각오이올시다"[37]라고
응답하였다.

2) 김두한의 백색테러 사면[38]

이인이 제안한 대사령의 의미가 반공주의에 있음은, 김두한(金斗
漢)을 은밀히 사면한 데에서도 다시 확인된다. 대사령으로 1만여 명
의 재소자가 출소하였지만, 살인 · 방화 등의 범죄에는 감형(減刑)하
되, 형면제(刑免除)는 않는다는 원칙을 적용하였는데, 김두한은 이에
해당하는 사례였다.

대한민주청년동맹의 감찰부장(회장 유진산, 柳珍山)인 김두한은 1947년 4월 20일, 도미 외교를 마치고 귀국하는 이승만을 비난한 조선청년전위대와 악단제일선이라는 좌익 청년조직원들을 응징하기 위해, 대한민주청년동맹의 별동대(대장 김영태, 金永泰)를 동원하여 서울시 공관을 급습하였다. 그는 이들 중 10여 명을 대한민주청년동맹의 본부로 끌고 와서 쇠파이프 등으로 무차별 구타하였는데, 그의 오랜 친구로 정적이 된 정진용(丁鎭龍)은 즉사하였고, 나머지는 중경상을 입는 사건이 발생하였다.[39] 이른바 시공관 사건(市公館事件)이었다.

김두한 외 13명의 상해치사죄에 관한 1심 언도 공판이, 7월 3일 심리원 대법정에서 이필무(李弼斌) 심판관 주심으로 개정되었으나, 김영태의 7년형이 가장 높은 형량이었고, 주범인 김두한에게는 고작 벌금 2만원이 선고되었다.[40] 미군정 문서에 따르면, 당시 암시장에서 담배 두 보루에 해당하는 금액이었다. 살인의 증거가 불충분하다는 이유였다. 미군정조차 지나치게 극우 편향의 판결에 경악하였다. 1947년 12월 하지 사령관은 미군정 군사위원회(Military Commission)에 재심을 명령하여, 김두한 등을 미군정의 법정에 세웠다. 심문은 완전히 다시 이루어졌고, 1948년 1월 22일 이래 미군 제24군단 군사위원회가 재판을 담당하였다. 김두한 외 15명의 군사재판은 동년 2월 12일 종료하였으나 결과 발표를 미루어오다가, 3월 16일 공보부를 통하여 판결 내용이 공개되었다. 군사위원회는 2명 살해, 폭동·사형(私刑), 기타 신체에 대한 고문을 감행한 피고들에게 유죄를 선고하여, 김두한 등 14명에게 교수형을, 2명에게 종신형을 언도하였다. 이후 하지가 감형을 선언하였으나 김두한만은 여전히 교수형이었고, 나머지는 종신형에서 20년의 중형을 선고하였다.[41] 그러나 극동사령부 총사령관인 맥아더에게 김두한의 사형 집행을 승인받는 과정에서, 맥아더는 종신형으로 감형하였다.[42]

미군정은 김두한을 비롯해 시공관 사건의 피고들을, 전국 4개 형무소에 분산 수용하고 있었다. 이인은 이들을 대사령에 포함시키려고 생각하기도 하였으나, 선뜻 석방하기가 어려웠다. 모두 7·8년 이상의 중형인데다가, 만약 이들이 석방된다면 좌익들이 질서를 문란시킨다고 맹렬하게 공격할 염려도 있었다.

대사령이 있은 며칠 뒤, 국무총리 이범석이 이인에게 김두한을 어떻게 살릴 방안이 없겠느냐고 물었다. 이범석은 중국에서 김좌진(金佐鎭) 장군을 도와 독립운동을 함께 했으므로, 그의 아들 김두한을 그냥 두고 볼 수만은 없었다. 이인도 이범석과 생각이 같았다. 김좌진은 이인의 숙부 이시영(李始榮)과도 막역지간이었으므로, 이인에게 김두한을 살리려는 생각이 없을 수 없었다. 이인은 각의 석상에서 대통령에게 "백야(白冶, 김좌진의 아호 : 인용자)의 하나밖에 없는 혈육을 살려야겠습니다. 사실인 즉 김두한의 중죄는 모두 독립운동하다 그리된 것 아닙니까" 이에 이승만 대통령은 "백야의 자제가…… 그렇군" 하며 특사안(特赦案)을 결재했다.[43] 이인은 김두한을 비롯해 대한민주청년동맹원 17명을 석방하자고 건의했고, 대통령의 승낙을 받아내었다.[44]

독립운동가 김좌진의 자제인 김두한이 수감 중인 사실이, 이인이나 이범석에게 동정심을 일으킴은 정리상(情理上) 가능한 일이었다. 사실 김두한을 사면하자는 주장은, 재판 결과를 공개한 내용이 신문 지상에 보도되자마자 일어났다. 이승만을 옹호하는 우익 계열의 정치단체인 독립촉성국민회가 중심이 되어, 김두한 사건의 대책을 강구하기 위하여 3월 18일 우익 단체들의 회의를 소집하였다.[45] 다음날인 19일에는 독립촉성국민회 제6차 전국대표자대회의 제1일 차 회의에서, 대회 명의로 김두한 판결을 당국에 진정하기로 결정하였다. 이 날 대회에는 동회의 총재인 이승만이 참석하여 훈화하였다.[46]

3월 21일 김구가 다시 김두한 구명 문제를 거론하였다. 그는 이북 동포에게 보내는 메시지에서, 남한단독정부수립을 주장하는 이승만 · 한국민주당 등 단정노선의 정치세력을 비난하면서, "동족상잔(同族相殘)의 길을 찾지말고 민족적단결로써 우리의 독립도 완성하고 세계평화도 촉진"하자고 주장하였다. 그러다 갑자기 논지에서 이탈하여 "혼란기에 있어서는 우리들의 완력(腕力)도 필요한 것이니…" 하면서 김두한 구명 운동을 다음과 같이 제기하였다.

> (자료 2 − 4 − I)
> 그러면 우리의 완력을 이용하는 사람들은 모른체할뿐아니라 도리어 염오(厭惡)하거나 심하면 중상까지도 하는 것이다. 근일에 김두한군(君)의 사건을 보아도 우리가 얻는바 교훈이 많다. 김군이 자기범행에 대해서 법적(法的)제재를 받는것은 당연하다고 말할수 있으나 그 범행이 애국적동기에서 나왔다고 간주할수 있으며 또 그가 위대한 애국자김좌진(金佐鎭)장군의 영사(令嗣)라는 점에서 보면 그에 대한 구명운동이 그토록 열렬하지못하다고 아니할수없다. 그러면 우리는 과연 어떻게 할것인가…[47]

김구가 김두한 구명을 제기하자, 광복군 출신인 이청천 · 이범석도 곧바로 하지 사령관에게 "그의 살인행위는 공분에서나온것이요 또그 부친김좌진(金佐鎭)의 위공을참작하야서라도 감형시켜달라"는 진정서를 제출하였다. 이와 동시에 김두한 사건 대책위원회와 대동(大同)

청년단에서도 동일한 요지의 담화를 발표하였다.[48] 3월 25일에는 대동청년단 등 18개의 우익 청년단체가 공동 명의로, 김두한 교수형을 절대로 반대하며, 미군 수뇌부의 재고려를 요망하는 성명서를 발표하였다.[49]

이인이 회고한 바에 따르면, 그도 김두한의 사면을 의중에 두었으나, 국무위원 가운데 김두한의 특사를 먼저 제기한 사람은 국무총리 이범석이었다. 이인이 이승만에게 김두한의 사면을 진언한 데에는 이러한 뒷받침이 있었기 때문이었다. 그런데 이인이 직접 언급하지 않았지만, 법률가인 그가 김두한의 사면을 염두에 두면서도, 9월 28일부로 발효되는 대사령에서 제외한 데에는 법률상의 이유가 있었다.

첫째는 김두한이 미국 주권의 발동으로 미군정의 법정에서 군률재판을 받았고, 한미협정은 이에 관한 규정이 없었다. 대한민국정부가 출발하면서 사법부는 이 문제를 미군정과 교섭하여 왔고, 9월 27일 미군정 민사처(民事處)는 군률재판 2천 건 중 석방되고 남은 자 1천여 명의 석방을 법무부에 정식 의뢰하였다. 법무부는 조사에 착수하였고,[50] 이들이 방면됨은 이미 9월 27일 예고된 상태였다. 두 번째 문제는 김두한의 죄명이었다. 그는 살인죄로 교수형에서 종신형으로 감형된 상태였고, 「사면법」에 따르면 감형 대상이었지만 사면 대상은 아니었다. 그를 사면에 포함시킨다면, 법무부장관이 스스로 법치를 파괴하는 위법한 조치였다.

이인이 백색테러리스트 김두한을 사면하는 논리는 두 가지였다. 그의 테러가 모두 독립운동이었고, 그가 김좌진의 아들이라는 사실이었다. (자료 2-4-I)에서 김구가 내세운 구명의 논리와 그대로 일치하였다. '애국적 동기'와 김좌진의 아들. 이인에게도 김두한의 테러는 '애국적 동기'에서 출발하였고, 그의 백색테러는 '필요한 완력'이었다. 이청천·이범석의 구명론도 '공분'과 김좌진의 아들이라는 데 근거를 두었다. 해방정국에서 이인·김구 등으로 대표되는 우익 정치세력들에게는, '반공'이라는 절대가치가 법치주의 위에 군림하였음을 보게 된다.

해방정국에서 좌우익 사이에 서로를 향한 테러 행위가 빈발하였는데도, 이인은 우익 테러를 독립운동으로 인식할 만큼 반공주의는 철저하였다. 미군정이 형식상의 형평성을 고려하여 김두한을 단죄하려는 모습과도 비교된다. 이인은 미군정시기 검사총장으로 취임하면서, "건국을 방해하거나 안녕질서를 교란하는 행위는 단호배제할 것"이라는 법치주의를 표방하였지만[(자료 2-2-D)를 참조], 김두한 사면에서 보듯이 그 스스로 '반공'으로 법치주의를 무너뜨렸다. 김두한이 김좌진의 아들이라는 사실로, 살인죄조차 사면함이 법리상 가능한지는 굳이 따질 필요도 없는 상식상의 문제였다. 이인이 주장하는 사면의 논리는 「사면법」 전문 27조의 어느 곳에도 없었다.

이인의 법치주의는 좌익에게만 적용되었고, 극우 '백색테러리스트'인 김두한의 테러는 독립운동으로 둔갑하면서 예외가 되었다. 더욱이 아버지의 공적이 죄를 상쇄하는 근거로 작용하였다. 그가 국무회의에서 제안한 정책안의 제1항에 '반공'이 등장하듯이[(자료 2-4-B)], 한국 보수주의를 형성하는 그에게도 반공은 대한민국의 절대 국시였다. 반공이 독립운동으로 등치되면서, 반공 테러 행위가 사면을 받고, 극비리에 은신처까지 배려하는 특사는, 반공의 명분 아래 법치주의가 무력화한 향후 대한민국의 자화상을 그대로 보여주었다.

이인은 김두한 등을 석방하라는 대통령의 결재를 받자, 네 곳의 형무소를 관할하는 검사장들에게 지시하여 김두한 등을 극비리에 석방하되, 병원이나 농촌에 은신시키도록 했다. 특히 서울지검 검사장 김용찬(金溶燦)에게는, 김두한이 근신성(謹愼性)이 부족하므로 석방 당일부터 거리로 뛰어나와 활보할 염려가 있고, 그렇게 되면 사회에 큰 물의를 일으키게 된다고 주의를 준 뒤, 김두한이 형무소를 나오는 즉시 병원에 집어넣고 아무 말 없이 한 달만 있게 하라고 지시했다. 이 지시에 따라, 김두한은 대구형무소에서 석방되어 상경하자, 곧바로 서울대학교 부속병원에 한 달간 입원했다. 건강 상태를 체크한다는 이유로 사람들의 눈을 피하기 위함이었다.[51]

김두한은 「사면법」에 근거하지 않고, 이인 등의 건의에 응답하여, 민주주의 국가의 대통령이 중세 왕조시대와 일본의 천황제 헌법에서나 가능한 '대권'(大權)을 발동하여 은밀하게 이루어졌다. 이인은 이러한 사실을 에둘러서 이렇게 기록하였다. "다행히 김두한은 무사히 근신했기 때문에 별 말썽이 없었다. 나중에는 김두한을 본 사람들도 대사령으로 나온 것이려니 하고 넘어갔는데 이렇게 하기까지, 나와 검사장들의 고심은 한두 가지가 아니었다."[52] 이인이나 검사장이 고심한 근본 이유는, "근신성이 부족"한 김두한이 「사면법」에 근거하여 석방되지 않았기 때문이었다.

3) 청년단의 통합을 건의[53]

8·15해방 후 남한에는 수많은 청년단체가 우후죽순처럼 생겨났다. 적게는 몇 십 명, 많으면 몇 백 명이 모여 깃발을 내세우고 세력을 구축하여 정치 기반을 조성하는 가운데, 이들 상호간의 반목은 폭력 양상으로 나타나기도 하였다.

해방정국기의 가장 대표되는 청년단체로 '대청'이라 불리었던 대동청년당이 있었다. 이 단체는 지청천(池青天)[54]이 주동이 되어, 1947년 9월 21일 조직한 우익 계열의 청년단체였다. 광복군 총사령관 출신인 지청천은, 8·15해방이 꼭 20여 개월이 지난 1947년 4월 21일에야 환국하였다. 그는 상하이에서 장제스(蔣介石)가 제공한 애국기(愛國機) 자강호(自強號)에, 도미 외교를 마치고 귀국하는 이승만과 함께 탑승하여 30여 년 만에 고국 땅을 밟았다.[55] 이청천은 귀국한 직후 처음으로 조선청년당 최고위원과 회견하고 "조선독립을 전취할유일한방도는 오로지청년운동의 단일화에있다"[56]는 의지를 피력했다. 그는 청년단체의 통합을 실행에 옮겨, 각 단체의 해체를 전제로 청년단체들을 규합하여 대동청년단을 결성하였다.[57]

대동청년단은 단명에서 보듯이, 당시의 모든 청년운동 단체를 통합하여 대동단결을 이룩하겠다는 목표로 출발하였지만, 유력 청년단체 중 70% 정도를 통합하는 데 그쳤다. 후술하듯이, 지청천과 경쟁자였던 광복군 출신의 이범석이 예하의 청년단체인 조선민족청년당('족청'이라 불림)과 대동청년단의 통합을 거부하였기 때문이다.

1946년 11월 30일 중앙총본부 결성대회를 개최한 서북청년회(西北靑年會, '서청'이라 불림)도 유력하였다. '서북'이라는 명칭은 관서(關西, 평안도)·해서(海西, 황해도)의 '서'와 관북(關北, 함경도)의 '북'을 맞붙여, 38도선을 넘어온 북한 출신 청년단체의 총집결체를 의미했다. 역시 단명에서 보듯이, 북한에서 공산주의를 직접 체험하고, 이에 반감을 품어 월남한 청년들로 구성된 청년단체로서 반공운동의 선봉에 서서 전위(前衛) 구실을 자담하였다. 이들의 구호는 철저한 반공주의에 입각해 "때려라, 부숴라 공산당"이었으며, 대소(大小) 사건에 피

의 투쟁을 계속하면서 조직을 확대해 나갔다.[58]

이 외에 국민회청년단(國民會青年團)·대한독립청년단(大韓獨立青年團) 등 청년단체가 30여 개 가까이 난립하여 군웅할거하는 형세였다. 각 단체에 소속된 젊은 단원들은 영웅심리와 혈기를 이기지 못하여, 서로 난투극을 벌이기 일쑤였고, 상대방을 감금하는 등의 불법행위도 빈번하였다. 가뜩이나 혼란한 해방정국에서 청년단체의 난립은 민족분열의 심각한 요인으로 등장하였으므로, 정부도 이 문제를 두고 고심하였다.

1948년 11월 들어 어느 날, 이인은 이승만 대통령을 일부러 만나서 청년단 문제를 꺼냈다. 그는 청년단체가 난립함으로써 발생하는 실태를 먼저 설명하고 나서, 청년단을 모두 해산하고 하나로 통합하라고 건의했다. 이탈리아와 일본에서 여러 개의 청년단을 하나로 통합한 전례를 들면서, 청년단체들이 난립하는 현상이 정파와 파당의 이해와 얽혀 정치색을 띠고 있음도 지적하였다.

이승만은 한참 동안 생각을 하더니 "그래야 되겠군. 내일 저녁 5시에 청년단을 모두 부르겠소. 이 법무장관도 참석해주오" 하고 단안을 내렸다. 이승만이 청년단체 대표들과 회담한 날이 11월 17일이었으므로, 이인이 회고한 '내일 저녁'은 이 날을 가리킨다고 보인다. 그러나 이인은 대일재산반환청구(對日財産返還請求) 문제를 논의하는 일이 겹쳤으므로, 이 모임에는 참석하지 못했다. 이후 그가 다른 이에게 전해 듣기로는, 청년단의 대표들이 다 모였으나 유독 대한민족청년단(大韓民族青年團)을 움직이던 이범석은 나오지 않았다. 이 자리에서 대통령 이승만은 "이 나라 청년단은 둘이 있을 수 없소"라고 말하며 대단히 단호한 태도로 나왔고, 이 일언지하에 모든 일이 끝났다.

족청(族靑)이라는 약칭으로 더 많이 불렸던 대한민족청년단은, 1946년 10월 9일 조선민족청년단이라는 명칭으로 이범석이 조직한 우익 청년단체였으며, 미군과 경찰력만으로 좌익 세력을 제압하는 데 한계를 느낀 미군정에게서 전폭 후원을 받으면서 출발하였다. 이 단체는 '민족지상' · '국가지상'의 목표 아래, 비정치 · 비군사 · 비종파를 내세우며 훈련소까지 설치하여 청년들을 훈련하는 데 치중하였다. 다른 우익 청년단이 대체로 좌익 단체에 대항하기 위한 물리력으로 조직 · 동원된 데 반해, 이 단체는 표방하는 방침에 따라 청년들을 조직화 · 훈련하는 데 힘을 기울였으므로 좌익 세력들과 직접 충돌하는 일은 없었다. 이 때문에 다른 우익 청년단체들에게 '기회주의 집단'이라는 비난도 들었다. 미군정이 후원하였으므로 여타 청년단체와는 달리 물질상의 풍요로움을 누리면서 회원 수를 꾸준히 확대하였다. 5 · 10총선거 직전인 1948년 4월 30일에는 회원 수가 총 774,949명에 이르렀고, 이 중 여성 청년들이 108,326명이나 되었다. 청년단체로서는 가장 강력한 규모였다. 1948년 8월 대한민국정부가 수립되자, 8월 19일 단명을 대한민족청년단으로 개칭하였고, 이범석이 국무총리로 취임함에 따라, 부단장이었던 이준식(李俊植)이 이범석을 대신해 단장이 되었고, 이범석은 총재로 추대되었다.[59]

각 정치세력과 연결되어 행동대 구실을 하며 난립하는 청년단들을 통합함은, 이승만에게 충성하는 방향으로 일원화함을 의미하였다. 대통령 이승만은 자기를 절대 지지할 기반인 정당 조직을 확보하지 못한 상태에서 대통령에 취임했으므로, 자신을 떠받칠 튼튼한 외연이 필요하였다. 그는 정당이 아닌 청년단체를 활용할 의도에서 청년단체의 통합을 추진하였다.

청년단체를 통합하는 명분과 계기는, 1948년 10월 19일 전라남도 여수(麗水)와 순천(順天)에서 일어난 군인 반란과 이에 호응한 좌익 계열 군중들의 봉기가 제공하였다. 10월 27일까지 이어졌던 여순사건(麗順事件, 여순10·19사건이라고도 함)이 빌미가 되어 1948년 12월 1일 국회에서 「국가보안법」이 제정되었고, 이 법이 이승만의 권력 강화에 이바지하면서 철권통치를 합리화하였음은 이미 다 아는 사실이다.

대한민국정부가 출범한 지 2달여 만에 발생한 여순사건의 충격은, 우익 계열의 청년단체들을 '반공'의 명분하에 단일대오로 재편할 필요성을 제기하였고, 11월 들어 국회에서도 여순사건의 뒷수습을 논의하였다. 11월 8일 제98차 국회 본회의는, 모든 청년단체들을 해체한 뒤 통일된 우익 단체를 조직하여 군사훈련을 시키고, 군사 유사 단체들을 해체하여 청년단체들을 중심으로 호국군(護國軍) 및 호국청년동맹을 조직하기로 결의함으로써 반공 준군사조직체를 설치하려 하였다.[60] 이인이 이승만에게 청년단체를 통합하라고 진언한 무렵은 이때를 전후한 시점으로 생각된다.

이승만은 1948년 11월 17일 서북청년회·대동청년단·대한민족청년단 등 10개 청년단체와 회담하였는데, 이 자리에서 그는 청년단체들의 통일을 일갈(一喝)하며 지시하였다. 이후 대한민족청년단을 제외하고, 대동청년단을 중심으로 서북청년회·청년조선총동맹·국민회청년단·대한독립청년단 등 유력 5개 청년단체가 연일 회동하여 합동을 논의하였다. 이들은 1948년 11월 27일에는 대한청년단이라는 단체명을 확정하고, 12월 19일 서울운동장에서 결성식을 거행하기로 결정하였다. 대한청년단('한청'으로 불림)은 전국의 각 청년단체들을 '대동단결'의 명분으로 한데로 흡수·통합하여 출발하였지만, 이범석

이 이끌던 대한민족청년단은 통합에 반대하여 출발 당시는 참가하지 않았다.[61]

이승만은 대한청년단의 결단(結團) 대회를 이틀 앞둔 12월 17일 저녁, 서울중앙방송국에서 직접 마이크를 잡고 약 30분간에 걸쳐 청년들의 대동단결이 필요하다는 요지의 방송을 하였다. 그는 방송 내내 반공을 강조하였다. 그는 "이 공산주의란 것이 인심을 변화해서 '이리'와 '독사'를 만드는 것임으로 공산주의자들은 인류로 볼 수도 없고 동족이라고 부를 수도 없는 것"이므로 "이 반역분자들이 자유로 발붙일 곳이 없게 만들어야 될 것이니 이것이 우리 정부의 유일한 반공정책입니다."라고 역설하였다. 이승만은 "한 개 단체가 통일안에 대하여 주저하는 색태(色態)"를 지적하면서 대한민족청년단을 압박하였다. 그리고 통합에 불응하면 제재할 뜻도 내비치며, 청년운동의 목적을 다음과 같이 제시하였다. "이 청년통일운동은 정부 당국이 다 그 필요를 느끼는 터이고 종차(終次)는 국법(國法)으로 청년통일을 조정(調定)시킬 것이니 누구나 단독행동을 못하게 될 것이오, 다 한 마음 한 뜻으로 반란분자를 청쇄(淸刷)하기에 유일한 목적을 삼아야 될 것이다."[62]

이승만이 방송으로 청년단체의 대동단결을 연설한 지 이틀 후인 12월 19일, 전기 5개 청년단체와 군소 청년단체 등 40여 개 청년단체를 규합한 대한청년단의 발단식이 서울운동장에서 성대하게 거행되었으나, 여전히 대한민족청년단은 불참하였다. 이 자리에는 대통령 이승만을 위시하여 국무총리 이범석, 외무장관 장택상(張澤相), 법무장관 이인, 사회부장관 전진한(錢鎭漢) 등 국무위원을 비롯해 지청천·명제세(明濟世) 등의 인사와 수만의 청년들이 참석하였다. 이 날 발단식은 동단의 총재로 이승만, 단장에 신성모(申性模)를, 최고지도위원으로는 지청천 · 유진산 · 강낙원(姜樂遠) · 서상천(徐相天) · 장택상 · 전진한을 추대하였다. 또 3개 항의 강령과 4개 항의 선언문을 채택하였는데, 선언문 가운데 "1. 우리는 총재 이승만 대통령의 명령을 절대 복종한다." · "1. 민족과 국가를 파괴하려는 공산주의 적구도배(赤狗徒輩)를 남김없이 말살하여 버리기를 맹세한다."[63]의 두 개 항을 보더라도, 대한청년단이 발단한 목적을 충분히 확인할 수 있다.

서울운동장에서 거행된 대한청년단 발단식에는 대통령을 비롯해 각료 대부분이 참석했는데, 대통령과 각료들이 이미 자리를 잡았는데도 국무총리 이범석은 보이지 않았다. 식순에 따라 각 청년단의 단기반환(團旗返還)이 있기에 앞서, 이승만이 이인을 보면서 "법무장관이 축사를 하시오" 했다. 총리가 나오지 않았으므로 대신해 축사를 해야 한다면, 각료 중에서 소관 업무로 보아서 문교장관이나 내무장관이 적임일 터인데 자신에게 축사를 대신하라 함은, 청년단통합을 건의했기 때문인가 하고 생각하던 차에 이범석이 식장에 들어섰다. 식순에 자기 차례가 될 무렵에서야 뒤늦게 식장에 들어선 그의 행동에는, 불편한 심기가 여실히 드러났다.

이인은 대통령에게까지 들릴 만큼의 목소리로 이범석을 향하여, "총리가 아직 오기 전이라 날 보고 축사를 하라 하셨는데, 총리가 온 이상 총리가 축사를 하시오" 했다. 그러나 이범석은 축사를 한다 안 한다 말이 없었고, 이 대통령도 못 들은 채 하고 있었다. 이러는 동안 경과보고와 강령 낭독, 총재 · 단장 및 최고지도위원 · 중앙집행위원 발표가 끝나고, 총재로 추대된 이승만 대통령이 취임사 겸 치사를 하였다. 다음은 축사(祝辭) 차례가 되자, 잠자코 있던 이범석이 일어서는데 이 대통령은 벌떡 일어나 나가버렸고, 이범석은 단상에 나가 축사를 시작했다. 그러자 전면의 청년단 대열이 무너지면서 웅성거리기 시작하였고, 일부에서는 사태가 자못 험악해지려는 분위기였다. 이범석이 이끌던 민족청년단과 그 외의 청년단원들 사이의 감정대립이 일어났는데, 민족청년단이 대동단결에 불응한다고 해서 대회장에서까지 시비가 일어날 기세였다. 이에 놀란 대회준비위원회 사람들과 경찰이 제지하여 사태는 그 정도에서 수습이 되었고, 대열도 원상회복이 되었다. 이 와중에서 이범석의 축사는 잠시 중지될 수밖에 없었다. 이승만과 이범석·대한민족청년단의 갈등이 표출된 단면이었다.

이승만이 지시함에 따라 청년단체 통합이 추진되었고, 이범석이 국무총리직 사표를 제출하는 등 — 물론 이 사표를 곧 철회하였다 — 대한민족청년단은 저항하였으나 역부족이었다. 대한민족청년단이 해산하지 않자, 이승만은 1949년 1월 5일 자진해서 해산하지 않으면 대통령령을 발동하여 해산시키겠다는 강경한 담화를 발표하였다. 이승만은 이범석에게 국무총리와 대한민족청년단 중에서 양자택일하라고 종용·압박하였고, 이범석은 서울중앙방송국에서 울먹이는 목소리로 1백 30만 단원들에게 해체를 권고하기에 이르렀다. 우여곡절 끝에 대한민족청년단은 1949년 1월 20일 개최된 전국 이사 및 도단장 연석회의에서 해산을 결정하였고, 새로 조직된 대한청년단으로 통합되었다.

대한청년단은 발단식 선언문 1항의 "우리는 총재 이승만 대통령의 명령을 절대 복종한다."는 결의와 같이, 이승만의 사병으로 전위화(前衛化)하였다. 이를 보여 주는 실례가 김두한이었다. 공개되지 않은 이승만의 특별사면으로 석방된 김두한은, 이때 대한청년단의 건설국장으로 임명되어[64] 반공투사로 화려하게 부활하였다.

3. 각료에서 국회의원으로

1) 국회의원 당선과 임영신 독직 사건

이인은 1949년 3월 30일 실시된 서울 종로(鍾路) 을구(乙區)의 국회의원 보궐선거에서[65] 무소속으로 출마하여 당선되었다. 당시에는 자유당과 같은 여당이 결성되지 않은 상황이기도 하였지만, 그는 정치 중립성을 유지하겠다는 의지를 표명하기 위해로 무소속으로 입후보하였다.

이인은 8·15해방 직후 한국민주당을 창당하는 주역 가운데 1인이었지만, 1945년 10월 11일 미군정청에게서 대법관 겸 조선특별범조사위원회(朝鮮特別犯調查委員會) 위원장으로 임명되자, 동월 18일 한국민주당을 탈당한 전례가 있었다(제2편 – 제2장 – 1을 참조). 그는 1949년 12월 여당으로 재창당하는 대한국민당에 가담하기까지는, 국회 내의 여당 성향인 이정회(以正會)·일민구락부(一民俱樂部)에도 속하지 않고 무소속으로 활동하였다. 그러나 그가 당적(黨籍)을 갖지 않고 무소속으로 출마하였더라도, 법무부장관이라는 각료의 위치는 정치 성향을 그대로 말해주고 있었다.

종로 을구는 동 지역구 의원인 장면(張勉)이, 1949년 1월 주미대사로 임명되어 국회의원을 사퇴함에 따라 공석이 되었다. 이때는 국무위원이 국회의원을 겸직할 수 있었으므로, 이인은 법무장관으로 재임하면서도 출마가 가능하였다. 종로 을구에서 보결선거를 실시하게 되자, 후보자등록이 공지되기도 전에, 언론에는 법무장관 이인이 입후보하리라는 보도가 이미 나돌았다.[66] 이를 보면, 이인이 국회에 진출할 의지는 세간에 알려질 정도로 강하였다.

보궐선거 결과는 6명의 입후보자 가운데 이인이 1만 2,370표로 31% (총투표수 3만 9,205)의 득표율로, 차점자인 백남훈의 득표수 9,894표 (득표율 25%)를 누르고 당선되었다.[67] 그는 제헌국회의 일원이 되면서 다음과 같이 당선 소감을 피력하였다.

> (자료 2 - 4 - J)
> 나같은 사람을 당선케 하여준 유권자 여러분에 감사하여 마지 않는다. 늘 내가 말하는 것과 같이 우리 나라는 건국초기인 만큼 훌륭하고 좋은 법(法)이 제정되어야 하며 그렇기 때문에 나는 한 사람의 법학자로서 국회에 나가 좋은 법을 만들려고 한 것이다. 나의 있는 힘을 다하여 그 책임을 완수함으로써 유권자 여러분과 국민 여러분의 기대에 보답코자 한다.[68]

이인은 양질의 입법화(立法化)가 건국 초기의 과제이며, 법률가로서 자신의 사명임을 내세우면서 당선의 변을 대신하였다. 대통령 이승만도 자신의 사람이 국회에 진출하였으므로 기꺼워하였고, 선거 뒤에 열린 각료 회의 석상에서 당선을 축하하며 박수를 보내 주었다. 이인은 국회의원에 당선하고도 법무부장관직을 사임할 의사는 없었다. 그러나 당선의 기쁨도 잠깐, 이인은 상공부장관 임영신(任永信)의 독직(瀆職) 사건(이하 '임영신 독직 사건'으로 줄임)[69]으로 곧 난경(難境)에 처하였고, 끝내는 법무부장관을 사임하여야 하는 사태까지 이르렀다.

임영신은 이인보다 두 달여 앞서, 1949년 1월 13일 실시된 경상북도 안동(安東) 을구의 국회의원 보궐선거에서 당선되었다. 상공부장관직을 유지한 채 입후보한 임영신은, 대한민국은 물론 동양 최초의 여

성장관이라는 영예에, 당시 언론이 '홍일점'(紅一點)이라고 표현한 대로 대한민국 최초의 유일한 여성 국회의원이라는 신기록을 세우며 등원하였다. 그러나 그는 선거운동 과정에서 불법 의혹 등 불미스런 후문들이 뒤따랐고, 끝내는 검찰에 고발되는 사태까지 이르렀다. 대한민국정부가 출범한 후 농림부장관 조봉암(曺奉岩)에 이어, 한두 달의 간격을 두고 발생한 두 번째 독직 사건이었다.

임영신 독직 사건은 조봉암 독직 사건과 마찬가지 형태로, 1949년 3월 31일 감찰위원회(위원장 정인보, 鄭寅普)가 임영신의 비위(非違)를 조사한 결과 파면하기로 결정하면서 논란이 점화되었다. 감찰위원회는 "상공부장관 임영신을 파면에 처한다"는 결정서인 「국무위원 비행에 관한 통고」(監委監 제32호)를 4월 1일자로 작성하여, 신익희(申翼熙) 국회의장에 통고하였다. 이 통고에서 감찰위원회는 임영신의 비위 사실을 10가지로 명시하였고, 이에 의거하여 검찰에 임영신을 고발함으로써 검찰 수사도 함께 진행되었다. 이때의 검찰총장은 이인의 후임으로 선임된 초대 검찰총장 권승렬(權承烈)이었다.

감찰위원회가 적시한 임영신의 비위 요지는 이러하였다. 1948년 안동 보궐선거에 출마했을 때, 선거비용을 충당하기 위해 상공부장관의 직을 이용하여 각처에서 돈을 끌어들였다 ; 이듬해인 1949년 1월에는 상공부 산하의 대구 메리야스 공장을 담보로, 거액의 선거자금을 융통하여 비용에 충당시켰다 ; 더욱이 이해 3월에는 대통령 이승만의 '생신'을 기념한다는 명목으로, 각 부처와 기업체에서 기금을 수금하여 증정하려다가 거부당하였다.

대검찰청은 감찰위원회가 고발하자마자 즉시 임영신 독직 사건을 서울지방검찰청에 배당하였고, 서울지검장 최대교(崔大敎)도 곧바로 강석복(姜錫福)을 담당 검사로 선정하여 수사에 착수토록 지시하였다. 최대교는 사건을 접수받자마자 4월 4일자로, 보궐선거 시 사무장을 담당하였던 임영신의 친여동생 임영선(任永善)을 구속 수사하기 시작하면서 수사를 본격화하였다.

임영신 독직 사건은 1949년 5월 들자 일단락되어, 동월 3일 담당 검사 강석복 등 3인이 법무부장관 이인에게 임영신을 취조한 내용을 비롯하여 수사 결과를 종합 보고하였고, 수사는 상공부 방면으로 더 확대되어 '상공부 사건'화(化)하였다. 검찰은 임영신을 구속하는 여부로 우여곡절을 겪은 끝에, 마침내 5월 28일 임영신을 전격 불구속 기소함으로써 수사를 종결하였다. 혐의 내용은 배임(背任)·배임 교사(敎唆)·증뢰(贈賂)·수뢰(受賂)·사기·업무상 횡령 등 7가지였고, 기소 사실은 모두 11가지였다. 임영신이 기소되기까지의 과정을 비롯해 범죄 혐의와 기소 사실 등은 당시 언론에도 곧바로 대서특필되었다. 기소된 피의자는 임영신을 비롯하여 총 18명(구속 기소 10명, 불구속 기소 8명)이었다. 검찰은 같은 날 몇 시간의 시차를 두고, 조봉암도 배임·업무횡령 등의 혐의로 전격 불구속 기소함으로써, 두 독직 사건은 공정한 법의 잣대와 형평성을 갖춘 외양을 띠고 법원의 판단으로 넘어갔다.

임영신은 이승만의 대통령 취임사에서 유일하게 거론된 인물로, 현 권력의 '제2인자'로까지 불릴 정도로 이승만의 측근 중에서도 최측근자였다. 그가 국회의원에 당선된 의미가 매우 컸던 만큼 권력상의 비중과도 비례하여, 상공부장관이 권력을 특권으로 활용하여 부정선거로 당선되었다는 고발이 일으킨 파문도 엄청났다.

임영신이 국회에 등원하는 무렵, 정국은 내각제 개헌 문제가 부상하는 동시에, 이를 주도하는 한국민주당과 여타 야당 세력의 통합 문제가 본격 논의되는 시점이었다. 개헌 문제는 한국민주당이 정략상의 득실을 저울질하면서 유보하는 태도를 취하였으므로 한동안 잠복하였다가, 1950년 3월에야 개헌안이 국회에 상정되었으나, 대여 투쟁의 전열을 정비하기 위한 야당통합운동은 곧바로 성사되었다.

이승만정부와 갈등을 빚고 있던 한국민주당은, 1949년 1월 들어 반(反)이승만 세력을 결집하기 위하여 대한국민당 내의 일부 세력과 합당하려고 시도하였다. 조봉암과 임영신 독직 사건이 발단하고 불거지는 시점은, 국회 내 반이승만 세력의 선두인 한국민주당이 대정부 투쟁을 강화할 목적으로, 대한국민당(大韓國民黨, 1948. 11. 13 신익희가 주도하여 결성) 내의 신익희·이청천(대동청년단을 주도) 세력을 규합·통합하여 민주국민당(民主國民黨)을 결성(1949. 2. 10)[70]하는 전후 무렵이었다. 내각제 개헌안 제기와 야당 통합은, 한국민주당-민주국민당으로 이어진 야당 권력이 이승만정부와 권력 분배 투쟁을 전개하면서, 정국의 주도권을 장악하려는 전략의 일환이었다.

임영신 독직 사건이 발단한 계기는, 사실 자체를 허위로 날조하지 않았으므로 음모·모략이었다고 말하기는 어려우나, 당시 무의식하게 반복되는 관행을 표적으로 부각시킨 일종의 정치공세로 출발하였음도 분명하였다. 이 점에서 조봉암 독직 사건도 정치성을 띤 사안이었다. 두 독직 사건은 이승만의 정부·여당 권력과 야당 권력 사이의 권력투쟁에서 출발하였다는 동질성을 지녔다.

친(親)이승만 대 반이승만 세력의 대립 구도는, 반이승만 세력으로서 1949년 2월 민주국민당이 출발하면서 본격화하였고, 임영신 독직 사건이 불거진 1949년 4~5월은 이러한 권력투쟁이 한창 진행 중이던 무렵이었다. 친이승만 그룹의 독직 사건은, 좁게는 이승만 행정부의 도덕성에 치명상을 입혀 정권의 위기를 초래하면서, 넓게는 신생 대한민국의 정통성 문제로 비화될 사안이기도 했다. 감찰위원회가 임영신을 상공부장관직에서 파면하자, 대통령 이승만은 4월 7일 감찰위원회 직능의 한계를 지적하는 담화를 발표하는 한편, 임영신의 파면을 보류하는 형식으로 임영신을 엄호하였다.

이보다 앞서 3월 31일 감찰위원회가 임영신을 파면하고 독직 사건을 여론화하자, 이승만은 임영신을 호출하여 사임하기를 권고하면서 이로써 사태를 갈무리하려 하였다. 그러나 임영신은 자신의 독직 사건이 모략임을 주장하면서, 사실이 밝혀질 때까지 장관직을 물러나지 않겠다고 고집하였고, 이승만은 이를 허락하였다.[71] 이렇게 임영신은 자신의 명예를 이유로 이승만의 '명'을 거부할 만큼, 또 이승만이 이를 수락할 만큼 임영신은 이승만의 측근 중의 최측근이었다. 이인이 '정치적 해결'을 모색해야 하는 이유였다.

최고 권력자의 의지가 이렇게 드러난 마당에, 이후 진행되는 수사에 여러 형태의 외압이 뒤따랐음은 물론이다. 법무부장관 이인은 물론, 검찰총장 권승렬과 서울지검장 최대교 모두 대통령의 심기를 거스르기에는 매우 부담이 컸으므로, 임영신 사건은 몇 차례 '정치적 해결'이 모색되었다. 이 사건의 '정치적 해결'은 누구보다도 법무부장관 이인의 당면 과제였다. 임영신이 기소되었다는 자체만으로도, 검찰을 관장하는 법무부장관 이인은 이를 해결하지 못한 '정치적 책임'을 질 수밖에 없었다.

이인이 법무부장관을 사임하기 직전까지도 자신의 결백을 주장하면서 상공부장관직을 유지하던 임영신은, 이인의 사퇴에 '도의적 책임'

을 진다는 명분으로 6월 3일이 되어서야 상공부장관직에서 물러났다. 결국 이인으로서는 임영신 독직 사건을 '정치적 해결'로 마무리하지 못한 '정치적 책임'을 자담함으로써, 임영신에게는 '정치적' 면죄부를 주어 사퇴케 하는 엉뚱한 방향의 '정치적 해결'을 도모한 꼴이 되어버렸다.

2) 법무부장관 사임

임영신 독직 사건의 수사가 기소로 마무리되기까지 일련의 과정과 관련하여, 이인72)과 최대교73)의 회고는 세부 사실에서는 차이가 많지만 크게 일치하는 점도 있다. 일치점은 검찰이 사건을 기소하려 하자, 이인은 적극 저지하려 하였고, 법무부장관과 검찰(검찰총장 권승렬, 서울지검장 최대교) 사이에 정치 산법(算法)로 원만하게 해결하려는 타협도 시도했었으나, 여의치 않게 되자 검찰이 기소를 강행하였다는 사실들이다. 이 셈법은 이른바 '정치적 해결'이었는데, 임영신 자신이 의혹들에 '정치적 책임'을 지고 상공부장관직을 사임하는 결단을 내리면, 사건을 이로써 마무리짓는다는 타결책이었다. 5월 27일까지 동 사건이 이렇게 타결되면 기소하지 않는다는 해법이 합의된 상태였으나, 임영신이 끝내 사임하지 않는 변수(變數)가 발생함으로써 5월 28일 전격 기소가 이루어졌다. 이상은 이인·최대교 두 사람의 회고가 일치하는 지점들이다.

정확한 시점까지 언급하지 않았지만 이인에 따르면, 그는 이 무렵 검찰의 수사 기록을 정독하여 검토한 끝에, 법률상 범죄 구성 요건(犯罪構成要件)에는 증거가 불충분해 보였으므로 검찰총장에게 재수사를 지시했다. 며칠 뒤 권승렬은 "증거보완이 다 되었으니 기소할 수밖에 없다"고 보고하였으나, 이인은 그에게 두 가지 이유를 들어 신중하기를 당부했다. 첫째는 국무위원에 관련되는 문제요, 둘째는 미국의 경제원조가 상공부를 통해서 들어오는 만큼 대미 관계에서 국가의 문제를 생각지 않을 수 없으므로, 경솔하게 다룰 문제가 아님을 지적하였다. 이 두 가지 사유는 나름 타당성이 있었지만, 법리라기보다는 정치논리에 해당하였다.

이인은 권승렬에게 당부한 뒤, 대통령에게 사건을 직접 보고하였고, 이승만은 이인·김도연·허정 등 세 각료에게 '정치적 해결' 방안을 강구하라고 지시했으나, 허정은 소관업무가 아니라는 이유로 이 안에 참여할 필요가 없다며 빠졌다. 결국 이인과 김도연이 임영신을 만나 '정치적인 해결'을 권고했으나, 임영신은 완강하게 거절했다.

이인이 임영신을 몇 차례 만나서 '정치적 해결'을 설득하였는지는 횟수는 확인할 수 없지만, 여의치 않았음을 감지하였는지 '정치적 해법'과 별도로, 법무부장관의 직권으로 임영신이 기소됨을 막으려 하였다. 그는 '정치적 해결'의 타결 시한(時限)인 5월 27일 예하 각 검찰청에, 「현직 공무원의 범죄 기소에 관한 건 지시」를 시달하였다. 이 문건의 제1항에는 국무위원·국회의원, 각 처장급 등 고위 공무원과 판검사를 기소하는 데에는 "사전에 검찰총장을 경유하여 법무부장관의 지시를 받도록 할 것."을 명시하였는데,[74] 누가 보더라도 임영신과 직접 관련된 사항이었다. 최대교는 이에 반발하여 5월 28일자로, 기소결정권은 검찰의 전권이며, 이와 직결되어 검찰권의 독립성을 전제로 이의제기하면서 검찰총장을 경유하여 재고해 달라고 서면 항의하였다.[75] 바로 이 지점이 법률가로서 이인의 소신·양심과 친이승만계 정치인으로서 입각지가 충돌할 수밖에 없는 곳이었다.

5월 27일까지 임영신이 사퇴하지 않자, 최대교는 이인이 하달한 공문에 개의치 않고 기소를 강행하기로 결심을 굳혔다. 이인에 따르면, 이 날 하오 6시쯤 되자, 권승렬이 찾아와 임영신 사건을 곧 기소해야겠다고 서두르기에, 이인은 "대통령의 재가를 얻어야 하겠으니 그때까지 기다리시오"라고 말리면서 곧 대통령에게 갔다. 이 대통령은 "그 사건은 내가 해결하겠으니 2, 3일 간만 말미를 주시오" 했다. 이인이 대통령을 만나고 법무부로 돌아왔을 때는 이미 모두 퇴근한 후였으므로, 법무차관 백한성(白漢成)을 통해 다음날 아침 8시 정각에 대통령 지시를 검찰총장에게 전하도록 했다. 그런데도 검찰은 이튿날인 5월 28일, 그간 2개월에 걸쳐 면밀한 수사를 계속하고 있던 임영신 상공부 장관의 증수회(贈收賄) 혐의 사건과 관련하여 임영신 이하 관계자를 기소하였다. 이러자 이인은 권승렬을 불러서, "대통령과 장관 지시를 어긴 이유가 무엇이오"라고 힐책하였고, 권승렬은 "장관이 검찰총장에게 사건지시를 할 수 있겠습니까"라고 반문하면서 항명하였다.

법무장관 이인과 검찰총장 권승렬 사이에 언쟁은, 요즈음도 검찰 수사와 관련하여 종종 논란이 되는, 법무장관이 검찰 수사에 지휘권을 발동하여 직접 관여하는 권한 문제였다. 이인은 검찰총장에게 지휘권을 발동해서 잘못된 처리를 시정할 수가 있었으나, 비록 명령을 어기고 기소하였더라도 이미 기소가 된 이상, 공판에 가서 흑백을 가려야 한다고 판단하였다. 장관이 공소를 취소함은, 일반인의 객관 시각에서 보아도 검찰 공소의 위신을 추락시키는 결과를 초래하기 때문에, 이인은 법무장관의 지휘권 발동을 삼갔다.

검찰이 이인에게 항명하여 임영신을 기소한 사실은 이 자체로도 충격이었지만, 정치인 이인에게는 또 다른 의미에서 심각한 치명타였다. 그는 해당 부처의 장관으로서 검찰을 통제하지 못한 책임을 표명할 처지에 놓였다. 임영신이 기소된 직후인 5월 31일, 이인은 사표를 제출하였고, 대통령 이승만은 이인의 사표를 곧바로 수리하는 형식으로 사실상 문책성 인사를 단행했다. 이 날 이인은 자신이 사임한 이유가, 국회의원의 소임에 전념하려는 데 따른 자연스런 수순이라고 석명하는 담화를 발표하였으나,[76] 당일 국무회의 석상에서 표명한 변(辯)은 이와는 크게 달랐다. 그는 "검찰당국을 대통령 각하 및 법무부 장관의 의사대로 절제(節制)치 못한 책임"[77]으로 사임한다고 발언하였는데, 이는 임영신이 기소된 데 책임을 지겠다는 의미였다.

이인에 따르면, 그는 대통령에게 임영신 사건의 전말을 보고하고 검찰총장을 추천한 자신의 불명(不明)이 대통령의 최고 인사를 그르치게 한 책임이 있으니, 이 책임을 지고 법무장관직에서 물러가겠다고 말했다. 그러나 이승만은 "일을 저지른 자는 책임을 안 지고 이장관(李長官)이 왜 사표를 내느냐"고 역정을 내었고, 이인은 네 차례나 사표를 제출한 끝에 6월 6일에 수리가 되었다. 그러나 이러한 회고는 사직의 동기는 사실과 일치하나, 네 차례 사표와 6월 6일이라는 시점은 이인의 자존감이 반영된 기록이었다. 그의 회고담에는 직설 화법은 아니지만, 이승만에게 섭섭한 마음이 진하게 배어 있다.

이인이 사표를 제출하고, 이승만이 수리하는 형식으로 문책성 인사를 하자, 임영신도 굳건하게 버티던 이전의 태도를 바꾸었다. 임영신은 이인의 사표가 수리된 지 3일 후인 6월 3일 사퇴[78]하는 방식으로, 도의상·정치상의 명분을 확보하는 고도의 정치술을 발휘하였다. 6월 6일 정부수립 후 3차 개각이 단행되었고, 이인과 임영신의 후임으로는 권승렬과 윤보선(尹潽善)이 각각 지명되었다.[79] 제3차 개각이 단행된 이틀 후인 6월 8일 임영신은 기자단에게 "나로서는 이에(이인의 사임 : 인용자)대한정치적책임을지고 깨끗이사의를표명하여 퇴임하게된것이다"는 요지의 퇴임사를 발표하였다.[80]

임영신은 자신의 과오는 전혀 인정하지 않으면서 여전히 당당하게 '정치적 책임'을 운운하였다. 그러나 실상은 임영신 독직 사건을 '정치적 해결'하지 못한 '정치적 책임'을 이인이 감당함으로써 '정치적 해결'을 마무리하였다. 임영신 독직 사건은 1심부터 무죄가 선고되었고, 제2심에 이어 최종 항소심이었던 1951년 9월 18일 열린 대법원(대법원장 김병로)의 선고공판에서도 무죄가 선고되었다. 임영신의 명성에는 금이 갔으나, 그는 사법부의 면죄부까지 얻게 되었고 그의 독직 사건은 이렇게 최종 종결되었다.

임영신 독직 사건으로 법무부장관에서 물러난 이인은 잠시 동안 무소속으로 머물렀다가, 1949년 12월 제1야당인 민주국민당에 대항할 목적에서, 친이승만 세력을 규합하여 대한국민당을 여당으로 재창당하는 데 앞장섰다. 이 사이 그는 반민족행위특별조사위원회(반민특위) 위원장에 취임하여, 이승만의 막료로서 반민특위의 사업을 신속히 마무리하는 작업에 착수하였다. 이인의 반민특위 시기는 짧지만 질과 양에서 다루어야 할 바가 많으므로 후술하고, 먼저 그가 여당인 대한국민당 소속으로 활동하다가 5 · 30총선거에 출마하여 낙선하는 과정부터 서술한다.

3) 대한국민당을 여당으로 재창당

이인은 법무부장관에서 물러난 뒤, 이승만이 권승렬을 후임으로 임명하자, 이승만에게 섭섭한 마음도 컸지만 여전히 친이승만 그룹의 정치인으로 활동하였다. 그가 무소속으로 의원직을 유지한 시기는 짧았으며, 이 또한 정치색이 분명한 무소속이었다. 앞에서 서술하였듯이, 이인은 1949년 3월 30일 보궐선거에서는 무소속으로 입후보하여 당선하였다. 그가 현직 법무부장관이었으므로 '무소속'은 정치 중립성을 유지하겠다는 명분이었을 뿐, 각료라는 위치의 정치 성향은 굳이 따질 필요도 없이 자명하였다.

임영신 독직 사건이 이승만정부와 제1야당 민주국민당 사이의 권력투쟁에서 발단하였으므로, 이인은 법무부장관을 사임한 뒤에도 무소속으로 의정 활동을 하였으나, 1949년 12월 22일 대한국민당을 여당으로 재창당하는 데에 앞장섰다. 이후 이인은 1950년 2월 동당의 5인 고문 가운데 1인으로 선임되어 제헌국회의 임기를 마쳤다. 가장 최근 정리된 이인의 「연보」에 따르더라도, 그는 1951년 5월까지 대한국민당의 최고위원으로 재임하였다.[81] 그는 2대와 3대 국회에서도 대한국민당 소속으로 입후보하였다. 이 사이 대한국민당의 성격이 다소 바뀌었으나, 그가 친이승만 계열의 정치인이었다는 데에는 변함이 없었다.

국회 내에서 무소속을 유지하던 이인은, 대한국민당을 여당으로 재창당하는 데에 일정한 배역을 담당하였다. 이승만의 친위 정당으로서 대한국민당이 재창당되는 복잡한 과정, 이를 통하여 이 무렵 이인의 정치노선을 파악하려면, 정책이 아닌 정략과 당리(黨利)로 얽힌 난마(亂麻)의 한국정당사를 잠시 살펴보아야 한다.

대한민국정부수립 후 대한국민당의 당명은, 이승만을 지지하는 대한독립촉성국민회(大韓獨立促成國民會) 내의 신익희·배은희(裵恩希)를 중심으로 한 목요회(木曜會)가 결성한 정당에서 처음 사용하였다. 목요회는 신익희·배은희·강기덕(康基德) 등 85인을 준비위원으로 선정하여, 1948년 10월 2일 여당을 지향하는 대한국민당(가칭) 발기준비위원회를 개최하여 정당 조직을 추진하였다.[82] 동당은 1948년 11월 13일 일민주의(一民主義)를 당시(黨是)로 삼아 2천여 명이 참여하여 성대하게 결당식을 거행하였는데, 이 자리에는 대통령 이승만이 직접 참석·축사하였다.[83] 이 날 신익희·배은희·우덕순(禹德淳) 3인이 최고위원으로 선출되었다.[84]

이후 12월 17일 대동청년단 중앙위원회는, 동단의 35세 이하 단원은 무조건 대한청년단에 합류하고, 그 이상의 장년층은 대한국민당과 합동하기를 결의하면서, 이승만 대통령의 영도 아래 각각 조국의 전위 임무와 정치 행동에 매진하기로 결의하였다.[85] 대한국민당은 대한청년단이 합류함에 따라 동단의 단장인 지대형을 최고위원으로 추대하였고, 4명의 최고위원이 12월 20일 당의 부서 편성을 완료하였다.[86]

이 무렵 이승만정부와 권력투쟁을 벌이던 한국민주당은, 국회 내의 반(反)이승만 세력을 결집하여 의회 권력의 강화를 꾀할 목적에서, 1949년 1월 들어 대한국민당 내의 일부 세력과 합당을 모의하였다. 마침내 2월 10일 한국민주당은 대한국민당 내의 신익희·지대형 계열과 무조건 합동하여 민주국민당을 결성하였고, 동 결성대회에서 김성수·백남훈·신익희·지대형 4인을 최고위원으로 선출하였다.[87]

한편 대한국민당 내 잔류파는 민주국민당에 참여하지 않고 동당을 존속시키려 하였으나, 당세는 계속 침체하였다. 이들은 회복의 전기를 마련하기 위해, 1949년 9월 29일 제2차 전국당원대회를 개최하여, 최고위원에 국회부의장 윤치영·우덕순·신흥우(申興雨) 3인을 선정하였다.[88] 일민구락부에 소속된 친이승만 계열의 윤치영이 대한국민당에 참여하자, 당은 다시 활기를 띠기 시작하였다.[89] 대한국민당은 이 기세를 타고, 10월 12일에는 상무집행위원회를 개최하여 각 부서를 결정하는 등 당을 재정비하였다.[90]

제헌국회의 제5회 회기 말이 다가온 11월 말 들어, 국회 내에서는 민주국민당을 제외한 정치세력 간의 통합 공작이 일어났는데, 이승만의 친위 세력으로서 대한국민당 소속의 국회부의장 윤치영에게서 발단하였다. 대한국민당은 윤치영이 앞장 서서, 국회 내의 반(反)민주국민당 세력을 결집할 목적에서, 대한국민당을 개편·신발족시키는 대당(大黨) 결성 운동을 추진하였다. 이때 윤치영이 소속한 일민구락부는, 민주국민당을 제외한 국회 내 4파가 통합하여 대한국민당으로 개편 신발족하자는 측(윤치영·박준이 중심)과, 일민당(一民黨)을 발족하자는 측(李恒發·金鐵洙가 중심)이 대립하다가, 끝내는 12월 3일 간부회의를 열어 윤치영·박준(朴峻)을 제명하는 등 두 파는 분립하고 말았다.[91]

제헌국회의 각파는 이렇게 이합집산을 반복한 끝에, 마침내 1949년 12월 22일 국회 내의 비(非)민주국민당 계열의 일민구락부·신정회(新政會)·대한노농당(大韓勞農黨)·무소속 4파의 국회의원이, 대한국민당에 편입하여 대한국민당을 신발족하는 데 합의하였다. 여기에는 윤치영·박준·임영신을 포함하여 전(前) 일민구락부 소속 29인, 이재형(李載馨)·김진웅(金雄鎭) 등 전 신정회 소속 23인, 유성갑(柳聖甲) 등 전 대한노농당 소속 18인, 이인·조봉암·김영기(金英基) 등 무소속 의원 9인으로 모두 79명이 참여하였다.[92] 4파 합동대회를 마친 직후 윤치영을 비롯한 동당의 간부 일동은 이승만을 방문하여, 4파 합동이 성공하였음을 보고하였는데,[93] 4파합동이 이승만에게 초미의 중대사였고 그와 무관하지 않았음을 보여준다.

4파합동의 움직임이 일어날 무렵, 당시 신문들은 이인을 상반되게 평가하기도 하였지만,[94] 결과에서는 그가 무소속으로 활동하면서도 친이승만 계열을 벗어나지 않았음을 보여준다. 한 신문은 4파합동 공작의 결과인 대한국민당은, 원내 소수파로는 민주국민당의 정략에 대항할 수 없으므로, 비민주국민당 계열의 집결이 요청됨에 따라 국회 부의장 윤치영을 비롯하여 조봉암·이인 등이 공작함으로써 태동하였다고 보도하였다. 이에 따르면, 재창당한 대한국민당은 민주국민당의 세력을 견제하고, 대통령의 시책을 옹호하는 여당을 목표한 데에 출발 동기가 있었다. 대한국민당은 원내 제1당이 되기 위하여, 재야 정당과 일민구락부 소속 약 20여 명을 포섭 공작하는 중이었다.[95]

이인이 대한국민당을 재창당하는 데 앞장 선 행보는, 그가 친이승만 노선의 정치인이었음을 말해준다. 이승만을 뒷받침할 여당 세력의 강화에 이인 등이 동참함에 따라, 범(凡)이승만 계열은 반이승만 세력의 결집체인 민주국민당의 72명보다 숫자상의 우위를 확보하였고, 대한국민당은 원내 제1당으로 부상할 가능성도 기대되었다.

4파합동 공작의 결과로 탄생한 대한국민당은 1950년 1월 26일 원내 교섭회인 대한국민당을 결성하고, 위원장 윤치영 등 총원 51명으로 구성된 명부를 27일 국회에 정식 제출하였다. 이로써 종래의 신정회와 대한노농당은 해산하였고, 국회 내의 세력은 민주국민당 – 대한국민당 – 일민구락부의 순서가 됨으로써, 대한국민당은 일민구락부를 대체하여 제2당으로 상승하였다. 대한국민당 51명의 명부에는 이인·임영신·조봉암 등이 포함되어 있었다. 대한국민당이 26일 발표한 성명은, 일민주의를 기치로 '대승적인 단결'을 성취한 만큼 정부 시책의 오류를 지적·시정하는 데 '선봉적인 행동'을 하겠다고 표명함으로써,[96] 동당이 친이승만 노선에서 출발하였음을 다시 천명하였다.

대한국민당이 재창당됨으로써 정국은 개헌 문제를 둘러싸고 양분되어 극하게 대립하였다. 민주국민당은 창당 이래 내각제 개헌을 일관되게 주장하였는데, 제6회 국회가 개원함(1949년 12월 20일 개회하여 23일부터 임시휴회하다가 1950년 1월 12일 재개)에 따라,[97] 대통령을 국가의 원수로 하고 국무총리를 행정수반으로 하는 책임내각제의 개헌 작업을 본격화하였다.[98]

1950년 초두의 정국은 개헌 문제를 둘러싸고 가파르게 대립하면서, 개헌안의 표결을 앞두고 각 정당의 포섭 공작도 다시 치열하게 전개되었다.[99] 원내 제2당으로 발전한 대한국민당은 개헌 정국에서 당을 정비하기 위하여, 1950년 2월 7일 중앙집행위원회를 개최하여 각 부서를 개편하였는데, 이인 · 배은희 · 윤석구(尹錫龜) · 임영신 · 조봉암 5인을 고문으로, 윤치영 · 우덕순을 최고위원으로 선출하였다.[100] 대한국민당은 1950년 2월 26일 동당 소속 의원 62명이 참석하여 원내 정치위원회를 개최하고, 3월 11일 국회에 상정될 개헌안에 반대함을 만장일치로 결의하고 성명서를 발표하여, 개헌안에 반대한다는 태도를 선포하였다.[101] 이렇게 개헌안을 둘러싸고 정국이 요동친 끝에, 제6회 52차 국회 본회의는 3월 14일 재석의원 179인 중 찬성 79인, 반대 33, 기권 66, 무효 1표로 내각제 개헌안을 부결하였다.

개헌안을 둘러싼 정치투쟁은 결과에서 대한국민당 중심의 반(反)개헌론이 성공하였지만, 국회는 이미 이승만의 통제권(統制圈)을 벗어났음도 보이면서, 역으로 친이승만 세력이 원내 다수를 차지할 필요성도 입증하였다. 이인이 1950년 5 · 30선거에 대한국민당 소속으로 입후보한 이유였다.

4) 여당 후보로 입후보한 5·30총선거에서 낙선

이인이 지적한 대로, 제헌국회의 개원 벽두는 내각책임제(의원내각제) 형태의 정부형태를 골자로 합의한 헌법안이, 당시 국회의장 이승만이 대통령중심제의 헌법을 고집하여 관철시키는 곡절로 출발하였다. 이후 1949년 6·6사건을 거쳐 국회푸락치 사건 등 이승만정부와 갈등 관계에서 빚어진 파란도 많았지만,[102] 제1대 제헌국회는 '제헌'이란 말 그대로 헌법을 제정하는 최우선 과제를 비롯하여, 수많은 법령을 제정·공포함으로써 소기의 목적을 달성하였다. 1948년 5월 31일 국회의원 총선거에서 한국민이 직접 선출한 198명의 국회의원으로 구성된 임기 2년의 제헌의회는, 역대 대한민국 국회에서 가장 열심히 일한 의회로 평가받는다.

이인은 반(反)이승만의 시각에서 제헌국회를 평가하였지만, 이승만의 친위 그룹으로 의정활동을 시작하였다. 그는 1950년 여당인 대한국민당 소속으로 5·30총선거에 입후보하였다가 낙선의 고배를 마셨으나, 1954년 제3대 총선에서는 여당인 자유당과 별개로 친여 정당이었던 대한국민당 소속으로 재출마하여 당선하는 반전도 이루었다. 그는 정치인으로 부침을 반복하면서도, 이 시기까지 친이승만 세력으로 일관하였다.

1950년 6월 2일 제헌국회가 폐원식을 거행하였고, 이보다 3일 앞서 5월 30일 제2대 국회를 구성하는 총선거가 실시되었다. 5·10총선거에 이어 두 번째 총선거인 5·30총선거였다. 6·25전쟁이 일어나기 26일 전이었다. 5·30총선거도 제헌국회와 마찬가지로 남한만의 총선거로 실시되었으나, 제헌국회와는 달리 제2대 국회부터는 의원의 임기가 4년이 되었다. 제2대 국회는 6월 19일 개원식을 거행하여 개회하였고, 20일부터 제1차 본회의를 개회하면서 의정 활동에 시동을 걸었으나, 5일 뒤 6·25전쟁이 발발하였다. 한국민족사 최대의 비극은 대한민국 헌정사·의정사에도 불행한 영향을 미쳤다.

제헌국회 의원인 이인은 제2대 국회에도 출사표를 던졌다. 입후보자 등록이 마감되기도 전 에, 그는 벌써 '괄목(刮目)할 거물급(巨物級)'·'지명인사(知名人士)'로 주목을 받으면서, 대한국민당 소속으로 경기도 양주(楊州)에 출마할 기세를 굳혔다.[103] 5·30총선거는 4월 19일부터 총선거 입후보자 등록이 실시되어 5월 5일 마감하였는데, 전국 210개의 선거구에 총입후보자 수가 2,230명으로 난립하면서 10.6 대 1의 경합률을 보였다. 5·30총선거는 5·10총선거 때와 마찬가지로 혼전의 양상을 나타내었고, 선거 결과 이인은 낙선의 고배를 마셔야 했다.

이인이 지역구를 왜 양주군 갑구(甲區)로 선택하였는지는 직접 언급한 바는 없다. 추측컨대 그가 조선어학회 사건으로 옥고를 치르고 출감한 뒤, 일제의 위협을 피하여 양주군 은봉면(隱縫面) 덕정리(德亭里)의 농막으로 피신하여서 요양하다가 8·15해방을 맞았던 연고가 작용하였으리라 생각한다(제2편 — 제1장 — 1의 첫 부분을 참조). 5·10총선거 당시 양주 갑구에서는 6명이 입후보하였으나, 동 지역에 연고를 둔 무소속의 김덕렬(金德烈, 당시 39세, 양주군 州內面 면장 출신, 11, 215표를 득표)이, 같은 지역 출신 정동호(鄭東鎬, 당시 52세, 무소속, 9,569표를 득표)와 경합을 벌인 끝에 당선되었다.[104]

5·30총선거에는 5·10총선거에 반대하였던 한국독립당과 민족자주연맹 계열의 남북협상파 인사들이 상당수 출마하였고, 중간우파 인사인 안재홍이 고향 평택에서 무소속으로 출마한 데에서도 보듯이,

중간파 인사들의 입후보가 5·30총선거의 중요한 특징 중 하나였다. 한국독립당에서 탈당한 조소앙이 중심이 되어 창당(1948. 12. 11)한 사회당(社會黨)도 이러한 조류 가운데 하나였다. 대통령 이승만이 제1야당인 민주국민당보다 당시 세칭 '중간파'로 불리던 정치세력들을 더욱 경계하여 탄압하였음[105]은 다 아는 바이다.

5·30총선거 시 양주 갑구에서는 모두 14인이 입후보하였다. 이곳에서 전국 평균 경쟁률을 상회하는 14대 1의 난전(亂戰)을 벌였으나, 5·10총선거 때처럼 본박이의 텃세가 크게 영향을 미치지는 못하였다. 제1당으로 야당인 민주국민당과 여당인 대한국민당을 기피하고 중간파를 지지하는 양상이 두드러졌던 5·30선거의 특징은, 양주 갑구에서도 그대로 나타났다. 선거 결과는 사회당의 조시원(趙時元, 당시 48세, 5,311표 득표)이 차점자인 방응모(方應模, 당시 66세, 무소속, 4,540표 득표)와 경합한 끝에 당선되었다.[106]

사회당은 5·30총선거에 총 27명의 후보자를 내었는데, 이 중 당선자는 조시원과 그의 형 조소앙(서울 성북구 입후보, 전국 최다 득표로 당선) 2명뿐이었다. 전직 장관이자 현역 국회의원으로 '거물급'이었던 이인은, 소수 정당인 사회당 소속의 정치 신인에게 참패하는 굴욕을 안았다.

조시원의 본명은 조용원(趙鏞元)으로 삼균주의 제창자로 유명한 소앙(素昂) 조용은(趙鏞殷)의 말제(末弟)였다(6남 1녀 형제 가운데 6남). 그의 맏형이, 이인이 1932년 변호하였던 구심(求心) 조용하(趙鏞夏)였다. 조소앙은 경기도 교하(交河, 현 파주)에서 태어났지만, 경기도 양주군(楊州郡 : 현 양주시) 남면(南面) 황방리(篁芳里)에서 유년 시절을 보냈고, 그의 동생들은 모두 이곳에서 태어나 성장하였다. 조시원도 형제들과 마찬가지로 독립운동에 정신(挺身)하다가 귀국[107]하였다.

물론 조시원이 양주 지역 출신이라는 연고주의가 전혀 작용하지 않았다고 볼 수 없겠지만, 전국에 걸쳐 중간파의 돌풍이 불어온 이변 중 하나였다. 조시원의 둘째 형인 조소앙은 서울 성북구에서 사회당으로 출마하여, 차점자인 조병옥(趙炳玉, 13,498표 득표)을 제치고 전국 수위(首位)의 최다 득표(34,035표)를 기록하였다.[108] 또 중간좌파로 여운형(呂運亨)과 동반하여 근로인민당(勤勞人民黨)을 이끌었던 장건상(張建相)이 부산에서 무소속으로 출마하여 전국 2위 득표로 선전하였다. 당시로서는 누구도 예상하지 못하였던 바람몰이였다.

'이변'이라고 표현한 이유는, 전직 장관을 역임하는 등 지명도가 훨씬 높은 인물들이 낙선하는 5·30총선거의 기변(奇變)과 병행하였기 때문이다. 이를테면, 서울의 지역구 16곳에서는 민주국민당계의 거물 김도연(전 재무장관)·조병옥 등이 낙선되었고, 동 당원으로서의 당선자는 광복군 출신의 지청천(성동 갑) 1인뿐이었다. 그리고 전진한(전 사회장관, 대한국민당)·김효석(金孝錫, 전 내무장관)·윤치영(전 내무장관, 대한국민당)·김동원(전 국회부의장) 등 저명인사들도 당선되지 못하였다.[109]

5·30총선거 시 양주 갑구에서는 본박이의 텃세나 전력(前歷)이 크게 영향을 미치지 못하였다. 이 지역에는 민주국민당 소속이 없었고, 이인과 김덕열 두 사람 모두 현 국회의원으로서 대한국민당의 당적을 가지고 경선하였으나 재선에 성공하지 못하였다. 양주 갑구에서는 현직 의원이라는 이점·기득권은 물론, 식민지시기부터 이인이 쌓아온 명성도, 방응모의 언론사 사주로서의 막강한 영향력까지도 변화를 갈망하는 민중들의 열망을 충족시키지 못하였다. 이인이 2대 국회에 입성하지 못한 패인(敗因)의 일착(一着)은, 이 지역 민심이 외면한 대

한국민당의 당적으로 출사표를 던진 데 있었다. 달리 말하면, 그의 항일변호사 경력과 장관·국회의원의 전력도, 대한국민당을 향한 민중들의 불만을 상쇄하지 못하였고, 독립운동 명망가인 조소앙 일가의 벽을 끝내 뛰어넘지 못하였다.

이인에 따르면, 5·30총선거를 일주일 정도 남겨놓고, 경기도 양주에서 선거운동으로 한창 바쁜 시간을 보내던 차에, 평소 가까이 지내지 않던 신성모(申性模) 국무총리 서리가 만나자는 기별이 왔다. 이인은 이튿날 아침 마포장(麻浦莊)에서 그를 만났더니, "법무장관을 다시 맡아 달라는 대통령의 분부가 계십니다"라고 전하였다. 그러나 이인은 인심(人心)을 일신(一新)하고 내각의 공기가 맑기 전에는 입각(入閣)할 수 없다며 거절했다.

이인이 판단하기에, 이때는 벌써 대통령 이승만의 독재성이 드러났고, 게다가 이기붕(李起鵬)을 중심한 소위 팔중구락부(八中俱樂部)가 세상 모르게 조직되어 대통령은 인의 장막에 쌓여 있었다. 이인이 완곡하게 재입각을 거절하자, 적임자를 추천해 달라고 했다. 그는 서울고검 검사장 서상환(徐相懽)과 대구고검 검사장 이우익(李愚益)을 추천하면서, 석차(席次)로 보면 서상환이 위이고, 경력으로 말하면 이우익이 먼저라고 일러주고 양주로 내려갔다. 이인이 이틀 만에 다시 양주의 선거구에 가니, 서울지검 검사 2명이 배치되었고, 경찰이 그의 선거운동원 53명을 무더기로 잡아 가두는 등 각종 탄압을 자행하였다. 이인은 이 사태가 법무장관 인선과 유관하다는 생각이 들었다.[110]

그러나 이인의 회고는 몇 가지 사실 확인이 필요하다. 그는 『반세기의 증언』과 다른 회고에서 5·30총선거 시 자신이 소속하였던 정당을 밝히지 않고 전후 문맥을 통하여 무소속인 듯 암시하였다. 그는 "이승만박사는 여당적색채(色彩)를 제외한 나머지의 무소속계열의 입후보에게는 내무(內務)와 법무(法務)는 준엄(峻嚴)한 탄압에 여념이 없었다."[111]고 회고하였는데, 5·30총선거 시 그가 여당인 대한국민당 소속으로 출마하였음은 언급하지 않았다. 그가 국회의원에 뜻을 두어 출마하였고 이미 선거 운동 중이었으므로 재입각을 사양하였다 하더라도, 이승만의 독재성이 드러나는 무렵에도, 여전히 여당 소속의 입후보자로서 이승만의 계열 안에 머물러 있었다.

이인은 자신이 "400표차로 낙선"했다고 회고하였으나, 양주 갑구의 당선자인 조시원과 차점자인 방응모 사이의 표 차이만 771표였다. 이인의 선거운동이 탄압을 받았다면, 대한민국뿐 아니라 세계 정치사와 선거사에서도 기이한 사례로 기록될 만한데, 과문한 탓인지 이를 입증할 자료는 이인의 회고 외에는 발견하지 못하였다. 이인은 이승만이 여당 후보인 자신을 탄압하였다고 기술하였으나, 그는 이후에도 반이승만 노선으로 전환하지 않고 여전히 친이승만 세력으로 남았다. 이인은 1954년 제3대 국회의원 선거에서도, 여당인 자유당(自由黨)과 별개로 친여 성향을 유지한 대한국민당 소속으로 입후보하여 당선하였다.

4. 반민족행위특별조사위원회 위원장 활동

1) 반민족행위특별조사위원회의 경과

이인은 법무부장관직을 사임하였지만 국회의원으로서 공직 생활을 이어갔다. 그가 국회에 들어간 뒤, 첫 임무는 반민족행위특별조사위원회(反民族行爲特別調查委員會), 약칭 반민특위(反民特委)의 위원장직을 수행한 일이었다. 그는 위원장의 직을 활용하여, 국회에서 이승만의 의지대로 반민족행위자 처리 문제를 마무리하였다.

이인은 법무부장관의 지위에 있으면서도 일본을 '왜'(倭)로 표현하면서, '왜색법률'을 청산해야 한다고 강조할 만큼 강하게 반일의식을 표출하였다. 이러한 맥락이라면, 그는 대법원장 김병로 이상으로 반민족행위자 처리에 의당 적극성을 보여야 했는데, 어려서부터 반일 가문에서 성장하였다고 보기 어려울 정도로 전혀 다른 태도를 보였다.

골수까지 박힌 이인의 반일의식과, 반민족행위자 문제에 미지근하였던 정치행태 사이의 괴리는, 친이승만 그룹이라는 사실성을 제쳐놓고는 설명하기 어렵다. 그가 민족도덕률에서 당위로 제정된 「반민족행위처벌법」(反民族行爲處罰法), 이른바 「반민법」(反民法)에 왜 반대하였는지를 이해하기 위해서는, 이 법이 제정된 취지·목적과 과정을 먼저 살펴보아야 한다. 이어 이승만이 동법(同法)을 어떻게 무력화·저지하였는지를 파악해야 한다. 이인의 괴리는 정치인으로서 선택한 정치노선에서 말미암았기 때문이다.

제헌국회가 친일·반민족 행위자를 처단하기 위해 「반민법」을 제정한 때는 1948년 8월 5일이었고, 이에 의거하여 이듬해인 1949년 1월부터 반민특위가 본격 활동을 시작하였다. 「반민법」이 민족을 팔아서 호의호식하던 반민족행위자들을 응징함으로써, 민족정기를 되살리고 국민의 기강을 세우려는 당위성에서 제정되었음은 다 아는 사실이다. 8·15해방과 함께 한민족 앞에 제기된 제1차 당면 과제가 친일·반민족행위자(앞으로 반민자로 줄임)를 처벌하는 일이었음은, 처벌 대상자들을 제외하고는 한민족 구성원 모두가 공감하는 시대의식이었고, 「반민법」이 제정된 배경이었다.

그러나 미국의 대한정책은 이와 반대로 현상유지 방침으로 일관하였다. 미군정은 반민자 문제를 방기함으로써 식민지시기 민족을 배반하였던 자들을 보호하였을 뿐 아니라, 이들을 중앙 · 지방의 행정 · 사법 등 미군정의 기관에 등용함으로써 재기하도록 조장하였다. 8 · 15 해방 직후 숨죽였던 반민자들이 재등장하여 활개를 치고 정치세력화를 꾀하는 사태는, 미군정의 대한정책이 초래한 가장 큰 병폐 중 하나였다. 이인도 미군정기에 대법관의 검사총장으로 재임하면서 이를 비판하였다.

이러한 분위기에서 1948년 8월 5일 제헌국회 제40차 오전 본회의에서는, 원내 '소장파'로 불리는 김웅진(金雄鎭) 의원 외 38명이 연서발의(連署發議)하여 "헌법 제101조에 의하야 8 · 15 이전의 악질적인 반민족행위를 처벌하는 특별법을 기초할 특별위원회를 조직하고 8월 16일 본회의에 제출케 하자"는 동의안을 제출하자, 이를 논의 · 표결한 끝에 105대 16의 절대 찬성으로 가결시켰다. 이에 따라 이 날 오후 본회의는 각 도마다 3인씩(제주도만 1인) 호선(互選)하여, 김상돈(金相敦) · 김웅진 · 이문원(李文源) 등 모두 28명으로 구성된 특별위원회를 발족시켰다.[112] 동 위원회는 곧바로 법 제정에 박차를 가하였고, 마침내 9월 7일 국회 59차 본회의는 전문(全文) 3장 32조의 「반민족행위처벌법」을 103대 6표로, 찬성이 반대를 압도하여 통과시켰다.[113] 동법의 취지를 한마디로 표현하면, 일제에 적극 협력하였거나 항일민족운동가를 탄압한 반민자를 처벌하는 데 목적이 있었다.

「반민법」 통과는 특별위원회가 출범한 지 한 달여 만에 이룬 성과였지만, 이승만의 지연 전술로 인해 법이 공포되는 데에는 좀더 시간이 걸렸다. 대통령 이승만은 자신이 「반민법」에 거부권을 행사하여 국회의 재심에 회부시키더라도, 국회가 이를 재통과시킬 터이므로, 거부권을 행사하지 않고 최대한 시간을 지체시켰다. 9월 7일에 국회에서 통과된 「반민법」은 익일인 8일 곧바로 정부에 이송되었으나, 이승만은 9월 20일에야 국무회의에 동 법안을 상정하여 토의하였고, 만료 기일인 9월 22일에야 「법률 제3호」[114]로 공포함으로써 효력이 발생하였다.[115] 이승만은 「반민법」을 공포한 이튿날인 23일 담화를 발표하였다. 그는 「반민법」의 위법 가능성을 지적하는 한편, 법의 문구보다도 정신을 소중히 여기고, 반민자 처벌은 정부가 완전히 수립된 후에 실행하자는 시기상조론(時機尙早論)을 다시 주장하였다.[116]

　「반민법」이 공포되자, 국회는 9월 29일부터 반민족행위특별조사위원회를 구성하기 시작하였다. 10월 12일에는 특위의 조사위원 선출을 끝내고, 동 23일 김상덕(金尙德)·김상돈을 각각 정부(正副) 위원장으로 선출함으로써 조사위원의 구성을 마무리하였다. 위원은 조중현(趙重顯)·김준연(金俊淵) 등 9명으로, 정부위원장을 포함하여 모두 11명으로 이루어졌다. 이들 11명 중 6명은 항일독립운동을 전개하였으므로 적합성에 문제가 없었으나, 일부는 식민지시기 관공서나 친일단체에서 활동한 인물도 있었다. 이를테면 위원장 김상덕은 1919년 2·8독립선언의 서명자로서 대한민국임시정부의 문화부장을 역임한 요인이었다. 반면 부위원장 김상돈은 10년 동안 정회(町會) 총대(總代)로 활동하였고, 김상돈·김준연·김효석은 반민자 처벌을 반대하였던 한국민주당에서 활동하였다.[117]

　국회는 반민특위의 조사위원을 선출한 10월 22일 곧바로, 반민자를 기소할 특별검찰관과 재판을 담당할 특별재판관을 구성하는 논의를

시작하였다. 12월 4일[118])에는 반민족행위특별검찰부(특별검찰관 9
명)를, 12월 6일[119])에 반민족행위특별재판부(특별재판관 16명)를 최
종 완료하였다.[120]) 반민특위는 드디어 1949년 1월 5일 오전 중앙청 제
1회의실에서, 특별조사위원회 중앙사무국 조사관과 서기 등 중앙사
무국원이 회합하여 취임식을 거행함으로써 활동을 시작하였고,[121])
이로써「반민법」도 비로소 발동하였다.

　반민특위는 1949년 1월 8일, 화신재벌로 유명한 친일 거두 박흥식
(朴興植)을 전격 체포함으로써 활동의 신호탄을 쏘아올렸다.[122]) 1월
10일에는 반민특위의 활동을 반대하는 활동을 가장 앞장서 전개하였
던 이종형(李鍾榮)을 검거하였다. 박흥식은 외무부장관 장택상의 도
움을 받아 미국으로 도피하려던 중이었다. 반민특위가 활동에 들어
갈 무렵, 반민족행위의 혐의가 짙은 자들은 이미 해외로 도피했거나
도피를 시도하는 중이었으므로, 특위는 악질 반민자 가운데 해외 도
피를 꾀하고 특위 활동을 방해하는 자들을 우선 체포하는 일로써 본
격 활동을 개시하였다.[123])

　「반민법」이 공포되자, 이종형은 대중집회를 열어 곧바로 저항을 행
동으로 옮겼다. 「반민법」이 공포된 다음날인 1948년 9월 23일, 그는 자
신이 대회장이 되어 서울운동장에서 '반공구국총궐기정권이양대축
하국민대회'를 개최하였는데,[124]) 이 자리에는 국무총리 이범석 외에
정계 요인 다수가 참석하였다. 대통령 이승만이 참석하여 축사를 할
예정이었으나 참석하지 않고 대독하였으며, 대법원장 김병로와 상공
부장관 임영신, 문교부장관 안호상(安浩相) 등도 참석하였다.

　이 대회는 명칭에서 보듯이 공산주의와 북한 정권을 규탄하는 데 초
점을 둔 듯하지만, 언론에 보도된 7개 항의 결의문 가운데 하나는 "동족

간(同族間)의화기(和氣)를 손상케하는광범위(廣範圍)의 반민법을시정(是正)하는동시에 공산매국노를 소탕할조문(條文)의 삽입을요청하기로 결의함"이었다.[125] 이종형은 이 대회에서 대회장의 자격으로 격려사를 행하였는데, 역시 연설의 후반부에서 "옛날옛적 케케묵은 친일파문제를 끄집어 내어가지고 극(極)히광범위의법령"을 만들었다고「반민법」을 강하게 비난하였다.[126] 그는 "반민법은 망민법"이라 외쳐대어 반민법 반대의 제1인자로 지목되었고, 체포 당시에는 무기를 소지한 채 "나는 처단받을 아무 죄도 없다 이법을맨든 네놈들을 오는 8·15전까지 모조리 잡아 버리리라"고 발악하며 대항하였다.[127]

반민특위가 활동을 개시한 뒤 세간의 이목을 가장 크게 집중시킨 정점은, 역시 1949년 1월 25일 노덕술(盧德述)을 체포한 일이었다.[128] 노덕술은 평양서장을 역임하는 등 20여 년 간에 걸쳐 마쓰우라(松浦)라는 이름으로 일제 경찰에 재직하면서 독립 투사를 체포·고문하는 데 혈안이 되었던, 말 그대로 악명 높았던 악질 경찰 출신이었다. 해방 이후에도 수도청 수도과장을 지내는 경찰의 실력자였다. 그는 세칭 고문치사 사건 관계자로 구속영장이 발부된 상태였는데, 체포 당시 현직 경관 4명이 그를 호위하고 있었고 자신도 역시 무기를 소지하여 물의를 일으켰다.[129]

경찰 조직이 총력을 쏟아 비호하는 노덕술을 체포한 반민특위의 행보는, 특위의 활동이 대다수 민중들이 성원하는 힘에 기대어 정상 궤도에 들어섰음을 상징하는 사건이었다. 특위의 검거 활동은 노덕술을 체포함으로써 더욱 활기를 띠는 듯하였지만, 이는 또한 반민특위를 좌절시키려는 역공이 본격화하는 계기를 제공하여, 끝내는 반민특위가 좌절되는 근인(近因)으로 작용하였다.

노덕술이 구속되자, 이승만 정권은 반민특위를 주도한 국회 내 소장파 의원들을 국회프락치 사건(1949. 5)으로 탄압하여 특위를 무력화시켰다. 「반민법」을 반대하는 세력들이 조직화하는 과정에서도, 민심과 다수의 여론은 여전히 반민특위를 지지하였다. 이에 힘입어 반민특위가 1949년 6월 4일 서울시 경찰국 사찰과장 최운하(崔雲霞)를 체포하자,[130] 경찰 세력은 이승만을 뒷심 삼아 경찰 조직을 들어 반발하였다. 6월 6일 서울시의 중부경찰서장 윤기병(尹箕炳)이 지휘하는 중부경찰서 경찰대가 반민특위의 본부를 습격하였다. 이들은 특위의 요원과 직원들을 연행하면서 관련 서류들을 내동이치는 등 행패를 부리며 압수하였고, 반민특위의 특경대(特警隊)를 폭행하고 무장해제 시킨 뒤 체포하였다. 이른바 6·6사건이었다. 이를 지시한 인물은 내무부 차관 장경근(張璟根)과 치안국장 이호(李澔), 서울 시경국장 김태선(金泰善)이었다. 이 날 경찰은 강원도 조사부 사무실도 습격하여, 조사관의 무기를 압수하고 사무실 경비를 위해 배치했던 경찰도 철수시켰다.[131]

내부부의 차관까지 개입한 이 사태의 배경과 뒷심이 어디에 있는지 짐작하기는 어렵지 않다. 6·6사건이 있은 지 하루 뒤인 6월 7일, 이승만은 AP기자에게 직접 다음과 같이 말하였다. "내가특별(特別)경비대를해산시키라고경찰에게명령한것이다 특위(特委)습격이있은후(後) 국회의원대표단이 나를찾어와서특경(特警)해산을연기하라고요구하였으나 나는그들에게헌법은다만행정부문만이경찰권을가지는것을용허하고있기때문에 특경해산을명령한것이라고말하였다" 이승만은 최운하와 조응선이 6일 석방되었다고도 말함으로써, 이것도 자신의 의사에 따른 조치였음을 밝혔다.[132] 국무회의를 거치지 않고 대통령

이 직접 명령한 6·6사건[133]을 비롯해, 다음날의 기자회견은 대통령이 반민특위 자체를 직접 와해시키겠다는 선전포고였다.

반격의 기회를 노리던 반민족 분자들은, 이승만의 비호 아래 경찰들을 동원하여 이렇게 반민특위를 무력화시켰다. 6·6사건을 기점으로 반민특위는 기능이 마비되어 버렸고, 더 이상 존재할 수 없도록 와해되어 버렸다. 특위의 무장력은 경찰들에게 완전히 해체되었고, 위원들도 감시·감금되었다. 6월 7일 특위 위원장 김상덕이 사표를 제출한 데 이어 일부 위원들도 사표를 제출함(이들의 사표는 두 차례나 미결되어 자동 폐기되었다)으로써 특위의 활동은 정지되었다. 더욱이 국회프락치 사건으로 소장파 의원들이 국가보안법 위반으로 체포되자, 반민특위는 물론 국회의 의정 활동 자체도 크게 위축되었다.

실지 노덕술 등 경찰 세력이 반민특위를 와해시키려는 공작은, 「반민법」이 공포된 직후부터 진행되었는데, 바로 반민특위 관계자들을 암살하려는 음모 사건이었다.[134] 이는 1948년 10월 중순경부터 수도경찰청 사찰과장 노덕술, 수사지도과장 최난수(崔蘭洙), 사찰과 부과장 홍택희(洪宅熙), 서울 중부경찰서장 이경림(朴京林) 등이 계획하였다. 테러리스트 백민태(白民泰, 본명 : 鄭相五)까지 고용하여, 반민특위의 간부 등 주요 인물 십수 명을 암살하려고 시도한 음모였다. 이들은 '반공구국총궐기정권이양대축하국민대회'에도 깊이 관여하였으며, 동 대회가 끝난 후 「반민법」 제정에 적극 관여하였던 국회의원 등 주요 인사들을 암살하기로 계획하였다. 여기에는 국회의장 신익희, 대법원장 김병로, 검찰총장 권승렬도 포함되어 있었고, 이들은 당시 모두 현직이었다. 이 암살 음모 사건은 노덕술이 체포된 뒤에야 세상에 알려졌다. 동 사건을 포착하여 내사에 들어간 검찰이, 1월 26일 최난수와 홍택희를 검거하자, 이에 놀란 백민태가 자수하는 바람에 미수로 그치면서 전모가 세상에 드러났다.[135]

2) 이승만의 반민족행위특별조사위원회 활동 방해

「반민법」의 처벌 대상인 반민(反民) 경찰들이, 대통령을 제외한 3부의 요인들을 포함하여 현직 국회의원 등 반민특위의 핵심 인물들을 암살하려는 무모함과 과격함이 어디에서 출발하였는지는 자명하다. 대통령 이승만은 「반민법」이 제정될 당시부터 이에 제동을 걸고 나왔다. 그는 법 제정 자체를 반대하였으며, 이승만 행정부는 반민특위의 활동이 삼권분립의 민주주의 원칙에 위배된다는 논리 등으로 위헌성을 강조하면서 「반민법」을 개정하는 작업에 착수하였다.

「반민법」 제정에 반대하는 책동이 심해지던 무렵인 1948년 9월 3일, 이승만은 「반민법」 제정과 관련하여 「친일파문제」라는 제목의 담화를 발표하였다. 그는 이 담화에서 "…지금(只今)국회에서 이문제로 많은사람이 선동되고있으니…이때가 이런문제로민심(民心)을 이산(離散)식힐때가아니요 이러케하는것으로 이문제가 처단이되지못하고 백방(百方)으로손해만될뿐이니 … 먼저정권을회복하야 정부의위신이내외(內外)에 확립되도록가장힘쓸것이다"라고 주장하였다.[136] 여기에 이승만이 「반민법」을 어떻게 인식하였는지 그대로 드러났다. 그에게 「반민법」은 '선동'·'민심이반'·'손해'였으며, 정부의 위신이 내외에 설 때까지라는 막연한 시기를 설정함으로써 「반민법」 제정과 실행을 사실상 거부하였다.

9월 13일 미군정에게서 정권을 이양받자,[137] 하루 뒤인 9월 14일 대통령 이승만과 국무총리 이범석이 행정권 이양 후 정부 관리들에게 최초 훈시를 행하였다. 이승만은 먼저 친일파숙청 문제를 언급하면서 "친일분자처벌문제보다 더급(急)한문제가있으니 그문제를 해결 후에 허는것이좋을줄안다급(急)한문제라는것은다른게아니라 우리나라의토대를든든히해야한다는것이다 일반국민은참은김에 좀더참어주어야하겠다"라고 발언하였다. 그는 반민자 처벌 문제를 '민족의 분열 분쟁'으로 규정하였다.[138]

　원칙론에 서서 「반민법」을 반대하던 이승만이, 반민특위가 활동을 개시한 뒤에는 더욱 강도를 높였고, 노덕술이 체포된 뒤에는 반민특위를 대놓고 공격하였다. 노덕술이 체포된 지 이틀 뒤인 1월 27일, 이승만은 반민특위의 김상덕 위원장 등 6명의 위원들을 불러 노덕술을 석방하라고 종용했다. 김상덕은 이러한 대통령의 처사가 엄연한 법률 위반이라고 주장하면서 거부했다. 이에 이승만은 2월 2일 담화를 발표하였는데, 요지는 반민특위의 활동은 삼권분립의 원칙에 어긋난다 ; 좌익 반란 분자들이 살인과 방화 등 파괴 공작을 하고 있으므로 경험 있는 경관의 기술이 필요한데 마구 잡아들이는 처사는 부당하다는 내용이었다.[139]

　이승만은 1949년 1월 8일 이후 2월까지 반민특위를 비난하는 담화를 무려 6차례나 발표하였다. 노덕술이 체포된 뒤 열린 국무회의에서, 법무부장관 이인이 이를 보고하자, 이승만은 반민특위의 활동을 '무분별한 난동'이라고 규정하면서 단호한 대책을 마련 중에 있다고 밝혔다. 이승만은 노덕술을 체포한 조사관과 지휘자를 체포하여 의법 처리한 뒤 계속 감시하라고 지시하였다. 또 반민특위 위원장 김상덕의 집을 직접 방문하여 노덕술을 석방하라고 요구하였다. 이승만은 반민특위가 건의한 정부 내의 반민자 숙청을 거부하고, 전국의 치안 유지에 영향을 주는 「반민법」을 일시 정지함이 마땅하다는 견해를 피력한 뒤 「반민법」을 개정하라고 촉구하였다. 그는 1949년 2월 15일 국무회의에서 의결된 「반민법」 개정안을 국회에 제출하였으나, 이 개정안은 국회에서 제1독회를 가진 뒤 제2독회에서 각하(却下)하기로 가결함으로써 자연 소멸되고 말았다.[140]

대통령이 반민특위의 활동에 직접 제동을 걸고 나섰지만, 반민자를 신속하게 처단하라는 여론이 대세를 이루었으므로 특위의 활동은 멈추지 않았다. 대통령과 반민특위 사이의 공방전은, 하루가 멀다고 매일 계속되다시피 하였다. 이렇게 반민특위가 1949년 1월 8일부터 반민자를 체포하기 시작한 뒤, 이승만은 반민자 처리를 더욱 적극 반대하였고, 반민특위·국회와 이승만정부의 갈등·대립도 갈수록 격화하였다. 양자는 마주 보고 달리는 기차처럼 정면 충돌을 앞두고 있었고, 권력을 장악한 이승만이 동원할 수단이 더욱 많았으므로 「반민법」은 조만간 폐기되거나 굴절될 수밖에 없었다.

국회에서 「반민법」이 발의되고 한창 논의가 진행되던 1948년 8월 말경, 법무부장관 이인은 한 신문 인터뷰에서 반민자 처벌과 관련하여 '개인의 입장'을 전제하고서 자신의 의견을 피력하였다. 그는 "반역자에 대하여서는 두말할것없이 법의준엄한 재단을내려야합니다… 엄연한 반민족행위의 증거를철저히 조사한후에 처단을할 것은 물론이지오"라고 원칙론에 입각하여, 법의 의거한 엄정한 처단을 주장하였다. 그러나 그는 국회에서 논의되는 구도와는 다르게, 처벌할 범위를 축소시키는 한편, 처벌 시기를 미루자는 듯한 의미의 발언을 다음과 같이 내놓았다.

　그러나 내가 말하는 반민족행위자라는 것은 항간에서떠도는거와는 차이
가있소… 이땅의인민을 못살게군자를위는 높은관리로부터 아래로군수면장
까지포함한다 쳐도4, 5백명정도로 보입니다 그러나그전부가숙청의 대상이
된다고는보지않으니 광범위하게 파급되리라고 걱정할것은없을줄안다 … 원
래반역자처단은 화폐개혁가도같이만반의 준비와조사를하여두고 법률이제
정되자 1주일이내에 해버려야하는데 지금그준비가 되었는지가걱정입니다[141]

　이인은 반민자의 숫자를, 고관을 역임한 자부터 군수·면장까지
4~5백 명을 예상하면서도, 숙청의 대상을 축소시켜 '광범위'한 처벌은
피해야 한다고 생각하였다. 또 법 제정을 완료한 뒤 1주일 이내에 처
벌을 완결해야 한다는 다소 황당한 주장을 하면서, 현재 이러한 준비
가 되어 있지 않다는 우려를 나타냈다. 이인의 견해는 「반민법」에 적
극 찬성한다는 원칙을 내세우면서도, '만반의 준비' 등을 전제하면서
사실상 이승만의 시기상조론과 같은 맥락에 서 있었다.

　「반민법」이 좌절되고 왜곡되는 과정에서, 이인이 법무부장관으로
재임하였고, 장관직을 사임(1949. 5. 31)한 뒤에는 반민특위의 위원장
직을 맡아(동년 7월) 사무를 마무리지었다. 그는 「반민법」이 제정되
고 시효를 마감하는 시간 동안, 어떠한 형태로든 책임의 한복판에 자
리하고 있었다.

　한 신문이 표현한 대로, 「반민법」이 한민족 구성원 대다수가 지지
함으로써 "민족정기(民族正氣)를앙양하고 신생국가의순결(純潔)을
보유하기위하야"[142] 제정되었다면, 이인이 이러한 민족의지에 일치
하는 정치행태를 보였는지는 의문이 든다. 가통(家統)에 따라 평생을
반일의식으로 일관한 그였지만, 「반민법」을 굴절시킴으로써 시대정

신에 역행하였다는 책임에서 자유로울 수 없는 이유이다.

「반민법」이 제정될 무렵부터 반민자들은 이에 반대하였지만, 반민특위가 활동을 시작·강화하자 저항은 노골화하였다. 이들은 처음에는 「반민법」 자체의 법제상의 모순과 불합리성을 지적하면서 억울한 피해자가 양산될 수 있음을 강조하였지만, 끝내는 공권력을 동원하여 반민특위를 무력화시키려 하였다. 「반민법」을 반대하는 자들의 논리는 대동소이하였으므로 다음과 같이 요약할 수 있다.

식민지 현실에서 일본과 아무런 관계를 맺지 않고 살아온 사람은 없으므로, 음양으로 일제와 관련을 맺은 사람들이 많다 ; 반민특위에서 범죄를 엄중하게 다스리면 "주머니 털어 먼지 안 나오는 사람 없다"는 식으로 거의 모든 인사들이 걸려들게 마련이므로, 「반민법」의 취지에도 어긋나는 피해자들이 속출한다. 이러한 주장들은 가장 그럴듯한 방패질이었다. 또 「반민법」은 일종의 역법(逆法)이므로, 이에 의거해서 처벌한다면 원성이 클 수밖에 없다는 법 해석도 내놓았다. 이 인도 이러한 논리에서 벗어나지 않았다.

이인은 반민특위와 「반민법」이 출발할 당시부터 애초 이를 긍정하지 않았다. 그가 반민특위와 관련하여 남긴 아래의 최종 회고는 당시 그의 심경을 말해주면서, 반민법에 대응한 자신을 합리화하였다.

(자료 2 - 4 - L)
그러나 반민특위법은 법제가 시원치를 못하여 그 자체에 모순당착(矛盾撞着)을 내포하고 있는데다가 인물구성마저 엉망진창이다. 심지어는 심판받을 자가 심판한다는 아우성까지 나왔다. 더구나 반민(反民)해당자라는 것이 대개 권세 지위 재산 지혜 수단이 남보다 월등하고 또 이들이 상당한 숫자에 달하니 일이 시끄러울 수밖에 없는 것이다.[143]

위의 회고에서 '모순당착'이라는 한마디에, 이인이 「반민법」을 어떻게 인식하였는지 단적으로 드러난다. 그는 「반민법」이 지닌 문제점을 세 가지 측면, 즉 ㉠법 자체에 내포된 위헌성·위법성, ㉡반민특위 위원들의 자격 적합성, ㉢반민자 처벌의 가능성 여부와 관련된 「반민법」의 실효성의 문제를 지적하였다. 「반민법」이 국회를 통과된 이후부터, 이인은 주무 장관으로서 '「비토」 의견서'를 작성하는 등 이승만정부의 선두에 서서 법을 저지하려 하였다.

앞에서 서술하였듯이, 「반민법」이 국회를 통과하여 다음날인 9월 8일 행정부로 이송되었는데도, 이승만은 9월 20일에야 국무회의에 상정·심의하였고, 국무회의는 「반민법」이 헌법 규정에 위반된다는 이유로 국회에 재심을 요청하기로 결의하였다. 이인에 따르면, 이 날 각료회의에서 그가 침묵을 깨고 일착으로 발언하였다. 그는 "반민법을 공고한 이후 만약 이것이 지나친 행위에 이르게 되면 그 결과가 어떻게 되겠읍니까?"라고 반문하면서, 정부가 '비토'를 하되 반민 거두(巨頭)와 악질분자만을 처벌하자고 주장하였다. 여러 각료들이 이인의 의견에 동감하여 국회에 돌려보내고, 「반민법」을 '비토'한다는 정부의 의견서는 그가 담당하여 작성하기로 결정하였다. 이인은 "그날밤 골방에서 밤을 새워가며" "가족도 모르게 감쪽같이 작성"하여 타이프로 정서(正書)까지 한 뒤, 다음날 아침 일찍 국무총리의 서명을 받기 위해 이범석의 집으로 갔는데, 이 의견서가 총리실에서 기자들에게 노출되고 말았다.[144]

이인은 9월 21일 국회의장 신익희를 방문하여 재심을 요청할 시 국회의 대응 태도를 타진하였다. 그러나 「반민법」이 절대다수의 찬성으로 통과된 분위기에서, 신익희는 강경하였고, 설사 국회로 반송되더라도 재통과가 확실한 정세였으므로, 이승만정부는 국회에 재심을 요청함은 무망하다 판단하고 9월 22일 「반민법」을 공포하였다.[145]

당시 국회에는 양곡매입법안(糧穀買入法案)이 상정되어 논의 중이었는데, 정부는 이 법안을 둘러싸고도 국회와 심하게 갈등을 겪고 있던 중이었다. 동 법안이 정부안을 최대한 반영하여 통과되려면 하나의 양보가 필요하였으므로, 이인이 작성한 '비토 의견서'는 폐기되고 "반민법은 양곡관리법과 정책적으로 바터되어" 국회의 원안대로 공포되었다.[146] 「반민법」이 원안대로 공포된 데에는, 국회의 강경 분위기라는 대세와 정부의 정책상 정략이라는 두 가지 요인이 작용하였을 뿐이었다. 이승만정부는 「반민법」에 전혀 동의하지 않았으므로, 「반민법」을 둘러싸고 국회·반민특위와 대립·충돌함은 예정된 수순이었다.

이는 당시 이인이 작성하였다는 「의견서」를 보아도 확인된다. 그는 반민자를 처벌하려는 민족의지를 부정할 수도 없었지만, 이승만이 8·15해방 이후 천명해 온 반민자 처리 원칙도 무시할 수 없었다. 그는 이승만정부의 법무부장관으로서 「반민법」을 법리 차원에서 해법을 찾아야 했다.

언론에 보도된 동 재심 요청 「의견서」는 「반민법」을 재심해야 할 '법적 이유'가 주 내용을 이루었는데, 크게 다음 세 가지였다. ① 「반민법」 제3장에서 특별재판부가 국회의원을 포함하여 구성되는 규정은 3권분립 정신에 배치되는 사법권의 침해이다, ② 법관을 아무렇게나 정하는 규정은 "법관의 자격은 법률로써 정한다"는 헌법 제76조에 위반된다, ③ 선악(惡善)을 불문하고 그 직위에 따라 일률적으로 처벌함은 "8·15 전의 악질적인 반민족행위를 처벌한다"는 헌법 제101조의 정신에 위반된다.[147]

이인이 회고한 바에 따르면, "①새로운 출발의 시기에 또다른 민족 분열을 조장할 우려가 있고 ②지역적으로 남한사람들에게만 적용되는 것은 법의 평등의 원칙에 어긋나며 ③민족반역자 색출에 있어 악질적인 괴수에 그 처벌을 국한시키는 것이 필요하다"는 이유로 새로운 '절충안'의 초안을 만들었다. 그는 대통령에게 재가를 요청하기 위해, 국무총리 이범석과 절충안을 의논하였다. 이범석은「양곡매입법」도 걸려 있는데,「반민법」까지도 거부하면 대(對)입법부 관계가 곤란해질 터이므로「반민법」은 그냥 받아들이자고 종용했고, 이인의 절충안은 폐기되었다.[148]

이상을 종합하면, 재심 의견서에는「반민법」의 위법성 및 현시국에 끼칠 악영향(이를테면 민족분열) 등이 담겨 있었으리라 생각한다. 이러한 '비토 의견서'는, 이인이 반민특위의 2대 위원장으로 취임한 뒤 그대로 유지된 방침이었다.

3) 이인의 반민족행위처벌법 마무리

경찰 조직의 쿠데타인 6·6사건이 일어난 날은, 이인의 법무부장관 후임으로 권승렬이 임명된 날이었다. 그는 반민특위의 특별검찰관장 겸 현직 법무부장관으로서 이 사건을 보고 받고서, 곧바로 특위의 본부로 달려왔으나 무장해제를 당하는 봉변을 당했다. 일개 순경이 법무부장관에게 "손들엇!"하며, 장관이 차고 있던 권총을 빼앗는 사태가 벌어졌다. 이인은 경찰 쿠데타 소식을 듣고서, "가장 먼저 준법을 해야 할 경찰이 이꼴을 만들고 국가위신은 추락되었다."고 생각했다.[149] 그러나 사태가 여기까지 이른 데에는, 전직 법무부장관이었던 그도

면책될 수 없으며, 6·6쿠데타 이후 그의 행보는 더욱 그러하였다.

「반민법」 제29조에 의거하면, 반민자의 공소시효는 법령의 공포일부터 2년을 경과한 1950년 6월 20일까지였으나, 이 규정은 6·6쿠데타 이후 무력화되었다. 6·6사건과 국회프락치 사건 등으로 반민특위의 활동이 부진한 상태에서, 1949년 7월 1일 반민특위의 특별검찰관인 곽상훈(郭尙勳)을 비롯한 21명의 의원들이, 반민특위의 활동이 국민들 사이에 불안감을 조성한다는 이유를 들어, 공소시효를 1949년 8월 말까지로 단축하는 내용의 「반민법」 개정안을 국회에 제출하였다. 국회프락치 사건으로 국회의 의정 활동 자체가 위축되어 있는데다가, 국회의원들에게 비난을 받았던 친이승만계의 윤치영이 국회부의장으로 선출되는 등, 국회의 전체 분위기가 친정부 성향으로 돌아섰으므로 결과는 이미 정해진 사실이었다. 7월 6일 국회 본회의는 재석의원 136명 가운데 찬성 74명, 반대 9명의 표결로, 「반민법」 제29조를 "공소시효는 단기(檀紀) 4282년 8월 말일(末日)에 완성된다"로 개정하였다. 이 조항에 따라, 앞으로 53일 이내에 기소하지 않는 한, 동년 9월 이후에는 반민 혐의자의 공소는 불가능하게 되었다.[150]

「반민법」 개정안이 통과된 다음날인 7월 7일, 반민특위의 위원장 김상덕을 비롯해 조사위원 전원이 개정안에 반발하여 사표를 제출하였다. 반민특위가 이렇게 완전 무력화되다시피 한 상황에서, 국회는 당초 「반민법」을 제정한 취지를 되살린다는 명분으로 특위를 재구성하려고 신속하게 시도하였다. 7월 7일 당일 제4회 4차 국회 본회의는 부의장 윤치영의 사회 아래 동 사표를 수리하기로 가결하고, 새로운 특별조사위원을 선정하는 일까지 일사천리로 진행하였다. 조중현(趙重顯) 등 기존의 조사위원 4명은 유임되었고, 신임 위원으로는 이인을 비롯해 유진홍(俞鎭洪)·조헌영(趙憲泳) 등 6명으로 총 10명이 각 도별로 재선정되었다.[151] 7월 8일 개회한 제4회 5차 본회의에서는, 사임한 특별재판관(1인)과 특별검찰관(관장 포함 4인)을 배수(倍數) 공천(公薦)한 뒤 무기명 투표로 보선함으로써, 반민특위의 구성을 일단 다시 완비하였다. 검찰관장으로는 검찰총장 김익진(金翼鎭)이 선임되었다.[152]

그러나 7월 11일 특위 조사위원인 이인·조규갑(曺奎甲)이 사표를 제출한 데 이어, 12일에도 김상덕·조국현(曺國鉉) 양 조사위원이 사표를 제출하였다. 당일 국회 본회의는 이를 논의한 끝에 김상덕만을 수리하고 3인은 각하하기로 결정하는 등,[153] 반민특위는 곡절이 끊이지를 않았다. 이인은 반민특위 조사위원에 보임(補任)된 뒤 사의를 표명하기도 하였으나, 7월 14일 개선 재편된 특위 조사위원이 처음 개최한 회의에서 위원장으로 선출되었다.[154] 이로써 사퇴 문제로 우여곡절이 많았던 반민특위의 재구성은 일단락을 짓고 재출발하게 되었다.

이인은 반민특위 위원장으로 취임한 다음날인 7월 15일, 반민자의 공소 시일을 40여 일 남겨두고 첫 담화를 발표하였다. 그는 죄질(죄상)에 중점을 두어 은위(恩威)를 병행(併行)하여 신속·공정하게 처단하겠다는 요지로, 향후 반민자 처단의 방침을 다음과 같이 밝혔다.[155]

(자료 2-4-M)

긴박한[긴급한]현단계에있어 일신상의사정만으로고사할수없는난경이었음으로특위위원장에 취임하였습니다 …그간특위가비록단기간이었을망정대소사건을 거이적발처단하여상당한업적을 남겼음은 국민이다수긍할줄믿는다 그간반민법의개정으로 도피하거나 조사불가능한지역에 거주함으로 공소시효를중단되게되는자는 차치하겠고 그이외에대하여서라도 철저히조사할시간적여유가없게되었음과 또내외정세가미묘긴박함에 직면하였음으

로 [남북이북실지회복이 미완된 현단계에있어 반민법을] 남북양지에공통
한균형적 운영을못하게됨은 유감이다 그러나이상모든정세를 고려하여비록
제약된기간일지라도전기능을경주하여죄상에[죄질에]중점을 두고은위(恩
威)병행신속공정하게 처단하는일면에[처단할방침임으로] 반민법발동으로
말미암은 일부민심에무용한위구불안을 제거하지않으면안될현단계에긴한
요청에 수응하려 하는바이니 …또이기회에[차제에]이법에 해당하는자들
은한시바삐전비를 회개[회오]하고자수하여신성한 법의재단을받어충실한
대한민국국민으로갱생하기를바라는바입니다

    이인은 담화의 첫머리를, 난경에 처하였으므로 더 이상 고사할 수
없었다는 신상 발언으로 시작하였다. 그가 회고한 바에 따르면, 국회
의장 신익희가 자신에게 반민특위 문제로 국회는 고사하고 국가의 체
면이 말이 아니라고 설명하면서, 이를 수습해 달라는 국회의 결의를
저버릴 수가 있느냐고 따지면서 위원장직을 수락하라고 간청하였다.
이인은 "미움사는 일은 왜 나한테만 맡기려느냐"고 재차 거부 의사를
밝혔으나, 특위를 수습하는 일을 더 이상 미룰 수도 없는 형편이었으
므로 끝내는 위원장을 수락했다. 이인과 신익희 사이의 오고간 대화
내용의 진위는 확인할 수 없지만, 이인과 신익희는 「반민법」에 소견
이 일치하였다.

    개정된 「반민법」에 의거해 반민특위의 사업이 종료되자, 1949년 8
월 31일 신익희는 국회의장으로서 담화를 발표하였는데, 새로 임명된
반민특위의 업적을 높이 평가하는 요지였다. 그는 먼저 「반민법」이
제정될 당시부터 자신이 "섬궐거괴 협종망치"(殲蹶巨魁 脅從罔治) 즉
"신속히 거두만 먼저 잡고 억압에 의해 하는 수 없이 추종한 데 지나지
않은 자들은 제외할 것"을 주장하면서, 반민특위가 조직될 때 수차 이
를 지시하였다고 밝혔다.

신익희는 「반민법」 개정 이전과 이후를 확연히 달리 평가하였다. 그는 반민특위가 출발 당시에는, 자신이 주장한 원칙이 제대로 되지 않아 세간에 물의를 일으키고 민심을 교란하였다고 주장하였다. 나아가 국회에서 다시 「반민법」을 개정하여 시일을 단축하는 동시에 급속히 처리하기로 규정하였다고 옹호하면서, 개정된 「반민법」을 합리화하였다. 신익희는 새로 임명된 이인 위원장을 비롯하여 특위 간부들이 이러한 원칙을 지지하여, "소기이상의 업적"을 남겼으므로 반민 사업이 용두사미는 면하였다고 평가하였다. 그는 "정의가 승리하고 불의의 굴복을 보이는데 특위 사업의 큰 공효를 거두었고 전 민족은 앞으로 과거의 모든 것은 꿈으로 돌려보내고 앞으로는 오로지 민족의 번영하는 장래만을 위하여 노력할 것을 바란다."는 말로 반민자 처리가 최종 완결되었다고 선언하였다.156) 평소의 소신을 담은 신익희의 담화는, 이인의 지론과 차이가 없었다.

이인은 신익희와 나눈 대화에서 "미움사는 일"을 언급하였지만, 반민자를 처벌하기 바라는 다수의 민중이냐, 아니면 「반민법」에 저항하는 반민자 어느 쪽에서 받는 '미움'인지는 밝히지 않았다. 민성(民聲)을 고려하면 이 양자택일의 해석은 자명하였다. 이인과 신익희가 나눈 대화에서 보듯이, 이인은 무력화된 「반민법」의 애초 취지를 다시 관철한다는 의지가 아니라, 반민특위의 활동을 수습하고 마무리하기 위하여 위원장직을 수락하였다. 반민자의 공소 시효가 40여 일 남짓한 상태에서 시간상으로도 역부족이었거니와, 그 자신도 반민특위의 활동을 재개할 의사는 전혀 없었다. 그는 현상황을 '긴박한 현단계'·'난경'이라고 규정하면서, 이승만정부가 애초 설정한 방침과 방향에서 반민특위 활동을 수습하려 하였다.

2대 반민특위 위원장 이인의 첫 일성에서 방점은, 신속·공정한 처단으로 무용한 위구·불안을 제거하겠다는 데 있었다. 특위의 활동 방침을 이렇게 설정한 이유로 내세운 '정세'는, ①반민특위가 이미 충분히 기능을 발휘하였다, ②앞으로 반민자를 철저히 조사할 '시간적 여유'가 없다, ③내외 정세가 미묘·긴박하다, ④남북 양쪽에 '균형적 운영'을 갖출 수 없다는 네 가지였다. 이 가운데 앞의 세 가지는 「반민법」이 개정된 이후의 정세였고, 네 번째는 이인이 「반민법」이 제정될 때부터 주장하였던 논리였다. 이인은 향후 반민특위의 활동을 축소할 뜻을 분명히 밝혔다.

반민특위가 재발족하자, 폭풍우가 어디까지 몰아칠지, 전국이 특위의 일거일동을 다시 주시했다. 이인은 반민특위의 새 위원들과 회의를 열어서, 더러 미흡한 점이 있으나 대부분 반민족행위자는 이미 처리되었다고 판단하고서, 특위는 당연범(當然犯)을 포함하여 친일 거괴(巨魁)와 악질분자들만을 처벌하고 그 외는 관대하게 처리한다는 원칙을 세웠다. 또 반민족행위자를 다루는 문제 자체가 민족얼에 관계되는 만큼 처벌로만 목적을 달성할 수 없고, 사상으로 회유하고 선도해야 한다는 방침도 세웠다. 그가 판단하기에, 해방이 된 이 무렵에는 1905년 을사조약, 1910년 경술국치(庚戌國恥) 당시 나라를 팔아먹는 데에 직접 관계한 자는 이미 거의 죽고 없었다.[157]

이인은 7월 28일 위와 같은 원칙 아래, 반민특위 조사관 전체 회의에서 사무 집행 방침을 지시하였다. 이 지시의 주 내용은 「반민법」 제4조 1·2·3·4항[158]에 해당하는 반민(反民) 당연범은 동 7월 안으로 전 기능을 다해서 취조에 착수한다 ; 만약 호출에 불응하는 자 또는 주소불명자 등은 도피자로 인정하는 동시에 8월 말 공소시효의 중단여

부를 막론하고 계속 영장을 발부한다 ; 당연범이나 선택범(選擇犯)이나 과거의 죄를 참회하고 시효 이전에 자수해오는 반민 피의자(被疑者)에게는 죄상 참작의 충분한 용의가 있다 ; 현재 공무원으로서 반민법 위반자는 조사위원회에서 해당 부처장에게 이를 통고하여 적절한 조치를 강구한다 등이었다.[159]

이후 반민특위는 악질을 제외하고서는, 정부·국회·군(軍) 및 교직자 중 반민 혐의자에게는 검거를 누그러뜨렸다. 이인에 따르면, 그 이유는 군은 창군을 시작한 무렵이라 이를 도와야 하고, 경찰은 당면 질서유지에 잠시나마 필요하고, 교육자는 그나마 교육을 시키지 않았다면 국민들이 문맹(文盲)마저 면치 못했을 상황을 감안하였기 때문이다.[160]

이인은 반민특위의 위원장으로 취임하자, 반민특위의 특경대를 해산시켜 원대 복귀시키고 신변 보호 경비원들까지 철수시켰다. 그가 이와 같은 조처를 취한 명분은, "정의(正義)의 소재가 분명한 일을 하는 마당에 누가 우리를 해치며 침범하겠소."라는 데 있었다.[161] 그러나 특경대를 해체한다면 반민 피의자를 체포할 때 공권력을 경찰력에 의존할 수밖에 없으므로, 이는 향후 반민자 체포가 없음을 내보이는 처사였다.

이인이 설정한 반민특위의 방침은, 지금까지 체포된 반민자의 조사와 반민 혐의자의 자수를 유도하는 방향에 중점을 둔 바로, 실제로「반민법」이 개정된 후 체포된 반민자는 거의 없었다. 한편 반민특위는 반민 피의자 가운데 일본으로 도주한 박춘금(朴春琴)·이기동(李起東)·이해산(李海山)·이갑녕(李甲寧)을 소환해 달라고 맥아더 사령부에 요청하였다. 그러자 반민족 행위의 증거를 보내주면 압송하겠다고 회답하여, 다시 범죄 보고서까지 전달했지만 이들의 송환은 이루어지지 않았다. 반민특위는 조사위원이 교체된 이후 반민자를 거의 체포하지 않았으며, 기존의 특위에서 작성한 반민자 명단을 중심으로 자수를 촉구하거나 소환장을 발부하여 출두를 요청하는 방식으로 활동을 진행하였다.[162]

이인에 따르면, 하루는 이승만이 김병로와 이인에게 각의에 나와 달라고 요청했다. 두 사람은 보나마나 반민자와 관련된 일이라고 생각하며 나갔는데, 이승만은 누구를 석방하라고 요구하던 때와는 딴판의 말을 했다. "처벌할 자를 처벌 않고 있다는 데 이럴 수가 있소" 김병로가 이승만의 말을 받아 대답했다. "재판에 회부된 사람은 모두 처리가 됐습니다." 그러나 이인은 이승만이 무엇을 지적하는 말인지 얼른 알아챘으므로 "더러 빠진 것도 있겠죠, 알아서 조사하겠습니다."라고 답하였다. 이인은 국회의원 중 세상이 다 아는 반민자 4명을 위시해서, 중추원 참의와 민간인 친일분자들을 문초하기 시작했다.[163] 이 회고는 반민특위의 활동이 국회로 향한 연유를 설명해준다.

반민특위는 반민자 체포를 거의 중단한 상태에서, 이렇게 이승만이 지시함에 따라 돌연 국회 쪽으로 방향을 돌렸다. 먼저 국회의원들의 식민지시기 경력을 예비조사한 뒤, 공소시효가 2주일여 남은 8월 12일에 이르러, 국회 내의 반민자로 인정되는 이종린(李鍾麟)·진헌식(陳憲植)·이항발(李恒發)·한암회(韓巖回)·신성균(申性均)에게 소환장을 발부하였다.[164] 8월 26일 이인은 반민특위의 명의로 조사 결과를 발표하였는데, 특위의 조사가 요식 행위였음에 그쳤음을 보여주었다. 발표의 요지는 조사 대상이 된 국회의원들의 반민 행위는 인정되지만, 이미 자신의 과오를 인정하고 참회하였거나, 행위 자체가 반민 행위로 조사·처단하는 일반 수준보다도 훨씬 미미하기 때문에 선거

민의 위신과 의사를 존중하는 견지에서, 조사에 그치고 모두 입건하지 않기로 결정하였다는 내용이었다.[165)

이러한 조치는, 국회프락치 사건에「국가보안법」을 적용하여 국회를 약화시켰던 전례와 마찬가지로,「반민법」으로 국회 내의 반(反)이승만 성향의 의원들을 압박하려는 이승만의 의도에 부합하는 바였다. 상기 국회의원 5인보다 반민 혐의가 더 무거운 윤치영·김동원·장면(張勉)·이재학(李在鶴) 등이 조사 대상에서 제외된 사실은 이를 반증한다.[166)

이인에 따르면, 반민특위가 약화된 상태에서도 대통령 이승만은 계속해서 반민특위에 압력을 가했다. 대통령이 대한제국 황실의 사가 종손(私家宗孫)으로서 일본에게서 자작(子爵)의 작위를 받은 이기용(李琦鎔)을 내보내 달라고 직접 요구했고, 또 이미 심리(審理)에 회부된 노덕술을 석방하라고 여러 차례 압박했다. 아무리 대통령이라 하더라도 법치에 어긋나는 일이었다. 이들 두 사람의 반민족행위는 도를 넘은 수준이었으므로 그냥 석방하기에는 도저히 어려웠다. 결국 노덕술은 만성기관지염 등 다섯 가지 병명으로 재판부에 보석을 신청하였고, 특별재판부의 결의에 따라 1949년 7월 23일 10만 원의 공탁금을 걸고 병보석되었다.[167) 이때 그는 1심에서 무죄를 언도 받고, 검찰이 공소하여 2심 재판이 진행되던 중이었다.

반민자 공소시효를 5일 앞둔 8월 25일, 이인은 사실상 반민특위 활동의 종료를 선언하였다. 그는 이 날 출입 기자단과 문답하는 자리에서, 반민특위의 중점 활동 전반에 답하였는데, 위원장으로 취임한 뒤 견지하였던 방침을 그대로 재천명하는 수준이었다. 첫 번째는 반민 피의자의 조사 정도를 묻는 질문이었다. 이에 그는 25일 현재 "남한전역에 미조사 피의자 약4백명중 방금 3분지1정도 조사를 완료하였으며 공소시효 기한내에 완전한 조사완료는 기대키곤난하다"는 요지로 답하였는데, 이는 사실상 반민특위의 조사 활동이 끝났음을 의미하였다. 이어 정부 공무원 가운데 반민자는 대부분 조사를 완료하였으나 행정부에서 선처하기를 요청하였으며, 군경(軍警) 내 반민자 조사의 진행 정도를 묻는 질문에는 "지금무어라고말할수없다"고 답변을 회피하였다.[168]

마침내 1949년 8월 31일 반민자 공소시효 만기일이 되자, 이 날 반민특위 위원장 이인을 비롯해, 관계 국가기관의 장(長)들이 반민특위의 사무 시효 만기와 관련한 담화를 발표하였다.[169] 이인은 담화에서 「반민법」의 제정 취지, 반민특위 활동 결과 등을 언급하면서 "일방에서는 용두사미(龍頭蛇尾)로 끝인다고비난"하는 소리를 의식한 듯, "혁명후반간(反奸)을 처단하데거괴(巨魁)만 섬멸하고나머지는관대히 하는것이인정(仁政)을펴고민심을수습하는 도리가되는것이다"라고 반민자 처리의 원칙을 재천명하였다. 그는 "사람을 벌함에는 그사람을 벌하는것이안이요 반민정신의 죄를징게하는것이목적이니이정도의 처단으로족히이일징백(以一懲百)의효과를거두어서 민족정기를바로 잡을수가 있으리라고 생각한다"고 그간 반민특위의 업적을 자평하였다. 이어 그는 "더욱38선은 가로막킨채시국은 혼란하고 인재가부족한 때에 반민족 처단을지나치게하는것은 민족국가를위하여라도 도리가 되지안는것이 라고생각 하지않을수없다 이러한 견지에서 교육자나 공무원에 대하여는 특별한조처를 하였다는것을부언한다."라고 반민특위 활동의 최종 결과를 합리화하였다.[170] 이 날 국회의장 신익희도 "용두사미는 면했다"고 표현하면서, 반민특위의 업적을 높이 평가하는 담화를 발표하였다.171) 이인이 자평한 바와 동일한 논리였다.

반민특위 위원장 이인이 활동 종료를 선언하자, 반민특위도 활동을 마감하는 단계로 들어갔다. 공소시효가 끝난 지 닷새 지난 9월 5일, 반민특위는 중앙과 지방 책임자들의 연석회의를 개최하여 사무 시효에 따른 사업의 총결산과 금후 대책을 토의한 뒤, 공식 활동을 끝내고 잔무 처리에 들어갔다. 이 날 오전 회의에는 반민특위 위원장 이인이 개회사를 하였고, 국회의장 신익희가 훈시를 하였으며, 대법원장(김병로)·국무총리(이범석)·내무부장관·법무부장관(권승렬)이 참석하여 치사를 하였는데, 모두 일색으로 반민특위의 '업적'을 높이 치하하였다.172)

9월 7일 이인은 반민특위의 사업이 종말을 보았고, 자신이 현재 국회 내 법전편찬위원회의 일을 보고 있는 관계로 매우 바쁘다는 이유를 들어, 돌연 국회의장에게 위원장직을 사임하는 사표를 제출하였다.173) 9월 19일 개회된 제5회 국회임시회 제1차 본회의에서, 이인은 반민족행위처벌법 위반 피의자 처리 결과를 보고한 뒤, 특위의 위원장직의 사임을 요청하였다. 본회의는 이를 논의·표결한 결과, 반민특위 관계의 잔무 처리가 끝날 때까지 동 사표 수리를 보류하는 쪽으로 결정하였다.174)

이인의 사표가 부결 처리된 9월 19일에도, 이인은 반민특위의 사업을 종결시키는 작업을 계속하였다. 그는 이 날 개회된 제5회 국회임시회 제1차 본회의에서, 반민특위 위원장의 자격으로 반민족행위처벌법 위반 피의자 처리 결과를 보고함으로써 특위의 사무가 완료되었음을 국회에 통고하였다. 그는 이 보고에서, 반민특위가 1949년 1월 5일 본격 사무를 개시한 이래 8월 31일까지 240일간, 중앙과 각 도를 통하여 총 취급 건수 688건으로, "반민법 운영은 결국 도피자와 조사 불능 지역에 있는 자를 제외하고는 일단락을 지었음을 보고한다."고 결론 지었다. 또 국회 내 피의(被疑) 5의원 건도, "그 행위를 검토하고 정상을 작량(酌量)해서 일반적 표준에 의거해서 조사에 그치고 입건치 않았다."고 보고하였다.175)

9월 21일 이인 외 48인이 긴급동의안으로, 「반민족행위처벌법」 개정안과 「반민족행위특별조사기관조직법」·「반민족행위특별재판부조직법」 폐지안을 국회에 제출하였다. 「반민법」 개정안은 반민행위의 제반 처벌 집행기관과 관련하여, 반민특위가 진행해 왔던 업무를 대법원과 대검찰청이 계속 수행할 수 있도록 하는 내용의 법안이었다. 이튿날인 9월 22일 열린 4차 국회 본회의에서, 이인은 단상에 올라 법안 제출자로서 개정 법률안을 제안한 이유와 내용을 설명하였다.176) 동 법안들은 토의를 거쳐 표결에 부친 결과, 재석의원 122인 가운데 98대 8의 절대 다수의 찬성으로 개정안이 원안 그대로 통과되었다.

당시 신문보도에 의거하여, 이인이 제안한 개정 법률안의 내용을 요약하면 다음과 같다. 「반민법」은 이미 시효 만료가 지난 지 오래이므로 특위(特委)·특재(特裁)·특검(特檢) 등 기관은 사실상 필요성을 느끼지 않으므로 이 사업을 간안화(簡案化)하기 위하여 「반민족행위특별조사기관조직법」과 「반민족행위특별재판부부속기관조직법」을 폐지한다 ; 본 법에 의거한 잔무 처리는 단심제(單審制)로써 대법원에서 행하게 하며, 범죄수사·소송절차와 형의 집행은 일반 형사소송법에 의거하며, 수사와 기소는 대검찰청 검찰관이 행하고, 수사 또는 심리 중의 사건도 대검찰청 또는 대법원에 속하게 한다.

이인이 이상의 내용을 역설한 뒤, 허영호(許永鎬)·정준(鄭濬) 의원 등이 반대 의견을 제시하였으나 개정안 채택 여부를 표결한 결과 통과되었다. 「반민족행위처벌법」 중 개정 법률안은 다음과 같다. 제9조부터 제27조까지 전문(全文) 삭제한다. 제28조를 좌(左)와 여(如)히 개정한다. 본 법에 의한 재판은 단심판제로 대법원에서 행한다. 범죄수사 및 소송절차와 형의 집행은 일반 형사소송법에 의한다. 수사 및 기소는 대검찰청 검찰관이 행하고 수사 또는 심리중의 사건도 대검찰청 또는 대법원에 계속(繫屬)한다.[177]

이인이 긴급동의안으로 제출한 법률안은, 동 법안에 의거하여 앞으로 반민특위의 업무를 이양 받을 대법원장·검찰총장과도 협의를 거치지 않은 독립된 행동이었다. 「반민법」 개정안이 국회에서 통과된 다음날인 9월 23일, 대법원장 김병로와 검찰총장 김익진은 난색을 표명하는 담화를 발표하였는데, 김병로는 이인에게 서운한 감정까지 담았다. 김병로는 "나한테는이에대하여 사전연락이없었다 특위특검특재3부의 존폐문제라면 한번쯤은나에게의논이있었을것인데 아마이인(李仁)씨등은 국회의원의자격으로서 독립적행동을한것같다 특별재판부의업무를전부대법원에 넘긴다면현재의 대법원상태로는 도저히신속히 동사업을처리하기는어렵다"고 강경하게 말하였다. 김익진도 "내게도아무사전 연락이없었다 대검찰청으로는 아무준비도계획도 없었다"고 난감해 하였다.[178] 선배이자 평생 동지 관계였던 김병로와도 상의하지 않은 채, 이인은 이승만의 막료로 반민특위의 위원장직을 마무리지었다.

동 법안은 정부로 이송되어 10월 4일 각각 「법률 제54호, 반민족행위처벌법 중 개정법률」·「법률 제55호, 반민족행위특별조사기관조직법 급(及) 반민족행위특별재판부조직법 폐지에 관한 법률」로 공포되었다, 이에 따라, "아직도 반민자에 대한 국민의 격분을 완전히 설분

시키지 못한" 채 「반민법」과 반민특위 · 특별검찰부 · 특별재판부는 완전히 폐지됨으로써 활동을 정지하고 해체하였다.[179]

4) 반민족행위특별조사위원회 총평

반민특위가 활동하는 동안 취급한 반민자는 총 688건(반민특위가 공식 집계한 숫자), 특별검찰부에 송치된 반민 피의자는 모두 599명이었다. 이 가운데 영장이 발부된 자는 408명이었으나, 체포된 자는 305명(미체포자 73명)이었으며, 자수 61명, 영장 취소가 30명이었다. 반민특위의 조사위원이 교체되기 전에는 381명에게 영장이 발부되어 263명이 체포되었으나, 조사위원이 교체된 이후에는 27명에게 영장이 발부되어 체포된 자는 42명에 불과하였다. 이 숫자는 조사위원이 교체된 이후의 반민특위 활동이 미온 · 부진하였음을 단적으로 보여준다.[180]

검찰에 송치된 자 가운데 기소된 자는 221건인데 대부분이 풀려났으며, 재판이 종결된 자는 모두 38건이었다. 이를 분류하면, 체형 12건, 공민권 정지 18건, 무죄 6건, 형면제 2건이었다. 여기서 보듯이 반민특위 활동 기간 중 실제로 재판을 받아 체형이 선고된 반민법 해당자는 악질분자인 12명뿐이었고, 5명은 집행유예로 풀려나 실제 처형을 받은 숫자는 7명에 불과했다. 그나마 이들도 이듬해 봄까지 재심 청구 등으로 감형되거나 형집행정지 등으로 흐지부지 풀려났으므로, 반민자들을 숙청하는 작업은 실효를 거두지 못하고 끝나고 말았다. 이후 대법원과 대검찰청은 1950년 3월 말까지 미결로 남아 있던 반민법 위반자들을 처리하는 공판 업무를 수행했으나, 대부분이 역시 무죄 또는 가벼운 자격정지형으로 정도로 끝났다.[181] 파란 많고 곡절도 많았던 반민자 단죄 작업은 엉거주춤한 상태에서 이렇게 일단 매듭지어졌다.

많은 교양서에서 대부분 언급하듯이, 이러한 결과는 프랑스와 현저하게 대비된다. 프랑스는 1940년 6월 14일 독일군이 파리에 무혈 입성한 뒤, 1944년 8월 25일 연합군이 파리를 해방할 때까지 4년 남짓 나치 독일의 점령하에 있었다. 한국의 일제 식민지 기간인 35년의 약 9분의 1에 해당하는 기간이었으나, 대독(對獨)협력 혐의자들 가운데 39,900명에게 실형을 선고하였으며, 2,071건의 사형 선고가 있었다. 전범 국가인 일본에서조차 21만여 명의 공직자를 추방하였음[182]을 떠올린다면, 한국의 경우는 그야말로 허망하다고 말할 수밖에 없는 결과였다.

이로써 8 · 15해방 후 민족사의 당면 과제였던 반민자 단죄는, 이승만 정부의 외압을 비롯하여 수많은 파란과 곡절을 겪은 채 종지부를 찍었고, 결과는 한마디로 유두무미(有頭無尾)였다. 당시 언론을 비롯해 오늘날의 연구들에서도,「반민법」시행의 결과를 '용두사미'로 끝났다고 평가하지만, 사실상 꼬리조차 없었다고 재평가해야 마땅하다.

이인은 반민특위의 활동을 "반민특위는 그 동안에 영장발부 4백8건, 기소 1백47건의 일을 했으나 한마디로 해서 용두사미였다."고 평가하였다. 그러나 반민특위의 활동이 이렇게 귀결된 데에는 그의 책임도 적지 않았다. 그는 훗날 자신이「반민법」개정안을 국회에 제출하면서, "반민자들이 국민의 지탄(指彈)과 타기(唾棄)를 받음으로써 이미 과형(課刑) 이상의 처벌을 받았다는 점과 반민법은 남북이 양단된 이 마당에 남한과 월남(越南)동포만을 처단하는 모순을 지니고 있음을 지적했다."고 회고하였다. 이인은 시간이 흐른 뒤에도,「반민법」의 원안에 의거한 반민특위 활동의 부작용을 "그러나 사태는 갈수록 험난해 가는 느낌이었다 그것은 엄밀한 의미에서 일제(日帝) 36년 동안 그들과 전혀 타협아니한 사람이란 없었기 때문이다. 반민특위법을 제정하고 운영하는 법의 근본 정신은 거물(巨物) 반민도배와 현저한 악질들만을 처단하려는 데에 있었으나 당연범이 아닌 선택범의 경우는 난처한 점이 한두 가지가 아니었다. 민성(民聲)에 따라 많은 사람들을 잡아들일수록 원성(怨聲) 또한 없지 않았다."라고 지적하였다. 이어 그는 자신이 반민특위의 위원장으로 「반민법」을 어떠한 원칙으로 운영하였는지를 다음과 같이 밝혔다.

> (자료 2-4-N)
> 정부의 기초 확립도 그다지 견고하지 못한 때에 중점적인 처단에서 벗어나 지엽적인 처단으로 흐를 염려가 없지 않았고, 그 법 자체가 소급법(遡及法)의 성격을 띤 것인 만큼 시간을 오래 끌수록 범죄의 과실을 뉘우치기보다는 오히려 반감을 살 우려가 없지 안았기 때문에 … 정부의 기초 확립 이전에 너무 광범위하게 다룬다면 득책(得策)이 아니라고 나는 보아 친일거두(親日巨頭)와 악질만을 처단하고 그 나머지는 손을 대지 않기로 한 것이 특별법의 운영에 대한 나의 입장이었다.[183]

그러나 「반민법」·반민특위와 관련한 위의 언급은 자기 모순을 드러낸다. 스스로 「반민법」을 서둘러서 종료시키고 '용두사미라'고 자평함이 그렇고, 1949년 8월 31일의 담화 및 1970년 무렵의 자평은 논리와 어조가 사뭇 달랐다. 이인은 반민특위를 증언하는 글에서는 "나는 독자적으로 일을 과감하게 처리해 나갔다. …과도기적인 성격을 띤 반민특위의 총책(總責)을 지고 그런 대로 운영의 묘를 거두게 되었다.", "내가 위원장의 직책을 맡으면서도 그 기능(반민특위의 : 인용자)은 다시금 회복되어 갔다.", "현시점에서 회고해 볼 때 특위의 활동이 그리 무기력했다고는 보지 않는다. … 그러나 우리가 그 활동을 지나치게 장기화(長期化)하지 않고 오히려 본래 규정해 놓았던 공소시효를 앞당기면서까지 단기적으로 특위 활동을 매듭지은 것은 민족정기를 앙양하면서도도 민원(民怨)의 증대를 감안한 현책(賢策)이었다고 나는 자위한다."고 회고하였다.[184] 시차를 두고 이인이 이렇게 상반된 자평을 한 데에서, 반민자 처리에 관하여는 시간에 따라 소회가 바뀌었음을 확인하게 되는데, 그가 자신의 반민특위 활동과 세평(世評) 사이에서 갈등하고 버정거렸음을 짐작케 한다.

「반민법」을 폐지하자는 이인의 논리는 상식에서도 이해하기 어렵다. 범죄 사실이 응분의 과형(科刑)이 아니라 세간의 지탄과 비난으로 이미 처벌되었다는 주장은 법률가답지 못하다. 또 대한민국의 통치권이 미치는 범위 안에서 「반민법」을 시행할 수밖에 없는데, 북한 지역에 「반민법」을 시행하지 못하므로 형평성에 어긋난다는 주장도 사리에 어긋난다. 북한에서도 자기들 방식으로 반민자를 숙청하였음은 이 당시도 이미 다 아는 사실이었다('월남 동포'라는 말이 이를 보여준다). 분단이라는 여건을 들어 반민자 처리 문제를 운위함은 수긍하기 어렵다.

이인은 자신이 김상덕의 후임으로 반민특위의 위원장을 수행한 때를, 다소 불편한 심기로 "나는 제헌국회가 끝날 때까지 나머지 8개월간 사법(法司)위원장을 맡기도 했으나 반민특위의 뒤치닥거리로 임기를 모두 보냈다고 해도 과언이 아니었다."고 술회하였다. 그러나 대통령 이승만은 그의 '뒤치닥거리'에 만족하였고, 서울에 있는 반민특위 위원과 직원 일동을 경무대로 초청해서 파티를 열고 노고를 치하했다.[185] '뒤치닥거리'라는 표현은 이 시기 이인의 심정을 적절하게 반영한다고 생각한다. 그는 이승만의 막료로 애초 「반민법」 자체를 반대하였으므로, 반민특위의 위원장으로 재직하는 동안 반민특위의 사무를 서둘러 종결하는 '뒤치닥거리'로 일관하였다.

이인이 「반민법」 개정안을 제출한 뒤, 반민특위의 활동을 총결산한 한 주간지는, 국회에서 「반민법」이 개정되고 반민특위의 정부위원장을 비롯해 위원들이 전원 사퇴한 사태를 다음과 같이 총평하였다.

> 특위는 종래의 기반을 닦은 정·부위원장을 잃게 되었으며 이것은 특위로서 아니 3천만으로서도 커다란 비극이 아닐 수 없었다. 이 때부터 민중들은 모두 특위 사업이 화장터로 간 것을 위정자보다도 그 누구보다도 더 잘 알고 있었던 것이다.

이 주간지는 이인을 지칭하면서 반민특위가 재구성된 뒤의 활동을 다음과 같이 평가하였다.

> 이인 위원장을 비롯하여 4, 5인의 중앙의원이 특위의 업무를 계승하게 되었으나 그 실은 엄격히 따지면 정리단계에 이른 때라 실질적인 활동이란 거의 없는 정도였다.
> 더구나 반민자의 체포는 정돈상태에 빠졌고 불구속 문초로써 모든 것을 그럴 듯하게 처리하였다. 도피한 반민자를 체포할 것 같이 큰 소리를 치며 시위했으나 결국은 수포로 돌아가고 말았다. 지방에만도 미체포 반민자가 400여 명이 남아 있다고 이인 위원장은 절규하였으나 결국은 4분지 1도 잡지 못하고 문을 닫았다. 그뿐만 아니라 종로 네거리를 활보하는 친일 거두 및 공무원으로 있는 반민자를 뻔히 보고도 잡지 못하였으며 국회 내의 자가숙청도 흐지부지 해 버리고 말았다.
> 이로써 반민특위의 거대한 사업은 글자 그대로 용두사미로 막을 내리게 되었으니 그 근본적 원인을 크게 나눈다면…186)

위의 인용문은 당시의 민의(民意)와 여론을 정확하게 반영한 세평이었다. 반민특위를 연구한 학자는, 신임 반민특위의 조사위원장 이인과 부위원장 송필만이 반민자 처리를 반대하였거나 「반민법」의 약화를 주장하였음을 지적하면서, 두 사람의 활동상을 다음과 같이 평가하였다.

> 이들이 특위 간부로 선출된 후 친일파를 체포하기는커녕 기존 특위가 취급한 친일파도 형식적으로 처리하여 반민특위 활동이 '용두사미'로 끝나는 결과를 초래케 했다. 더구나 이인은 특위 해체를 주요 내용으로 하는 「반민법」 개정안을 제출하였으며, 그나마 기소된 친일파도 제대로 처벌하지 못하는 결과를 초래한 장본인이었다.187)

「반민법」이 무력화되자, 이후 반민자로 규정되거나 혐의를 지닌 자들은 모두 면죄부를 받았다. 개인의 영달을 위해 민족을 배반하고 일제에 적극 협력하였던 자들이, 해방된 신생국가에서 심판을 받기는커녕 식민지시기 누렸던 특권을 세습하면서 한국사회의 주류 세력으로 부상한 현실이야말로 민족정의가 부재(不在)하였음을 증명하였다.188)

8·15해방 후 한국민족사의 과제였던 반민자 처단이 도로(徒勞)에 그치고 실패로 끝난 결과는, "독립운동을 하면 삼대가 망하고, 친일을 하면 삼대가 흥한다."·"독립운동가의 자식은 거지가 되고, 친일파의 자식은 호의호식한다."는 말들을 낳고 말았다. 엄연한 사실로 입증된 이 말들은, 지금까지도 한국사회의 현실에서 단적으로 드러난다. 이러한 말들 속에 담겨 있는 짙은 비관은 대한민국 사회에 역사 허무주의를 조장하는 한편, 사회정의라는 공공성을 냉소하며 무력화시키는 결과를 가져왔다. 이 평전에서 이인의 반민특위 활동을 길게 서술한 이유이다.

제5장

친여 성향에서
반독재 민주화운동으로

1. 6·25 피난 시절과 국난 수습을 위한 노력[1]

이인이 5 · 30총선거에서 낙선한 지 채 한 달도 되지 않아, 민족의 최
대 비극인 6 · 25전쟁이 일어났다. 그는 선거에서 패배가 쉽게 인정되
지 않았는지, 이훈구(李勳求)의 득표 수에서 계표(計票)의 착오 여부
를 확인하기 위하여 이훈구와 동행하여 대전으로 내려갔는데, 6월 25
일 이곳에서 북한이 남침하였음을 들었다.

제1대 국회의원인 이훈구는 5 · 30총선거에도 충청남도 서천구(舒
川郡)에 대한노농당의 당적으로 출마하여 차점(13,744표)으로 낙선하
였다. 이 지역에서는 모두 7인이 입후보하였는데, 국민회 소속으로 나
온 토막이 출신 구덕환(丘德煥, 서천군 서천면 舒司里, 직업 의사, 국
민회 서천 지부장)이 14,017표로 당선하였다. 차점자인 이훈구와는 불
과 273표였다.[2]

이인은 이훈구와 함께 6월 25일 새벽 대전으로 내려갔다. 이인이 경찰국장들과 오찬을 마친 후 충남도청에 들렀는데, 벌써 북한이 남침하였다는 무전이 와 있었고, 그는 곧바로 상경했다.

이튿날 오전 동두천초등학교 교사였던 박창원이 황급히 찾아와서, 동두천이 벌써 함락되고 지금쯤은 의정부도 함락되었을 터라는, 차마 믿지 못할 사실을 전하였다. 이 말을 듣고서, 이인은 곧 대법원으로 갔다. 당시 김병로는 왼쪽 다리를 절단하는 큰 수술을 받고 퇴원한 뒤, 관사에서 요양하며 업무를 보고 있었다. 그는 은연중 사퇴를 종용한 이승만에게 굴하지 않고, 장기 요양하면서도 의족(義足)에 의지한 '척각(隻脚)의 대법원장'으로서 업무를 수행하였다.[3]

앞에서 이미 언급하였듯이, 이인은 법전편찬위원회의 부위원장으로 활동하였는데, 7·8개월여 동안 6법의 기초를 다지는 법전편찬위원회를 주재해 왔다. 법전편찬위원회는 출범한 이후 헌법을 제외한 민법·형법·상법·민사소송법·형사소송법과 기타 부속 법전을 매일 연구·토론하며 초안을 작성하고 있던 중이었다. 이인은 만일에 대비하여, 관계자인 서기관(書記官)들에게 법전 관계의 일체 자료와 기안(起案)만을 수습하여 즉시 한강을 건너라고 지시하였다.

이인은 다시 정세를 파악하러 내무장관에게 갔지만, 장관은 국회에 가 있었으므로 사태를 파악하기 곤란하였다. 그는 집으로 돌아오는 길에 중앙청에 들러 이승만 대통령을 만났는데, "평소 극성스럽던" 모습은 보이지 않고 만면에 수심이 가득 찼으므로 위로의 말을 건네고 돌아왔다. 그 날 초저녁부터 동네에는 군(軍) 차량 소리와 인마 소리가 끊이지 않았다. 이인은 심상치 않다는 예감에 휩싸여 밤새 전전반측하다 겨우 눈을 붙였다.

6월 27일 새벽 이인은 동네 사람들 모두가 피난을 떠났고 자기 집만 남았다는 소리에 잠에서 깨어났다. 그는 윤치영에게서 정부와 국회는 서울을 버리고 대전으로 옮겼으니, 지금 곧 한강을 넘어가라는 연락을 받았다. 이인은 가족들과 논의한 결과, 북한군이 아무리 포악무도하더라도 노인과 어린아이는 해치지 않으리라 판단하고, 눈물을 머금은 채 큰아들만을 데리고 서울역으로 갔다. 길가에는 남부여대(男負女戴)의 피난민들로 대혼란이었고, 서울역 구내는 그야말로 인산인해(人山人海)였다.

이인은 부산행 표를 3매 구입하였으나, 부산행 기차는 출발 중지 명령을 받고 움직이지 않았다. 그는 간신히 휘발유를 구해 한강으로 향하던 중, 이종현(李宗鉉) 전(前) 농림부장관을 만나 동행했으나, 한강을 채 못가서 벌써 피난민으로 길이 막혔다. 이인이 타고 있는 지프차 역시 통과를 금지당하였다. 그는 생각다 못해 길 상점에서 지필묵(紙筆墨)을 구하여 '비상용'(非常用)이라 써 붙이고, 도강(渡江)을 강행하려 하였으나 역시 제지당하였다. 그는 큰소리로 "눈이 없나 차에 붙인 것 보이지 않아. 모(某)중대사명으로 가는 거야"라고 반말로 노호(怒號)하며 강력히 전진해서 가까스로 강을 건넜다. 이인은 이때 미안하게도 거짓말을 하지 않았다면 "내 생명은 공귀(共鬼)의 젯밥이 되었을 것이다."라고 회고하였다.

이인이 수원군청의 임시사무실인 수원읍 사무소에 도착하니, 서울의 각계 요인이 다 모여 있었고, 군수는 잠시나마 앉을 자리로 수원농대 회의실을 주선해 주었다. 삽시간에 모인 각계 인사 70·80여 명은 다들, 서울 시민을 버리고 도망간 정부의 불신(不信)에 노기(怒氣)를 띠었다. 이들은 전현직 각료를 구별하지 않고 함께 비상 각의를 열었는데, 전직 각료는 이인 혼자였다. 이인은 임시 각료회의의 의장으로 선임되어 회의를 주재하였다. 임시회의에서는 정부는 즉각 서울로 귀환하고, 대전으로 간 이승만 대통령도 즉시 서울로 돌아오라고 의결했다.

이인이 서울을 떠난 다음날인 6월 28일 새벽, 신성모(申性模) 국방장관이 명령하여 한강철교를 폭파함으로써 교통은 완전히 두절되었다. 이 사실을 모르고 다리를 건너던 사람과 차량은 한강 물 위에서부터 쌓이고 쌓여, 물에 빠진 차량이 폭파된 한강다리 위에 닿을 만큼 쌓이었다.

한강교까지 폭파되자 모든 정세가 암담하였으므로, 이인도 대전으로 향하던 도중에 김도연·강성태(姜聲邰, 전 재무부 관세국장)를 만나서, 이들과 함께 그의 차로 대전에 도착했다. 다음날 아침 이인은 충남도지사실 부근에 방을 마련하고 한참을 생각한 끝에, 백지(白紙)에 '서울인사(人士)집회소(集會所)'라고 써 붙였는데 불과 한 시간도 되지 않아 30여 명이 모여들었다. 이인은 이 자리에서 회칙(會則) 등을 마련할 겨를도 없이 비상시국대책위원회를 구성하고, 부서도 지명식(指名式)으로 제의하자 일동이 찬성하였다. 즉석에서 구호(救護)에 김도연, 섭외에 조병옥(趙炳玉), 재무에 구용서(具鎔書, 한국은행 총재), 총무에 이인을 지정하고, 비상시국대책위원회를 합의체(合議體)로 운영하기로 결정하였다.

이인은 우선 국회의장 신익희(申翼熙)와 함께, 대전역 광장에 모인 피난민을 위로·선무(宣撫)하는 연설을 한 뒤, 한국은행에서 희사한 50만 원으로 피난민을 구호하는 일에 나섰다. 이 작업은 불과 반나절 만에 상당히 신속하게 처리되었다. 그러나 기아에 헤매는 피난민은

줄어들지 않았고, 대전 시내는 인산인해를 이루었다.

이때 이인이 숙식하던 곳은 대전 시외였는데, 이인에게 숙소를 주선해 주었던 김연도(金聯道) 지부장이, 6월 29일 새벽 5시경 찾아와서 북한군이 10리 밖까지 육박하였으므로, 대전이 함락되기는 시간문제이니 시급히 피신하라고 말했다. 이인은 곧 도청으로 나갔다. 그곳에서 신성모를 만났는데, 정부는 전주로 천도하였고 피난 인사들이 승차하는 중이니 그들과 함께 떠나라고 권했다. 이인은 대전 이남의 경상도 지역은 그 시간까지는 아직 무사하다는 소식을 듣고서 대구로 향하였다.

이인은 대구에 유숙하면서 국체호지(國體護持) 및 국난극복과 선무공작을 하기 위해, 초대 국회의원들로 제헌동지회(制憲同志會)를 조직하자고 제의하고, 이를 결성하기 위하여 회장직을 맡았다. 1950년 7월의 일이었다.[4] 6·25전쟁 당시 정부에서 민심안정과 국군위문을 위하여 제헌국회 의원들을 동원하였는데, 이러한 활동이 계기가 되어 1951년 10월 임시수도인 부산에서 제헌동지회가 결성되었다.[5] 이인이 피난 도중 제헌동지회를 만든 목적은, 전쟁을 당해서 국난을 극복하는 일환으로 선무 공작에 힘쓰려는 데 있었지만, 이럴 때일수록 법질서를 지켜야 한다는 호헌(護憲)의 신념에서 출발하였다. 그는 이후에도 23년 동안 7차례나 제헌동지회의 회장을 중임(重任)하였다.[6]

제헌동지회는 결성된 이후인 10월 21일, 환도(還都)한 뒤 첫 총회를 서울 종로의 동(同) 회관에서 개최하였다. 이 날 회의에서는 통일조국 재건에 대처하기 위하여 총재 이승만, 부총재 신익희, 회장 이인, 부회장 송필만(宋必滿)·장기영(張基永) 등으로 임원을 개선·강화하였다. 또 이북 탈환(수복) 지역에 긴급 선무 공작을 도모하기 위하여, 군당국과 협조하여 공작 인원을 파견하기로 결의하였다.[7] 이를 보면, 제헌동지회는 신익희·송필만 등 야당인 민주국민당 출신도 참여하였으나, 전시 기간 동안 이승만정부의 정책에 부응·협조할 목적에서 결성되었고, 초기 단계에서는 이러한 방향으로 사업을 전개하였다.

이인은 8월 16일까지 전 대구지검장 김장섭(金長燮)의 집에 유숙했다. 이 날 북한군의 박격포가 대구역 부근까지 날아왔고, 일반인의 부산행은 금지되었다. 치안국만 남긴 내무부와 국방부를 제외한 정부의 다른 부처와 기관은 이미 대구를 떠나 부산으로 옮겨갔다. 8월 17일 임시 각의에서 조병옥 내무장관은 대구 철수와 부산 천도를 역설하였고, 대구를 철수한다는 포고문이 나붙자, 피난민들이 또 한번 대거 이동하는 난리를 겪었다. 이인도 제헌의원의 대부분이 이미 부산으로 옮겼다는 소식을 듣고, 그 날 오후 경북도경 미국인 고문의 통행 허가증을 얻어 부산으로 내려갔다.

그해 9월 28일에는 국군과 유엔군이 신의주까지 진격했고 인천에 상륙하여 서울을 수복했다. 10월 4일 정부는 구축함 1대로 부산에 있던 국회의원과 정부 요인을 인천까지 이송하였고, 이인도 제헌의원들과 함께 이 배를 타고 인천과 마포를 거쳐 서울로 돌아왔다. 집은 폐허가 되었지만 다행히 가족들은 무사했다. 이렇게 전세가 호전되는 듯했으나, 중국군이 한국전에 참전한다는 소문이 나돌아 시민들의 인심은 흉흉하였고, 또 다시 피난짐을 꾸려 미리 서울을 떠나는 사람들도 많았다. 이인은 이때 종로에 있는 제헌회관에서, 정준(鄭濬) 의원과 함께 피난민 구호와 선무 공작을 하고 있었는데, 시민들의 움직임을 보고서 12월 10일 다시 피난길을 떠났다. 2차 피난이었다.

많은 사람들이 우려했던 대로 서울을 수복한 기쁨은 잠시였다. 1950

년 10월 중국군이 개입하면서, 국군과 연합군은 다시 후퇴하기 시작하였다. 1951년 1월 4일에는 서울을 철수하였고, 이 날 전국에 계엄령을 선포하는 한편 정부와 각 기관을 부산으로 이전했다. 이보다 일찍 피난길에 오른 이인의 일가족은 영등포역으로 향하였다. 범람하는 피난민으로 아수라장이 된 상황에서, 화물이 만재(滿載)된 차대(車臺) 위에 불문곡직 올라타고 4일 만에 부산에 당도했다. 역전의 노변에 모여 앉은 식구들의 모습은 초라하기 그지없었다.

이인의 가족들은 부산에서 아는 집을 겨우 찾아 하루를 묵었지만, 많은 식구들이 마냥 의탁할 수 없어 다음날 다시 대구로 갔다. 대구 역시 인심이 흉흉하기는 마찬가지였다. 이때 이인은 야인(野人)의 몸이었고, 8남매의 식솔에다가 노모(老母)를 모신 큰 식구들이 남의 집 문간방을 얻어 피난살이를 했으므로 궁색함이란 말로 표현할 수 없었다. 전황(戰況)이 더욱 급박해지니까, 서울에서 피난 온 정부의 요인들은 또 다시 부산으로 떠나버렸지만, 일반인들은 허가 없이는 부산 피난을 가지도 못하였고, 돈마저 없으니 오도가도 못할 형편이었다. 마침 이웃에 피난 와 있던 신석우(申錫雨)가 가족을 이끌고 부산으로 가는 차편에, 5살 난 막내아들인 6남 균(鈞)을 부산에 피난한 아이들의 고모 댁에 부탁했다. 어차피 대구가 함락되면, 가족 모두가 죽게 되니, 노모와 8남매가 함께 이동할 수 없는 상황에서, 핏줄이야 남겨두자는 비장한 생각에서 사별하다시피 막내아들과 헤어졌다.

이인은 이처럼 속수무책이던 형편이었는데, 아들 균을 부산으로 보낸 지 4·5일 후, 언제 누구에게서 나의 딱한 소식을 들었던지, 문시환(文時煥)이 뜻밖에 이인을 찾아와서 다짜고짜 "짐을 싸시오."라고 말하였다.[8] 문시환은 식민지시기 제2차 의열단 사건에 연루되어 구속되었는데, 이인이 변론하여 무죄로 풀려난 바 있었다[제1편 제2장-2-1)을 참조]. 그는 해방 뒤에는 제헌국회 의원으로 당선이 돼서 이인과 함께 의정단상(議政壇上)에 섰고, 경남도지사를 거쳐 6·25때는 워커(Walton H. Walker) 장군의 특별고문으로 활약하던 중이었다.

문시환은 워커 장군에게 이인의 딱한 처지를 말했더니 차를 한 대 내주었다고 하였다. 이렇게 이인은 문시환의 배려로 미군차를 타고 곧 대구를 떠났다. 평소 같으면 3시간 걸리는 거리이건만 부산까지 1시간 40분이 걸렸다. 신형GMC에 미군 4명의 호위까지 붙였으니 검문도 없이 질주하였다. 이인은 부산에 도착하였으나 갈 곳이 없기는 마찬가지였고, 이곳에서의 사정 역시 구차하기 이를 데 없었다. 전직 장관이자 국회의원이었던 자신의 형편이 이러할진대, 힘없는 민초들의 생활상이말로 형언하기 어려웠다. 그는 이승만정부의 무능과 무책임으로 인한 민중들의 고통을 목도하며 절감하였다.

2. 친여 정치인에서 반자유당 투쟁으로 전환

이인은 피난 생활에서 돌아온 뒤, 1954년 5월 20일에 실시된 제3대 국회의원 선거에서 대한국민당 소속으로 영등포 을구에 출마하여 당선되었다. 이 무렵 대한국민당은 여당인 자유당과 별개로 친여 성향을 띠고 있었으므로, 이인이 대한국민당의 당적으로 입후보한 속사정을 살펴보아야 한다.

6·25전쟁이라는 크나큰 국난 속에서도, 대통령 이승만은 장기 집권의 욕망으로 일관하였다. 1950년 5·30총선거에서 야당이 압승하

자, 대통령간선제(間選制) 아래에서 그의 재선은 불가능해졌다. 이승만은 1951년 11월 30일 임시 수도 부산에서 대통령직선제 개헌안을 국회에 제출하였다. 전쟁의 소용돌이 속에서도 해는 어김없이 바뀌었고, 1952년 1월 18일 국회는 143표의 반대 의견이 찬성 19표(기권 1)를 압도하여 개헌안을 부결시켰다.

궁지에 빠진 이승만은 국회를 해산할 목적에서, 부산을 중심으로 한 23개 시·군에 계엄령을 선포하였고, 정헌주(鄭憲柱) 등 12명의 국회의원을 구속하는 초강수를 단행하였다. 국내는 물론 국제사회의 여론까지 극도로 악화되자 국회해산은 보류하였으나, 7월 4일 경찰과 군인들로 국회의사당을 포위한 가운데 기립 투표 방식으로 개헌안을 강제 통과시켰다. 출석의원 166명 중 찬성 163표, 반대 0표, 기권 3표였다. 대통령직선제 정부안 및 내각책임제 국회안과 양원제 입법부를 발췌·혼합한 발췌개헌안(拔萃改憲案)이었고, 한국정치사와 헌정사에 오욕으로 기록되는 부산정치파동이었다.

이승만은 재선과 독재정권의 기반을 마련하는 과정에서, 자신의 정권욕을 충족하고 지탱할 정당이 절대 필요하였다. 그가 1951년 8월 15일 '광복절기념사'에서 새 정당을 결성하겠다는 의사를 밝힌 뒤, 12월 23일 원내와 원외에서 자유당을 당명으로 하는 두 개의 여당(이른바 원내자유당과 원외자유당)이 출발하는 기이한 사태가 발생하였다. 동명(同名)의 두 당은 세력 다툼을 벌이다가, 1952년 9월 18일 합동하였으나 내분은 끊이지 않았다. 그러다 1953년 12월 들어 이범석(李範奭)의 족청계가 제명되고, 새로 총무부장(겸 수석중앙위원)으로 선출된 이기붕(李起鵬) 체제하의 자유당이 형성되었다. 1960년 3·15부정선거의 발단이자 원흉이었던 이기붕 체제의 자유당은 이때부터 6년 넘게 유지되다가, 4·19혁명 이후 사실상 와해되었다. 5·16군사쿠데타로 집권한 박정희군부가 1961년 5월 23일 국가재건최고회의 포고 제6호로, 모든 정당·사회단체의 해산을 명령함에 따라, 명목으로 유지되던 자유당은 대한민국 정당사에서 사라졌다.

이인이 1954년 5월 20일 실시된 제3대 민의원 선거에서 자유당이 아니라 대한국민당 소속으로 입후보한 이유는, 이승만정권과 친여 세력 내에서 벌어진 권력투쟁과 관계 있었다. 이인은 이승만의 독재성이 드러난 데에는, 이기붕을 비롯한 '인(人)의 장막(帳幕)'에도 원인이 있다고 판단하였다. 그가 이범석의 족청계 아니라 이기붕 계열에 비난의 초점을 두었음을 보면, 이기붕의 세에 밀렸거나 스스로 거리를 두어 자유당에 가담하지 않았으리라 생각한다. 어느 쪽이든 이인이 이기붕과 갈등하면서 이승만의 시야에서 멀어졌고, 친여 세력의 주류에서도 배제되었음은 분명하다. 부산정치파동으로 이승만이 장기집권과 독재의 길로 이미 들어섰는데도, 이인은 자유당에 입당하지는 않았지만, 윤치영(尹致暎)·임영신(任永信) 등 이승만의 친위 세력들과 함께 외곽에서 친이승만 세력으로 남아있었다.

이인은 3대 총선거(민의원)인 1954년 5·20총선거에, 윤치영 등과 동반하여 친여 성향의 대한국민당 소속으로 출마하였으나, 이후에는 윤치영과도 분리하여 이승만·자유당의 헌정파괴에 저항하여 야당의원으로서 반독재 투쟁의 대열에 가담하였다. 이른바 사사오입(四捨五入)개헌이 그의 정치노선의 분기점이었다.

1952년 7월 4일 발췌개헌안을 통과시킴으로써 이승만 재선의 교두보를 확보한 자유당에게는, 이승만의 종신 집권까지 합법화하는 개헌의 과제가 여전히 남아있었다. 무엇보다도 대통령의 1차 중임(重任)

만 허용하고 3선 출마를 금지하는 조항을 삭제해야만 하였다. 자유당은 1954년 5월 20일 실시되는 민의원 선거에서 개헌 정족수인 3분의 2의 의석수를 획득하기 위하여, 개헌을 찬성·추진하겠다고 서명한 후보자들을 공천하였다. 자유당은 목표를 쟁취하기 위하여 대규모 부정선거를 계획·자행하였다. 금권선거와 깡패를 동원한 테러 행위는 비일비재하였고, 유력한 야당 후보였던 조봉암(曺奉岩)이 괴한들에게 후보 등록 서류를 탈취당하여 입후보조차 하지 못하는 사태까지 발생하였다. 자유당은 관권을 버젓하게 개입시킨 폭력 선거에 힘입어, 제1당의 자리를 확보하는 압승을 거두었으나, 개헌 가능한 의석인 136석을 달성하는 데에는 실패하였다. 자유당이 무소속의 인사들을 다수 포섭하여 개헌을 준비함은 예정된 수순이었다.

선거 결과를 정확한 수치로 확인해 보면, 여당인 자유당이 당선자 114명으로 56.2%의 의석을 확보하여 원내 제1당이 되었다. 다음으로 무소속이 68명(33.5%)의 당선자로 2순위를 차지하였고, 제1야당인 민주국민당이 15명의 당선자를 내어 7.4%의 의석수에 불과한 참패를 기록하였다. 개헌 저지의 선봉에 서야 할 민주국민당에게 15석은 초라하다 못해 참담한 성적이었다. 이인이 소속한 대한국민당은 15명의 후보를 내었으나 당선자는 3명(서울 2, 경남 1)뿐이었고, 국민회(國民會)와 마찬가지로 1.5%의 의석수에 불과하였다. 모두 5명이 출마한 서울 중구(中區) 갑구에서 윤치영은 9,392표를 득표하여, 차점자인 자유당 임철호(任哲鎬, 3,585표 득표)를 누르고 당선되었다. 이인은 8명이 입후보한 영등포 을구에서 8,420표를 득표하여, 차점자인 국민회의 유홍(柳鴻, 5,736표)에 낙승(樂勝)하였다. 또 한 명의 대한국민당 소속 당선자는 박재홍(朴在洪, 김해군 갑구, 농업, 12,044표)이었다.[9]

이들 중 이인과 박재홍은 사사오입개헌 파동에서 야당의 길로 들어섰다. 사사오입개헌은 이인이 친여 그룹과 갈라서는 결별점이었다.

1954년 9월 8일 자유당은 "초대대통령에 한해 중임 제한을 없앤다", 즉 종신 집권을 허용한다는 내용을 주요 골자로 하는 헌법 개정안을 국회에 제출하였다. 이 개헌안에는 여당인 자유당에서는 김두한(金斗漢)을 제외한 전 의원이 서명하였고, 윤재욱(尹在旭)을 비롯한 다수의 무소속 의원이 참여하여 개헌 정족수 총 136명을 가까스로 채웠다. 개헌안에는 국회의 내각불신임제 삭제, 국무총리제 폐지 등 내각책임제 요소를 전면 폐지하고 순수한 대통령책임제를 채택함으로써, 대통령의 권한을 헌법상으로 극대화하여 이승만 독재의 합법 장치를 마련하였다. 자유당은 야당의 반대를 무릅쓰고 11월 18일 개헌안을 상정하였고, 11월 27일 비밀투표로 표결하였다. 개표 결과는 재적 의원 203명 중 참석 의원 202명이 참석한 가운데 찬성 135표, 반대 60표, 기권 7표로, 개헌 정족수 3분의 2에서 1표가 부족한 135표(정확히 135.333⋯)로 나타났다. 당시 사회자였던 자유당 소속의 국회부의장 최순주(崔淳周)도 개헌안이 부결되었음을 선포할 수밖에 없었다.

그러나 하루 뒤 개표 결과를 뒤집고 법치주의를 붕괴시킨 상식 밖의 사태가 전개되었다. 11월 28일 자유당 간부회의에서는 수학의 4사5입론을 적용하여, 135.33명은 논리상 성립되지 않으며 0.33은 자연인으로 존재할 수 없다 ; 따라서 반(半)도 안되는 소수점 이하는 삭제함이 이론상 옳으므로 개헌안은 가결되었다고 주장하였다. 이어진 자유당 의원총회는 이를 채택하였다.

다시 하루 뒤인 11월 29일 자유당은 야당 의원이 퇴장한 가운데 가결 동의안을 재상정하였고, 재석 의원 125명 중 김두한·민관식(閔寬

植) 2명을 제외한 123명의 동의로 개헌안을 통과시켰다. 자유당은 개정 헌법을 즉시 정부로 이송하였고, 이승만정권은 당일 공포함으로써 사사오입으로 통과된 개정 헌법은 곧바로 효력을 발생하였다.

이승만은 이렇게 79세의 나이에 소기하였던 종신 집권의 길을 터놓았다. 그는 1956년 5월 15일 대통령선거에 출마하여 3선 대통령의 뜻을 이루었으나 만족하지 않았고, 1960년 3·15 정부(正副)통령선거에 이기붕과 러닝메이트로 출마하여 4선 대통령에 도전하였다. 후술하듯이 단독후보가 되어 버린 그의 당선은 확실하였고, 자유당의 장기 집권과 독재가 또다시 연장되려는 순간에 4·19민주의거가 일어났고, 이승만은 하야(下野)하여 하와이로 망명하였다. 사사오입개헌의 전말과 결과이다.

사사오입개헌은 부산정치파동(발췌개헌)에 이어 한국 헌정사의 또 하나의 수치로 기록되었지만, 이승만·자유당 독재에 대항하는 야당 세력이 결집하는 전기(轉機)도 마련하였다. 11월 29일 무소속 강세형(姜世馨)을 제외한 야당의원 60명 전원이 총퇴장하여, 곽상훈(郭尙勳) 국회 부의장실에 모였다. 이들은 이 자리에서 범(汎)야당 연합전선으로서 단결을 강화하고 대여(對與) 투쟁을 전개할 목적에서, 민의원 위헌(違憲)대책위원회를 조직하는 동시에, 여당의 불순성을 강력하게 규탄하는 성명서를 발표하였다.[10] 여기에는 대한국민당의 이인·박재홍도 포함되어 있었다.

총퇴장한 야당 의원들은 11월 30일 헌법수호와 단일야당 결성을 목표로, 위헌대책위원회를 원내 교섭 단체로 전환하여 호헌동지회(護憲同志會)를 발족함으로써 대여 투쟁을 본격화하였다. 여기에는 민주국민당 14명, 무소속동지회(윤병호를 교섭단체 대표로 등록) 31명,

순(純)무소속 15명 등 총 60명이 단합하였다. 이들 60명에는 대한국민당의 이인·박재홍을 비롯해서, 신익희(申翼熙)·조병옥·곽상훈(郭尚勳)·전진한(錢鎭漢)·김도연(金度演)·윤보선(尹潽善)·장택상(張澤相)·정일형(鄭一亨) 등 이승만정부에서 각료를 지냈던 유력 정치인이 대거 포함되어 있었다. 그러나 윤치영·강세형·장석윤(張錫潤) 등 6명은 호헌동지회 가입을 거부하였다.[11] 11월 27일 개헌안 찬반 비밀투표에서 반대표 60표는 대체로 이들 60명에게서 나왔음을 짐작케 한다.

호헌동지회는 신교섭단체를 구성한 뒤, 12월 3일 국회사무처에 소속 의원 60명의 명단을 제출하였고 부서와 임원의 명단도 발표하였다. 대표 간사는 윤병호(尹炳浩)였고, 이인은 5명으로 구성된 운영위원회(위원장 윤병호)에 정일형·유진산(柳珍山) 등과 함께 속하였다. 이로써 민의원위헌대책위원회는 자동 해소되었다. 이때 윤치영은 도미 중이었으므로 불참하였고, 일부 언론에서는 참여를 예상하기도 하였으나 결국 가담하지 않았다.[12]

약칭 호동(護同)이라 불리는 호헌동지회는 대여 투쟁을 활발히 벌이는 한편, 여당인 자유당을 붕괴시키기 위하여 개별 접촉으로 분열 공작을 전개하여 자유당 소장파 의원들의 집단 탈당을 유도하는 데 성공하였다. 사사오입개헌 파동은 자유당 내에도 후폭풍을 일으켜 탈당하는 의원들이 속출하였다. 12월 6일 손권배(孫權培, 1916년생)가 탈당함을 계기로, 9일에는 김영삼(金永三, 1927년생)·민관식(1918년생) 등 12명이, 10일에는 도진희(都晉熙, 1917년생)가 탈당함으로써 모두 14명의 소장파가 야당 대열에 들어섰다.[13] 대한민국 제14대 대통령이 되는 김영삼은 당시 27세로 최연소 국회의원이었다.

호헌동지회로 범야권연합전선이 형성되자, 단일야당을 결성하기 위한 신당운동이 급속도로 추진되기 시작했다. 12월 2일 '야당연합신당' 결성을 결의한 뒤, 12월 3일 호헌동지회 지도층 7인으로 '신당발기촉진위원회'를 구성하였고, 12월 24일에는 "결속에 기성조직을 초월한다"는 신당발기 취지서까지 발표했다. 여기에 자유당에서 이탈한 14명의 의원이 가담하자, 이어 원외 세력이 조직 차원에서 합류했으며, 광범위한 재야 지도층 인사들도 참여하였다. 신당의 지도이념으로는 "첫째, 공산주의와 일체 비민주적 요소의 배제('반공반독재'의 원칙이라 함)" 등 4개 항이 채택되었으나,[14] 여러 정파들이 참여하고 있었기 때문에 당의 이념 문제를 둘러싸고 난항을 거듭하였다.

결국 1955년 3월 11일에 소집된 호헌동지회 전체회의에서 조봉암의 참여 문제로 격론을 벌인 끝에, 참여를 반대하는 보수파(자유민주파-조병옥·장면·김준연·정일형 등)와 혁신파(민주대동파-곽상훈·宋邦鏞·愼道晟 등)로 크게 갈리었다. 이로써 신당운동은 반자유당 세력의 총결집이라는 당초 취지를 상실한 채, 민주국민당과 원내 자유당의 이탈 세력만으로 추진되었다. 또 다시 우여곡절 끝에 9월 19일 발기인대회와 창당대회를 개최하고, 자유민주파의 신당발기위원회는 신당의 이름을 '민주당'(民主黨)으로 개칭하여 창당에 이르렀다.

이 과정에서 이인은 '민주대동'(民主大同)을 주장하였으나, 자유민주파만의 신당이 창당으로 가닥이 잡혀나가자, 7월 31일 송방용·전진한·장택상 등과 함께 "호동(護同)에 실망을 거듭했을뿐아니라 이제 신당발족(發足)도구체화되었으므로 탈퇴한다"는 요지의 성명을 발표하고 호헌동지회를 탈퇴하였다. 이인을 비롯해 13명의 현직 의원이 이탈함으로써 호헌동지회는 43명(6월 28일 5명 탈퇴)만 남게 되었으나,15) 신당발기위원회는 '민주당'을 신당으로 발족하기에 이르렀다. 이인은 분열로 왜소화한 신당에 동조하지 않았고 무소속으로 잔류하였다.

당시 민주당에 합류한 의원들은 민주국민당계 13명, 무소속동지회계 10명, 무소속 5명, 자유당계 5명 등 모두 33명으로, 신당운동의 모체였던 호헌동지회 소속 의원 60명 중 절반을 겨우 넘은 데 불과하였다. 결국 민주당의 창당은 민주국민당의 기존조직을 기반으로 원내 세력의 일부만을 흡수한 조직 확대였다는 평가를 피할 수 없었으며, 당 결성 이후 한국 야당의 고질인 파벌간의 갈등도 벗어나지 못하였다.16)

이렇게 사사오입개헌 파동을 계기로, 원내의 반(反)이승만·반자유당 세력은 3선의 신익희 전 국회의장을 대표최고위원으로 제1야당 민주당을 창당하였다. 3대 국회 들어 신익희는 이인에게 민주국민당을 함께 하자고 간곡히 부탁했으나 이인은 거절하였다. 이인은 민주당에 가담하지 않았고, 교섭단체도 구성하지 못하였으므로 대한국민당 소속의 무소속으로 잔류할 수밖에 없었다. 그는 5·16군사쿠데타 시기까지 "줄곧 시시비비(是是非非)의 태도를 견지하고 무소속으로 일관"한 이유를, "어느 당파의 당리당략에 휩쓸리지 않는다는 것이 그 이유이나 꼭 가담하고 싶은 정당이 없었던 것 또한 사실이다."고 밝혔는데,17) 민주당 내 파벌간의 갈등은, 그가 특정 정당에 소속할 의욕을 아예 상실시켰다.

민주당의 파벌은 미군정기 창당한 한국민주당에 뿌리를 두고, 민주국민당에 이어 민주당에 이르는 과정에서 파생하였다. 민주당 내 기성 세력과 사사오입개헌 이후 야당의 대열에 합류한 신진 세력 사이의 당권 경쟁은 갈등의 차원을 넘어 숙원(宿怨)의 관계로 진전되었다. 통상 조병옥을 중심으로 한 기성 세력을 구파, 장면을 추종하는 신진 세력을 신파로 구분하는데, 1956년 5·15정부통령 선거의 후보를 선출할 때 신파와 구파는 정면 충돌하였다. 구파는 신익희를, 신파는 장면을 후보로 추대하려는 데에서 마찰을 빚으면서, 두 파는 당내 문제를 비롯해 중요 사안마다 사사건건 맞부딪쳤다.[18] 정권교체를 위해 강한 야당을 요구하는 민심과 정면 배치되는 분열상을, 이인은 용인하기 어려웠다.

우여곡절 끝에 1956년 1월 민주당은 신익희를 제3대 대통령선거의 후보자로 확정하였다. 그는 4월 들어서는 과로를 무릅쓰면서, 열차와 고속버스 등으로 전국 순회 유세를 강행하였으나, 한국 민주주의 역사에 불행사가 닥쳤다. 5월 2일 신익희는 30만 인파가 모여든 '한강백사장 유세'에서 정권교체의 열망을 확인한 뒤, 호남지방 유세를 위하여 5월 5일 전라북도 이리(裡里)로 향하던 중 뇌일혈로 졸도하였고, 끝내 사망하고 말았다. 제3대 대통령선거에서 정권교체를 바라던 다수 한국민들의 염원은 허무하게 좌절되고 말았다.

1956년 5·15정부통령 선거에서 이승만은 이기붕과 러닝메이트로 출마하였다. 민주당의 대통령후보인 신익희가 유고(有故)함에 따라, 이승만은 80세의 나이로 무난히 3선에 고지에 올랐으나, 자연스레 단일 야당 후보가 된 진보당(進步黨) 조봉암의 득표수도 무시할 수준이 아니었다. 1960년 대통령선거에서 조봉암의 부상이 예상되면서, 조봉암은 이미 이승만의 최대 정적으로 부상하였고, 1958년 1월 국가보안법 위반으로 체포되어 사형에 이른 '진보당 사건'도 예고되고 있었다.

신익희에 쏠린 추모표는 조봉암의 득표에 방해가 되었지만, "못살겠다 갈아보자"라는 민주당의 선거 구호가 민심을 얻었음도 확인시켜

주었다. 부통령으로 민주당의 장면이 당선되었으므로, 이승만과 자유당은 절반만의 성공을 거두었다. 이 절반조차도 신익희의 불행사가 이승만의 행운으로 작용한 요행이었으므로, 사실상 선거는 자유당의 패배라 할 만했다. 이승만과 자유당의 위기감이 클 수밖에 없었고, 1960년 3·15부정선거는 1956년 5·15정부통령선거 결과에서 벌써 비롯되고 있었다.

　3·15부정선거의 첫 출발은 1956년 8월 실시되는 지방의회선거(시·읍·면장 8월 7일, 특별시와 각 도의원 8월 13일)였다. 이보다 앞서 1956년 6월 3일 자유당은 부통령선거에서 낙선한 이기붕을 국회의장으로 추대하여, 입법부를 이승만 직계 세력으로 구축하였다. 이승만 정권은 지방의회선거를 앞두고, 전국에 걸쳐서 야당계 후보들을 연행하거나 등록을 방해하였다. 민주당과 야당계 의원들은 야당 후보들의 자유로운 선거 활동을 보장하기 위하여, 1956년 7월 25일 조재천(曺在千) 의원 외 38명이 「지방의회의원과 시·읍·면장 후보자의 등록 기간에 관한 임시조치법안」(등록기간임시조치법안)을 제출했다.[19] 법안의 골자는 등록을 방해당하여 등록하지 못한 입후보 희망자들에게 등록할 기회를 부여하려는 데 있었다. 7월 27일 다수 의석인 자유당은 법안의 상정을 봉쇄하려 했으므로 법안의 제의조차 좌절되었고, 야당 의원들은 곧바로 연합투쟁에 돌입하였다.[20]

　7월 27일 국회 내 전(全)야당계 의원 일동 72명은, 국민주권옹호(擁護)투쟁위원회를 조직하여 "국민주권옹호를 위하여 최후까지 일치단결하여 투쟁할 것을 맹서함"이라는 서약서와 선언문을 발표하였다 위원회는 서약서에 서명한 72명의 명단도 공개하면서,[21] 야당 세력의 연합전선을 구축해 나갔다. 여기에는 민주당 의원들은 물론, 대한국민당으로 3대 국회의원에 당선한 무소속 이인·박재홍·윤치영 3인이 모두 포함되어 있었다.

이 날 오후 4시 20분 투쟁위원장 장택상이 태평로(太平路) 국회의사당 정문에서 국민주권옹호 성명서를 발표한 뒤, 야당 의원들은 "국민주권 옹호하자"는 등의 플래카드를 앞세우고 시위에 들어갔다. 시위에 참여한 의원들은 '국민주권옹호투쟁 선언'에 서명한 72명의 야당의원 중 64명으로, 이인·윤치영·박재홍도 포함되어 있었다. 경찰은 국회의원 시위대가 출발할 때부터 제지하였으나, 야당 의원들은 시위를 강행하여 시청 앞을 지나 을지로로 행진하였다. 시위대가 미대사관이 있는 반도호텔을 지나갈 즈음, 내무부장관 이익흥과 치안국장 김종원이 직접 나와 정사복 경찰을 지휘하였고, 기마경찰까지 동원하여 시위 의원들을 강제 해산시켰다. 이 날 7·27의원 시위는 당시 신문의 표현대로 "의정사상 전례 없는 의원 시위"·"초유(初有)의 의원데모"였다.[22]

3. 4·19민주의거 이전의 반독재운동

1958년 5·2총선거에서 이승만과 자유당은 여전히 관권을 동원하였다. 이들은 이른바 '올빼미 투표'·'샌드위치 표'·'닭죽 개표' 등 듣도 보도 못한 신종 개표 부정까지 동원하였으나, 야당인 민주당이 개헌 저지선을 확보하였으므로 개헌 정족수를 달성하지 못하였다. 5·2총선거는 3·15부정선거의 예행연습이었다.

이인은 이때까지도 이승만의 하야와 정권 퇴진을 주장하지는 않았다. 1958년 8월 한 잡지에 발표한 글에서, 그는 여전히 이승만을 향한 애정을 보이며 진심으로 충언하였다. 그는 이승만의 "그 꿋꿋한 의지! 그 과감한 기백에는 현재의 세계 여러나라의 대통령중에서도 가장 출중(出衆)한 인물이 아닐수 없는 것이다."라고 상찬을 아끼지 않았다. 이인은 이승만의 독선·독재가 본래 "자존자부심(自尊自負心)이 강대했던 성격"이 '인의 장막'을 물리치지 못하였으므로, 민성(民聲)에서 멀어지고 시야가 좁아진 결과라고 이해하였다. 그러면서 이승만이 3대 대통령의 남은 임기 동안 민족의 역사를 바로잡기를 다음과 같이 소원하였다. 그의 반독재투쟁은 이승만을 직접 향했다기보다는 반자유당투쟁에 가까웠다.

> (자료 2-5-A)
> … 나는 자위(自慰)로 이렇게 사색에 잠긴다. 이박사는 누구보다도 기백 있는 분인데 그 기백으로서 「인의 장막」을 물리치고 참다운 민성을 들어 국민이 열망하는 바를 안다면 얼마나 좋을까…(원문의 줄임표임 : 인용자)
> … 바라건대 대통령은 재직기간이 앞으로 약 20개월 남은 만큼 이박사가 비록 만시지탄(晩時之歎)이 있을 망정 사람의 장막을 헤치고 시야를 넓혀 길을 널리 열어 국민의 충직(忠直)한 말을 받아 들일 용의를 새삼스러히 가지고 실행해서 이 겨레의 역사를 바로 꾸미도록 바라마지 않는 바이다. 이것이 이민족이 염원하는 소원이며 온 겨레는 어서 이박사가 세정(世情)을 잘 살피기를 기대하고 있는 것이다.[23]

이승만이 부산정치파동·사사오입개헌 등의 불법으로 집권을 연장하였는데도, 이인은 이승만의 하야를 주장하지 않았다. 그는 이승만에 기대와 희망을 갖고 고언하였으나 무망한 독백으로 끝났다. 장기집권을 향한 이승만과 '인의 장막' 자유당의 전횡은 멈추지 않고 갈수록 심해갔다.

5·2총선거의 결과에 위기감을 느낀 이승만과 자유당은, 야당과 언론의 비판을 봉쇄하기 위하여 신(新)국가보안법의 제정을 은밀히 추진하였다. 이들은 1948년 12월 1일 공포된 「국가보안법」으로는 국가안보에 효율을 기할 수 없다는 논리를 내세웠다. 신국가보안법은 국가안보 강화라는 명목으로, 야당의 내각책임제 개헌 추진을 차단하면서 언론의 기능을 위축시키는 동시에, 이승만의 종신 집권을 반대하는 세력을 탄압할 합법 장치를 마련하려는 데 목적이 있었다.

자유당은 1958년 8월 5일 전문 42조의 국가보안법 개정안을 국회에 제출하고 11일 상정하였다. 야당을 비롯해 언론계 등 반(反)자유당 세력들은 원내외에서 강하게 반대·저항하였다. 그런데도 자유당은 11월 8일, "허위사실을 적시 또는 유포하거나 사실을 왜곡하여 적시 또는 유포"하는 행위를 처벌한다는 조항을 끼워 넣었다. 이어 12월 19일 야당 의원들이 점심 먹으러 나간 사이에, 법제사법위원회에서 국가보안법 개정안을 날치기로 통과시켜 본회의에 상정하였다. 격분한 야당 의원들이 본회의장에서 무기한 농성에 들어가자, 12월 24일 자유당 소속의 국회부의장 한희석(韓熙錫)은 경위권을 발동하였고, 3백여 명의 무술 경위들을 동원해 농성 의원들을 끌어내게 하였다. 이어 국회의 정문을 폐쇄시킨 채 자유당 의원들 단독으로 30여 분 만에, 국가보안법 개정안을 비롯해 지방자치법 개정안·예산안·각종 세법 등 27개 법안을 무더기로 통과시켰다. 신국가보안법은 1959년 1월 15일자로 발효되었다. 정국은 다시 경색되었고, 원내외에서 민주·반자유당 세력의 결속을 가져왔다. 이른바 '2·4파동'·'2·4정치파동'·'보안법파동'이라 불리는 헌정사를 더럽힌 또 하나의 오욕이었다.[24] 후술하듯이, 이인 등은 이 사건을 '이사변란'(二四變亂)으로도 표현하였다.

민주당을 중심으로 한 야당은 원내외를 규합하여 즉각 국가보안법 반대 전국민운동에 돌입하여, 1959년 1월 13일 '국가보안법 개악(改惡)반대 전국민대회'를 개최하였으나, 이승만정부는 경찰을 동원하여 대회를 사정없이 짓밟았다.[25] 1월 14일 국가보안법반대 전국국민대회의 지도위원들은 '24국회의결사항무효화투쟁'을 전개하기 위한 국민운동체로서, 동 대회를 개명하여 원외(院外)에서 민권수호국민총연맹(民權守護國民總聯盟, 일명 '민권총련')을 신발족(新發足)하기로 합의하고 해체하였다.[26] 민권총련은 신국가보안법 등 2·4결의 반대를 위해 재야 원외 세력이 뭉친 투쟁체(鬪爭體)였다.[27] 한편 원내(院內)에서는 1월 16일 '민주구국투쟁원내위원회'를 발족하였다.[28]

이인은 민권총련이 발족할 당시부터 적극 참여하였다. 1월 18일 민권총련의 창립위원회는 고문·지도위원 및 각 기관장[29] 등 중앙조직(부서·간부)을 완료하였다. 19일 공표한 인선에는 정치·문화·사회·종교 등 각 단체의 대표 인사들은 물론, 고문에 김병로, 지도위원에 이인이 포함되어 있어 재야 지도자급(級) 인사들까지 총망라하여 무게감을 더하였다. 고문으로 추대된 인사는 김병로 이외에 김창숙(金昌淑)·조병옥·서상일·이관구(李寬求)·김승학(金承學), 지도위원은 이인 외에 신숙(申肅)·백남훈(白南薰)·전진한(錢鎭漢)·장이욱(張利郁)·조경한(趙擎韓)·정화암(鄭華岩)이었다. 이들 명단에서 보듯이, 고문과 지도위원에는 정계 원로들뿐 아니라, 국내외에서 활동한 독립지사들이 다수 포함되어 있었다. 이 날 김대중(金大仲)선전책임위원은 민권총련이 "항구적인 단체인 만큼 정부통령선거 이후에도 존립하는 것은 틀림없을 것이다."라고 표명함으로써, 이후 1960

년 3월 15로 결정되는 정부통령선거에서도 자유당에 대항하여 연대할 뜻을 내비쳤다.[30]

그러나 민권총련은 민주당과 비(非)민주당계 인사들 사이에 투쟁 방식을 둘러싼 의견의 차이를 크게 노출하였다. 3월 15일 이인을 포함하여, 지도위원과 고문 중 8명이 탈퇴함에 따라, 민권총련의 지도위원은 총 7명 중 민주당계의 백남훈·장이욱 2인만 남게 되었다. 김창숙·김승학·서상일(이상 고문)·신숙·조경한·이인·전진한·정화암 등 8명은 3월 20일자로 공동성명을 발표하였다. 당시 혁신 세력으로 분류되었던 이들 비민주당계 인사들은, 민주당을 비난하는 내용을 담아 탈퇴의 이유를 다음과 같이 밝혔다.

(자료 2-5-B)
여당의 무도(無道) 완미(頑迷)와 야당의 당략(黨略)본위의 불철저한 투쟁 방식에 의하여 정국은 혼미 교착 상태에 빠져 이사변란(二四變亂)을 철저히 규탄시정(是正)하여 이 나라의 국회를 민주국회로 정상화시키려는 국민적 염원은 거의 절망상태에 빠졌다 이것을 묵과한다면 국민을 기만하는 결과를 가져오겠으므로 어떠한 새로운 구상을 갖기 위해 일단 민권총련을 물러나기로 하였다.[31]

민주당은 위의 성명이 '당략본위'를 운위함에 즉각 유감을 표명하면서도, "앞으로 대여(對與)연합전선을 펴나가는 데는 별(別)변동이 없을 것"이라는 유화와 연대의 지속을 성명하였다.[32] 이인 등 8명의 인사가 탈퇴함으로써 민권총련이 '사실상 붕괴'되었다는 일부 언론의 보도와 달리, 민권총련은 이후에도 대여 투쟁의 구심점을 유지·실행하였다.

이 과정에서 이인은 혁신계로 분류되면서, 혁신정당으로 사회민주당을 결성한다는 풍설에 휘말렸다. 이 무렵 『조선일보』에 따르면, 민권총련를 탈퇴한 인사들을 중심으로 혁신신당창당발기위원회를 구성하고, 3월 중에 발기인들의 서명을 얻어 창당할 계획이었다. 여기에는 이인은 물론 김창숙·조경한·김승학 등, 사회주의 이념과는 거리가 먼 사람들이 거론되고 있었다. 신당의 성격은 민주혁신당과 노농당을 중심으로 "사회주의 이념을 떠난 혁신세력은 없다"고 전제하면서도 "반공(反共)을 「못도」로 하는 우파사회주의를 지향할 것"에 합의하였고, 1960년 정부통령선거에 독자 입후보자를 내세울 전망이며,[33] 5월 중 창당되리라는 일정까지 보도되었다.[34] '우파사회주의'라는 상충되는 용어의 조합에서 보듯이, 민주당과는 별도로 반공주의자인 인사들까지 포괄하여, 독자의 정치세력화를 꾀할 정당을 '혁신'의 명분으로 창당한다는 구도였다. 이인이 명단에 포함된 이유였다.

신문보도가 나간 다음날인 3월 25일 곧바로, 이인은 자신이 가칭 사회민주당의 발기인처럼 보도된 데 대응하여 "나는 원래 사회주의와는 전연 관계가 없을뿐더러 사회민주주의정당이란 생각해본 일도없다"고 신당 관련설을 부인하는 개인 성명을 발표하였다.[35] 혁신신당은 이를 앞장서 추진한 민주혁신당과 노농당 사이에서도, 이념상의 상충을 노출해 정돈 상태에 빠져버렸다.[36]

민권총련 내의 투쟁 방식에서 비롯된 갈등에 더하여, 신당 추진 세력들 사이의 이념상의 불일치까지 확인되자, 반(反)자유당 연합전선 결성 움직임은 동력이 떨어졌다. 이 동안에도 이승만과 자유당은 브레이크도 밟지 않은 채 장기 집권을 향한 내리막길을 질주하였는데, 일본에서 한일간에 외교 분쟁으로 비화할 사건이 터져나왔다. 이승만

정권에는 그야말로 행운이었다.

1959년 1월 말 일본 외무성은 재일 교포 북송(北送)을 허가할 의사를 내비치더니, 2월 13일 공식 승인하였다. 재일 교포 북송 문제는 2·4파동으로 결집된 반자유투쟁의 열기를 식혀버리면서, 국내의 최대 중심 문제로 떠올랐다. 2월 16일 재일(在日)한국인북송반대전국위원회 발족대회가 여야 정치인을 비롯해 각계 인사들을 망라하여 조직되었다.[37] 일본의 만행을 규탄하며 북송을 반대하는 대규모 대회·시위가 개최되기 시작하여, 한해 동안 지속되었고 12월 절정에 이르렀다.[38]

자유당은 일본을 향한 분노의 분위기를 장기 집권의 호재로 활용하였다. 4월 30일 자유당은 민주당 신파(장면 계열)의 기관지로서, 부통령 장면과 가까운 가톨릭 계통의『경향신문』의 기사 몇 가지를 트집 잡아, 동 신문을 폐간하는 조치를 단행하였다. 명백한 언론탄압이었다. 이인은 다시 범야(汎野) 세력을 통합하는 데 앞장섰다. 이승만·자유당의 독재에 저항하기 위해서는, 재일 교포 북송 문제로 정전(停戰) 상태에 빠진 범야 세력을 환기(喚起)시킬 필요가 있었다.

일제 식민지 지배로 쇠잔해 버린 한민족의 정기를 소생시키고, 이승만정부의 독재로 실추되어 버린 자유민주주의의 질서를 회복함은, 이인에게는 남은 인생의 2대 화두였다. 그는 대한민국의 헌정 질서를 지키기 위해서는, 이미 독재의 길로 돌아선 이승만정부에 대항할 세력을 형성해야 했으므로 범야 세력을 통합하는 일에 나섰다.

이인이 범야 세력의 통합운동을 가장 크게 벌인 때는 1959년 4월부터 9월 사이로, 3·15부정선거와 4·19민주의거로 이승만이 하야하기 바로 전해였다. 이때는 이인을 비롯한 이범석·서상일·김창숙·전진한·조경한 등 70여 명이, 국민의 절대 염원인 독재 제거와 민주 부활을 위해 모였다. 궁정동(宮井洞)에 있는 이인의 집은 이 일로 인해 다시 붐비기 시작했다. 청년층 3백여 명이 태고사(太古寺)에서 이러한 취지로 모여 범야의 대동단결을 논의하였고, 전 국민이 주시했다.

이인을 위시해 참가 인사들은, 일부 세력을 내세우지 말고 간사 5명을 뽑아 순번제로 모임을 주선하며, 순수한 마음으로 민족을 위해 자아를 버리자는 자세로 임하였다. 그런데도 한 개인이 이 통합운동을 족청(族靑) 중심이라고 발표하자 각 언론기관에서도 이를 그대로 보도하였고, 하루아침에 하나둘씩 탈퇴하여 통합운동은 흐지부지 힘을 잃고 말았다. 이인은 이때에 범야 세력이 그대로 지속했더라면, 혼란했던 정국(政局)은 다소라도 바로잡히지 않았을까 하는 생각을 떨칠 수 없었다.[39]

1960년 들어 이승만·자유당의 장기 집권 책동은 계속되었다. 첫 번째 대통령직선제 투표였던 1956년 제3대 정부통령선거가 5월 16일에 실시되어, 대통령의 임기가 1960년 8월 14일에 만료되므로, 4대 정부통령선거는 1960년 5월에 실시됨이 통례였다. 그러나 이승만은 선거일을 변경하는 데에서부터 부정선거에 착수했다.

1960년 2월 3일 이승만정부는 국무원공고(國務院公告) 제75호로써 "헌법제56조와 정부통령선거법 제30조규정에의(依)하여, 대통령부통령선거를 3월 15일에실시한다"고 공고하였다. 이어 공식성명을 통하여, 조기 선거를 실시하게 된 이유로는 농시(農時)를 피하자는 원칙과 정국의 조속 안정을 목적하였다고 발표하였다.[40]

자유당정권이 선거일을 두 달여 앞당겨 실시하려는 데에는, 그들의 조급한 속사정이 반영되어 있었다. 우선 1875년생인 이승만의 이해 나이는 86세의 초고령(超高齡)으로, 재임 중 유고를 걱정하지 않을 수 없었다. 이승만을 승계할 부통령 후보자인 이기붕은, 민주당 후보에 비해 현저하게 약세였다. 후술하듯이, 3·15부정선거는 사실상 부통령후보 이기붕을 당선시키기 위하여 자행되었다.

반면 민주당은 내분 속에서도 이미 정부통령 후보를 선출하여 단일 대오를 갖춘 상태였으므로, 자유당에게 위기감을 부추겼다. 민주당은 조병옥 대표최고위원을 추대하는 구파와 장면 부통령을 따르는 신파 사이에 수없이 내분을 겪다가, 결국 조병옥을 대통령후보로, 장면을 부통령 후보로 지명하였다. 1959년 11월 26일 민주당 '정부통령후보지명전국대회'는 966명의 대의원이 참석하여 무기명으로 투표를 진행한 결과, 조병옥이 484표, 장면 481표, 기권 1표로, 조병옥이 과반수의 선(線)을 1표 넘겨서 대통령후보로, 차점자인 장면은 부통령후보로 지명되었다. 불과 세 표 차이였다.[41]

제1야당이 후보를 지명하고 정권교체의 희망이 부풀어가던 중, 한국 헌정사의 불행은 예기치 못한 방향에서 또다시 닥쳐왔다. 조병옥 후보가 대통령후보등록까지 마치고, 정권교체를 바라는 국민 여망을 뒷심으로 삼아, 점차 지지 기반을 넓혀 나가던 중대 고비에서 갑자기 신병(身病)이 악화되었다. 그는 치료 차 도미(渡美)하여 복부수술을 받던 도중, 수술후유증으로 인한 심장발병증으로 1960년 2월 15일 타계하고 말았다.[42] 선거를 정확하게 한 달 앞둔 시점이었다. 1956년 신익희가 급서(急逝)한 데 이어 동일한 양상의 불행사가 반복되자, 대통령 선출의 기회를 또다시 박탈당한 한국민들의 좌절과 실망감은 극도에 달하였다.

조병옥이 사망하기 직전, 민권총련은 부정선거를 방지하고 공정선거를 확보하기 위해 1960년 2월 6일부터, 비(非)자유당계 범야 세력을 규합해서 '공명선거추진위원회'를 구성하기 위하여 협의를 시작하였다.[43] 2월 15일로 예정되었던 결성대회는 조병옥의 국민장(國民葬)으로 연기되었다가, 마침내 2월 28일 공명선거추진전국위원회결성대회가 각계 인사 300여 명이 참집한 가운데 성대하게 거행되었다. 이 추진위원회는 비자유당계의 야당 세력과 법조·종교·문화계의 각계 인사들이 참가하여 3·15선거가 공명선거가 되도록 국민운동을 전개하자는 취지로 발족하였다. 대회는 선언문에서 "국민주권을 탈환하여 민주주의를 구출하고 부정선거분쇄투쟁을 최후의 일각까지 전개한다"는 비장한 각오를 다졌다.[44] 공명선거추진위원회에는 이승만의 최측근으로서 대한여자국민당 소속으로 부통령에 출마한 임영신도 참여하였는데, 무슨 이유에서인지 이인은 고문·최고위원 등에도 이름을 올리지 않았다.

　그러나 이러한 공명선거운동도 자유당정권의 부정선거 시나리오를 저지하기에는 역부족이었다. 야당은 유력한 대통령후보를 잃었고, 이승만에게는 강력한 경쟁자가 사라졌으므로, 이승만의 4선은 선거의 결과와 관계없이 사실상 이미 확정되었다. 선거의 초점은 대통령직의 승계권을 가진 부통령선거에 집중되었고, 선거전은 현직 부통령인 민주당의 장면과 자유당 후보로 나선 이기붕 양자의 승부 가름이었다.

4. 4·19민주의거와 민주회복운동

　3·15선거는 정권교체의 열망이 어느 때보다 높았으므로, 자유당

자체에서 분석한 바에 따르더라도 이기붕의 당선은 승산이 없었다. 이승만·자유당정권이 민주주의국가의 선거 역사상 최악의 부정선거를 자행한 이유였다. 이들은 이기붕을 당선시키기 위하여 애초 계획하였던 부정선거의 시나리오를 강행하였다. 이른바 '3·15부정선거'로 역사 속에 기록된 최대의 부정선거였다.

정치깡패들을 동원하여 야당 입후보자의 후보 등록을 막고, 선거유세가 시작되자 야당의 선거운동을 방해하는데도 경찰력은 방관하였다. 이러한 방식은 한국정치사에서 부정선거가 시작되는 의례(儀禮)였다. 자유당은 40%의 사전투표를 지시하는 등, 일일이 열거할 수 없을 만큼 다양하게 사전 계획한 방법을, 정권의 비호를 받으면서 온갖 조직을 동원해 그대로 실행하였다. 선거가 끝나자 이기붕의 득표율이 99%까지 조작되어 나오는 지역이 비일비재하였다. 자유당 스스로 이러한 결과가 터무니 없음을 알았는지, 3·15부정선거를 총지휘한 내무부장관 최인규(崔仁圭)에게, 득표수를 하향 조정하라고 지시하는 촌극(寸劇)도 벌어졌다. 3·15부정선거의 총체상을 단적으로 집약해서 보여주는 막장극이었다.

정권교체를 염원하던 한국민들의 실망과 좌절은 4·19민주의거로 표출되었다. 4월 19일 약 3만여 명의 대학생과 고등학교 학생들이 거리로 나와 시위를 벌였고, 수천 명의 시위대가 경무대로 향하였다. 학생들은 "3·15부정선거 다시 하라"·"1인 독재 물러가라"·"이 대통령은 하야하라"고 요구하면서, 정권 퇴진을 요구하였다. 경찰은 시위대를 향해 무차별 총격을 가하고 과잉 진압을 자행하였다. 이 날 서울에서만 130여 명의 사상자와 1000여 명의 크고 작은 부상자가 속출하였다. 시위는 한층 격화되었고 시민들도 가세하면서 확대되었다. 부산·

광주·인천 등 지방의 주요 도시에도 시위가 확산되자, 이승만정권은 서울과 주요 도시에 황급히 계엄령을 선포하였다.

4·19민주의거가 일어날 당시, 이인은 효자동(孝子洞) 전차 종점 바로 앞에 살았으므로, 경무대 앞에서 쫓긴 학생들이 그의 집으로 마구 뛰어들어왔다. 34년 전 6·10만세운동 때 학생들이 이인의 변호사 사무실로 피신해왔을 때와 유사한 상황이었다. 그는 일제 때처럼 숨을 죽이고 있을 까닭이 없다고 생각해서, 대문을 활짝 열어 놓고 학생들을 집으로 들어오게 했다. 다락방에도 지하실에도 피를 흘리는 학생들이 가득했고 그 수가 3백여 명이 넘는 듯했다. 급한 대로 상처에 된장을 바르고 이불 호청을 뜯어 동여매고는 병원으로 실어보냈다. 경관들이 학생들을 쫓아 집안에까지 달려들더니, 학생들을 개머리판으로 마구 때렸다. 이인은 더 이상 참을 수가 없었다. "이놈들아, 이 집이 뉘 집인 줄 아느냐"고 소리 지르면서 단장을 휘둘렀다. "이게 어찌 학생들 잘못이냐, 이게 다 위정자 잘못이다." 그는 이렇게 고함을 치면서 속으로 울었다. 지금 하는 말이, 30년 전 일제하에서 하던 말과 어찌 이리도 똑같은가 생각하니, 탄식이 절로 나왔다.[45]

학생들이 거리로 나서고 피를 흘리는 사태에 지도자들이 수수방관할 수 없는 일이었다. 이인은 곧바로 각계 인사들을 규합하여 시국대책을 마련하는 행동에 나섰다. 그는 직접 전화기를 들고 재야의 지도자들을 모았다. 변영태가 남긴 기록에 따르면, 이때 이인의 긴박감과 책임감이 그대로 드러난다. 4월 19일 당일(화요일) 변영태는 서울대학교 상대(商大)에 수업이 있었으므로 출강하였으나, 학생들이 시위 행렬에 참가하여 수업을 할 수 없었다. 그는 집으로 돌아오는 도중인 오후 3·4경, 이인에게 "돌연(突然)전에 없던 전화"를 받고서 "사태가 중대화(重大化)한 것을 알게 되었다." 변영태가 기억한 이인의 말은 다음과 같았다. "큰일났소. 우리가 가만히 앉아서방관만할수없소. 내일오전9시에 행보(行步)가 부자유한 김병로씨 댁에서 우리몇몇이 모여 시국에대(對)한 걱정이라도 하게되니 일석(逸石, 필자의 별호명색)도 좀 참석하시오" 변영태가 이인에게 "모이는 인사(人士)의 성분을 세심히 캐본즉", 그가 보기에 '비우익(非右翼)정당대표자'들도 포함되었으므로, 정치인도 아닌 사람이 "정당인들이 지배적인 축소(縮小)회합에 참여하기싫다는 이유로 참여를 거부하였다"[46]

변영태가 보기에 좌익성향의 인사가 참석하고, 또 다수가 정치인이었으므로, 그는 부담을 느꼈던 듯하다. 달리 말하면, 이인이 보수 성향의 인사들을 중심으로 해서, 아나키스트였던 정화암(鄭華岩), 혁신 세력인 안정용(安晸鏞, 안재홍의 장남) 등까지 포함하여 시국대책에 나서려 하였음을 알 수 있다. 이렇게 이인이 주동하여 4·19민주의거가 일어난 다음날인 4월 20일, 이인·김병로·서상일을 비롯한 재야 정치지도자들이 오전·오후에 걸쳐서 인현동(仁峴洞) 김병로의 집에서 회합했다.

변영태에 따르면, 이 날 오전 중에 이범석이 이인과 "작반(作伴)하여 평생 처음으로 내방(來訪)하였다." 이를 보면, 이인 등은 회합의 인원을 확대하기 위하여, 불참 의사를 밝힌 인사들을 방문하여 설득에 나선 후 오후에 다시 김병로의 집에서 회담하였다. 이인은 시국대책을 모색하기 위하여, 변영태에게 생전 처음 전화하고 방문까지 하는 수고를 아끼지 않았다.

오후에 최종 모인 인사들은 김병로·이인·서상일을 비롯해 이규갑(李奎甲)·김성숙(金成璹)·이원혁(李源赫)·차재정(車載貞)·이관

구(李寬求)·주석균(朱碩均)·안정용·장택상·전진한·정화암 등 13
인이었다. 이들은 학생데모 사건의 수습 방안을 논의한 끝에 성명과 3
개의 대정부 건의안을 채택하였다. 3개 건의안은 ①비상계엄을 즉시
해제하라. ②학생들의 희생을 이 이상 더 내지 말고 구속된 자를 즉시
석방하라. ③국민총의를 존중하라 등, 말 그대로 당면 긴급 대책이었
다. 이인·이규갑·이관구 3인은 오후 3시 반경 수석 국무위원 홍진기
(洪璡基) 내무장관과 김정렬(金貞烈) 국방장관에게 건의안을 전달했
다. 한편 이인 등은 이 날 오후 국회 기자실을 찾아서, 위의 성명과 건
의 사항을 상기 13인의 이름으로 발표하였다. 성명은 다음과 같다.

　13인의 성명과 건의안은, 사회지도층 인사들이 4·19민주의거 직후
처음 제시한 시국 수습안이라는 의의를 지닌다. 그러면서도 성명과 3
개 건의항은 비상계엄해제, 구속학생석방 외에는, '국민총의'·'정부
당국의 진지한 반성' 등 추상화된 표현을 사용하였고, 모든 사태의 근
원인 이승만의 하야를 거론하지 않은 온건책이었다.

4월 23일 오후 3시 이승만은 방송이나 기자회견 방식의 직접 대국민 담화가 아니라, 공보실을 통하여 특별담화를 발표하였다. 그는 학생 데모와 희생의 책임을 국무위원들에게 돌리고, 자신은 대통령직을 유지하겠다는 수습책을 내놓았다. 담화의 요지는 전국무위원의 사표를 모두 수리하고 곧 새로운 내각을 임명하겠으며, 자신은 앞으로 모든 정당 관계와 일체 손을 끊고 국가만을 위해서 일하겠다는 데 있었다.[48] 이승만은 마지막 순간까지도 대통령직을 향한 애착을 놓지 않았다.

그러나 이러한 미봉책으로는 4 · 19민주의거로 표출된 민심을 잠재울 수 없었다. 김병로 · 이인 등 68명의 재야인사들은 4월 23일 하오, 다시 인현동의 김병로 자택에서 회합하여 시국수습임시협의회(時局收拾臨時協議會)를 구성하고, 성명서 발표와 아울러 6개 항을 관철시키기로 결의하였다. 성명서는 4 · 19민주의거가 일어난 근본 원인을 "이번 마산(馬山)을비롯한 경향각지에서 일어난 「데모」는 누적된실정(失政)으로인(因)한 울분과 3 · 15부정선거로인한 주권침탈에 그원인이있다"라고 지적하였다. 또 "당국이그원인을 반성함이없이 경찰력을 남용하여 평화적시위군중에대하여 총격살상을 자행했기 때문에 역사상일찌기보지못했던 불상사가 일어난것이다."라고 비판하였다. 나아가 "현사태에대(對)한 당국의 위압(威壓)정책과당면(當面)을 호도하려는 일시적회유책은 용납할수없다"고 결론지으면서, 다음 6개 항을 제시하였다.

(자료 2-5-E)

① 현정부통령은하야하라

② 3 · 15선거를 무효화하고 재선거를 실시하라

③ 국회의원은 자진사퇴하라

④ 학생학살의 최고책임자 및 직접하수자(下手者)를 살인범으로 즉시체포 엄단하라

⑤ 구금된 학생을 즉시석방하라

⑥ 계엄령을 즉시해제하라

한편 이 날 동 협의회를 상설기관으로 발족시킬 5인의 준비위원을 선정하였는데, 이인은 서상일 · 김병로 · 이원혁 · 주석균과 함께 준비위원으로 선출되었고,[49] 서상일과 동행하여 성명서와 결의사항을 내각에 전달하였다.[50]

이 날 성명은 4월 20일 발표한 13인의 성명 · 건의안에 비하면, 민심을 정확히 반영하여 사태의 근본을 적시하면서, 국가 자체를 재정비하려는 대책을 당면 수습책으로 제시하였다. 이인 등은 폭발한 민심과 울분을 진정케 하고, 혼란한 국면을 수습함으로써 위기에 봉착한 국가를 구제하는 유일한 방안은, 오직 정부통령 이승만 · 이기붕이 즉각 하야하는 데에서 시작된다고 인식하였다.

4월 24일에는 국회의장 · 자유당중앙위원회의장을 겸직하고 있는 이기붕이, 3 · 15선거에서 당선된 부통령직을 사퇴할 뿐 아니라 일체의 공직에서 물러나겠다는 뜻을 밝혔다. 이 날 이승만도 이기붕에게 자유당 총재직을 사퇴하겠다는 의사를 강하게 전달하였으며, 이로써 자유당이 '실질적으로 해체'되었다는 언론보도까지 나왔다.[51]

4월 25일 서울의 각 대학 교수 300여 명이 학생들의 시위를 지지하면서, 구속 학생의 즉시 석방을 요구하며 서울 시내를 행진하였다. 이들은 시위에 앞서, 대통령 이하 3부 요인(三府要人)들은 3 · 15부정선

거와 4·19사태의 책임을 지고 즉시 물러나는 동시에, 정부통령선거를 다시 실시하라는 등 14개 항의 시국선언문도 발표하였다. 시국선언문에는 258명의 교수가 서명하였다. 시국선언문은 학생들에게 흥분을 진정하고 학업의 본분으로 돌아오라는 호소도 잊지 않았다. 교수들의 시위는 자유당정권을 퇴진시키는 결정타였다.

4월 26일 시위가 다시 격화되기 시작하였다 이 날 대통령 이승만은 상오 9시 반경 중대성명을 발표하였다. 성명의 요지는 국민이 원한다면 대통령직을 사임하겠다, 3·15정부통령선거를 다시 하도록 지시하였다 등이었으며, 내각책임제 개헌도 수용할 의사를 내비쳤다.[52] 다음날인 27일 대통령 당선자인 이승만은 사퇴하고, 5월 3일 국회에서 사퇴서를 정식으로 수리하면서 제4대 대통령의 재선거가 확정되었다. 4월 28일 이기붕 일가는 맏아들 이강석(李康石, 이승만의 양자)의 총격으로 집단 자살하였다. 이로써 제1공화정은 11년 8개월 12일 만에 막을 내리고, 허정(許政)이 이끄는 과도정부가 출범하였다.

4월 27일 외무부장관 허정은 대통령 권한대행으로 과도정부의 수반이 되어, 3개월 안에 새 정부를 세우겠다고 약속하였다. 허정 과도정부하에서 국회는 헌법 개정에 착수하여, 1960년 6월 15일 내각책임제 및 민의원(民議院, 하원)·참의원(參議院, 상원)의 양원제를 골자로 한 개정 헌법을 공포하였다. 이 헌법에 의거해서 「국회의원선거법」이 같은 해 6월 23일 공포되었다. 6월 27일 과도정부는 민의원·참의원 동시 선거를 7월 29일에 실시한다고 공고하였다. 이렇게 과도정부를 중심으로 시국 수습이 빠르게 진척되면서, 원래 1962년 5월 30일이 임기 만료일인 4대 국회가, 1960년 7월 28일부로 임기를 종료하였다.

5대 국회의원 선거는 내각책임제의 정부형태를 채택한 헌법에 근거하여 실시되었으므로, 선거에서 다수 의석을 확보함은 정권 장악과 직접 연결되어 있었다. 또 여당이었던 자유당이 몰락한 여건에서 시행되는 선거였으므로, 각 정당은 동원 가능한 모든 수단과 방법을 강구하였다. 한국민들의 관심도 고조되어 정치 열기는 뜨거웠다.

이인은 이 열기를 민주개혁의 방향으로 이끌고자, 뜻을 같이 하는 법조계 인사들과 새로운 정치세력을 조직하였다. 이들은 민주당의 고질병인 파쟁에 신물이 난 상태였으므로, 여전히 신구파로 나뉘어 갈등하는 민주당이 대안이 될 수 없다고 판단하였다. 이인 등은 1960년 6월 18일 대한변호사회관에서, 변호사들의 정치단체로 자유법조단(自由法曹團)을 결성하여 창립총회를 개최하였다. 단체의 명칭과 대회 장소에서 보듯이, 이 단체에는 김병로·이인·한격만(韓格晚) 등 원로 변호사들이 박한상(朴漢相) 등 소장 변호사들과 손잡았으며, 22명의 법조인이 발기인으로 참여하였다.

이 날 자유법조단은 "4월민주혁신(民主革新)의 명실상부한결실을 보장키위해 궐기한다"는 요지의 취지문을 발표하여, 자신들의 조직화가 4·19민주의거의 정신을 이어 민주혁신을 완성하는 데 있음을 밝혔다. 나아가 "신헌법에의(依)한총선거와더불어 누가집권당(執權黨)이되건내각책임제하의 정당정치는일당독재(一黨獨裁)의 우려를초래할것이므로 법조인을합심육력(合心戮力)국회에진출하여 다수권(多數權)의폭력을 저지할결심을굳게한다"고 선언하면서, 제5대 총선거에 출마하겠다는 의사도 분명하게 성명하였다. 실지 이 단체는 직능단체인 대한변호사협회와는 전혀 성격을 달리한 정치단체로서 출범하면서, 무소속으로 민의원 총선거에 출마할 변호사들로써 구성되었다. 이 날 창립총회에서는 김병로를 대표로 선출하였고, 이인·한

격만 등은 운영위원으로 선임되었다.53) 이들이 정치세력화하는 직접 명분은, 내각책임제 아래에서 1당독재를 방지하는 야당 세력의 결집에 있었다.

1960년 7월 29일, 4·19민주의거가 일어난 지 3개월여 만에, 민의원과 함께 참의원을 선출하는 제5대 총선거가 실시되었다. 민의원(임기 4년)은 소선거제, 참의원(임기 6년)은 대선거구제의 선거 방식으로 선출하여, 제2공화국의 양원제 입법부가 구성되었다. 이인은 서울특별시 지역의 참의원에 무소속으로 출마하여 154,748표를 득표하여 당선되었는데,54) 초대 참의원은 58명으로 구성되었다.

이인이 당선을 보장할 수 있는 유력 정당인 민주당이나, 기타 제3당을 선택하지 않고 무소속으로 출마한 데에는 이유가 있었다. 민주당의 내분이 민중들의 정권교체 희망까지 꺾지는 못하였으므로 우여곡절 끝에 3·15선거에서 정부통령을 지명하였지만, 당이 출발할 때부터 시작된 분열상은 선거가 끝난 이후에도 지속되었다. 자유당 독재에 대항하여 민주주의를 수호해야 할 야당의 파쟁은 도를 넘었으므로, 이인에게 가담할 정당이 존재하지 않았다. 그가 민주주의의 기본 원칙인 정당정치에 신념을 두지 않고 무소속을 견지한 태도는, 자칫 정당정치를 불신함으로써 민주주의의 근간을 부정하는 모습으로 비추일 수도 있었지만, 파당 속으로 뛰어들 수는 없었다.

제5대 총선거는 예상대로 민주당이 타당을 압도하는 승리를 거두었다. 참의원은 전체 의석수 58석 가운데 민주당이 31석을 차지하여 제1당이 되었고, 자유당은 4석에 불과한 반면, 무소속이 20석을 차지하였다. 민의원의 선거 결과도 양상은 동일하였다. 민주당이 175석으로 제1당이 되었고, 자유당은 2석으로 사회대중당의 4석에도 미치지 못하였으며, 무소석이 무려 49석을 차지하였다.

그러나 득표수로 따져보면 무소속 출마자들의 득표수가 가장 많았다. 총투표자 9,077,835명 가운데 민주당이 3,786,401표로 41.7%의 득표율을 보였으나, 무소속이 무려 4,249,180표로 46.8%를 득표함으로써 자유당을 앞섰다. 무소속의 득표율이 민주당에 비해 높은 데에는, 민주당이 총 305명의 후보자를 내어 19.5%의 비율인 반면, 무소속은 1,009명의 후보가 난립하여 무려 64.5%를 차지한 데 기인하였다. 자유법조단도 총 8명의 후보를 내었다.[55]

8월 2일 민의원과 참의원이 개원하였고, 8월 8일 민의원 의장에 곽상훈, 참의원 의장에는 백낙준(白樂濬, 교육부장관과 연세대학교 총장을 역임)을 각각 선출함으로써, 양원제의 제5대 국회의 임기가 본격시작되었다. 제5대 국회가 개원하자, 이인은 청신하고도 혁신성을 갖춘 새로운 정당을 만들 목적에서 무소속 의원들을 규합하는 일에 나섰다.

이러한 결과 민의원의 무소속 의원을 중심으로 사회대중당(社會大衆黨) 및 민주당에서 낙천(落薦)된 당선자 44인이 8월 8일 민정구락부(民政俱樂部)를 결성하였다. 구락부의 대표격인 총무부장에는 윤재근(尹在根)이 선출되었고, 장택상 등 저명 정치인도 참여하였으며, 8월 31일 최종 48명의 의원으로 원내 교섭단체 등록을 마쳤다.[56]

참의원의 민주당 의원을 제외하고 자유당계도 포함하여, 무소속 전원 21명의 의원은 8월 9일, "무소속의원의 상호친목과 원내활동의 원활을 기(期)"할 목적에서 참우구락부(參友俱樂部)를 결성하여 총무부장에 이교선(李敎善)을 선출하였다. 동 구락부에는 참의원 의장 백낙준을 비롯하여 이인·여운홍(呂運弘)·이범석·이훈구·안호상(安

浩相) 등 거물급 정치인들이 참여하였다. 참우구락부는 9월 24일 원내 교섭단체 등록을 마쳤다.[57) 그러나 정확한 이유는 알 수 없지만, 이인은 참우구락부가 원내 교섭단체로 등록할 때에는 이에 가담하지 않았고, 이효상(李孝祥)·송관수(宋寬洙) 등 5인과 함께 무소속으로 잔류하였다.[58)

이인은 정계에서 활동하는 동안에도 여러 가지 일에 관계했다. 일제 때부터 관여했던 한글학회 이사와 발명보호위원, 법학 관계로는 대한법정학회 회장, 국제인권옹호연맹 이사, 사회단체로는 아시아 아프리카협회장, 효창공원 선열묘지 보존회장 등으로 분망하게 활동했다. 특히 대한민국정부수립 직후에 생긴 고등전형위원, 고등고시위원의 일은 인재를 얻는 국가대사라고 생각하고 어느 일보다도 힘껏 도왔다. 이인은 매주 두세 번씩 열리는 고등전형위원회와 매년 한두 번씩 열리는 고등고시위원회에는 빠지지 않고 참석하였다. 그가 참의원을 마지막으로 모든 공직을 내놓을 때까지 11년 간을 동 위원으로 재임했고, 나중 4년간은 고등전형위원회의 의장을 맡았다.[59)

5·16군사쿠데타 이후의 민주화운동

1. 범야단일정당을 추진, 민정당을 발기

이인은 참의원에서 무소속으로 잔류하면서, 국가의 재건과 혁신을 도모하고자 노력하였으나, 그의 의정 활동은 1961년 5·16군사쿠데타[1]가 발생함으로써 끝나고 말았다. 군사쿠데타 세력들은 비상계엄령을 선포한 뒤, 제2공화국의 장면 내각을 무력으로 강압해 무너뜨리고 정권을 장악하였다. 박정희(朴正熙) 소장 중심의 쿠데타 세력들은 군사혁명위원회를 조직하여, 민의원·참의원 양원과 지방의회는 물론, 정당과 사회단체들을 하루아침에 해산시켜 버리고, 입법·행정·사법의 3권을 완전히 장악하였다. 이들은 5월 19일 군사혁명위원회를 국가재건최고회의로 개명하고, 5월 20일 혁명내각을 발표함으로써 2년여에 걸쳐 군정을 실시하였다.

5월 16일 군사혁명위원회는 방송국을 장악하고 성명을 발표하였으며, "반공(反共)을 국시(國是)의 제일의(第一義)"로 삼겠다는 첫 번째 항을 시작하여 6개 항의 혁명공약을 내걸었다. 마지막 여섯 번째는 "이와 같은 우리의 과업이 성취되면 참신하고도 양심적인 정치인들에게 언제든지 정권을 이양하고 우리들은 본연의 임무에 복귀할 준비를 갖춘다."였다. 1961년 8월 12일 국가재건최고회의 의장 박정희는「정권이양시기에 관한 성명」을 통하여, 정권이양의 시기를 1962년 여름으로 예정하면서, 이해 3월 이전에 신헌법을 제정·공포하겠다고 발표하였다.[2] 그러나 정치 일정의 시기까지 못박은 이 '중대성명'이, 그의 정권욕을 포장한 허위였음이 증명되기까지에는 오랜 시간이 걸리지 않았다.

쿠데타 세력들은 자신들이 못박아 제시한 시기가 다가오자, 대국민 약속을 헌신짝 버리듯이 내동댕이쳐 버렸다. 국가재건최고회의는 1962년 3월 16일 제3차 본회의에서, 정치활동을 정화하고 참신한 정치도의(道義)를 확립하기 위해, 부패하고 무능한 정치세력을 제거한다는 명분을 내세우면서, 「정치활동정화법」(政治活動淨化法)안을 의결·통과시켰고, 동 법안은 당일로 공포되어 효력이 발생하였다.[3]

이 법에 따라 이른바 '구정치인'으로 지목된 인사들은, 동 법안에 의거해 설치된 정치정화위원회의 심사를 받은 뒤, 적합하다는 판정을 받아야 정치활동을 할 수 있었다. 해당자는 1962년 4월 14일까지 적격 심사를 청구할 수 있으며, 기간 내에 청구하지 않으면 무조건 6년간 정치활동이 규제되었다. 군정은 이 법안에 따라, 1960년 4월 15일까지 모두 4,374명을 심사 대상자로 설정했으며, 5월 30일 발표한 심사 결과에서는 적격 심판을 청구한 인사들 중 45%에 불과한 1,336명에게만

'정치활동적격'의 판정을 내렸다. 나머지 인사들은 자연 정치활동이 묶였다.[4]

다행히도 이인은 「정치활동정화법」의 대상에 속하지 않았다. 이 인·김병로·전진한 등은 제2공화국 때 특정 정당에 속하지 않았던 초당파의 명망가였다.

후술하듯이, 이러한 자율성은 이들 4인이 1963년 1월 3인 4자회담을 갖고서, 쿠데타 세력에 맞설 범국민 정당을 추진할 수 있었던 동인(動因)이었다. 윤보선은 5·16군사쿠데타 당시 대통령이었으나, 5·16쿠데타에 사후 협력했다고 하여 「정치활동정화법」에 묶이지 않았다. 그는 이 법에 서명하였으므로,[5] 그의 정치 인생의 중요 고비마다 문제가 되었다.

「정치활동정화법」은 전두환(全斗煥)을 중심으로 한 신군부세력이 집권한 뒤 버젓하게 부활하였다. 12·12군사쿠데타로 집권한 이들은, 1980년 11월 3일 「정치풍토 쇄신을 위한 특별조치법」을 제정하여, '구시대 정치인'으로 지목한 인사 567명을 강제로 정계에서 은퇴시켰다.

박정희군부는 애초 자신들이 제시하였던 정치 일정보다는 시기가 늦었지만, 1962년 7월 10일 새 헌법을 마련할 헌법심의위원회(憲法審議委員會)를 구성하고, 민정복귀를 위한 준비를 진행시켜 나갔다. 동 심의위원회는 학계와 법조계에서 유진오(俞鎭午, 고려대총장)·이영섭(李英燮, 대법원판사) 등 21명의 민간 전문위원을 위촉함으로써[6] 명색을 갖추었다. 그러나 7월 20일 박정희는 "군에 다시 돌아갈 생각이 없다"고 공개 발언하는 등, 혁명공약 6항으로 내걸었던 대국민 약속을 번복하여, 자신이 직접 민정에 참여할 속내를 공공연히 드러내기 시작하였다.

박정희의 발언이 커다란 파장을 일으키자, 『동아일보』는 박정희의 발언을 중심으로 3개 항의 설문을 작성하여 각계 의견을 청취하였다. 설문 대답 중 맨 앞자리를 차지한 김병로는 "박의장이 …앞으로정계에나서는것은 좋지않으며 대통령은정치를 잘아는정치인이되어야할 것이라고 말한 것은 옳은말이다"고 단호하게 말하였다. 반면 이인의 답변은 다소 모호하였다. "그것은국민의의사(意.思)에따라 결정될성질이지 박의장이나 어떤일개인(一個人)이 좌우할문제가 아니라고본다…『정치를 아는사람』가운데는박의장도 포함될것이고 박의장아닌 딴사람도 있을 것이다 구정치인 이외에 새로운인물도 많이있을줄로 안다"[7] '국민의사'라는 원칙론을 말하면서도, 박정희의 민정 참여와 대통령 출마를 용인하는 듯한 발언으로 오해될 소지도 있었다. 그러나 후술하듯이, 이인은 이 무렵 군정을 종식시킬 조직체 결성을 구상하던 중이었다. 그는 군정이 추진하는 굵직한 사안마다 자신의 의견을 명확하게 피력하였다.

이인은 1962년 8월 8일 『조선일보』에 「헌법심위에 부탁한다」는 글을 기고하여, 국민의 기본권 수호의 최종의 보루로서 사법부 독립의 문제를 진지하게 제기하였다.

> (자료 2-6-A)
> 사법(司法)의독립은 행정부의 권력비대(肥大)와 그전횡(專橫)을 견제방지하기위해서 입법부와아울러정립(鼎立)시킨것이다.
> 민주주의국가-특히 후진민주주의제국(諸國)에서의 권력분립이란 … 사법부의 독립성이 경시되어오고있는 것은 공통된실정이다.
> 만일 국민의 기본권수호의 최종의보루가 사법부에있다고 단정짓는데 인색하지 않는다면 이기회에 사법부독립문제가 진지하게 논의하게되어야할

것이다.

　이제 몇가지 문제점에대해 평소 느끼고있었던바를 개진하여보겠다.

　첫째 국가에있어 모든법률에관한것은 일원적으로 통할(統轄)시켜야한다. 결론부터 말하면 모든 성질의 재판은 대법원이 통할하자는 말이다. … 법률의 위헌(違憲)심사뿐아니라 행정재판권을 사법부에두어야하며 군법회의의 최종심을 대법원에 두게해야한다.

　이렇게 함으로써 법리(法理)의통일, 사법의일원화(一元化)를 기할수있을 것이며 정치적권력체(權力體)인 행정부와 입법부를 견제할수있을 것이다. …

　둘째로 사법행정의 독립이다. … 이사법최고회의는 재조재야(在曹在野)의 법조인뿐 아니라 국회・행정부인사(人士)및 그밖의 고명(高名)사회인사로써 구성하고, 이들 대법원장및 대법원판사의 임명(任命)추천이외에 행정부와의 협조관계를 맡게 하는 것이 좋겠다. …

　마지막으로 … 사법부의실질적인 독립은 판사가 오로지 법률에의해서만 재판하고 아무에게도 간섭을받지않는 재판의독립에의해서만 얻어지는것이다. …한걸음나아가 법관(法官)신분과 인사(人事)에 간접적이나마 행정부, 입법부에의해서 미칠수있는 모든영향을 배제하기위한 헌법적인보장을 해야하며 이면(面)에있어 사법부의 자율성이크게 강조되어야한다.[8]

　위의 글을 보면, 이인은 헌법심의위원회에 나름 기대가 컸던 듯하다. 1962년 12월 17일 박정희군부는 대통령중심제・국회단원제를 골격으로 하는 새 헌법을 국민투표에 붙여 확정(투표율 82.28%, 찬성율 78.78%)하였고, 12월 26일에 공포되어 효력을 발생하였다. 제3공화국을 출범시키는 5차 개헌이자, 처음으로 국민투표를 거친 헌법 개정이었다.

　1963년 대통령선거와 국회의원선거를 앞두고, 박정희군부는 1962년 12월 31일과 1963년 2월 1・27일 모두 세 차례에 걸쳐서, '구정치인'으로 규정하여 정치활동을 금지시켰던 인사들을 대폭 해금하였다. 1963년 1월 1일을 기해서는 민간인들의 정치활동도 전면 허용하였다.

쿠데타로 일체의 정치활동을 금지시킨 지 1년 7개월여 만이었다.

　신헌법이 공포된 다음날인 1962년 12월 27일, 박정희는 민정이양 일정을 발표하였다. 이에 따르면, 대통령선거는 1963년 4월 초순, 국회의원선거는 5월 하순, 민정이양식은 8월 중순으로 예정되었다. 또 자신을 포함하여 국가재건최고회의 최고위원 전원이 군복을 벗고 민정에 참여하기로 결정하였으며, 자신의 대통령 출마 여부는 당(黨)의 결정에 따르겠다는 뜻을 표명함으로써 대통령 출마도 공식화하였다.[9] 군부세력이 민정의 형식으로 정권을 장악하겠다는 선언이었다.

　1962년 12월 31일 171명의 정치인들이 해금되었고, 이 날 정치인의 무소속 출마와 당적 변경을 법으로 금지시키는 「정당법」(政黨法)이 공포되었다. 이보다 앞서, 정당의 부패를 뿌리로 하는 일체의 정치부패를 미리 막기 위해, 헌법심의위원회가 「정당법」을 단행법(單行法)으로 제정한다는 사실이 언론를 통해 이미 세간에 퍼졌다. 『조선일보』는 이와 관련하여 정치학자 · 정치인 및 정치자금과 관련 있는 경제인들에게 "①정당법의 제정이 필요하다고 보는가"를 비롯하여 6개 항의 설문을 제시하고 의견을 물었다. 이인은 「정당법」 제정을 반대하는 태도를 명확하게 표명하면서, 각 항에 다음과 같이 답하였다.

　　(자료 2-6-B)
　① 제정에 찬의(贊意)를 표명할수없다. 정당의양상은 천태만상이어서 법으로 제정키는 곤란하며 다만 정치윤리를 가지고 순화시킬수있는일이라고 본다.
　② 헌법에 따로규정할 필요가없다고본다. 기본권의 하나인 언론 · 결사의 자유만 가지고도 충분히정당활동을 할수있으리라고본다.
　③ 정당의육성은 법의 마련보다 자연이법(自然理法)이라야 한다.

④ 필요하다고본다. 정치자금의 제한및 그범위와 이권이 수반되는 자금모
  집의 금지등을 규정한법이 마련되어야한다.
⑤ 모르겠다.
⑥ 정당법이 있다고 정당이순화된다거나 정치부패가 막아진다고 볼수없다.
  정치부패는 다만일반(一般)의 정치지식(知識)수준과 선거법에 관련되는
  문제라고 본다.[10]

이인은 외국에서 「정당법」이 운용되는 사례에는 모른다고 답변하였으나, 정치자금법은 필요하다고 주장하면서도 「정당법」으로 정치부패를 방지할 수 없다는 논지를 일관되게 폈다.

1963년 벽두부터 민간인의 정치활동이 허용되면서, 정치인들에게는 정치와 선거의 계절이 열렸다. 김병로 · 이인 등 재야인사들에게도 마찬가지였으나, 이들의 정치활동은 동기와 목적이 당리를 앞세우는 직업정치인과는 근본에서 달랐다. 이인은 민주주의와 헌정 질서를 회복하기 위해서는, 조속히 군정을 종식시키고 민정으로 복귀해야 한다는 당면목표에서 정치활동을 재개하였다. 「정당법」으로 무소속의 정치활동이 금지되었으므로, 의당 수순은 정당 결성을 제1차 과제로 추진하되, 당략에 매몰된 기존 정당의 답습이 아니라 범국민 정당을 목표로 삼았다. 그러나 군정 종식을 위해서는 기성 정치인들과도 연합할 수밖에 없으므로, 단일국민정당 추진 운동은 지루한 논의를 반복하면서 부침을 거듭해야만 했다.

새 헌법이 확정되는 등 정국의 동향이 구체화하자, 그동안 군부세력이 추진하는 민정이양 스케줄을 정관(靜觀)하던 정치세력들도 정치 재개의 움직임을 보이기 시작하였다. 이들은 1962년 연내로 실시될 정치인들의 '추가구제조치'(追加救濟措置)와 정치활동의 허용 ·

양성화를 이미 파악하고 있었다. 더욱이 새로 제정된 제3공화국의 헌법이 무소속 출마를 허용하지 않았으므로, 새로운 정당을 결성하는 일을 서둘러야 했다.

무소속계의 거물급에 속하는 이인도, 1962년 12월 중순 들어 전진한·김병로와 함께 범야당(汎野黨)연합운동을 예비 공작하기 시작하였다. 이 운동은 기성 조직을 백지로 환원시키고, 앞으로 다가올 대통령선거에서 야당계의 입후보를 단일화한다는 목표 아래, 쿠데타 주체세력에 포섭된 구정치인은 포함시키지 않는다는 원칙도 세웠다.[11]

이인의 움직임이 정계에 가시(可視) 현상으로 포착되기는 1962년 12월 중순이었지만, 그는 이보다 훨씬 앞서, 정치활동이 전면 금지된 1962년 봄부터 "동지들을 규합해서 국난타개(國難打開)의 길을 강구(講究)할" "유기체를 결성할 것을 논의"하기 시작하였다. 그는 "부정부패를 일소(一掃)하고 국난을 극복한다는 표방(標榜)하에 군부(軍部)의 「구데타」가 발생"하였지만. "이역시 구정권(舊政權)을 뺨칠 정도" – 1964년 박정희정권이 들어선 때 이러한 표현을 사용하였음에 주목해야 한다 – 임을 통감하였으므로 행동에 나섰다. '암암리에' 대구·부산·광주(光州)·대전 등지에서 동지들을 규합하였으나, 정치활동이 금지된 터였으므로 조직체 결성이 활발하게 진행되지는 않았다. 그러다 이해 8월 중순까지 30여 명이 결속한 이후에는 가속도를 내어, 10월 초1일에는 종로구 서린동(瑞麟洞)의 전(前) 민주당 임시사무실을 빌려, 대철광업사(大鐵鑛業社)라는 가짜 간판을 달고서 창당 작업에 나섰다. 이 즈음에 장차 결성될 당명을 "민정(民政)으로 복귀한다"는 의미에서 '민정'이라고 명명하였다.[12]

이인이 중심이 되어 추진한 야당단일화운동은, 12월 하순 들어 개별 접촉이 이미 끝난 상태에서 정치활동이 허용될 때에 표면화 · 양성화하리라고 전망되었다. 12월 24일 이인도 이러한 사실을 시인하면서, 야당단일화운동이 무르익어 이제는 양성화될 단계에 있다고 말했다. 그는 이 야당이 "강력하고 순수한 건전야당이 될 것"이며 "멀지않아 그 윤곽이 드러날 것"이라고 거듭 확인하였다.[13]

단일야당결성운동이 가시화된 논의의 출발은, 민간인의 정치활동이 허용된 지 이틀 후인 1963년 1월 3일 인현동 김병로의 집에서, 윤보선 · 이인 · 전진한이 회동한 이른바 '4자 회담'에서 시작되었다. '4자 회담'은 회합한 대의명분이 뚜렷하였으므로, 이 날 회담은 놀랄 만큼 눈에 띄는 성과를 거두었다.

『동아일보』는 이 날 회합을 가리켜, 전 무소속계가 중심이 된 재야세력이 "범야(汎野)의 대동단결로써 민간세력을 총규합(總糾合)하여 순수한 단일야당(單一野黨)을 형성"하자고 제창함으로써, 새해를 맞아 급속히 행동을 구체화하였다고 평가하면서, 이인이 이 움직임의 "주동역할(主動役割)을 담당"하고 있다고 지적하였다.[14] 이 날 회합은 하루 앞서 2일에, 김재학(金載學) 등 실무자급(級) 인사들이 모여 사전 준비회의를 가진 결과 성사되었다. 회합을 추진한 한 실무자는, 이 단합 운동이 제헌동지회를 중심으로 추진되었다고 밝혔는데,[15] 이인이 운동을 주도하였음을 시사한다.

당시 한 신문의 정계 만평(漫評)에 따르면, '4자 회담'의 결실인 민정당을 가리켜 "처음 민정당이 전(錢)씨와 이(李)씨가 손을잡고 김옹(金翁)을 업은데서 싹텄고"라고 지적하면서, 민정당이 무소속계인 김병로 · 전진한 · 이인의 '세영수(領袖)'가 "허허벌판광야(曠野)와같은 황무지에서 야당단합(團合)의깃발을세우고 단일당(單一黨)형성의대(岱)

를 닦기 시작"했다고 평가하였다. 이 과정에서 "한쪽다리를 「스틱」에 의지하는" 이인은 "새벽일찍부터 동분서주하곤했"다.[16]

'4자 회담'에서 합의 사항을 도출하기 전, 실무진들은 가칭 민정당 (民政黨)이라는 당명을 내정하였고, 동당이 "빼앗겼던 자유를 되찾자"는 슬로건을 내걸 방침까지 정하였다. 당시 언론은 '4자 회담'을 '범야단일정당운동'이라고 규정하였다.[17] 김병로는 신당을 결성하려는 취지가 "민간인 총단합해서 군인들의 당(黨)과 맞서보자는것"이라고 말했는데,[18] 이인·김병로에게는 신당 결성의 취지와 목표가 분명하였다.

민정당에서 '민정'은 '군정'의 반대개념으로, 박정희군부 중심의 군정시기를 "자유를 빼앗겼던" 시기로 규정하였다. 민정당은 민간인 정부가 주도하는 사실상의 민정을 획복하자는 목표 아래, 앞으로 쿠데타 세력이 민간인 복장으로 갈아입고 등장하여 정권을 장악할 '군인당'(軍人黨)에 맞설 범야단일정당이었다. 이인 등은 군부가 앞으로도 정권을 장악하고 장기 집권을 획책하리라고 예견하면서, 이에 대항하기 위하여 신당을 추진하였다.

1월 3일 회합이 끝나자, 김병로는 4인을 대표하여, "우리는 오늘 이 회합(會合)에서 민정(民政)의 기본(基本)을 확고히 하기 위하여 범국민(汎國民)의 대동단결로 신정당(단일) 창설(創設)을촉진하자는데 의견의 일치를 보았다. 이대동단결은 창설적(創設的)이며 결코 기성(既成)「그룹」의 연합체가 아님을 명백히 하여둔다."는 공동성명을 공개하였다. 나아가 그는 이 신정당에는 "과거의정파(政派)와 감정을떠나모두가개인자격으로 가입하여같이일해야할것"이라고 덧붙였다.[19]

1월 3일의 회합에는 전 민주당 최고위원 박순천(朴順天)도 초대되었는데, 구(舊) 민주당의 신파에 속하는 그는, 관망하는 태도를 취하면서 참석하지 않았으므로 '4자 회담'으로 귀결되었다. 이러한 모습은 범야단일정당으로서 민정당이 출범하는 데에서, 구 민주당 세력과 관계 정립을 시도함이 순탄치 않음을 예고하였다. 민주당 구파의 수장인 윤보선 계열은, 민주당의 신구파 분쟁의 와중에서 따로 신민당(新民黨)을 창당하였으므로, 신구파 사이의 갈등은 언제든 재점화될 활화산이었다. 이들의 복잡한 정치 셈법은, 범야단일정당 결성이 난항할 수밖에 없었던 중요한 원인이었다.

'4자 회담'으로 범야단일정당운동이 가시화된 지 10여 일 되도록 진전을 보이지 않자, 한 정치 만평은 다음과 같이 회의하는 전망을 내놓았다.

> …무조건 한데뭉쳐놓고보자는 김(金)·전(錢)·이(李)씨의 무소속계, 묵묵히 이를 따라가는것만 같은 신민당계(新民黨系), 정책조절(調節)이니기성(旣成)조직정비(整備)니또는대통령후보선결(先決)이니하는 전제조건을 내건 민주당과 자유당계 – 저마다다른속셈을 품은채『명실상부한 민정이양을 위해서는 범야단일정당을만들어 선거에 이겨야 한다』는 명분을 거슬리지 못하고 한자리에앉긴하였지만 과연 대동단합이 될것인가?…(원문의 줄임 표임 : 인용자)[20]

야당 단일화운동은 원론에서는 일치하였으나, 확대 회담에 이어 각 정파간의 실무위원들이 수 차례 회의를 가지면서도, 당의 지도체제와 발기인의 비율 등에서 갈등만 노출할 뿐 좀처럼 합의점을 찾지 못하였다. 그렇다고 '범야단일'을 목표로 하면서, 구 민주당 세력 및 신민당·자유당계의 정치인들과 연대를 포기할 수 없었으므로, 민정당 창당은 심하게 우여곡절을 겪어야 했다.

민정당 출범이 난항을 겪던 중인 1963년 1월 15일, 이인은 범야단일
야당을 결성하는 데에서 몇 가지 연대의 원칙을 제시하였다. 먼저 범
야단일정당의 대통령후보의 자질과 관련하여, 과거에 때가 묻지 않고
5·16군사쿠데타의 대상자가 아닌 사람으로서 의회(議會)민주주의
신봉자여야 한다고 전제하면서, 구 신민당·자유당·민주당 계열에
서 추대하려는 변영태와 윤보선은 절대 안된다고 강력히 반대했다.

당시 무소속계는 이인을 대통령후보로 지지하는 경향을 보였는데,
이인은 당이 결성되기도 전에 대통령후보를 미리 추대함은 있을 수 없
는 일이므로, 대통령후보 추대는 결당(結黨) 후 당의(黨意)로 결정해야
한다고 못박았다. 나아가 당 조직의 비율 문제는, 명실공히 범야를 망
라한 정당이 되기 위해서는 구 민주당·신민당·자유당 및 무소속의
4파 이외에도 실업·언론·문화·예술 등 광범위한 분야의 대표들도
참가할 수 있도록 해야한다고 주장했다.[21] 비율 문제는 이인이 1962년
12월 들어 범야단일정당을 추진할 때부터 지니고 있었던 구도였다.

이후에도 민주당을 포함하여 민정당 창당이 논의되었지만, 결국 민
주당계가 이탈한 뒤에야 범야단일정당 논의는 오히려 순조로이 진행
되었다. 민주당을 포함한 '범야'에는 실패하였지만, 민정당 창당 작업
은 마침내 1963년 1월 27일 150명의 발기인들이 참여하여, 민정당(가
칭)창당준비발기인대회를 개최하기에 이르렀다.

이 날 대회는 "군사혁명정부에의(依)해 잃어버린 생존권 자유를 되
찾아 당당히 살겠다"는 제1성으로 출발하였다. 신병으로 쌍지팡이를
짚고 참석한 김병로가 임시의장으로 선출되어 사회를 맡아 진행하였
으므로, 결의는 더욱 단단하였다. 임시의장이 개회사를 한 뒤, 김법린

(金法麟)이 경과보고를 한 데 이어, 이인이 낭독한 창당 발기 취지문을 만장일치로 통과한 다음 당명을 민정당으로 확정하였다. 임원 선거에 들어가서는 ①당 지도 체계는 집단지도 체제로 하여 6명으로 구성하는 지도위원회를 두고, 이들 중 한 사람을 대표지도위원으로 하며, ②집행 부서로는 총무·재정·선전·조직·정책·심사 등 6개 위원회를 두며 그 위원은 약간 명으로 하되, ③전형은 이 날 대회 의장인 김병로가 자유·민주·신민당계 각 1명씩과 무소속 3명으로 도합 6명의 전형위원을 지명하여 이에서 선정하도록 위임했다.

이 날 대회는 "①혁명주체세력은 혁명공약 6항을 아전인수격으로 해석하지 말고 이를 성실히 준수해야 한다"를 비롯해, "③공명선거와 정치활동의 자유를 보장하기 위해 정부는 계엄령을 실질적으로 해제해야 하며 … 정치활동의 자유보장을 위해 중앙정보부의 해체를 주장하며 …", "⑤정정법(政淨法, 정치활동정화법을 가리킴: 인용자)을 정략적으로 이용하지 말고 전원 해제하라", "⑥조기선거를 반대하며 7월에 동시선거를 실시해야 한다." 등 7개 항의 대정부 요구 결의안을 채택하여 박정희 의장에게 발송하기로 결정하였다. 이 날 각파의 중진들은 이인·김병로·윤보선·전진한(이 날 대회는 불참)·김법린·서정귀(徐廷貴) 등 6명을 지도위원으로 내정하고, 김병로를 대표지도위원으로 추대하는 데 합의했다.[22]

2. 군정 종식과 야당 통합을 위한 노력

범야단일정당이 창당에 속도를 내자, 민주당계도 결당을 서둘러 2

월 1일 창당준비위원회 결성대회를 마쳤다.[23] 다음날인 2월 2일 쿠데타의 주체 세력도 장기집권을 위해 민주공화당(民主共和黨) 창당 준비대회를 개최하고, 김종필을 위원장으로 선출하였다.[24] 공화당 창당을 하루 앞둔 2월 1일, 박정희군부는 「정치활동정화법」에 묶여 있던 정치인 275명(자유당계 77, 민주계 54, 신민계 47, 무소속 81명)을 추가 해제하였다. 여기에는 전 과도정부 수반으로 자유당계 허정을 비롯해, 구 신민당계의 백남훈(白南薰) 등 저명 정치인들이 거의 포함되어 있었다.[25]

허정이 해금되자, 민주당·민정당에서 그를 향한 구애가 본격화하였다. 자유당계는 자유당의 재건을 요구하는 등 그의 주가는 올라갔고, 후술하듯이 그의 위상은 결국 야권 분열의 한 요인으로 작용하였다. 한편 공화당이 창당되자, 5·16이후 내각 수반을 지냈던 송요찬(宋堯讚)이 반(反)김종필 세력을 형성하여, 박정희 의장의 대통령 출마를 반대하면서 민주공화당 해체 등을 주장하였다.

이렇게 야권이 분열하고, 군부 집권 세력이 권력투쟁에 휘말리면서 정국이 혼란스러워지자, 박정희는 2월 18일 성명을 발표하고, 시국 수습 9개 항을 제시하였다. 이 날 성명의 요점은, 혁명 주체와 각 정당 대표 및 일반 국민에게 9개 항목의 시국 수습 방안을 제시한 뒤, 이 제안이 수락된다면 자신은 민정에 참여하지 않겠다고 공언(公言)한 데 있었다. 성명은 선거는 5월 이후로 연기하겠다고 약속하였다. 박정희는 모든 정당·정치지도자들에게 자신의 제안을 수락할지 여부를, 오는 2월 23일까지 모든 국민 앞에 확실히 밝혀주기를 제안하였다. 그는 제안이 수락되었을 때에는, 지체 없이 각 정당 대표와 정치지도자 및 책임자를 한자리에 초치하여, 9개 항목의 준수를 국민 앞에 선서하는 자리를 마련하겠다고 제의했다. 9개 항은 "①정치적 중립을 견지할 것이며 민의(民意)에 의하여 선출된 정부를 지지한다.", "②다음에 수립될 정부는 4·19정신과 5·16정신을 받들어서 혁명과업을 계승할 것을 확약(確約)한다."였다. 마지막 9항은 "한일문제(韓日問題)에 대해서는 초당적 입장에서 정부방침에 협력한다."는 내용도 포함되었다.[26]

각 정당의 지도자들은 박정희의 제안을 둘러싸고 숙의를 거친 뒤 대체로 수락하는 방향으로 기울었다. 이에 따라 2월 27일 재야의 정치 지도자들과 정당 대표 및 군부 대표들이 서울시민회관에 모여서, 박정희가 제시한 '정국수습9개방안'을 수락하는 선서식을 가졌다. 오전 10시 10분에 개회하여 동 10시 30분에 폐회한 20분간의 짧은 회의였지만, 이러한 선서식은 당시 언론이 표현한 대로 "헌정사상 초유(初有)의 일"이었다. 박정희는 식사(式辭)를 통하여 선거 시기를 연기하겠으며, 정치활동 금지 조치를 당일부로 대폭 해제하겠다고 밝히고, 자신의 거취 문제에서도 "민정에 참여하지 않겠다"고 확언하였다. 선서식에는 민정당을 대표하여 김병로가 참석하였다.[27]

박정희가 공언한 대로, 2월 27일 당일 정치인 2,322명이 해금되었고, 여기에는 김도연·김준연·장택상·이범석 등 거물 정치인들이 대거 포함되었으나, 장면은 제외되었다.[28] 일부를 제외하고 정치인들이 전면 해금됨으로써 바야흐로 정치의 계절이 도래하였고, 정국은 급속도로 재편성되어 윤곽을 곧 드러내었다. 결과는 야권의 재분열이었다. 허정은 해금되자마자 범야단일정당을 제일성으로 외쳤지만, 3월 7일 신정당(新政黨) 창당준비위원회를 발족시켰다.

야권이 분열상을 보이며 정비되어 가는 상황에서, 박정희는 2월 27일의 선서식이 채 20일도 지나기 전에 자신의 확약을 180도 번복하였다. 그는 3월 16일 오후 4시, 혁명정부가 군정을 4년간 연장하기로 결정하였고, 이의 가부를 국민투표에 붙이겠다는 요지의 특별성명을 발표하였다. 이유는 정치활동이 시작된 지난 2개월 동안, 정계의 양상이 민정이양을 할 수 있을 만한 체제가 되지 못했다는 데에 있었다. 박정희는 성명에서 국민투표는 최단 시간 내에 실시하겠고, 그동안 국민의 올바른 판단을 장애할 염려가 있는 모든 정치활동을 일시 중지하는 조치를 취하겠다고 밝혔다.[29]

박정희는 성명에서 언급한 대로, 「비상사태수습(非常事態收拾)을 위한 임시조치법(臨時措置法)」을 공포하여, 이 날부터 정당 활동을 정지시키고 언론·출판·집회·결사의 자유를 제한하는 조치를 취했다. 이 법은 3·16성명이 나오기 전에 통과했지만 3·16성명과 함께 공포되었다. 6개 조로 이루어진 「임시조치법」은, 제1조에서 법 제정의 목적이 "1963년 1월 1일을 기하여 허용된 정치활동으로 야기된 국가비상사태를 수습하기 위하여"라고 밝혔다. 또 제5조에서는 이 법을 어기면 군법회의의 관할 아래 1년 이상 5년 이하의 징역 또는 금고를 받도록 규정하였다.[30]

「임시조치법」에는 1963년을 기하여 시작된 75일간의 정치활동의 활성화를 '국가비상사태'로 규정한 시국 인식이 반영되었다. 이른바 3·16성명과 「임시조치법」은 9개 항목을 제안한 2·18성명이, 치밀하게 계획된 정치공작에서 비롯된 술수였음을 여실히 증명하였다.

언론에서는 3·16성명을 '제의'(提議)라고도 표현했지만, 군부가 '비상사태수습 임시조치법'을 공포하였듯이, 충격은 메가톤급 폭탄이었으며 후폭풍 역시 강하였다. 정치활동을 본격화한 정치인들을 비롯해 정계는 이 상황에 비상사태로 대응하였고, 미국정부도 심각하게 반응하였다.

재야 지도자 및 정치인들은 즉각 강력하게 반발하였다. 이들은 연일 회합을 계속한 끝에, 3월 22일 상오 재야 정치인이 발기한 민주구국선언대회(民主救國宣言大會)를 개최하고, "군정연장을 반대하고 민주주의를 되찾겠다"는 결의를 행동으로 표출하였다. 여기에는 민정당·신정당을 비롯하여 정계 중진 150여 명(윤보선·변영태·박순천 등)이 참석하였다. 대회가 끝난 뒤에는 기성 정치인들도 대거 참여하여, 약 3백여 명이 종로–을지로–시청을 코스로 가두시위에 나섰고, 경찰과 충돌을 빚으면서 일부 인사들이 연행되기도 하였다. 「민주구국선언」에는 88명의 인사가 성명하였는데, 이인도 서명에 참여하였다.

기미독립선언문의 첫 문장을 본떠서, "우리는 여기에 대한민국의 민주국가임과 대한민국의 자유민임을 다시 한번 선언한다."로 시작한 「민주구국선언」의 목표는, 군부세력들이 말살한 민주주의와 자유를 되찾자는 데 있었다. 선언문은 "5·16군사혁명이란 비상수단은 의회정치를 중단하고 국체(國體)의 변질까지 가져옴으로써" 자유민주주의의 "형해(形骸)마저 송두리째 없애버렸"다고, 5·16군사쿠데타를 정면으로 비난·공격하였다.[31]

3월 21일 미국 대통령 케네디는 기자회견 석상에서, 3·16성명에 관한 질문을 받자 "한국의 민주적 정치로의 복귀에 관한 현재의 논의를 매우 면밀하게 주시하게 있습니다."라고 답하였다. 이는 22일자 한국신문에, "미국은 한국에서의 민주적 정부의 복귀를 열망한다고 선언하였다"고 보도되었다.[32] 3월 22일 미국대사와 박정희군부와의 접촉도 심각한 분위기에서 진행되었다. 이 날 미국대사는 박정희 측에 "군정연장 계획을 재고(再考)번의(飜意)하고 2·27선서로 복귀할 것을

희망하는 미국정부의 공식적인 견해"를 전달하였다.[33]

박정희는 미국대사에게 3·16성명을 철회할 의사가 없음을 명백히 하였지만, 국내 정치세력들이 군정연장에 강하게 저항하였고, 미국 측의 압력은 더욱 거부할 수 없었다. 박정희는 수세에 몰렸고, 4월 8일 시국 수습 4개 항을 담은 4·8중대성명을 발표하였다. 성명의 4항에는 "비상사태수습을 위한 임시조치법을 폐지하고 정당활동을 재개한다"는 내용도 포함되어 있었다.[34]

정당 활동이 재개되고 활발해졌으나, 4월 25일 변영태 등이 가칭 정민회(正民會)를 발기함으로써 군정에 맞서야 할 야권의 분열은 더해 갔고, 박정희군부 세력은 민정이양 이후의 장기집권을 준비해 나갔다. 4월 29일 민주공화당은 박정희를 대통령후보로 지명해 수락을 받았고, 5월 27일 민주공화당 제2차 전당대회에서는 만장일치로 박정희를 대통령후보로 추대했다. 전당대회에 앞서 공화당 총재 정구영(鄭求瑛) 등이 박정희를 방문하여, 출마를 수락해 달라고 호소하자, 박정희는 수락 의사를 표명하면서 "군복을 벗는 문제 등 출마 절차를 밟는 데 필요한 시간적 여유가 있어야 한다"고 말하는 등 사전 조율도 이루어졌다. 전당대회에서 박정희는 수락 연설을 통하여, "대통령선거에 입후보하는 데 필요한 절차를 밟기 위한 시간이 필요하다"고 재차 언명하였다.[35] 박정희는 정국의 긴장과 완화를 반복하면서, 민정이양과 자신의 대통령 입후보 절차를 차근차근 진행하고 있었다.

4·8성명 이후 정국은 야권이 분열하는 가운데에서도, 박정희군부 세력에 적극 대항하기 위해서는 단일 대오로 집결해야 한다는 대의에서는 일치하였다. 최선의 방법은 단일정당을 결성하여 군부세력에 맞서는 단일 대통령후보를 지명하는 데 있었지만, 차선으로는 연합전

선을 이루어 단일 후보를 내어야 한다는 논의가 진행되었다.

마침내 1963년 4월 15일, 이인을 비롯해 김병로·윤보선·김도연·이범석·정일형(鄭一亨) 등 재야 정치지도자 11명은, 군사정부에 정면 도전하는 대정부 성명을 발표하고 나섰다. 이 성명의 첫머리는 "군사혁명정부는 과거 2년간 민주헌법의 기능(機能)을 정지시키고 3권을 수중(手中)에 장악하여 그 소신(所信)대로의 임의독재정치(獨裁政治)를 감행하여 왔"다고 지적하면서, 5·16군사쿠데타를 정면 부정하고 박정희군정을 독재정치로 단정하였다. 11인의 지도자들은 군사정권이 과거 어느 때의 정권보다도 "무능하고 부패하였음"을 통박하면서, 4·8성명이 "또하나의 기만적인 책략"에 불과하다고 폭로하였다. 성명은 "①박의장(朴議長)은 3·16 및 4·8성명을 철회하고 2·27선서를 준수하여 조속히 민정이양을 실천하라"를 비롯하여 3개 항의 요구 사항을 제시하면서, 이를 관철하기 위해 국민운동을 전개하겠다고 선언하였다.[36] 이 대정부 성명은 5·16군사쿠데타가 일어난 지 정확히 1년 9개월 지나서 공표된 최초의 반(反)군정 투쟁 선언이었다.

그러나 단일 대오를 위한 논의는 지루하게 거듭되었지만, 대의명분도 당리와 당략이라는 실리 앞에서 무력화되는, 한국 야당사의 공식은 또다시 반복되었다. 4·15대국민성명 이후 단일정당의 희망은 사라지고, 허정·이범석 등을 중심으로 한 정당 결성이 각각 추진되는 파쟁사가 연출되었다. 민정당도 일시 중단했던 창당 작업을 재개하여, 5월 14일 서울시민회관에서 창당대회를 개최하고 공식 창당을 하기에 이르렀다. 대의원 9백 명 중 850명이 참석한 이 날 대회에서는 윤보선을 대통령후보로 만장일치 추대하고, 대표최고위원에 김병로, 최고위원에 백남훈·김도연·이인·김법린·전진한·서정귀를 선출하였다. 민정당은 재야 정치세력으로는 맨처음으로 대통령후보를 내었을 뿐 아니라, 맨처음 창당을 끝내고 정당 등록까지 마쳤다.[37]

박정희가 군복을 벗고 대통령후보로 나서겠다고 공식 선언한 5월 27일 이후, 김병로·이인을 비롯한 재야 정치지도자들이 야권 내의 통합을 논의하기 위하여 움직이기 시작하였다. 6월 2일 김병로의 자택에서 이인을 비롯해 허정·이범석·장택상·김도연·전진한·정일형·박순천 등 모두 12명이 회합하였다. 이들은 박정희 의장의 대통령 출마는 "민정이양 공약을 어기고 실질적인 군정연장을 꾀하는 것"이라고 규정하고, 이를 강력히 반대하기로 결의하였다. 선거 관계법 개정과 박정희의 출마를 저지하기 위해, 재야 민주세력의 총단결을 호소하기로 합의함과 아울러, 4대(大)의혹사건 및 여러 가지 부정(不正)사건 규명에 최대한의 투쟁을 벌이자는 데 의견일치를 보았다. 이날 회합은 민정당 대표최고위원 김병로가 개인 자격으로 소집하였으며, '재야14인정치지도자회의'라 불리었다. 이 자리에는 민정당 대통령후보 윤보선과 정민회(正民會) 대표 변영태는 불참하였으나, 결의사항을 그대로 따르겠다고 사전에 통고하였다. 약 2시간 가량 진행된 회의에서, 이인은 재야 단일후보 문제를 논의하자고 제의했으나, 찬동을 얻지는 못했다.[38]

재야세력의 대동단결이 논의되는 6월 하순 들어, 보리 흉작에 자연재해가 겹쳐 양곡(糧穀) 사정이 심각해졌다. 6월 19일 태풍 셔리호로 20명이 사망하고, 1만여 명의 이재민이 발생하였으며, 6월 22일에는 전국에 폭우가 내려 77명이 사망하는 재해가 발생하였다. 7월 1일 영호남 일대에 호우로 13명이 사망하고, 7백여 호가 침수되었다. 7월 2일 태풍 셔리호 이후 전국 풍수해가 사망 130명, 재산 피해 6억 4천만

원으로 집계되었다.[39]

　이러한 재해로 인하여 1963년 6월 말, 대한민국의 최대 현안은 식량문제였고, 민생대책과 공명선거·민정이양 등을 포함한 난국 타개였다. 이를 계기로 재야세력 사이에서는, 여야가 거국내각을 갖추어 난국을 타개해야 한다는 주장이 구체화되기 시작하였다. 이 무렵 민정당 최고위원 이인은 현 난국의 수습을 위해서 "혁명정부의 사퇴와 거국내각의 수립"을 주장하였다.[40] 그는 6월 25일 직접 성명을 발표하여 '군정의 총사퇴'를 요구하면서, '즉각적인 거국내각의 수립'을 다음과 같이 제의했다.

> (자료 2-6-C)
> 　현하(現下)의 심각한식량난(食糧難)과 정부및민간(民間)의 재정금융이 전례없이 극심한고난(苦難)상태에빠진 초비상시국에처(處)해있는 이때인만큼그책임(責任)을 통감한정부는 농림장관의 사퇴만으로그칠문제가아니라 도의(道義)정치와 책임문제가 무엇이라는것을 알아야할최고회의(最高會議)와내각(內閣)은 마땅히총퇴진(總退陣)하는시기(時期)임을 인식하고 시급히 그태도를결정해야할것 … 이렇게 함으로써 군정(軍政)종지부를찍고 민정이양의제1단계로서거국내각(擧國內閣)을시급히구성, 대내적으로서는민심(民心)수습과 식량난을해결하여 국민이살수있도록하고 공명(公明)선거를 할수있도록 선거관리를 해야할것…[41]

　이인은 오늘날의 심각한 양곡 사정은 태풍과 폭풍우 등에도 원인이 있지만, 작년도 미곡 생산의 흉작에 대비하기 위한 정부의 수급 계획의 차질에서 비롯되었음도 강조하였다. 그가 현 국가재건최고회의와 내각을 포함한 혁명정부 당국이 총사퇴함으로써 군정에 종지부를 찍고, 거국내각을 시급히 구성하자고 주장한 이유였다.[42]

이인이 강경한 주장을 내세우자, 민정당의 대변인 이충환(李忠煥)은 당일 즉각 성명을 발표해, "그것은 민정당의 태도는아니며 어디까지나 이(李)씨개인의주장"이라고 말하였다. 이어 그는 민정당은 앞으로 식량 문제가 해결될 때까지 대정부 정치 발언을 하지 않겠다는 미온한 태도를 취했다.[43] 이 무렵 민정당은 군부 쿠데타 세력의 총사퇴까지 당론화하지 않았으나, 이인은 일관되게 군정 종식이 시국수습의 첫 출발점임을 강력하게 주장했다.

3. '국민의 당' 창당과 내분, 파탄과 탈당

1963년 1월 정치활동의 제한이 풀린 뒤부터, 이인이 일관되게 주장·실천한 바는 한 가지 목표로 귀결되었다. 실질상으로 군정을 종식하고 민정이양을 완성하기 위해서는, 범야당이 단일화하여 단일대통령후보를 내세우고, 총선거에도 단일야당으로 나서야 한다는 당위론이었다. 이인은 '재야14인정치지도자회의'에서 재야 단일후보를 제안했으나, 야권 전체는 물론 민정당 내부에서도, 이 문제를 둘러싸고 합일점을 찾지 못하고 분열의 양상만 노출하였다. 허정의 신정당과 이범석의 민우당(民友黨)은 독자 창당의 길로 나갔고, 민정당도 창당 이후 신민계·자유당계·민주당계·무소속 4파가 지분의 비율을 둘러싸고 잡음이 끊이지 않은 채, 파벌간의 갈등만 지루하게 반복하였다.

이러한 당내 사정으로 인하여, 민정당은 재야 정치세력으로서 맨처음 대통령후보를 지명하고도 선거전에 돌입하지 못하였다. 민정당

내의 복잡한 파벌을 단순화시키면, 윤보선을 대통령후보로 지지하는 세력과 반(反)윤보선 세력의 갈등이었고, 이의 연원은 이전 구 민주당 내의 신구파 갈등까지 소급하는 깊은 앙금이었다. 이러한 파쟁은 야권의 대통령후보를 단일화하는 데 진통을 수반하였고, 결국 실패로 귀결되는 근인(根因)이었다.

야권의 분열과 민정당 내의 갈등은 야당통합운동이 다시 제기된 배경이었다. 구 민주당 신파 계열로 민주당의 재창당을 이끄는 박순천은, 민주당이 대통령후보를 내지 않을 방침임을 이유로 내세우면서 통합운동에 불참할 뜻을 명확히 하였다. 1963년 7월 18일 창당식을 마친 민주당은, 국가재건최고회의 의장 박정희가 대통령에 출마하는 한 대통령후보를 내지 않는다는 방침을 정하였다. 그러면서도 반(反)윤보선 계열의 야당 후보를 지지하는 태도를 취함으로써, 여전히 야권 분열의 원인이 되었다.

야당 재통합 운동은 통합야당으로 출발한 민정당을 백지화하고 새로운 야당을 재창당하는 데 목표가 있었으므로, 윤보선은 반대하였다. 그는 통합 작업이 너무 때가 늦었고, 성공 가능성이 적다는 데에서 무모한 모험이라고 주장하였고, 김병로도 여기에 동조하였다. 그러나 윤보선을 포함한 민정당 수뇌진도 통합이라는 대의명분을 거스를 수는 없었으므로 결국에는 통합운동에 동참하였다. 이후 통합 교섭은 민정당 및 허정의 신정당과 이범석의 민우당 3당 사이에 진행되었다.[44]

3당은 지루한 교섭 과정을 거쳐 신당으로 '국민의 당'을 창당하였으나, 곧바로 당이 분열되는 분당 사태를 가져왔다. 창당이 곧 해당(解黨)으로 귀결되는 귀납법은 한국 야당의 파쟁성이라는 단순 원인에

기인하지만, 이번 사례도 다소 복잡한 설명이 필요하다.[45] 통합 협상이 본 궤도에 오르기는, 7월 15일 이범석·허정 양인이 김병로를 방문하여 3당의 조건 없는 통합을 제의한 데에서 비롯되었다. 윤보선도 이에 동의하자, 7월 18일 김병로·허정·이범석 3인은 공동성명에서 "3당의 무조건 합동에 합의"했음을 공동성명으로 발표하였다. 이들은 군정에 대항하는 가장 강력한 야당으로서 '국민의 당'을 새로 창당하기로 합의하고, 8월 1일 '국민의 당' 창당준비위원회 결성대회를 개최하였다. 이 날 민정당·신정당·민우당의 영수인 김병로·허정·이범석 3인을 대표위원에 선출하고, 수석대표위원으로 최연장자인 김병로를 추대하였다.

이때 김병로의 나이 76세(1888년 1월 27일생)였다. 80세를 바라보는 고령의 그는, 보행은 물론 혼자서 일어서기 힘든 병약한 상태였다. 김병로가 대통령후보로 지명되더라도 선거운동조차 할 수 없음은, 그 자신을 포함하여, 추대한 사람들도 다 알고 있는 사실이었다.[46] 김병로는 민족의 미래를 위해 아무런 욕심 없이 반군정운동의 최선봉에 섰을 뿐이다. 그런데도 '국민의 당' 내에서 그를 대통령후보로 추대하자는 논의가 여러 차례 나왔다. 그럴 때마다 그는 "노구(老軀)를 이끌고 군정종식에 매듭을 짓는데 미력하나마 선봉이 되고자 힘써온 것이며 대통령후보문제 등은 생각조차 한 일이 없다."(8월 30일의 발언)[47]고 잘라 말하였다. 겸양의 발언이 아니라, 그의 민족애와 건강 상태[48]에서 나온 진심이었다. 사정이 이러한데도 그를 추대하는 이면의 속내에는, 윤보선이 대통령후보로 지명됨을 반대하려는 반(反)윤보선 계열의 정략이 깔려 있었다.

'국민의 당' 창당이 지체되는 동안, 8월 14일 국가재건최고회의는 이후락(李厚洛) 공보실장을 통하여, 대통령선거 일자는 10월 15일, 국회의원선거는 11월 26일로 각각 내정했다고 밝혔다. 이후락은 대통령선거 일자의 공고는 9월 5일에, 국회의원선거는 10월 2일에 하겠다고 선거 일정을 세세하게 제시하였다.[49]

'국민의 당'은 창당을 서둘러야 했고, 창당일에 앞서 가장 큰 난제인 대통령후보를 조정해야만 했다. 8월 26일 김병로의 집에서 이인·허정·박순천·이범석 등(윤보선·김도연 2인은 불참) 재야 정치지도자들이 모여 이 문제를 중심으로 숙의하였다. 이들은 "단일대통령후보는 국민의당에서지명(指名)하는 것이 타당하다"는 결론을 내리고, '국민의 당' 창당 과업에 어떠한 반동(反動)도 용인(容認)할 수 없다는 방침을 세웠다. 이로써 단일대통령후보 지명은 '국민의 당'에서 하도록 축소되었다. 이때 단일대통령후보로 강력하게 맞서고 있는 인사는 윤보선과 허정이었다.[50]

그러나 9월 3일 '국민의 당' 창당을 이틀 앞두고, '국민의 당'은 창당도 되기 전 이미 파탄의 지경에 이르렀다. 9월 2일 민정당 내 윤보선 지지 세력들이 윤보선을 대통령후보로 추대하며 나섰고,[51] 9월 3일 야당협의회·정치지도자연석회의에서는 허정을 대통령후보로 추천하기로 결정하였다.[52] 이인은 정일형(민주계)·전진한·장택상 등과 함께 정치지도자회의를 대표하여 허정을 지지하였다.

당시 언론보도대로 그야말로 "극적인 타협없는 한", '국민의 당' 창당대회에서 두 사람의 실력 대결이 예정되어 있었으나,[53] 실력 대결도 민주 절차에 따라 정상의 방법으로 진행되기는 어려웠다. 창당을 수십 시간 앞두고, 막후 협상이 숨가쁘게 진행되었으나, 합의점을 찾지 못하여 사전 조절에 실패하였다. 9월 5일 자정을 넘어서까지 진행된 조절 과정에서 벌써, 당시 신문이 표현한 대로 '추잡의 도를 넘는 아귀다툼'이 벌어졌다. 창당대회의 예고편이었다.

우여곡절 끝에 9월 5일 시민회관에서 '국민의 당' 창당대회가 열렸다. 812명의 대의원 가운데 803명이 참석한 첫 날 대회의 시작은 순탄한 듯했다. 선언문·결의문·메시지채택·정강정책 통과가 진행될 때는, "군정을 종식시키고 민주정치를 일으키자"는 구호와 같이 결의에 찬 모습이었다. 선언문은 "어떠한 위장(僞裝)된 군정연장도 이를 부인하고 군정을 실질적으로 종식시켜 헌정(憲政)의 상도(常道)에 귀일(歸一)하여 안정된 정치세력의 구축으로 참된 민주정치의 정상적 발전을 이룩할 것"을 다짐했다. 대회는 김병로(민정당)·허정(신정당)·이범석(민우당)·김도연(민정당)·이인(민정당) 등 5인을 최고위원으로 선출할 때까지도 순조로웠다. 그러나 대통령후보 지명의 순서에 들어가서는, 윤보선과 허정을 지지하는 세력들 사이에 소란이 일기 시작하여 끝내 아수라장으로 변하였고, 사태를 수습하지 못한 채 첫 날 대회는 중단되었다.[54]

장소를 바꾸어 9월 6일 열린 2일 차 대회는 오전에 이어 오후에도 속회하였지만, 여전히 폭언·폭설과 비난만이 난무하면서 아무런 진전을 보지 못했다. 창당대회가 파탄의 지경에 이르자, 이인은 이범석과 함께 최고위원직을 사퇴하면서, 대통령후보 선출에 '실력대결'을 회피하고 '사전(事前)조절'을 하라고 울면서 호소하였다. "이렇게 된 마당에서 본인은 책임을 느껴 '국민의 당' 최고위원직을 사퇴하는 동시에 '국민의 당'에서도 물러날 것을 이 자리에서 밝힌다, 마지막으로 여러분들에게 지금과 같은 추잡한 싸움을 계속하다가는 우리들 모두가 패배하고 말 것이라는 것을 경고한다."·"이래가지고 당(黨)이 되겠는

가. 5일대회도 중단되고 오늘도 이문제를가지고 야단들이니 국민에
게송구스럽다. 더 이상 나로서는 최고위원직을 갖고있을 수 없다. '국
민의 당' 참여를 거부하겠다."고 말하고 퇴장하여 버렸다.[55]

6월 5일 밤 김도연은 '국민의 당' 최고위원직을 사임하였으며, 김병
로 · 허정 · 김도연은 6일 대회에 출석하지도 않았다. '국민의 당'이 창
당 당일 사실상 파산됨에 따라, '국민의 당'을 통한 야당 대통령후보의
단일화는 '추잡한' 모습만 노출한 채 실패하였다. 이후 유력 예비 후보
였던 윤보선과 허정이 각개전으로 나아가면서 야당 후보들이 난립하
게 되었다. '국민의 당'은 가장 큰 세력인 민정당계가 빠져나가자, 애
초 통합야당을 목표로 하였던 '국민의 당'과는 거리가 멀어졌고, 야당
의 단일대오를 통한 군정 종식도 요원해졌다.

민정당은 9월 12일 윤보선을, '국민의 당'은 허정을 각각 대통령후보
로 지명하였고, 9월 15일 대통령후보 등록이 마감되었다. 대통령후보
로는 민주공화당의 박정희, 민정당의 윤보선, '국민의 당'의 허정 외에
정민회의 변영태, 자유민주당의 송요찬(宋堯讚), 신흥당(新興黨)의
장이석(張履奭), 추풍회(秋風會)의 오재영(吳在泳) 등 군소 후보를 포
함하여 모두 7명이 등록하였다.

야당후보가 6명이나 난립하자, 허정은 10월 2일 "이와같은 사태가
계속되는 한 군정종식은커녕 오히혀 군정의재집권(再執權)을 합리화
할 결과를 자아낼 가능성이 분명"하므로, 야당 단일후보가 반드시 이
루어지기를 호소하면서, 야당의 단일후보를 성사시킨다는 대의에 따
라 중도 사퇴하는 결단을 내렸다.[56] 10월 7일 송요찬도 뒤이어 사퇴하
였다. 이로써 윤보선이 사실상 야당의 단일후보가 되었고, 군정 종식
을 염원하는 민중들에게 그나마 야당으로서 체면치레는 하였으나, 박

정희가 당선되는 불행한 사태를 막지는 못하였다. 부정선거 시비가 일어났지만, 여부를 떠나서 이인이 말한 대로 '추잡한 싸움'이 낳은 결과였다.

10월 15일 5명의 후보가 입후보하여, 총유권자의 85%가 투표에 참여한 높은 투표율을 보이면서 대통령선거가 실시되었다. 개표 결과는 민주공화당 후보인 박정희가 46.6%인 4,702,640표, 민정당 후보 윤보선이 45.1%인 4,546,614표를 득표하였다. 두 사람의 득표 차는 15만 6천여 표였다. 민정당은 중앙선거관리위원회에 '대통령선거 무효확인소송'을 제기했으나 결과가 바뀔 리는 없었다.

군정을 종식하고 민주주의를 본궤도에 올려놓으려는 한국민들의 간절한 여망은, 1963년 10월 15일 제5대 대통령선거에서 이렇게 좌절되었다. 박정희군정은 1979년 10월 26일에야 끝을 맺었으나, 이후 1987년까지 군정은 연장되었다. 이인은 뜻있는 인사들과 함께 야당의 대통령후보를 단일화하려고 쉬지 않고 노력하였지만, 모두 허사로 돌아가고 말았다. 그는 대통령선거 당일, 선거 결과를 비통하게 예견하면서, "기성(旣成)정치인에 대해서 소아(小我)를 버리고 희생적 정신으로 당면한 민생고(民生苦)와 국난극복에 전심(專心)해 줄 것과 자유민권과 민주주의의 소생을 위하여 재야세력이 총단합할 것을 호소"하며,[57] 정당정치를 중단하겠다고 다음과 같이 성명하였다. 정치 일선에서 물러나겠다는 뜻이었다.

> (자료 2-6-D)
> 1년유여(有餘)를 두고 전국민이 염원한 범야(汎野)단일정당과 단일대통령후보를 위하여 이 사람이 맨처음 대통령입후보(立候補) 의사를 포기하고

꾸준한 노력을 해보았든 것이 그와는 반대의 군소정당난립(亂立)과 다수한 입후보를 하게되는 혼란을 이룩하게 됨에 대하여 국민앞에 송구하여 마지 않음이다.

그토록 기대와 갈망을 하든 민의(民意)를 완전히 거부한 기성정치인들의 이해(理解)못할 아집과 심사(心事)는 안타깝기 한량없음이다. 정당이 난립됨으로 차선으로 단일후보라도 원했든 것이 이것조차 않이된 이상 그 결과는 개표를 해보나마나한 것이고 다만 앞길이 아득하고 가슴이 쓰라릴 뿐이다.

이 사람은 이에 대한 나의 무력했음을 자책하면서 조용히 사색할 시간을 가지기 위해서 국민의당(黨)마저 그 최고위원인 당직을 사퇴함은 물론 당적(黨籍)마저 이탈하는 바이다(민정, 심민, 민우 등 합당을 위해 민정의 최고위원직은 그 당시 벌써 사퇴했음).

국내의 모든 정당인들은 모름지기 과거를 탈피하고 정권쟁취(爭取)만을 일삼는 아집과 파당(派黨)심리를 불살아버리고 일치결속(結束)해서 안전(眼前)에 가로놓인 대내외(內內外)위기와 특히 목하(目下) 심각한 민생고(民生苦) 해결에 희생적 봉사심(奉仕心)을 발휘하기 호소하는 바이다.[58]

이인의 성명에는 기성 정치인을 향한 심한 불신감이 드러난다. 사실상 군정이 연장되는 현실에서 그가 정치 일선을 떠나고자 한 이면에는, 이러한 심정이 깊게 자리잡고 있었다. 정치권의 일부도 이인을 음모 · 비방하고 나섰다. 이인이 성명을 발표하자, 정가의 한쪽에서는 박정희정부에서 감투 한 자리라도 얻기로 되지 않았느냐는 추측이 나오기도 했다. 이후 이인의 행적에서 오해를 살 만한 대목이 없었음을 보면, 이 억측은 이인을 향한 흑색선전이자 비방에 불과하였다.[59] 이인은 당시의 심경을 다음과 같이 술회하였다.

(자료 2-6-E)
그러나 범국민(汎國民) 단일야당이라는 당초 목표에서는 크게 어긋나므로 정계에서 은퇴하고 말았다. 나는 맨먼저 대통령 출마의사 없음을 밝히고 범국민적인 단일야당과 단일후보를 추진해 보았으나 정치인들의 아집과 파당심리에 사로 잡혀 더 이상 같이 뜻을 기울일 수가 없었기 때문이다.[60]

4. 정치 일선에서 물러난 뒤의 민주화운동

이인은 정치 일선에서 떠났지만, 대한민국의 주권·자주성과 민주화를 위한 노력마저 접지는 않았다. 박정희정권은 1965년 들어 군정 때부터 추진하였던 한일회담을 본격화하였다. 1월 18일에 제7차 한일본회담을 재개한 데 이어, 2월 20일 이동원(李東元) 외무부장관과 시나 에쓰사부로(椎名悦三郎) 일본 외상 사이에 「한일기본조약」에 가조인(假調印)하고 공동성명을 발표하였다.

야당·학생들을 비롯하여 전국 각지에서, 한국정부의 굴욕스런 대일회담 자세를 비판하며 한일협정을 반대하는 데모가 고조·격화되자, 박정희정권은 6월 3일 전국에 계엄령을 선포하고 모든 학교에 휴교령을 발동하였다. 6·3사태로 한일회담이 잠시 중단되는 듯하였지만, 박정희정권은 야당이 격렬하게 반대하고 학생 데모가 연일 계속되는데도 아랑곳하지 않고 한일회담을 꾸준히 추진하였다. 마침내 6월 22일 박정희정권은 일본 도쿄에서 「한·일 양국의 국교 관계에 관한 조약(기본조약)」이른바 「한일협정」을 조인하였고, 8월 13일 국회에서 야당 의원이 불참한 가운데 「월남 파병 동의안」을 통과시켰다. 이어 8월 14일 역시 야당 의원들이 불참하였는데도, 「한일조약 및 제(諸) 협정 비준 동의안」을 통과시킴으로써 한일 간의 정식 수교를 강행하였다. 「한일협정」은 1965년 12월 18일 발효하였고, 8·15해방 이후 이승만정부 때부터 14년 동안 끌어온 한·일 양국 간의 국교정상화 교섭은 이렇게 종결되었다.

온 한국민이 반대하고 격렬한 반대 시위가 일어나는 가운데 「한일협정」은 체결되었다. 이인 역시 언론을 비롯해 여러 통로를 통하여 협정 체결에 강하게 반대하였다. 그는 「한일기본조약」이 가조인되기 전부터, 과거 일본제국주의 침략상과 한국민의 식민지시기 고통의 참상을 떠올리면서 "일본이 과거의 식민주의, 군국주의 특히 우월감과 독존성(獨尊性)"으로 회담에 나오리라 예견하면서 굴욕스런 국교정상화를 반대하였다.[61] 「한일협정」 체결을 하루 앞둔 6월 21일, 이인은 한 신문의 설문(設問)에 응하여, 한일협정의 굴욕성을 다음과 같이 수치까지 적시하며 강하게 지적하면서, 일본이 신(新)제국주의화(化)하여 재침입하리라 경고하였다.

(자료 2-6-F)

① 민족(民族)양심상 현재의 조건으론 인정할수없다. 이는 한일간의 국교정상화가 아니라 양국의 영원한 분규의 씨만 배태시킬것이다. 일본이 중공(中共)·소(蘇)와 맺은 어업(漁業)협정보다 차별적인 조약을 한국과 맺음으로써 우리연안은 일본을 위한 어족생식장에 불과하게 될 것이다. 청구권(請求權) 무상(無償)3억불(弗)이란 일본이 평화선내에서 4년간이면보상될 소액이다. 최소한 10억불은 받아야했을 것이다.

② 2, 3년내에 일본세력이 다방면에서 활개를 칠것이다. 일본의 신제국(新帝國)·식민주의의 재침입을 경계하여야한다. 특히 정치인 경제인의 정신적 자세가 아쉽다. 우리의 주체력(主體力)확보와 국력(國力)배양이 긴급한 문제이다.[62]

학생 시위를 비롯해, 한일협정 비준 반대 투쟁은 정계를 비롯해 전국 각계로 확신되었다. 이인은 비록 정계를 떠나 야인의 몸이었지만 반대 투쟁의 선봉에 섰다. 그는 1965년 7월[63] 28일 김홍일(金弘壹, 예비역 장성)·함석헌(咸錫憲, 종교인) 등과 함께, 한일협정 비준 저지를 위한 범(汎)국민 투쟁조직으로 조국수호국민협의회(祖國守護國民協議會)를 결성할 목적에서, 8인준비소위원회(準備小委員會)를 구성하고 투쟁의 전면에 나섰다.[64] 3일 뒤인 7월 31일, 한일협정 비준 반대를 위한 연대투쟁 조직으로 조국수호국민협의회(祖國守護國民協議會) 창립대회를 개최하였다. 이 날 대회는 학계·종교계·법조인·문인 등 사회 각계 지도층 250여 명이 참석하여, 한일조약 및 협정의 국회비준을 저지하기 위한 규약을 채택하였다. 대회는 이인·함석헌·김홍일 등 6인을 임시의장으로 선출하고, 김홍일의 사회로 진행되었으며, 이인은 선언문을 낭독하였다. 그는 선언문에서 "비준저지를 부르짖는 전국민의 정의의연대를 곤봉과최루탄으로탄압했다"고 지적하고, "국민은 조국의위기를 자각하고 조국수호의 대열에 참여하여 한일협정의 국회비준을막고 우리들의 공명정대한의사로 새로운 호혜평등의조약을맺어 선린협조의 세계의 신기운에 참여한다"고 선언하였다. 또 대회에서는 미국 대통령에게 보내는 메시지, 일본 국민에게 보내는 메시지, 국회에 보내는 메시지, 대통령에게 보내는 메시지들도 채택하였다. 이 날 이인은 법조계를 대표하여 집행위원으로 선출되었다.[65]

예비역 장성으로 집행위원에 선출된 박병권(朴炳權)은, 5·16쿠데타 후 군정시기에 제14대 국방부장관으로 임명되어, 박정희 국가재건최고회의 의장의 미국 방문을 함께 수행한 쿠데타 동조 인물이었다. 그러나 박정희가 민정에 참여함을 반대해 국방부장관 직책을 사임(1963. 3. 16)한 후, 조국수호국민협의회를 결성하는 데 앞장섰다. 박병권에서 보듯이, 조국수호국민협의회에는 5·16군사쿠데타 시 박정희의 동지로 참여하였던 예비역 장성들도 핵심 멤버로 참여하였다. 이보다 앞서 7월 14일 김홍일·박병권 등 예비역 장성 11명이, 각 일간지 1면에 광고 형식으로 「한일협정을 반대하는 성명서」를 발표하였다.[66]

한일협정 비준 반대 투쟁 연합체로 출발한 조국수호국민협의회는 상설화된 민주화운동 조직으로 발전하지는 못했지만, 1971년 4월 19일 최초의 재야 민주화운동 상설 조직으로 결성된 민주수호국민협의회(The National Council of Defending Democracy, 民主守護國民協議會)의 전신이라 할 만한 의의를 지녔다.

이인은 「한일협정」이 발효되는 12월 18일에도, 「한일협정」이 "조약의 내용이 우리에게 불리하고 교섭경위(經緯)에 석연치 않은 점이 있고 또 과거의 숙적(宿敵)이었던 일본을 우방국가로써 맞아들이는데 있어 준비태세가 공고하지 못했다는데"에서, "근심 걱정이 태산같다"고 깊은 우려를 나타내었다. 그는 독도 문제까지 언급하면서, 한국민과 정부·야당에 다음과 같이 간곡히 당부하였다.

(자료 2-6-G)
일본측은 자고로 우리의 영토인 독도(獨島)에 대한 영유권을 주장하고 있는데 이는 앞으로 양국간의 관계에 평지파란(平地波瀾)을 일으킬 소지를 내포하고 있는 것이다.
어업문제에 있어서도 관할수역(水域)의 범위, 기국주의(旗國主義)등 분쟁을 일으킬 문제가 많으며 경제면에서 무역의 불균형, 청구권을 하려면 일본과 협의해야 한다는 것등은 큰 말썽을 일으킬 것이다. …

역사는 단순한 기록의 축적이 아니고 미래의 진로를 제시해주는 교훈인 것이다. …

앞으로 우리 국민들은 지난날의 가슴 아팠던 고뇌를 되살려 다시는 과거와 같은 전철(前轍)을 되밟지 않겠다는 결심을 굳세게 하여 …

오늘날 우리 국민에게는 앞으로 대일 관계에서 민족의 자주성을 살려 독립국가의 국민으로서의 긍지를 잃지 않겠다는 결의를 한층 굳게 하는 것이 요구된다.

다음으로 정부에 말하고 싶은 것은 정치적, 경제적, 사회적, 문화적 모든 면에서 일본의 침투, 침식(侵蝕)을 방지할 만반의 태세를 갖추라는 것이다.

특히 경제면에서 일본자본의 침투로 인해 민족자본이 몰락하지 않도록 정부의 각별한 배려가 있어야 할 것이다. …

끝으로 야당정치인들에게 부탁하고 싶은 것은 건전한 단일야당을 염원하는 국민대중의 생각에 부합하도록 일치단결해서 정책야당으로서 자세를 갖춰 대일관계에서 을사(乙巳)이후의 쓰라림과 고통을 다시는 안겪도록 전력(全力)을 기울여야 할 것이다.

한일국교정상화라는 역사적시련(試鍊)을 극복하기 위해선 국민, 정부, 여야정치인 모두가 지난날에 독립운동하던 마음가짐으로 대일관계에 임해야 할 것이다.[67]

이인의 예견과 충고는 오늘날에도 귀담아 들을 바가 많다. 야당에게 단일야당 · 정책야당으로서 대일관계에 임하라고 당부함은, 이것이 사실상 군부통치를 종식시킴으로써 한일국교를 다시 정상화시키는 전제가 되기 때문이었다.

이인은 정치 일선에서 물러난 뒤에도, 야당이 단일화를 이루지 못함으로써 군정을 종식시키지 못하였음을 두고두고 개탄하였고, 여전히 정치현실에 무거운 책임감을 느끼고 있었다. 1967년 5월 실시될 6대 대통령선거에서 박정희가 재선을 노리자, 그는 이번에야말로 반드시 야당의 단일후보를 실현하여 군부통치를 끝내야 한다고 다짐하였다. 선거를 8개월 앞두고, 그는 범재야 세력을 단일화하는 운동을 벌이기 시작했다.

1966년 9월 27일 이인이 주동하여 "야당단일화를 위한 협의체 구성을 모색"할 목적에서, 정당정치에 속하지 않은 재야 인사 20여 명과 함께 "시국광정(時局匡正)과 재야세력의 단일화"를 촉구하는 시국선언문을 발표하였다. 이른바「9 · 27시국선언」에 서명한 인사는 이인을 비롯해 김홍일 · 백남훈(白南薰) · 신숙(申肅) · 함석헌 등 12명의 원로들이었다.[68] 시국선언문의 주요 내용은 국가 위기 상태를 지적하면서, 정부 · 여당 및 야당과 국민에게 호소하였다.

(자료 2-6-H)

오늘 정당정파(政派)에 속하지 않은 우리들은 현하(現下) 모든 것이 비틀어져 있어 닥쳐올 내일을 예측키 어려운 위기에 처해 있음을 보고 묵묵히 좌시할 수 없다.

현하 민생은 나날이 궁박일로(窮迫一路)를 걷고 있고 법질서(法秩序)가 해이되었음은 물론 도의(道義)는 땅에 떨어져 도저히 수습하기 곤란한 형편이다. 과거 5년동안 가지가지의 실정(失政)은 차치하고라도 … 최근의 재벌밀수사건과 (이하 박정희정권의 실정을 지적 : 인용자) … 조국의 위기를 미연에 방지하려는 충정에서 다음과 같이 호소하는 바이다.

一. 정부와 여당은 스스로 4 · 19나 5 · 16과 같은 사태가 있었든지라 지체없이 자체의 내부 개혁을 단행하여야 할 것이고 정권영속(永續)에만 급급하여 불미(不美)한 가지가지 사태를 저지르지 않도록 하여야 할 것이다. …

二. 야당은 하루 속히 정권쟁탈을 위한 추악한 싸움과 분열의 습성을 지양(止揚)해야만 한다. 그리하여 소이(小異)를 버리고 대동(大同)을 취하여 단일화(單一化)로 결속함으로써 절망 속에 몸부림치는 국민에게 광명을 주고 국가와 민족의 나아갈 길을 향도(嚮導)하도록 하여야 한다.

三. 이 나라의 진정한 주인은 오직 우리들 국민뿐이다. 우리는 결코 부패한 관료와 매국적인 악덕재벌의 수중에 조국의 운명을 맡길 수 없다. 국민 개

개인은 앞으로 과거와 같은 누습(陋習)을 버리고 … 권력과 금력(金力)에 굴함이 없이 진실로 이 나라 이 민족을 구할 수 있는 방향으로 우리의 주권을 행사할 결의를 공고히해야만하겠다.[69]

이인은 시국선언에 참여한 재야 인사들을 대표하여 향후 계획도 발표하였다. 그는 "재야세력 단일화 내지는 야당 대통령후보 단일화를 위해 협의체를 구성하여 기존정당과 접촉하겠다."고 밝히고 "야당통합이 안될 경우 현역(現役) 국회의원과 6대 국회의원 선거 차점자를 중심으로 한 연합공천의 방법도 모색할 수 있다."는 구체안까지 언급하였다.

이인 등이 시국선언으로 지적하고자 한 바는, 법질서와 도의 등 국가기강의 문제만이 아니었다. 시국선언은 지나간 실정(失政)은 그만두고라도, 식량・연료 사정을 비롯해 재벌 밀수 사건・문화재 도굴 등 현 상황은, 이 나라가 제거해야 할 대표 병폐일 뿐이라고 지적하였다. 나아가 정부와 집권당이 근대화를 말하나, 대기업 일변도의 공업화 정책으로 몇몇 대재벌(大財閥)만 비대해졌을 뿐이므로, 국민 대중을 희생시킬 염려가 있다는 현실 문제도 제기하였다.[70]

이인이 70대의 원로 정치인과 재야 인사들을 규합하여 「9・27시국선언」을 발표하기 전까지는, 약 2개월 정도의 준비 기간이 필요했다. 그는 불편한 다리로 원로들의 뜻을 모으는 일에 발품을 아끼지 않았다. 당시 한 주간지는 이인 등의 시국선언이 "정치서 떠난 우국노인(憂國老人)들의 마지막 봉사"라고 평가하였다. 그리고 시국선언이 나온 이후 야당통합을 위한 이인의 공개 활동과, 이를 냉소(冷笑)하듯이 대하는 민중당・신한당(新韓黨) 등 양대 야당의 파당성도 상세하게 전하였다.

　이에 따르면, 시국선언은 당초 이인과 윤재근(尹在根)·조규택(曺圭澤) 등이 회동하여, 나라를 걱정하며 논의한 끝에, "정치일선(一線)에서 물러선 우국 노인들이 노년의 마지막 봉사로 야당 단일후보 옹립(擁立)에 밑거름이 되자"는 데에 합의했다. 혁신 세력의 박기출(朴己出)도 이에 적극 호응하여, 각계에서 1인씩 동조자를 얻어 20여 회 회동한 끝에 「9·27시국선언」이 나오기에 이르렀다.

　이인·백남훈 등은 10월 5일 민중당의 박순천(朴順天)과 신한당의 윤보선(尹潽善)을 차례로 방문하였다. 이인은 박순천·윤보선에게 "우리는 정치권(政治圈)외에 서있는 유체(遊體)정치인입니다만, 현하의 정국추이(推移)나 사태를 볼 때 가만히 앉아 있을 수만은 없어 이렇게 몇말씀드린다"라는 전제로 말문을 열었다. 이어 그는 "총선거에 있어 야당통합이 승리를 가져올 수도 있다는 것을 알고 있음에도 불구하고 사소한 견해차이로 이것이 이루어지지 않는다면 국민염원을 배반하는 것"이라고 주장하면서, 월내(月內)로 통합하여 전당대회를 열기를 촉구했다.

　민중당의 박순천 등은 이인의 제안에 "극히 회의적인 태도"을 보이면서도 방문을 환영하였으나, 신한당의 윤보선 등은 이인 등의 방문 자체를 냉대하면서 제안을 냉소하였다. 신한당 측의 한 인사는 "시국선언인사들이 야당통합이란 국민적인 여망을 등에 업고 「매스·컴」에 힘을 입어 자기 위치를 높이려는 저의가 있었기 때문"에 카메라 기자의 출입을 거부하였다고 밝히면서, 이인 등의 방문을 혹평·매도하였다. 민중당·신한당의 주류 세력들은 한결같이 이인의 행동을, 상대당의 '사꾸라'라고 불신하였고, 더욱이 시국선언을 준비해 왔던 이인에게는 갖가지 오해와 불신을 나타내었다. 그러나 이인은 "시간이 흐르면 자연히 해결될 부질없는 억측"이라 일축하고, "정강정책에 대동소이한 보수정당이 하나가되어 평화적인 정권교체에 일조가된다면 그 외에 바랄 것이 없다."는 소신을 피력했다. 「9·27시국선언」은 민중당·신한당 두 야당이 통합하는 성과를 당장 기대하기는 어렵더라도, 양당의 통합운동에 보이지 않는 불을 붙였다는 데에서 의미가 컸다.71)

이인은 「9·27시국선언」 이후에도 '마지막 봉사'로 야당통합운동을 꾸준히 추진하였다. 그는 야당통합의 당위성을 강조하면서, 통합을 모색하는 노력을 포기하지 않고, 야당 대통령후보 단일화 운동을 주도하였다. 이러한 모습 때문에 항간에는 이인 등을 '시국선언파'(時局宣言派)로 지칭하기도 했다. 10월 5일 양당의 당수를 방문하여, ①대통령후보 단일화 및 ②국회의원 연합 공천 등을 위한 양당 통합을 촉구함은 시작이었다.72)

시국선언파인 이인·백남훈은 민중당의 홍익표(洪翼杓)·태완선(太完善), 신한당의 정해영(鄭海永)·신태악(辛泰嶽) 등과 함께 주동이 되어 막후 교섭을 진행하였다. 12월 6일 민중당·신한당 양당의 비주류 인사와 재야 인사 33명이 확대회의를 열고 야당대통령후보단일화추진준비위원회(가칭)를 구성했다. 이들은 ①야당 대통령후보 단일화를 기필코 달성한다. ②제3당은 절대로 발족하지 않는다는 큰 원칙에 합의하였다. 이 날 회합에서 이인은 장택상·허정·이범석·백낙준(白樂濬)·김홍일 등과 소위원회의 고문으로 추대되었다.73)

12월 6일의 회합에서 결의한 대로, 이인 등은 민중당·신한당의 비주류 인사 및 재야 인사들을 규합하여 142명의 서명을 얻고, 이 중 131

명이 참석하여, 12월 24일 야당대통령후보단일화추진위원회(野黨大統領候補單一化推進委員會) 결성대회를 개최하였다. 이인은 축사에서 "다가오는 선거에 대비해서 뿐아니라 이나라민주주의의 기초를 확립하기위해서 야당의 합당(合黨)이 당면한 중요과제"라고 강조하였다. 이 날 채택된 3개 항의 선언문 중 1·2항은 각각 "우리는 민주정치의 발전을 위한 양당(兩黨)제도를 지지하고 평화적정권교체를 위해 제3당의 출현을 배격한다."·"우리는 야당대통령후보단일화에 있어 최선의 모든방법을 강구하며 조속한시일내에이것을성취시킨다"였다. 이 날 대회에서 이인은 20명의 실행위원 중 1인으로, 142명의 추진위원 중 1인으로 선출되었다.[74]

한 신문이 표현한 대로, 야당단일화운동은 '이몽(異夢) 좇는 동상(同床)'으로 수차례 파산의 위기를 겪으면서 추진되었다.[75] 마침내 1967년 2월 7일 민중당과 신한당이 합당(통합)전당대회를 개최하여 통합 야당으로서 신민당(新民黨)을 발족시킴으로써, 야당통합운동은 가시화된 성과를 거두고 일단락되었다.[76]

신민당 창당대회 이틀 전인 2월 5일, 윤보선·유진오·백낙준·이범석이 4자회담을 열고, 통합신당(가칭 신민당)의 대통령후보에 윤보선, 당수에 유진오를 각각 결정하고, 2월 7일 개최된 합당대회에서 이를 추인하여 최종 확정하기로 합의하였다. 이로써 야당 대통령후보 단일화는 이루어지고, 통합 작업이 사실상 끝남[77]에 따라, 야당대통령후보단일화추진위원회는 2월 8일 고문·실행위원 연석회의를 열고 해체를 결의하였다. 동 추진위원회는 해산 성명에서 "신민당은 구국(救國)정당으로서의 단합을 공고히하고 기필코 정권교체를 실현해 달라"고 요망했다.[78]

난항을 거듭한 끝에 성사된 통합야당 신민당이 창당되고, 야당의 대통령후보가 윤보선으로 단일화하자, 이인은 소기의 목적을 이루었다고 판단하고, 2월 12일 신민당 불참을 다음과 같이 성명하고 사실상 정계를 최종 은퇴하였다.

(자료 2-6-I)

빈사(瀕死)상태인 민주주의 소생과 명랑한 정치신풍토(新風土)를 가져오기 위해 시국선언이래 야당단일화에 다소나마 보태어 왔든바 다행이 통합이 이룩됨에 경하하는 바이다. 나는 최초부터 정당정파를 초월하여 조금이라도 국가민족에 보람있는 일을 할까 하고 신설된 신민당에 참가하지 않는 바이다[79]

이인은 야당통합을 이룩함으로써, 한국민의 열망인 평화로운 정권교체를 희망하였으나, 1967년 5월 3일 실시된 제6대 대통령선거 결과는 절망스러웠다. 김준연(민중당)·전진한(한국독립당)·서민호(대중당) 등 군소 야당의 후보가 출마였지만, 통합야당 신민당 대통령후보 윤보선은 452만 6,541표를 획득하여, 당선자인 공화당의 박정희와 116만 2,125표 차이로 낙선하였다. 신민당은 5·3대통령선거를 사상 유례없는 부정선거라고 주장하면서, 5·3대통령선거 무효 투쟁을 6·8 국회의원선거 전략으로 삼고, 최소한 과반수 당선을 목표로 선거전에 돌입했다. 그러나 6월 10일까지 진행된 개표 결과, 공화당은 개헌선(117석)을 돌파하여, 3분의 2 이상을 차지하였으며(지역구 당선 102명, 전국구 27명으로 총 129석), 신민당은 44석(지역구 27, 전국구 17석)을 확보하는 데 그쳤다. 신민당은 7대 국회의원선거를 "관권 개입, 대리공개투표에 의한 계획적 전면 부정선거"로 단정하고, 6·8선거

직후부터 6개월 동인 선거무효화 투쟁을 벌였다.[80] 학생들의 데모도 과열되었다.

5. 6연(然)의 처세훈, 삶의 마지막까지 거인의 면모를

이인은 정계에서 은퇴하였지만, 6·8부정선거로 인한 극심한 사회 불안과 학생들의 희생을 자아내는 시국을 크게 우려하였다. 그는 백낙준·장이욱(張利郁) 등의 인사들과 함께, 정당·정파에 속하지 않은 인사들로 국면(局面) 타개(打開)의 방안을 모색하기 위하여, 6월 15일 자로 공지하여, 6월 17일 궁정동 자신의 집에서 재야 인사 간담회를 소집하였다.[81] 이에 따라 6월 17일 재야 인사 9명이 이인의 집에 모여 시국수습을 협의하고, "학생들을 학원(學園)에서 공부할 수 있도록 학원의 문을 열라"고 촉구하면서, 성명서와 3개 시국수습 방안을 제시하였다. 이들은 첫 번째로 "정부와 여당은 정략적인 인상을 풍기는 일부 지역에만 재선거를 실시할 것이 아니라 여야를 막론하고 부정선거가 있는 곳은 선거를 실시하라"고 요구하였다.[82]

이 무렵 이인은 자신의 별호(別號)를 아농맹(啞聾盲)이라고 새로 자작(自作)하였다. 그는 작호한 동기와 의미를 "세상 일사만사(一事萬事) 돌아가는 것을 보기도 싫고(盲), 듣기도 싫고(聾), 말하기도 싫어서(啞) 이제는 별스런 자작(自作)별호를 만든 것이다. 뿐만 아니라 이런 별호를 지은 것은 일사만사 돌아가는 것을 보았자 쓸데없고, 들어야 쓸데 없고, 말해야 쓸데없다는 생각에서이기도 하다."라고 설명하였다. 그는 시국수습을 위해 국내의 요인(要人)들과 상종하여 수없이 "시국을 담론(談論)"하였지만, "주관적으로 가장 정당(正當)하다고 생각하는 것은 물론이고, 객관적으로도 당위(當爲)임이 자명한 사실들인데 납득이 안 가고 옳지 않은 것으로만 받아들여지니 한심천만(寒心千萬)한 일이 아닌가"라고 반문하였다. '아농맹'은 이러한 반문과 회의감에서 비롯된 아호였다.

이인은 1971년에 조금 더 강한 어조로 '아농맹'을 표현하였다. 그는 "요즘 세상 돌아가는걸 보면 눈꼴시고 구역질이 나 말하기 싫고 보기도 싫다."고 말하면서도, 이 나라의 최고 권력자를 향하여 백성들의 삶의 실상이 "보고 듣지 않아도 뻔한 이치가 아닌가. 보기 싫고 듣기 싫어 눈감고 귀막은 이 아농맹도 오히려 눈감고 귀막았으니 이치에 닿는 일이 보이고 들릴라는가"라고 다시 반문하였다.[83]

'아농맹'을 설명한 글의 제목과 부제에서 보듯이, '아농맹'은 늘 답답한 시국을 역설로 표현한 별호였다. 이인은 1967년 제6대 대통령선거와 제7대 국회의원선거를 앞두고 여야 정치권에 반성을 촉구하면서, "백성들도 전에는 없던, 앞으로는 구원(久遠)하게 이어질 훌륭한 주권행사의 정도(正道)를 찾아야 할 것이다"라고 대국민 메시지를 던졌다.

이인은 "끝내 '아농맹'이고 싶었지만, 당면한 시국이 워낙 위난(危難)하고 중차대(重且大)한 지라 묵묵일관(黙黙一貫)하기 또한 한가닥 양심이 허하지 않음을 어떻게 하랴."고 자문하면서, 한국사회의 원로로서 책임감을 무겁게 느꼈다.[84] 그는 항상 "위난하고 중차대"한 민족현실을 외면할 수 없었으므로, 보지 않고, 듣지 않고, 말하지 않을 수 없었다.

이인은 정계를 은퇴한 뒤에도, 사회에 큰일이 있을 때마다 신문·잡지 등에 인터뷰나 기고를 통해 민의·민성을 대변하는 원로의 역을 자담하면서, 말년까지 정치·사회 문제에 비판과 의견을 내놓았다. 그는 1970년대 초까지도 젊은 시절의 왕성하였던 '호사객'(好事客)의 일면을 유지하면서 각 분야에 걸쳐 활동했다.[85]

이인은 39세가 되는 1934년, 한 잡지의 신년호에서 자신의 처세훈으로 다음과 같이 6연주의(六然主義)를 표방한 적이 있었다.

> (자료 2-6-J-a)
> 자처초연(自處超然)
> 대인애연(對人藹然)
> 득지담연(得志淡然)
> 실의태연(失意泰然)
> 무사징연(無事澄然)
> 유고감연(有故敢然)[86]

이를 직역하면, "자기의 일에는 초연(超然), 사람을 대할 때는 애연(藹然), 뜻을 얻으면 담연(淡然), 뜻을 잃으면 태연(泰然), 일이 없을 때는 징연(澄然), 일이 있으면 감연(敢然)하다."로 풀 수 있다. 이인의 한 후학은 '6연'의 순서를 다소 바꾸어서 다음과 같이 해석하였다.

> (자료 2-6-J-b)
> 매사(每事)에 물욕(物慾)이나 권욕(權慾)에 사로잡히지 말고 사람에게 화기애애하게 대하여야 하며 아무일 없을 때도 항상 맑은 호수와 같이 깨끗해야 하되 일단 유사시(有事時)에는 정의와 정당한 일에 과감하여야 하느니라. 따라서 모든 뜻을 이루었을 때도 담담해야 하며, 어떤 일에든 모든 뜻에 어긋나거나 그 뜻이 이루어지지 못했을 때라도 초조하거나 마음을 약하게 갖지 말고 태연하여야 된다는 뜻이다.[87]

이인의 정치활동은 권력욕에서 출발하지 않았으므로, 그는 정계에 몸담았을 때도 결코 권력의 맛에 취하지 않았다. 기성 정치인들의 입에 발린 말과는 전혀 달리, 그는 국가민족과 백성들의 삶을 정치의 최우선 목표로 삼았다. 조선어학회 사건으로 함께 옥고를 치른 동지이자, 동갑내기로 '병신회' 회원이었던 이희승은, 이인을 추모하면서 "애산은 늘 선천하지우이우 후천하지낙이낙"(先天下之憂而憂 後天下之樂而樂 : 세상 걱정은 남보다 먼저 하고 세상의 즐거움은 남보다 후에 취한다)[88]의 신념으로 살았다."고 평하였다.[89] 이인은 자신의 일생을 다음과 같이 축약하여 자평하였다.

(자료 2 – 6 – K)

　돌이켜보면 비박(非薄)한 나이긴 하나 70여연륜(餘年輪)동안 오직 올바로 살아보자고 애써왔다. 그러나 때로는 과오도 있었고 뉘우침도 있었던 것이다. 불의나 부정과는 타협하기를 거부했고 아부영합(阿附迎合)은 모르고 지냈다. 공(公)으로는 겨레와 나라에 그다지 보탬이 없었다손 치더라도 크게 좀 먹거나 해(害)를 끼친 일은 해 본 적이 없고, 사(私)로는 나만의 사욕을 추구하거나 남을 음해(陰害)한 일은 없었다고 자부한다.

　세상은 사실과 가치이상으로 선전하기 일쑤이나 나는 선전과 과장같은 것은 대기(大忌)하는 성미이다. 또 변전무상(變轉無常)한 세태이긴 하나 나는 조작없이 우직(愚直)으로 일관해 왔다. 이 반면에 오해도 사고 음해도 있었을 것이나 시일이 경과하므로 자연 해명되기도 했을 것이다.

　내 만년(晩年)에 있어 해방이후 다사다난한 국면에 있어 나의 무능과 노력부족으로 이렇다 할 기여(寄與)가 없었던 것이 한스럽고 자못 반성(反省)이 깊다.[90]

이인은 삶의 마지막 순간까지 자신의 처세훈을 지키면서 거인의 면모를 잃지 않았다. 그의 말년은 그가 물욕과는 애초 거리가 먼 본성의 소유자이며, 처세훈 역시 보이기 위한 빈말이 아니었음을 증명한다. 이인은 극진한 우리말사랑으로 민족애를 실천하면서, 민족과 고락을 함께 하였던 삶을 마감하였다. 그의 한글사랑을 서술하면서 평전을 마무리한다.

1923년 이인이 변호사로서 첫발을 내딛었을 때, 당시 조선인으로서 법복(法服)을 입은 사람 중에 최연소자라 하여 '소년변호사'라 불리기 시작하였다. 이후 가난한 피고인들에게 무료 변론을 잘 한다 하여 '무료변호사', 의열단 사건·신의주민족투쟁 사건·고려혁명당 사건처럼 독립운동과 관련된 변론을 자담했기 때문에 '사상변호사'·'민족변호사' 등 여러 별칭이 따랐다. 항일 민족 지사들 모두가 그러하였듯이, 그도 별명이 많아지면서 일제의 감시 또한 강화되었고, 1942년 조선어학회 사건으로 가혹한 옥고를 치렀다.[91]

이인에게 따라붙는 별명들은, 한국민이 그의 인권·항일 변론에 부여한 명예로운 훈장이었다. 그의 소임은 민족변호사에서 멈추지 않았다. 그는 일제의 감시와 탄압 속에서도 민족문화, 무엇보다도 민족어인 한국어와 한글을 보전·발전시켜야 한다는 역사의식을 갖고, 한국어의 법리(法理)와 철자법에 커다란 관심을 나타내었다.

조선어학회(朝鮮語學會, 1921년 조선어연구회로 출발하여 1931년 조선어학회로 개칭)가 창립된 후, 이인은 학회가 추진하는 온갖 사업에 음으로 양으로 많은 도움을 주었다. 그는 이러한 인연으로 한글학자는 아니었지만, 1926년에는 학회의 공식 회원이 되었다. 이인은 자신이 한글학회와 인연을 맺게 된 동기를 "그 당시(1926년 무렵을 가리킴 : 인용자) '말'·'글'·'얼'을 지켜야만 민족이 산다는 신념으로 조선어학회 회원에 가입했지. 그러나 난 한글학자는 못돼."라고 회고하였다.[92] 민족어를 보전함이 민족을 보전하는 길이라는 그의 신념은 평생을 일관하였다.

이인은 조선어연구회의 회원이 된 이후, 평생 동안 동 학회와 긴밀한 관계를 지속하였다. 식민지시기 그는 조선어학회가 『조선어사전』 등을 편찬하는 작업을 직접 지원하는 한편, 조선기념도서출판관 관장을 역임하는 등 측면에서도 민족정신을 보전하는 일을 성원하였다. 대한민국정부가 수립된 뒤 초대 내각의 법무장관으로 재직할 때는 물론, 이후 정계에서 분망하게 활동할 때나, 정계에서 은퇴하여 작고하기 전까지도 유일하게 한글학회의 이사직만은 줄곧 유지하였다.[93] 그가 한글과 한글학회에 얼마나 애착을 가졌는지를 단적으로 보여주는 실례였다. 그는 삶의 마지막 순간까지도 이러한 애정을 각별하게 실천하였다. 한글학회가 오늘날의 모습으로 발전하는 데에는 그의 헌신도 밑바탕을 이루었다.

민족어를 향한 이인의 각별한 애정과 헌신은, 1949년 9월 25일 조선어학회가 한글학회로 다시 개칭한 뒤, 동 학회가 1957년 10월 9일 마침내 총 6권의 『큰사전』을 완간하는 밑거름이 되었다. 『큰사전』은 엄혹한 일제 식민지 치하에서 1929년 10월 31일 조선어사전편찬회를 조직하여 작업에 들어간 지 실로 28년 만에 완성한 결실이었다. 고유어(固有語, 토막이말)·한자어·외래어·관용어·사투리·은어(隱語, 변말)·곁말을 망라하여 고유명사·전문어·제도어·고어(古語, 옛말)·이두(吏讀) 등을 포함한 총 16만 4,125어휘를 수집하여 한국어로 뜻풀이한 총 3,804쪽[面]을 차지하는 방대한 분량이었다. 이를 완성하기 위한 각고의 노력이 어떠하였는지는, 조선어학회 사건으로 이윤재(李允宰)·한징(韓澄)이 순국한 사실이 그대로 말해주거니, 함께

옥고를 치렀던 이인의 원조도 적지 않았다.[94]

이인은 정계에서 은퇴한 후, 민족과 고락을 함께 하였던 80세의 인생을 정리하면서, 1976년 8월 15일 사재를 정리하여 한글학회의 회관 건립 기금으로 3천만 원을 희사(喜捨)하였다. 이 사실은 언론을 통해 곧바로 알려졌고, 각계각층에서 성금이 답지함에 따라, 한글학회는 1958년부터 사용해 온 종로구 신문로(新門路) 1가의 낡은 회관을 헐고, 숙원의 새 회관을 짓는 일에 착수하게 되었다.[95]

이인은 기증금을 마련하기 위하여 이해 6월에 논현동으로 이사했다. 그가 한 언론과 인터뷰한 바에 따르면, 이사하기 전의 집은 효자동(孝子洞)의 구(舊) 전차 종점 어귀의 효자파출소 옆집이었다. 300여 평의 넓은 뜰에는 그의 손때가 가득하였다. 이인은 이 집에 기거하면서 정부수립 후에는 밤새워가며 6법을 제정하는 기틀을 마련했고, 자식들도 키웠다. 4·19민주의거 때는 경무대 앞에서 데모를 벌이다 피해온 300여 명의 학생들을, 다락방과 지하실에 숨겨두고서 응급조치한 곳이기도 하였다. 이인은 효자동 집을 떠날 때의 심경을 "해방 후 줄곧 29년 간 몸 담아 온 보금자리를 남의 손에 넘길 때는 허무한 생각도 들었지. 그러나 집만 가지고 살 수 있나. 유지비도 없는 걸. 우리 노부부가 들어갈 조그만 집을 마련하고 그동안 남아 있던 빚도 청산해 줬지."라고 담담하게 말했다.[96]

이인은 유일한 재산인 자택을 정리한 후 여러 언론 매체와 인터뷰하면서, 한글학회가 자기 공간이 없어서 이곳저곳 전전하는 실정에 무척 마음 아파했음을 한결같이 토로하였다. 그는 자신이 기금을 희사한 이유를 "(한글학회가 : 인용자)해방 이후 30년이 넘도록 일정한 회관(會館) 하나 없어 자주 이사를 다니는 것이 항상 마음 아팠다. 더구나 지금 서울 신문로(新門路)에 있는 회관은 낡은 여염집을 일부 개조한 것이어서 우리글·우리말의 발전에 중추적 역할을 해야 할 한글학회가 제대로 활동할 수 있는 여건이 되지 못했다.", "나이가 80이 넘으니 집이 클 필요도 없고 내 평생 가장 보람 있는 일이 우리의 '말·글·얼'이 발전되고 보급되는 것이라고 생각하고 있다."고 말하였다.[97]

1977년 8월 마침내 한글학회 회관이 완공되자, 이인은 "50여 년 동안 갖은 고초를 겪으면서 집한간 없이 이 헐어빠진 집에서 고생해온 한글학회의 사정을 보다못했었는데 이제 건물이 완성되어 이사를 하게되고보니 눈물겹도록 기쁘게 생각한다"고 소회를 말하면서, "보다 알찬 연구를" 당부할 뿐이었다.[98] 조선어학회 사건으로 모진 고난을 당하였던 이인에게, 한글학회는 단순히 한글 연구뿐만 아니라 민족정신을 보존·발전시키는 중추였다.

한글학회 이사였던 류제한은, 이인이 한글학회 건립 기금을 희사한 전말을 생생하게 증언하였다. 이에 따르면, 한글학회는 회관이 낡았으므로, 1968년 12월 3일 학회 창립 기념일에 '한글 회관 건립 추진 위원회'를 조직하고 이인을 위원장으로 추대하였으나, 이인은 자신이 적임자가 아니라고 강력하게 거절하며 퇴장하였다. 이후에도 한글학회는 회관 재건립을 여러 방면으로 모색하여 추진하였으나 여의치 않았다. 이때 일본 문부성이 어떻게 알았는지, 주한 일본 대사관을 통하여 문부성의 국제 기금으로 한글학회 회관을 세계 수준으로 지어주겠다고 제안하였다. 그러나 류제한이 "왜놈의 돈으로 회관을 지으면 학회의 민족 정신은 죽는다."는 강경한 의견을 내놓았고, 다수 회원이 이에 찬동함으로써 한글학회는 일본 문부성이 제안한 바를 단호하게 거절하였다. 이 무렵 류제한이 이인을 찾아가 저간의 사정을 말하였더니, "아무리 생각해 보아도 별도리가 없어! 남에게 의뢰해서는 안 되겠어! 내가 가지고 있던 재산은 모두 대구 원화 여고에 다 쓰고 남은 것이란 이 집밖에 없어!"라고 안타까움을 표하였다. 그런 지 두 달이 지나서, 이인이 류제한에게 전화로 "이사를 하였다." 하기에, 류제한이 반가운 마음에서 바로 찾아가 보았더니 주택가의 아담한 단층집이었다. 류제한이 "집을 줄이셨습니다그려." 하자, 이인은 자신의 결심을 말하였다. "아무리 생각해도 별 도리가 없어서 집을 줄이고 남은 돈이 3,000만 원인데, 이것을 나의 팔순 기념으로 8·15광복절을 기하여 모두 류 이사에게 줄 터이니 잘해 보시오! 나는 누구보다도 류 이사를 믿소. 뒤의 일은 난 간섭하지 않겠소!" 한글학회는 1976년 8월 12일 이인의 집에서 이사회를 열어 정식으로 이인의 기증금을 받기로 결정하고, 동월 20일 재단·학술 합동 이사회를 열어서 한글회관 건립을 추진할 소위원회를 구성하였다.[99]

광복절인 8월 15일 이인이 3천만 원을 기증하였다는 소식을 전해들은 각계각층 인사들의 성금이 답지하였고, 한글학회의 새 회관 건립은 활기를 띠게 되었다. 회관의 설계를 맡은 맹성우(성우건축연구소 대표)는 설계비 4백만 원 가운데 2백만 원을 성금으로 내놓았다. 1976년 10월 9일 530돌 한글날은, 이 날 낮 12시에 한글학회 회관 건립 기공식을 가짐으로써[100] 여느 해와 달리 의미가 컸다. 이어 다음해인 1977년 2월 1일에는 착공식을 성대하게 거행하였다.[101] 마침내 공사에 본격 착수한 지 7개월 만에 회관이 완성되었고, 한글학회는 1977년 8월 29일 대망하던 새 회관으로 입주하였으며,[102] 같은 해 10월 8일 한글날을 하루 앞두고 회관 준공식 및 개관식을 가졌다.[103] 새 회관에는 애산 기념실을 두어 이인을 비롯하여 한글 발전에 몸바친 선열들의 사진과 유품을 진열하여 기념하였다.[104] 낙성식 날 이인에게 한글회관 정문 벽에 새긴 글귀의 「감사패」가 수여되었다.[105]

감 사 패

애산 이인 선생
선생님께서는 일생을 통하여 민족 정신 고취 선양에 헌신하였고, 한글 학회를 위하여 시종 일관 동고동락한 동지였으며, 특히 거액의 정재를 희사하여 한글 회관 건립의 기본을 삼아 주셨으므로, 이에 감사의 뜻을 표하는 바입니다.

1977년 10월 8일
한글 회관 건립 위원회 명예회장 　백낙준
회　　장　이은상
집행위원장 　허　웅

이렇게 1977년 8월 29일! 한글학회는 세 들어 있던 서울 종로구 내자동(內資洞) 201의 11 무궁화회관의 비좁은 지하실 구석 40여 평의 학회 사무실을 떠나, 신문로 1가 58의 14에 건립한 신축 회관으로 옮겼다. 새 회관은 2억 2천 8백 만원의 공사비를 들여, 지하 2층 지상 5층 연건평 9백 13평의 규모를 가진 말쑥한 건물이었다. 한글학회는 56년 만에 집 없는 설움을 면하게 되었고, 그동안 많은 자료와 관계 서적 등을 갖고 10여 차례 옮겨다니면서 겪었던 이사의 '쓴맛'에도 마침표를 찍었다.[106]

한글을 향한 이인의 애정은 숨을 거두는 순간까지도 멈추지 않았다. 그는 1979년 4월 5일 작고하기 전, 가족들에게 자신이 살던 집까지 한글학회에 기증하라고 유언하였다. 이를 따르기 위하여, 프랑스 파리대의 한국학 교수로 재직 중인 이인의 장남 이옥(李玉)이 귀국하여, 동년 7월 초 한글학회에서 서울 강남구 논현동 28의 22 소재 2층집(시가 1억 2천만 원)의 기증식을 가졌다. 이인은 1976년 8월 15일 효자동 집을 판 돈의 절반인 3천만 원을 한글학회에 내놓은 뒤에 이어, 나머지 돈으로 산 논현동 집까지도 기증하였다. 그는 전 재산을 한글 발전을 위해 희사하고 삶을 마감하였다.[107]

1979년 4월 5일 4시 15분, 민족사와 고락을 함께 하면서 한국근현대사를 온몸으로 증언하였던 거목이 쓰러졌다. 서울 강남구 논현동 산 28의 22 자택에서, 민족애로 일관한 맑고 깨끗한 그의 삶은 한 신문의 평대로 "83년간의 여정(旅程)을 끝내고 조용히 봉사의 나래를 접은 것이다." 이인이 타계하였음을 알리는 부고(訃告)는, 평생 한글사랑을 실천하고 한글학회와 깊은 인연을 맺어온 고인의 뜻대로 한글로만 작성되었다. "…애산 이인선생님께서 노환으로 4월 5일 오후 4시 15분에 자택에서 세상을 떠나셨기에 이에 아룁니다." 「아룀」이라는 제목으로 작성된 이 부고는, '자이부고'(玆以訃告) 등 한자투성이의 형식과는 사뭇 달랐으므로, 고인의 삶을 다시 생각게 하는 남다른 감회를 불러일으켰다.[108]

유족으로 부인 고경희(高慶熙)와 파리 소르본대학 역사학 교수인 이옥 등 6남 2녀를 두었고, 장지는 경기도 화성군(華城郡) 남양면(南陽面) 북양리(北陽里)로 결정되었다.[109]

이인이 별세하였다는 소식이 전해지자, 각계의 애도가 잇따랐다. 7일 국회의장 백두진(白斗鎭)을 비롯해 여야 현역 정치인과 제헌동지회 등의 간부들이 국회의장실에서 모임을 갖고, 9일 상오 10시 장충공원에서 사회장으로 영결식을 치르기로 결정하였다. 강남구 논현동 자택에 마련된 빈소에는 7일 낮까지, 평소 이인과 교류하였던 각계 인사 300여 명이 찾아와 고인의 명복을 빌었다.[110] 대통령 박정희도 6일 오후 김계원(金桂元) 비서실장을 통해 이인의 빈소에 조화를 보내어 조의를 표했다.[111]

이인의 장례식은 예정한 대로, 9일 오전 10시 서울 장충단공원 광장에서 고인의 업적을 기리는 사회장으로 거행되었다. '고애산이인선생 사회장영결식'(故愛山李仁先生社會葬永訣式)에는 백두진 국회의장, 이영섭(李英燮) 대법원장, 김치열(金致烈) 법무부장관 등 3부의 요인 및 학계·언론계·경제계 등 각계 인사와 친지·시민 등 1천여 명의 조객이 참석한 가운데, 경찰 취주악대의 구슬픈 진혼곡과 유족들의 흐느낌 속에 엄숙하게 거행되었다. 장례식 후 이인의 영정을 앞세운 장례 행렬은, 장충공원을 떠나 퇴계로~제1 한강교~대방동을 거쳐 서울~수원 국도를 따라, 하오 3시 30분쯤 장지인 경기도 화성군 남양면 북양리 선영에 도착하여 안장되었다.[112]

이인은 1963년 항일독립운동의 공적으로 독립유공자로 서훈되어 건국훈장 독립장을 받았고, 1969년 12월 17일 헌법제정 공로자로 무궁화 국민훈장을 받았다. 한글학회는 이인이 유언한 바에 따라, 그가 기증한 저택은 애산 이인 기념관으로 만들거나 매각하여 이인을 기리는 기념사업에 착수하였다. 우선 묘소에 묘비를 건립하고, 이인과 관련한 자료를 수집하여 책자를 발간할 계획을 세웠다. 이와 함께 이인의 유족이 추진해 온 애산학회를 창립하는 일에도 적극 참여하였다.

애산학회는 이인의 유지인 "말·글·얼을 지켜야 민족이 산다."는 정신을 기리고 실천하기 위해 발족되었다. 학계 원로들과 유족들이

기념사업회를 조직하고 문집(文集)을 발간하는 일에 힘써오다가, 1980년 2월 23일 법인 설립 인가를 받았고, 동년 8월 4일 창립 첫 모임을 가졌다. 이 날 모임에서는 학회의 초대 이사장으로 백낙준(연세대 명예총장)을 추대하고, 이희승·이은상(李殷相) 등 이사 9명을 선임한 뒤, 이인의 장남 이옥과 영(英)·형(亨)·균(均) 등 4형제도 참석하여 학회의 사업 계획을 논의했다. 애산학회는 계획대로 연구 논문을 구성하여 1981년 12월 30일자로『애산학보』제1집을 발간·보급하기 시작하여, 현재 제48집(2021년 4월)까지 간행하였다.

애산 이인은 일제 식민지시기에는 변론을 통하여 항일구국운동에 앞장섰던 민족변호사이자, 교육사업과 문화사업을 지원한 사회운동가였다. 8·15해방 후에는 제헌의회의 의원으로서, 이승만정부 초대 내각의 법무장관으로서 대한민국의 토대를 닦았다. 1954년 11월 이승만정부가 사사오입(四捨五入)개헌으로 장기 집권을 도모하자, 이후 야당 정치인으로서 대한민국의 민주주의를 진전시키기 위하여 노력한 정치인이었다.

이인이 법률을 전공한 이유는, 일제의 압제 아래 신음하는 동포들과 항일 독립투사의 변호를 담당함으로써 항일투쟁의 합법 수단을 확보하는 데 있었다. 그가 최연소 한국인 변호사로서 개업한 1923년 5월이래, 변호사 활동이 가능하였던 1941년까지 그의 변론 활동을 되살펴보면 참으로 놀랍다. 투옥된 항일 독립운동가들의 사상 사건을 자청한 무료 변론 및 식민지 학정 아래 민족차별과 사회경제상의 고통을 받는 민중들의 권익을 대변하였던 사건은 무려 1,500여 건에 달하였고, 관련자들도 1만여 명에 이르렀다. 세칭 '사상변호사'·'무료변호사'라는 평판과 명성은 이 숫자가 그대로 증명해 준다.

이인은 왕성한 변론 활동을 수행하면서도, 비(非)제도교육과 제도교육의 양 측면에서 한국인들을 교육하기 위해 노력하였다. 고학생의 상조(相助)기관인 갈돕회를 육성하고, 이상수(李相壽)와 함께 경성실천여학교를 공동 설립한 예가 대표되는 사례였다. 그는 조선기념도서출판관을 설립하는 데 참여하여 한국문화의 연구·조사와 저술·출판을 진흥하는 데 힘썼으며, 조선양사원(朝鮮養士院)이라는 학술연구기관을 설립하여 독립국가에서 활용할 인재를 양성하려 하였다. 나아가 조선어연구회의 조선어사전편찬회 발기위원이 되어 사전편찬 사업을 적극 지원하였으며, 이것이 발단이 되어 1942년 조선어학회 사건으로 옥고를 치렀다.

한글학자도 아닌 그가 '한글 수호의 파수꾼'으로 불림은 결코 과장이 아니었다. 그는 인생을 마감하면서 평생 모은 재산을 한글학회에 희사하였다. 민족문화를 발전시키려는 헌신은, 그의 전체 삶에서 매우 중요한 비중을 차지하였다.

이인은 조선물산장려회의 회장직을 맡았고 『신흥조선』(新興朝鮮)이란 잡지도 발행하면서, 토산품(土産品) 애용과 민족자본을 육성하는 운동에도 적극 관여하였다. 그는 1932년에는 조선발명가협회를 재발족시켜 조국의 미래를 위해 과학입국의 초석을 다지려 노력하였으며, 이러한 활동은 해방 이후에도 이어졌다.

8·15해방 직후 이인은 한국민주당을 창당하는 데 관여하면서 정치활동을 시작한 뒤, 국내 법률가들을 중심으로 독립정부를 수립하는

기초 작업으로 헌법기초위원회를 조직하는 데에도 앞장섰다. 미군정 시기에는 대법관 겸 조선특별범조사위원회(朝鮮特別犯調査委員會) 위원장, 헌법기술위원회 부위원장, 검사총장, 국학대학 이사장 등을 두루 역임하였다. 1946년 5월 검사총장에 취임한 뒤에는, 조선정판사 사건을 수사·지휘하는 등 치안유지에 힘쓰면서 반공국가의 기틀을 잡는 데 진력하였다.

이인은 미군정기 이승만의 최측근으로 활동하면서 이승만의 집권에 기여하였고, 대한민국정부수립 뒤에는 이승만정부의 초대 법무부 장관으로 임명되어 반공주의에 입각한 법치를, 법무 행정의 최우선 목표로 설정하였다. 그는 법무부장관으로 재임하면서 법전편찬위원회의 부위원장으로 활동하는 한편, 6법과 부속 법전을 편찬하는 데에도 혼신의 힘을 쏟으면서 대한민국의 토대를 구축하였다.

1950년 3월 이인은 법무부장관을 유지한 채, 서울 종로 을구의 국회의원 보궐선거에 무소속으로 출마·당선하여 제헌의원이 되었다. 이 해 7월에는 국회 내의 반민족행위특별조사위원회(이른바 반민특위) 위원장에 취임하여, 이승만의 정치노선에 상응하는 방향으로 반민특위를 이끌었다. 8·15해방 후 일제 잔재를 '왜색'(倭色)으로 표현하면서 청산을 강조하였던 그가, 반민특위를 '용두사미' 격으로 — 이인의 표현임 — 마무리함은 모순된 행보였으나, 친이승만 계열의 정치인으로 선택한 지점이었다. 이 동안에도 한글학회 이사로 재임하면서 민족문화 발전에 지속해서 관심을 기울였다.

이인은 이승만정부의 초대 상공부장관이었던 임영신의 독직 사건을 '정치적 해결'로 수습하지 못한 책임을 지고, 1949년 5월 법무장관직을 사임하였으나 여전히 친이승만 계열의 정치인으로 활동하였다.

그는 야당인 민주국민당의 대여 투쟁에 맞서기 위하여, 윤치영과 함께 1949년 12월 대한국민당을 여당으로 재창당하는 데 앞장섰다. 이어 1950년 5·30총선거에 대한국민당 소속으로 출마하였으나, 남북협상파·중간파의 바람 앞에 낙선하였고, 6·25전쟁 때에는 일개 야인으로 피난길에 올랐다.

전쟁의 와중에서도 이승만은 임시 수도 부산에서 발췌개헌안을 통과시키는 등 헌정 질서를 파괴하며 장기 집권의 길을 도모하였다. 6·25전쟁이 끝나고 1954년 5월 20일 실시된 제3대 총선거에서, 이인은 여당인 자유당과 별개로 친여 성향의 대한국민당 소속으로 입후보하여 당선하였다. 이해 1954년 11월 이승만은 영구 집권을 위하여 사사오입개헌을 강행하였다. 이인은 11월 30일 헌법 수호와 단일야당 결성을 목표로 호헌동지회(護憲同志會)를 발족하는 데 참여함으로써, 이때부터 야당의 길로 들어섰다. 이후 그는 항상 반독재-민주화운동의 선봉에 섰고, 민주주의 수호와 민권회복운동을 펼치면서 대한민국 민주주의의 진전을 위하여 노력하였다.

모든 민족지도자들의 삶이 그러하였듯이, 이인도 지행일치하는 삶을 살고자 힘쓰면서 평생을 정직·청렴·결백으로 일관하였다. 그는 식민지시기에는 민족변호사·사상변호사로서 수많은 항일독립운동가와 민중들을 무료 변론하였다. 역사학자 김성칠(金聖七)은 "그 풍모(風貌)는 성스럽기조차 하였다."고 감탄하였다.

이인은 식민지시기에 학교를 설립하는 데 기부하였고, 민족문화의 발전을 위해서도 희사(喜捨)를 마다하지 않았다 그의 만년인 1976년에는 효자동 자택을 팔아 자신이 거처할 조그만 집을 사고, 남은 돈 3,000만 원을 한글학회 회관을 건립할 기금으로 기증하였다. 그는

1979년 작고하기 전 유언을 남겨, 집을 포함한 자신의 전 재산을 한글학회에 희사하였다. 지행합일한 그의 행적은, 예나 지금이나 한국사회의 지도층이 본받아야 할 귀감이었다.

이인은 항일운동시기나 8·15해방 이후에도 법률 전문지식으로써 법조계에서 활동하면서도, 교육으로 인재를 양성하는 한편, 한글을 비롯한 민족문화를 보존·발전시킴으로써 민족정체성을 확립하려 노력하였다. 민족문화를 발전시켜 세계문화에 기여하려는 자세는, 민족전통을 중시하는 진정한 보수주의자의 모습으로서 오늘날 요청되는 글로컬리즘(glocalism)의 전형이었다.

이인은 일제 식민지시기에 민족주의자들뿐만 아니라, 학생·노동·농민 운동과 사회·공산주의 사건 등 사상의 좌·우를 가리지 않고, 민족문제와 관련된 일체의 사건을 변호하였다. 그는 식민지 민족문제가 내포한 사회경제의 현실과 이념의 다양성까지 정확히 파악하였으므로, 사상문제에서도 개방성과 진보성을 지녔다. 수양동우회 사건과 안재홍·여운형 등 개인의 변론을 비롯하여 사회·공산주의자들까지 포용력 있게 변론함으로써, 해방 후 좌익-중간(중도)-우익으로 갈리는 정치 인사들과도 폭넓게 교류하였다.

민족변호사·사상변호사로서 이인의 경험과 활동은 열린 민족주의주의자로서 민족통합의 개방성을 보여주었다. 식민지시기 그의 경력은, 8·15해방 후 좌익·우익을 아울러 민족통합을 실천할 수 있는 극소수의 정치인에 해당하였다. 이 점에서 그가 친이승만 그룹에 속하여 단독정부수립에 주력하는 방향으로 선회하였음은, 민족통합을 지향하는 현 시점에서 아쉬움으로 남는다.

이인은 미군정기부터 이승만의 친위 세력으로서 이승만정권의 성립과 강화에 기여하였다. 이를 어떻게 평가할지는, 한국근현대사를 바라보는 시각에 따라 다를 수밖에 없겠지만, 그 자신은 이를 후회하거나 과소평가하지 않았고 오히려 당당한 자긍심으로 표현하였다.

이인이 이승만을 민족의 영도자로 신뢰·추종하였음은, 그가 이승만의 인간미뿐 아니라 지도자다움에 특별한 매력과 호감을 느낀 데에서 출발한다. 8·15해방 후 이승만이 환국하자, "한평생을 오직 조국 광복에 이바지한" '독립운동의 대선배'를 "직접 목격할 때", 그는 "억제할 수 없는 그 무엇을 가슴깊이 느끼게 되었다." 이 감격이 이승만을 향한 존경심과 애정을 지속시켰고, 이승만이 독재의 길을 내달리자 반대 투쟁을 하면서도, 그를 향한 진심은 변하지 않았다.

이인은 미군정기 검사총장으로 재임하면서, 돈암장에 거처하는 이승만의 '장자방' 역을 자담하였다. 이 시기 그는 이승만에게 "가차없는 올바른 충언(忠言)"을 하였고, 이승만은 "알았다는 듯이 고개를 끄덕이었고 애써 민심을 수습하려는 기색을 엿볼 수 있었다." 이때 이인은 이승만을 "다른 사람의 말을 잘 참작하는 아량을 가진 분으로 짐작했었다." 그러나 이승만은 대통령이 되어 경무대(景武臺)로 입주한 뒤, '인(人)의 장막'에 둘러싸여 민성(民聲)에서 멀어졌다. 이인은 이승만의 변화에 분노보다는 안타까운 마음으로 투쟁하였고, 이승만이 세 번째 임기 동안 민족의 새 역사를 위하여 헌신하기를 바랐다.

이인이 이승만의 막료가 된 데에는, 반공주의 신념이 이승만과 합일한 데에 기인한 바도 컸다. 그는 대한민국정부가 수립되기 전 돈암장을 거의 정례로 방문하여 이승만과 건국 방안을 논의하였다. 매우 혼란한 정국에서, 이승만과 함께 "좌익계열의 최후적인 발악으로 더욱 혼탁해진 정계와 민심을 수습하기 위하여" "국내사상문제와 모든

질서(秩序) 좌익(左翼) 관계"를 최우선으로 삼아, "산업 문화 치안 등 부분에 걸쳐서 이야기를 하였다."[1]

8·15해방 이후 이인의 반공주의를 어떻게 평가할지 선뜻 단언하기 어렵지만, 식민지시기 민족변호사의 면목과는 배치되는 측면이 큼도 사실이다. 식민지시기 사회·공산주의까지 민족운동으로 인정하여 무료 변론하였던 이인은, 8·15해방 직후 공산주의를 '공귀'(共鬼)로 저주하는 철저한 반공주의자로 180도 변신하였다. 무엇이 그를 변화시켰는지는 그 자신이 직접 설명한 바 없으므로, 그의 삶에서 미스터리한 대목으로 남을 수밖에 없다.

아우 둘(이철·이호)이 공산주의자였다는 가족사에서 연유하였는지, 조선건국준비위원회에서 여운형의 독주를 비롯한 좌경화에 배신감을 느꼈기 때문이지 속단하기 어렵지만, 양자가 그의 사상 전환에 일정하게 작용하였음은 분명하다. 미군정기부터 1954년 사사오입개헌 이전까지, 그의 반공주의는 이승만의 친위 그룹으로 활동케 한 요인으로 작용하였다. 이후 이인은 반공에서 더 나아가 반독재 민주주의를 실현하는 데 주력하였다. 그가 정치현실에서 분투하는 동안에도, 민족 사랑과 민족문화 사랑, 무엇보다도 한글 사랑이라는 그의 진면목은 시종일관하였다.

8·15해방 후 이인은 자유민주주의국가를 건설하려는 원칙에 서서, 공산주의 노선을 반대·배격하고 대한민국을 반공주의국가로 정립하는 토대를 다졌다. 그는 반(反)공산주의 노선에 서서 민족—국가를 우선시켜 활동하였으며, 사사오입개헌 파동 이후에는 이승만 1인의 장기 집권과 독재 체제에 반대하여 야당의 길을 걸었다.

이후 민족사를 위해 이인에게 남은 인생의 2대 화두는, 이승만정부의 독재로 실추되어 버린 자유민주주의의 질서를 회복하고, 일제 식민지 지배로 쇠잔해 버린 한민족의 정기를 소생시키는 일이었다. 자유민주주의를 회복하기 위해서 시급무는, 독재의 길로 돌아선 이승만 정부에 대항할 세력을 형성해야 했고, 이를 위해 당장 제도권의 야당을 비롯해 재야까지 포함하는 범야(汎野) 세력을 통합해야 했다.

민족정기를 회복하려는 두 번째 화두는, 그가 일생 동안 잡고 있었던 과제로, 한글학자도 아니지만 한글학회 이사로 활동하면서 모국어 사랑을 실천한 데에서 단적으로 나타난다. 작고하기 전 자신의 전 재산을 사회에 환원한 데에서 보듯이, 지행합일하는 그의 인격은 높은 도덕성에 바탕을 두었고, 이것이야말로 그가 한국사회에 요청되는 지도자 상(像)의 준거가 되는 근본 이유이다.

이인이 한국근현대사에서 차지하는 위상에 비하면, 그를 연구하는 수준은 아직도 매우 초보 단계이다. 이인 연구의 진전을 위하여 연구사 정리로 평전을 마무리하고자 한다.

지금까지 이인을 다룬 전기나 평전은 세상에 나오지 않았다. 최영희 · 김호일 편저, 애산학회 편찬,『애산 이인』(과학사, 1989. 4)은, 편자들이 '편저'임을 밝힌 그대로, 독자(獨自)의 연구에 의거한 전기나 평전이 아니라,『반세기(半世紀)의 증언(證言)』을 재편성한 뒤 필요한 부분에 시대상을 설명하여 보충한 '편저'였다.

필자가 이 책을 집필하는 동안, 이인을 주제로 다룬 연구 논문들을 검토하다가, 한 논문의 각주에서 이상규,『애산 이인평전』(경진출판, 2014)을 발견하고, 다소 들뜬 마음에서 여러 방면으로 수소문해 보았다. 맺는말을 작성하는 지금까지 출판되지 않았음을 확인하였고, 집필 중인 책을 인용자가 개인상의 친분으로 열람하였다고 추측할 뿐이다. 위의 책이 예정대로 출간되었더라면, 필자가 이 평전을 집필하는데 많은 길잡이가 되었을 터인데 하는 아쉬움이 크다. 조만간 노작이 세상에 나오기를 기대한다.

이인을 다룬 연구도 그다지 많지 않은데, 대개는 대중 교양지나 학술지의 특집호로 논문들이 구성되었다. 이 가운데 『나라사랑 : 애산 이인 특집호』제93집(외솔회, 1996년 가을호)이 다각도로 이인을 조명한 최초의 시도였다. 이에 실린 글들은 이충우, 「애산 이인 선생의 생애와 업적」: 최종고, 「법제사로 본 애산 선생」: 김호일, 「이인 선생의 사회 활동」: 문제안, 「애산 이인 선생과 한글」: 류제한, 「애산 이인 선생과 나」 등이 있다. 최종고 · 김호일의 심도 있는 논문이 돋보이나, 『나라사랑』의 편집 방향이 그러하듯이 추모와 선양에 치우친 글들도 많았다.

『애산학보』35(애산학회, 2009. 4)는 이인의 서거 30주기를 맞아 추모 특집호로 편집하여, 그를 '기리는' 여섯 편의 논문을 실었는데 다음과 같다. 정범석, 「애산 이인 박사 편모」: 김이조, 「일제 강점기의 변호사」: 박영신, 「애산의 '애산 됨', 그 바탕의 풀이 하나」: 오동춘, 「애산의 애국사상 연구─교육과 국어사랑 중심으로」[『문예와 비평』통권19호(글벗사, 2011. 봄)에 재수록]: 최종고, 「법제사로 본 애산 선생」: 박원순, 「이인 변호사」. 『애산학보』35에서 정범석 · 박영신의 논문은 이 특집호를 위하여 새롭게 집필하였으나, 대부분은 기존에 발표한 논문을 재수록하였으며, 이인을 단평(短評)한 글도 보인다.

애산 이인 선생 기념 사업회, 『대구가 낳은 겨레의 큰 스승 애산 이인 선생』(역락, 2013. 12. 19)은 '애산 이인 선생 기념 사업회'를 추진하는 사업의 일환으로 발간된 비매품 책자이다. 여기에는 학술 논문과 기념의 글을 합쳐 모두 다섯 편이 실렸는데 내용은 다음과 같다. 김종 택,「애산 이인 선생의 위대한 생애」: 한인섭,「이인 변호사의 항일변 론 투쟁과 수난」: 김석득,「애산 이인 선생의 정신세계와 그 계승」: 이상규,「애산 이인 – "말, 글, 얼"은 민족의 정신」: 오철한,「나라 잃은 국민들의 수호천사 – 이인과 갓바위」.

'애산 이인 선생 탄생 120돌 기념'으로 『애산학보』44(애산학회, 2017. 10)는, 8·15해방 이후에 치중하여 심도 있는 연구들로 편성하였 는데, 게재된 논문은 다음과 같다. 한인섭,「이인 변호사의 항일 변론 투쟁과 수난」: 정긍식,「조선어학회 고등법원 판결 분석」: 문준영,「미 군정기 사법·검찰 재건과 검찰총장 이인」: 전종익,「애산 이인의 헌 법사상 – 국회에서의 활동을 중심으로」: 서희경,「제2공화국의 혁명 입법 논쟁과 이인의 헌정주의」: 홍종욱,「이인(李仁)이 회고한 해방 전야」: 김대홍·김백경,「애산 이인 선생의 변호사 활동 – 고려대학 교 도서관 소장 자료를 중심으로」.

이인을 다룬 개별 연구도 많지 않은데, 한인섭,『식민지 법정에서 독립을 변론하다』(경인문화사, 2012. 4)은, 이인과 함께 '3인'으로 불렸 던 김병로·허헌 등을 동시에 다룬 역저이다. 1차 자료를 광범위하게 발굴하고, 법학자의 통찰력으로 식민지시기의 법정 투쟁을 분석한 심 도 있는 서술이 돋보이나 식민지시기에 한정된 아쉬움이 크다. 박용 규,「이인 – 독립운동에 관련된 1천여 사상사건을 변론하다」,『조선어 학회 33인』(역사공간, 2014. 11)은, 서명에서 보듯이 조선어학회 사건 으로 고초를 겪은 33인의 생애와 활동을 개관하는 맥락에서 이인을 한 부분으로 다루었다.

국회의원 이철우 주관, 애산 이인 기념사업회 주최,『광복 70주년 애산 이인 추모 기념 학술대회』(2015. 9. 5 금, 장소 : 국회의원회관 제2소회의실)는 학술 대회 형식으로 이인을 조명한 최초의 시도였다는 점에서 의미가 크다. 이 날 발표한 논문들은, 최종고, 「주제발표문 : 민족의 지도자 애산 이인(1896 – 1979)」 : 신평, 「제1발표문 : 법조인 애산(愛山) 이인(李仁)」[2] : 김희곤, 「제2발표문 : 조선어학회와 이인(李仁)」[3] 등이었다.

연간으로 발행되는 『애산학보』는 이인 연구를 지속해서 심화시켰다. 『애산학보』47(애산학회, 2020. 4)은 '특집 : 일제강점기의 법률가들'로 이인을 주제로 한 다음 5편의 학술 논문을 게재하였다. 정긍식, 「일제강점기 법률가들과 애산 선생」 : 황지나, 「애산 이인과 1930년대 과학운동」 : 전병무, 「변호사 후세 다쓰지(布施辰治)와 이인」 : 김동건, 「애산 선생과 갈돕회 뒷얘기」 : 정긍식, 「변리사 애산 이인 선생」. 또 다음 논문들은 이인과 함께 '3인'으로 불렸던 허헌 · 김병로를 비롯한 동시대의 법률가들을 다룸으로써 이인 연구의 영역을 한층 더 심화하였다. 정긍식, 「식민지기 법률가의 탄생」 : 변은진, 「일제강점기 허헌의 항일변론 활동 연구」 : 이승일, 「한국 사법의 거인, 가인 김병로」 : 명순구, 「김용무」 : 김도형, 「해방 이후 권승렬의 정치 활동 연구」 : 전종익, 「정구영의 1960년 호헌선언과 법치주의」

『애산학보』48(애산학회, 2021. 4)도 '붙임 : 애산 이인 선생의 사회 활동'으로 다음 세 편의 논문을 실었다. 권재일, 「애산 이인 선생과 한글학회」 : 조재곤, 「애산 이인과 조선물산장려회」 : 김덕형, 「애산과 교육활동」

이상에서 언급한 학술 논문 이외에, 법조계 인사들이 법조 관계 교양지 등에 이인을 촌평(寸評)한 글을 발표하였는데, 법조인으로서 이인의 모습을 귀감 삼으려는 취지의 글들이었다. 이를테면 李龍薰,「韓國法窓風雲錄 – 法曹百人對談 : 愛山 李仁 先生編①」,『司法行政』13권 1호(韓國司法行政學會, 1972) : 최종고,「한국의 법률가상(30·31) : 애산(愛山) 이인」상·하,『司法行政』Vol.25 No.9·10(韓國司法行政學會, 1984. 9·10) ; 최종고,「민족의 지도자 애산 이인 선생」,『한글새소식』통권 제518호(한글학회, 2015. 10) : 박한용,「독립운동 변론에 앞장 선 법조인 이인」, 대구문화인물현창위원회 편,『대구의 문화인물』2(대구광역시, 2006. 12) : 정긍식,「국민의 벗, 법률가 애산 이인」,『檢察』통권 제117호(大檢察廳, 2006. 12) : 박용규,「애산 이인 선생의 민족사적 위상」1·2,『한글새소식』통권 제490호·제491호(한글학회. 2013. 6·2013. 7) : 김종택,「겨레의 큰 스승 애산 이인 선생」,『한글새소식』통권 제492호(한글학회, 2013. 8) 등이 있다.

이인 자신이 남긴 회고록으로 이인,『반세기의 증언』(명지대학출판부, 1974. 3)[4])이 남아 있어, 이인 연구에서 일차 자료의 구실을 하지만, 이인이 연도를 잘못 기억하는 등 착오한 곳들도 많으므로 당시의 시대상과 비교·검토해야 한다. 이외에 金鳳基·徐容吉 編著,『愛山餘滴』第一輯(世文社, 1961. 1) : 李泰九 編,『愛山餘滴』第二輯(文善社, 1965. 2) : 徐容吉 編,『愛山餘滴』第三輯(英學社, 1970. 6)[5]) : 애산 이인,『愛山餘滴』제4집(애산학회, 2016. 10)은 이인이 발표한 글들과 대담한 자료 등을 수집해 놓았으므로, 이들도 이인을 연구하는 데에서 1차 자료 구실을 한다.

한편 한인섭 정리,『항일민족변론자료집 : 연속간행물/이인』Ⅲ(관악사, 2012. 7) : 한인섭 정리,『항일민족변론자료집 : 신문』Ⅳ(관악사, 2012. 7)[6])은 식민지시기 이인을 연구하는 데 필요한 기초 자료를 정리하여, 그의 사상에 심도 있게 접근하는 길을 열었다. 그러나 해방 이후의 자료는 아직도 체계 있게 정리되지 않았으므로, 이 시기의 자료를 수집하는 과제가 남아 있다.

해적이

1896년(1세)

10월 26일(음력 9월 20일) 경상북도 대구부 사일동(현 중구 동성동)에서
경주이가(慶州李家) 종영(宗榮)과 연일정가(延日鄭家)
복희(福姬) 사이에서 장남으로 태어나다. 이름은 인(仁),
자(字)는 자옥(子玉)이요, 아호(雅號)는 애산(愛山)이다.

1899년(4세)

업혀 다니면서 글을 배우기 시작하다.

1900년(5세)

이해에 대구향교의 장재인 조부 이관준의 '훈육'에 따라, 대구향교 안의 동재에서 한문을 수학하기 시작하다. 이후 3년 간 『천자문』을 비롯하여 『논어』·『맹자』 등 경서를 거쳐 『십팔사략』·『통감절요』를 읽고 한시(漢詩) 작법을 수학하다.

1906년(11세)

3월~10월   신석우의 선친인 신태휴가 경상북도 관찰사로 대구에 부임해 향교 재산으로써 달동심상소학교를 설립하자, 이 학교에 입학하여 8개월 간 수학하다. 6개월간의 기초 수업을 마친 뒤 두 번째로 성적이 좋아서, 최연소의 나이였지만 최고 학년인 4학년으로 진급하다.
달동심상소학교에 재학하는 동안 부모의 허락도 없이 단발을 단행하다.

1907년(12세)

이해에 달동심상소학교가 폐교되고, 의병장 신돌석의 아장이었던 김수농이 대구에 내려와 달동의숙을 세우자, 이곳에서 전통 한학과 신학문을 겸하여 4년간 수학하다.

1910년(15세)

8월 28일   김수농이 돌연 행방을 감춤으로써 달동의숙이 문을 닫다.

이해에 2년제 대구공립농림학교에 입학하다.

이해에 한쪽 다리에 장애를 입은 듯하다.

이해에 『이태리삼걸사전』을 읽고, 이후 『비율빈독립운동사』·「비스마르크전」·『월남망국사』 및 량치차오의 『음빙실문집』 등으로 독서 범위를 넓히다.

이해에 일본 유학을 처음 결심하다.

1912년(17세)

이해에 대구공립농림학교를 졸업하다.

이해 일본 유학을 최종 결심하고, 『일어대해』란 책을 사서 일본어를 학습하기 시작하였으며, 대구에 있는 일어강습소와 부기강습소를 다니면서 일본 유학 준비를 계속하다.

1913년(18세)

부모 몰래 '벙어리 저금통'을 깨서 45원을 손에 쥐고 무단가출하여, 부산에서 부관연락선을 타고 사흘 만에 도쿄에 도착하다. 대학 진학 준비를 위해 세이소쿠 영어학교에 입학하였으며, 하루 품삯을 받는 판화공으로 아르바이트를 시작하여, 박문관의 교정원으로 일하다. 세이소쿠 영어학교에 다니던 중 입학시험을 준비하는 전문 학원을 6개월가량 다니다.

1914년(19세)

니혼대학 법과 야간부에 입학하다.

1916년(21세)

메이지 대학 법과 2년에 편입해서 낮에는 메이지 대학, 밤에는 니혼 대학에서 수학하다. 박문관과 함께 유비각에서도 교정 일을 하면서 학비를 보충하다.

방학을 이용해 잠시 귀국한 동안 부친이 아호를 '애산'으로 지어주다.

도쿄로 돌아와 고국의 참상을 비판한 「조선인의 고정을 조야에 호소한다」는 논설을, 국수주의 잡지 『일대제국』에 투고한 일로, 일본 경찰에게 문초와 미행을 당하는 고초를 겪다.

1918년(23세)

9월   니혼 대학과 메이지 대학을 졸업한 뒤, 대학원 과정에 해당하는 니혼 대학의 2년제 고등전수과에 입학하였으나 과정을 마치지 않고 귀국하다.

귀국 후 조선상업은행의 본점에 취업하다.

상업은행 평택지점으로 전근하여 근무하던 중, 숙부 이시영의 군자금 모집 활동의 중개인 노릇을 하다 발각되어, 1주일 동안 일본 경찰에게 모진 고문을 당하여 한 달간 요양하다. 요양 기간 동안 변호사가 되어서 일제와 싸우기로 결심하다.

1919년(24세)

2월   일본 유학을 위해 은행에 사표를 제출하다.

3 · 1민족운동이 일어나기 직전, 숙부 이시영과 손병희 · 한용운 · 남형우 등의 사이에서 3월 1일의 시위와 관계된 계획을 주고받는 비밀 연락망을 수행하는 한편, 숙부를 따라 종묘 부근의 훈정동에서 밤새워 모필 글씨로 격문을 작성하다.

3 · 1민족운동이 수그러들 무렵, 도쿄 유학 시절의 친구들과 함께 구 서울고등학교 앞의 2층 집을 빌려 법학원이라는 학교를 세워서 민중들에게 법률 지식을 가르치다.

경제 실력을 양성하려는 방편으로, 개간 산업과 광산 개발을 시도하였으나 조선총독부가 허가를 내주지 않아 무산되다.

7월 9일　　숙부 이시영이 만주의 지린성 류허현 싼위안바오에서 38세의 나이로 별세하다. 이 소식을 듣고 만주로 가서 추도식에 참석하다.

9월　　　　일본 변호사 자격증을 취득하기 위하여 다시 도쿄로 건너가서 공부에 몰입하다.

이해 「일본은 조선에 대한 가혹한 식민정책을 양기(揚棄)하라」는 강경한 논조의 논설을 작성하여 『아사히』 신문에 이틀간 게재하다.

1920년(25세)

대구지방법원 김천지청 서기과에서 통역생 겸 서기로 근무하다.

11월　　　집안이 대구에서 서울시 종로구 안국동으로 이사하다.

1921년(26세)

경성지방법원 서기과에서 통역생 겸 서기로 근무하다.

일본변호사 시험에 응시했으나 낙방하다.

1922년(27세)

경성지방법원 김천지청 서기과에서 통역생 겸 서기로 근무하다.
일본 변호사 시험에 두 번째 응시하다.

1923년(28세)

2월 27일   일본 변호사 시험 합격증을 받고 곧바로 귀국하다. 4천여 명의 응시생 가운데 합격자는 불과 70명이었고, 10명의 조선인 합격자 중 1인이었다.

5월   경성에서 변호사와 변리사를 동시에 개업하다. 한국인 가운데 최연소 변호사이자, 유일한 변리사였다.

7월   변호사로서 최초의 변론인 제2차 의열단 사건을 허헌·김병로·김용무 등과 공동 변론하다. 8월 7일부터 공판이 시작되다.

1924년(29세)

2월   제3차 의열단 폭동 계획에 따라 국내로 잠입한 문시환·구여순 등을 변론하다.

5월   서정희 등 30여 명과 함께 모여 일제의 언론탄압을 규탄하는 연설회를 갖기로 합의하다.

6월 7일 　언론집회압박탄핵회에서 13명의 실행위원 가운데 한 사람으로 선출되어, 대회를 준비하던 중 동월 20일 종로경찰서에 연행되었다가 풀려나다.

7월 　대구조선은행 금고 폭파 미수 사건을 변론하면서, '나체공판'으로 일제의 고문 참상을 폭로하다.

10월 10일 　경성복심법원에서 재개된 김정필 사건(당시 '벙어리 미녀재판'이라 불림)을 변론하여 사형을 무기징역으로 감형시키다.

이해에 동덕여자고등보통학교의 학감이었던 이상수와 함께 경성실천여학교를 설립하다.

이해에 창원소작쟁의 사건을 맡아 재판 없이 승소하다.

1925년(30세)

1월 28일 　이 날 시작된 경성전기주식회사 노동자들의 파업을 변론하여 모두 무죄로 석방케 하다.

2월 　이완용 암살 미수 사건에 연루된 이동수를 변호하다.

이해에 고학생들의 상조기관인 갈돕회의 총재를 맡다.

1926년(31세)

5월 25일	막내 숙부의 중매로 맞선도 보지 않은 채 관수동 자택에서 고경희와 전통 혼례를 올리다.
7월	사이토오 마코토 총독 암살 미수 사건의 주역 송학선을 변론하다.
11월	6·10학생만세운동에 참여한 학생들을 변호하다.

이해에 경성부내 인력거 차부들이 자녀들을 교육하기 위하여 설립한 대동학원 운영에 관계하다.

이해에 사재 3,000원을 갈돕회에 기부하여 건물을 마련하는 데 보태다.

이해에 조선어연구회의 회원이 되다.

이해에 이인의 사무실에서 수요구락부를 처음 발의하다.

1927년(32세)

2월 10~15일	벨기에의 수도 브뤼셀에서 세계피압박민족대회가 개최되다. 이보다 앞서 파리에 유학 중인 김법린에게 여비를 보태며 민족대표로 참석하기를 요망하는 편지를 발송하다.
3월 6일	이인의 사무실에서 수요구락부 간사회를 열어 간사 12인을 증선하다.
3월	이 달에 일어난 통영민중대회 사건의 변호를 담당하여, 9월 진행된 1심에서 재판부의 부당한 재판 진행에 대항하

며 1928년 5월 1일 항소 공판에서 승소하다.

4월 2일	수요구락부의 발회식을 개최하다.
5월	이종린 등과 함께 수요구락부의 5인의 상무간사 중 1인으로 선출되다.
12월	김병로와 함께 고려혁명당 사건을 공동 변론하다 구속될 뻔하다.

1928년(33세)

3월 전후	고창한의 기부를 받아 종로구 가회동에 대동학원의 교사를 신축하기 시작하였으며, 대동학원을 대동학교로 개명하여 설립 인가를 신청하다.
이해 봄	정의부 군사위원장 오동진을 변론하다.
10월	조선인변호사협회의 회장직을 맡다.
11월	허헌 · 김병로 등과 함께 7인의 변호인단을 꾸려 간도공산당 사건을 변론하다.
10월 13일	사립 대동학교의 인가가 나오자 인력거 차부의 자제들을 우선해서 입학시키다.

1929년(34세)

1월 14일	원산총파업이 일어나다.
2월 3일	조선인변호사협회의 대표로 홀로 원산에 도착하여 원산

총파업의 실상을 조사한 후 보고하고 파업 노동자들을 변호하다.

3월 7일   중성사(사장 이종린)의 동인지『중성』(衆聲)을 발간하는데 참여하다. 동인으로는 안재홍·홍명희·이관용 등이었다.

6월   김병로 등과 공동 변호인단을 구성하여 형평사 사건을 변론하다.

11월 3일   이 날 광주학생운동이 일어나자, 조선인변호사협회 회장으로 현지에 내려가 진상을 조사하고, 이해 겨울 권승렬·김병로 등 20여 명의 변호인들과 변호인단을 구성하다.

12월   신간회가 주도한 민중대회 사건 관련자들을 변호하다.

이해에 통의부 사건의 주역인 이웅서를 변론하다.

이해에 대한제국에서 참정대신을 지낸 한규설의 유언을 받들어 경성여자상업학교를 후원하다.

1930년(35세)

2월 18일   광주학생운동으로 기소된 학생들의 공판에 입회하기 위해 광주로 출발하여, 학생들을 변호하기 시작하다.

2월   최송설당에게서 희사금과 함께 경상북도 김천에 고등보통학교를 설립해 달라는 의뢰를 받다.

3월 5일   경성지방법원에서 수원고등농림학교 학생들의 조선개척사 사건 중 김찬도·김영선 2명이 보안법 위반 혐의로

	회부된 공판을 변론하다.
4월	조선물산장려회 회장에 취임하다.
5월 5일	3월 5일의 변론이 불온하다 6개월의 정직 처분을 받았으며, 이후 1개월 동안 일본을 여행하다.
늦은 봄	공명단의 우편 행낭 탈취 사건을 변호하다.
	이해 초 수세(水稅)를 내지 않은 회양 농민들을 변론하다.

1931년(36세)

1월 1일자	이 날 발행된 종합잡지 『신민』에 기고한 「도범방지법기타－신법률만평」을 게재하여, 이후 유림들의 반발을 사서 고소당하다.
1월	ML당 사건 관련자들의 위중 상태를 확인하고 일부 피고들의 병보석을 신청하다.
2월 4일	최송설당에게서 학교 설립을 의뢰받고 1년 넘게 노력하였으나, 일제가 학교 설립 허가를 해주지 않자, 김천고등보통학교를 먼저 재단법인으로 인가를 받다.
3월 17일	총독부 학무부에서 김천고등보통학교 설립 허가를 받아내 4월 1일부로 인가가 나고, 5월 9일부터 개학하다.
4월 24일	1929년 11월 민중대회 사건으로 구속된 인사 6인의 제1회 공판이 시작되자 변호하다.
4월 25일	『신민』 1월호에 기고한 글로 인하여 공자 명예훼손죄로 경성지방법원 검사국에 고발당하다.

4월 28일	이 날 개최된 조선물산장려회 경성지회 이사회에서 이사장으로 선출되었으나, 동년 5월 15일 사면원이 수리되다.
5월 17일	조선물산장려회 제11회 정기대회에서 회장으로 선임되다.
5월 22일	조선물산장려회 이사회를 열어 각 부서를 결정하고 임원진을 쇄신하여 회세를 확장하기로 다짐하다.
6월 말	휴간 중이던 조선물산장려회의 기관지를『신흥』으로 개제하여 발간하기로 결정하다.
7월	만보산 사건으로 깊어진 한국·중국 양 민중간의 갈등을 중재하고, 구속된 한국인 청년들을 변호하다.
10월 1일	이인을 편집 겸 발행인으로 삼아 조선물산장려회의 기관지『신흥조선』창간호를 발행하고, 창간사를 쓰다.

1932년(37세)

1월 1·2일	『중앙일보』에「회고와 전망」이라는 제목의 글을 발표하여, 두 달 동안 보안법 위반 혐의로 일제 경찰에 문초를 받다.
10월	발명가 김용관과 함께 조선발명학회를 재발족시키다.
12월	김병로·김용무 등과 함께 변호인단을 구성하여 안창호를 변론하다.
12월	사업가 조진태에게서 부지를 제공받고, 송진우 등과 함께 기부한 금액으로 여자고학생상조회의 회관을 신축하다.
	이해에 소앙(素昂) 조용은(趙鏞殷)의 맏형인 조용하를 변론하다.

이해에 조선총독을 암살하려 입국한 이덕주를 변호하다.

이해에 신분 차별로 일어난 백정의 할비(割鼻) 사건을 변호하다.

이해 김병로와 합동 사무실을 만든 이후 11년간 함께 운영하다.

1933년(38세)

1월   이 달부터 조선발명학회에 의뢰된 특허 수속 업무를 담당하다.

2월 11일   조선발명학회의 편집회에서 기관지를 발행하기로 결의하고, 22일 이사회에서 제호를 『과학조선』으로 결정하다.

2월 22일   조선발명학회 이사회에서 고문으로 추대되다.

5월 17일   제11회 조선물산장려회 정기대회에서 회장으로 선출되다.

5월 22일   조선물산장려회 이사회를 개최하여 부서와 임원진을 새롭게 구성하다.

6월 10일   조선발명학회 출판부에서 『과학조선』 창간호가 발행되다.

6월 20일   조선발명학회의 이사회에서 이사장으로 추대되다.

10월 1일   조선물산장려회의 기관지 『신흥조선』 창간호에 창간사를 집필하다.

1934년(39세)

2월 8일 근화여학교가 근화학원으로 재단법인 인가를 받고 근화
      여자실업교로 개명하였으며, 차미리사 등과 함께 설립자
      로 등록되다.

2월 28일 조선발명학회의 회의에서 '과학주간'을 설정하기로 결의
      하고, '과학데이 실행위원'으로 이인을 비롯하여 38명의
      실행위원을 뽑다.

4월 19일 조선발명학회가 '과학데이'를 선포하고, 3일간 각종 행사
      를 마련하여 전국에 홍보 · 실행하다.

4월 27일 조선물산장려회 제12회 정기대회에서 회장직에서 물러
      나 이사직을 담당하다.

7월 5일 각계의 지도급 인사를 망라한 과학지식보급회의 창립총
      회에서 부회장으로 선임되다.

1935년(40세)

3월 15일 조선기념도서출판관의 발기인으로 참여하여 이 날 창립회
      에서 감사로 선출되었으며, 이후 2대 관장에 선출되다.

4월   임영신을 도와 중앙보육학교를 인수하다.

1937년(42세)

5월 7일   이우식 · 이극로 · 안호상 등과 함께 재단법인으로 조선
               양사원을 설립하기로 협의하고, 이후 추진하였으나 일제
               가 허가하지 않다.

1938년(43세)

1월   양친의 회갑을 위해 마련했던 비용을 충당하여, 조선기념
               도서출판관의 제1호 사업으로 김윤경의 『조선문자급어
               학사』를 출판하다.

11월   조선기념도서출판관의 제2호 사업으로 노양근의 동화집
               『날아다니는 사람』을 펴내다.

1939년(44세)

12월   경성지방법원에서 수양동우회 사건의 1심 공판이 열렸
               고, 김병로 · 김익진과 함께 관련자들을 변호하다.

1940년(45세)

8월   경성복심법원에서 열린 수양동우회 사건의 2심을 변호하다.

1941년(46세)

1월 17   수양동우회 사건 상고심에서 피고인 전원에게 무죄 판결
        을 이끌어내다. 변호사로서 마지막 변론이 되다.

1942년(47세)

10월 1일   조선어학회 사건이 발단하다.
11월 10일   조선어학회 사건에 연루되어 구금된 뒤, 함흥경찰서의 유
          치장으로 이송되어 10개월 동안 모진 고문을 당하다.

1943년(48세)

9월   함흥형무소로 이송되어 검거된 지 10개월여 지나서 예심
     에 회부되다.

1944년(49세)

여름   학질에 걸리다.
9월 30일   1년여에 걸친 조선어학회 사건의 예심이 끝나다.
11월 말   조선어학회 사건의 첫 공판이 진행되다. 공판 직전에 병보

석으로 출감하여 함흥도립병원에 입원하여 치료를 받다.

1945년(50세)

1월 16일 1심에서 징역 2년에 집행유예 3년을 선고받다. 집행유예로 석방된 뒤, 반생반사(半生半死) 상태로 서울에 돌아오다. 서울에서 2주일쯤 요양하다가, 극도로 쇠약한 몸을 다시 경기도 양주군 은봉면 덕정리에 소재한 농막으로 은신하여 요양하다.

8월 15일 오후 양주군 농막에서 둘째 아들에게서 해방의 소식을 듣고 급히 상경하다. 이 날 오후 송진우의 원서동 자택에서 백관수 · 김준연 등 30여 명과 회합하여 송진우의 정세 판단의 오류를 지적하면서 조선건국준비위원회에 참여하자고 주장하다. 이 날 저녁 자신의 사랑방에 동석한 인사들에게 미군 환영회를 조직하자고 발의하다.

8월 16 · 17일 여운형과 송진우의 합작을 주선하면서, 안재홍과 건국준비위원회 참여 문제 등을 협의하다.

8월 17일 1백여 명의 광범한 각계 인사들을 반도호텔로 초청하여 '임시정부 연합군 환영준비회'를 조직하다. 부위원장에 선임되었으나, 위원장 권동진이 와병 중이었으므로 이후 위원장직을 대행하다.

8월 19일 밤 자신의 집에 함께 유숙하던 조병옥 · 원세훈에게 정당을 결성하자고 제안하여 동의를 얻었고, 20일 김병로 · 백관수가 합류하여 정당 결성을 추진하다.

8월 28일   발기인 대회를 갖고 고려민주당을 합류시켜 조선민족당을 발기하고, '중경임시정부 절대 지지'를 당의 노선으로 결정하다.

9월 6일   경성부내 협성실업학교 강당에서 약 700여 명이 모여 '한국민주당'이라는 명칭으로 합동 발기회를 열다. 이 날 15인으로 구성된 총무부의 역원으로 선임되다.

9월 7일   국민대회준비회의 상임위원으로 선임되다

9월 16일   한국민주당 결당식에서 남북의 '통일적 행정'과 일본인 관리 배제 등을 미군정에 교섭하자는 긴급건의안을 제의하여 만장일치로 가결되다.

9월 21일   10인으로 구성된 한국민주당의 전형위원에 선임되어, 백관수·송진우·원세훈·서상일·조병옥·백남훈·김도연·허정·김동원 등 9명을 총무로 선출하다.

9월 22일   한국민주당 중앙집행위원회에서 수석총무와 7인 총무제와 1국 11부의 체계를 결정하다. 이 날 당무부 부장으로 선임되다.

10월 11일   미군정청에게서 대법관 겸 조선특별범조사위원회의 위원장으로 임명되어, 18일 한국민주당을 탈당하고, 22일부터 등청하다.

10월 20일   미군정청(옛 조선총독부 청사) 앞 광장에 환영식장을 마련하고 경성 시민이 주최하는 연합군 환영회를 개최하고 개회사를 하다. 이 날 한국지사영접위원회가 결성되자 위원으로 선임되다.

| 12월 1일 | 임시정부 급 연합군환영회의 본부가 주최한 임시정부봉 |
| | 영회에서 봉영사를 낭독하다. |

11월 말에서 12월 초 사이 환국한 대한민국임시정부의 주석 김구와 요인
들을 예방하다.

12월 하순경 독립촉성중앙협의회가 난항을 겪자, 이승만이 호출하여
민족통일전선 등의 문제를 충고하다.

1946년(51세)

5월 16일 미군정이 사법부의 인사를 단행하자 대법원의 검사총장
으로 임명되다.

7월 9일 조선정판사 사건의 피고인 박낙종 등 12명이 경성지방법
원 검사국으로 송국되자, 서울지검 검사장 김용찬, 담당
검사 조재천과 함께 수사 기록을 검토하면서 수사를 지휘
하다.

7월 군정 장관 러취에게 치안을 문란케 한 조선공산당의 주요
인물 80여 명을 체포하고 좌익 계열의 신문·잡지를 폐간
하라고 요구하다.

8월 하순 이승만에게서 참모 역을 담당해 달라는 장문의 친서를 전
달받다.

8월 말 하지 사령관을 비롯해 미군정 치안 관계 책임자들이 모인
회의에서, 조선공산당의 주요 인물 80여 명을 체포하고 좌
익 계열의 신문·잡지를 폐간하라고 요구하다.

9월 6일 　미군정은 좌익 계열의 『조선인민보』· 『현대일보』· 『중
　　　　　앙신문』 등 3개 신문에 정간 처분을 내리다. 이어 7일 조
　　　　　선공산당 간부 박헌영·이강국·이주하 등에게 체포령
　　　　　을 내리다.

1947년(52세)

1월 1일 　1946년 12월 16일부로 사법부의 기구의 명칭과 함께 직명
　　　　　을 변경함에 따라, 이 날부터 검사총장의 직명이 검찰총
　　　　　장으로 바뀌다.

5월경 　　이승만이 국내 각 분야의 주요 인물의 명단을 요청하자,
　　　　　두 달여의 조사 끝에 인물록을 전달하다.

6월경 　　이승만과 하지 사이의 불목을 해소시키다.

8월경 　　이승만에게 고문단을 구성하라고 권유하다

가을 　　　이승만에 내각책임제와 양원제를 골격으로 하는 헌법 강
　　　　　의를 하다.

10월 9일 　조선어학회를 지은이로 하여 『조선말 큰사전』이 발행되다.

1948년(53세)

4월 　　　재단법인 한글학회 이사에 취임하다

7월 28·29일 　초대 대통령 이승만에게 이범석을 국무총리로 천거하다.

8월 2일	대한민국 행정부의 초대 법무부장관에 임명되다.
8월 4·5일	이승만에게 김병로를 대법원장으로 천거하다.
8월 5일	제1차 국무회의에서 대사령을 제안한 뒤「사면법」초안을 작성하기 시작하다.
8월 6일	제2차 국무회의에서 정부의 정책 방향을 제시할 필요성을 주장하다.
8월 16일	제6차 국무회의에서는 특사령 초안을 통과시키다.
9월 7일	「반민족행위처벌법」이 국회 본회의를 통과하여 8일 행정부로 이송되다.
9월 15일	법전편찬위원회의 부위원장(위원장 김병로)으로 임명되어 이후 13년 동안 관여하다.
9월 20일	국무회의에서「반민족행위처벌법」이 헌법에 위배된다는 이유로 국회에 재심을 요청하기로 결의함에 따라, 동법을 '비토'한다는 정부의 의견서를 작성하다.
9월 27일	대사령이 실시되다.
9월 22일	이승만 대통령이 만료 기일이 다 되어「법률 제3호」로 「반민족행위처벌법」을 공포하다.
10월 30일	겸직하였던 검찰총장을 사퇴하다.
11월	대통령 이승만에게 청년단체의 통합·일원화를 건의하다.

1949년(54세)

1월	법무부에 대일배상청구창구위원회를 구성하다.

2월 21일	국회 본회의에 참석하여 농림부장관 조봉암(독직 혐의 피의자) 체포동의안 요청 건을 설명하다.
3월 30일	서울 종로 을구의 국회의원 보궐선거에서 무소속으로 출마하여 당선되다.
	연초에 유휴노동력활용대책위원회를 발족하여 위원장이 되다.
5월	재단법인 한글학회 이사로 선임되다.
5월 28일	검찰이 상공부장관 임영신을 독직 사건으로 불구속 기소하다.
5월 31일	임영신 독직 사건이 기소된 데 책임을 지고 법무부장관을 사직하자, 대통령 이승만은 당일 문책성으로 사표를 수리하다.
7월 7일	국회 본회의에서 반민족행위특별조사위원회의 특별조사위원으로 선정되다.
7월 11일	반민족행위특별조사위원회의 특별조사위원을 사임하였으나 국회 본회의에서 각하되다.
7월 14일	반민족행위특별조사위원회 위원장으로 선출되다.
8월 31일	반민족행위자 공소시효 만기일이 되자, 반민족행위특별조사위원회 위원장으로서 특위의 사무 시효 만기와 관련한 담화를 발표하여 활동 종료를 선언하다.
9월 7일	국회의장에게 반민족행위특별조사위원회 위원장직 사임서를 제출하였으나, 9월 19일 국회에서 사표 수리를 부결시키다.
9월 19일	반민족행위특별조사위원회 위원장으로서 특위의 사무

해적이 **545**

가 완료되었음을 국회에 통고하다.

9월 21일 이인 외 48인의 국회의원이 긴급동의안으로 「반민족행위
처벌법」 개정안 등을 제출하다. 22일 국회에서 개정안이
원안대로 통과되다.

12월 22일 국회 내의 비(非)민주국민당 계열의 일민구락부 · 신정
회 · 대한노농당 · 무소속의 4파합동으로, 여당인 대한국
민당을 재창당하는 데에 무소속 계열로 참여하다.

1950년(55세)

1월 26일 대한국민당이 원내 교섭회(위원장 윤치영)를 결성하고,
27일 이인을 포함하여 총원 51명의 명부를 국회에 정식 제
출하다.

2월 7일 대한국민당의 개편된 부서의 5인 고문 가운데 1인으로 추
대되다.

5월 말 법무부장관에 재취임하라는 제의를 받았으나 거절하다.

5월 30일 이 날 실시된 제2대 총선거에 여당인 대한국민당 소속으
로 입후보하여 낙선하다.

6월 27일 장남만 데리고 부산으로 피난하다.

7월 제헌동지회를 조직하고 회장이 되어 이후에도 23년 동안
7차례 회장을 연임하다.

9월 이듬해 5월까지 대한국민당 최고위원으로 활동하다.

9월 28일 서울 수복과 함께 다시 서울로 돌아오다.

12월 10일	다시 부산으로 피난하다.

1951년(56세)

5월	대한국민당의 최고위원으로 재임하다.

1954년(59세)

5월 20일	제3대 총선거(민의원) 때 대한국민당 소속으로 서울 영등포 을구에 출마하여 국회의원에 당선되다.
11월 27일	이승만의 종신 집권을 위하여, 자유당이 제출한 개헌안이 부결되다.
11월 29일	이른바 사사오입개헌안이 국회에 재상정되어 통과되자, 이승만정부는 당일 개정헌법을 공포하였고, 이에 대항하여 구성된 민의원 위헌(違憲)대책위원회에 참여하다.
11월 30일	위헌대책위원회가 원내 교섭단체인 호헌동지회로 전환하자 참여하다.
12월 3일	호헌동지회가 교섭단체로 등록한 뒤 5명으로 구성된 운영위원회의 위원이 되다.

1955년(60세)

7월 31일   호헌동지회에서 추진하는 야당 연합 신당이 내분 끝에 보수파(자유민주파)만의 신당 창당 쪽으로 흐르자, 전진한·장택상 등과 함께 호헌동지회를 탈퇴하다.

1956년(61세)

7월 27일   이인을 포함하여 국회 내 전(全)야당계 의원 일동 72명이 국민주권옹호투쟁위원회를 조직하다. 이 날 국민주권옹호투쟁위원회가 주도한 "의정사상 전례 없는 의원 시위"(7·27의원 시위)에 참여하다.

1957년(62세)

10월 9일   한글학회가 총 6권의 『큰사전』을 완간하다.

1958년(63세)

12월 24일   자유당정권이 국회에서 자유당 의원들만으로 국가보안법 개정안(신국가보안법)을 비롯한 27개 법안을 무더기로 통과시킨, 이른바 2·4정치파동(보안법파동)을 자행하다.

1월 13일   '국가보안법 개악반대 전국민대회'가 개최되다.

1월 14일   '국가보안법 개악반대 전국민대회'가 민권수호국민총연
          맹(일명 '민권총련')으로 새로 발족하기로 합의하고 해체
          하다.

1월 19일   민권수호국민총연맹의 지도위원으로 선임되다.

2월 13일   일본 외무성이 재일 교포 북송을 공식 승인하다. 이 문제
          가 한일 간의 외교 분쟁으로 비화하면서, 2 · 4파동으로 결
          집된 반자유당 투쟁의 열기를 식혀버리며 국내의 최대 중
          심 문제로 떠오르다.

3월 15일   민권수호국민총연맹 내의 민주당계 인사들의 당략 위주
          의 투쟁 방식에 반대하여, 김창숙 등과 함께 민권수호국
          민총연맹을 탈퇴하고, 20일에 8인 공동성명을 발표하다.

3월 25일   사회민주당 창당에 전혀 관계 없다는 성명을 발표하다.

4월   이 달부터 9월 사이 이범석 · 김창숙 · 전진한 등과 함께
          범야 세력의 통합운동을 벌였으나 실패하다.

4월 19일   4 · 19민주의거가 일어나자, 당일 재야 인사들에게 직접
          전화하거나 방문하여 시국 대책에 나서다.

4월 20일   김병로 · 서상일 등 13명 재야 인사들의 회합을 주선하여,

이 날 성명과 3개 항의 대정부 건의안을 발표하고 정부에
도 전달하다.

4월 23일　68명의 재야 인사들을 규합하여 시국수습임시협의회를
구성하고, 성명서 발표와 아울러 "현 정부통령은 하야하
라" 등 6개 항을 관철시키기로 결의하다. 이 날 협의회를
상설기관으로 발족시킬 5인의 준비위원으로 선정되다.

6월 18일　김병로 등과 함께 변호사들의 정치단체로 자유법조단을
결성하여 창립총회를 개최하고, 제5대 총선거에 참여할
의사를 밝히다.

7월 29일　이 날 실시된 제5대 총선거에서, 서울특별시 지역의 참의원
에 무소속으로 출마하여 154,748표를 득표하여 당선되다.

8월 9일　21명의 무소속 참의원의 의원들과 함께 참우구락부를 결
성하였으나, 9월 24일 원내 교섭단체로 등록할 때에는 참
여하지 않고 무소속으로 잔류하다.

1961년(66세)

1월 25일　『애산여적 : 이인선생 수상평론』 제1집이 간행되다.

7월　　　효창공원 선열 묘소 보존회장에 선임되다.

1962년(67세)

3월 16일 국가재건최고회의가 「정치활동정화법」을 의결·통과시키다. 제2공화국 때 특정 정당에 속하지 않았으므로 정치활동 규제 대상에서는 제외되다.

봄 무렵 이때부터 야당단일화를 추진할 조직체를 결성하기 위하여 동지들을 규합하기 시작하다.

7월 20일 박정희가 "군에 다시 돌아갈 생각이 없다"고 공개 발언함으로써 민정에 참여하겠다는 속내를 드러내다.

10월 1일 전 민주당 임시사무실을 빌려, '대철광업사'라는 가짜 간판을 달고서 창당 작업에 나서다. 이 즈음 장차 결성될 당명을 "민정(民政)으로 복귀한다"는 의미에서 '민정'이라고 명명하다.

12월 17일 박정희군부가 5차 개헌 헌법을 국민투표에 붙여 확정하고, 같은 달 26일에 공포하다.

12월 27일 박정희 군부가 민정이양 일정을 발표하면서, 군부세력이 민정의 형식으로 정권을 장악하겠다는 의도를 드러내다.

12월 중순 전진한·김병로와 함께 범야당 연합운동을 예비 공작하기 시작하다.

1963년(68세)

1월 3일 김병로·윤보선·전진한과 4자회담을 갖고 단일야당 결성 운동을 가시화하다.

1월 27일   150명의 발기인들이 참여하여, 민정당(가칭)창당준비발기인대회를 개최하다. 이 날 민정당 6인의 지도위원 중 1인으로 내정되다.

3월 16일   박정희군부가 「비상사태수습을 위한 임시조치법」을 공포하여, 이 날부터 정당 활동을 정지시키고 언론 · 출판 · 집회 · 결사의 자유를 제한하는 조치를 취하다.

3월 22일   재야 정치인이 발기하여 민주구국선언대회를 개최하고, "군정연장을 반대하고 민주주의를 되찾겠다"는 결의를 행동으로 표출하다. 88명의 인사가 성명한 「민주구국선언」에 서명 · 참여하다.

4월 8일   박정희군부가 시국 수습 4개 항을 담은 4 · 8중대성명을 발표하여, 「비상사태수습을 위한 임시조치법」을 폐지하고 정당 활동 재개를 허용하다.

4월 15일   이인 · 김병로 등 재야 정치지도자 11인이 조속한 민정이양을 촉구하는 성명을 발표하여, 5 · 16군사쿠데타 이후 군사정부에 정면 도전한 최초의 반군정 투쟁을 선언하다.

5월 14일   민정당 창당대회에서 최고위원(대표최고위원 김병로)으로 선출되다.

6월 14일   '재야14인정치지도자회의'에 참석하여 야권의 통합을 논의하면서, 재야 단일후보 문제를 제의하다.

6월 25일   성명을 발표하여 '군정의 총사퇴'와 '즉각적인 거국내각의 수립'을 주장하다.

8월 1일   민정당 · 신정당 · 민우당을 통합한 '국민의 당' 창당 발기인대회에서 최고위원에 추대되다.

9월 5일   '국민의 당' 창당대회에서 5인의 최고위원 중 1인으로 선
출되다.

9월 6일   '국민의 당' 2일 차 창당대회에서 최고위원직 사퇴와 '국민
의 당' 참여 거부 의사를 표명하면서 야당 대통령후보의
단일화를 읍소하다.

10월 15일   제5대 대통령선거에서 박정희가 당선하다. 이 날 선거 결
과를 예견하며 "자유민권과 민주주의의 소생을 위하여 재
야세력이 총단합할 것을 호소"하면서 정당정치를 중단하
겠다고 성명하다.

대한민국정부가 건국훈장 독립장을 수여하다.

1965년(70세)

2월 10일   『애산여적 : 이인선생 수필논평』 제2집이 간행되다.

2월 18일   굴욕스런 한일 국교 정상화를 반대하는 글을 발표하다.

2월 21일   한일협정의 굴욕성을 비판하면서, 일본이 신(新)제국주
의화(化)하여 재침입하리라 경고하다.

2월 22일   박정희정권과 일본 사이에 「한일기본조약」에 가조인하
고 공동성명을 발표하다.

6월 3일   박정희정권이 전국에 계엄령을 선포하고 모든 학교에 휴
교령을 발동하다.

6월 22일   박정희정권이 일본 도쿄에서 「한 · 일 양국의 국교 관계

에 관한 조약(기본조약)」이른바 「한일협정」을 조인하다.

7월 28일 김홍일·함석헌 등과 함께, 한일협정 비준 저지를 위한
범국민 투쟁조직으로 조국수호국민협의회를 결성할 목
적에서, 8인준비소위원회를 구성하다.

7월 31일 조국수호국민협의회 창립대회에서 6인의 임시의장으로
선임되고 선언서를 낭독하다. 이 날 법조계를 대표하여
집행위원으로 선출되다.

12월 18일 한일협정이 발효하다. 이 날 국민·정부·여야정치인 모
두에게 지난날 독립운동하던 마음가짐으로 대일 관계에
임해야 한다고 당부하다.

1966년(71세)

9월 27일 두 달간의 노력 끝에, 정당정치에 속하지 않은 재야 인사
20여 명과 함께 "시국광정(時局匡正)과 재야세력의 단일
화"를 촉구하는 시국선언문을 발표하다(이른바 「9·27시
국선언」). 이후에도 야당통합운동을 추진하다.

10월 5일 민중당·신한당의 양대 야당의 당수를 방문하여 양당의
통합을 촉구하다.

12월 6일 야당대통령후보단일화추진준비위원회(가칭)를 구성하
고, 소위원회의 고문으로 추대되다.

12월 24일 야당대통령후보단일화추진위원회 결성대회에서 '야당
의 합당'을 강조하는 축사를 하다. 이 날 20명의 실행위원

중 1인, 142명의 추진위원 중 1인으로 선출되다.

1967년(72세)

2월 7일   민중당과 신한당이 합당(통합)전당대회를 개최하여 통
          합야당으로서 신민당을 발족시키다.

2월 12일 야당통합을 성취하자, 신민당 불참 및 정계 은퇴를 성명
          하다.

5월 3일   제6대 대통령선거에서 공화당 박정희 후보가 당선되다.

6월 8일   제7대 국회의원 선거에서 공화당이 개헌선을 넘는 압승
          을 거두다. 이후 6개월여 동안 야당의 선거 무효화 투쟁이
          전개되고 학생 데모가 일어나다.

6월 18일 6·8부정선거로 인한 사회불안을 타개하기 위하여, 자신
          의 집에서 재야 인사 시국수습간담회를 소집하다.

2월 27일 건국대학에서 명예법학박사 학위를 받다.

1969년(74세)

12월 17일 헌법 제정 공로자로 무궁화 국민훈장을 받다.

1970년(75세)

6월 21일   『애산여적』제3집이 간행되다.

1973년(78세)

2월 20일   이 날부터 동년 5월 6일까지『한국일보』에 57회에 걸쳐「
나의 이력서」를 연재하다.

1974년(79세)

3월 30일   회고록『반세기의 증언』이 간행되다.

1976년(81세)

6월   효자동에서 논현동으로 집을 줄여 이사하며 사재를 정리
하다.

8월 15일   한글학회의 회관 건립 기금으로 3천만 원을 희사하다.

10월 9일   530돌 한글날을 기념하여 한글학회 회관 건립 기공식을
가지다.

1977년(82세)

8월 29일   한글학회가 신문로의 신축 회관으로 입주하다.

1979년(84세)

          작고하기 전 논현동 자택 전 재산을 한글학회에 기증하라
          는 유언을 남기다.
4월 5일   논현동 자택에서 84세를 일기로 영면하다. 9일 사회장으
          로 경기도 화성군 남양면 북양리 선영에 안장되다.
7월 초   유족들이 논현동 2층 집을 한글학회에 희사하다.

1980년

2월 18일   사단법인 애산학회가 창립되어, 같은 달 23일 법인 설립
          인가를 받다.

1981년

12월 30일   애산학회의 회지『애산학보』제1집이 창간되다.

1996년

10월 9일   외솔회가 발행하는 『나라사랑』제93집(1996년 가을호)이
            ‘애산 이인 특집호’로 편집 · 발간되다.

2009년

4월 5일   『애산학보』제35호가 이인의 30주기를 기리는 추모 특집
            으로 편집 · 간행되다.

2012년

10월 31일   대전시 국립현충원 애국지사묘역으로 이장되다.

2013년

12월 19일   대구에서 ‘애산 이인 선생 기념사업회’(이사장 장윤기)가
            발족하다.

2016년

10월 20일　　『애산여적』제4집이 발행되다.

2017년

10월 26일　　『애산학보』44호가 '특집 : 애산 이인 선생 탄생 120돌 기
　　　　　　념'으로 편집·간행되다.

주(註)

머리말

1) 이상에서 직접 인용한 이인의 글은 李仁 著,『半世紀의 證言』(明知大學出版部, 1974. 3), 1쪽.

2) 김인식,「한국근현대인물평전의 略史와 전망」,『中央史論』第39輯 (中央史學硏究所, 2014. 6), 357쪽.

3)「本書를 發刊함에 際하여」, 金鳳基 · 徐容吉 編著,『愛山餘滴』第一輯(世文社, 1961. 1), 5~6쪽.

4) 李秉根 정리, 李亭 교열,「애산(愛山) 이인(李仁) 선생 연보」,『愛山餘滴』제4집(애산학회, 2016. 10), 439~458쪽. 이 연보는 애산학보 편집위원회,『애산학보』44(애산학회, 2017. 10), 291~307쪽에 재수록되었다.

제1편

제1장

1) 「庫直이네 돼지를 잡아 먹었지」, 『實話誌』(1964년 8월호)〔李泰九 編, 『愛山餘滴』第二輯(文善社, 1965. 2), 275쪽〕.

2) 李仁 著, 『半世紀의 證言』(明知大學出版部, 1974. 3), 4쪽.

3) 이상 향교를 설명한 내용은 김호일, 『한국의 향교』(대원사, 2000. 3) 을 참조하였다.

4) 아명은 종룡(鍾龍)이었다.

5) 박찬승, 『한국근대정치사상사 연구』(역사비평사, 1992. 1), 29쪽.

6) 『半世紀의 證言』, 2쪽.

7) 대한협회의 발기인 10명 가운데 권동진·오세창을 제외하면, 남궁억 (南宮檍)·여병현(呂炳鉉)·유근(柳瑾)·이우영(李宇榮)·윤효정·장지연(張志淵)·정운복(鄭雲復)·홍필주(洪弼周) 등 8명은 모두 대한자강회의 핵심 간부였다. 柳永烈, 「大韓協會의 愛國啓蒙思想」, 『李載襲博士還曆紀念 韓國史學論叢』(한울, 1990. 12), 678쪽.

8) 박찬승, 『앞의 책』, 50~56쪽.

9) 崔起榮, 「대한협회」, 한국독립운동사연구소, 『한국독립운동사사전』 4(독립기념관, 2004. 5), 207~209쪽.

10) 대한자강회와 대한협회가 존속한 기간 동안 회장·부회장을 비롯한 중앙의 역대 임원진에서 이종영의 이름은 발견되지 않는다. 柳永烈, 「위의 논문」, 678~686쪽을 참조. 대한협회는 경상북도 경주·대구· 성주·안동 등지에 지회를 설치하였는데, 이종영은 대구지회에 소속하여 활동한 듯하다. 金項勾, 「大韓協會의 設立과 組織」, 『龍巖車文燮

教授華甲紀念史學論叢』(新書苑, 1989. 12), 473~474쪽 : 전재관, 「한말 애국계몽단체 지회의 분포와 구성」, 『崇實史學』第10輯(崇實大學校 史學會, 1997. 2), 169쪽을 참조.

11) 柳永烈, 「大韓自强會의 愛國啓蒙運動」, 歷史學會 編, 『韓國近代民族 主義運動史』(一潮閣, 1987. 3), 22쪽.

12) 柳永烈, 「위의 논문」(1987. 3), 15, 22~25쪽.

13) 각종 학회를 포함하여 한말의 자강운동 단체 가운데 대한협회에서만 유일하게 지방부(地方部)를 설치하였는데, 지회의 일을 전담함도 지 방부의 주요 업무 가운데 하나였다. 전재관, 「위의 논문」, 169쪽

14) 전재관, 「위의 논문」, 185~186쪽.

15) 柳永烈, 「위의 논문」(1990. 12), 678~685쪽.

16) 『半世紀의 證言』, 2쪽.

17) 『半世紀의 證言』, 3쪽.

18) 『半世紀의 證言』, 3~4쪽.

19) 최영희 · 김호일 편저, 애산학회 편찬, 『애산 이인』(과학사, 1989. 4), 32쪽에서 다시 인용.

20) 慶尙北道警察部, 『高等警察要史』(1934), 23 · 183 · 185 · 274쪽 : 國家 報勳處, 『獨立有功者功勳錄』7권(1990, 국가보훈처 공훈전지사료관의 독립유공자정보 인터넷 제공).

21) 『半世紀의 證言』, 4~5쪽.

22) 『半世紀의 證言』, 5쪽.

23) 編者, 「愛山 李仁先生이 걸어오신 길」(1960. 12), 金鳳基 · 徐容吉 編 著, 『愛山餘滴』第一輯(世文社, 1961. 1). 18쪽. : 최영희 · 김호일 편저, 『위의 책』, 6쪽.

24) 國史編纂委員會 編, 『高宗時代史』六(探求堂, 1972. 12), 422·481쪽.

25) 權大雄, 「韓末 慶北地方의 私立學校와 그 性格」, 『國史館論叢』第58輯(국사편찬위원회, 1994. 11), 27~29, 37쪽.

26) 國史編纂委員會 編, 『梅泉野錄』(探求堂, 1971. 3), 372쪽.

27) 이인은 "학생들은 나같은 8세 어린이가 있는가 하면 30넘은 장년도 있었다."고 회고하였다. 『半世紀의 證言』, 5쪽. 그러나 이인이 이 학교에 입학한 때는 이미 11세였다.

28) 慶北觀察使申泰休氏, 「興學訓令」, 『皇城新聞』第二千一百卅五號(大韓光武十年三月卅三日)〔權大雄, 「위의 논문」, 28쪽에서 다시 인용〕.

29) 위의 「愛山 李仁先生이 걸어오신 길」(1960. 12), 18쪽.

30) 權大雄, 「위의 논문」, 34, 39~41쪽.

31) 『半世紀의 證言』, 5쪽.

32) 이하 이인이 달동의숙에서 수학한 내용은 달리 출처를 밝히지 않은 곳은, 앞의 「愛山 李仁先生이 걸어오신 길」(1960. 12), 18~19쪽.

33) 「잊을 수 없는 處女辯論의 義烈團事件」, 『(週刊)希望』(1957. 7. 25)〔『愛山餘滴』第一輯, 122~123쪽〕.

34) 『東光』(1933년 1월호)에 게재된 이인의 학력에서 '달동의숙 졸업'이라 하지 않고, "김수농(金睡濃) 문하(門下)에서 경학(經學)을 강수(講修)"라고 하여 굳이 '문하'를 명기한 이유이기도 하였다. 「朝鮮辯護士協會長, 李仁」, 『東光』第40호(1933년 1월호), 11쪽.

35) 「金睡濃先生의 墓碣文 抄本」(1962년 6월 上澣), 『愛山餘滴』第二輯, 273~274쪽. 이 묘갈문에는 김수농의 생몰 연대(1846. 8. 26~1915. 8. 20) 및 출생지가 경북 군위(軍威)이며 사망지는 경북 칠곡군(漆谷郡) 동명면(東明面) 법성(法聖)임을 적었고, 나아가 배위(配位) 및 2자(子)와 손자·증손의 이름까지 기록하였다. 이를 보면, 김수농이 일

한병합 직전 홀연히 사라진 뒤에도, 이인은 그의 행적을 알고 있었는데, 『반세기의 증언』 등 다른 회고와는 상충된다. 묘갈문에 따르면, 김수농은 아호이고, 본명은 기록하지 않았다. 묘갈문에는 김수농이 신돌석의 아장이었다는 내용은 없으며, '달동의숙'이라는 명칭도 밝히지 않고, 이인 자신이 그의 문하로서 교육받은 내용을 기록하였다.

36) 金日洙, 「日帝下 大邱地域 資本家層의 存在形態에 관한 硏究」, 『國史館論叢』第94輯(2000. 12), 141쪽.

37) 趙東杰, 「光武農民運動과 申乭石 義兵」, 『한국근현대사연구』제19집(한국근현대사학회, 2001. 12) : 金喜坤, 「申乭石 義陣의 활동과 성격」, 『한국근현대사연구』제19집.

38) 위의 「잊을 수 없는 處女辯論의 義烈團事件」, 122쪽.

39) 위의 「잊을 수 없는 處女辯論의 義烈團事件」, 123쪽.

40) 위의 「잊을 수 없는 處女辯論의 義烈團事件」, 123~124쪽. 이 방담은 이 부분의 소제목을 '침 안맞으려다 병신이 됐어'로 달았다. 요즈음의 시각으로는 부적절한 표현을 사용하였지만, 1957년 무렵에는 흔한 용례였다.

41) 東虛子, 「辯護士評判記(一)」, 『東光』總31號·第4卷3號(東光社, 1932년 3월호), 66쪽.

42) 李熙昇, 「세상 걱정을 남보다 먼저 하더니」, 『중앙일보』(1979. 4. 9)[애산 이인, 『愛山餘滴』제4집(애산학회, 2016. 10), 432쪽].

43) 『半世紀의 證言』, 6쪽.

44) 앞의 「愛山 李仁先生이 걸어오신 길」, 19~20쪽.

45) 이상 실업보습학교는 이명실, 「일제강점기 실업보습학교 제도 연구」, 『韓國敎育史學』제37권 4호(韓國敎育史學會, 2015. 12)를 참조.

46) 「황성신문」의 기사에 따르면, 1910년 3월 학부에서 토지조사사업(土

地調查事業)에 종사할 측량기술원(測量技術員), 사무원(事務員)을 양성하기 위하여 대구실업학교 내에 양성기관을 임시 부설(附設)할 예정이었다. 「(雜報)測量技手養成」, 『皇城新聞』第三千三百十八號(大韓隆熙四年三月十五日 1면 4단). '대구실업학교'라는 교명의 학교가 따로 설립된 바가 없었으므로, 이는 대구공립농림학교를 지칭하였음에 틀림없다.

47) 1911년에는 대봉동(大鳳洞)의 가교사(假校舍)로 이전하였다.

48) 大邱市史編纂委員會 編, 『大邱市史』第五卷(大邱廣域市, 1995. 2), 69 · 88쪽.

49) 이인은 양사관(養士舘) 설립 계획을 기술하면서 남저(南樗) 이우식(李祐植)이 자신과 함께 '정칙중학교'를 다녔다고 회고하였는데〔『半世紀의 證言』, 121~ 122쪽〕, 이우식은 세이소쿠 영어학교를 나왔다.

50) 이 학교는 1896년 영어학교로 창설되었고, 1933년 상업학교를 거쳐 1941년 중학교를 병설하였다가, 1948년 학제개혁으로 세이소쿠가쿠엔(正則學園) 고등학교로 개칭한 뒤 현재에 이르고 있다.

51) 정칙중학교는 도야마 마사카즈(1848~1900, 도쿄대 총장을 역임, 일본 근대시의 선구자), 모토라 유지로(元良勇次郎, 1858~1912, 세이소쿠 중학교 초대교장과 도쿄대 교수를 역임, 일본심리학의 선구자), 간다 나이부(神田乃武, 1857~1923, 세이소쿠 중학교 제2대 교장과 히토츠바시대 교수를 역임, 영어교육의 개척자) 세 명이 모여서 창립하였다. 이들은 당시의 중학교가 관립상급학교로 입학하기 위해서 지식을 전달하는 재수 학교로 변질되었다고 비판하면서, 근대 일본을 책임질 청년을 바로 세우기 위해 인간으로서 성장할 수 있는 '정칙'(正則)한 교육을 해야한다는 취지로 학교를 창립하였다.

52) 앞의 「庫直이네 돼지를 잡아 먹었지」, 276쪽.

53) 『半世紀의 證言』의 7쪽에서는, 판화공으로 일할 때 체불된 임금의 반

을 겨우 받아내고 "博文書館의 校正員으로 들어갔다."고 적었는데, 여기서 박문서관은 박문관의 착오인 듯하다. 국내에서는 노익형(盧益亨)이 1907년 4월 경성(京城)에 서점 겸 출판사로 박문서관을 창설하였다. 이 출판사는 1920년대 중반에는 이광수(李光洙)의『젊은 꿈』·『마의 태자』, 1930년대에는 이광수의『사랑』, 1940년대에는 양주동(梁柱東)의『조선고가연구』(朝鮮古歌研究), 방정환(方定煥)의『소파전집』(小波全集) 등을 출판하여 민족 문화 발전에 공헌한 바가 컸다. 이인은 국내의 박문서관이란 이름에 익숙하였는지, 일본의 박문관을 박문서관으로 착각한 듯하다. 일본의 하쿠분칸(はくぶんかん, 博文館)은 1887년 도쿄 시(市)에서 창업하여 잡지『일본대가논집』(日本大家論集)을 창간하였는데, 이 회사명은 이토 히로부미(伊藤博文)의 이름 '박문'(博文)에서 유래하였다. 1895년에는 일본 최초의 종합잡지『태양』(太陽)지를 창간하여 황금시대를 맞이하였고, 1896년에는 하쿠분칸 인쇄소를 설치하였다.

54) 유희가쿠(ゆうひかく, 有斐閣)는 1877년 도쿄도(とうきょうと, 東京都 ; 현재의 치요다구 히토츠바시, 千代田區一ツ橋)에서 고서점으로 창업하였다. 당시 이름은 유사각(有史閣)이었으나, 2년 후인 1879년에 유비각으로 개명하고 출판업으로 바꾸면서 법학 서적을 주로 출판하였다.『대학』(大學)에『시경』(詩經)을 인용하여, 열심히 학문에 매진했던 위(衛)의 무공(武公)의 덕을 '유비군자'(有斐君子)라고 칭찬하는 대목이 나오는데, '유비'라는 회사명은 여기서 따왔다.

55) 李敬南,『雪山 張德秀(東亞日報社, 1981. 8), 63쪽.

56)『半世紀의 證言』, 21쪽.

57) 李仁,「朝鮮人の苦情を朝野に訴ふ」,『一大帝國』1卷9號(1916), 12~17쪽. 이 글은 한인섭이 발굴하여 소개하였다. 본문에서 서술하는 이 글의 내용과 직접 인용문은 한인섭,『식민지 법정에서 독립을 변론하다』(경인문화사, 2012. 4), 64~67쪽에서 인용하였다.

58) 이인은 이 글이 '장논문'(長論文)이었고, 제목이 「조선총독부의 학정(虐政)을 세계에 호소한다」였다고 회고하면서, 기억에 의존하여 내용의 일부를 기술하였다. 『半世紀의 證言』, 9쪽.

59) 『半世紀의 證言』, 10쪽.

60) 『半世紀의 證言』의 9쪽에서, 이인은 "일본, 명치 두 대학을 졸업한 뒤에도 나는 법률 공부를 더해야겠다는 생각으로 일본대학의 고등전공과(高等專攻科)에 들어갔다. 이것은 二년 과정인데 지금의 대학원같은 것이다."고 회고하였는데, 졸업 여부를 말하지 않았다.

61) 김병로는 1910년 4월 니혼대학 전문부 법과 청강생으로 등록하였다가 유학을 중단하고 귀국하였다. 이후 1911년 가을에 두 번째 도일하여 메이지대학 법과 3학년에 교외생(校外生)으로 편입하여 1912년 12월 졸업하였다. 아울러 1912년 3월 메이지대학 법과 제3학년에 입학하여 1913년 7월에 졸업하였다. 그는 잠시 귀국하였다가 다시 도일하여 1913년 11월에 동 고등연구과(메이지대학 법과와 중앙대학의 공동 법률고등연구과)에 입학하여, 1915년 6월에 졸업하였다. 한인섭, 『위의 책』(2012. 4), 50~53쪽. 동시에 김병로는 1913년에 니혼대학 법과에도 학적을 두어 1915년 3월 졸업시험에 응시하여 동 대학을 졸업하였다. 金學俊, 『街人金炳魯評傳』(民音社, 1988. 1), 47~70, 480~482쪽.

62) 이인의 실수 이야기는 『半世紀의 證言』, 14~15쪽.

63) 박한용, 「독립운동 변론에 앞장 선 법조인 이인」, 대구문화인물현창위원회 편, 『대구의 문화인물』2(대구광역시, 2006. 12), 44~45쪽.

64) 『半世紀의 證言』, 17~18쪽.

65) 『반세기의 증언』에서는 '지사장'(支社長)이라 표현하였다.

66) 경성(京城)부립도서관의 오자이다.

67) 이인의 두 번째 도일(渡日)과 변호사시험 합격 후 귀국하는 과정은

『半世紀의 證言』, 19~20쪽.

68)「李氏는不遠開業」,『朝鮮日報』(1923. 3. 2).

69) 朝鮮總督府 編纂,『朝鮮總督府及所屬官署 職員錄』(朝鮮京城, 朝鮮
印刷株式會社, 1920. 3. 31), 112쪽 ;『朝鮮總督府及所屬官署 職員錄』
(1921. 3. 31), 110쪽 ;『朝鮮總督府及所屬官署 職員錄』(1922. 3. 9), 132쪽.

70)「愛山 李仁 선생 年譜」,『愛山餘滴』제4집, 442쪽.

제2장

1) 李仁 著,『半世紀의 證言』(明知大學出版部, 1974. 3), 19~20쪽.

2)「辯護士合格者」,『東亞日報』(1923. 3. 1). 이인은 이해 변호사시험에
합격한 조선인이 자신뿐이라고 회고하였다.

3)「愛山 李仁 선생 年譜」, 애산 이인,『愛山餘滴』제4집(애산학회, 2016.
10), 442쪽.

4) 이채호(李采鎬)가 변리사 시험에 통과하기 전까지, 조선에는 조선인
변리사가 이인뿐이었다. 이채호는 1933년 일본특허변리사시험에 합
격하여, 1933년 10월 등록한 뒤 광화문에서 개업하였다. 정긍식,「변
리사 애산 이인 선생」,『애산학보』47(애산학회, 2020. 4), 299쪽.

5) 전병무,『조선총독부 조선인 사법관』(역사공간, 2012. 12), 57~67쪽.
이를테면 김병로의 경우도 그러한 예였는데, 그가 조선총독부 판사
로 임용되는 과정은 전병무,「일제하 김병로의 경력과 활동에 관한
재론」,『法史學研究』第58號(韓國法史學會, 2018. 10). 95~101쪽.

6) 이창휘의 경력은 高元準, "독립운동은 죄가 아니다" – 애국지사 故
이창휘 변호사의 삶」,『제주교육』통권93(제주도교육청, 1996, 9) : 田

炳武,「일제하 항일변호사 이창휘의 생애와 활동」,『한국학논총』제
　　46집(국민대학교 한국학연구소, 2016. 9), 337~342쪽.

7) 법원이나 검찰청 또는 변호사 사무실에서 특정기간의 수습 과정.

8)『半世紀의 證言』, 1~2쪽.

9) 한인섭,『식민지 법정에서 독립을 변론하다』(경인문화사, 2012. 4.), 20쪽.

10)『半世紀의 證言』, 74쪽.

11)『半世紀의 證言』, 75쪽.

12)『半世紀의 證言』, 77쪽.

13)『半世紀의 證言』, 100~101쪽.

14)『半世紀의 證言』, 75쪽.

15) 東虛子,「辯護士評判記(一)」,『東光』總31號·第4卷4號(東光社, 1932년
　　3월호), 66~67쪽.

16) 한인섭,『위의 책』, 21쪽.

17) 東虛子,「앞의 글」, 66쪽.

18)『半世紀의 證言』, 104~105쪽.

19)『半世紀의 證言』, 106쪽.

20)『半世紀의 證言』, 107쪽.

21) 제2차 의열단 사건의 재판과 공동변론 내용은 한인섭,『앞의 책』, 110~
　　142쪽에서 상세히 다루었다.

22)「義烈團公判은今日」,『朝鮮日報』(1923. 8. 7).

23)「義烈團公判 今日午前」,『東亞日報』(1923. 8. 7).

24)「今番에辯護士－布施氏는疑問」,『朝鮮日報』(1923. 8. 7). 이 기사가
　　보도한 변호사의 명단은 이인·허헌·김병로·김용무 등 11명이었
　　다. 위의 기사 부제 가운데 布施는 후세 다쓰지(布施辰治)를 가리켰

다. 후세 다쓰지는 조선인 독립운동가를 적극 변호하였던 일본인 시국변호사로, 요즈음도 '일본인 신들러(Schindler)'라고 평가되는 인물이다.

25) 「義烈團公判, 法廷에선金始顯」·「餘地업는傍聽席」, 『東亞日報』(1923. 8. 8).

26) 「義烈團公判」, 『東亞日報』(1923. 8. 9).

27) 「公判第二日」, 『東亞日報』(1923. 8. 9).

28) 「義烈團事件의繼續公判」·「休職警部까지懲役十年」, 『朝鮮日報』(1923. 8. 12) : 「義烈團二回公判」·「最高十年이하를각각구형」, 『東亞日報』(1923. 8. 12).

29) 「義烈團繼續公判의後報」, 『朝鮮日報』(1923. 8. 13) : 「義烈團二回公判續報」, 『東亞日報』(1923. 8. 13).

30) 『半世紀의 證言』, 25쪽.

31) 전병무, 「변호사 후세 다쓰지(布施辰治)와 이인」, 『애산학보』47(애산학회, 2020. 4), 226~227쪽.

32) 「偵探劇의暴露」, 『東亞日報』(1923. 8. 12) : 「偵探劇의過失이暴露」, 『朝鮮日報』(1923. 8. 12).

33) 『半世紀의 證言』, 25쪽.

34) 김영범, 『한국 근대민족운동과 의열단』(창작과 비평사, 1997. 11), 94~97쪽 : 황용건, 「항일투쟁기 黃鈺의 양면적 行蹟 연구」, 『安東史學』第十三輯(安東史學會, 2008. 12).

35) 한인섭, 『앞의 책』, 87·112쪽,

36) 『半世紀의 證言』, 26쪽.

37) 『半世紀의 證言』, 27쪽에서는 이 사건을 "黃鈺警部사건이 있은 지 3년 뒤의 일로 기억된다."고 하였는데 착오이다.

38) 종로경찰서 고등계(高等係) 형사로, 조선인들 사이에는 '염라대왕'이라는 별명에 걸맞게 고문(拷問) 경관으로 악명이 높았다.

39) 이 사건은 당시 신문에는 주로 '경북중대(重大)사건'·"경북중대음모(陰謀)사건', 또 '시국에 관한 중대사건'으로 지칭되다가, 고문 문제로 확대되자 '경북경찰고문사건'으로도 지칭하기도 하였고, '대구금고폭파사건'이라 제(題)한 기사는 발견되지 않는다. 그러나 이렇게 불리는 사건들이 여럿 발견되므로 이와 구별하기 위하여, 이인이 지칭한 대로 사건의 전체를 '대구조선은행 금고폭파 미수 사건'으로 표현하였다.

40) 「慶北重大事件의內容」·「崔胤東은中國將校」, 『朝鮮日報』.(1924. 5. 18).

41) 「警察에서拷問햇다고 被告의實兄이告發」, 『東亞日報』(1923. 12. 31).

42) 「慶北警察部拷問事件 日本國會에歎願書提出」 『朝鮮日報』(1924. 1. 7).

43) 鄭斗殷氏(寄), 「慶北警察部人權蹂躪에對하야」, 『朝鮮日報』(1924. 1. 9).

44) 「拷問告發이導火로 鄭斗殷氏又拘引」, 『東亞日報』(1924. 1. 10) : 「鄭斗殷郡은突然被捉」, 『朝鮮日報』(1924. 1. 11) ; 「鄭斗殷郡方面再捉」, 『朝鮮日報』(1924. 1. 12).

45) 「慶北事件의第一回公判 – 戰慄할拷問事件이法廷에暴露」·「目不忍見의傷處 – 말만들어도썰닐만한고문의증거 흔적이분명히남어잇는 피고의몸」, 『朝鮮日報』(1924. 7. 10) : 「拷問으로一貫한 慶北事件公判」·「警察의拷問酷毒 – 고초가루와소금을 물에타서 열시간식코에 부어」·「窮凶極惡한烙刑 – 자지끗을권연불로지지고 고등과쟝은칼을빼여위협」, 『東亞日報』(1924. 7. 10). 「窮凶極惡한烙刑」은 고문의 생생한 증언을 실었다가 압수되었다.

46) 검사의 구형량, 1심 판결, 항소심판결은 한인섭, 『앞의 책』, 171쪽을 참조.

47) 『半世紀의 證言』, 56쪽.

48) 「李仁氏結婚 - 이십오일에 관수동자택에서」, 『朝鮮日報』(1926. 6. 25).

49) 『半世紀의 證言』, 52쪽.

50) 『半世紀의 證言』, 59쪽. 인용문의 줄임표는 원문에 있는 줄임표임.

51) 「光州學生事件 五辯護士自願」, 『東亞日報』(1930. 2. 13).

52) 이인이 회고한 이 숫자는, 보안법으로 회부된 49명 외에, 성진회 관계 38명, 독서회 관계 90명 등을 모두 포함하였다고 생각한다.

53) 『半世紀의 證言』, 80쪽.

54) 「李仁辯護士 在監學生面會」, 『中外日報』(1930. 2. 10) : 「李仁辯護士 被告廿一人面會」, 『朝鮮日報』(1930. 2. 20).

55) 광주학생운동의 전체 재판 과정은 한인섭, 『가인 김병로』(박영사, 2017. 11), 194~199쪽.

56) 「殺到한傍聽客無慮五六百名」, 『朝鮮日報』(1930. 2. 14) ; 「嚴重한警戒裡에 光州學生公判開廷」, 『朝鮮日報』(1930. 2. 20).

57) 이 날 재판 과정은 『中外日報』(1930. 2. 21) : 『朝鮮日報』(1930. 2. 22) : 『東亞日報』(1930. 2. 22)에 상세히 보도되었다.

58) 「各辯護士가 一齊히 被告全部無罪主張」, 『朝鮮日報』(1930. 2. 22).

59) 「李仁辯護士無罪를 力說」, 『中外日報』(1930. 2. 21).

60) 高麗大學校 亞細亞問題研究所 編譯, 『光州學生獨立運動資料』(光州 學生獨立運動 紀念事業會, 1995. 8), 163쪽.

61) 황남옥(黃南玉) 외 14명은 공판 2일 전인 24일에 보석되었다.

62) 光州學生獨立運動同志會, 『光州學生獨立運動史』(國際文化社, 1974. 11), 2쪽.

63) 조선청년총동맹 · 조선노농총동맹 · 근우회 관계자 47명도 체포되

어, 민중대회 사건과 관계된 피체포자의 수는 모두 91명에 달하였다. 이균영, 『신간회연구』(역사비평사, 1993. 12), 207~210쪽.

64) 李仁, 「나의 交友半世紀」, 『新東亞』(東亞日報社, 1974년 7월호). 283~284쪽.

65) 「許憲等事件 公判期決定」, 『東亞日報』(1931. 3. 31) ; 「許憲等六人事件 明日에公判開廷」, 『東亞日報』(1931. 4. 6) : 「民衆大會事件 明日第一回公判」, 『朝鮮日報』(1931. 4. 6) ; 「許憲等被告六人 今日公判開廷」, 『朝鮮日報』(1931. 4. 7).

66) 「許憲等事件豫審終結 六人全部有罪決定」, 『東亞日報』(1930. 9. 7).

67) 「民衆大會事件 最高一年半體刑」, 『東亞日報』(1931. 4. 25).

68) 「新幹中央委員會 各部部署決定◇書記長金恒奎氏」, 『東亞日報』(1930. 11. 20).

69) 「大田署員上京 新幹本部搜索」, 『東亞日報』(1930. 11. 28). 이인은 김항규가 민중대회 사건이 일어나기 얼마 전 신간회 지회원 5명과 함께 대전에서 체포되었다고 회고하였는데 착오이다.

70) 「金恒奎氏押送 대전검사국에」, 『東亞日報』(1930. 11. 30).

71) 「大田事件으로 新幹本部搜索」, 『中外日報』(1930. 8. 21) ; 「金恒奎氏釋放」, 『中外日報』(1930. 8. 23).

72) 『半世紀의 證言』, 110쪽.

73) 수원고농 사건은 이현희, 「수원고농학생의 항일투쟁 연구」, 『한국민족운동사연구』21(한국민족운동사학회 1999. 3)을 참조.

74) 수원고농은 학생 전원이 기숙사 생활을 하였는데, 동료(東寮)라 부르는 기숙사에 한국인 학생을, 서료(西寮)라 부르는 신식 건물에는 일본인 학생들을 수용하였다.

75) 「水原高農事件『朝鮮開拓社』二名起訴, 六名免訴」, 『朝鮮日報』(1930.

2. 21) ;「九名이免訴된 開拓社事件」,『朝鮮日報』(1930. 2. 22).

76)「警察痛罵와 無罪를力說」,『朝鮮日報』(1930. 5. 8) :「李仁辯護士 停職理由書」,『中外日報』(1930. 5. 10).

77)『半世紀의 證言』, 84쪽.

78) 위와 같음.

79)「立會檢事가 檢事正과總督에報告」,『朝鮮日報』(1930. 5. 8).

80)「停職은厚意◇笠井檢事正」,『朝鮮日報』(1930. 5. 8).

81)「被告를曲庇 政治上不穩언론, 륙개월간명직처분한리유」·「思想辯論不穩理由로 李仁辯護士에停職處分」,『中外日報』(1930. 5. 8) :「法廷辯論도彈壓, 六個月辯護停止」,『朝鮮日報』(1930. 5. 8).

82)「압흐로는 山中休養」,『中外日報』(1930. 5. 8) :「不須多言 륙개월간휴양」,『朝鮮日報』(1930. 5. 8).

83)「十九日午前부터 島山安昌浩公判」,『中央日報』(1932. 12 19) ;「島山安昌浩의公判 傍聽禁止裡에進行」,『中央日報』(1932. 12. 20).

84)「島山安昌浩判決 求刑대로四年言渡」,『東亞日報』(1932. 12. 27).

제3장

1) 猛虎聲,「(人物月評)安在鴻 李仁兩氏의斷面圖」,『批判』第三·四號 (1931年 七·八月合號, 1931. 8. 1), 79~82쪽.

2)「人力車夫의經營 壽松洞大東學院」·「膏血로 設立」,『東亞日報』(1927. 7. 3).

3)「專門學生巡劇」,『東亞日報』(1925. 8. 18).

4)「共同消費所得으로 校舍新築을計劃」,『東亞日報』(1926. 11. 6).

5) 고창한은 1933년 11월 25일 회갑연을 가졌다. 「高昌漢氏回甲祝賀式
   擧行」, 『東亞日報』(1933. 11 24).

6) 「大東學院擴張」, 『東亞日報』(1928. 3. 9).

7) 「大東學校認可」, 『東亞日報』(1928. 10 17).

8) 「大東學校曙光」, 『東亞日報』(1929. 3. 18).

9) 「桂山普通學校 大東學校合同」, 『東亞日報』(1931. 7. 29) ; 「學校修築
   으로動員한 千餘名人力車夫」, 『東亞日報』(1931. 8. 10) ; 「擴充된大東
   學校의曙光(上)」, 『東亞日報』(1932. 3. 31) ; 「普通學校와 商業校兼營」,
   『東亞日報』(1932. 8. 4).

10) 「中等學校設立費로 卅萬圓巨財提供」, 『東亞日報』(1932. 2. 26).

11) 「崔松雪堂女史 聲明書發表」, 『東亞日報』(1930. 3. 5).

12) 「金泉高普校의 許可願提出」, 『東亞日報』(1930. 3. 31).

13) 「金泉高普校 法人으로認可」, 『東亞日報』(1931. 2. 7).

14) 「金泉高普校 正式으로 認可」, 『東亞日報』(1931. 3. 21).

15) 「金泉高普開學 五月九日부터」, 『東亞日報』(1931. 5. 11).

16) 『半世紀의 證言』, 117쪽에는 "1938년에는 근화여학교(현 덕성여중고
   의 전신)가 재정난을 당하고 있으므로, 차미리사·독고선과 함께 재
   단법인을 만들었다. 또 미국에서 돌아온 임영신(任永信)을 도와 박희
   도(朴熙道)로부터 중앙보육학교(현 중앙대학교)를 인계받아 같이 설
   립자가 되어 10여 년 보살폈다."라고 회고하였는데, 연도를 비롯해 사
   실 관계에서 착오가 많다.

17) 「槿花女校에曙光」, 『朝鮮日報』(1934. 2. 11) ; 「女子教育十一年!」·
   「法人組織經路」, 『東亞日報』(1934. 2. 11). 당시 신문에는 차미리사
   를 김(金)미리사로 기명하였는데, 1930년대 후반까지 남편 성을 따라
   김미리사로 활동한 데에서 연유한다.

18) 중앙보육학교가 임영신에게 인수되는 과정은 김성은, 「1930년대 임영신의 여성교육관과 중앙보육학교」, 『한국민족운동사연구』71(한국민족운동사학회, 2012. 6), 220~223쪽. 임영신이 중앙보육학교를 인수한 시기는 1935년 2~3월경이었으며, 교장으로 취임한 때가 동년 4월이었다. 중앙대학교 80년사 편찬실무위원 편, 『中央大學校 80年史 1918~1998』(중앙대학교 출판부, 1998. 12), 92~93, 121~123쪽.

19) 「中央保育移轉」, 『朝鮮中央日報』(1935. 4. 16) ; 「曙光에빗나는中央保育學校」, 『朝鮮中央日報』(1935. 4. 21) : 「中央保育學校 經營者變更」, 『東亞日報』(1935. 4. 20).

20) 1936년 중앙보육학교의 입학 안내 사항에는 "創設者 及 功勞者 金相敦, 張斗鉉, 任永信, 車士百, 李仁. 校長 任永信, 副校長 車士百"으로 소개되어 있다. 「京城各學校入學案內, 今春京城中等以上諸學校入學指針」, 『三千里』總七十號·第八卷第二號(1936. 2. 1), 206쪽. 이는 이인이 동교의 교장·부교장의 지위에 상응하는 위치에 있었음을 보여준다.

21) 위의 『中央大學校 80年史 1918~1998』, 121~122쪽.

22) 갈돕회의 뜻을 달리 해석하는 경우도 있다. 갈돕회는 1920년 6월 경성 고학생 50여 명이 "서로 도와 아무쪼록 공부를 계속하도록 하자"는 취지로 만든 상조단체였다. '갈돕회'라는 이름은 "갈한(추수한 : 인용자) 것을셔로 돕는다"는 말에서 따왔다. 「갈돕會素人劇」, 『朝鮮日報』(1920. 12. 12).

23) 김동건, 「애산 선생과 갈돕회 뒷얘기」, 『애산학보』47(애산학회, 2020. 4), 287쪽.

24) 김동건, 「위의 논문」, 288쪽.

25) 김동건, 「위의 논문」, 288~289쪽.

26) 「雪寒風夜에彷徨ᄒᄂᆫ 苦學生의情景」, 『朝鮮日報』(1920. 12. 15).

27)「女子苦學生의 상조회가싱기어 금일에창립총회」,『東亞日報』(1922. 4. 1).

28) 朝鮮總督府警務局,『高等警察關係年表』(1930. 1), 92쪽.

29)「蘇生한女子苦學生相助會 신설리에회관을신축」,『中央日報』(1932. 12. 12).

30)「女子苦學生에同情」,『東亞日報』(1931. 6. 3).

31) 조재곤,「애산 이인과 조선물산장려회」,『애산학보』48(2021. 4), 257~259쪽.

32) 조재곤,「위의 논문」, 259~260쪽.

33)「物産奬勵會 理事會討議事項」,『東亞日報』(1933. 4. 28).

34)「朝鮮物産奬勵會 定期大會開催」,『東亞日報』(1933. 5. 17):「物産奬勵 定期大會」,『朝鮮日報』(1933. 5. 17).

35)「物産奬勵會 리사회를열고 임원전부개선」,『朝鮮日報』(1933 .5. 2):「物産奬勵會 陣容을刷新」,『東亞日報』(1933. 5. 25).

36)「物産奬勵會移轉」,『朝鮮日報』(1933. 6. 30):「物産奬勵會移轉」,『東亞日報』(1933. 7. 1).

37)『半世紀의 證言』, 86쪽에서는 "회지「장산」(奬産)을 복간(復刊)라고…"로 회고하였는데,『신흥조선』직전에 발행된 물산장려회의 회지는『신조선』이었다.『장산』에 이어『신조선』이 발행되었다.

38) 李仁,「創刊辭」,『新興朝鮮』創刊號(1933. 10. 1), 3~4쪽〔崔德敎 編著,『韓國雜誌百年』2(玄岩社, 2004. 5), 204~205쪽에서 다시 인용〕.

39)「物産奬奬會 十二回 定總」,『東亞日報』(1934. 4. 30):「物産奬勵 定期大會」,『朝鮮日報』(1934. 5. 1).『半世紀의 證言』, 87쪽에서는 "나는 물산장려회장으로 있기 5년만에 회장을 다시 이종린에게 넘겼는데"라고 기술하였으나 착오이다.

40) 國史編纂委員會 編, 『日帝侵略下韓國三十六年史』十一(國史編纂委員會, 1976. 11), 559·598쪽.

41) 『半世紀의 證言』, 89쪽.

42) 「發明學會의 事務를 擴張」, 『東亞日報』(1933. 1. 10).

43) 황지나, 「애산 이인과 1930년대 과학운동」, 『애산학보』47, 256~257, 276~278쪽.

44) 「發明學會」, 『東亞日報』(1924. 7. 31).

45) 이상 조선발명학회는 별도의 전거가 없는 곳은 崔德教 編著, 『위의 책』2, 210~211쪽을 참조.

46) 「發明學會에서 機關紙發行」, 『東亞日報』(1933. 2. 13).

47) 「發明學會理事會」, 『朝鮮日報』(1933. 2. 24).

48) 「科學朝鮮(創刊號)」, 『東亞日報』(1933. 6. 14).

49) 李仁, 「發明은 古今文明의 基礎」, 『科學朝鮮』創刊號·第一卷第一號(發明學會出版部, 1933. 6. 10), 13쪽.

50) 이인이 게재한 글들의 제목과 주요 내용은 황지나, 「위의 논문」, 258~265쪽.

51) 「發明學會理事會」, 『東亞日報』(1933. 6. 22).

52) 『半世紀의 證言』, 91쪽에서는 발명왕 토머스 에디슨(Edison, Thomas Alva Edison : 1847. 2. 11~1931. 10. 18)의 기일인 10월 18일을 택하였다고 회고하였으나 착오이다. '과학데이'를 4월 19일로 제안한 김용관은, 4월 19일을 선택한 이유가, 행사를 치르기 좋은 봄 중에 과학과 관련된 날을 찾다 보니 그 날이 다윈의 기일이었다고 밝혔다. 황지나, 「앞의 논문」, 269~270쪽.

53) 「『科學데─』案 實行會서 決定」, 『朝鮮日報』(1934. 3. 2).

54) 「放送과 講演으로 科學思想大宣傳」, 『朝鮮日報』(1934. 4. 12).

55) 「『科學데』式 十九日夜擧行」, 『東亞日報』(1934. 4. 21).

56) 崔德敎 編著, 『앞의 책』2, 212~213쪽.

57) 「科◇學◇知◇識普及會組織」, 『東亞日報』(1934. 7. 6) : 「各界人士를 網羅」, 『朝鮮日報』(1934. 7. 7).

58) 황지나, 「위의 논문」, 274~275쪽.

59) 김용관은 1942년 가석방되었으나, 일본 경찰의 눈을 피해 만주 등지로 떠돌이 생활을 했다.

60) 崔德敎 編著, 『위의 책』2, 215쪽.

61) 『半世紀의 證言』, 45쪽.

62) 이인은 "마침 잡지 『新民』에서 1926년 5월호에 원고를 써달라 청탁을 하길래 평소 생각을 「新倫理論」이라는 제목으로 길게 써 주었다."고 하였는데〔『半世紀의 證言』, 45쪽〕, 『신민』통권 제13호(1926. 5. 1 발행)와 전후 호에도 그의 글은 게재되지 않았다. 그가 회고한 '공부자' 필화를 야기시킨 원고의 원제(原題)와 발표 시기는 다음과 같다. 李仁, 「盜犯防止法－新法律漫評」, 『新民』第64號·第7卷1號(新民社, 1931. 1. 1 발행), 39~43쪽이다.

63) 『半世紀의 證言』, 45쪽.

64) 이상에서 성토문과 고발장 및 사건의 경과는 朴錦, 「三一年型의넌센쓰」, 『批判』第三·四號(1931年 七·八月合號, 1931. 8. 1), 16~18쪽 : 一記者, 「批判의批判」에서 '◎腐儒輩의妄動檢討', 『批判』第三·四號, 19~22쪽.

65) 「反孔子思想排擊 批判座談會」, 『東亞日報』(1931. 6. 3) : 「『反孔』座談會」, 『朝鮮日報』(1931. 6. 3) ; 「『反孔』座談警察禁止」, 『朝鮮日報』(1931. 6. 5) : 「反孔思想座談會經過」, 『批判』第三·四號, 68쪽.

66) 이인은 "공부자필화의 말썽이 가시기도 전에 나는 또 한 차례 필화를 겪었다. 내가 사빈(社賓)으로 있던 중외일보에 쓸 이해의 송년사와 이듬해의 신년사가 모두 불온하다 하여 일제는 신문을 압수하고 정간처분을 내린 것이다. 나는 꼬박 2개월 동안 불려다니며 문초를 받았다."고 회고하였다. 『半世紀의 證言』, 47쪽. 여기서 몇 가지 기억의 착오가 보인다. 신문은 압수되지 않았고, 정간처분을 당하지도 않았다. 문제된 글은 다음과 같다 李仁, 「回顧와 展望 – 一九三二年을마지하면서」(一), 『中央日報』(1932. 1. 1) ; 李仁, 「回顧와 展望 – 一九三二年을마지하면서」(二), 『中央日報』(1932. 1. 2).

67) 「言論集會壓迫彈劾會」, 『東亞日報』(1924. 6. 9).

68) 千寬宇, 「民世 安在鴻 年譜」, 『創作과 批評』50호(創作과 批評社, 1978년 겨울), 223쪽.

69) 「壓迫彈劾會'를쏘壓迫」·「慶雲洞殺氣衝天」, 『東亞日報』(1924. 6. 22).

70) 이인은 "2백여 인사가 모여 구락부를 만들기는 1925년 봄인데 내 사무실에서 첫 거론이 됐다 해서 내가 위원장 일을 맡았다."고 회고하였는데[『半世紀의 證言』, 51쪽], 1926년에 발의가 된 듯하다. '200여 명'의 숫자는 다소 과장되었다.

71) 『명심보감』(明心寶鑑), 「교우」(交友) 편(篇)에 "莊子云君子之交淡若水 小人之交甘若醴"(군자의 사귐은 맑기가 물과 같고, 소인의 사귐은 달기가 감주와 같다)는 구절이 있다.

72) 「水曜會幹事增選」, 『東亞日報』(1927. 3. 8) : 「水曜俱樂部 幹事會開催」, 『朝鮮日報』(1927. 3. 8).

73) 「水曜俱樂部移轉」, 『東亞日報』(1927. 9. 12) : 「水曜俱樂部移轉 서소문뎡으로」, 『朝鮮日報』(1927. 9 12).

74) 「水曜俱樂部移轉」, 『東亞日報』(1927. 9. 12).

75) 「要求條約十三件 不應하면盟罷辭職」, 『東亞日報』(1925. 1. 29) : 「八時間制를實施하라 時急制를일급제로改正하는同時에」, 『朝鮮日報』(1925. 1. 29) : 『高等警察關係年表』, 163쪽.

76) 『半世紀의 證言』, 63~64쪽.

77) 원산총파업의 개관은 姜東鎭, 「元山 總罷業에 대한 考察」, 尹炳奭 外編, 『韓國近代史論』Ⅲ(知識産業社, 1977. 6), 237~266쪽.

78) 「深刻罷業影響 小商人撤去準備」, 『東亞日報』(1929. 2. 5).

79) 「朝鮮辯護士協會 李仁氏特派調査」, 『朝鮮日報』(1929. 2. 3).

80) 총파업 도중 일제 당국은 각 사업처의 경리장부를 압수하여 부정을 캐려고 발악하였다. 당시 조선은행 원산지점장의 경리조사 보고에 따르면, 단 한푼의 부정도 없었을 뿐더러, 장부는 나무랄 데가 하나도 없이 훌륭하였다. 김경식을 비롯한 원산노동연합회 간부들의 청렴결백은 노동자들의 지지를 받을 수 있는 동력이었다. 姜東鎭, 「위의 논문」, 241~242쪽.

81) 「勞働宿泊所는 人道上問題」, 『朝鮮日報』(1929. 2. 7).

82) 이인은 자신과 김병로가 처음부터 원산으로 함께 떠났다고 회고하였는데, 당시 신문 보도에 따르면, 2월 3일 원산에 도착한 사람은 이인한 사람이었다. 김병로가 원산총파업 사건에 합류한 때는 이후였다.

83) 『半世紀의 證言』, 65쪽.

84) 「非衛生的生活로 病傷勞働者續出」, 『東亞日報』(1929. 2. 5) : 앞의 「勞働宿泊所는 人道上問題」.

85) 「報告廳取後 態度를決定」, 『東亞日報』(1929. 2. 5).

86) 「元山大爭議公判 最高三年言渡」, 『中外日報』(1930. 3. 7).

87) 「元審最高三年役을 覆審서五年을求刑」, 『中外日報』(1930. 5. 27).

88) 「元山勞働祭事件 三年以下八個月」, 『朝鮮日報』(1930. 6. 3).

89) 『半世紀의 證言』, 66쪽.

90) 『半世紀의 證言』, 38쪽에서는 1925년으로 기억하였는데 착오이나, 사실 관계의 회고는 정확하여 당시의 실상을 생생하게 전한다.

91) 「本夫毒殺美人 死刑不服」, 『東亞日報』(1924. 7. 17).

92) 「法廷에 立한 絕世美人 芳年二十으로本夫毒殺」, 『東亞日報』(1924. 8. 16) ; 「死刑바든 絕世美人」, 『東亞日報』(1924. 8. 22).

93) 「公判을再開할 死刑美人」, 『東亞日報』(1924. 9. 8).

94) 「六十名連署陳情」, 『東亞日報』(1924. 10. 3).

95) 「毒殺美人事件에 投書繼至」, 『東亞日報』(1924. 10. 4).

96) 「再開된美人公判」·「傍聽殺到」, 『東亞日報』(1924. 10. 11) : 「人山人海의裁判所」, 『時代日報』(1924. 10. 11).

97) 「傍聽混雜으로 다른公判中止」, 『東亞日報』(1924. 10. 11).

98) 「金貞弼無期懲役」, 『東亞日報』(1924. 10. 23) : 「本夫毒殺美人 金貞弼은無期에」, 『時代日報』(1924. 10. 23).

99) 「元山春秋團主催 咸南記者大會」, 『東亞日報』(1927. 5. 14).

100) 「普通敎育反對」, 『東亞日報』(1927. 3. 31).

101) 「問題의道議員으로 統營市民激憤」, 『東亞日報』(1927. 3. 31).

102) 「五名을告訴」, 『東亞日報』(1927. 4. 4).

103) 「群衆의襲擊으로 家屋一部倒壞」, 『東亞日報』(1927. 5. 16).

104) 「數千群衆이 金淇正家襲擊」, 『東亞日報』(1927. 5. 15).

105) 「隣近警察의總出動으로 二百十數名을大檢擧」·「統營警察署門前에는 機關統까지備置」, 『東亞日報』(1927. 5 16).

106) 「統營事件의十二名公判」, 『東亞日報』(1927. 9. 22).

107) 「突然退廷」, 『東亞日報』(1927. 9. 22).

108) 「十二名에體刑 最高一年三月」, 『東亞日報』(1927. 10. 5).

109) 「金淇正事件被告 十二人控訴公判」, 『東亞日報』(1928. 4. 13).

110) 「金淇正事件 控訴判決, 십일명집행유예 最高八個月」, 『東亞日報』(1928. 5. 4).

111) 『半世紀의 證言』, 119~120쪽.

112) 박용규, 「이인」, 『조선어학회 33인』(역사공간, 2014. 11), 107~108쪽.

113) 「조선어학회 사건 : 함흥지방법원 예심종결서 일부(이극로)」, 이극로 지음, 조준희 옮김, 『이극로자서전』(아라, 2014. 1), 213~214쪽.

114) 「朝鮮文化再出發!-朝鮮記念圖書出版舘創立」, 『東亞日報』(1935. 3. 16).

115) 「金允經氏의心血著作 記念圖書로出版」, 『東亞日報』(1938. 1. 23) : 위의 「조선어학회 사건 : 함흥지방법원 예심종결서 일부(이극로)」.

116) 「吳世億, 李淑謨兩氏 結婚記念出版」, 『東亞日報』(1938. 11. 27) : 위의 「조선어학회 사건 : 함흥지방법원 예심종결서 일부(이극로)」.

117) 박용규, 『조선어학회 항일투쟁사』(한글학회, 2012. 10), 314~316쪽을 참조.

118) 검거 대상자 가운데 권덕규는 일제를 비판하면서 술로 세월을 달래다가 반신불수가 된 상태였고, 안호상(安浩相)은 결핵을 치료하기 위하여 입원 중이었으므로 구속을 면하였다.

119) 이인은 연도를 명시하지 않았으나, 「조선어학회 사건 : 함흥지방법원 예심종결서 일부(이극로)」, 215~217쪽에 따랐다. 이하 조선양사원과 관련하여서는 이 재판기록과 『半世紀의 證言』을 참조하였다.

120) 이인은 이희승으로 기억하였으나, 이극로의 예심종결서에는 안호상이었다.

121) 이극로는 1936년부터 이윤재와 학술연구기관을 결사(結社)하기로

협의하였다. 박용규, 「일제시대 이극로의 민족운동 연구」(고려대학교 대학원 박사학위논문, 2009. 6), 145쪽.

122) 이인은 '양사관'(養士舘)으로 회고하였다.

123) 당시 국내 신문에서는 대회 명칭을 피압박민족대회나 약소민족대회라고 번역했고, 세계약소민족대회(김법린·이극로의 회고)나 피압민족반제국주의대회·반식민지압박민족회의라는 표현도 있었다. 공식 명칭은 International Congress against Colonial Oppression and Imperialism로 직역하면 '국제 반식민압제·제국주의 대회'였다.

124) 세계피압박민족대회의 설명은 조준희, 「김법린의 민족의식 형성과 실천」, 『韓國佛敎學』 통권 제53호(한국불교학회, 2009. 2), 70~71쪽.

125) 조준희, 「위의 논문」, 70~71쪽 : 이극로 지음, 『이극로자서전』, 88~92, 152쪽.

126) 『半世紀의 證言』, 134쪽.

127) 정긍식, 「조선어학회 사건에 대한 법적 분석」, 『애산학보』 32(2006. 10), 108~109쪽. 이인은 1월 18일의 선고에서, 자신을 비롯한 인사가 징역 2년 집행유예 4년을 선고받았다고 회고했으나[『半世紀의 證言』, 141쪽], 상고심판결문을 확인한 정긍식의 연구에 따랐다.

128) 조선어학회, 「머리말」(1947년 한글날), 조선어학회 편, 『조선말 큰사전』1〔月刊 「新東亞」 編輯室 編, 『韓國現代名論說集』(東亞日報社, 1979. 7), 192쪽〕.

129) 한글 학회 50돌 기념 사업회 엮음, 『한글학회50년사』(한글학회, 1971. 12), 24, 274~280쪽.

130) 『큰 사전』이 을유문화사와 연계하여 간행되는 상세한 과정은 乙酉文化社, 『乙酉文化社五十年史 1945－1995』(을유문화사, 1997. 8), 28~34, 61~71, 137~139, 144~151쪽을 참조.

131) 李仁, 「解放前後 片片錄」, 『新東亞』(東亞日報社, 1967년 8월호),
   358~359쪽.

제2편

제1장

1) 이인이 8·15해방을 맞이한 내용은 달리 출처를 밝히지 않으면, 『半
   世紀의 證言』, 142~143쪽에서 인용하였음.

2) 우리가 보통 '해방정국기'라고 부르는 시기를, 이인은 '독립정부수립
   기'로 규정하였다. 그는 해방정국의 최대 과제를 독립정부수립이라
   고 인식하였고, 독립정부를 수립함을 '건국'으로, 독립정부를 수립하
   려는 노력과 움직임을 건국사업·건국운동으로 표현하였다. 이인에
   게는 건국과 정부수립이 대립하는 용어가 아니었으며, 같은 의미를
   지니고 혼용되었다.

3) 『半世紀의 證言』, 142쪽.

4) 曹圭河·李庚文·姜聲才, 『南北의 對話』(高麗苑, 1987. 7), 53쪽에서
   이인의 회고담.

5) 古下先生傳記編纂委員會 編, 『古下宋鎭禹先生傳』(東亞日報社出版
   局, 1965. 10), 307~308쪽.

6) 이하 이인이 여운형·안재홍과 절충하면서, 건국준비위원회에 참여
   하려던 시도와 무산 과정은, 김인식, 「민족주의 세력의 조선건국준비
   위원회 개조 움직임」, 『한국민족운동사연구』95(한국민족운동사학
   회, 2018. 6), 236~252쪽을 참조하여 서술하였음.

7) 李仁,「解放前後 片片錄」,『新東亞』(東亞日報社, 1967년 8월호), 360~361쪽 ;『半世紀의 證言』, 145~146쪽.

8) 김인식,「해방 후 安在鴻의 民共協同運動」,『근현대사강좌』통권 제 10호(한국현대사연구회, 1998. 12), 51~54쪽.

9) 이인이 연합군 환영회를 회고한 내용은 별도의 출처가 없으면「解放 前後 片片錄」, 367쪽과『半世紀의 證言』, 152~154쪽에서 인용하였음.

10) 이상의 전단 내용은 國史編纂委員會 編,『資料大韓民國史』1(國史編 纂委員會, 1968. 12), 49~51쪽. 앞으로『資料大韓民國史』를『資料』로 줄임.

11)『資料』1, 53~54쪽.

12) 이 환영식을 서술하는 내용은『每日新報』가 보도한 바를 중심으로 해서, 이인과 조병옥의 회고록을 참고하였다. 이인·조병옥의 회고 록과 당시 신문 보도 사이에는 다른 점이 많다.

13)『每日新報』(1945. 10. 16·20)[『資料』1, 282~283쪽].

14)『每日新報』(1945. 10. 22)[『資料』1, 283~284쪽].

15)「歡迎旗行列도盛大」,『自由新聞』(1945. 12. 2).

16) 宋南憲,『解放三年史 1945－1948』I (까치, 1985. 9), 33쪽.

17)「解放前後 片片錄」, 362쪽 ;『半世紀의 證言』, 148쪽.

18) 宋南憲,『위의 책』I , 117~118쪽.

19) 宋南憲,『위의 책』I , 118~120쪽.

20) 李敬南,『雪山 張德秀』(東亞日報社, 1981. 8), 302~303쪽 : 許政,『내일 을 위한 證言』(샘터사, 1979. 10), 99~100쪽.

21)「解放前後 片片錄」, 363쪽.

22)「大韓臨時政府支持의 韓國民主黨을 結成」,『每日新報』(1949. 9. 9).

23) 한국민주당의 결의와 성명서, 발기인 명단은 김현식 · 정선태 편저, 『삐라로 듣는 해방 직후의 목소리』(소명출판, 2011. 8), 52~53쪽.

24) 이상 한국민주당의 결당식은 『每日新報』(1945. 9. 17)〔『資料』1, 108쪽〕: 沈之淵, 『韓國現代政黨論』(創作과 批評社, 1984. 4), 209쪽.

25) 『매일신보』 보도에는 김동원(金東元)의 이름이 빠져 있다.

26) 『每日新報』(1945. 9. 24)〔『資料』1, 134쪽〕: 沈之淵, 『위의 책』, 209~210쪽.

27) 『半世紀의 證言』, 150~151쪽.

28) 『半世紀의 證言』, 150쪽.

29) 한국민주당은 창당 선언과 강령 · 정책을 전단으로 살포하였다. 「宣言」(1945년 9월), 김현식 · 정선태 편저, 『위의 책』, 62~63쪽.

30) 金仁植, 「송진우 · 한국민주당의 '중경임시정부 절대지지론'」, 『한국근현대사연구』제24집(한국근현대사연구회, 2003. 3), 139쪽.

31) 미군정 아래 한국민주당원이 등용되는 현황은 沈之淵, 『위의 책』, 55~59쪽.

제2장

1) 『半世紀의 證言』, 151쪽.

2) 『半世紀의 證言』에서는 '美國人 司法部長 「에머리 · J · 우덜」中領'이라고 하였는데, 당시 보도에 따르면, 우달은 1945년 9월 18일 소좌 계급으로 법무국장에 임명되었다. 『每日新報』(1945. 9. 18)〔國史編纂委員會 編, 『資料大韓民國史』1(國史編纂委員會, 1968. 12), 123쪽〕(앞으로 『資料大韓民國史』를 『資料』로 줄임): 『資料』2(1969. 12), 295~297쪽.

3) 「(軍政廳任命辭令 第十二號) 判檢事任命件」(1945. 10. 11)[『資料』1, 240~242쪽].

4) 『每日新報』(1945. 10. 15)[『資料』1, 242~243쪽].

5) 당시 신문에는 '형사특별검찰위원회'(刑事特別檢察委員會)라고도 보도되었다. 「特別檢察機關 戰爭犯罪者를 處置」, 『自由新聞』(1945. 10. 25).

6) 위의 「特別檢察機關 戰爭犯罪者를 處置」.

7) 『半世紀의 證言』, 155쪽.

8) 『半世紀의 證言』, 155쪽에는 자신이 수석대법관으로 취임하였다고 하였으나, 10월 11일자 「임명사령」에는 조선대법원에 임명된 판사로 서 대법원장에 김용무였다.

9) 「司法獨立의 原則强調」, 『自由新聞』(1945. 10. 12).

10) 「司法權의 神聖爲해 民主黨과 絕緣聲明」, 『自由新聞』(1945. 10. 17).

11) 『半世紀의 證言』, 155쪽.

12) 『資料』1, 429~430쪽.

13) 「중구난방의 司法界 命令系統이 混亂無雙」, 『自由新聞』(1945. 12. 1).

14) 「一人官吏의 公金橫領」, 『朝鮮日報』(1945. 12. 6) : 「公金橫領 日人에 鐵槌」, 『中央新聞』(1945. 12. 7).

15) 「特別犯罪審査委員會」, 『自由新聞』(1945. 12. 13).

16) 『半世紀의 證言』, 156쪽.

17) 「六千四百滿員橫領」, 『東亞日報』(1945. 12. 19).

18) 이하 이인이 특별범죄심사위원회에서 활동한 내용은 특별한 출처를 밝히지 않으면 『半世紀의 證言』, 157~159쪽에서 인용하였다.

19) 「장헌식」, 친일인명사전편찬위원회, 『친일인명사전』3(민족문제연

구소, 2009. 11), 373~374쪽.

20) 「五百萬圓送日한張本人」, 『自由新聞』(1946. 12. 23).

21) 「前李王職長官인 張憲植收監命令」, 『自由新聞』(1946. 1. 3).

22) 위의 「前李王職長官인 張憲植收監命令」.

23) 「張憲植保釋出監」, 『自由新聞』(1946. 1. 16).

24) 「前法務局長事件公判」, 『中央新聞』(1946. 1. 25).

25) 위와 같음.

26) 이왕직 사건은 특별심사위원회의 심리를 마치고 서울법원으로 이관
되어, 1946년 3월 14일 공판이 개정되었다. 김병완 검사는 장헌식에
게 징역 8개월, 사이토에게는 1년 6개월을 구형하였으나, 양원일(梁
元一) 판사는 징역 10월에 집행유예 2년을, 사이토에게는 징역 2년을
각각 언도하였다. 전 체신국장 이토의 공금횡령과 배임 사건에도 양
원일 판사는 징역 2년 집행유예 5년을 언도하였다. 「張憲植과伊藤泰
吉等에執猶」, 『自由新聞』(1946. 3. 15).

27) 「李王職事件審査를終了」, 『自由新聞』(1946. 1. 6).

28) 「前李王職次官, 法務局長」, 『自由新聞』(1946. 1. 23).

29) 『資料』2, 38쪽.

30) 이인은 미군정이 일본인 전범들을 처벌하는 데 의지가 없음을 확인
하면서, 이 일은 사실상 끝났다고 판단하였으므로, 속으로는 특별범
죄심사위원회는 폐지해야 마땅하다고 생각하고 있었다. 그는 10여
차례 특별재판을 주재한 뒤 1946년 5월 16일 검사총장으로 전임하는
길에, 이미 더 이상 존속할 이유를 잃어버린 특별범죄심사위원회를
폐지하자고 건의했고, 미군정은 이를 받아들였다고 회고하였다. 『半
世紀의 證言』, 159쪽. 그러나 이인의 회고와는 달리, 특별범죄심사위
원회는 군정청법령으로 2월 7일 이미 폐지되었다.

31) 문준영,「미군정기 사법·검찰 재건과 검찰총장 이인」, 애산학보 편집위원회,『애산학보』44(애산학회, 2017. 10), 125쪽.

32) 李仁,「反民特委 3백50일」,『世代』十月號·通卷 第八六號(世代社, 1970. 10), 241쪽.

33) 이상 김성칠의 일기는 김성칠 지음,『역사 앞에서』(창비, 2009. 6), 132~137쪽.

34)「司法部任命辭令 第二號」,『資料』2. 620쪽. 이 임명사령에 따르면, 이인은 '5월 24일부'로 직위에 임명되고, 직권행사권을 부여받는다고 명시되었다. 문준영은 이를 근거로 '5월 16일'은 공식 임명일이 아니라, 검사총장으로서 사실상 직무를 개시한 날짜라고 해석하였다. 문준영,「위의 논문」, 117쪽.

35) 원문은 모두 '(一)'로 나열되었고 특별한 번호매김이 없으나, 설명하기 편리하도록 일련번호를 매겼다.

36) 필자가 '윤리화'라고 해독한 세 글자 가운데 첫째 글자가 선명하지 않다.

37)「官公吏綱紀紊亂을 肅淸」,『朝鮮日報』(1946. 5. 19).

38)「大規模紙幣僞造團」,『朝鮮日報』(1946. 5. 16):「紙幣僞造事件眞狀全貌」,『東亞日報』(1946. 5. 16):『서울신문』(1946. 5 16)[『資料』2, 605~606쪽].

39)「經濟攪亂과背後의魔手」,『東亞日報』(1946. 5 17).

40) 이관술은 체포된 뒤 8월 12일 송국(送局)되어 조재천·김홍섭(金洪燮) 두 검사가 취조를 재개하였다.「僞幣事件의主犯 李觀述을逮捕」,『東亞日報』(1946. 7. 8):『서울신문』(1946. 8. 13)[『資料』2, 862쪽].

41)「共黨員의僞幣事件」,『東亞日報』(1946. 7. 10).

42)『半世紀의 證言』, 159쪽.

43)『半世紀의 證言』, 160쪽. 이하 좌익 계열의 언론을 폐쇄하고 주요 인

사를 체포하는 부분은 별도의 전거를 밝히지 않으면「解放前後 片片錄」, 371~373쪽 :『半世紀의 證言』, 161~164쪽에 의거했음.

44) 이인은 '「코넬」中領'이라고 기록하였는데 코넬리(John W. Connelly)를 가리킨다. 코넬리는 소령 때인 1946년 5월 사법부장 직무대리에 임명되어 6월 8일 정식 발령을 받았다. 6월 27일에는 한국인 사법부장으로 김병로가 임명되었다. 문준영,「앞의 논문」, 123~124쪽.

45)「解放前後 片片錄」과『半世紀의 證言』에는 "검찰총장이요"라고 되어 있으나, 이 시기의 직명은 검사총장이었다. 사법부는 1946년 12월 16일부로 기구의 명칭과 함께 직명을 변경하여 1947년 1월 1일부터 실시하였다. 이에 따라 공소원이 고등심리원, 지방법원이 지방심리원, 대법원검사국이 대검찰청, 공소원검사국이 고등검찰청, 지방검사국이 지방검찰청, 검사총장이 검찰총장 등으로 바뀌었다.「司法機構의新名稱」,『京鄕新聞』(1947. 1. 4).

46)「解放前後 片片錄」, 373쪽에서는 박헌영은 체포하지 못했지만, "이강국만은 검거했다.", "이때 잡은 주요 인물은 이강국 이주하 김광수 등이다."고 회고하였는데, 이 부분은 사실에서 커다란 착오가 있다. 후술하듯이 이강국은 월북하였으므로 결국 체포하지 못하였다.

47)「全市警察總動員」,『朝鮮日報』(1946. 9. 8) :「朴憲永,李康國等의 朝共幹部에逮捕令」,『東亞日報』(1946. 9. 8) :『서울신문』(1946. 9. 10)[『資料』3(1970. 12), 303~304쪽].

48)「極左系列에檢擧의旋風」,『東亞日報』(1946. 9. 10) :「李舟河氏逮捕」,『朝鮮日報』(1946. 9. 10).

49)『서울신문』(1946. 9. 14)[『資料』3, 313쪽].

50)「李康國平壤서放送」,『東亞日報』(1946. 9. 20).

제3장

1) 『半世紀의 證言』, 164쪽.

2) 이 부분은 별도의 전거를 밝히지 않으면, 『半世紀의 證言』, 165~166 쪽에서 인용하였음.

3) 이인은 '좌우합작'이라고 표현하였는데, 1946년 5월 이후 김규식 · 여 운형 등이 추진한 좌우합작과는 구별된다. 1945년 말의 무렵에는 민 족통일전선이라는 용어를 많이 사용하였다.

4) 이 부분은 李仁, 「解放前後 片片錄」, 『新東亞』(東亞日報社, 1967년 8 월호), 365~366쪽 : 『半世紀의 證言』, 164~165쪽.

5) 정병준, 『우남 이승만 연구』(역사비평사, 2005. 6), 630쪽.

6) 정병준, 『위의 책』, 637~638쪽.

7) 정병준, 『위의 책』, 649~650쪽.

8) 『半世紀의 證言』, 167~168쪽.

9) 이 부분은 별도의 출처를 밝히지 않으면, 『半世紀의 證言』, 168~173 쪽에서 인용하였다.

10) 「解放前後 片片錄」, 369쪽.

11) 중국 한(漢) 나라 고조(高祖) 유방(劉邦)의 책사인 장량(張良)의 자 (字)를 가리킴.

12) 이 대목은 별도의 전거가 없으면 『半世紀의 證言』, 178~180쪽을 참고 하였음.

13) 「解放前後 片片錄」, 375쪽.

14) 「解放前後 片片錄」, 375쪽에는 이 인물명단을 '인물조사기'(人物調査 記)라고 표현하였다.

15) 이 부분은 별도의 전거가 없으면,『半世紀의 證言』, 180~181쪽에서 인용하였음.

16) 「내가 겪은 二十世紀④ - 白髮의 證人元老와의 對話 : 愛山 李仁씨」,『京鄕新聞』(1972. 1. 22 인터뷰).

17)『半世紀의 證言』, 181쪽.

18)『半世紀의 證言』, 181~182쪽.

19)『半世紀의 證言』, 182쪽.

20) 「亂立을 憂慮 - 李博士 聲明」,『朝鮮日報』(1948. 4. 27).

21)『半世紀의 證言』, 183쪽.

22) 이상 5·10총선거는 김인식,『대한민국 정부수립』(대한민국역사박물관, 2014. 12), 146~149쪽.

23) 이하 이인이 회고하는 부통령과 국무총리 인선 문제는 별도의 출처가 없으면『半世紀의 證言』, 183~187쪽에서 인용하였음.

24) 「大韓民國正副代表決定」,『東亞日報』(1948. 7. 2).

25) 「國會卅五次會議」,『朝鮮日報』(1948. 7. 28).

26) 「難産의 總理는 果然누구」,『東亞日報』(1948. 7. 29).

27) 「李氏總理指名確定的」,『朝鮮日報』(1948. 8. 1).

28)『서울신문』(1948. 8. 3)〔國史編纂委員會 編,『資料大韓民國史』7(國史編纂委員會, 1974. 12), 697~699쪽〕.

29) 「財務金度演·交通閔熙植 農務曹奉岩·法務李仁氏」,『京鄕新聞』(1948. 8. 4).

30) 「內務社會文敎 三長官도決定」,『朝鮮日報』(1948. 8. 4).

31) 「初代內閣昨日遂成立」,『朝鮮日報』(1948. 8. 5).

32) 「昨日初代國務院會議」·「李範奭內閣 國會組閣完了人事」,『京鄕新聞』(1948. 8. 6).

33) 별도의 전거를 밝히지 않으면 『半世紀의 證言』, 188~190쪽에서 인용
하였음.

34) 김병로가 1946년 10월 한국민주당을 탈당한 이후 좌우합작운동에 참
여하는 과정은 金學俊, 『街人金炳魯評傳』(民音社, 1988. 1), 284~294
쪽을 참조. 민중동맹·민족자주연맹은 도진순, 「1947年 中間派의 결집
과정과 民族自主聯盟」, 『水邨朴永錫教授華甲紀念 韓國史學論叢(下)』
(探求堂, 1992. 6) : 조성훈, 「좌우합작운동과 민족자주연맹」, 『白山朴
成壽教授華甲紀念論叢 韓國獨立運動史의 認識』(1991. 12)을 참조.

35) 「大法院長에 金炳魯氏」, 『東亞日報』(1948. 8. 6).

36) 俞鎭午, 『養虎記』(高大出版部, 1977. 2), 220~222쪽.

37) 「初代 大法院長은 이렇게 任命됐다」(1968. 10), 徐容吉 編, 『愛山餘滴』
第三輯(英學社, 1970. 6), 143쪽.

38) 「國會, 四十次會議」, 『朝鮮日報』(1948. 8. 6).

39) 김진배, 『가인 김병로』(가인기념회, 1983. 12), 149쪽.

40) 「國會 卅九次會議」, 『朝鮮日報』(1948. 8. 5).

제4장

1) 「國務會議昨日도 續開」, 『朝鮮日報』(1948. 8. 7).

2) 『半世紀의 證言』, 191쪽.

3) 대통령 이승만은 8월 7일 총무처장에 김병연(金炳淵), 기획처장에
이순탁을 각각 임명하였다. 「法務 商工兩次官과 企劃總務人選決定」,
『京鄉新聞』(1948. 8. 8). 이로써 공석이었던 2개의 처장까지 인선이

마무리됨으로써 행정부의 구성이 완결되었다.

4) 『半世紀의 證言』, 191~192쪽.

5) 국무회의에서 발언 내용 등은 전거가 없으면 『半世紀의 證言』, 196~200쪽을 참고하였음.

6) 내판역은 현 세종특별자치시 연동면(燕東面) 내판리에 있는 경부선 상의 철도역으로, 현재는 모든 여객 열차가 정차하지 않고 신호장(信號場 : 열차의 교차 운행과 대피를 위하여 설치한 장소) 구실만 하므로 이곳 주민들에게도 잊혀가고 있다.

7) 「경부선 內板驛에서 열차 충돌, 사상자 191명」, 『서울신문』(1948. 9. 16)〔國史編纂委員會 編, 『資料大韓民國史』8(國史編纂委員會, 1998. 12), 380~381쪽]. 앞으로 『資料大韓民國史』를 『資料』로 줄임.

8) 「미군 조사단, 內板驛 철도사고에 대해 배후동기는 언급하지 않고 기술적 원인만을 발표」, 『세계일보』(1948. 10. 14)〔『資料』8, 713~714쪽].

9) 「수도경찰청 崔蘭洙 경감, 內板驛 열차충돌사건의 진상 보고」. 『국민신문』(1948. 9. 30)〔『資料』8, 544쪽] : 「朴承瑁 철도경찰청장, 內板驛 열차충돌사건 조사결과를 발표」, 『국민신문』(1948. 10. 6)〔『資料』8, 616~617쪽].

10) 이상 해방자호 충돌 사건은 출처를 밝히지 않은 곳은 최영희 · 김호일 편저, 애산학회 편찬, 『애산 이인』(과학사, 1989. 4), 249쪽.

11) 「內板驛 열차사건 미군인 희생자 國民弔慰會 중앙청 광장에서 거행」, 『서울신문』(1948. 10. 17)〔『資料』8, 768~769쪽].

12) 『半世紀의 證言』, 198쪽.

13) 『半世紀의 證言』, 198쪽.

14) 金度演 著, 『商山 回顧錄』(日新文化社, 1965. 6), 223쪽.

15) 金度演 著, 『위의 책』, 209쪽.

16) 「동대문 갑구 국회의원 보궐선거 실시」, 『서울신문』(1948. 10. 31) [『資料』8, 898쪽].

17) 「동대문 갑구 국회의원 보궐선거 입후보자, 趙素昻 등 19명 명단」, 『세계일보』(1948. 10. 17)[『資料』8, 745쪽]. 조소앙은 10월 18일자로, 자신의 후보 등록은 본인의 승낙도 없이 수삼 인이 허위 등록하였음을 밝히면서, 입후보 등록을 취소한다는 성명서를 발표하였다. 「趙素昻, 동대문 갑구 국회의원 보궐선거 출마를 취소한다고 성명을 발표」, 『국제신문』(1948. 10. 19)[『資料』8, 779쪽].

18) 고재호에 따르면, 정부 수립 한 달 후인 1945년 9월 15일 제정된 법전편찬위원회 직제는, 위원장은 대법원장, 부위원장은 법무부장관, 위원 75명과 전문위원 약간 명을 두도록 규정하였고, 위원은 재경 판사·검사와 변호사, 대학 교수 중에서 위촉되었다. 高在鎬, 『法曹半百年』(박영사, 1985. 10), 24쪽.

19) 『半世紀의 證言』, 296쪽.

20) 「年譜」, 高在鎬, 『위의 책』, 233쪽.

21) 高在鎬, 『위의 책』, 24~25쪽.

22) 대일배상청구와 유휴노동력활용대책위원회는 『半世紀의 證言』, 206~209쪽을 참조.

23) 「對日賠償抛棄說은 再武裝을 助長」, 『朝鮮日報』(1949. 5. 28) : 「對日賠償抛棄 日再武裝招來」, 『東亞日報』(1949. 5. 28).

24) 이 부분은 전거를 밝히지 않는 곳은 『半世紀의 證言』, 192~195쪽에서 인용하였음.

25) 이 날 선임된 임원진은 총재 이승만, 회장 오세창이었다. 「國民祝賀準備會 機構를 擴充强化」, 『京鄉新聞』(1948. 7. 21).

26) 「壯儼!民國肇基의 聖儀」, 『東亞日報』(1948. 8. 16) : 「大韓民國·自主

獨立國임을萬邦에宣佈」, 『京鄕新聞』(1948. 8. 16) : 「政府樹立의歷史
的盛典」, 『朝鮮日報』(1948. 8. 16).

27)「맥元帥祝辭」, 『漢城日報』(1946. 8. 16).

28)「하中將祝辭」, 『漢城日報』(1946. 8. 16).

29)「第一次國務會議開催」, 『朝鮮日報』(1947. 8. 6).

30)「赦免法草案完了」, 『京鄕新聞』(1948. 8. 6).

31)「國務會議 : 國聯代表에三氏決定」, 『朝鮮日報』(1948. 8. 12).

32)「赦免法國會通過」·「赦免法骨子」, 『朝鮮日報』(1948. 8. 21) : 「赦免
法國會를通過」, 『東亞日報』(1948. 8. 21).

33)『半世紀의 證言』, 194쪽.

34)「赦免令昨日遂公表」, 『朝鮮日報』(1948. 9. 28) : 「獄門은열리었다, 赦
免令發效」, 『東亞日報』(1948. 9. 28) : 「獄門은열리다」, 『京鄕新聞』
(1948. 9. 28).

35)「大赦令 공포」, 『서울신문』(1948. 9. 28)〔『資料』8, 497쪽〕: 「愛國者되
도록」, 『東亞日報』(1948. 9. 28) : 「國恩報答하라」, 『京鄕新聞』(1948.
9. 28).

36)「大統領談話」, 『京鄕新聞』(1948. 9. 28) : 「改過遷善하라」, 『朝鮮日報』
(1948. 9. 28) : 「改過遷善하라」, 『東亞日報』(1948. 9. 28).

37)「새役軍될터」, 『朝鮮日報』(1948. 9. 28).

38) 이 부분은 전거를 밝히지 않는 곳은『半世紀의 證言』, 195~196쪽에서
인용하였음.

39)「싸움復讐가原因, 大韓民靑事件眞相」, 『朝鮮日報』(1947. 4. 25) : 「大
韓民靑수사 테로事件眞相」, 『京鄕新聞』(1947. 4. 25).

40)「金斗漢等言渡 最高懲役七年」, 『朝鮮日報』(1948. 7. 4) : 「金斗漢에

二萬圓罰金刑」,『東亞日報』(1947. 7. 4).

41)「金斗漢에絞首刑 執行은 '맥'元帥承認後」,『朝鮮日報』(1948. 3. 17):
「金斗漢死刑 再審에서言渡」,『東亞日報』(1948. 3. 17).

42) 시공관 사건은 출처를 밝히지 않은 곳은 김봉진,「미군정기 김두한의
'백색테러'와 대한민주청년동맹」,『大丘史學』第97輯(大邱史學會,
2009. 11)을 참조.

43)『半世紀의 證言』, 195쪽.

44) 김행선,『해방정국 청년운동사』(선인, 2004. 11), 516쪽.

45)「金斗漢事件對策討議會」,『東亞日報』(1948. 3. 18).

46)「總選擧對策案可決」,『東亞日報』(1948. 3. 20):「選擧로國權回復」,
『朝鮮日報』(1948. 3. 19).

47)「祖國興亡의 關頭에臨하여 南下한 以北同胞에게 奇함」(1948. 3. 21),
嚴恒燮 編,『金九主席最近言論集』(三一出版社, 1948. 10), 32쪽.

48)「金斗漢 減刑을 兩李將軍이陳情」,『自由新聞』(1948. 3. 24).

49)「金斗漢絞首刑을反對 十八靑年團體共同聲明」,『東亞日報』(1948. 3.
26).

50)「주한미군 민사처, 미군 군법재판에 의한 수형자의 석방을 사법당국
에 의뢰」,『서울신문』(1948. 9. 29)[『資料』8, 499쪽].

51) 김행선,『위의 책』, 516쪽.

52)『半世紀의 證言』, 196쪽.

53) 별도의 전거가 없는 곳은『半世紀의 證言』, 201~205쪽을 참조하였음.

54) 이청천으로 많이 알려진 광복군 출신 독립운동가로 본명은 지대형
(池大亨)이며, 8·15해방 후 지청천을 사용하여 언론에는 이청천·지청
천·지대형 세 이름이 함께 쓰이기도 하였다.「李靑天氏 池大亨으로

覆名」,『漢城日報』(1948. 12. 22) :「池大亨으로 李靑天將軍覆名」,『京鄕新聞』(1948. 12. 22).

55)「擧族的感激裡 李博士昨日還國」・「李靑天將軍도同行」,『東亞日報』(1947. 4. 22) :「建國大事로美中歷訪」・「李靑天將軍歸國」,『朝鮮日報』(1947. 4. 22).

56)「李靑天將軍 靑年黨과會談」,『東亞日報』(1947. 5. 3).

57) 대동청년단의 결성 과정은 김행선,『위의 책』, 417~421쪽.

58) 서북청년회의 결성과 활동은 김행선,『위의 책』, 402~412쪽을 참조.

59) 조선민족청년단은 김행선,『위의 책』, 389~396쪽.

60) 김행선,『위의 책』, 505~507쪽.

61) 대한청년단의 결성 과정과 대한민족청년단의 해산은 김행선,『위의 책』, 505~513쪽.

62)『민국일보』(1948. 12. 21)[『資料』9(1998. 12), 598~601쪽].

63)「愛國至誠으로團合」,『京鄕新聞』(1948. 12. 2) :「청년단체 통합으로 大韓靑年團 발족」,『평화일보』(1948. 12. 21)[『資料』9, 625~626쪽].

64) 김행선,『앞의 책』, 515쪽.

65)「오늘鍾路乙區補選」,『東亞日報』(1949. 3. 30).

66)「鍾路乙區에 李仁氏立候補」,『京鄕新聞』(1949. 1. 16).

67) 이 날 입후보한 인사들과 득표수는 다음과 같다. 장택상(張澤相) 6,792표, 이규창(李圭昶) 3,293표, 황애덕(黃愛德) 3,208표, 박명덕(朴明煥) 2,858표이었다.「李仁氏가當選」,『東亞日報』(1949. 4. 1) :「李仁, 서울 鍾路 乙區 국회의원 보궐선거에서 당선」,『평화일보』(1949. 3. 30)[『資料』11(1999. 12), 305~306쪽].

68)「기쁨을 말하는 李仁씨」,『평화일보』(1949. 4. 1)[『資料』11, 306쪽].

69) 임영신 독직 사건은 달리 출처를 밝히지 않으면 김인식, 「임영신 독직 사건의 발단 경위」, 『한국민족운동사연구』103(한국민족운동사학회, 2020. 6)을 참조.

70) 李起夏, 『韓國政黨發達史』(議會政治史, 1961. 3), 204~206쪽.

71) 「(나의 履歷書) 惡夢의 政治劇」, 任永信, 『承堂全集』Ⅲ(承堂任永信博士全集編纂委員會, 1986. 1), 982쪽.

72) 『半世紀의 證言』, 209~212쪽.

73) 崔大敎, 「初代商工長官 瀆職事件」, 『司法行政』通卷277號(韓國司法行政學會, 1984. 1), 71~75쪽.

74) 문준영, 「검찰중립과 화강 최대교」, 『法學硏究』25(全北大學校 附設 法學硏究所, 2007. 10), 139~140쪽에서 다시 인용.

75) 문준영, 「위의 논문」, 141쪽.

76) 「李法務長官 辭表受理」, 『東亞日報』(1949. 6. 2) : 「李法務長官辭任」, 『自由新聞』(1949. 6. 2) : 「李(法務長官)辭表受理」, 『朝鮮日報』(1949. 6. 2).

77) 「제54회 국무회의록」(1949. 5. 31)〔문준영, 「위의 논문」, 134쪽에서 다시 인용〕.

78) 「任長官遂辭意表明」, 『東亞日報』(1949. 6. 5).

79) 「政府內閣改造를斷行」, 『自由新聞』(1949. 6. 7) : 「商工・法務長官更迭」・「第三次內閣改造斷行」, 『聯合新聞』(1949. 6. 7).

80) 「李仁氏退任에 責任을痛感」, 『東亞日報』(1949. 6. 9).

81) 「애산(愛山) 이인(李仁) 선생 연보」, 애산 이인, 『愛山餘滴』제4집(애산학회, 2016. 10), 451쪽.

82) 「大韓國民黨發起準備會」, 『朝鮮日報』(1948. 10. 5).

83)「主義實踐할黨員되라」,『朝鮮日報』(1949. 11. 16).

84)「大韓國民黨結黨式擧行」,『京鄕新聞』(1948. 11. 14);「與黨?野黨?」,
『東亞日報』(1948. 11. 16) :「大韓國民黨結黨式」,『大東新聞』(1948.
11. 16).

85)「愛國至誠으로團合」,『京鄕新聞』(1948. 12. 22):「政治와靑年運動 根
本的으로區分」,『漢城日報』(1948. 12. 22):「大靑團結成盛大」,『東亞
日報』(1948. 12. 21);「大靑・大韓國民黨과合黨」・「大靑을兩分」;『東
亞日報』(1948. 12. 22).

86)「大韓國民黨 部署를發表」,『평화일보』(1948. 12. 24).

87)「民主國民黨結成」,『東亞日報』(1949. 2. 11) :「民主國民黨昨日發黨」,
『京鄕新聞』(1949. 2. 11).

88)「大韓國民黨 전국대회 개최」,『서울신문』(1949. 9. 30, 10. 1)〔『資料』
14(2000. 12), 305쪽〕.

89)『국도신문』(1949. 12. 16)〔『資料』15(2001. 12), 562쪽〕.

90)「大韓國民黨, 상무집행위원회를 개최하여 각 부서를 결정」,『서울신
문』(1949. 10, 15)〔『資料』14, 465쪽〕.

91)「一民俱分裂?」,『嶺南日報』(1949. 12. 6).

92)「政界動向歸趨注目」,『漢城日報』(1949. 12. 24):「一民俱樂部・新政
會・大韓勞農黨・무소속 국회의원들, 大韓國民黨 발족을 합의」,『국
도신문』(1949. 12. 24)〔『資料』15, 639~640쪽〕.

93)「國會四派合同」,『漢城日報』(1949. 12. 24).

94) 한 신문은 '무소속의 李仁 그룹'이라고 표현하면서, 이인과 몇 명의 무
소속 의원이 4파합동의 통합을 반대한다고 보도하였다.「民主國民
黨을 제외한 국회내 각 정치세력간의 통합공작이 진행」,『서울신문』
(1949. 11. 27)〔『資料』15, 320~322쪽〕.

95)「主幹政評」,『漢城日報』(1950. 2. 7).

96)「국회 내 4파의 합동공작의 결과로 大韓國民黨이 결성」,『평화일보』(1950. 1. 28)[『資料』16(2001. 12), 226~227쪽].

97)「前途多難한國會展望」,『朝鮮日報』(1950. 1. 9).

98)「憲法改正工作露骨化」,『國都新聞』(1950. 1. 21).

99)「개헌안을 둘러싸고 각 정당의 포섭공작이 치열」,『평화신문』(1950. 2. 23)[『資料』16, 496~498쪽].

100)「國民黨部署改編」,『朝鮮日報』(1950. 2. 9)·『自由新聞』(1950. 2. 9)·『聯合新聞』(1950. 2. 9):「大國黨69議員獲得」,『漢城日報』(1950. 2. 9).

101)「改憲反對決議」,『聯合新聞』(1950. 2. 28).

102)「六·二五避難行」(1960대 후반의 글로 추정), 徐容吉 編,『愛山餘滴』第三輯(英學社, 1970. 6), 87쪽.

103)「選擧期日五月卅日로內定」,『自由新聞』(1950. 4. 12).

104) 中央選擧管理委員會,『歷代國會議員選擧狀況』(中央選擧管理委員會, 1963. 12), 33~34쪽:「國會議員當選者」,『朝鮮日報』(1948. 5. 13).

105) 5·30총선거의 특징과 이승만이 중간파를 탄압한 양상은 서중석,『한국현대민족운동연구』2(역사비평사, 1996. 9), 310~316쪽.

106)「五·卅選擧빛나는當選」,『京鄕新聞』(1950. 6. 2):中央選擧管理委員會,『위의 책』, 102쪽.

107) 대한민국정부는 1963년 그에게 독립장을 수여하였다.

108)「서울市當選者判明」,『聯合新聞』(1950. 6. 1).

109)「新進,再選出馬者들壓倒」,『聯合新聞』(1950. 6. 1):「서울시 개표 결과, 1명 이외는 모두가 新人」,『서울신문』(1950. 6. 2)[『資料』17(2001. 12), 534쪽].

110) 『半世紀의 證言』, 216쪽.

111) 앞의 「六·二五避難行」, 88쪽.

112) 「反民族行爲處罰法起草可決」, 『朝鮮日報』(1948. 8. 6) ; 「親日 民族叛逆者」, 『京鄕新聞』(1948. 8. 6) ; 「特別委員會構成 民族叛徒處斷法起草」, 『東亞日報』(1948. 8. 6). 이에 국회 친일파 민족반역자특별법 기초위원회는 8월 6일 위원회를 개최하고 위원장에 김웅진, 부위원장에 김상돈을 선임하였다. 「民叛處斷特委」, 『朝鮮日報』(1948. 8. 8).

113) 「제1회 59차 국회본회의, 檀紀年號사용 결의안을 접수하고 반민족행위처벌법안 통과」, 『서울신문』(1949. 9. 7)〔『資料』8, 260~261쪽〕.

114) 전문은 「법률 제3호, 反民族行爲處罰法」, 『관보 제5호』(1948. 9. 22)〔『資料』8, 448~450쪽〕.

115) 「反民族行爲處罰法 공포」, 『서울신문』(1949. 9. 23)〔『資料』8, 447~448쪽〕.

116) 「反民法公布에李大統領談話」, 『京鄕新聞』(1948. 9. 24).

117) 이상 반민특위의 조사위원이 구성되는 과정과 내용은 허종, 『반민특위의 조직과 활동』(선인, 2003. 6), 152~160쪽.

118) 이 날 특별검찰관장으로 현직 검찰총장인 권승렬을, 검찰차장으로는 국회의원 중 최다 득표로 당선된 노일환(盧鎰煥)을 선임하였다.

119) 이 날 특별재판부 부장으로 현직 대법원장인 김병로를 결정하고, 각부의 부장재판관도 선임하였다.

120) 특별검찰부와 특별재판부 가운데에서도 독립운동가 출신과 반민족행위자들이 섞여 있어 자격의 적부 문제가 뒤따랐다. 이상 특별검찰부와 특별재판부가 구성되는 과정과 내용은 허종, 『위의 책』, 180~193쪽.

121) 「反民特別調委 連席會延期」, 『自由新聞』(1949. 1. 6) ; 「反民法드디

어發動」,『京鄕新聞』(1949. 1. 6) : 「重責完遂를盟誓」,『東亞日報』
(1949. 1. 6).

122)「反民族行爲特別調査委員會, 반민족행위자 朴興植을 체포」,『서울
신문』(1949. 1. 11)[『資料』10(1999. 12), 86쪽.

123) 허종,『앞의 책』, 198~199쪽.

124) 이종형은「반민법」은 동장·반장까지 모두 적용되는 망민법(網民法)
이며,「반민법」을 만든 사람은 공산당과 '김일성의 주구'라고 주장하
던 자였다. 이 대회는 이종형이 단장으로 있던 한국반공단(韓國反
共團)이 주최하고 대한일보사(大韓日報社)와 민중신문사(民衆新
聞社)가 후원하였으며, 내무부장관 윤치영이 지원하여 언론 분야의
이종형, 경찰 측의 노덕술, 재정 분야의 백낙승(白樂承) 등이 중심이
되어 준비하였다. 대회장에는 "「반민법」을 철폐하고 국회를 쳐부수
자"는 내용의 전단이 살포되었다. 대회가 끝난 후 윤치영은 방송을
통해 이 대회가 해방 후 처음 보는 '애국적 대회'였다고 찬양하였다
가 국회에 출석하여 해명하였다. 허종,『위의 책』, 199, 334~335쪽.

125)「反共救國總蹶起大會」·「決議文」,『自由新聞』(1948. 9. 24).

126)「反共救國總蹶起大會」(上)·(下)」,『大韓日報』(1948. 9. 26·27).『대
한일보』는 2회에 걸쳐서 이종형의 격려사를 게재하였다.

127)「反族徒輩에 鐵槌는 繼續」,『朝鮮日報』(1949. 1. 12).

128)「平壤署長으로 이름난 盧德述 드디어 逮捕」,『聯合新聞』(1949. 1. 26).

129)「日帝高等警察의 元兇」·「公公然히 武裝警官 配置」,『漢城日報』(1949.
1. 26).

130) 이 날 반민특위는 최운하와 종로경찰서 사찰주임 조응선(趙應善)과
계몽협회(啓蒙協會) 간부들을 전격 체포하였다. 국회의원 소장파
88명을 좌익으로 모함하였고, 유성갑 의원을 테러하였을 뿐 아니라

반민특위의 적색분자를 숙청하라는 슬로건을 내걸고 데모까지 감행한 사실을 배후에서 방조했다는 혐의였다. 「俄然緊張한警察과特委」, 『朝鮮中央日報』(1949. 6. 7).

131) 국회프락치 사건과 반민특위 사무실 습격 사건은 별도의 전거가 없으면 허종, 『앞의 책』, 208~209, 345~356쪽을 참조하였음.

132) 「警察에重大影響」, 『東亞日報』(1949. 6. 7).

133) 「特委의武裝解除는 李大統領命令」, 『京鄕新聞』(1949. 6. 8).

134) 이 사건은 별도의 전거가 없으면 허종, 『위의 책』, 337~344쪽을 참조하였다.

135) 「白日下에暴露된暗殺陰謀」, 『漢城日報』(1949. 1. 30) : 「世人注視의陰謀事件」, 『京鄕新聞』(1949. 2. 15) : 「對象人物十八名」, 『朝鮮日報』(1949. 2. 16).

136) 「反民法案은愼重期約」, 『朝鮮日報』(1948. 9. 4).

137) 「韓美協定書正本作成 韓國政府에傳達」, 『京鄕新聞』(1948. 9. 15).

138) 「貪官汚吏肅淸」, 『東亞日報』(1948. 9. 15) : 「李承晩 대통령·李範奭 국무총리, 행정권 이양후 정부관리들에 행한 최초훈시 내용」, 『서울신문』(1948. 9. 15) [『資料』8, 361쪽].

139) 「反民法實施에對해」, 『漢城日報』(1949. 2. 3) : 「事務分擔明白히하라」, 『東亞日報』(1949. 2. 3) : 「愼重히處置하라」, 『京鄕新聞』(1949. 2. 3) : 「反民處決遲延은不可」, 『朝鮮日報』(1949. 2. 3).

140) 허종, 『앞의 책』, 336~337쪽.

141) 「軍政官吏에도反族者 處斷은迅速함이좋다」, 『民主日報』(1948. 8. 27).

142) 「反民法案은愼重期約」, 『朝鮮日報』(1948. 9. 4).

143) 『半世紀의 證言』, 213쪽.

144)「골방에서 쓴 '비토' 意見書」,『眞相』(1959. 3)〔金鳳基·徐容吉 編著, 『愛山餘滴』第一輯(世文社, 1961. 1), 57~62쪽〕.

145)「外勢의阿附者에斷」,『東亞日報』(1948. 9. 23).

146)「"이제는 말할 수 있다" : 李仁 金相敦 徐容吉씨가 밝히는 '反民特委' 流産의 眞相」,『朝鮮日報』(1967. 8. 16).

147)「反民族行爲處罰法 공포」,『서울신문』(1948. 9. 23)〔『資料』8, 447~448쪽〕:「大法, 大檢에移管」,『自由新聞』(1948. 9. 23).

148) 위의「"이제는 말할 수 있다"」. 이인의 회고는 재심 의견서를 지칭하는 용어가, 시간이 흐름에 따라 '비토 의견서' → '절충안'으로 수정되었다.『半世紀의 證言』에서는 아예 재심 의견서를 언급하지 않았다.

149)『半世紀의 證言』, 213쪽.

150)「反民者處斷에異狀」·「74對9票로可決」,『京鄕新聞』(1949. 7. 7):「反民法改正案通過」,『東亞日報』(1949. 7. 7).

151)「特委幹部辭表受理」,『東亞日報』(1949. 7. 8):「反民調委改編」·「公訴時效短縮을契機」·「新任特調委員十氏」,『京鄕新聞』(1959. 7. 8):「盧檢察官等辭表受理」·「反民群像의處斷에」,『朝鮮中央日報』(1949. 7. 8).

152)「特裁特檢補闕選擧」,『朝鮮中央日報』(1949. 7. 9):「團體交涉委員會設置」,『東亞日報』(1949. 7. 9):「國會法改正案」,『京鄕新聞』(1949. 7. 9).

153)「소屠殺法案通過」,『京鄕新聞』(1949. 7. 12):「제4회 8차 국회본회의, 반민족행위특별조사위원회 조사위원들의 사표처리를 논의」,『국도신문』(1949. 7. 13)〔『資料』13(2000. 12), 130쪽〕

154) 부위원장은 송필만(宋必滿) 의원이 선출되었다.「反特委員長에 前

법務長官李仁氏就任」,『京鄉新聞』(1949. 7. 16).

155)「特委長에李仁氏」,『朝鮮日報』(1949. 7. 16):「李仁委員長談」,『京鄉新聞』(1949. 7. 16). 의미를 명확히 하기 위하여『조선일보』를 중심으로 인용하였고, 대괄호 안에『경향신문』을 보충하였다.

156)「龍頭蛇尾는 免했다」,『漢城日報』(1949. 9. 1):「所期以上의成果」,『東亞日報』(1949. 9. 1):「時效지나도 逃避者는處理」,『京鄉新聞』(1949. 9. 1).

157)『半世紀의 證言』, 214쪽.

158)「반민법」4조의 1・2・3・4항은 다음과 같다. "좌(左)의 각호의 一에 해당하는 자는 10년 이하의 징역에 처하거나 15년 이하의 공민권을 정지하고 그 재산의 전부 혹은 일부를 몰수할 수 있다. 1. 습작(襲爵)한 자 2. 중추원 부의장, 고문 또는 참의되었던 자 3. 칙임관 이상의 관리되었던 자 4. 밀정행위로 독립운동을 방해한 자"「법률 제3호, 反民族行爲處罰法」,『관보』제5호(1948. 9. 22)〔『資料』8, 448~450쪽〕.

159)「當然犯은月內取調」,『京鄉新聞』(1949. 7. 30):「當然犯月內로問招」,『東亞日報』(1949. 7. 30):「當然犯月內取調」,『朝鮮中央日報』(1949. 7. 30).

160)『半世紀의 證言』, 215쪽.

161) 李仁,「反民特委 3백50일」,『世代』通卷 第八六號(世代社, 1970. 10), 241쪽.

162) 허종,『앞의 책』, 212・214쪽.

163)『半世紀의 證言』, 214~215쪽.

164)「國會內反民肅淸」,『朝鮮中央日報』(1949. 8. 13):「在日反民者들 特委서時效以內에手配」,『京鄉新聞』(1949. 8. 15).

165)「反民該當者 國會內에는없다」,『東亞日報』(1948. 8. 27):「國會內엔反民該當者없다」,『京鄉新聞』(1949. 8. 27).

166) 허종, 『위의 책』, 212~214쪽.

167) 「反民被告인 盧德述保釋」, 『朝鮮中央日報』(1949. 7. 27 2면).

168) 「未調査反民300名」, 『自由新聞』(1949. 8. 26) : 「四百餘被疑者中 特委調査完了三分의一」, 『東亞日報』(1949. 8. 26) : 「國會內反民者」, 『京鄕新聞』(1949. 8. 26).

169) 반민족행위 특별재판부장 강세형(姜世馨), 특별검찰부장도 각각 해 기관의 잔무와 관련하여 담화를 발표하였다. 「裁判은繼續－姜特裁長」·「殘務를續行－金特檢長談」, 『東亞日報』(1949. 9. 1).

170) 「效果거두엇다」, 『漢城日報』(1949. 9. 1) : 「以一懲百效果로 民族正氣바로잡다」, 『東亞日報』(1949. 9. 1).

171) 「"龍頭蛇尾는 免햇다"」, 『漢城日報』(1949. 9. 1).

172) 이 날 대법원장의 치사도 있었는데 언론에는 보도하지 않은 듯하다. 「最後點睛을期해」, 『東亞日報』(1949. 9. 6) : 「特委業績을討議」, 『京鄕新聞』(1949. 9. 6) : 「逃避反民者問題」, 『自由新聞』(1949. 9. 6).

173) 「特委李委員長辭表 國會議長에提出」, 『漢城日報』(1949. 9. 17).

174) 「第一次本會議昨日開幕」, 『京鄕新聞』(1949. 9. 20) : 「法院法再審拒否」, 『東亞日報』(1949. 9. 20).

175) 「李仁 반민족행위특별조사위원회 위원장, 국회에 반민족행위처벌법 위반 피의자 처리 결과를 보고」, 『서울신문』(1949. 9. 20)〔『資料』14, 190~191쪽〕.

176) 李仁, 「反民特委 3백50일」, 234~236쪽. 이인은 「위의 글」에서 자신이 제안 설명한 내용을 자세하게 기록하였다.

177) 「反民機關法改正」, 『漢城日報』(1949. 9. 23) : 「特委·特檢等解散」, 『京鄕新聞』(1949. 9. 23) : 「時局收拾策에 28日政府國會非公開會」, 『東亞日報』(1949. 9. 23).

178) 「反民處斷의 移管」, 『漢城日報』(1949. 9. 24).

179) 「법률 제54호, 반민족행위처벌법 중 개정법률」, 『관보 호외』(1949. 10. 4) [『資料』14, 375~376쪽]; 「반민족행위특별재판부 · 검찰부, 반민족행위 처벌법 개정법 공포에 따라 활동 정지」, 『서울신문』(1949. 10. 9)[『資料』 14, 375쪽].

180) 허종, 『앞의 책』, 215~216쪽.

181) 吳翊煥, 「反民特委의 활동과 와해」, 宋建鎬 外著, 『解放前後史의 認 識』(한길사, 1979. 10), 137~138쪽.

182) 金大商, 「日帝 殘滓勢力의 淨化問題」, 安秉直 外著, 『變革時代의 韓 國史』(東平社, 1979. 5), 308쪽.

183) 李仁, 「反民特委 3백50일」, 248 · 236쪽.

184) 李仁, 「反民特委 3백50일」, 241~242, 248~249쪽.

185) 『半世紀의 證言』, 215~216쪽.

186) 「反民特委의 총결산」, 『주간서울』(1949. 9. 26)[『資料』13, 662쪽].

187) 허종, 『위의 책』, 360쪽.

188) 金大商, 「위의 논문」, 309쪽.

제5장

1) 이 부분은 별도의 출처가 없으면 「六 · 二五避難行」(1960대 후반의 글로 추정), 徐容吉 編, 『愛山餘滴』第三輯(英學社, 1970. 6), 87~102쪽 을 참조.

2) 中央選擧管理委員會, 『歷代國會議員選擧狀況』(中央選擧管理委員 會, 1963. 12), 117쪽.

3) 김병로는 1949년 10월 11일 왼쪽 다리의 신경통이 악화되자, 서울대학교 의과대학 부속병원에 입원하였고 골수염으로 진단을 받았다. 그는 1950년 2월 20일 왼쪽 다리 무릎 이하를 절단하는 큰 수술을 받은 뒤 4월 5일 퇴원하였다. 법관들 사이에는 "집에서 사건을 조사·심리한다"는 뜻의 택조(宅調)가 식민지시기부터 활용되었고, 택조는 법관들의 권리이기도 했다고 한다. 金學俊, 『街人金炳魯評傳』(民音社, 1988. 1), 339~340쪽 : 한인섭, 『가인 김병로』(박영사, 2017. 11), 869~870쪽.

4) 『半世紀의 證言』, 217쪽에서는 1950년 7월로 기억하였다.

5) 「제헌동지회」, 한국학중앙연구원, 『한국민족문화대백과』(인터넷 제공).

6) 『半世紀의 證言』, 217쪽.

7) 「制憲同志會에서宣撫工作대派遣」, 『朝鮮日報』(1950. 10. 23) : 「以北宣撫工作制憲同志一員被選」, 『東亞日報』(1950. 10. 24).

8) 이인이 6·25전쟁 중 문시환에게 도움을 받는 부분은 『半世紀의 證言』, 29~30쪽.

9) 中央選擧管理委員會, 『앞의 책』, 185·192·197·202·251쪽.

10) 「颱風一過後에온颶風」, 『東亞日報』(1954. 11 30).

11) 李起夏, 『韓國政黨發達史』(議會政治史, 1961. 3), 245쪽 : 오유석, 「民主黨內 新·舊 派閥間 갈등에 관한 연구」, 『國史館論叢』第94輯(國史編纂委員會, 2000. 12), 307~308쪽. 이기하·오유석은 이인·박재홍을 무소속으로 분류하였다. 이들은 원내 교섭단체를 구성하지 못하였으나, 대한국민당 당적으로 입후보하여 당선하였다.

12) 「新黨結成在邇」, 『東亞日報』(1954. 12. 4) : 「'護憲'名單提出 60議員으로構成」, 『朝鮮日報』(1954. 12. 5) : 「護憲同志會의 部署任員 名單」, 『京鄕新聞』(1954. 12. 5).

13) 李基澤,『韓國野黨史』(백산서당, 1987. 4), 95쪽.

14) 韓太壽,『韓國政黨史』(新太陽社, 1961, 2), 151쪽.

15)「護憲'13議員 脫退屆를提出」,『朝鮮日報』(1955. 8. 2) :「李仁議員等 13名 31日護同을脫退」,『京鄕新聞』(1955. 8. 2).

16) 이상 민주당의 창당 과정은 별도의 전거가 없으면 오유석,「위의 논 문」, 308~311쪽.

17)『半世紀의 證言』, 216~217쪽.

18) 李基澤,『앞의 책』, 81~84쪽.

19)「地方選擧立候補登錄 期限延長法案을提出」,『東亞日報』(1956. 7. 26).

20) 李基澤,『위의 책』, 65~67쪽. 이하 출처를 밝히지 않은 국민주권옹호 투쟁위원회의 설명은『위의 책』을 참조.

21)「最後까지鬪爭 — 全野黨議員들强硬宣言」,『東亞日報』(1956. 7. 28).

22)「議政史上前例없는議員示威」,『朝鮮日報』(1956. 7. 28) :「野黨側드 디어總蹶起」,『京鄕新聞』(1956. 7. 28) :「國民主權擁護鬪爭 開始」, 『東亞日報』(1956. 7. 29).

23)「敦岩莊時代와 景武臺時代의 李博士」,『眞相』(1958년 8월호)〔金鳳 基, 徐容吉 編著,『愛山餘滴』第一輯(世文社, 1961. 1), 37~39쪽〕.

24) 2・4파동은 李起夏,『앞의 책』, 349~360쪽 : 韓太壽,『앞의 책』, 168~183쪽 : 李基澤,『위의 책』, 76~81쪽.

25)「기어히올린保安法反對烽火」,『東亞日報』(1959. 1. 14).

26)「民權守護國民聯盟'發足」,『京鄕新聞』(1959. 1. 15).

27)「指導層人士 八名이脫退」,『朝鮮日報』(1959. 3. 21).

28)「民主救國鬪爭院內委로發足」,『東亞日報』(1959. 1. 16).

29) 중앙상임위원장・인권위원장과 10개 부서의 책임위원(총무・선전・

조직·노농·청년·부녀·섭외·문화·동원·감찰) 등.

30)「在野重鎭人士를總網羅」,『京鄕新聞』(1959. 1. 19):「各界代表人士網羅」,『東亞日報』(1959. 1. 19):「部署任員選定, 民權守護國民聯盟」,『朝鮮日報』(1959. 1. 19).

31) 위의「指導層人士 八名이脫退」:「非民主黨系脫退」,『京鄕新聞』(1959. 3. 21):「民總,事實上瓦解」,『東亞日報』(1959. 3. 21.

32)「民主黨서遺憾表明」,『東亞日報』(1959. 3. 21).

33)「假稱'社會民主黨'을發起」,『朝鮮日報』(1959. 3. 24).

34)「五月中發起? 社會民主黨」,『東亞日報』(1959. 3. 29).

35)「李仁氏 否認」,『京鄕新聞』(1959. 3. 25).

36)「新黨組織運動難航」,『朝鮮日報』(1959. 4. 7).

37)「日의對共野合을糾彈」,『東亞日報』(1959. 2. 17).

38)「送北反對데모絶頂」,『東亞日報』(1959. 12. 15).

39)『半世紀의 證言』, 217~218쪽.

40)「正副統領選擧日字三月十五日로公告」,『東亞日報』(1960. 2. 4).

41)「大統領候補에趙炳玉氏」,『東亞日報』(1959. 11. 27).

42)「趙炳玉博士,華府서急逝」,『朝鮮日報』(1960. 2. 16).

43)「各界人士約30名對象」,『朝鮮日報』(1960. 2. 7) ;「公明選擧推進委'結成」,『朝鮮日報』(1960. 2. 9).

44)「汎野國民運動展開」,『朝鮮日報』(1960. 2. 29):「不正選擧粉碎鬪爭宣言」,『東亞日報』(1960. 2. 29).

45)『半世紀의 證言』, 54쪽.

46) 卞榮泰,「나의 四一九 回想」①,『京鄕新聞』(1962. 4. 22).

47)「國民總意를尊重」,『東亞日報』(1960. 4. 21):「戒嚴令卽時解除 拘束

者即時釋放」,『朝鮮日報』(1960. 4. 21).

48) 「政黨서完全히 손떼겠다」,『朝鮮日報』(1960. 4. 25):「全國務委員辭表受理」,『東亞日報』(1960. 4. 25).

49) 「懷柔策은不容納」,『朝鮮日報』(1960. 4. 24):「常設機關을指向」,『東亞日報』(1960. 4. 24).

50) 『半世紀의 證言』, 218쪽.

51) 「自由黨總裁職을辭退」,『東亞日報』(1960. 4. 25).

52) 「李大統領下野決意」,『東亞日報』(1960. 4. 27).

53) 「自由法曹團을發起」,『東亞日報』(1960. 6. 15):「自由法曹團結成」,『朝鮮日報』·『京鄕新聞』(1960. 6. 19).

54) 中央選擧管理委員會,『앞의 책』, 461쪽.

55) 이상 제5대 국회의원 선거 결과는 호광석,『한국의 정당정치』(들녘, 2005. 4), 150~153쪽을 참조.

56) 「民政俱樂部結成成」,『東亞日報』(1960. 8. 9):「民政俱樂部構成」,『朝鮮日報』(1960. 8. 9):「民舊·民政俱交涉團體登錄」,『京鄕新聞』(1960. 8. 31).

57) 「參友俱構成」,『京鄕新聞』(1960. 8. 10):「參友俱樂部構成」,『東亞日報』·『朝鮮日報』(1960. 8. 10):「參友俱登錄」,『朝鮮日報』(1960. 9. 24):「參友俱로登錄」,『東亞日報』(1960. 9. 25):「'參友俱'登錄」,『京鄕新聞』(1960. 9. 25).

58) 「參俱21舊18新13」,『東亞日報』(1960. 9. 28).

59) 『半世紀의 證言』, 217쪽.

1) 『半世紀의 證言』은 유신 시절에 쓰였으므로 5·16군사쿠데타 등을 거의 언급하지 못하였다.

2) 「4296年5月에總選擧－朴議長,政權民間移讓時期·方法을明示」, 『東亞日報』(1961. 8. 13).

3) 「〈政治活動淨化法〉通過」, 『東亞日報』(1962. 3. 17).

4) 李基澤, 『韓國野黨史』(백산서당, 1987. 4), 174쪽.

5) 한인섭, 『가인 김병로』(박영사, 2017. 11), 809쪽.

6) 「憲法審議委員會를構成」, 『京鄕新聞』(1962. 7. 11) : 「憲法審議特別委를構成」, 『東亞日報』(1962. 7. 12).

7) 『東亞日報』(1962. 7. 21)의 「民政'에의問題點－朴議長發言에對한各界意見」.

8) 「憲法審委에부탁한다 : 司法權」, 『朝鮮日報』(1962. 8. 8).

9) 「最高委員軍服벗고參政」 『朝鮮日報』(1962. 12. 28).

10) 「政黨法構想을이렇게본다」, 『朝鮮日報』(1962. 7. 24).

11) 「野黨單一化」, 『大韓日報』(1962. 12. 22) ; 「李仁·錢鎭漢·金炳魯·金法麟등 중심」(게재지명 날짜 불명)〔「李泰九 編, 『愛山餘滴』第二輯(文善社, 1965. 2), 182~184쪽〕.

12) 「나는 왜 政治界에서 물러 섰는가」, 『人物界』창간호(1964. 7)〔「愛山餘滴』第二輯, 217~221쪽〕.

13) 「政黨糾合陽性化」, 『大韓日報』(1962. 12. 24)〔『愛山餘滴』第二輯, 185~186쪽〕.

14) 「單一野黨 推進 行動化」, 『東亞日報』(1963. 1. 3).

15) 「在野勢力大同團結論議」, 『京鄉新聞』(1963. 1. 3).

16) 「民政黨의單一野黨形成工作」, 『東亞日報』(1963. 1. 11).

17) 위의 「在野勢力大同團結論議」.

18) 위의 「單一野黨 推進 行動化」.

19) 「創黨에努力」, 『京鄉新聞』(1963. 1. 4) : 「單一野黨을促進」, 『東亞日報』(1963. 1. 4).

20) 위의 「民政黨의單一野黨形成工作」.

21) 「民政黨發起에 混線」, 『大韓日報』(1963. 1. 15)[『愛山餘滴』第二輯, 190~191쪽].

22) 「民政黨,發起를 宣言」, 『京鄉新聞』(1963. 1. 28) : 「民政黨, 發起人大會를開催」, 『東亞日報』(1963. 1. 28).

23) 「民主黨, 創黨準備大會開催」, 『東亞日報』(1963. 2. 1).

24) 「共和黨創黨準備大會」, 『東亞日報』(1963. 2. 2).

25) 「舊政治人 275名 追加救濟」, 『東亞日報』(1963. 2.).

26) 「朴議長,時局收拾 9個項提議」・「時局收拾9個方案(全文)」, 『京鄉新聞』(1963. 2. 28).

27) 「政黨代表・政治指導者・各軍總長-政局收拾에歷史的宣誓」, 『東亞日報』(1963. 2. 27).

28) 「舊政治人,2千3百22名解禁」, 『東亞日報』(1963. 2. 28).

29) 「朴議長,軍政四年間延長을提議」, 『朝鮮日報』(1963. 3. 17).

30) 「政治活動은停止하고 基本權도 一部制限」, 『朝鮮日報』(1963. 3. 17).

31) 「在野政治勢力,共同鬪爭에突入」, 『東亞日報』(1963. 3. 22) : 「救國宣言大會에이어'데모'」, 『朝鮮日報』(1963. 3. 23).

32) 「民主政府의復歸熱望」, 『東亞日報』(1963. 3. 22).

33)「軍政延長飜意를 버거大使,美國側見解를 傳達」,『東亞日報』(1963. 3. 22) :「3·16聲明에對한 美側見解傳達한듯」,『朝鮮日報』(1963. 3. 22).

34)「國民投票,9月末까지保留」,『京鄕新聞』(1963. 4. 8).

35)「朴議長을 大統領候補로」,『京鄕新聞』(1963. 5. 27).

36)「3·16 4·8聲明撤回하고 2·7宣誓를實踐하라」,『東亞日報』(1963. 4. 15).

37) 金學俊,『街人金炳魯評傳』(民音社, 1988. 1). 454쪽 : 李基澤,『앞의 책』, 180~185쪽. 이기택,「위의 책」에 민정당의 창당선언문·중앙당부서 (창당 당시)·정강·정책·기본이념 등이 실려 있다.

38)「朴議長出馬反對키로」,『東亞日報』(1963. 6. 3) :「朴議長의出馬막기 위해 不正事件 徹底糾明키로」·「政界에 또 旋風일어날듯」,『京鄕新聞』(1963. 6. 3).

39) 장득진 외 기획·편집,『대한민국사 연표』1(국사편찬위원회, 2008. 12).

40)「難局打開에 擧國體制」(1963. 6. 26),『愛山餘滴』第二輯, 194~195쪽.

41)「最高議內閣總辭退할時期」,『東亞日報』(1963. 6. 25).

42)「擧國內閣樹立하자」,『大韓日報』(1963. 6. 25)〔『愛山餘滴』第二輯, 198~199쪽〕.

43)「黨態度아니다」,『東亞日報』(1963. 6. 25).

44) 李英石,『野黨 30年』(人間, 1981. 3), 54~57쪽.

45) 이 과정은 별도의 출처가 없으면, 金學俊,『위의 책』, 455~464쪽 : 한인 섭,『앞의 책』, 842~852쪽을 참조하였음.

46) 李英石,『위의 책』, 68쪽.

47)「金炳魯氏聲明 大統領에 不出馬」,『京鄕新聞』(1963. 8. 31).

48) 김병로는 해가 바뀌어 1964년 1월 13일 인현동 자택에서 별세하였다.

49) 「大統領…10月15日/國會…11月26日」, 『京鄕新聞』(1963. 8. 15).

50) 「국민의당서 指名받은 大統領候補밀기로」, 『京鄕新聞』(1963. 8. 26).

51) 「大統領候補싸고危機」, 『京鄕新聞』(1963. 9. 3).

52) 「許政씨推薦키로 野協·指導者連席會議」, 『京鄕新聞』(1963. 9. 4).

53) 「尹·許,결국實力對決」, 『京鄕新聞』(1963. 9. 4).

54) 「국민의당創黨大會中斷」, 『東亞日報』(1963. 9. 5):「국민의당의 不協和音妥協할줄모르는 各派主張」, 『東亞日報』(1963. 9. 5).

55) 「脫落·暴言의난장판」, 『京鄕新聞』(1963. 9. 6):「국민의당 大統領候補指名」, 『東亞日報』(1963. 9. 6).

56) 「許政씨,大統領候補辭退」, 『東亞日報』(1963. 10. 2).

57) 앞의 「나는 왜 政治界에서 물로 섰는가」, 221쪽.

58) 「民意拒否하는 旣成政治人 눈뜨라」(1963. 10. 15), 『愛山餘滴』第二輯, 213~214쪽, 221~222쪽:「李仁氏政界隱退」, 『朝鮮日報』(1963. 10. 16).

59) 최영희·김호일 편저, 『애산 이인』(과학사, 1989. 4), 293쪽.

60) 『半世紀의 證言』, 218쪽.

61) 李仁, 「日本은 對答하라②」, 『京鄕新聞』(1965. 2. 18).

62) 李仁, 「現在條件으론 植民地再侵入 警戒해야」, 『京鄕新聞』(1965. 6. 21).

63) 『半世紀의 證言』, 218쪽에는 '64년 7월'이라 회고하였는데, 오자이거나 기억의 착오인 듯하다.

64) 「祖國守護國民協議會」, 『東亞日報』(1965. 7. 28).

65) 「'祖國守護協'發足」, 『京鄕新聞』(1965. 7. 31):「韓日協定批准을 沮止」, 『朝鮮日報』(1965. 8. 1).

66) 「韓日協定을 反對하는 聲明書」, 『京鄕新聞』·『東亞日報』(1965. 7. 14) : 『朝鮮日報』(1965. 7. 15)

67) 「韓日條約發效에 붙인다」(1965. 12. 18 『大韓日報』)〔徐容吉 編, 『愛山餘滴』第三輯(英學社, 1970. 6), 34~37쪽〕.

68) 「在野時局宣言」, 『東亞日報』(1966. 9. 27) : 「野黨은 黨利黨略떠나」, 『京鄕新聞』(1966. 9. 27) : 「在野人事 20餘名 時局宣言發表」, 『朝鮮日報』(1966. 9. 28).

69) 「時局宣言」, 『愛山餘滴』第三輯, 224~225쪽.

70) 『半世紀의 證言』, 218~219쪽.

71) 「時局匡正宣言」, 『週刊韓國』(1966. 10. 9)〔『愛山餘滴』第三輯, 52~58쪽〕.

72) 「大統領候補單一化·議員聯合公薦위한-兩黨統合 추진促求」, 『京鄕新聞』(1966. 10. 5).

73) 「野黨單一候補」, 『東亞日報』(1966. 12. 6) : 「民衆·新韓非主流와 在野33名會合」, 『朝鮮日報』(1966. 12. 7).

74) 「24日에 結成대회 單一化推委,百(백)44名署名」, 『京鄕新聞』(1966. 12. 22) : 「候補單一化推委결성」, 『朝鮮日報』(1966. 12. 25).

75) 「(三面鏡)'異夢'좇는'同床'」, 『朝鮮日報』(1966. 12. 29) : 「野黨의統領候補單一化努力」, 『京鄕新聞』(1966. 12. 29).

76) 민중당과 신한당의 합당으로 신민당이 창당되는 과정은 李基澤, 『앞의 책』, 221~223쪽.

77) 「大統領후보에 尹潽善씨」, 『京鄕新聞』(1967. 2. 6) : 「大統領候補 尹潽善, 黨首 俞鎭午4次 4者會談서 兩氏按配」, 『朝鮮日報』(1967. 2. 7).

78) 「野黨單一化推委解體」, 『朝鮮日報』(1967. 2. 9).

79) 「新民黨에 不參加 聲明」(1967. 2. 12), 『愛山餘滴』第三輯, 204쪽.

80) 이상의 과정은 李基澤, 『위의 책』, 224~240쪽.

81) 「時局收拾 爲해 在野人 同席案內」(1967. 2. 15), 『愛山餘滴』第三輯, 82~83쪽.

82) 「時局收拾을 爲한 聲明」(1967. 6. 17), 『愛山餘滴』第三輯, 82쪽 : 「時局收拾협의」, 『東亞日報』(1967. 6. 17) : 「黨利黨略 떠나야」, 『京鄕新聞』(1967. 6. 17) : 「보다果敢한 措置를要請」, 『朝鮮日報』(1967. 6. 18).

83) 「啞聾盲」, 『韓國日報』(1971. 9. 1)〔『半世紀의 證言』, 258~259쪽〕.

84) 이상 '아농맹'의 서술은 「選擧와 百姓」, 『新東亞』(1967년 5월호)〔『愛山餘滴』第三輯, 204~205쪽〕.

85) 최영희·김호일 편저, 『앞의 책』, 297~298쪽.

86) 「나의 六然主義와 三不主義」, 『新東亞』(1934년 신년호)〔金鳳基·徐容吉 編著, 『愛山餘滴』第一輯(世文社, 1961. 1), 265쪽〕.

87) 金鳳基, 「韓國의 人物들 : 李仁」, 『現代經濟日報』(1972. 3. 21~25)〔『半世紀의 證言』, 287쪽〕.

88) 『고문진보』(古文眞寶)에 소재한, 범중엄(范仲淹)이 쓴 「악양루기」(岳陽樓記)의 한 구절이다.

89) 李熙昇, 「세상 걱정을 남보다 먼저 하더니」, 『중앙일보』(1979. 4. 9)〔애산 이인, 『愛山餘滴』제4집(애산학회, 2016. 10), 433쪽〕.

90) 『半世紀의 證言』, 219~220쪽.

91) 「情든 집 팔아 半을 "한글학회"에 – 3천만원 희사 50년 宿願 푼 李仁 翁」, 『주간 한국』(1976. 8. 29)〔『愛山餘滴』제4집, 368쪽〕.

92) 위의 「情든 집 팔아 半을 "한글학회"에」, 366쪽.

93) 「한글학회에 私財 3千萬원 기증」, 『中央日報』(1976. 8. 19)〔『愛山餘滴』제4집, 362쪽〕.

94) 최현배(한글학회 이사장),「큰 사전의 완성을 보고서」(1957), 한글학회,『큰 사전』6(을유문화사, 1957. 10. 9).

95)「한글학회 회관건립 李仁씨가 3천만원」,『京鄕新聞』(1976. 8. 16):「한글학회 會館건립기금 李仁씨가 3千萬원喜捨」,『東亞日報』(1976. 8. 16):「前法務長官 李仁씨」,『朝鮮日報』(1976. 8. 17).

96) 위의「情든 집 팔아 半을 "한글학회"에」, 366쪽.

97) 위의「한글학회에 私財 3千萬원 기증」.

98)「한글학회 회관완공」,『東亞日報』(1977. 8. 29).

99) 한글학회 발자취 편집 위원회 엮음,『50돌 뒤 10년의 한글학회 발자취』(한글학회, 1981. 12), 184쪽.

100)「한글학회 회관 신축키로」,『京鄕新聞』(1976. 10. 9).

101)「한글 아끼는 마음으로 첫삽」,『京鄕新聞』(1977. 2. 2):「宿願半世紀…내집갖는〈한글학회〉」,『東亞日報』(1977. 2. 2).

102) 류제한,「애산 이인 선생과 나」,『나라사랑 : 애산 이인 특집호』제93집(외솔회, 1996년 가을호), 133~142쪽을 참조.

103)「〈한글회관〉8일문열어」,『京鄕新聞』(1977. 10. 6);「한글날5백31돌」,『京鄕新聞』(1977. 10. 8).

104) 류제한,「앞의 글」.

105) 앞의『50돌 뒤 10년의 한글 학회 발자취』, 187~188쪽.

106) 앞의「한글학회 회관완공」.

107)「全財産바친〈愛山의 국어사랑〉」,『東亞日報』(1979. 8. 3):「우리말 우리글 사랑하며 살다간 愛山 李仁선생」,『京鄕新聞』(1979. 8. 6). 1979년 7월 초에 있었던 기증식이 8월 들어 보도된 데에서 보듯이, 이 소식은 뒤늦게 세상에 알려졌다.

108) 「餘滴」, 『京鄉新聞』(1979. 4. 9).

109) 「初代法務장관 李仁씨 별세」, 『京鄉新聞』(1979. 4. 6) : 「法曹 · 政界 원로 李仁옹別世」, 『東亞日報』(1979. 4. 6) : 「愛山 李仁옹 別世」, 『每日經濟』(1979. 4. 6).

110) 「故 李仁선생 社會葬 결정」, 『東亞日報』(1979. 4. 7) : 「李仁씨 9일 社會葬으로」, 『京鄉新聞』(1979. 4. 7).

111) 「朴大統領 弔意전달」, 『東亞日報』(1979. 4. 7).

112) 「故 李仁선생 社會葬」, 『東亞日報』(1979. 4. 9) : 「故李仁씨 社會葬 엄수」, 『京鄉新聞』(1979. 4. 9) : 「李仁씨 社會葬엄수」, 『每日經濟』(1979. 4. 9).

맺는말

1) 이상 이인의 회고를 인용한 내용은 「敦岩莊時代와 景武臺時代의 李博士」, 『眞相』(1958년 8월호)〔金鳳基 · 徐容吉 編著, 『愛山餘滴』第一輯(世文社, 1961. 1), 35~39쪽〕.

2) 신평, 「법조인 애산(愛山) 이인(李仁)」, 『형평과 정의 : 대구지방변호사회지』第33집(大邱地方辯護士會, 2018. 12).

3) 김희곤, 「조선어학회 지원 활동에 나타난 李仁의 국학민족주의」, 『歷史敎育論集』第61輯(歷史敎育學會, 2016. 11).

4) 이인은 1973년 2월 20일부터 『한국일보』에 「반일(反日)의 일가(一家) - 일인(日人)에 집 · 살림 뺏기고 백성 일깨우려 법률공부」를 제1회분으로 연재하기 시작하여, 1973년 5월 6일 제57회 분인 「70여 연륜」를 싣기까지 「나의 이력서」를 연재 · 집필하였다. 「나의 이력서」는 『한국일보』가 한국 각계 저명 인사들의 자서전 성격의 회고담을 연

재한 기획물이었는데, 『반세기의 증언』은 57회 분의 「나의 이력서」를 재편집하여 간행한 회고담이자 자서전이었다. 「나의 이력서」는 애산 이인, 『愛山餘滴』제4집(애산학회, 2016. 10), 17~292쪽에 수록되어 있다.

5) 『애산여적』제1집은 이인의 65세 생일을 기념하고자, 이인을 존경하는 인사들로 구성된 '애산동문회'(愛山同門會) 문하생들의 협조를 얻어, 이인이 일간지·주간지·잡지 등에 게재·발표한 간행물, 지인들의 담론(談論), 제3자의 시각에서 이인을 논한 인물평(人物評) 등을 수집하여 간행하였다. 「本書를 發刊함에 際하여」(庚子 秋), 『愛山餘滴』第一輯, 6쪽. 이후 같은 취지로 2·3집을 발간하여 이인을 연구하는 기초 자료를 상당수 제공하였으나, 제1집의 편자가 밝힌 대로, 이 자료들은 "수집되는 대로" 발간하였으므로 체계성과 정확성에서 고려해야 할 부분이 많다.

6) 『항일민족변론자료집 : 신문』Ⅳ는, 식민지시기 이인과 함께 '3인'으로 불리었던 민족변호사 김병로·허헌을 포함하여, 세 사람과 관련된 식민지시기 신문 자료를 묶었다.

참고문헌

1. 자료(이인의 저작물)

李仁, 「나의 履歷書」, 『한국일보』(1973. 2. 20~5. 6까지 57회 연재)〔아래 『愛山餘滴』 제4집, 17~292쪽에 재수록〕.

李仁 著, 『半世紀의 證言』(明知大學出版部, 1974. 3. 30).

金鳳基·徐容吉 編著, 『愛山餘滴 : 李仁先生 隨想評論』第一輯(世文社, 1961. 1. 25).

李泰九 編, 『愛山餘滴 : 李仁先生 隨筆論評』第二輯(文善社, 1965. 2. 10).

徐容吉 編, 『愛山餘滴』第三輯(英學社, 1970. 6. 21).

애산 이인, 『愛山餘滴』 제4집(애산학회, 2016. 10. 20).

「(消息) 朝鮮辯護士協會長, 李仁」, 『東光』 제40호(1933년 1월호).

「나는 糾彈한다(三) – 法務長官李仁氏談 – 軍政官吏에도 反民者 – 處斷은 迅速함이좋다」, 『民主日報』(1948. 8. 22).

「내가 겪은 二十世紀④ – 白髮의 證人元老와의 對話 : 愛山 李仁씨』, 『京鄕新聞』(1972. 1. 22 인터뷰).

李仁,「解放前後 片片錄」,『新東亞』(東亞日報社, 1967년 8월호).

「"이제는 말할 수 있다": 李仁 金相敦 徐容吉씨가 밝히는 '反民特委' 流産의 眞相」,『朝鮮日報』(1967. 8. 16).

李仁,「(도큐멘터리 現代史③) 反民特委 3백50일」,『世代』十月號·通卷 第八六號(世代社, 1970. 10).

李仁,「나의 交友半世紀」,『新東亞』(東亞日報社, 1974년 7월호).

한인섭 정리,『항일민족변론자료집 : 연속간행물/이인』Ⅲ(관악사, 2012. 7).

한인섭 정리,『항일민족변론자료집 : 신문』Ⅳ(관악사, 2012. 7).

2. 사료

高麗大學校 亞細亞問題研究所 編譯,『光州學生獨立運動資料 : 朝鮮總督 府 警務局所藏 極秘文書』(光州學生獨立運動 紀念事業會, 1995. 8).

高在鎬,『法曹半百年 – 高在鎬 回顧錄』(박영사, 1985. 10).

國史編纂委員會 編,『資料大韓民國史』1(國史編纂委員會, 1968. 12).

國史編纂委員會 編,『資料大韓民國史』2(探求堂, 1969. 12).

國史編纂委員會 編,『資料大韓民國史』3(1970. 12) ;『資料大韓民國史』 4(1971. 12) ;『資料大韓民國史』5(探求堂, 1972. 12) ;『資料大韓民國 史』6(1973. 12) ;『資料大韓民國史』7(1974. 12) ;『資料大韓民國史』 8·9(國史編纂委員會, 1998. 12) ;『資料大韓民國史』10·11·12(1999. 12) ;『資料大韓民國史』13·14(2000. 12) ;『資料大韓民國史』15·16· 17(2001. 12).

國史編纂委員會 編,『梅泉野錄』(探求堂, 1971. 3).

國史編纂委員會 編,『高宗時代史』六(探求堂, 1972. 12).

國史編纂委員會 編,『日帝侵略下韓國三十六年史』十一(國史編纂委員會, 1976. 11) ;『日帝侵略下韓國三十六年史』十二(1978. 1).

金度演 著, 商山金度演回顧錄出版同志會 編, 『商山 回顧錄 : 나의 人生白書』(日新文化社, 1965. 6).

김성칠 지음, 정병준 해제, 『역사 앞에서－한 사학자의 6·25일기』(창비, 2009. 6).

金俊淵, 『獨立路線』(興韓財團, 1947. 12).

김현식·정선태 편저, 『(근대서지총서02) 삐라로 듣는 해방 직후의 목소리』(소명출판, 2011. 8).

도진순 주해, 『백범일지』(돌베개, 1997. 7).

民主主義民族戰線 編輯, 『朝鮮解放年譜』(文友印書館, 1946. 10).

白南薰, 「韓國民主黨 創黨 秘話」, 『眞相』(1960년 4월호)〔沈之淵, 『韓國民主黨研究』Ⅰ(풀빛, 1982. 12)〕.

三均學會 編著, 『素昻先生文集』下(횃불사, 1979. 7).

安在鴻選集刊行委員會 編, 『民世安在鴻選集』2(知識産業社, 1983. 1).

嚴恒燮 編, 『金九主席最近言論集』(三一出版社, 1948. 10).

이극로 지음, 조준희 옮김, 『이극로자서전 : 고투사십년』(아라, 2014. 1).

任永信, 『承堂全集Ⅲ－承堂任永信博士文集Ⅱ』(承堂任永信博士全集編纂委員會, 1986. 1).

俞鎭午, 『養虎記－普專·高大 三十五年의 回顧』(高大出版部, 1977. 2).

曺圭河·李庚文·姜聲才, 『南北의 對話』(高麗苑, 1987. 7).

趙炳玉, 『나의 回顧錄』(民敎社, 1959. 8).

中央選擧管理委員會, 『歷代國會議員選擧狀況』(中央選擧管理委員會, 1963. 12).

朝鮮總督府 編纂, 『朝鮮總督府及所屬官署 職員錄』(朝鮮京城, 朝鮮印刷株式會社, 1920. 3. 31 ; 1921. 3. 31 ; 1922. 3. 9).

韓詩俊 編, 『大韓民國臨時政府法令集』(國家報勳處, 1999. 4).

許政, 『내일을 위한 證言 : 許政回顧錄』(샘터사, 1979. 10).

慶尙北道警察部,『高等警察要史』(1934).

朝鮮總督府警務局,『高等警察關係年表』(1930. 1).

U.S. Department of State, "The Political Adviser in Korea(Benninghoff) to the Acting Political Adviser in Japan(Atcheson)", *Foreign Relations of the United States* 1945, vol. Ⅵ The Far East(Washington, United States Goverment Printing Office, 1971)[『미국외교문서 : 한국편 1942~ 1948』Ⅰ(原主文化社, 1992. 3)].

3. 단행본

1) 이인 관련 저서

애산 이인 선생 기념 사업회,『대구가 낳은 겨레의 큰 스승 애산 이인 선생』 (역락, 2013. 12. 19, 비매품).

애산학보 편집위원회,『애산학보』35(애산학회, 2009. 4).

애산학보 편집위원회,『(특집 : 애산 이인 선생 탄생 120돌 기념) 애산학보』 44(애산학회, 2017. 10).

외솔회 편,『나라사랑 : 애산 이인 특집호』제93집(외솔회, 1996년 가을호 ; 1996. 10. 9).

최영희 · 김호일 편저, 애산학회 편찬,『애산 이인』(과학사, 1989. 4).

한인섭,『식민지 법정에서 독립을 변론하다 : 허헌 · 김병로 · 이인과 항일 재판투쟁』(경인문화사, 2012. 4).

2) 일반 단행본

光州學生獨立運動同志會,『光州學生獨立運動史』(國際文化社, 1974. 11).

강영주,『벽초 홍명희 연구』(창작과 비평사, 1999. 11).

權五琦 編,『仁村 金性洙 - 인촌 김성수의 사상과 일화』(東亞日報社, 1985. 4).

古下先生傳記編纂委員會 編,『古下宋鎭禹先生傳』(東亞日報社出版局, 1965. 10).

김남식,『南勞黨硏究』(돌베개, 1984. 4).

김동진,『1923 경성을 뒤흔든 사람들』(서해문집, 2010. 8).

김영범,『한국 근대민족운동과 의열단』(창작과 비평사, 1997. 11).

金利祚,『법조비화 100선』(고시연구사, 1997. 5).

김인식,『안재홍의 신국가건설운동(1944~1948)』(선인, 2005. 1).

김인식,『대한민국 정부수립』(대한민국역사박물관, 2014. 12).

김재명,『한국현대사의 비극 - 중간파의 이상과 좌절』(선인, 2003. 4).

김진배,『가인 김병로』(가인기념회, 1983. 12).

金學俊,『街人金炳魯評傳 - 민족주의적 법률가·정치가의 생애』(民音社, 1988. 1).

김행선,『해방정국 청년운동사』(선인, 2004. 11).

김호일,『한국의 향교』(대원사, 2000. 3).

大邱市史編纂委員會 編,『大邱市史 - 文化』第五卷(大邱廣域市, 1995. 2).

박용규,『조선어학회 항일투쟁사』(한글학회, 2012. 10).

박태균,『조봉암 연구』(창작과 비평사, 1995. 8).

박찬승,『한국근대정치사상사 연구 - 민족주의 우파의 실력양성운동론』
　　　(역사비평사, 1992. 1).

法律新聞社 編,『법조50년野史』上(法律新聞社, 2002. 5).

브루스 커밍스 지음, 김주환 옮김,『한국전쟁의 기원』下(靑史, 1986).

서중석,『한국현대민족운동연구 - 해방후 민족국가 건설운동과 통일전
　　　선』(역사비평사, 1991. 5).

서중석,『한국현대민족운동연구 - 1948~1950 민주주의·민족주의 그리
　　　고 반공주의』2(역사비평사, 1996. 9).

孫世一,『李承晩과 金九』(一潮閣, 1970. 10).

孫忠武,『漢江은 흐른다 : 承堂 任永信의 生涯』(東亞出版社, 1972. 9).

宋南憲 著, 韓國史料硏究所 編,『韓國現代政治史 : 第1卷 建國前夜』(成文閣, 1980. 6).

宋南憲,『解放三年史 1945－1948』I (까치, 1985. 9).

宋南憲,『시베리아의 투사 春谷 元世勳 先生 一代記』(천산산맥, 1990, 3).

沈之淵,『韓國民主黨硏究』I (풀빛, 1982. 12).

沈之淵,『韓國現代政黨論』(創作과 批評社, 1984. 4).

심지연,『미·소공동위원회』(청계연구소, 1989. 12).

심지연,『(역비인물연구1) 허헌연구』(역사비평사, 1994. 7).

呂運弘,『夢陽 呂運亨』(靑廈閣, 1967. 5).

오인환,『이승만의 삶과 국가』(나남, 2013. 3).

안진,『미군정기 억압기구 연구』(새길, 1996. 3).

尹在根,『芹村 白寬洙－봄기운은 어찌 이리 더딘가』(東亞日報社, 1996. 8).

우사연구회 엮음, 심지연 지음,『송남헌 회고록－우사 김규식과 함께 한 길 : 민족의 자주와 통일을 위하여』(한울, 2000. 7).

우사연구회 엮음, 서중석 지음,『(우사 김규식 생애와 사상②) 남북협상－김규식의 길, 김구의 길』(한울, 2000. 8).

乙酉文化社,『乙酉文化社五十年史 1945－1995』(을유문화사, 1997. 8).

李敬南,『雪山 張德秀』(東亞日報社, 1981. 8).

이균영,『신간회연구』(역사비평사, 1993. 12).

李起夏,『韓國政黨發達史』(議會政治史, 1961. 3).

李基澤,『韓國野黨史』(백산서당, 1987. 4).

李萬珪,『呂運亨先生 鬪爭史』(民主文化社, 1946. 5).

李英石,『野黨 30年－挑戰과 挫折의 발자취』(人間, 1981. 3).

李炫熙,『承堂 任永信의 愛國運動硏究』(東方圖書, 1994. 8).

仁村紀念會,『仁村 金性洙傳』(仁村紀念會, 1976. 2).

장득진·김광운·김득중 기획·편집,『대한민국사 연표－1948. 8~1967.

12』1(국사편찬위원회, 2008. 12).

전병무,『조선총독부 조선인 사법관』(역사공간, 2012. 12).

전택부,『한국 기독교청년회 운동사』(정음사, 1978. 9).

정병준,『우남 이승만 연구－한국 근대국가의 형성과 우파의 길』(역사비
　　평사, 2005. 6).

曺圭河·李庚文·姜聲才,『南北의 對話』(高麗苑, 1987. 7).

중앙대학교 80년사 편찬실무위원 편,『中央大學校 80年史 1918~1998』(중
　　앙대학교 출판부, 1998. 12).

崔德敎 編著,『韓國雜誌百年』2(玄岩社, 2004. 5).

崔相龍,『美軍政과 韓國民族主義』(나남, 1988. 3).

친일인명사전편찬위원회,『친일인명사전』3(민족문제연구소, 2009. 11).

平洲李昇馥先生 望九頌壽紀念會,『三千百日紅－平洲李昇馥先生八旬記』
　　(1974. 7).

한국독립운동사연구소,『한국독립운동사사전』4(독립기념관, 2004. 5).

한글학회 50돌 기념 사업회 엮음,『한글학회50년사』(한글학회, 1971. 12).

한글학회 발자취 편집 위원회 엮음,『50돌 뒤 10년의 한글학회 발자취』(한
　　글학회, 1981. 12).

한인섭,『가인 김병로』(박영사, 2017. 11).

韓太壽,『韓國政黨史』(新太陽社, 1961, 2).

허종,『반민특위의 조직과 활동－친일파 청산 그 좌절의 역사』(선인, 2003. 6).

호광석,『한국의 정당정치－제1공화국부터 제5공화국까지 체계론적 분
　　석』(들녘, 2005. 4).

森田芳夫,『朝鮮終戰の記錄－米ソ兩軍の進駐と日本人の引揚』(巖南堂書
　　店, 1964. 8).

4. 논문

1) 이인 관련(인물평 포함)

東虛子,「辯護士評判記(一)」,『東光』總31號·第4卷4號(東光社, 1932년 3월호).

猛虎聲,「(人物月評)安在鴻 李仁兩氏의斷面圖－꼽십化한人物論」중 '善意의好事客李仁',『批判』第三·四號(反宗敎號)(1931年 七·八月合號, 1931. 8. 1).

朴錦,「三一年型의넌센쓰－孔子名譽毀損에對한珍奇한告訴事件」,『批判』第三·四號.

石星人,「時代의 人物 '李仁'論」,『民聲』通卷34號·第5卷題5號(高麗文化社, 1949년 5월호).

一記者,「批判의批判」,『批判』第三·四號.

崔大敎,「(事件의 回顧) 初代商工長官 瀆職事件」,『司法行政』通卷277號(韓國司法行政學會, 1984. 1).

권재일,「애산 이인 선생과 한글학회」,『애산학보』48(애산학회, 2021. 4).

김대홍·김백경,「애산 이인 선생의 변호사 활동－고려대학교 도서관 소장 자료를 중심으로」,『애산학보』44(2017. 10).

김덕형,「애산과 교육활동」,『애산학보』48.

김동건,「애산 선생과 갈돕회 뒷얘기」,『애산학보』47(2020. 4).

김석득,「애산 이인 선생의 정신세계와 그 계승」, 애산 이인 선생 기념 사업회,『대구가 낳은 겨레의 큰 스승 애산 이인 선생』(역락, 2013. 12. 비매품).

김이조,「일제 강점기의 변호사」,『애산학보』35(2009. 4).

김종택,「애산 이인 선생의 위대한 생애」, 위의『대구가 낳은 겨레의 큰 스승 애산 이인 선생』.

김종택,「겨레의 큰 스승 애산 이인 선생」,『한글새소식』통권 제492호(한글학회, 2013. 8).

김호일,「이인 선생의 사회 활동」,「일제 강점기의 변호사」,『나라사랑 : 애산 이인 특집호』제93집(외솔회, 1996년 가을호).

김희곤,「제2발표문 : 조선어학회와 이인(李仁)」, 국회의원 이철우 주관, 애산 이인 기념사업회 주최,『광복 70주년 애산 이인 추모 기념 학술대회』(2015. 9. 5 금, 장소 : 국회의원회관 제2소회의실).

김희곤,「조선어학회 지원 활동에 나타난 李仁의 국학민족주의」,『歷史敎育論集』第61輯(歷史敎育學會, 2016. 11).

류제한,「애산 이인 선생과 나」,「애산 이인 선생과 한글」,「일제 강점기의 변호사」,『나라사랑』제93집.

문제안,「애산 이인 선생과 한글」,「일제 강점기의 변호사」,『나라사랑』제93집.

문준영,「미군정기 사법·검찰 재건과 검찰총장 이인」,『애산학보』44.

박용규,「애산 이인 선생의 민족사적 위상」1·2,『한글새소식』통권 제490호·제491호(2013. 6·7).

박용규,「이인−독립운동에 관련된 1천여 사상사건을 변론하다」,『조선어학회 33인』(역사공간, 2014. 11).

박영신,「애산의 '애산 됨', 그 바탕의 풀이 하나」,『애산학보』35.

박원순,「이인 변호사」,『애산학보』35.

박한용,「독립운동 변론에 앞장 선 법조인 이인」, 대구문화인물현창위원회 편,『대구의 문화인물』2(대구광역시, 2006. 12).

서희경,「제2공화국의 혁명입법 논쟁과 이인의 헌정주의」,『애산학보』44.

신평,「제1발표문 : 법조인 애산(愛山) 이인(李仁)」, 앞의『광복 70주년 애산 이인 추모 기념 학술대회』.

신평, 「법조인 애산(愛山) 이인(李仁)」, 『형평과 정의 : 대구지방변호사회지』제33집(大邱地方辯護士會, 2018. 12).

오동춘, 「애산의 애국사상 연구 – 교육과 국어사랑 중심으로」, 『애산학보』35[『문예와 비평』통권19호(글벗사, 2011. 봄)에 재수록].

오철한, 「나라 잃은 국민들의 수호천사 – 이인과 갓바위」, 앞의 『대구가 낳은 겨레의 큰 스승 애산 이인 선생』.

李秉根 정리, 李亨 교열, 「애산(愛山) 이인(李仁) 선생 연보」, 『愛山餘滴』제4집(애산학회, 2016. 10)[『애산학보』44에 재수록].

이상규, 「애산 이인 – "말, 글, 얼"은 민족의 정신」, 앞의 『대구가 낳은 겨레의 큰 스승 애산 이인 선생』.

이충우, 「애산 이인 선생의 생애와 업적」, 『나라사랑』제93집.

전병무, 「변호사 후세 다쓰지(布施辰治)와 이인」, 『애산학보』47.

전종익, 「애산 이인의 헌법사상 – 국회에서의 활동을 중심으로」, 『애산학보』44.

정긍식, 「조선어학회 사건에 대한 법적 분석 – 〈豫審終結決定書〉의 분석」, 『애산학보』32(2006. 10).

정긍식, 「국민의 벗, 법률가 애산 이인」, 『檢察』통권 제117호(大檢察廳, 2006. 12).

정긍식, 「조선어학회 고등법원 판결 분석」, 『애산학보』44.

정긍식, 「식민지기 법률가의 탄생」, 『애산학보』47.

정긍식, 「일제강점기 법률가들과 애산 선생」, 『애산학보』47.

정긍식, 「변리사 애산 이인 선생」, 『애산학보』47.

정범석, 「애산 이인 박사 편모」, 『애산학보』35.

조재곤, 「애산 이인과 조선물산장려회」, 『애산학보』48.

최종고, 「한국의 법률가상(30·31) : 애산(愛山) 이인」상·하, 『司法行政』Vol.25 No.9·10(韓國司法行政學會, 1984. 9·10).

최종고,「법제사로 본 애산 선생」,『나라사랑』제93집.

최종고,「법제사로 본 애산 선생」,『애산학보』35.

최종고,「주제발표문 : 민족의 지도자 애산 이인(1896 – 1979)」, 앞의『광복
　　　70주년 애산 이인 추모 기념 학술대회』.

최종고,「민족의 지도자 애산 이인 선생」,『한글새소식』통권 제518호
　　　(2015. 10).

編者,「愛山 李仁先生이 걸어오신 길」(1960. 12),『愛山餘滴』第一輯.

한인섭,「이인 변호사의 항일변론 투쟁과 수난」, 앞의『대구가 낳은 겨레
　　　의 큰 스승 애산 이인 선생』.

한인섭,「이인 변호사의 항일 변론 투쟁과 수난」,『애산학보』44.

홍종욱,「이인(李仁)이 회고한 해방 전야」,『애산학보』44.

황용건,「항일투쟁기 黃鈺의 양면적 行蹟 연구」,『安東史學』第十三輯(安
　　　東史學會, 2008. 12).

황지나,「애산 이인과 1930년대 과학운동」,『애산학보』47.

2) 일반 연구 논문

姜東鎭,「元山 總罷業에 대한 考察 – 주로 民族獨立運動으로서의 性格을
　　　중심으로」(1971), 尹炳奭·愼鏞廈·安秉直 編,『韓國近代史論』Ⅲ
　　　(知識産業社, 1977. 6).

高元準,「"독립운동은 죄가 아니다" – 애국지사 故이창휘 변호사의 삶」,
　　　『제주교육』통권93(제주도교육청, 1996. 9).

權大雄,「韓末 慶北地方의 私立學校와 그 性格」,『國史館論叢』第58輯(국
　　　사편찬위원회, 1994. 11).

金大商,「日帝 殘滓勢力의 淨化問題 – 8·15후 附日協力者 處理의 측면에
　　　서 본 그 當爲性과 挫折過程」, 安秉直 外著,『變革時代의 韓國史 –

開港부터 4·19까지』(東平社, 1979. 5).

김봉진, 「미군정기 김두한의 '백색테러'와 대한민주청년동맹」, 『大丘史學』
第97輯(大邱史學會, 2009. 11).

김성은, 「1930년대 임영신의 여성교육관과 중앙보육학교」, 『한국민족운동
사연구』71(한국민족운동사학회, 2012 .6).

金成恩, 「해방 후 임영신의 국제정세 인식과 대한민국 건국 외교활동」,
『한국근현대사연구』제70집(한국근현대사학회, 2014. 9).

김인식, 「해방 후 安在鴻의 民共協同運動 – 건국준비위원회와 국민당 활
동을 중심으로」, 『근현대사강좌』통권 제10호(한국현대사연구회,
1998. 12).

金仁植, 「송진우·한국민주당의 '중경임시정부 절대지지론'」 『한국근현대
사연구』제24집(2003. 3).

김인식, 「8·15해방 후 우익 계열의 '중경임시정부 추대론'」, 『韓國史學報』
제20호(高麗史學會, 2005. 7).

김인식, 「한국근현대인물평전의 略史와 전망」, 『中央史論』第39輯(中央
史學研究所, 2014. 6).

김인식, 「조선건국준비위원회의 건국 구도」, 『한국민족운동사연구』84
(2015. 9).

김인식, 「민족주의 세력의 조선건국준비위원회 개조 움직임」, 『한국민족
운동사연구』95(2018. 6).

김인식, 「임영신 독직 사건의 발단 경위」, 『한국민족운동사연구』103(2020. 6).

金日洙, 「日帝下 大邱地域 資本家層의 存在形態에 관한 研究」, 『國史館論
叢』第94輯(2000. 12).

金在明, 「민정장관 安在鴻의 번민」(下), 『政經文化』260(京鄕新聞社, 1986.
10).

김재명, 「원세훈-올곧은 민족정신 지닌 시베리아의 투사(鬪士)」, 『한국 현대사의 비극-중간파의 이상과 좌절』(선인, 2003. 4).

金項勾, 「大韓協會의 設立과 組織」, 華甲紀念論叢刊行委員會, 『龍巖車文 燮敎授華甲紀念史學論叢』(新書苑, 1989. 12).

김효전, 「(개화기의 변호사 이야기④) 허헌과 변호사 징계」, 『시민과 변호 사』통권76호(서울지방변호사회, 2000. 5).

金喜坤, 「申乭石 義陣의 활동과 성격」, 『한국근현대사연구』제19집(2001. 12).

도진순, 「1947年 中間派의 결집과정과 民族自主聯盟」, 水邨朴永錫敎授華 甲紀念論叢刊行委員會, 『水邨朴永錫敎授華甲紀念 韓國史學論叢 (下)』(探求堂, 1992. 6).

문준영, 「검찰중립과 화강 최대교 : 임영신 상공부장관 독직사건과 최대 교」, 『法學硏究』25(全北大學校 附設 法學硏究所, 2007. 10).

박용규, 「일제시대 이극로의 민족운동 연구-한글운동을 중심으로」(고 려대학교 대학원 박사학위논문, 2009. 6).

박태균, 「해방 직후 한국민주당 구성원의 성격과 조직개편」, 『國史館論 叢』第58輯(1994. 11).

裵東守, 「韓國民主黨의 創黨과 政治理念」, 『政正』第4輯(建國大學校大學 院 政治學科, 1991. 12).

백승종, 「검찰의 양심, 화강 최대교 검사」, 법조삼성 평전 간행위원회 엮음, 『한국 사법을 지킨 양심: 김병로·최대교·김홍섭』(일조각, 2015. 4).

신복룡, 「해방정국에서의 민주의원 연구」, 『政正』第10輯(1997. 10).

沈之淵, 「古下 宋鎭禹」, 韓國史學會 編, 『韓國現代人物論』Ⅰ(乙酉文化社, 1987. 7).

안병도, 「建國時期 국내정치세력의 해방인식 고찰-한국민주당의 건국

노선을 중심으로」, 『韓國政治學會報』第26輯 第2號(韓國政治學會, 1993. 4).

吳翊煥, 「反民特委의 활동과 와해」, 宋建鎬 外著, 『解放前後史의 認識』(한길사, 1979. 10).

柳永烈, 「大韓自强會의 愛國啓蒙運動」, 歷史學會 編, 『韓國近代民族主義運動史』(一潮閣, 1987. 3).

柳永烈, 「大韓協會의 愛國啓蒙思想」, 李載龒博士還曆紀念 韓國史學論叢刊行委員會, 『李載龒博士還曆紀念 韓國史學論叢』(한울, 1990. 12).

吳蘇白, 「檢察의 영원한 良心 – 華剛 崔大敎 선생」, 金珍培·吳蘇白·李治白 共著, 『韓國法曹의 세 어른』(韓國法曹3聖紀念事業會, 1999. 7).

오유석, 「民主黨內 新·舊 派閥間 갈등에 관한 연구」, 『國史館論叢』第94輯.

윤덕영, 「고하 송진우의 생애와 활동」, 한국정신문화연구원 편, 『한국현대사인물연구』2(백산서당, 1999. 11).

윤덕영, 「8·15 직후 조선건국준비위원회의 조직적 한계와 좌우 분립의 배경」, 『史學硏究』第100號(韓國史學會, 2010. 12).

李東華, 「8·15를 전후한 呂運亨의 정치활동」, 宋建鎬 外著, 『解放前後史의 認識』.

이명실, 「일제강점기 실업보습학교 제도 연구」, 『韓國敎育史學』제37권 4호(韓國敎育史學會, 2015. 12).

李卓, 「求心 趙鏞夏의 略傳」, 『三均主義研究論集』第14輯(三均學會, 1994. 2).

이현희, 「수원고농학생의 항일투쟁 연구」, 『한국민족운동사연구』21(1999. 3).

田炳武, 「일제하 항일변호사 이창휘의 생애와 활동」, 『한국학논총』제46집(국민대학교 한국학연구소, 2016. 9).

전병무, 「일제하 김병로의 경력과 활동에 관한 재론」, 『法史學研究』第58號(韓國法史學會, 2018. 10).

전재관,「한말 애국계몽단체 지회의 분포와 구성 – 대한자강회 · 대한협
　　　회 · 오학회를 중심으로」,『崇實史學』第10輯(崇實大學校 史學會,
　　　1997. 2).

鄭肯植,「검사의 한 표상으로서 崔大敎」,『法史學硏究』第34號(2006. 10).

정긍식,「사법부 독립의 초석, 가인 김병로」, 앞의『한국 사법을 지킨 양심』.

정병준,「朝鮮建國同盟의 조직과 활동」,『韓國史硏究』80(韓國史硏究會,
　　　1993. 3).

鄭秉峻,「남한진주를 전후한 주한미군의 對韓정보와 초기점령정책의 수
　　　립」,『史學硏究』第51號(한국사학회, 1996. 5).

趙東杰,「光武農民運動과 申乭石 義兵」,『한국근현대사연구』제19집(2001. 12).

조성훈,「좌우합작운동과 민족자주연맹」,『白山朴成壽敎授華甲紀念論
　　　叢 韓國獨立運動史의 認識』(白山朴成壽敎授華甲紀念論叢刊行委
　　　員會, 1991. 12).

조준희,「김법린의 민족의식 형성과 실천 – 1927년 브뤼셀 연설을 중심으
　　　로」,『韓國佛敎學』통권 제53호(한국불교학회, 2009. 2).

千寬宇,「民世 安在鴻 年譜」,『創作과 批評』50호(創作과 批評社, 1978년 겨울).

崔起榮,「대한협회」, 한국독립운동사연구소,『한국독립운동사사전』4(독
　　　립기념관, 2004. 5).

崔起榮,「해제 : 서재필이 꿈꾼 나라」, 최기영 엮음,『서재필이 꿈군 나라』
　　　(푸른역사, 2010. 10).

　3) 기타

崔大敎,「(事件의 回顧) 初代商工長官 瀆職事件」,『司法行政』通卷277號
　　　(韓國司法行政學會, 1984. 1).

찾아보기

김인식

　중앙대학교 사학과에서 「안재홍의 신민족주의 사상과 운동」으로 문학박사 학위를 받았다. 현재 중앙대학교 다빈치교양대학에 재직하면서, 민세안재홍기념사업회·신간회기념사업회 학술이사 및 한국민족운동사학회 편집위원 등으로 활동 중이다. 저서로는 『안재홍의 신국가건설운동』(2005), 『중도의 길을 걸은 신민족주의자 – 안재홍의 생각과 삶』(2006), 『광복 전후 국가건설론』(2008), 『대한민국정부수립』(2014), 『조소앙 평전』(2021) 등이 있다. 공저로는 『1930년대 조선학운동심층연구』(2015), 『신간회와 신간회운동의 재조명』(2018), 『한국의 국가형성과 민주주의-해방에서 제2공화국으로』(2018), 『대한민국 청년외교단 애국부인회 참여인물 연구』(2019), 『안재홍의 민족운동 연구』1(2021) 등 다수가 있다.